“中央高校建设世界一流大学（学科）和特色发展引导专项”资助

中央民族大学哲学宗教学文库（乙种） 第三册

DAWOERZU SAMAN YISHI
DIAOCHA YANJIU

达斡尔族萨满仪式调查研究

萨敏娜/著

人民出版社

总　　序

“中央民族大学‘985工程’哲学宗教学文库”（甲种12册），是本校哲学与宗教学学院11位教学科研人员的一点儿奉献。任教于我校哈萨克语系的耿世民先生，因在西域宗教研究方面的卓越贡献，其文集也一并收入本文库。中央民族大学哲学与宗教学学院不是很大，目前只有20位专职教师；这个院（系）成立的时间也不长，1986年独立建系，2008年更名为学院。但在吕大吉、牟钟鉴、佟德富等前辈的组建和带领下，经过二十多年的砥砺磋磨，如今已经成长为中央民族大学一个充满生机活力的教学科研团队。他们秉承“进德修业”的古训，广泛吸收国内外各高校新生力量，逐渐形成了生活上随缘任运、学术上追求卓越的优良学风。此次集中出版的这批研究成果，有7种是初版，5种是再版。有些是前辈大家早年出版的重要作品，比如牟钟鉴先生的《〈吕氏春秋〉与〈淮南子〉思想研究》、班班多杰先生的《藏传佛教思想史纲》、赵士林先生的《心学与美学》等，出版多年，图书市场上早已难觅踪影；有些是前辈多年研究的重要成果，比如著名的世界突厥语专家耿世民先生的《西域宗教研究》，虽然是一个文集，但主题十分集中，学术价值极高。其他8种，大多是在他们博士论文的基础上进一步修改而成的，既有对传统哲学问题的深入研究，也有对当代重大问题的深刻思考。现在汇编、出版这套文库的目的，主要是借此积累学术成果，表达对我们所生活的这个时代、这个家园“感恩的心”。

我们这个群体，不自觉地遇上了一个伟大的时代！近现代的中国，置身于“数千年未有之大变局”中，表现为“剧烈的社会转型”。进入21世纪以来，随着全球化、信息化的进一步加快，文明冲突与文明对话联袂上演；随着改革开放的深入推进，难以回避的各种深层次矛盾日益凸显。当前，如何完整、准确地表述“中华民族共有精神家园”？如何完整、准确地理解中国特色社会主义的核心价值观？在“中国特色”与“普世价值”的纠结中，能不能找到真正的“中国价值观”的标签？在推进社会保障与婚姻立法、家庭伦理建设的过程中，面对家庭本位与个体本位的艰难抉择，社会改革的“顶层设计”究竟应该何去何从？剧烈的社会变革，无疑是激发思想原创的最直接动力。广泛而深刻变革的社会舞台，为理论工作者提供了可以充分施展身手的广阔天地。生活在这样时代的哲学社会科学理论工作者，无疑是幸运的！理论工作者未必能够完全承担起“修身、齐家、治国、平天下”的社会实践，但本着求真、务实的态度，积极推进哲学社会科学的“大发展、大繁荣”，本来就是理论工作者义不容辞的光荣使命。

我们这个群体，非常幸运地生活在一个温馨的大家庭里！中华民族是一个伟大的民族，之所以说她“伟大”，除了勤劳勇敢、自尊自信之外，开放、包容，更能彰显出她的美德。“五十六个民族，五十六枝花”，共同构成了一个温馨和谐的多民族共存共荣的大家庭。中央民族大学得天独厚，是国内极少的56个民族聚集最为齐全的单位之一。在这里，无论是节日饮食，还是宗教信仰，都呈现出“多元通和”的良好氛围。民族、宗教方面的研究，也一直是这个国家级民族教育机构、“985工程”院校教书育人、科学研究的核心任务，它也始终扮演着民族、宗教等方面国家级智库的重要职能。费孝通先生所说的“中华民族多元一体格局”的历史与现实，构成了中央民族大学哲学、宗教学研究的基本对象；费孝通先生提出的“各美其美，美人之美，美美与共，天下大同”的文化自觉，也奠定了新时期中央民族大学哲学、宗教学研究的基本方向。新校训“美美与共，知行合一”，准确、深刻地概括出了中央民族大学独特的精神风貌和办学理念。

实际上，中央民族大学高度关注民族、宗教、哲学问题的“文脉”，完全可以向前溯源到中央民族大学的前身——延安民族学院，乃至蒙藏学校教学和研究的重点。诞生于1913年的蒙藏学堂（不久即更名为蒙藏学校），初办时只有中学班，后来又增设专科。增设了专科以后，说明蒙藏学校就具有了大学儒道佛三教关系简明通史的性质。在历史上，蒙藏学校不仅培养了一批民族革命干部，而且也造就了一部分了解民族宗教问题的知识精英。乌兰夫、奎璧、多松年、朱实夫、佛鼎等，都出自蒙藏学校。1941年，由于边区建设的需要，中国共产党在陕北公学民族部的基础上，成立了独立的延安民族学院，当时担任教学和研究任务的人员有孔飞、克力更、牙含章、马寅、高鲁峰(董英)、关起义（刘元复)、海明等。当时出版的《回回民族问题》等，都是极有代表性的研究民族宗教问题的力作。在蒙藏学校和延安民族学院的基础上，1951年新中国中央人民政府正式批准成立了中央民族学院，中国民族宗教问题的研究，才开始进入到了一个新的历史时期。

我们深知，学术需要创新，而学术创新的不断累积，才能使学术变得更加厚重，更加具有历史的穿透力！“中央民族大学‘985工程’哲学宗教学文库”（甲种12册）的出版，既体现着我们每个研究个体“进德修业”的具体内容，也寄托着我们这个学术团队对中央民族大学“晖光日增”的美好愿望。希望这套文库的出版，能够对新时期中国的新文化建设发挥一点儿积极的作用。

刘成有

2012年11月于中央民族大学

附记：

“中央民族大学‘985工程’哲学宗教学文库”（甲种12册）陆续出版以来，产生了很好的社会反响。与此同时，我的同事们矻矻以求，不断推出新的科研成果，出版中央民族大学哲学宗教学文库（乙种12册）的条件已经具备。鉴于国家相关政策的调整，文库中的“985工程”一词，也就顺势替换成了“中央高校建设世界一流大学（学科）和特色发展引导专项”。

刘成有

2018年4月5日

目　录

序　一

牟钟鉴*

萨敏娜博士的专著《达斡尔族萨满仪式调查研究》，是她在博士论文基础上修改、补充、凝练而成的，从写作到定稿，前后有八年之久，孜孜不倦，务使其完备，其间辛苦，非他人所能体味。我在中央民族大学教书已有31年，在我身边学习的诸多博士生中，论文写作时间最长的一位博士是萨敏娜。这除了她兼任学院管理工作职务占用了很多写作时间之外，更重要的缘由是她要不断地回到东北和内蒙古的达斡尔族萨满教活动中心区去做田野调查，尤其关注萨满仪式的传承和创新，力求不放过每一次的重大活动场景，积累尽可能多的鲜活资料，以夯实论文的基础。萨敏娜的父亲是鄂温克族，母亲是达斡尔族，以达斡尔语为母语。鄂温克族和达斡尔族都属于人口较少的少数民族，萨满教是达斡尔族的主要信仰和民俗文化生活的精神支柱。

中华文化有“多元通和”的传统，《礼记·王制》强调中央社会管理者对于各民族地区性文化要“修其教，不易其俗；齐其政，不易其宜”。在历史的变迁中，中国萨满教不断吸收敬天法祖教、儒学、佛教、道教的质素，以便与时代相适应。进入近现代以后，中国主流社会受到西方科学主义思潮的影响，视萨满教为“封建迷信”，加以歧视和打压，萨满教一度沉寂，然而根系未断。改革开放以来，社会文化环境宽松，宗教信仰自

* 序作者为中央民族大学哲学与宗教学学院荣誉资深教授，著名哲学史家、宗教学家。

由政策得到认真实施，民族团结、宗教和睦成为社会共识，包括萨满教在内的民族民间信仰受到应有尊重并有相关法规给予保护（现已出台民间信仰单项法规，民间信仰的合法性得到确认），萨满教因而逐渐恢复，焕发了新的生机。其中，达斡尔族萨满教异军突起，出现了以斯琴掛、沃菊芬为代表的一批新时代大萨满，带动达斡尔族萨满教从传统走向当代，不仅充实了当地人民的精神生活，而且吸引了政界、学界的目光，受到人们格外的重视，并产生了较大的国际影响，很具有典型性。同时，萨满教研究也迎来了学术的春天，日渐活跃，海内外交流愈益频繁。在这种情势下，萨敏娜选择本民族萨满教作为论文研究对象，不仅是达斡尔族对她的期望，同时她可以发挥自己的族属和语言优势专长，也是填补宗教学空白的有益之举，因而我给予坚决支持，著名萨满教研究专家孟慧英研究员应我之请，参与了论文的直接指导。

这部书的写作和成稿，有以下突出特色：

第一，萨敏娜具有达斡尔族成员和宗教学学者双重身份，能够与大萨满斯琴掛、沃菊芬等的弟子们结为朋友，近距离考察萨满教按自身规则进行的仪式，而不是旅游性质的表演；又能用宗教学理性思维和客观态度加以分析评述，从宏观上揭示其社会作用和意义。由于她通习达斡尔族语言，能准确理解萨满仪式中的神歌、神谕和其中的古语、俗语、谚语、象声词，并全部翻译成为汉语言文字，在有困难的地方，能及时得到大萨满的帮助以解惑。这是族外学者难以做到的。她长年生活工作在中央民族大学，接受校内外多位著名宗教学学者如吕大吉、班班多杰、满都尔图、孟慧英、色音等先生的理论熏陶或指教，从而开阔了全局视野，提高了比较分析能力。

第二，萨敏娜具有锲而不舍的坚韧的性格，做学问认真求实、坚持不懈，不达到较为理想的目标决不罢休。她不像现在有些人类学、宗教学调查走马看花、急功近利，而是在七八年时间中对同一地区萨满教仪式开展定期、深入、持续的跟踪考察；进行参与式田野调查，亲自观看、录音、录像，配合以专访、座谈；对同一种仪式，多次观察，熟悉其仪式程序，了解其意蕴，领略其信仰的核心价值，务求对达斡尔族萨满教仪式有里外通彻的把握。从北京到内蒙古呼伦贝尔市海拉尔区、鄂温克族自治旗、莫力达瓦达斡尔族自治旗有数千里，前后三十多次往返，每次都要耗费大量精力，遇到冬季，冒着严寒，照去不误。她每次把现场资料收集带回学校后，总是认真反复校对，遇有问题即刻打电话到当地核实。因此我很清楚，萨敏娜积累的资料都是第一手的、活生生的，是丰富、可靠的。这就为她论文的写作和修改打下了坚实的基础。

第三，萨敏娜具有虚心包纳的情怀，对于前人的研究成果充分加以吸收，在综合的基础上推出自己创新性的见解。她追溯了历史上相关的文字记载，列述了清末民初以来外国学者的调研作品，达斡尔族学者的研究著述，特别是民国间日本学者大间知笃三的考察报告《达斡尔族巫考——以海拉尔群体为主要对象》中对祖先神和祭祀的类型分析，20 世纪五六十年代各少数民族社会历史调查中《达斡尔族社会历史调查》，80 年代出版的《中国民族问题研究集刊》（第一辑）中相关作品和秋浦主编的《萨满教研究》等，90 年代以来刘小萌、定宜庄合著的《萨满教与东北民族》，色音的《东北亚的萨满教：韩中日俄蒙萨满教比较研究》，富育光的《萨满教与神话》、《萨满论》，孟慧英的《中国北方民族萨满教》，郭淑云的《原始活态文化——萨满教透视》，吕大吉、何耀华主编的《中国各民族原始宗教资料集成 · 达斡尔族卷》，21 世纪以来满都尔图《达斡尔族萨满教述略》等诸多成果。萨敏娜根据自己田野调查的扎实资料，对上述作品的成果尽量吸收，又本着实事求是的精神，去伪存真，去粗取精，既借鉴又纠误，用她自己的话说：“吸收借鉴着已有的成果，对于当时没有发现或者发生的情况做一补充，对于谬误予以纠正。这是作为本民族学者的良心和责任。”在良心和责任的驱使下，她对自己的书稿总是不满意，反复地修改、充实。

第四，萨敏娜具有强烈的现实关切，认真学习中国特色社会主义宗教理论和党的宗教工作基本方针，并努力将其精神融会于达斡尔族萨满教仪式研究之中，揭示达斡尔族大萨满如何在新的时代条件下继承传统、创新传统，在信仰层面和仪式活动中消除陈旧的成分，主动适应社会主义社会核心价值观，维护民族团结，引导信众爱国守法，向上向善，使达斡尔族萨满教成为一种健康的民俗文化。达斡尔族萨满教以神道设教的方式发挥道德教化作用，以萨满神灵的名义给人以心灵安抚，对人们未来行为可能的偏差提出劝告、警示，要人们为国出力，为民族争光。萨满领神仪式是新萨满成为合格萨满的标帜和保障，要新萨满扶持困难的同胞，提示人们注意安全、健康与团结，对不同民族要平等相待；萨满祭祀敖包仪式具有凝聚人心、团结族群、励志奋进的功能，要人们敬奉祖先，爱养山水，教导后代；萨满祭祀龙神仪式具有保护河湖、改善生态环境的意义，要人们爱护树木、动物、泉水，珍惜生命，建设美丽家园；斡米南仪式是萨满最隆重的祭典，包罗万象，有祭祀天神、祖先神、山神、娘娘神、水神、地方神、火神、门神等，要人们一心为善，待人接物一视同仁，信守承诺，有虚病（心病）用信仰调适，有实病找官家医生治疗。斡米南仪式展示了萨满教对信众的心理、道德、文化、生态各种引导作用，它也是达斡尔族民众一次欢乐的大聚会，从中化解人际隔膜、内心忧愁、人生困惑，提高生活信心，更好地发展达斡尔族经济社会和文化，使达斡尔族早日成为富裕、文明的民族。

我们应当看到，达斡尔族社会仍然处于全国的后进地带，萨满教文化还是一种复苏不久的边缘文化，新萨满缺少青年传承人。今后达斡尔族社会的快速进步与萨满教的健康发展，仍然面临着诸多困难，它不仅需要当地政府和本民族人士的支持、参与、应对，也需要全社会的关注和帮助。党中央强调：全面实现小康，一个民族也不能少。萨敏娜关于达斡尔族萨满教的研究专著展示了中华民族多彩文苑中的一枝绽放的花朵，有助于政、教、学三界的相关人士了解达斡尔族社会和它的文化，为这枝花朵增加雨露的滋润；本书也为中国民间信仰特别是少数民族萨满教今后的研究、管理、引导工作，提供了一个正在努力克服困难、向前健康运行的典型，可资我们作跨文化的比较借鉴。因此，这是一部开拓创新性的作品，具有独特的价值。

我不是萨满教专家，我与萨敏娜之间的多次讨论，侧重于运用宗教学理论和中国宗教文化智慧对达斡尔族萨满教资料进行加工提炼这一方面，在讨论中，教学相长，彼此受益，结成深厚的师生情谊，使我的内心充满了温暖。

萨敏娜博士多年积累的达斡尔族萨满教实地调查资料，包括文字、图片、音像资料，是一个庞大的数量，交付出版的这部著作只是其中一次基础性的仪式调研之结晶，今后需要继续整理加工的资料还很多。我相信并期待她会一如既往地奋发不息，将达斡尔族萨满教文化研究向纵深拓展，使自己成为一名优秀的萨满教学者，为中国特色宗教学增色添彩。

2018 年 12 月

序　二

色　音*

在各种外来宗教先后传入之前，萨满教在我国北方各民族的信仰世界中占据着非常重要的地位。满族、蒙古族、锡伯族、赫哲族、鄂伦春族、鄂温克族、达斡尔族、维吾尔族、哈萨克族、柯尔克孜族、朝鲜族等民族的民俗生活中至今还在不同程度上存在着萨满教信仰活动。改革开放后，各地萨满活动和祭祀仪式明显增多。萨满文化对当代人了解少数民族的传统文化和表现中华各民族文化的多样性，对于少数民族文化在传统的基础上的继续发展，对于发展民族文化事业和旅游经济，都具有重要的开发价值。

萨满教是非常古老的民俗信仰，历史悠久、分布较广。17 世纪后半叶至 19 世纪初，随着地理上的重大发现，欧洲兴起了旅行和探险热潮。由于他们的主要兴趣在于探险和猎奇，所以西伯利亚的神秘信仰——萨满教成为他们关注的焦点。当时，俄国、北欧诸国、荷兰、德国乃至美国的旅行家、探险家和学者都到通古斯人居住的地方进行各种类型的考察活动。写旅行记和学术报告时由于通古斯人的宗教形态和欧洲人所信奉的宗教信仰不同，从欧洲人固有的宗教词汇中找不出恰当的词汇来表达通古斯人的宗教形态，所以只好借用当地人的“萨满”这一民间称谓，将通古斯人的宗教信仰称为“Shamanism”（即萨满教或萨满信仰）。就这样，“萨满”

* 序作者为中国社会科学院民族学与人类学研究所研究员，中国民族学学会常务副会长。

这一通古斯语成为世界上通用的学术用语。随着探险考察地域的进一步扩大，越来越多地发现学术上已被称为“萨满教”的宗教现象在世界各地比较普遍，而并非通古斯人所特有的信仰。于是，将其他地区发现的一些类似的宗教信仰也用学术界惯用的“萨满教”这一术语来表达了。为了避免概念术语的混用，学术界展开了关于萨满教定义的争论。其结果出现了广义萨满教和狭义萨满教之分。狭义主要是指以西伯利亚为中心的东北亚地区各民族，特别是以通古斯民族中所流传的民间信仰作为典型，并把萨满教只限制在那些地方的宗教信仰。广义主要是指东从西白令海峡，西至斯堪的纳维亚半岛以及北美、澳大利亚、北极因纽特人在内的所有原始巫术和民间信仰都包括在内。目前，国际范围内通用的萨满教概念是指广义上的，而非专指通古斯人的萨满教。

在中国古文献和地方志中，有关萨满的资料比较丰富。学术界一般认为，中国关于萨满的最早记录见于南宋人徐梦莘的《三朝北盟会编》。该文献中有“珊蛮者，女真语巫妪也，以其通变如神”的记载。《金史》中则称作“撒卯”或“撒牟”。清代的史书中大量出现有关萨满的记载。何秋涛《朔方备乘》中有“降神之巫曰萨麻”等记载。清代文献中关于萨满的记载以满族萨满为主。姚元之撰《竹叶亭杂记》载：“满洲跳神，有一等人专习跳舞、讽诵祝文者，名曰‘萨吗’，亦满洲人”。《满洲祭神祭天典礼》记载：“祭祀用萨莫读祝词降神献牲俎皆会祝。”

清末民初的历史文献和地方志中有关萨满的记载更为全面详细。《清史稿》卷八五《礼四》载：“乾隆三十六年，定春秋骟马致祭，萨满叩头。萨满者，赞祀也。”《桦川县志》载：“萨妈，一名萨满，莫详所自始。”西清《黑龙江外记》记载：“达呼尔病，必曰祖宗见怪，召萨玛跳神禳之。萨玛，巫觋也，其跳神法，萨玛击太平鼓作歌，病者亲族和之。”还有一些地方志着重记录了萨满的巫仪、祭祀方式等内容。

中国史籍中所出现的珊蛮、撒卯、撒牟、萨麻、萨吗、萨莫、萨妈、萨玛、萨魔、萨满，显然都是“萨满”一词在不同时代、不同地区、不同民族中的音读并由汉字音译记录下来的含有“巫”这一含义的民俗词汇。

民国之前的不同文献对“萨满”的记载并不统一，而且还没有出现“萨满教”这一概念术语。

目前我们所能查到的中文“萨满教”概念的最早记载见于善之在民国三年（1914 年）出版的《地学杂志》第六期上发表的《萨满教》一文。该文内容如下：

萨满教不知所自始。西伯利亚及满洲蒙古之土人多信奉之。余尝研究其教旨。盖与佛氏之默宗相似。疑所谓萨满者，特沙门之转音耳。今之迷信于此者，以雅古德人、索伦人、达呼尔人、鄂伦春人为甚。《北盟录》云金人称女巫为萨满，或称珊蛮。盖金源时代已有此教矣。然萨满术师不如佛之禅师，耶之神甫，得人崇敬。但以巫医卜筮诸小术敛取财物而已。

萨满之言天神云。天有七层。其主神即上帝，统治无量数世界，具无量数智慧。不现形体，不著迹象，居于最高之天界。以下诸天，则百神以次居之。善神曰亚伊，恶魔曰亚巴绥。人之灵魂，亦各因其善恶而别其阶级，或从诸神居天堂，或堕入无间地狱。

萨满教又立三界。上界云巴尔兰由尔查，即天堂也。中界云额尔士伊都，即现世也。下界云叶尔羌珠几牙几，即地狱也。上界为诸神所居。下界为恶魔所居。中界尝为净地，今则人类繁殖于此。

魔鬼主罚罪人，其威稜覆遍人世。上帝恐其过虐，则遣诸神时时省察之，防止其恶行。故萨满之术师，为人祷于上帝，以求庇护。然术师又为魔鬼之奴隶，住于中界而通于上下界。盖其祖先在地狱中，以子孙为魔王之侍者。故凡操是术者，各有系统。而不许外人搀入。术师既侍魔王，故凡有建白，皆可与魔王直接。凡人之疾病，萨满辄谓是人梦寐之际，神魂飞越，为魔王所捕得。若久而不释，则其人必死。萨满之术师为之请于魔王，魔王释之，其病始愈。病愈之后，则索取报酬，谓以完献魔鬼之愿也。其人或死，则云其灵魂虽未为魔鬼所捕获，而迷失路径，至不能归。又云人死之时，魔鬼捕其灵魂，巡回于其生前所经历之地，所至辄行罚焉。此巡回时须至魔鬼所凭之十字架而止。故奉信其术者，其眷属欲减其刑罚，为之造作木形十字架于屋边。或坟次。又自坟次归家。死魔往往踪人之后。然死魔畏火，故炽火于门前一一超而过之。又取死人之衣以火焚之，亦以驱逐死魔，使不敢隐伏其中。其诞妄不经如此。

民国六年（1917 年）商务印书馆出版的《清稗类钞》（徐珂汇辑）中收录了善之的《萨满教》一文，但文字表述略有不同。

善之民国三年发表在《地学杂志》第六期上的《萨满教》一文是中国学界第一篇关于萨满教的学术文章，之前的文献记载都是简短的描述性记录，缺乏学术研究所应具备的分析、考证和阐述。1925 年前后，周作人在研究中国国民思想和民间宗教的相关文章中谈到了关于萨满教的一些问题，并发表了《萨满教的礼教思想》一文。周作人在 1926 年发表的《乡村的道教思想》一文以及后来发表的《关于祭神迎会》、《回丧与买水》等文章认为，中国道教信仰主要是由混合了儒教的祭祀、佛教的轮回报应教条而构成，但其源流是往昔流行于西伯利亚和满洲、朝鲜东北亚各地的萨满教。

凌纯声于 1930 年在赫哲族地区进行了扎实的田野调查并收集了不少萨满教资料，1934 年正式出版了《松花江下游的赫哲族》。该书是中国民族学、人类学界在 1935 年至 1945 年边疆民族调查中的范本。凌纯声采用人类学、民族学与历史文献学视野交汇的方法，并将其贯穿于萨满与巫、萨满仪式与萨满故事考察等篇章中，从此开创了中国民族学、人类学界运用规范的民族志方法研究萨满教的学术传统。

1949 年中华人民共和国成立以后，从 20 世纪 50 年代初期开始的由国家推动的少数民族社会历史调查，为整个民族学研究的学科发展、专业人员培养奠定了基础。在这一延续了近 10 年的全国性田野调查工作中，萨满教也成为少数民族社会历史调查的内容之一。不过，当时主要处于资料收集阶段，并没有开展有关萨满教的专题性研究。研究萨满教的相关成果只是在20世纪60年代中期才开始编纂，后来陆续公开印刷、出版的《中国少数民族简史》丛书的基础——白皮书——中有所涉及。而从 1966 年至1976年，中国又陷入了“文化大革命”的十年动乱之中，包括民族学在内的所有人文社会科学事业都处于停滞状态。

从1977年开始，中国的人文社会科学界随着中国社会科学院的成立开始进入到迅速发展时期。民族学研究也得到了恢复和发展。在萨满教研究方面，中国的学者开始通过翻译和学术交流了解到国外有关萨满教研究的信息和学术成就。这些译介工作，对中国民族学界的萨满教研究起到了重要的推动作用。迄今，萨满教研究越来越受到中国学界的关注，正在走向创新发展的新阶段。

萨满文化研究具有多学科性，这是由萨满文化的特点决定的。萨满文化是民间文化的综合体，是一个综合性的研究对象，涉及诸多学科。近些年来，萨满文化吸引了越来越多来自不同学科学者的倾心投入，研究的内容涉及历史学、民族学、人类学、宗教学、民俗学、艺术学、哲学、心理学、医学、考古学、语言学等诸多学科或研究领域。不仅如此，有学者还将萨满文化研究拓展到人类文明史的广阔领域，将萨满文化资料与文献学、考古学、神话学资料相结合，探索人类文明起源的轨迹及其模式。萨满文化的实证资料和研究成果还广为其他学科所用，成为其他学科探索相关问题的佐证。萨满教的研究一向是在国际人文学科理论发展的大背景下不断开展的，由于这个学科资源丰厚，现象形态复杂，来自不同方面的研究始终不断。

达斡尔族的萨满教富有民族特色，进入21世纪以来，达斡尔族萨满文化的传承、保护和研究工作也进入了良好的环境。内蒙古自治区唯一的萨满文化博物馆于2006年10月建成开馆。该馆坐落于距呼伦贝尔市莫力达瓦达斡尔族自治旗政府所在地尼尔基镇9公里的中国达斡尔民族园园内，是中国最大的一所萨满文化博物馆。该馆总面积769平方米，高6米，上边是高21米的萨满铜像。萨满铜像以“从远古走来”为主题，通过肢体语言表现北方少数民族的文化信仰。博物馆内收藏了北方满族、蒙古族、鄂温克族、鄂伦春族等八个民族的萨满文物。馆藏文物通过实物展示、图片再现、视听等形式，全面表现了北方少数民族萨满文化，突出体现了达斡尔族萨满文化从狩猎时代转向农耕时代的艺术特征。萨满文化博物馆的建成，全方位展示了萨满文化内涵，真实还原了萨满文化与社会生活的紧密联系，为抢救保护少数民族特色非物质文化遗产起到积极作用，同时也为莫力达瓦达斡尔族自治旗增加了新的民族特色旅游亮点。

在这样的新时代，萨敏娜博士的专著《达斡尔族萨满仪式调查研究》得以出版是国内外人文社会科学界的一件幸事。

该书是她多年孜孜不倦、刻苦钻研的硕果。作者做了长期而扎实的田野调查，因此书中所使用的资料大多为鲜活的第一手资料。调查内容翔实可靠，对资料的收集整理和分析研究都体现了作者较高的田野考察能力和理论阐释能力。书中提出了具有创见性的学术观点和独到见解，使得达斡尔族萨满文化和宗教仪式研究向前推进了一大步。

总之，萨敏娜博士的专著《达斡尔族萨满仪式调查研究》，资料翔实、论据充分、行文流畅、写作规范、结论有创建，是一部具有很高学术价值和突出现实意义的学术力作。该书的出版在达斡尔族萨满文化研究方面必将起到承前启后的重要作用。

2018 年 8 月

导　　论

在萨满教研究领域，自20世纪80年代以来，中国学术界已有非常多的优秀研究成果，但聚焦于达斡尔族萨满教的研究成果并不多，专题研究达斡尔族信仰状况、达斡尔族萨满仪式的专著和论文更是少之又少，比较常见的情况是在各种专题调查和研究报告中有所涉猎。这种情况在国内学者的早期研究中更为普遍。进入21世纪，达斡尔族中出现了以斯琴掛、沃菊芬为代表的新时代的活跃的大萨满，举办了数十场不同主题的公开、盛大的仪式活动，这种研究状况才得以改观。此后，基于活态萨满文化及仪式活动的多视角观察、多学科研究迅猛发展，题材丰富，成果倍增，有关达斡尔族萨满的仪式考察、记述分析才逐渐多起来。

达斡尔族及其古老萨满信仰较早见于我国的古籍资料是方式济的《龙沙纪略》①，该书记录了当地达斡尔人信仰萨满的情况。后有徐宗亮等在《黑龙江述略》②中也记载了早期达斡尔人对萨满教的笃信和依赖：巫风盛行，家有病者，不知医药之事，辄招巫入室诵经。清朝道光年间，达斡尔族学者花灵阿对达斡尔族历史源流问题进行了研究，撰写的《达斡尔和索伦源流考》③对达斡尔族的萨满教信仰状况也略有述及。

清末及民国时期，一些外国学者曾对达斡尔族的语言和社会生活进行了调查研究，出版了几部有代表性的作品。伊万诺夫1894年在圣彼得堡

---

① 方式济：《龙沙纪略》，《影印文津阁四库全书》第196册，商务印书馆2005年版，第615页。

② （清）徐宗亮等：《黑龙江述略》，李兴盛、张杰点校，黑龙江人民出版社1985年版，第82页。

③ 孟志东编著：《中国达斡尔族古籍汇要》，内蒙古文化出版社2007年版，第9页。

出版的《索伦达呼尔文范例》和鲍培 1930 年在列宁格勒出版的《达斡尔语方言》等著作都有述及达斡尔族的信仰文化。日本学者池尻登根据对达斡尔族布特哈地区的调查撰写了《达斡尔族》①，该书对神衣、神帽和神鼓的形制及功用、神职人员的分工与职责、萨满神灵相斗、祭祀土地神、祭祀敖包②等祭仪做了比较详细的介绍和分析，是研究达斡尔族萨满教富有价值的参考文献。

这一时期，达斡尔族本民族学者也做了一些研究并发表一些著述。何布台的《达古尔蒙古嫩流志》③对达斡尔族萨满祭神过程记述比较翔实，钦同普的《达斡尔民族志稿》④对达斡尔族社会中流行的敖包祭、求雨祭、家祭、禳疫祭都有简略的记载，为我们了解当时的达斡尔族宗教信仰及活动状况提供了非常有益的线索和资料。

20 世纪三四十年代，对于达斡尔族萨满教的调查研究最有成绩的要数日本学者大间知笃三。他的考察报告《达斡尔族巫考——以海拉尔群体为主要对象》⑤发表于 1944 年《建国大学研究院学报》第 41 卷。他把祖先神“斡卓尔”（即“斡卓日”⑥）信仰种类及祭祀对象分为三种类型：第一系统，血统上的氏族祖先；第二系统，巫统上的氏族祖先神，即斡卓尔；第三系统，不归属上述任何一方的氏族祖先神。他还把达斡尔族祭祀分为族谱祭、新年祭、年末祭、斡米南⑦、依尔敦、达布尔汗祭、敖包祭等。该报告对萨满的死亡和出现、巫装巫具也进行了详细的介绍，还收录了采集到的关于神灵的各种传说故事。大间知笃三提出的巫统、血统概念后来

---

① ［日］池尻登：《达斡尔族》，奥登挂译，达斡尔历史语言文字学会编印，1982 年。

② 敖包（/ɔbɔː/），用山石堆积而成、顶端中心插柳树捆的尖塔形祭坛。

③ 何布台：《达古尔蒙古嫩流志》，内蒙古自治区社会科学院民族研究室编印，1980 年。

④ 钦同普著：《达斡尔民族志稿》，印行于伪满洲国时期。

⑤ 大间知笃三：《达斡尔族巫考——以海拉尔群体为主要对象》，载辻雄二、色音编译：《北方民族与萨满文化——中国东北民族的人类学调查》，中央民族大学出版社 1995 年版。

⑥ 斡卓日（/ʊʤʊr/，海拉尔达斡尔群体），即霍卓日（/xʊʤʊr/，巴特恩达斡尔群体），本义根，根子，意为源头、根本，指称血亲远祖祖先或莫昆祖先神。

⑦ 斡米南（/ɔminaːn/）或斡米纳仁（/ɔminaran/），详见本书第五章。

成为许多学者研究的方向和课题。这篇论文文风严谨，记述翔实，态度客观，是早期达斡尔族萨满及其仪式研究文献资料中最全面和最深入的，至今仍然是我们研究达斡尔族萨满教不可或缺的重要参考材料。

20 世纪五六十年代，中华人民共和国开展了全面的各少数民族的社会历史调查，调查以社会历史经济发展情况为主，其中也收录了各少数民族的宗教信仰状况。《达斡尔族社会历史调查》① 在广泛深入调查的基础上，对达斡尔族萨满教的基本概况和供奉的诸神做了比较详细的记录和阐释；对达斡尔族萨满教的神职人员雅德根的派别、训练、职能及社会地位、萨满神服及法器都有比较全面的记述，还附录了一些家族祖先神灵的来历和关于雅德根由来的传说故事，资料全面、翔实。这个调查开展较早，始于 20 世纪 50 年代，但是出书较晚，成书于 20 世纪 80 年代，是迄今为止研究达斡尔族萨满教信仰文化重要的资料来源和依据。

《中国民族问题研究集刊》（第一辑）就是这一时期的代表集刊。其中，傅乐焕先生在《关于达呼尔的民族成分识别问题》② 的宗教信仰章节中简要叙述了达斡尔族所信奉的萨满教的基本形态；林耀华、王辅仁、阿勇绰克图在《达呼尔氏族、亲属和风俗习惯的调查报告》③ 中专门探讨了达斡尔族的宗教信仰问题，认为达斡尔族的固有宗教是萨满教，并对达斡尔族的神灵崇拜和祭祀活动进行了分类叙述，反映了当时达斡尔族的宗教信仰状况，并对请萨满跳神的原因做了基本分析。

20 世纪 80 年代是萨满文化研究的复苏时期，在这一时期，中国社会科学院民族所的专家学者率先在我国萨满教研究领域中开展了极其重要的开拓性和基础性的研究工作。秋浦主编的《萨满教研究》④ 的出版率先打破了这一研究领域的“禁区”。吉林省民族研究所汇编的《萨满教文化研

① 内蒙古自治区编辑组编：《达斡尔族社会历史调查》，内蒙古人民出版社 1985 年版。

② 中央民族学院研究部编：《中国民族问题研究集刊》（第一辑），研究部编印，1955 年，第 1 页。

③ 中央民族学院研究部编：《中国民族问题研究集刊》（第一辑），研究部编印，1955 年，第 62 页。

④ 秋浦主编：《萨满教研究》，上海人民出版社 1985 年版。

究》第一辑、第二辑是20世纪80年代末国内较有影响的萨满研究论文集，其中第一辑有三篇达斡尔族学者关于达斡尔族萨满教的研究成果。乌力斯·卫戎的《达斡尔族的萨满教》简要介绍了达斡尔族萨满的等级分类职能、服饰法器、祈祷、跳神、祭典等活动。莫日根迪的《达斡尔族之宗教信仰》[①]简要介绍了达斡尔族的宗教信仰及诸神、萨满及其服具、萨满祭典、萨满祭词，对达斡尔族普遍信仰的神灵作了概要介绍。塔娜的《达斡尔族的神话和萨满教》主要从神话和自然崇拜、神话和图腾崇拜、神话和"灵魂不灭"、神话和祖先崇拜、神话和祭祀等全新视角对达斡尔族萨满教的文化内涵展开了理论分析。

美国人类学家马克·本德的调查研究报告《"父天，倾听我们祈祷"：中国东北民族——达斡尔人的萨满教》[②]对达斡尔族萨满教的萨满主题、民间故事中的死与复生、达斡尔人的世界观、氏族神、萨满类型、精心制作的萨满服具、萨满鼓、萨满教在当今中国等几个方面进行了简要述评，是较早向国外系统介绍达斡尔族萨满文化的学术论文之一。

从20世纪90年代开始，受国外萨满文化研究思潮的影响，国内也出现了萨满教研究热潮，具有代表性的成果有刘小萌、定宜庄合著的《萨满教与东北民族》[③]，色音的《东北亚的萨满教：韩中日俄蒙萨满教比较研究》[④]，富育光的《萨满教与神话》、《萨满论》[⑤]，孟慧英的《中国北方民族萨满教》[⑥]，郭淑云的《原始活态文化——萨满教透视》[⑦]，王宏刚、荆文礼、

---

① 吉林省民族研究所编：《萨满教文化研究》（第一辑），吉林人民出版社1988年版，第136—148页。

② 孟志东主编：《达斡尔族研究》（第三辑），内蒙古达斡尔历史语言文学学会编印，1989年。

③ 刘小萌、定宜庄：《萨满教与东北民族》，吉林教育出版社1990年版。

④ 色音：《东北亚的萨满教：韩中日俄蒙萨满教比较研究》，中国社会科学出版社1998年版。

⑤ 富育光：《萨满教与神话》，辽宁大学出版社1990年版。富育光：《萨满论》，辽宁人民出版社2000年版。

⑥ 孟慧英：《中国北方民族萨满教》，社会科学文献出版社2000年版。

⑦ 郭淑云：《原始活态文化——萨满教透视》，上海人民出版社2001年版。

于国华合著的《萨满教舞蹈及其象征》①，等等。

娜日斯采录整理的《达斡尔族民间故事百篇》②中收录了多篇流传于民间的萨满教和各种灵异的传说故事。白杉、卜伶俐收集整理编著的《北方少数民族萨满神话传说集》③收录了有关达斡尔族萨满的神话故事，讲述了萨满身上的神性与人性的双重属性。奥登挂研究员的论文《达斡尔族古代的萨满教》④对萨满祭天的缘由和供奉的祭品都有介绍，对萨满神衣各种装饰符号的象征意义进行了文化学的解读，对各种萨满法器的由来及演变过程、萨满“伊若”⑤的艺术特征也有较深入的分析。丁石庆教授在《达斡尔语言与社会文化》⑥一书中专设一章讨论宗教词语与宗教文化，从宗教词语的类别系统、宗教词语的特点、宗教词语的文化透视三个方面重点分析了达斡尔语中以萨满教词语为主的宗教词语及其文化内涵。

20 世纪 90 年代出版的吕大吉、何耀华主编的《中国各民族原始宗教资料集成·达斡尔族卷》⑦对达斡尔族的萨满教做了许多补充调查和资料收录。

进入 21 世纪，达斡尔族中涌现出以斯琴掛、沃菊芬为代表的在国内外颇具影响的新时代大萨满，他们非常活跃，举办了许多大型、公开的萨满仪式活动，斯琴掛萨满还参加了十几个国内外重要的萨满文化研究会议。斯琴掛及其弟子们的仪式活动吸引了众多国内外学者前往呼伦贝尔的达斡尔族聚居区采访考察，从不同学科、不同角度研究探讨达斡尔族富有典型原生型特征的萨满文化和习俗的活态再现，出现了一批有关达斡尔族

---

① 王宏刚、荆文礼、于国华：《萨满教舞蹈及其象征》，辽宁人民出版社 2002 年版。

② 娜日斯采录整理：《达斡尔民间故事百篇》，内蒙古文化出版社 1992 年版，第 1 页。

③ 白杉、卜伶俐编：《北方少数民族萨满神话传说集》，呼伦贝尔盟少数民族古籍整理领导小组办公室编印，1995 年。

④ 《达斡尔族研究》（第六辑），内蒙古自治区达斡尔学会编印，1998 年。

⑤ 伊若（/irʊ/），也叫雅德恩·伊若（/jad’ən irʊ/），萨满的唱祷神歌。

⑥ 丁石庆：《达斡尔语言与社会文化》，中央民族大学出版社 1998 年版。

⑦ 吕大吉、何耀华主编：《中国各民族原始宗教资料集成·达斡尔族卷》，中国社会科学出版社 1999 年版。

萨满研究的新成果，改变了达斡尔族萨满文化长期不被关注的局面。与此同时，我国的萨满教研究经过近三十年的积累沉淀，各种专题性和综合性的研究成果一齐涌现，日益活跃和丰硕。

在萨满教音乐研究方面，刘桂腾发表了《中国萨满音乐文化系列研究（之六）达斡尔族萨满音乐》①和《呼伦贝尔萨满鼓之类型——鄂温克、鄂伦春、达斡尔等族萨满乐器的地域文化特征》②两篇论文。在萨满教语言研究方面，丁石庆撰写了论文《论达斡尔族多神信仰及其相关的价值观念》。在达斡尔族萨满服饰研究方面，有安英的《达斡尔族萨满神衣与神鼓之研究》③和郭旭光、金铭锋、苏日台合作完成的著作《神话・民俗与萨满服饰》④。在萨满祭祀仪式方面，有关于萨满祭祀“敖包”的专题考察和论述，乔志成的《论达斡尔族“敖包”及其来源》对“敖包”的社会功能进行了分析，阿力的《试论海拉尔达斡尔人的墓地敖包》⑤对海拉尔达斡尔人的墓地敖包形成的原因和祭祀敖包的形式进行了论述，孟盛彬、郝海迪的《达斡尔族萨满敖包祭祀仪式的田野考察》⑥实际上是对达斡尔族独特的“山登”⑦及其“山登・敖包”⑧的祭祀仪式过程的考察和分析。

萨敏娜、吴凤玲、李楠、郑琼、孟慧英等人合作完成的《达斡尔族斡米南文化的观察与思考——以沃菊芬的仪式为例》是第一部专门研究达斡尔族萨满仪式的著作，是孟慧英教授带领年轻的学者和博士生对达斡尔族

---

① 刘桂腾：《中国萨满音乐文化系列研究（之六）达斡尔族萨满音乐》，《乐府新声（沈阳音乐学院学报）》2008 年第 2 期。

② 刘桂腾：《呼伦贝尔萨满鼓之类型——鄂温克、鄂伦春、达斡尔等族萨满乐器的地域文化特征》，《中央音乐学院学报》2003 年第 3 期。

③ 安英：《达斡尔族萨满神衣与神鼓之研究》，《内蒙古艺术》2007 年第 2 期。

④ 郭旭光、金铭锋、苏日台编著：《神话・民俗与萨满服饰》，内蒙古文化出版社 2012 年版。

⑤ 《达斡尔族研究》（第九辑），内蒙古教育出版社 2008 年版，第 457 页。

⑥ 孟盛彬、郝海迪：《达斡尔族萨满敖包祭祀仪式的田野考察》，《寻根》2011 年第 5 期。

⑦ 山登（/ʃandəŋ/），海拉尔达斡尔群体的叫法，即萨满墓，用石头堆积而成。文献记载亦写作“尚德”。

⑧ 山登・敖包（/ʃandəŋ ɔbɔ:/），为萨满墓“山登”修建的敖包。

萨满沃菊芬于2009年在莫力达瓦达斡尔族自治旗举行的首次斡米南仪式的民族志考察形成的研究成果。该书首次大量集中记述、翻译、注释了神灵附体状态下萨满所唱神歌歌词和神谕内容，对新时代达斡尔族萨满的斡米南仪式的基本面貌进行了完整的呈现。

已故著名达斡尔族学者满都尔图研究员的《达斡尔族萨满教述略》①主要介绍了萨满教形成和发展的自然环境和社会背景、萨满教的早期形态、萨满教的演变、萨满教与达斡尔族的社会文化等几个方面。他主编的《达斡尔族百科词典》②历时5年完成，是对以往达斡尔族研究的一个汇总和总结，是达斡尔族研究的集大成者。其中的宗教信仰章节从宗教观念、供祭的诸神、雅德根③、祭祀活动四个方面对达斡尔信奉的萨满教做了全面系统的梳理和介绍。

丁石庆、赛音塔娜编著的《达斡尔族萨满文化遗存调查》④从达斡尔族萨满文化背景、历史上的萨满及其宗教活动、萨满教的观念及其崇拜对象、萨满教与达斡尔族民俗、达斡尔族文学艺术等几个方面进行了梳理和研究，对达斡尔族萨满文化传承人斯琴掛、沃菊芬进行了访谈，并对沃菊芬萨满2009年的斡米南仪式进行了简要记述。

孟盛彬的《达斡尔族萨满教的衰落与文化重构》⑤对达斡尔族萨满教变迁的分期特点进行了阐述，根据发展演变历程分类，大致经历了古代全盛时期、近代衰落时期和现代文化重构时期。

近十年间，斯琴掛、沃菊芬等达斡尔族大萨满的出现和她们的活跃的仪式活动，引起了国外学者的高度关注，他们纷纷前往达斡尔族聚居区进行实地考察，发表了多篇考察报告和论文。代表性的论文有匈牙利的霍帕

① 满都尔图：《达斡尔族萨满教述略》，载《满都尔图民族学文集》，民族出版社2006年版，第299—307页。

② 满都尔图主编：《达斡尔族百科词典》，内蒙古文化出版社2007年版。

③ 雅德根（/jadgən/）或雅德恩（/jad'ən/），达斡尔族对男、女萨满的统称。

④ 丁石庆、赛音塔娜编著：《达斡尔族萨满文化遗存调查》，民族出版社2011年版。

⑤ 孟盛彬：《达斡尔族萨满教的衰落与文化重构》，《世界宗教文化》2011年第6期。

尔和戴维的《一个来自中国东北的朝气蓬勃的达斡尔族萨满仪式》[①]，该文记述的是斯琴掛萨满 2007 年的斡米南仪式；还有日本南山大学的瑞士学者卡耐特·皮特的论文《一位萨满的宗教仪式歌曲》[②] 与《达斡尔萨满之管见》[③]，后者记述并分析了斯琴掛为师的几个“出马”仪式，即领神仪式。

如此众多的研究成果为笔者的研究提供了珍贵的文献资料、基本依据和研究方向，是笔者考察萨满仪式、思考其信仰观念的前提依据，提供了专用术语概念及内涵、基本研究范畴和框架。无论是早期研究成果还是近期学术论文和专著，无论是国外学者还是国内专家都普遍认同，达斡尔族自古笃信萨满教，相信万物有灵、崇拜自然神灵并供奉祭祀，达斡尔族的司祭者有五种基本类型；萨满服饰精美且富有象征意义，神鼓是萨满的主要法器；达斡尔族的主要祭祀仪式包括祭天、祭祀敖包、祭祀祖先神；等等。

总的来看，达斡尔族萨满信仰文化呈现出恢复重建的发展态势，不过，虽然出现了一大批非常有价值的研究成果，但对于达斡尔族极为丰富的萨满教传统而言，对它的考察仍然处于学术研究的边缘地位，即使是在达斡尔民族之中也未得到应有的重视。缘于过去学者对于各民族的萨满信仰状况包括对达斡尔族的调查研究大多表现为宏观角度的把握，通常采用大范围、短时间的调查形式，缺少对于固定区域的长期、深入、持续的跟踪和调查研究，更由于当时的社会历史条件所限，达斡尔族与其他民族一样，萨满及萨满文化传承中断数十年，所谓“巧妇难为无米之炊”，没有对象怎么进行研究呢？没有活跃的萨满，缺少生动的仪式，无法深入观察，不能反复印证，也就使过去的调查研究成果出现许多缺憾和不足，甚至是谬误。

以《达斡尔族社会历史调查》中的神—人为例。先说神—人结构中的神。《达斡尔族社会历史调查》考察记述的达斡尔人普遍供奉的诸神有十

---

① Dȧvid Somfai Kara and Mihȧly Hopp: “A Revitalized Daur Shamanic Ritual from Northeast China”, *Shaman*, Volume 17, Numbers 1 and 2, Spring and Autumn 2009, Molnar & Kelemen Oriental Publiashers, pp.141-169.

② 卡耐特·皮特：《一位萨满的宗教仪式歌曲》，日本南山大学《亚洲民俗研究》。

③ 卡耐特·皮特：《达斡尔萨满之管见》，薛刚译，载郭淑云、薛刚主编：《萨满文化研究》（第三辑），民族出版社 2013 年版，第 237 页。

余种，此外还有以家族为单位供奉的神。[①] 在萨满教研究领域，神灵问题一直是一个非常复杂的问题，因为想要搞清楚这个问题的基本脉络，必须要回到古老萨满教起源之万物有灵的思想基础和多神崇拜的信仰观念中去思考，就比较容易想象萨满教体系的神灵种类繁多、数目庞大，那么，哪些神灵进入到达斡尔人的信仰体系了呢？笔者查阅大量的达斡尔族萨满教研究著述发现，实际上似乎都还没有超越《达斡尔族社会历史调查》的研究成果，大多在重复记述。笔者的最初研究也是从《达斡尔族社会历史调查》记述的神灵开始的。后来随着仪式调查的持久、深入及后期的访谈印证，笔者发现达斡尔族的神灵世界更加丰富多彩，复杂万千。笔者的调查采访结论是，达斡尔族一般人家普遍信奉的神灵有“腾格日”[②]、“霍卓日・巴日肯”[③]、“敖雷・巴日肯”[④]、“奴吉日・巴日肯”[⑤]、“娘娘・巴日肯”[⑥] 等五种基本类型。天神“腾格日”对于每家都一样，其他四种神灵类型则各不相同。而“哈音”[⑦] 并不是一种或者一个单独的神灵类型，它只是某些莫昆[⑧] 家族的“霍卓日・巴日肯”之代言者“霍卓日・雅德恩”[⑨] 故去后供奉的其中一种形象，更非《达斡尔族社会历史调查》所记载是

① 参见内蒙古自治区编辑组编：《达斡尔族社会历史调查》，内蒙古人民出版社 1985 年版，第 242—257 页。

② 腾格日（/təŋgər/），天，天神。

③ 霍卓日・巴日肯（/xʊdʒʊr barkən/，巴特恩达斡尔群体）或斡卓日・巴日肯（/ʊdʒʊr barkən/，海拉尔达斡尔群体），祖先神，莫昆祖先神。

④ 敖雷・巴日肯（/aʊləi barkən/），山神。

⑤ 奴吉日・巴日肯（/nudʒir barkən/，巴特恩达斡尔群体），即鲁吉日・巴日肯（/ludʒir barkən/ 或鲁朱日・巴日肯 /ludʒur barkən/，海拉尔达斡尔群体），蛇神。“奴吉日・巴日肯”属于“罗斯・巴日肯”系列。

⑥ 娘娘・巴日肯（/njaŋnjaŋ barkən/）或腾格日・娘娘（/təŋgər njaŋnjaŋ/），娘娘神。

⑦ 哈音（/xajin/），也叫霍卓日・哈音（/xʊdʒʊr xajin/，巴特恩达斡尔群体）或斡卓日・哈音（/ʊdʒʊr xajin/，海拉尔达斡尔群体），祖先神偶像。

⑧ 莫昆（/mokun/），达斡尔族父系氏族组织“哈拉”下一层血缘关系更为亲近的基层组织的统称。

⑨ 霍卓日・雅德恩（/xʊdʒʊr jad’ən/，巴特恩达斡尔群体）或斡卓日・雅德恩（/ʊdʒʊr jad’ən/，海拉尔达斡尔群体），莫昆・萨满。

巴格其[①]、巴日西[②]、扎列[③]的死后灵魂；“翁果日”[④]也不是一个或者一种单独的神灵类型，它是萨满所领神灵，据说，每一个萨满所领神灵都可以进入萨满的身体，即所谓萨满神灵附体状态下对其所领神灵的称呼；“乌西·娘娘”[⑤]神的来源极为广泛，而非仅仅是寡妇的私生子的冤魂与动物结合的精灵；等等。还有，“敖雷·巴日肯”没有“翁果日”、“乌西·巴日肯”没有“翁果日”的说法[⑥]是不对的，在笔者所考察的斡米南仪式中，沃热哈拉的“西额·敖雷”[⑦]、敖拉哈拉拉里浅的“乌西·娘娘”都曾经降临于萨满。此外，萨满仪式中还出现了许多未曾记录的神灵，比如“杜卡·巴日肯”[⑧]、“查出库·太提”[⑨]、“霍日里·乌塔其”[⑩]等等。这些问题在本书中都有进一步的记述、研究。

再说神—人结构中的人。达斡尔族的司祭者主要有五种类型，很多学者把这五种类型的宗教活动者都称为萨满，这在达斡尔族内部特别是雅德恩群体是不予认同的，人们认为，只有雅德恩才是真正的萨满，其他如斡托西[⑪]、巴格其、巴日西、巴日耶浅等都不是萨满。在国内研究文献中，《达斡尔族社会历史调查》最初记载了达斡尔族司祭者的分类及功能，一直沿用至今。不过，其中也有一些偏差。比如，对“巴格其”的定位是说巴格其没有自己的神灵，雅德恩跳神时，他做助

---

① 巴格其（/bagʧi/），司祭者和治疗师，被认为是“全科大夫”。

② 巴日西（/barʃ/），接骨、正骨或按摩师。

③ 扎列（/ʤaræ/），瑷珲地区达斡尔人对“雅德恩”助手的称谓。

④ 翁果日（/ʊŋgʊr/），神灵，萨满神灵。

⑤ 乌西·娘娘（/uːʃiː njaŋnjaŋ/），乌西娘娘神。

⑥ 参见内蒙古自治区编辑组编：《达斡尔族社会历史调查》，内蒙古人民出版社 1985 年版，第 254、255 页。

⑦ 西额·敖雷（/ʃi’ə aʊləi/），大山神，即狐仙，认为是成精的狐狸。

⑧ 杜卡·巴日肯（/dukaː barkən/），门神。

⑨ 查出库·太提（/ʧaːʧuk tajti/），直译“碗祖母”，神灵名称，意为碗祖母神。

⑩ 霍日里·乌塔其（/xʊrli utaːʧ/），直译“霍日里老爷子”，指“霍日里·绰罗”之主，即霍日里山山神。

⑪ 斡托西（/ʊtʊʃi/），娘娘神的显示者和代言人，主治妇科和儿童疾病。

手。[①] 其实不然。第一，“巴格其”也是有“霍卓日”的，也是有“翁果日”的；第二，“巴格其”的职能众多，据说，相当于全科大夫，最擅长治病；第三，据说“巴格其”还能够走“多勒布日”[②] 道路，即民间所说的“过阴”；第四，女人也有做“巴格其”的，如斯琴掛的弟子孟孝瑞“巴格其”就是女性。此外还有“齐彦其”，并不是指人，也不是司祭者之一种，而是指一种小的“翁果日”，领有这种小的“翁果日”、“齐彦其”的人称为“齐彦其·提”，即有“齐彦其”“翁果日”的人，后来，《达斡尔族百科词典》对此有修正，但是用了“克安奇”的汉字转写和记述，实际上是一回事。这些情况也都在本书中有所补充说明或者更新、修正。

再以一种非常重要的祭祀仪式活动中的“敖包”祭祀为例。首先，达斡尔族的“敖包”来源最为广泛，每一个敖包都有它的“额金”[③]；其次，敖包类型丰富，不仅有哈拉—莫昆敖包，如莫日登哈拉[④]“尼日耶·敖包[⑤]，还有区域地方敖包“安门·敖包”[⑥]、河神敖包“罗松·敖包”[⑦]、山神敖包“拐勒·敖包”[⑧]，还有“雅德恩·敖包”[⑨]或者“山登”及所属“山登·敖包”；再次，敖包的功能众多且强大，敖包不仅是山神，还是地方神，有些敖包还可以作为祭祀祖先神的平台和场所。这个问题在本书第三章有详细阐述。

笔者并没有也不可能穷尽所有的问题，而是在广泛阅读上述重要文献基础上开始我的学习和研究的，在多年的田野调查与研究中，在多次与萨

---

① 参见内蒙古自治区编辑组编：《达斡尔族社会历史调查》，内蒙古人民出版社 1985 年版，第 267 页。

② 多勒布日（/dʊlbur/），指一种通往冥界的治疗重病的象征仪式。

③ 额金（/əʤin/），主，主人，主宰者，国王，皇帝。

④ 莫日登哈拉（/mərdəŋ xal/），达斡尔族古老的父系氏族，后简称单字姓氏“孟”。

⑤ 尼日耶·敖包（/nir'i ɔbɔ:/），指莫日登哈拉尼日耶浅修建的敖包。

⑥ 安门·敖包（/anmən ɔbɔ:/），也叫“安本·敖包”，坐落在陈巴尔虎旗境内。

⑦ 罗松·敖包（/lʊsʊŋ ɔbɔ:/）或罗斯依·敖包（/lʊsi ɔbɔ:/），龙神敖包。

⑧ 拐勒·敖包（/gʊajl ɔbɔ:/），位于莫力达瓦达斡尔族自治旗境内。

⑨ 雅德恩·敖包（/jad'ən ɔbɔ:/），莫力达瓦达斡尔群体的叫法，萨满墓之一种形式。沃菊芬萨满莫昆家族上代萨满的雅德恩·敖包位于莫力达瓦达斡尔族自治旗西博荣村山上。

满的访谈交流中，吸收、借鉴已有成果，对当时没有发现或者发生的情况做一补充，对谬误予以纠正。这是作为本民族学者的良心和责任。我的研究还将继续，希望进一步推进达斡尔族的萨满信仰文化研究，我希望不断超越自己，也希望有更多的人超越我。

从 2009 年夏天至今，在长达 9 年的时间里，笔者亲自到内蒙古参与式调研达斡尔族萨满举办的各种各样的仪式有几十次之多，主要有 7 次领神仪式，9 次祭祀敖包及相关仪式，4 次祭祀龙神仪式，5 次斡米南仪式，7 次祭祀祖先神仪式，2 次祭祀山登仪式，多次治病、治疗仪式。笔者还有幸观看过 2010 年鄂温克旗呼和庙开光暨祭火神仪式，布里亚特萨满为鄂温克人举行的祭祀祖先神仪式。笔者还有机会考察了内蒙古鄂温克旗和莫力达瓦旗的官祭敖包仪式。

回顾这些年的田野调查经历，真的付出很多。只要听说有大的仪式活动，笔者就提前计划好按时赶赴参加考察调研。好在基本上是在节假日的时候较多。仪式过程中，我一个人干着至少三四个人的工作，常常是一个人录像、照相、录音、做笔记。不想遗漏，所以，经常在仪式场地的室内室外、四处查看仪式的准备和进展情况。起早贪黑是常事，早上四五点直到晚上八九点经常连续作战的时候很多。仪式之后往往来不及细细核对所见所闻，就电话追踪采访，每一个重要词汇和重要语意都要认真进行核实，希望忠实地记录和表述祭祀仪式及其内容。这是深入研究的基础和前提。笔者抓住每一个能够见到萨满的机会求教、求证我的观察和结论。我多次采访过斯琴掛萨满、沃菊芬萨满、孟玉金萨满，多次向几位萨满、向斯琴掛萨满的丈夫巴特尔先生求教。笔者还多次采访达斡尔族萨满文化知情人铁林先生、年逾 80 岁的巴德玛夫妇，也经常向斯琴掛的其他弟子们请教、学习、核实情况。此外，笔者还走访过内蒙古呼伦贝尔市的莫力达瓦达斡尔族自治旗、鄂温克族自治旗等有关旗县的文化局、民族宗教事务局、旅游局、达斡尔学会、鄂温克学会等。

笔者的父亲是鄂温克族，母亲是达斡尔族，母语实际上是达斡尔语。笔者出生并从小生活在莫力达瓦达斡尔族自治旗，对达斡尔族的文化、语言非常熟悉并有着深厚的感情。现在，年轻人、孩子们会说达斡尔语的已经越来越少了。幸运的是，笔者在达斡尔族萨满仪式上发现了这一古老语言和萨满文化展现的独特魅力。萨满神歌集中展示着人们常见的、不常见的达斡尔语词汇，古语、俗语、谚语、象声词，合辙押韵，表达着人们日常生活中积累的丰富人生经验和哲理，教育教导人们一心向上、向善。达斡尔人的萨满信仰由来已久，自20世纪三四十年代以来几经风雨、断续飘摇，却一直在民间保持着强韧的生命力；20世纪末开始又呈现复兴之态，而且是活态的优美民族语言、传统萨满文化的恢复。笔者的研究正逢其时，希望通过自己的努力留给后人一个关于中国人口较少的民族——达斡尔传统萨满文化的鲜活记忆。

本书仅选取具有代表性的达斡尔族萨满举办的领神仪式、祭祀敖包仪式、祭祀龙神仪式、斡米南仪式，较为详细地记述、介绍并分析总结当代达斡尔族萨满仪式的特点、功能及其在当代社会的价值和意义。这些仪式都是笔者亲自观看、考察、记录的，所有的翻译都是本人自己完成的。当然，其间得到了斯琴掛萨满、沃菊芬萨满等人的大力帮助和支持。

需要说明的是，本书各个仪式记述、分析中有大篇幅萨满进入神灵附体状体下宣示神谕的神歌内容。神歌、神谕的翻译是一项非常艰辛的工作，占用了笔者大量时间和精力，但又是十分必要的工作，因为，差不多所有的仪式规矩、活动原则、大小道理、背后原因都能在神谕中找到答案。每一个仪式的主要环节和重要内容基本上都是萨满进入神灵附体状态后安排的，除了安排、指导仪式的具体步骤和仪程内容，萨满还以神灵的口吻给予莫昆和族众及所有参加者大量的警示、劝告、期望与祝福。而这些正是人们最关心和关注的，他们带着疑惑、困顿和希冀来到仪式现场，正是寻求萨满给出的答案和帮助、安抚和慰藉。因此，萨满在神灵附体状态下所唱神歌内容是萨满仪式的核心理念及其文化价值体现，集中展现了达斡尔人的多神信仰观念和崇敬崇拜行为。大量的神谕内容的翻译、记述，并据此进行萨满仪式的归纳总结和分析，因此，本书仪式实录部分的篇幅较大。

笔者所做的达斡尔族萨满仪式研究，其价值和意义在于它是对源于传统的当代活态萨满仪式的翔实、完整的记录与分析、归纳和总结。笔者主要不是依赖文献资料和他人研究成果；相反，所有的萨满仪式都是笔者亲自观看、亲身考察、亲自记录、亲自整理翻译，所有仪式调研资料都是第一手的，而且，每一种仪式类型都看了多场，了解和认识不断深入、深刻。此外，不是仅仅记述仪式仪程的外在形式，更为重要的是深入其核心信仰观念中诠释仪程步骤的内涵和意蕴。中华人民共和国成立以后，所有的萨满及其活动渐次转入地下悄悄进行，民间的多神信仰依然顽强存在，但是没有了公开的、活跃的萨满看病、治病、祭祀，整个达斡尔族萨满文化及其传承进入断层断代状态。因此，20 世纪 50 年代开始进行的《达斡尔族社会历史调查》所采集到的有关萨满信仰和文化的内容基本上都是口头采访，缺少真正的仪式考察和记述，资料断续、零散。20 世纪 90 年代，文化环境宽松之后，学者们再次采集、调研达斡尔族的原生型萨满信仰和民俗文化，当时依然极少活跃的萨满及其祭祀活动。1998 年，斯琴掛萨满举行正式领神仪式，并为众多弟子“出马”、恢复各种传统祭祀仪式，标志着并开始了达斡尔族萨满文化的全面恢复和重建。笔者幸运地得以亲见那些生动的萨满仪式。

当然，即便是笔者有先天的语言优势，熟悉达斡尔族传统文化，即便是笔者付出了十二分的辛勤努力。但是，萨满仪式活动的内容繁多，内涵丰富，要全面认识、深刻把握实非易事。本书对达斡尔族萨满仪式中神灵附体的过程和表现做了尽可能如实和细致的描述，在描述中不掺杂个人的评论意见，目的是为研究者提供尽可能完整的现场文本。神灵附体属于一种神秘的宗教体验，除个别假萨满有意欺骗外，真萨满的神灵附体是他们真实的心理和行为状态，是一般人感受不到的，我们要承认这种现象的客观实在性并加以研究。吕大吉先生在《宗教学通论新编》中提出“宗教四要素”说，即：宗教观念、宗教体验、宗教行为、宗教组织与制度。他在分析宗教体验时指出：“所谓宗教经验就是宗教信仰者对于神圣物（神、神圣力量、神圣物）的某种内心感受和精神体验”，“萨满教的萨满，民间宗教的巫师，彝族宗教中的‘苏尼’，在其自称与超自然精灵或神灵进行交往的过程中，确有种种恍兮惚兮、如醉如痴的神秘状态”，“萨满在传统宗教和一定的文化历史背景影响之下，往往是真诚的相信神迷状态的神秘性和神圣性的”。① 不同宗教的信仰者的宗教体验是不同的，如佛教徒有“涅槃成佛”，基督徒有“与耶稣同在”，道教徒有“生道合一”，等等。萨满教研究学界对于萨满进入神灵附体状态后出现的迷离和降神状态有种种不同解释，包括宗教心理学的解释都是可以探讨借鉴的。本书重点考察达斡尔族萨满仪式在当代社会生活中的鲜活形态及文化价值，并对在萨满“神谕”形式下的现实内容加以概括和评析，因而暂且不对萨满附体观念本身做理论性的研究。萨满文化研究毕竟是一项长期的艰苦的工作，笔者所看到的、所听到的、所能想到的，还远远不能说对悠久的达斡尔萨满仪式及信仰文化有了完全的理解和深度的认识。加之本人的理论基础比较薄弱，理论水平和认识水平有限，还要利用业余时间做调查和研究。因此，呈现在这里的是我的不成熟的阶段性调查研究成果，还不完善，诚恳希望得到专家学者的批评和建议，得到达斡尔民族同胞的指正和鼓励。

最后需要说明的是，本书对于达斡尔族的一些固有名词术语，特别是涉及萨满信仰的专业词汇和用语首先均按其本来读音译作汉字，再按其发音标注国际音标。在以往的研究文献和成果中，同一个词汇、同样的发音，不同研究者、不同翻译者往往采用不同的汉字书写、转写，写法各异，甚至差别很大。本书的书写原则是：第一，尽量采用学术界已经普遍采用或认同的汉字记述名词术语；第二，采用汉字书写时尽量按照达斡尔语发音记录完整的字音字节；第三，个别名词术语在达斡尔族各地区不同群体间的称谓或发音有所差异，均分别列出其称谓或发音，以示存异，未求统一(斯琴掛生活于海拉尔地区，她的语言属于海拉尔达斡尔群体方言；而沃菊芬生活在莫力达瓦达斡尔族自治旗，她的语言属于巴特恩·达斡

① 吕大吉：《宗教学通论新编》，中国社会科学出版社 1998 年版，第 261、263、271 页。

尔[①]群体方言)；第四，明确的词语、术语表达特别以《达斡尔族社会历史调查》和《达斡尔族百科词典》为准。总之，尽可能保持其原词发音标记标注，以免讹传后代。

① 巴特恩达斡尔（/bat'ən daur/），指居住于莫力达瓦达斡尔族自治旗的达斡尔群体，本书中常简写为“莫力达瓦达斡尔群体”。

第一章　达斡尔族萨满教概述

萨满教是世界性宗教文化现象。从起源而言，萨满教属于自然宗教，是一种典型的原生型宗教。17 世纪后半叶，欧洲民族学家在西伯利亚发现了通古斯人的宗教信仰，直接把通古斯人的通神者“萨满”这一当地称呼引用于考察报告和学术论文，从此，“萨满”一词从民间习俗用语变为世界通用学术用语。据此，他们把不同于欧洲宗教形态的通古斯人的宗教信仰称为 Shamanism，即萨满教或萨满主义。他们在随后进行的进一步扩大化的考察中发现，这种被称为萨满教的宗教现象在世界上其他地区也比较普遍，而并非通古斯人特有的信仰。于是，他们对之也沿用了学术界惯用的学术用语“萨满教”来表达。萨满教因“萨满”而得名。学术界普遍认同，“萨满”一词来源于满—通古斯语族。

12 世纪中叶，宋朝学者徐梦莘的著作《三朝北盟会编》中说：“珊蛮者，女真语巫妪也，以其变通如神，粘罕以下皆莫能及”。珊蛮即是萨满，它是中国古书中最早出现的对萨满教巫师的称谓。

在中国北方少数民族中，无论是古代民族还是现代民族，都有信仰萨满教的传统。我国古代北方民族，如肃慎、鲜卑、突厥、女真、契丹等，都不同程度地信仰萨满教。在中国二十五史和其他史料中都有记载。我国信仰萨满教的民族主要有阿尔泰语系的 19 个民族，包括突厥语族的维吾尔族、哈萨克族、乌孜别克族、柯尔克孜族；蒙古语族的蒙古族、达斡尔族、土族、裕固族；满—通古斯语族的满族、鄂温克族、鄂伦春族、锡伯族、赫哲族等。经历漫长的社会历史发展过程，中国的萨满教信仰逐渐发生了变化，西北地区的一些民族受到藏传佛教和伊斯兰教的影响，萨满教信仰逐渐淡化、疏离，但是仍有遗存，并且在一定程度上影响着他们的社会生活；而生活在东北地区的满族、达斡尔族、鄂温克族、鄂伦春族以及生活在内蒙古东部地区的部分蒙古族，虽然受到了藏传佛教、道教、基督教的不同程度的影响，但依然保持着对萨满文化的虔诚信仰，保留着传统萨满教的观念和祭祀礼仪。

达斡尔族是我国 55 个少数民族之一，是一个具有悠久历史的英雄民族，在 17 世纪抗击沙俄、保卫北方边疆领土的斗争中作出了不可磨灭的贡献。达斡尔族现在主要居住在内蒙古自治区莫力达瓦达斡尔族自治旗、鄂温克族自治旗、海拉尔地区，黑龙江省齐齐哈尔市梅里斯达斡尔族区，新疆塔城地区。达斡尔族是阿尔泰语系蒙古语族民族，有语言，没有文字。2010 年第六次全国人口普查数据显示，达斡尔族现有总人口为 131992 人。

莫力达瓦达斡尔族自治旗是达斡尔族最集中的地方，也是达斡尔族唯一一个实行民族区域自治的地方，成立于 1958 年 8 月 15 日。

同其他北方民族一样，达斡尔族世代虔诚信奉萨满教，是我国目前保留萨满文化遗存最好的民族之一。随着国家非物质文化遗产的抢救与保护，中国萨满文化遗存也受到了各级政府的关怀和重视。莫力达瓦达斡尔族自治旗为了弘扬民族文化，于 2007 年建成了 740 平方米的萨满文化博物馆，展出达斡尔族、鄂温克族、鄂伦春族、蒙古族、满族、锡伯族、赫哲族、朝鲜族等 8 个北方少数民族的萨满服饰、法器、神偶、面具、影像图绘等文物数百件，建造了高达 21 米的全馆标志性建筑——萨满铜像。2007 年萨满文化博物馆及萨满铜像被列入“大世界吉尼斯之最”，莫力达瓦达斡尔族自治旗被命名为“保留萨满文化宗教仪式最多的地区”。经过近几年的努力抢救和挖掘，2014 年 7 月 14 日中国民间文艺家协会命名莫力达瓦达斡尔族自治旗为“中国萨满文化之乡”。命名决定认为：莫力达瓦地处大兴安岭东南麓，是重要的萨满文化流传地；莫力达瓦萨满文历史悠久，底蕴深厚，传承有序，特色鲜明。

萨满教是达斡尔族传统文化的重要组成部分，曾经深刻地影响了他们社会生活的方方面面。即使在“土改”和“文化大革命”时期对萨满及其活动进行过镇压和批斗，也没有完全根除萨满教在达斡尔族民间的深刻影响；相反，达斡尔族的萨满文化保持得相对完整，比较传统，因为萨满信仰在民间根基深厚，已经流淌在民众的血脉之中。改革开放后特别是近 30 年，中国经济蓬勃发展，文化环境宽松，传统文化出现了恢复和重建的态势，达斡尔族中也形成了萨满文化复苏的势头，涌现出著名的大萨满斯琴掛、沃菊芬及其弟子们。他们活跃在呼伦贝尔地区，斯琴掛萨满经常受邀参加国内外萨满文化学术交流活动，成为当代新萨满群体的代表人物。十几年间，他们举行了大量内容丰富的祭祀活动和萨满仪式。

本书将以斯琴掛及其弟子们的仪式活动为例，考察分析当代达斡尔族的萨满教。

研究宗教仪式十分重要。恩格斯指出："在以前的一切宗教中，仪式是主要的事情。"① 众所周知，宗教的两个最基本方面就是宗教信仰体系和宗教仪式体系。关于这一点，许多宗教学家、人类学家都做过论述。普列汉诺夫指出："宗教是观念、宗教情绪和宗教活动的相当严整的体系。"② 他所说的"宗教观念"就是宗教信仰体系；"宗教情绪"因属于意识范畴，也可归入宗教信仰体系；"宗教活动"就是宗教仪式体系。法国著名社会学家 E. 杜尔凯姆明确地把宗教归结为信仰和仪式，他说："宗教现象在本质上可以归结为两个基本范畴：信仰和仪式。前者属于主张和见解，并存在于许多表象之中，后者则是明确的行为模式。这是把所有的现象区分为两大类（思想和行为）的根本区别。"据此，他给宗教下了一个定义："一个宗教是信仰与仪式活动之统一的体系，它们都同神圣的事物有关。"③ W. 华莱士更进一步认为宗教就是"一系列由神话证明合理的、能调动超自然力量以达到或防止人类与自然状态的改变的仪式"，仪式是宗教的主

① 《马克思恩格斯文集》第 3 卷，人民出版社 2009 年版，第 598 页。

② 《普列汉诺夫哲学著作选集》第三卷，生活 · 读书 · 新知三联出版社 1962 年版，第 400 页。

③ E. 杜尔凯姆：《宗教生活的基本形式》，载史宗主编：《20 世纪西方宗教人类学文选》（上卷），金泽、宋立道、徐大建等译，生活 · 读书 · 新知三联书店 1995 年版，第 61、63 页。

要现象，即“行动中的宗教”[①]。美国学者F.普洛格也认为：“在所有的社会中，基本的宗教信仰都体现在宗教仪式中。”[②]

回顾宗教发展的历程，我们还会发现仪式在原始宗教中的重要地位更加明显。B.马林诺夫斯基在深入研究了原始人的宗教后指出，对于原始人，一切都是宗教，因为他们“恒常都是生活在神秘主义与仪式主义的世界里面”[③]。罗伯特森·史密斯也指出：“具有头等重要意义的是，要从一开始就清楚地认识到：礼仪和实际行为严格说来就是古代宗教的全部内容。在原始时代，宗教不是一套附有实际应用方法的信仰体系，而是一套固定的传统行动，每一个社会成员都把它作为理所当然的事情来遵从。”[④]

宗教仪式在原始宗教中之所以如此重要，就在于原始部族还没有系统的宗教信仰体系：一方面，这种完整的系统的信仰体系尚未形成；另一方面，由于没有文字，有关信仰的模糊的概念只是以“传统”、“习俗”的形式传承下来。信仰观念就存在于繁杂的仪式之中。宗教信仰及其仪式与氏族社会生活融为一体，氏族社会生活的秩序就直接体现在一系列仪式中。美国人类学家露丝·本尼迪克特对美国西南部和加拿大的一些印第安人部落的宗教、民俗、宗教仪式做过深入考察，她指出：“新墨西哥的普韦布洛人是一个生活在一连串宗教仪式中的部族，他们把兴趣集中在他们那种丰富而复杂的仪式生活上，在他们所关注的范围内，没有一个活动领域能比仪式更重要了。”[⑤]

---

① ［美］W.华莱士：《人类学对宗教的研究》，兰登出版社1966年版，第107页。转引自［美］威廉·A.哈维兰：《当代人类学》，王铭铭等译，上海人民出版社1987年版，第503页。

② ［美］F.普洛格、D.G.贝茨：《文化演进与人类行为》，吴爱明、邓勇译，辽宁人民出版社1988年版，第567页。

③ ［英］马林诺夫斯基：《巫术科学宗教与神话》，李安宅译，中国民间文艺出版社1986年版，第8页。

④ 参见［英］罗伯特森·史密斯：《闪米特人的宗教》，载［英］埃里克·J.夏普：《比较宗教学史》，吕大吉等译，上海人民出版社1988年版，第104—105页。

⑤ ［美］露丝·本尼迪克特：《文化模式》，王炜等译，生活·读书·新知三联书店1988年版，第62页。

总之，宗教仪式在宗教发展过程中的这种特殊地位使它与文化艺术的渊源更为密切、更为直接。原始“艺术”，诸如洞穴岩画、神偶雕像、图腾标志、祭祀歌舞的产生其主要目的就是为各种宗教仪式服务，甚至可以说它们就是宗教仪式的产物。通过考察，我们还会发现：原始宗教仪式的各种禁忌规定，实际上是原始社会的道德和法律；而图腾信仰观念通过一系列崇拜仪式使人类社会规范化、秩序化。可见，宗教仪式与宗教的发展、艺术的起源，甚至与道德和政治的演进都有着极为密切的关系。要想了解人类宗教的历史和全貌，要了解人类的文化乃至人类自身的历史，不能不考察宗教仪式。

萨满教属于原生型宗教文化遗存，保留着极其可贵的人类童年时期开拓自然、征服自然、繁衍种族的艰辛岁月中的情感、观念、经验、认识，对于研究人类思维发展规律、对人类文明史的研究都是很珍贵的人文资料，堪称人类文化的“活化石”。富育光先生认为“萨满教是民族文化和民族形态的母源”。而且，“可以毫不夸张地说，数千余年来北方诸民族文化发展史的核心史观，便是萨满教文化的传承史”。因此，“只有真正吸取与掌握北方萨满教文化，才能真正认识、理解、熟悉北方民族的历史文化渊源，才可能解释与写出北方诸民族的文化史、民族史、民俗史，进而丰富与光耀我们伟大而统一的中华民族文明史”。①

如前所述，仪式是“行动中的宗教”，研究萨满文化不能不研究萨满教的仪式，因为萨满教的文化价值正是在仪式中体现出来的；萨满教世界的信仰观念在实践中得以具体化、外在化；只有通过神圣的仪式，萨满的保护神灵才能附体，萨满的灵魂才能遨游于天界、人间、冥府，萨满才能成为人神的中介、桥梁。总之，不研究仪式就无法了解萨满教世界的全貌和丰富内涵。

国外对于萨满教宗教现象及其文化的考察与研究，至少早于中国二百余年，而且，国外学术界一直把萨满教研究作为一个热点，作为探索人类

---

① 富育光：《萨满教与神话》，辽宁大学出版社 1990 年版，“引论”第 1—8 页。

历史文化的重要途径与宝藏。中国真正开展对北方诸民族萨满教状况的系统调查，是在中华人民共和国成立以后的 20 世纪 50 年代至 60 年代。当时的民族社会历史调查，主要侧重于社会和经济的变革，但为研究北方民族的萨满文化奠定了坚实的基础。20 世纪 80 年代末以来，中国学术界中许多有识之士，开始认识和重视北方民族萨满文化的意义与价值，对北方诸民族萨满文化做了更加全面、深入的调查、挖掘和整理工作，取得了令人欣喜的成就，出版了一批学术专著和许多有价值的研究论文，填补了北方文化的空白。然而，尚待进一步研究的问题与空白依然不少，已进行的工作，也是描述多，理论少；信仰观念考察多，仪式行为研究少。本文试图通过对达斡尔族萨满教仪式的考察、分析，填补萨满教仪式领域研究的欠缺，汲取与掌握北方萨满教文化的丰富意蕴，认识、理解北方民族的历史文化渊源，发掘它的当代价值。

从 2009 年起，我每年都到莫力达瓦达斡尔族自治旗、鄂温克族自治旗、海拉尔等地对斯琴掛萨满和沃菊芬萨满的仪式活动进行参与式田野调研和跟踪访谈。我以他们的仪式活动为线索，考察分析当代达斡尔族的萨满文化和萨满信仰。在进入达斡尔族萨满仪式的描述和分析之前，需要简要介绍一下达斡尔族崇拜和供奉的主要神灵，萨满队伍的人员构成及其各自职能，萨满在仪式中穿戴的服饰和使用的法器，以及萨满的产生和传承。神灵崇拜反映了他们的信仰观念，萨满穿上法衣、拿起神鼓才能与神灵沟通，萨满队伍不仅分层而且分工，各司其职，共同为族众服务。总的来说，达斡尔族萨满教的信仰世界神灵众多，体系庞大；以萨满为首的司祭队伍分工细致，职能全面；萨满的服饰构造精美，独具特色；萨满的法器种类繁多，功能强大；萨满的产生及其传承具有独特的原则。

第一节　达斡尔族萨满教的信仰观念及其神灵世界

吕大吉先生指出："宗教是关于超人间、超自然力量的一种社会意识，以及因此而对之表示信仰和崇拜的行为，是综合这种意识和行为并使之规范化、体制化的社会文化体系。”“这种宗教定义把宗教当成四种要素（宗教观念、宗教体验、宗教行为、宗教体制）的综合与统一。它揭示了宗教的核心和本质内容是关于超人间、超自然力量的信仰（“神”观念）。”“人头脑中萌生的宗教观念（主要是灵魂观念、神灵观念、神性观念）是一切宗教的逻辑出发点。”① 神灵观是一切宗教信仰的内核，也是萨满教信仰的内核。因此，研究达斡尔族的萨满仪式，必须首先了解其普遍崇拜和供奉的主要神灵。达斡尔族的神灵称谓很多，“巴日肯”②是最常见的说法，此外，还有“翁果日”、“哈音”、“克伊登”③等。《达斡尔族社会历史调查》④为我们提供了非常有价值的资料和线索。但是，通过学习和研究，对照我的调研和访谈，我发现其中的记述还不够精准，还不能全面清晰地概括达斡尔族萨满教的神灵世界和信仰观念。

一、达斡尔族的信仰观念

萨满教以“万物有灵”和“灵魂不死”为思想基础。正如吕大吉先生指出的：“灵魂观念，在一切宗教观念中是最重要、最基本的观念之一。灵魂是寓于个体之中，赋予个体以生命力，并主宰其一切活动的超自然存在。”⑤泰勒认为，灵魂观念产生以后，原始人从认为个人有形体也有灵魂进一步推论到其他的动物、植物和一切事物也和自己一样既有形体也有灵魂。由于相信灵魂独立于肉体，便进而相信灵魂不会随身体的死亡而死亡。死者既已没有生前的肉身，便只有纯粹的灵魂，纯粹精灵，这些精灵可以随意或暂时附在别人的身体之上，从而产生精灵“附体”或“附魔”

① 吕大吉：《宗教学通论新编》，中国社会科学出版社 1998 年版，第 79、80、84 页。
② 巴日肯（/barkən/，巴特恩达斡尔群体）或巴日汗（/barxan/，海拉尔达斡尔群体），神灵。
③ 克伊登（/kəidəŋ/），也叫霍卓日 · 克伊登（/xʊʤʊr kəidəŋ/），副神，双龙形象。
④ 内蒙古自治区编辑组编：《达斡尔族社会历史调查》，内蒙古人民出版社 1985 年版。
⑤ 吕大吉：《宗教学通论新编》，中国社会科学出版社 1998 年版，第 105、109 页。

的现象。

灵魂，达斡尔语叫作“苏木斯”①。达斡尔人认为每个人都有“苏木斯”，每个动物都有“苏木斯”，树木花草、山川湖泊也都有生命，动物、植物经过多年修炼能够成为精灵，这就是达斡尔人的万物有灵观念。人在睡眠时灵魂能够离开肉体，经历的所见所闻就是睡眠中的梦境；当人死亡时灵魂便离开肉体到“伊日木汗”②等待转世再生；冤死者的灵魂因为尚未到期，不能回到阴间世界，流浪人间，伺机作祟，加害于人。③普通人的灵魂在其死后就永远离开肉体，转生或漫游。只有“雅德恩”或曰“雅德根”（萨满）的灵魂在其去世之后能够成为“巴日肯”，并在家族中寻找下一代继承者。

达斡尔人把世界分为上、中、下三界，上界是“德日·腾格日”④，是圣洁的天堂，是天神和“恩奴日”或“恩都日”⑤居住的地方；中界是“端讷·噶吉日”⑥，就是人间，是人类和各种动物、植物生活的地方；下界是“伊日木汗”，即阴间世界，是阎王和死人的灵魂所居之地。从前，如果有人因横祸早亡，据说，神通广大的萨满能到阴间世界把他的灵魂领回来，还原其躯体。这种仪式叫作“苏木斯勒其贝”⑦。过去小孩闹病，以为是其灵魂离开肉体到处游荡，便举行招魂仪式。⑧

达斡尔人信奉的神灵世界庞大、神秘，非常复杂。

---

① 苏木斯（/sums/），灵魂。

② 伊日木汗（/irmʊxan/），阴间世界。

③ 参见满都尔图：《达斡尔鄂温克蒙古（陈巴尔虎）鄂伦春萨满教调查》，载吕大吉、何耀华总主编，满都尔图主编：《中国各民族原始宗教资料集成·达斡尔族卷》，中国社会科学出版社 1999 年版，第 298 页。

④ 德日·腾格日（/dəːr təŋgər/），直译“上天”，意为上界，天堂。

⑤ 恩奴日（/ənnur/）或恩都日（/əndur/），神仙。

⑥ 端讷·噶吉日（/dʊan gadʑir/），直译“中间地方”，意为中界，指人间。

⑦ 苏木斯勒其贝（/sumsləʧibe/），招魂或者追魂。

⑧ 参见满都尔图：《达斡尔鄂温克蒙古（陈巴尔虎）鄂伦春萨满教调查》，载吕大吉、何耀华总主编，满都尔图主编：《中国各民族原始宗教资料集成·达斡尔族卷》，中国社会科学出版社 1999 年版，第 299 页。

“巴日肯”、“翁果日”是达斡尔人对神灵的称呼，它们都泛指神灵。一般来说，“巴日肯”是指静态的、形象的神灵，比如画像、偶像等等；“翁果日”是指变化着的、活态的神灵，它们是对同一神灵不同状态的称呼，而并不是指不同的神灵。“巴日肯”、“翁果日”作为神灵，能够寄寓在各种画像和偶像中，也能随时离开画像和偶像，到处巡游。斯琴掛萨满说：“祖先神也不是老坐在家里，它要周游世界，到处看看，有什么事情发生，人们在干些什么，要不附体时候怎么能告诉你呢？而且，用手指一点或者一按的刹那间，翁果日就能游遍世界返回来。巡游回来以后，神灵可能坐在你家里，也可能坐在那个（另一个）儿子家里。有时候，你看着画像在那里摆放着，结果你的巴日肯还走了；再回到你家时，它又进到（画像中）自己的座位坐好了。”当“巴日肯”进入萨满的身体里的时候，就说“翁果日”下来了，即所谓的神灵附体现象；“翁果日”从萨满的身体里出去时，即神灵附体结束后，就说“巴日肯”又坐在那里。总之，神灵到达座位上安坐就是“巴日肯”，进入到萨满身体里就说“翁果日”下来了。

供在家里的叫作“巴日肯”，“巴日肯”附体了才叫作“翁果日”，此外，没有被人们立为“巴日肯”的独立自在的或者游走于天际、旷野的精灵也叫作“翁果日”，但那得是在它被人们所认识的时候，常常表现为突然降临附体到萨满身上，或者它已经找到了一个能够代行其意志的“额金”，比如说“克安其·提”① 的人，“克安其”② 是“翁果日”，“克安其·提”指代行其意志的人。

斯琴掛萨满说，萨满能够影响自己的“翁果日”，怎么教它，它就怎么学。如果萨满本人心地善良，他的“翁果日”也会一心向善；如果萨满心怀不正，“翁果日”也会跟着学坏。但是，萨满不能无原则、无限度地影响和左右自己的神灵。如果萨满心地不好，总是为恶，不能很好地履行

---

① 克安其·提（/kəantʃiti/），领有“克安其·翁果日”（/kəantʃi ʊŋgʊr/）的人。

② 克安其（/kəantʃi/），一种小的“翁果日”的名称，也写作“奇彦其”（/ʧijanʧi/）。

祖先神赋予的救苦救难、保护族众的职责和使命,“翁果日”生气了就会毅然离开,那个萨满将会死掉。

达斡尔人信奉的神灵众多,不同的方式划分,有不同的种类。鉴于本书的主旨是研究萨满仪式,因此,在此主要探讨与仪式活动有关的神灵分类和所属领域。在我考察的大量的达斡尔族萨满仪式活动中,重要的、主要的仪程内容是大量的神灵附体现象,即萨满以“翁果日”的口吻宣示神谕,因此,萨满与其神灵的关系在仪式研究中非常重要。孟慧英老师认为:“在精灵领域,我们主要面对的是两方面问题:一是人类特别是萨满与精灵的关系;二是对精灵的分类和等级演化的把握。”①

在萨满教学术研究领域,有许多关于神灵分属的词汇,比如,守护神、助手神、萨满所领的神、使役神等,这些都属于萨满与其神灵的关系;而主神、副神、主宰精灵、主灵等词汇,则与一般意义的神灵分类和等级相关。

笔者认为,其实可以简化这些分类和词汇,依据是神灵通过萨满显示的时候发挥的功能。如前所述,“翁果日”是动态的神灵,主要是指附体到萨满身上的神灵,实际上,所有能够附体到萨满身上的“翁果日”都是萨满的守护神,即便过去从未出现并被认知,从此也将成为萨满的守护神。其中,祖先神是萨满的主要守护神,其他的神灵是萨满的辅助守护神,也可以叫作助手神,都是追随并听从祖先神的神灵,因此,助手神是祖先神的助手,并非萨满的助手。每个萨满的辅助守护神数目不定,一般都比较多,它们与祖先神一起保护萨满及其莫昆家族,都是萨满的守护神。

萨满是人神的中介和桥梁。达斡尔人认为,萨满必须遵从祖先神的意志,萨满的法术和本领主要来源于祖先神的力量和本事,祖先神通过萨满之口、萨满之手彰显自己的存在和超能。反过来,萨满也不是完全被动地听从神灵的安排,萨满对其神灵能够引导、教导,甚至,萨满被称为自己

① 孟慧英:《萨满教的精灵世界》,《民族艺术》1999 年第 2 期。

守护神的“额金”，即主人。萨满对其守护神灵具有积极的能动作用，萨满能够调用自己的所有守护神灵。

莫昆·萨满一般都有一两位祖先神作为他的主要守护神，然后，还有数量众多的辅助守护神，即助手神，辅助守护神（助手神）是追随主要守护神即祖先神的一般神灵，最初也都是外来的神灵，世代跟随，与祖先神共同接受萨满及其家族的供奉。辅助守护神追随并听从祖先神的驱使和莫昆·萨满的召唤。主要守护神和辅助守护神都是萨满的守护神灵，共同保护萨满并听从萨满调遣，祖先神传世越久，萨满资历越老，萨满的助手神就会越来越多。

达斡尔族萨满教的神灵还有一个突出的特点，即萨满的神灵的本领在其为族众、莫昆服务的过程中变得强大，神灵附体时常常说自己迈进了千户人家，治好了万人的疾病，当然是萨满代行其并实施其意志。因此，萨满与其神灵一同发挥作用和功能，并且互为导引、互为导师。神灵通过托梦甚至耳语直接告知萨满如何预测、占卜、治病、解救危难等，萨满则通过献祭、祈祷等方式召请神灵，获得帮助，为族众和家族服务。

神灵要实现自己的意志，彰显自己的本事，必须保佑并帮助它们选中的萨满。同时，作为神灵的代言人、神灵意志的实施者，萨满可以唤请并驾驭、驱使自己的神灵。所谓的“驾驭、驱使”并不是凌驾和命令，而是通过献祭、祈祷等方式求得神灵的谅解，达成愿望。人神关系中，相对来讲，达斡尔族的萨满还是比较主动和主导的一方，因为，神意只能通过萨满宣示，神力只能借助萨满体现。

达斡尔人的神灵世界多姿多彩，它们各司其职，也有等级差别。虽然，萨满人从来不这样讲，而且非常反对给神灵划分级别，斯琴掛一直强调，不能评论众多神灵这个能力强，那个本事小，神灵不过是分工不同，各有各的本事，各有各的能耐。但是，实际上神灵还是有等级的。不能妄言神灵的本领大小，那是出于对神灵的尊重和敬畏。天神当然是最高的覆盖整个人间的至上神，各家族的祖先神则管理家族内部事情。神灵有差等、能力有强弱。这些都是自然力量对人的影响有大有小和社会人群分化、人生遭遇不同等真实社会生活的反映。

二、达斡尔族供奉的主要神灵

《达斡尔族社会历史调查》列举了达斡尔人信奉的15种神灵。根据多次调研和深入访谈，笔者发现与现在的实际情况不尽相同。首先，达斡尔人供奉的神灵非常多，远远不止这15种；其次，没有全部列出达斡尔人普遍供奉的重要神灵；再次，分类标准不够明晰，神灵有重复罗列和交叉现象，其中还有谬误。当然，本书并非对以往关于达斡尔族神灵观念调查和论述的全面修正，笔者只想根据田野调查和访谈发现，结合自己的学习体会，对达斡尔人目前普遍供奉的几种主要的、重要的神灵做一概述。因为，这些神灵观念和崇拜活动至今还在深刻地影响着达斡尔人的生活，他们依然在虔诚信仰、祭祀这些神灵。笔者在本书中考察分析的几种主要的当代达斡尔族萨满仪式活动就以供奉这些神灵为主要内容。

除了天神，达斡尔族还普遍供奉祖先神、娘娘神、山神、蛇神（龙神）等。斯琴掛萨满说，这几位神灵，每家每户都有，家家户户供奉。达斡尔族的现实信仰习俗的确如此。

1. 天神“腾格日”

牟钟鉴先生在总结中国原始宗教时指出：“原始社会后期天神崇拜出现”①。在达斡尔民族，究竟何时开始崇拜、供奉天神没有文献可以追溯。像其他所有原始先民一样，达斡尔人在万物有灵观念影响之下，崇拜所有与自身生产生活息息相关的自然物如日月星辰、风雨雷电、山川湖泊、动物植物，形成最初的自然崇拜观念。在原生宗教中，天神最初也只是日月星辰、风雨雷电诸神中平等的一员，天神代表着自然界的天空，但是，因其高高在上，囊括日月星辰，播撒阳光雨露，滋养万物生长，“天”渐渐从自然诸神中独立出来，成为一位高位神，于是从自然崇拜发展出天神

---

① 牟钟鉴、张践：《中国宗教通史》，社会科学文献出版社2003年版，第4页。

崇拜。

达斡尔人认为天神“腾格日”是最高的神，世上万物包括人类都是靠天吃饭，由天养育，因此，他们普遍供奉天神“腾格日”。达斡尔人不称“天”为“巴日肯”，不说“腾格日·巴日肯”，而是直呼“天”的本来称谓“腾格日”。祭“天”没有供奉的偶像。达斡尔人家里不立天神的神位，没有天神的神龛。“天”是达斡尔人唯一不称为“巴日肯”的神灵，天具有综合性，是无所不包的，它是宇宙伟大力量的象征，因此受到人们的高度崇敬。所有重要的、大型的仪式活动，萨满都首先祭拜、供奉天神。

在近几年的调研中我还没有见到独立的、专门的祭天仪式。就此问题我专门采访了斯琴掛萨满和沃菊芬萨满。她们说，虽然平时不举行专门的祭天仪式，但是，在每年除夕的晚上，都要摆上蛋糕、点心、水果等，向着北斗七星方向磕头，祭拜天神。现在，在萨满领神仪式和斡米南仪式中，祭天都是整个仪式中首要的重要的祭祀仪程。由于天神没有供奉的偶像，现在举办的祭祀仪式中以日、月粘贴的图案代表天神。一般把日、月剪纸图案粘贴在布上代表天神，左面粘贴日，右面粘贴月。整个仪式准备阶段，就要把这代表天神的日月图案悬挂于“室外托若树”（即“博迪·托若”①）的高处。“室外托若树”的下面正南方向放置一张供桌，上面摆放点燃的油灯和熏香，摆放白酒、牛奶、奶茶，还有各式水果和点心，还要杀一只白色绵羊，供祭天神。上述两种仪式上，主祭萨满往往准备几只到十几只白色绵羊作为供品牺牲。但是，第一只绵羊一定是献祭给天神的，第二只才献祭给祖先神，然后，再献祭给其他神灵。

总之，天神并不像其他神灵那样给人们提供各种具体帮助，天神崇拜的主要功能是使达斡尔人对宇宙和自然界保持着整体性的敬畏和感恩，从而形成强烈的保护环境和资源的生态意识，从今天看这是难能可贵的。

2. 祖先神“霍卓日·巴日肯”

敬天神是由于它崇高伟大，祭祖先则由于它与自身血脉相连。“祖先

① 博迪·托若（/bə:di tʊrʊ:/），室外托若树，室外的神树。

崇拜是在鬼魂崇拜的基础上，由生殖崇拜的传宗接代意识，加上图腾崇拜的氏族寻根意识和后起的男性家族观念，而逐步形成并发展起来的。……当人们确认氏族本源在人类自身并且认为祖灵可以保护后代子孙时，便是祖先崇拜。”[①] 祖先崇拜包括近祖崇拜和远祖崇拜，用《论语》上的话说叫作“慎终追远”。人们相信祖先神灵上可以通天，下可以福佑子孙，人不能忘本，所以要敬祭祖先神。

达斡尔人最尊贵、最重要的神灵就是祖先神，叫作“霍卓日·巴日肯”。“霍卓日”，达斡尔语原意是根，比如花草树木的根，这里指根本、源头，指称血亲远祖祖先。孩子长相神态或者脾气秉性酷似妈妈的娘家人，就说“霍卓热·达额森”[②]；如果是像爸爸家的人，会说“昆其额·达额森”[③]。由此可以推断，“霍卓日”一词最初是指称母系家族的祖先，后来，逐步发展为指称父系家族的祖先。这与其他民族的发展进程相似，“人类最早崇拜的是女性祖先，而后由于父权制的建立，女祖崇拜才被男祖崇拜取而代之”[④]。

“哈拉”，是达斡尔族父系氏族社会的基本组织，是具有共同的父系祖先、共同的分布地域、共同的经济生活和社会文化活动的、实行民主管理的血缘集团。各哈拉以其祖先分布地域内的山川河流作为本哈拉的名称。这一组织形式延续到 20 世纪初。随着人口的增加，各哈拉均分为若干血缘关系更为亲近的分支 —— 莫昆，取代哈拉的若干职能而成为达斡尔族社会的基层组织。自民国初年起，各哈拉或莫昆以其哈拉—莫昆名称的谐音或意译，简化为单字姓氏。[⑤] 达斡尔人崇拜的祖先神按照父系家族血缘关系传承，传承的范围以“莫昆”为单位，每个莫昆都有自己的祖先神，

---

① 牟钟鉴、张践：《中国宗教通史》，社会科学文献出版社 2003 年版，第 56 页。

② 霍卓热·达额森（/xʊʤʊrəː daəsən/），指长相特别是脾性像母亲及其所属莫昆家族之人。

③ 昆其额·达额森（/kunʧi’ə da’əsən/），指长相特别是脾性像父亲及其所属莫昆家族之人。

④ 牟钟鉴、张践：《中国宗教通史》，社会科学文献出版社 2003 年版，第 47 页。

⑤ 哈拉（/xal/），达斡尔族父系氏族组织的统称。哈拉—莫昆（/xal mokun/），达斡尔族父系氏族组织名称，后简化为姓氏名称。参见满都尔图主编：《达斡尔族百科词典》，内蒙古文化出版社 2007 年版，第 181、192 页。

有的莫昆同时有两个祖先神，也有几个莫昆有同样祖先神的情况。但是，不同“哈拉”有同一祖先神的情况极为少见。

“远祖崇拜的血统观念并不强烈，近祖崇拜与现实十分切近，这是祖先崇拜的重心所在。”① 正是如此，达斡尔族的“霍卓日·雅德恩”领祖先神为自己的主要守护神灵，知道自己是第几代，往上一般可以追忆两三代的前辈萨满祖先。祖先神是不露面的，其代表就是上代萨满去世后的灵魂变成的神灵。在各种仪式上，一般都是上代萨满的神灵代表祖先神首先降临附体作出指示和指导。

祖先神的偶像齐齐哈尔群体和莫力达瓦布特哈群体叫“哈音”，就是一个像人一样的立体小偶像。齐齐哈尔达斡尔、莫力达瓦达斡尔用布和棉花做成留着长头发的人偶，就是“哈音”，以其头发吊挂此神偶。海拉尔达斡尔常常用鹿皮或者狍皮剪成人偶粘贴在神龛中的绸布上面。斯琴掛萨满解释说，做“哈音”也行，画像也行，用狍皮粘贴也可，那都无所谓，意思都一样，只是形象不同，做法不同，都是“霍卓日·巴日肯”的代表。可见，“哈音”并不是一个单独的神灵，而是某些哈拉—莫昆的祖先神的偶像。据说，有的萨满去世时嘱咐自己可以成为“哈音”，那么后代则制作成偶像悬挂或者摆放；有的萨满不愿意去世之后被以头发吊挂，就立遗嘱说不想死后成为“哈音”，那么后代就以画像替代。现在时代发展了，科技进步了，以故去萨满的照片替代“哈音”也行，如斯琴掛萨满的上代萨满、她的太爷爷“拉·萨满”② 就以照片作为“霍卓日·巴日肯”的代表。另外，她家还有一对皮制神偶“哈音”，那是远祖祖先神的偶像。传说，鄂嫩哈拉博斯克浅③ 的祖先神就是被雷神击中而死的两兄弟，所以是一对神偶“哈音”。④

① 牟钟鉴、张践：《中国宗教通史》，社会科学文献出版社 2003 年版，第 56 页。

② 喇嘛萨满（/lam saman/），即拉·萨满（/la: saman/），鄂嫩哈拉博斯克浅第 6 代莫昆·萨满，斯琴掛萨满的莫昆太爷爷。

③ 鄂嫩哈拉博斯克浅（/ənən xal bʊsəktʃen/），鄂嫩哈拉博斯克浅莫昆。

④ 鄂嫩哈拉祖先神的传说详见内蒙古自治区编辑组编：《达斡尔族社会历史调查》，内蒙古人民出版社 1985 年版，第 259 页。

专门祭祀祖先神的仪式一般有三种情况。第一种是萨满为自己的祖先神举办的祭祀仪式。比如，按照传统，萨满每年除夕这天必须祭祀自己的祖先神，当然现在做了改革，一般都提前几天举行；还有萨满举行领神仪式的纪念日，即“出马”日祭祀祖先神；或者遵祖先神指示，在某些特别的日子里祭祀祖先神。第二种是萨满为别人家主持祭祀祖先神仪式，主要是有祖先神但是没有出萨满的人家因为各种各样的原因祭祀自家祖先神。祭祀祖先神一定要献牲，献什么，献多少，除了祖先神指定或者要求以外，根据举办祭祀人家或者萨满的家庭条件，现在人们祭祀祖先神一般都以白色绵羊作牺牲，也有同时奉献牛或者猪，此外还要供祭白酒、红酒、牛奶、水果、点心等。第三种是萨满在自己的领神仪式和斡米南仪式上都要祭祀祖先神，领神仪式首先是领祖先神、走祖先神赋予的神圣道路，而斡米南仪式实际上也是萨满为彰显祖先神的超能与功劳而举行的庆典，因此，除了领神仪式和斡米南仪式首先要祭天，其次，最重要的一个仪程就是祭祀祖先神。

斯琴掛萨满和沃菊芬萨满都是领祖先神的莫昆·萨满，她们曾多次提起祖先神对自己的告诫：要走这条（萨满）路，不管来人如何，是喜欢的还是讨厌的，是富有的还是贫穷的，只要他跨过你的门槛，迈进你的家门，你就得按照“巴日肯”应有的规矩和原则帮助他，化解坎坷，为其修路，公平合理地对待每一位来者；同时，多多扶持树立达斡尔人的固有神灵体系。这也是祖先神赋予萨满的职责和使命。

3. 女性神娘娘神“腾格日·娘娘”或曰“娘娘·巴日肯”

人口繁衍对于氏族的延续和发展是仅次于吃饭问题的大事。原始时代，纯自然环境，生产力水平低下、知识匮乏，生活条件异常艰辛，疾病流行、灾害频生，儿童夭折率高，成人的平均寿命低，保护和增殖人口成为氏族维持生存的重要任务。当人类有能力探寻人口生殖的奥秘时，首先看到的一个基本事实是人人都是在母腹中孕育、从母体中诞生，于是崇拜女性，把女性神圣化，将保护儿童和健康的愿望寄托在女神身上。女性神——“娘娘神”便应运而生。

达斡尔族各哈拉、莫昆原来基本上每家每户都供奉“娘娘·巴日肯”，即娘娘神，家里一生小孩就立娘娘神，有孩子的人家都供娘娘神。娘娘神是生育和健康保护神，主管生殖和治病。达斡尔人认为娘娘神直接来源于上天，是天神派来的，因此，娘娘神又叫“腾格日·娘娘”。人们说立娘娘神就是指立“腾格日·娘娘”；供娘娘神就是指供“腾格日·娘娘”。传说，天、地孕育的时候，娘娘神就已经存在了，风能到达的地方，娘娘神都能到达。因此，娘娘神位置显，出现早，地位高。娘娘神的出现和崇拜，除了源于人们对于女性生殖能力的崇拜，还与尊重女性的风尚直接相关，当是母系氏族社会的产物。

达斡尔人把娘娘神供在家里神龛中，而且一般仅次于祖先神之后摆放，可见其重要性。娘娘神包含6个“特格”①，一起供六位娘娘神，这6位娘娘是“西额·娘娘”②、“乌其肯·娘娘”③、“西额·博勒乌松”④、“乌其肯·博勒乌松”⑤、“奥米·娘娘”⑥、“东·娘娘”。⑦娘娘神一般人家都有，不仅掌管小孩的健康，也负责治愈大人的疾病。据说，娘娘神也有作祟的时候，主要是让人们知晓她的存在和能耐，娘娘神多数闹人的眼睛。

“腾格日·娘娘”六位娘娘神当中，其他娘娘神的职能都差不多，只有“奥米·娘娘”有所不同，她专管小孩；还负责生育，没有小孩的人，都要拜求“奥米·娘娘”赐子。过去，体弱多病，坎儿多或有大坎儿的幼童，请萨满做仪式，献祭祈祷，进到“奥米·娘娘”的保护中，成为“奥

---

① 特格（/təgə/）或特额（/tə’ə/），与“苏姆”同义，不同地方的叫法不同，意为神灵之组合的位数及位次，具体表现为神灵画像中每个“特额”或“苏姆”即表示有一位神灵，占有一格，转圈排开。比如，腾格日·娘娘（娘娘·巴日肯）有6个“苏姆”，即表示腾格日·娘娘包含6位娘娘神；西额·巴日肯有12个“特额”，即表示西额·巴日肯由12位神灵组合而存在。

② 西额·娘娘（/ʃi’ə njaŋnjaŋ/），娘娘神名称。

③ 乌其肯·娘娘（/uʧikən njaŋnjaŋ/），娘娘神名称。

④ 西额·博勒乌松（/ʃi’ə bɔlʊsʊŋ/），娘娘神名称。

⑤ 乌其肯·博勒乌松（/uʧikən bɔlʊsʊŋ/），娘娘神名称。

⑥ 奥米·娘娘（/ɔmi njaŋnjaŋ/），娘娘神名称。

⑦ 东·娘娘（/duŋ njaŋnjaŋ/），娘娘神名称。

米·克库”①,“奥米·克库”有男孩，有女孩。“奥米·克库”到了18岁，要请萨满做仪式把“奥米·克库”从“奥米·娘娘”的保护中出来。“斡托西”是领娘娘神的，一般都由女性传承，专治小孩儿的各种疾病。小孩生病，都找“斡托西”治疗。

达斡尔人家一般都立“腾格日·娘娘”。除此，有时还有人家立一种叫作“乌西·娘娘”的娘娘神。“乌西”②是家族里面立的神灵，不是全民族全体或者大多数人供奉的神灵。“乌西·娘娘”的“特格”有多有少，家家不同，因人而异。“乌西·娘娘”必须有“克伊登”。“乌西·娘娘”的来源最为复杂，都是把横死者的冤魂、怨魂立为乌西。“乌西·娘娘”另外单立神位的人家比较多，就是设一个单独的神龛和画像，也有人家直接在“腾格日·娘娘”后面加神灵座次的情况，合并为一个神龛和画像。

有的人家也有把上代“巴格其·乌塔其”③、上代“斡托西·额头乌”④的神位加在娘娘神画像后面的，这是表示祖先巴格其的神灵、斡托西的神灵与娘娘神一起共同照看、守护子孙后代的平安、健康。

总之，娘娘神在达斡尔族不同哈拉、莫昆中其神灵座次都不一样，有的八位，有的十几位，有的只有一个或者两个，情况都不一样，哈拉、莫昆中出现过的“雅德恩”、“莫德浅”⑤多，娘娘神、山神的“特格”就多。⑥

现在，一些达斡尔人家重新立起娘娘神的神位，开始供奉娘娘神，据说家里有上学的孩子，可以保佑孩子的学业进步。这是娘娘神原来功能的延伸，又是基于保佑身体健康的愿望的扩展和延伸，身体健康了，才能有充沛的精力和体力学习。当然，融入了人们对子孙后代在现代社会中发展

---

① 奥米·克库（/ɔmi kəku/），被奥米娘娘保护的孩子。

② 乌西（/uːʃiː/），即乌西·巴日肯（/uːʃiː barkən /），乌西神。

③ 巴格其·乌塔其（/bagʧi utaʧi/），巴格其老爷子。

④ 斡托西·额头乌（/ʊtʊʃi ətə’ʊ/），斡托西老太太。

⑤ 莫德浅（/mədəʧen/），预知者，占卜师。

⑥ 参见丁石庆、赛音塔娜编著：《达斡尔族萨满文化遗存调查》，民族出版社2011年版，第238页。

的期许和盼望。达斡尔人的娘娘神崇拜代表了人们对母亲的高度敬重和对儿童的百般慈爱。

4. 山神“敖雷·巴日肯”

山神，达斡尔人称为“敖雷·巴日肯”或“敖拉·巴日肯”，敖雷①、敖拉，本义就是山。山神崇拜属于自然崇拜。山神崇拜在达斡尔民族信仰观念中的地位非常重要。

在达斡尔族萨满教的观念里，深山密林里的山神不止一个，修炼多年而成精的动物，占据着高山、悬崖，成为深山里“敖雷”的“额金”、“哈德”②的“额金”，它们都是山神。因此，山神种类繁多，有“西额·敖雷”③，即狐仙，被认为是成精的狐狸；有“乌其肯·敖雷”④，即小黄仙，被认为是成精的鼬鼠；还有“额特日肯”⑤，即黑熊神，被认为是成精的黑熊；还有“古斯克”⑥，即狼神，被认为是成精的狼。达斡尔人认为，它们都是经过长时间的修炼成为精灵，成为高山、悬崖的主人，都属于山神系列，都是山神。

还有一种山神叫“白那查”⑦，白那查的形象之一是刻画在深山密林中白桦树上的一位老者的大头像，一张大大的脸庞，一对大眼睛，有胡子，有眉毛。斯琴掛萨满说，确切地说，白那查实际上是“莫地·巴日肯”⑧，即树神，也属于山神系列，是山神之一种。白那查神，鄂温克人、鄂伦春人多祭拜。

---

① 敖雷，“敖拉”（山）的变音，此处意为“山中的”，代指山神，达斡尔人普遍供奉的山神有“西额·敖雷”（大山神），“乌其肯·敖雷”（小山神）。

② 哈德（/xad/），山崖，悬崖。

③ 西额·敖雷（/ʃi’ə aʊləi/），大山神，即狐仙，认为是成精的狐狸。

④ 乌其肯·敖雷（/uʧikən aʊləi/），小山神，即小黄仙，认为是成精的鼬鼠。

⑤ 额特日肯（/ətərkən/），本义“黑熊”，指黑熊神，认为是成精的黑熊。

⑥ 古斯克（/guskə/），本义“狼”，指狼神，认为是成精的狼。

⑦ 白那查（/bajnaʧa/），达斡尔语原词为“白音·阿查”（/bajin aʧa/），意为富有的父亲，在俗语中读作“白那查”，是山神之一种，树木神。

⑧ 莫地·巴日肯（/mɔd’ i barkən/）或莫德·巴日肯（/mɔdə barkən/），树木神，属于山神系列。

达斡尔人认为“敖包·额金”[①] 也是山神。“达斡尔人过去每个家族莫昆或屯落都有自己的敖包，每年祭一次，以求五谷丰收，人畜平安。”[②]“敖包·额金”还是属于山神系列。敖包，最早是由萨满供奉的，后来佛教才开始供祭。斯琴掛萨满说，“实际上敖包的来历都不一样”[③]。我们可以将敖包看作是祭祀各种山神的综合性平台，并不是一成不变和单一的祭神场所，这样，敖包的多样性就好理解了。

山神不仅种类繁多，而且数量庞大。许多山神是原来就有的，达斡尔人一直供奉，上代萨满一直供奉。近几十年，由于各种原因曾一度中断。现在，新一代萨满人叫醒了一大批原来的山神，承接上代萨满和有关家族、有关村落继续供奉它们。

山神必须有“克伊登”。“克伊登”的形象是双龙，1 个“克伊登”一对龙。山神有几个“特格”，就有几个“克伊登”，也就有几对龙。山神有 3 个“克伊登”的，也有 6 个“克伊登”的。据说，“巴日肯”乘坐了天上的龙，才能升迁、巡游，即向上攀升、遨游天际；“巴日肯”在上面走，它的道路才会变得吉祥。

“敖雷·巴日肯”是山神，也是地方神，原始先民靠山吃山，靠水吃水，绝对依赖周围的自然环境。过去，渔猎时代靠猎获丰收，农耕时代靠风调雨顺，都是生活所迫，都是生活需要。达斡尔人崇拜的山神种类丰富，包括树林、土地、飞禽、走兽等，是人们进行狩猎、畜牧、耕作所依赖的环境和资源，是对这些与人相伴的自然界生物的神圣化，因此山神是广义的不是狭义的，具有自然宗教的显著特点，蕴含着生态崇拜的情感，在今天有着积极的意义。

5. 蛇神“奴吉日·巴日肯”或曰“鲁吉日·巴日肯”、“鲁朱日·巴日肯”

达斡尔人特别敬奉蛇神，称其为“奴吉日·巴日肯”。据达斡尔族传

---

① 敖包·额金（/ɔbɔː ədʒin/），敖包之主，即敖包神。

② 满都尔图主编：《达斡尔族百科词典》，内蒙古文化出版社 2007 年版，第 253 页。

③ 丁石庆、赛音塔娜编著：《达斡尔族萨满文化遗存调查》，民族出版社 2011 年版，第 240 页。

说，所有的江河湖泊都与“奴吉日·巴日肯”有关，都是“奴吉日·巴日肯”翻滚出来的泉眼，流淌出来的河水、江水。

蛇神崇拜是否属于图腾崇拜，我们暂时还没有在达斡尔族的萨满传说中发现有力的证据。但是，在长期与达斡尔族相邻而居或者杂居相处的鄂温克族的神话传说中，蛇神是图腾，是始祖神。在达斡尔民间萨满信仰中，蛇神至少应该是远祖，所以，放在神龛的最后，具有图腾的遗痕，它是全部生命的源泉，所以，地位非常重要。

“奴吉日·巴日肯”有画像，也有偶像。画像摆放在家里神龛中供奉，偶像是用布和棉花制作的黑、白两条蛇偶。在萨满的领神仪式和斡米南仪式上，“格日依·托若”①的根部必须绑着黑、白两条蛇偶。蛇神附体时，萨满神灵便这样叙述自己的来源和经历：达斡尔人，从原来的地方，开了两条路，一是纳文江，一是诺敏河，为了子孙后代繁衍生息，为了让后代生活在这个地方，把沿途经过的所有泉眼打开，把山上的树木都变绿了。蛇神崇拜是图腾崇拜与祖先崇拜的融合、交叉。

达斡尔人认为，蛇神能力非凡。蛇神的本领与龙神的本领一样，能够呼风唤雨，让下雹子就下雹子，让下雨就下雨。萨满人“巴日西”接骨、正骨的本领来自“奴吉日·巴日肯”。所以，“巴日西”必须供蛇神。还有，人们出现口舌纷争，别人说自己坏话的，要向蛇神祈祷，请蛇神把说坏话的人的绿舌头翻过去，露出红色的舌头，意思是不再说坏话了，只讲公道话。

山神和蛇神都有“霍别楞”②。“霍别楞”不是一个单独的、另外的神灵。动物成为精灵了、成为“巴日肯”了，能够变为人的模样和形象，所以，山神和蛇神的画像一般都是端坐着的中年男女的形象，下面是动物本身的形象。因为叫的时候不能叫神的本名，也就是不能叫它动物的名字。而且，山神、蛇神能够以变幻的形式进入萨满人的身体即所谓的

---

① 格日依·托若（/gəriː tʊrʊː/），室内托若树，室内的神树。

② 霍别楞（/xʊbæləŋ/），意为变化者，指神灵的变身、化身，或代指神灵。

神灵附体，所以，尊称为敖雷·巴日肯的“霍别楞”、奴吉日·巴日肯的“霍别楞”，叫作“霍别楞”，亦即“变化者”，就是说，它是山神的变化者、蛇神的变化者。所以，“霍别楞”不是单独另外一个神，其实还是说这个山神、蛇神本身。

6. 火神“嘎里·巴日肯”①

斯琴掛说，达斡尔族每家每户绝对都敬奉“嘎里·巴日肯”，他们在农历腊月二十三晚上祭火神。达斡尔人的火神没有形象。因此，祭火神的时候往炉子里投放东西，说是给“嘎里·巴日肯”的就行，投放的食物有黄油、羊肠子、羊胃上面的肥肉、酒、点心、糖、大米和牛奶熬制的“拉里”②，里面有红枣、葡萄干、白糖、黄油的奶粥就是“拉里”，奶粥里面有时也放一点点肉。

“嘎里·巴日肯”非常重要，因此，火神的禁忌很多，绝对不能往火里投放葱、蒜等有异味的东西，也不能把脏的东西在火里面烧，否则火神会被弄脏，更不能把裤子悬挂在火之上。

过去，也有一些达斡尔人买汉族人的火神年画，粘贴在灶台边上。第二年农历腊月二十三晚上取下熏黑的旧画，投入火中，使火神飞升，然后贴上新画。

7.“怀玛日·巴日肯”

《达斡尔族社会历史调查》记载，“霍列日·巴尔肯”（也写作霍列力·巴日肯）是达斡尔人普遍供奉的神，海拉尔地区称为“达·巴日肯”③；瑷珲地区称为“玛罗·巴日肯”④。除供“莫日登·额头乌”⑤的人家，多数达斡尔人家都供奉此神。此神包括 17 种神，由 58 个生物和物件

① 嘎里·巴日肯（/gali barkən/），火神。

② 拉里（/la:li/），即苏·拉里（/su la:li/），特制供品，牛奶粥。

③ 达·巴日肯（/da: barkən/），神灵名称。

④ 玛罗·巴日肯（/malʊ: barkən/），有文献亦写作麻罗（/malʊ:/），神灵名称。

⑤ 莫日登·额头乌（/mərdəŋ ətəu/），也称为莫日登·太提（/mərdəŋ tajti/），莫日登哈拉的祖先神。

组成。[①] 其中，15 种神偶是木刻的，2 种是布上绘制的。这些神偶平时装在一个专用袋子里，平日供在西炕窗上，因而也称为“怀玛日·巴日肯”。在布特哈地区，即今莫力达瓦达斡尔族自治旗地区，这种叫法比较普遍，也叫作“怀玛日·查”。

另据《中国各民族原始宗教资料集成·达斡尔族卷》记述，祭祀分为大祭、小祭两种，大祭时献牲如下：达·巴尔肯（即达·巴日肯）主神（本神），用白顶枣红色公牛，达·巴尔肯的“斡若克西”用栗色牡牛；达·巴尔肯的“麻罗”[②] 用黄色牡马。祭祀时有 9 个男子献酒和敬烟的仪式，接着 9 男 9 女献舞。大祭一定要由雅德根（即雅德恩）主祭，巴格其配合。小祭没有雅达干（即雅德根、雅德恩）也可以，可由巴格其主祭。小祭时达·巴尔肯主神（本神）用羊 1 只，祭“麻罗”用牡羊 1 只。[③] 瑷珲地区的“玛罗”与布特哈地区的“霍列日·巴日肯”[④]、海拉尔地区的“达·巴日肯”相似，由很多的神组成，其中，除了木刻偶像、布上绘制人偶，还有石刻偶像。而且，祭祀时不用猪而是用袍子献供，或者公鸡，由巴格其主持。[⑤]

我在调研及访谈中了解到，霍列日·巴日肯、达·巴日肯、怀玛日·巴日肯不仅称谓不同，其组成要件也有所不同，甚至供品也有差异。还有，为什么供奉“莫日登·额头乌”的人家不供奉“怀玛日·巴日肯”，有一种说法是二者的本领都非常大，能力旗鼓相当。达斡尔族很多人家都有“怀玛日·巴日肯”。在为期三天的达斡尔族萨满的“托

① 参见内蒙古自治区编辑组编：《达斡尔族社会历史调查》，内蒙古人民出版社 1985 年版，第 244—249 页。

② 麻罗（/malʊ:/），即玛罗·巴日肯（/malʊ: barkən/），神灵名称。

③ 参见满都尔图：《巴彦托海索木达斡尔族情况——达斡尔族调查材料之二》，载吕大吉、何耀华总主编，满都尔图主编：《中国各民族原始宗教资料集成·达斡尔族卷》，中国社会科学出版社 1999 年版，第 309 页。

④ 霍列日·巴日肯（/holier barken/），神灵名称。

⑤ 参见满都尔图：《瑷珲县西岗子乡友谊社达斡尔族情况——达斡尔族调查材料之三》，载吕大吉、何耀华总主编，满都尔图主编：《中国各民族原始宗教资料集成·达斡尔族卷》，中国社会科学出版社 1999 年版，第 309—310 页。

若·托勒贝”[①]仪式上，第三天整个上午主要祭祀“怀玛日·巴日肯”。我在调查中还发现，有“怀玛日·巴日肯”的人家祭祀祖先神时一定要同时供奉该神，而且需要用红牛献祭。2015年12月，库如奇乡敖拉哈拉拉里浅某人家祭祀祖先神的仪式上就供奉了一头红牛给“怀玛日·巴日肯”。再者，如果候选者家族有“怀玛日·巴日肯”，候选者在领神仪式上也必须以红牛供祭该神。2017年，沃黎明领神出“霍卓日·雅德恩”时也为“怀玛日·巴日肯”献祭一头红牛。在考察的这几种仪式上，斯琴掛萨满常常以“怀玛日·巴日肯”的口吻介绍此神来历不凡，本领强大。

8.“托若·巴日肯”[②]

在斡米南仪式上，每半天仪程开始时都举行一个小仪式，莫昆家族和族众们在“室内托若树”下的供桌前朝向“室内托若树”跪拜磕头，斯琴掛、沃菊芬等人坐在“室内托若树”下击鼓唱祷，报告磕头者的哈拉—莫昆和属相，叫作“达日卡贝”[③]，也叫作给“托若·巴日肯”磕头。斯琴掛萨满说，“托若·巴日肯”是“雅德恩”第一次做“托若·托勒贝”仪式以后才会拥有的神灵。

在“托若·托勒贝”仪式上，都要在“室外托若树”上悬挂日月图案代表天神，代表天神的日月画像之下常常挂一幅5女4男9个人手拉手的画像，或者用金银箔纸剪贴在布上的5女4男9个人手拉手的剪纸贴画，画像一般装在蓝底绸布的相框里。据说，这就是“托若·巴日肯”的形象。[④]

斯琴掛萨满说，过去有的人家的“托若·巴日肯”是白桦树下拴一只羊然后呼唤此神灵的情况也是有的。莫旗（莫力达瓦达斡尔族自治旗的简称）过去就是那样做的。在一棵白桦树下拴着一只羊，或者“托若树”上

---

① 托若·托勒贝（/tʊrʊː tʊlbe/），竖立“托若树”，指举行斡米南仪式。

② 托若·巴日肯（/tʊrʊː barkən/），泛指降临于“托若”神树之诸神灵。

③ 达日卡贝（/daːrkabe/），预祷告。

④ 关于“托若·巴日肯”的形象看法有所不同。一种说法是把5女4男9个人手拉手的画像或者用金银箔纸剪贴在布上的5女4男9个人手拉手的剪纸贴画作为“托若·巴日肯”的形象，也有人认为这是“腾格日·娘娘”的形象。

有皮绳拉起来的，那都代表了“托若·巴日肯”。斯琴掛萨满说，那都无所谓，人们按照生活条件、村落习俗布置，所以，形象可能不一样，但是，都代表“托若·巴日肯”。

此外，在领神仪式上，候选者也都要竖立“室内托若树”和“室外托若树”。同样，人们在室内托若树的供桌前磕头，也叫作给“托若·巴日肯”磕头。因此，我认为，“托若·巴日肯”是在萨满正式领神“出马”的时候就开始有了，真正开始接受供奉是在萨满的“托若·托勒贝”仪式上。

9.“吉雅其·巴日肯”

“吉雅其·巴尔肯”① 也叫作“吉雅其·带拉日”。据《达斡尔族社会历史调查》记载，传说蒙古地方的喇嘛庙的一个伙夫在前往达斡尔地方的路上被雷击死。后来，达斡尔人把他的灵魂立为神，叫“吉雅其·巴尔肯”。这个神对人不作祟，不叫人闹病，它专管家畜以及财富。达斡尔人不分莫昆和哈拉，几乎家家都供奉吉雅其。它的偶像是用白布剪成的人形，一男一女，贴在蓝色或黄色的布上，供在房外。有好马时，给它做乘骑的“温古”马（温古，也写作翁衮，即翁果日，意为吉雅其神的坐骑）。“温古”马仅供男人乘骑，不许女人乘骑。祭吉雅其神以羊为牺牲，祭前将房屋扫除干净，再用黄油或香油做“卓拉”② 点燃。海拉尔地区达斡尔人又将吉雅其称为“专”。当牲畜发生疫病时，畜主请萨满在野外跳神祭祀，叫作“专·达斯贝”③，把牲畜从吉雅其神像下面赶过去，祈求吉雅其保护牲畜，消除病灾。瑷珲地区达斡尔人将“吉雅其·巴尔肯”称为“诺·巴尔肯”。

总之，达斡尔人的神灵世界，一方面体现了中华民族共有的信仰传统，另一方面又有自身的特色。牟钟鉴先生曾撰文指出，中华民族有几乎全民性的基础性信仰，即以敬天法祖为核心，加上社稷、山川、日月等崇

---

① 吉雅其·巴尔肯（/ʤija:ʧi barkən/）或吉雅其·带拉日（/ʤija:ʧi dailar/），也有地方叫作诺·巴尔肯（/nʊ: barkən/），司命运之神。巴尔肯，即巴日肯。

② 卓拉（/ʤʊl/），黄油灯。

③ 专·达斯贝（/ʤʊan dasbe/），祭专神。

拜，以及多种鬼神崇拜，形成相对稳固的郊社、宗庙制度，成为传统礼俗的重要组成部分，是维系社会秩序和族群团结的精神力量，是慰藉中国人心灵的精神源泉。[①]达斡尔人敬祭天神，尤重祭祖，兼祭山神、蛇神、火神等，正是中华民族敬天法祖和多种信仰的组成部分。但是，达斡尔人又因生活环境、族群历史的特殊性而在信仰文化上呈现鲜明的个性特征，如重视女神“腾格日·娘娘”，以敖包作为祭神的场所，更重要的是它不以宗法等级制度为依托，而把萨满在宗教祭祀中的关键作用和崇高地位突出出来。

达斡尔人的神灵世界等级观念并不明显。不过，有的“巴日肯”的确有主神和副神之分。“巴日肯”是一般意义的神灵的叫法，也常常是对静态的神灵的称呼，我们常见的达斡尔人家神龛中的画像、偶像等都叫作“巴日肯”。如前所述，山神有“克伊登”。“克伊登”的形象是双龙，一个“克伊登”一对龙。山神有几个“特格”就有几个“克伊登”，也就有几对龙。据说，天上才有龙，山神乘坐了天上的龙，才能巡游，攀升，道路变得吉祥，本领变得高强。在此，山神是主神，克伊登是副神。

而且，达斡尔人的神灵崇拜与汉族民众的神灵崇拜相比，不仅有自身生活环境和历史传统的独有特色，而且它的神灵世界与人间生活之间的联系更与汉族不同，那就是要通过萨满这一中介。萨满被认为是神灵在氏族中间特选的代理人和化身，具有特殊品格和气质，能够通神，使神灵附体，为本族消灾求福，主持重大祭神仪式，并得到本族民众的认可与拥戴。因此天神要由萨满来主祭，祖先神要由萨满来代表，娘娘神要请萨满来保护儿童，山神敖包要由萨满来供奉，蛇神要附着萨满身体来显神灵。总之，达斡尔人的祭神活动都是围绕着萨满进行的，人们必须经由萨满向诸多神灵表达诉求，又通过萨满接受神灵的恩赐。因此，萨满必须是达斡尔人中具有非凡气质的人、德高望重的人和文化知识丰富的人。汉族中也有巫师，但地位不高；其历史上祭天、祭祖和祭诸神的活动，在国家由君

① 参见牟钟鉴：《中国宗法性传统宗教试探》，《世界宗教文化》1990年第1期；牟钟鉴：《探索宗教》，宗教文化出版社2008年版，第244—267页。

王主持，在家族由族长、家长主持；在现实生活里，这些传统信仰已大大衰落了。

第二节　达斡尔族萨满的分类及职能

一、达斡尔族萨满“雅德恩”的分类及其职能

萨满教是我国北方阿尔泰语系各民族原来普遍信仰的原生型宗教，由于各民族语言不同，对萨满的称呼也各不相同，满—通古斯语族的人们称为“萨满”；突厥语族的人们称为“喀木”或“巴克西”；蒙古语族中，蒙古人称男萨满为“博”，称女萨满为“奥德根”，达斡尔人将男、女萨满都称为“雅德恩”①或者“雅德根”，海拉尔地区的达斡尔人也会采用鄂温克人的称呼叫作萨满。

过去，由于达斡尔人对萨满教的信仰十分虔诚，雅德根在社会上很受人们的崇敬，但他们没有任何一点特权，没有脱离生产劳动，他们给人们治病跳神时，没有固定的报酬，只是送些所献供的牛、羊的皮张、肉、酒以及哈达、少量的布等作为酬谢。因而，达斡尔族没有一个雅德根因为从事宗教活动而致富的；相反，大部分雅德根由于不能集中精力于生产劳动，生活都是清贫的。新中国成立前的达斡尔人都离不开雅德根，但又都不愿意当雅德根，其原因就在这里。②原因还不只如此，我调查发现，现代萨满解释说，他们解救了别人的危难，因此，常常背负别人的苦难，对萨满人自身不好，萨满需要卸载那些苦难。所以，现代萨满基本上都是迫不得已才走上传承上代萨满之路的。

---

① 根据莫力达瓦达斡尔族自治旗地方即“巴特恩达斡尔”聚居区的方言，一般发音为“雅德恩”。本书中，除了引用原始文献，达斡尔族的萨满均采用此称谓。各种文献、论文及研究报告中也写作雅德根、亚他堪、亚德干等，都是“雅德恩”的不用音译。

② 参见内蒙古自治区编辑组编：《达斡尔族社会历史调查》，内蒙古人民出版社 1985 年版，第 265 页。

1. 按照所领神灵不同，“雅德恩”分为两种，即“霍卓日·雅德恩”和一般“雅德恩”

如前所述，“哈拉”是达斡尔族父系氏族社会的基本组织，是具有共同的父系祖先、共同的分布地域、共同的经济生活和社会文化活动的、实行民主管理的血缘集团。随着人口的增加，各哈拉均分为若干血缘关系更为亲近的分支——“莫昆”，取代哈拉的若干职能而成为达斡尔族社会的基层组织。

“霍卓日”是达斡尔族对血亲远祖祖先的称谓，因此，“霍卓日·雅德恩”就是莫昆·萨满，是领本哈拉—莫昆的“霍卓日·巴日肯”为其主要神灵的萨满。一般“雅德恩”又称为“博迪·雅德恩”[①]，是领外来神的萨满。人们通常认为，“霍卓日·雅德恩”的法力、本领较一般雅德恩更加高强。因为，他们的主要守护神灵是“霍卓日·巴日肯”，即莫昆祖先神、氏族祖先神。日本学者大间知笃三在20世纪30年代经过对海拉尔达斡尔群体的调查发现，达斡尔人最重要的是斡卓尔（海拉尔达斡尔群体的叫法，布特哈群体叫作“霍卓日”）信仰。他认为，在现实中以广义和狭义的两种内容来使用“斡卓尔”的概念。狭义的斡卓尔，在多数场合表示各自氏族的最初亚他堪即氏族的巫祖，并且有时也表示该巫祖所凭依的神灵。广义的斡卓尔不只限于氏族巫祖，还可以用它来统称该巫系中的历代诸巫，有时也可以此来表示其中特定的几个巫。[②]大间知笃三的这一划分有一定道理，但还不够准确。首先，在达斡尔族过去的日常生活中，人们说到“霍卓日”一词一般有两个含义指向：一是指“霍卓日·巴日肯”，即氏族祖先神、莫昆祖先神，是历代诸巫继承并凭依的氏族莫昆的唯一的祖先神灵，是神；二是特指历代男性祖先，其中包括巫祖或者历代诸巫或者其中特定的几个巫，还包括巫以外的所有男性祖先，是人，此时所说的“霍卓

① 博迪·雅德恩（/bəːdi jad'ən/），也叫一般雅德恩，指领外来神的萨满。

② 参见大间知笃三：《达斡尔族巫考——以海拉尔群体为主要对象》，载辻雄二、色音编译：《北方民族与萨满文化——中国东北民族的人类学调查》，中央民族大学出版社1995年版，第53—59页。

日”不能在其后加“巴日肯”。因此，大间知笃三所说的“霍卓日”无论是狭义的还是广义的都是指巫，无论是巫祖还是历代诸巫或者其中特定的几个巫都还不是神，只是血统中的莫昆成员，他们故去之后才成为神，被奉为神。如果说到“斡卓尔”（即“霍卓日”）信仰，那么这个“霍卓日”后面必须加上“巴日肯”才更加确切、完整，叫作“霍卓日·巴日肯”，即祖先神，莫昆祖先神，氏族祖先神。否则，在考察以莫昆为单位的信仰对象的神灵即氏族（莫昆）共同神的类型时就会犯错误，把人和神混淆起来。如前所述，“霍卓日”一词本来是指称血亲远祖祖先，而且最初是指称母系家族的祖先，后来，逐步发展为指称父系家族的祖先。① 因此，血统上的氏族祖先是人，不是神，归入家谱系列，由氏族长“莫昆达”组织祭祀；而所谓的巫统上的氏族祖先神，才是神，叫作“霍卓日·巴日肯”，由“霍卓日·雅德恩”传承并代表其意志为其举行供奉和祭祀活动，祈请保护全体氏族莫昆的福祉。

另外，“霍卓日·雅德恩”不是“霍卓日·巴日肯”。即便到了今天，人们谈起“霍卓日”可能还是容易引起混淆，把巫祖、历代巫、个别巫错当作祖先神。在我多次采访斯琴掛萨满的时候，她也会讲“霍卓日”、“老祖宗”等概念，多数时候还是指传给她“雅德恩”道路的上代萨满、太爷爷“拉·萨满”，但当问起她太爷爷“拉·萨满”是不是“霍卓日·巴日肯”时，她非常明确、非常肯定地说太爷爷是“霍卓日·雅德恩”，不是“霍卓日·巴日肯”，她自己和太爷爷都是按照“霍卓日·巴日肯”的意志成为“霍卓日·雅德恩”，为莫昆家族服务。

因此，与人们日常生活中的习俗观念相对应，我认为可以重新按照广义和狭义来认识“霍卓日”概念，广义的概念是停留在人的阶段，狭义的概念是成为神的阶段。广义的“霍卓日”是氏族莫昆的所有血亲远祖，只是其中的部分血亲远祖祖先即莫昆·萨满去世后才成为神，进入狭义的“霍卓日”范围。就是说，即使是最初的萨满即巫祖也是血亲远祖，还是

① 参见萨敏娜：《试论达斡尔族萨满教的神灵世界》，《世界宗教文化》2014年第5期。

停留在人的阶段，是家族成员，属于血统中人，在他故去之后才成为神，代表祖先神与后代接续萨满相沟通。其后的历代萨满无不如此，他们生前是通神的人，属广义的“霍卓日”之列，去世之后才成为神，进入到狭义的“霍卓日”范围。因此，大间知笃三所说的“霍卓日”，其说无论是广义的概念，还是狭义的概念，在我看来都是狭义的“霍卓日”，因为他们只是所有血亲远祖的一小部分而已。巫统人员是全部血统人员的一个特殊群体，是人数很少的一个部分。① 过去，只有男人才能进入家谱，女人不能，即使是女性“霍卓日·雅德恩”也不例外。

“霍卓日·雅德恩”从诞生之日起，就带着浓厚的以莫昆为单位的公共性质，必须完成充实自己“莫昆”的宗教要求这一职能。他们的地位非常重要，一位名副其实的莫昆·萨满，他不仅为整个氏族莫昆服务，还要兼备为个体治病、占卜等个人性的职能。而一般雅德恩不能肩负莫昆·萨满的公共服务职能，只能为个人治病、预测、占卜等。

斯琴掛萨满和沃菊芬萨满都是当代达斡尔族著名的、活跃的“霍卓日·雅德恩”，莫昆·萨满。斯琴掛是鄂嫩哈拉博斯克浅莫昆的第九代“霍卓日·雅德恩”，她于 1998 年三月初三举行领神仪式正式“出马”②。沃菊芬是沃热哈拉绰库勒莫昆的第七代“霍卓日·雅德恩”，她于 2001 年九月初九举行领神仪式正式“出马”。她们都担负着为家族莫昆服务的神圣职责。不过，现在的莫昆及其职能发生了变化，体现在莫昆·萨满身上也有

---

① 巫统，借用大间知笃三用语（大间知笃三:《达斡尔族巫考——以海拉尔群体为主要对象》，载辻雄二、色音编译:《北方民族与萨满文化——中国东北民族的人类学调查》，中央民族大学出版社 1995 年版，第 53 页）。不过，大间知笃三所说的“巫”是指亚他堪（即雅德恩）、萨满（第 52 页），达斡尔族其他主要的四种类别的司祭者、治疗师他称为“巫以外的祭祀者”（第 66 页），满都尔图先生则称为“其他宗教活动者”（《达斡尔族社会历史调查》，内蒙古人民出版社 1985 年版，第 266 页）。本书中提及巫统人员泛指雅德恩、斡托西、巴格其、巴日西、巴日耶浅等，巫统道路则包括雅德恩道路、斡托西道路、巴格其道路、巴日西道路、巴日耶浅道路等，或者把某位候选者继承的兼任两种以上道路统称为其巫统道路。现在，这种情况在我考察的达斡尔族萨满仪式中还是比较普遍的。

② 萨满领神仪式，现在民间通常叫作“出马”。本书第二章将专门论述萨满领神仪式。

相应改变，主要表现为服务范围扩大、区域化特征明显。

2. 按照其身世和资历不同，“雅德恩”还可以分为“嘎日森·雅德恩”① 和“布图·雅德恩”②

嘎日森③，达斡尔语意为“出来了，出来的”；布图④，达斡尔语意为“包裹着、堵塞着或者没有公开出来”。“嘎日森·雅德恩”是已经出徒的萨满，举行过正式领神仪式，神通广大；“布图·雅德恩”没有经过正式领神仪式，但也能祭神、看病。满都尔图先生在此份调查资料中说，近来在民间进行祭神活动的(达斡尔族）萨满，都是“布图·雅德恩”。⑤就是说，都是没有经过正式领神仪式的萨满。经过土地改革运动和“文化大革命”，达斡尔族的萨满及其公开仪式活动一度绝迹，1998 年斯琴掛举办了“雅德恩·嘎日贝”⑥ 仪式正式接任莫昆·萨满成为真正的“嘎日森·雅德恩”，即经过正式领神仪式的莫昆·萨满，也是中华人民共和国成立以来几十年首位达斡尔族的“嘎日森·雅德恩”。而且，她陆续为那些被“霍卓日·巴日肯”选中的候选人，包括达斡尔族、鄂温克族、布里亚特蒙古族、巴尔虎蒙古族等多名徒弟，重新立起他们的祖先神位，为他们举办了正式领神仪式。因此，斯琴掛说她的徒弟没有一个“布图”的。

达斡尔族萨满和民间普遍认为，“布图·雅德恩”的能力和法术都较“嘎日森·雅德恩”要低，“嘎日森·雅德恩”经过正式领神仪式，真正打开了自己的道路，能够随时随地、自主调用自己的守护神灵。从“布图”的语

---

① 嘎日森·雅德恩（/garsən jad’ən/），已经出徒的“雅德恩”，即举行过正式领神仪式的萨满。

② 布图·雅德恩（/butu jad’ən/），没有举行正式领神仪式的雅德恩，即布图·萨满。

③ 嘎日森（/garsən/），本义“出来了”、“出来的”，指已经举行正式领神仪式的巫统人员或巫统道路。

④ 布图（/butu/），本义“包裹着”、“堵塞着”，指还没有举行正式领神仪式的巫统人员或巫统道路。

⑤ 参见满都尔图：《达斡尔鄂温克蒙古（陈巴尔虎）鄂伦春萨满教调查》，载吕大吉、何耀华总主编，满都尔图主编：《中国各民族原始宗教资料集成·达斡尔族卷》，中国社会科学出版社 1999 年版，第 322 页。

⑥ 雅德恩·嘎日贝（/jad’ən garbe/），直译“出·萨满”，即萨满领神仪式。

意也可以了解它的功能，因为“包裹着、堵塞着或者没有公开出来”，实际上就是道路没有打开，所以，“布图·雅德恩”能够调用的神灵必定受限。

二、其他宗教活动者及其职能

除了“雅德恩”，达斡尔族的宗教活动者还有“巴格其”、“斡托西”、“巴日西”、“巴日耶浅”[①]、“克安其”、“齐彦其”、“莫德浅”等活动者。[②]这些都是不同于雅德恩的人，不是萨满，但是他们大多也能神灵附体，也有着为莫昆服务的功能。不过，他们的职能更多地体现在治病方面，治疗不同的疾病，还有小型仪式、占卜等。

1. 斡托西

“斡托西”是“娘娘神”的显示者，也可以说是“娘娘神”的代表人。担当“斡托西”的多为女人，男人很少。“斡托西”没有莫昆的限制，一个莫昆之内可以同时有两个或更多，也可能一个都没有。她的法衣叫“瓜日拉斯”[③]，像裙子一样的装束，并有“德力布日”[④]。在发生天花或是小孩闹病时，请“斡托西”治病或祭祀。“斡托西”也能卜卦，其地位比“雅德恩”低。

2. 巴格其

据《达斡尔族社会历史调查》记述，“巴格其”没有自己的神灵，“雅德恩”跳神时，他做助手，替“雅德恩”念祷词等，但不能治病，只能替病人念咒送纸和举行小型祭祀活动。妇女没有当“巴格其”的。[⑤]

我近几年考察发现，上述文献对“巴格其”一职的定位和职能描述并

---

① 巴日耶浅（/baræʧen/），助产士。

② 参见内蒙古自治区编辑组编：《达斡尔族社会历史调查》，内蒙古人民出版社 1985 年版，第 266—267 页。“巴日西”写作“巴尔西”、“巴日耶浅”/baræʧen/ 写作“巴列沁”，都是相同发音的不同汉字书写。

③ 瓜日拉斯（/gʊarlas/），斡托西的法衣，像裙子一样的装束。

④ 德力布日（/dəlibur/），斡托西的法具，用各色绸缎串成的小旗。

⑤ 参见内蒙古自治区编辑组编：《达斡尔族社会历史调查》，内蒙古人民出版社 1985 年版，第 267 页。

不准确。根据沃菊芬萨满的介绍，“巴格其”的地位很高，职责很多，角色非常重要。她说，“巴格其”的活儿特别多，相当于现在的主治医生，能干很多活儿，比“雅德恩”的活儿还多。可以说，“巴格其”的活儿最多，治某某“巴日肯”，“博迪额·莱西贝”[①]，“博迪额·达斯贝”[②]，“巴格其”还能送“多勒布日”，这些活儿都是他来处理，都是“巴格其”的事情。因此，“巴格其”肩负很多治病职责。她说，现在，“雅德恩”背着“萨玛什克”[③] 去给你治“娘娘神”、“山神”，非常少见，穿萨满服的人不可能天天穿着神服去给人看病。你要祭祀祖先神，“雅德恩”才会去。她说，不过，现在的“巴格其”大多都不会这些，一个“伊若”都不会跟，也不会走“多勒布日”的道路。据此，我认为当年的《达斡尔族社会历史调查》记述的大概就是这种情况。因此，这并不是“巴格其”本来的面貌和应有的职责。实际上，“巴格其”也是有“霍卓日”的，叫作“巴格其·霍卓日”[④]，即有“巴格其”的根子，是继承祖先神意志、传承上代“巴格其”道路、履行“巴格其”职责的司祭者、治疗师。而且，“巴格其”也能请神灵附体，甚至还能往返冥界，走“多勒布日”道路，治病救人。不过，“巴格其”没有专门的服装，一般使用拂尘为法器。总之，巴格其不是“雅德恩”必然的助手，他完全能够独立做仪式、治病，而且能治很多病。此外，担任“巴格其”的也有女人，只不过很少。斯琴掛的弟子孟孝瑞就是“巴格其”。斯琴掛的弟子孟利州也是巴格其，2017 年病故。

3. 巴日西

“巴日西”是代表“娘娘·巴日肯”或“敖雷·巴日肯”的神灵的，也没有莫昆的限制。他没有法衣，只有 108 颗念珠。“巴日西”主治疥疮、红伤接骨等。治法：吹吐沫念咒。[⑤]

---

① 博迪额·莱西贝（/bə:di’ə laʃibe/），把“外面的”（精灵）往外甩，指驱魔赶鬼的仪式。

② 博迪额·达斯贝（/ bə:di’ə dasbe/），指治疗因“外面的”（精灵）作祟而引发的疾病。

③ 萨玛什克（/sama:ʃək/），萨满神服。

④ 巴格其·霍卓日（/bagʧi xʊʤʊr/），巴格其根子，巴格其先祖神灵。

⑤ 参见内蒙古自治区编辑组编：《达斡尔族社会历史调查》，内蒙古人民出版社 1985 年版，第 267 页。

我调查了解到的情况是，“巴日西”必须供奉“奴吉日·巴日肯”，其主要职责是通过正骨、按摩等方式治疗骨伤。“巴日西”除了念珠，还有铜镜等法器。斯琴掛的弟子中，“巴日西”居多，达斡尔族有孟玉金、敖玉英、沃黎明、晶华等，还有鄂温克族和蒙古族的“巴日西”弟子，有的“雅德恩”同时拥有“巴日西”的道路，比如孟玉金、沃黎明、鄂嫩朵拉等。

4. 巴日耶浅

“巴日耶浅”一般都由妇女担当，特别是有丰富接产经验的老年人居多。也有很少一部分“巴日耶浅”是靠“敖雷·巴日肯”的精灵的。① 目前，由于医疗条件大为改善等原因，“巴日耶浅”传承的比较少，现在生孩子基本上都上医院了。

以上司祭者中，“斡托西”、“巴日耶浅”、“巴日西”主要由女人担任；“巴格其”则多由男人担任。

5. 克安其

《达斡尔族百科词典》解释说，“克安其”多为成精的动物，如狐狸、貉子、兔子、獾子、野鸭等。“克安其”要找一个“额金”②，当“额金”的人能请来自己的“克安其”，能替病人回答问题或扎针、占卜。③

“克安其”也写作“奇彦其”。④ 大间知笃三写作“气颜奇”（在布特哈群体），并认为与“额兀客”（即欧克）是同一个意思。⑤

关于“克安其”，我专门采访了沃菊芬萨满。她说，“克安其”就是“翁果日”的意思，是“翁果日”的名称。“克安其”是“翁果日”，好

① 参见内蒙古自治区编辑组编：《达斡尔族社会历史调查》，内蒙古人民出版社 1985 年版，第 267 页。

② 额金（/əʤin/），主，主人，主宰者，国王，皇帝。

③ 参见满都尔图主编：《达斡尔族百科词典》，民族出版社 2007 年版，第 246 页。

④ 内蒙古自治区编辑组编：《达斡尔族社会历史调查》，内蒙古人民出版社 1985 年版，第 267 页。

⑤ 参见大间知笃三：《达斡尔族巫考——以海拉尔群体为主要对象》，载迁雄二、色音编译：《北方民族与萨满文化——中国东北民族的人类学调查》，中央民族大学出版社 1995 年版，第 69 页。

多种那些小的“翁果日”就是“克安其”，“克安其·翁果日”[①]不同于大的“翁果日”。据说，过去有“克安其·翁果日”的人也是挺厉害的，而且“巴格其”有“克安其·翁果日”的比较多。

因此，需要指出的是，“克安其”并不是指宗教活动者，而是指这些宗教活动者从事宗教活动所凭依的精灵，即所领守护和驱使神灵的名字。克安其是指成精的动物，成为某些人的“翁果日”，而不是指人，不应该归入宗教活动者之列。此外，狐狸、野雉、野鸭、兔子、貉子及獾子等动物都是小型动物，所以说它们的精灵是小的“翁果日”，与大的“翁果日”比如狼、虎、狮子、熊等大型动物的精灵不同。这里，小的翁果日应该不仅指体型较小，而且，其能力也稍逊于大的翁果日。

6. 莫德浅

莫德贝[②]，达斡尔语本意就是“知道”、“懂得”；“浅”[③]，有时也写作“钦”，是指某一类人或者从事某一职业或者具有某些特征的人或人们，比如，“登特科浅”就是登特科莫昆的人们，“图瓦浅”[④]就是做饭的人，“乌苏斡浅”[⑤]就是爱说话的或者口才好的人，等等。所以，“莫德浅”的本意就是“知道者”，只给人看，做些简单的“多姆勒”[⑥]，主要职能就是“看事儿的”，类似于预言者和占卜师，所以叫作“莫德浅”，不能主持仪式，也不会治病。可见，“莫德浅”的职责非常有限。

7. 扎列，据说，在瑷珲达斡尔族中还有称作“扎列”的宗教活动者。“扎列”，既不是“巴格其”，也不是“巴日西”，他没有神灵，当“雅德根”（即“雅德恩”，萨满）跳神神灵附体后，由他负责答对应和，是“雅德根”的助手。由于“扎列”熟悉“雅德根”的各种宗教活动，请“雅德根”治病

---

① 克安其·翁果日（/kəanʧi ʊŋgʊr/），叫克安其的翁果日。

② 莫德贝（/mədəbe/），知道，懂得。

③ 浅（/ʧen/）或钦（/ʧin/），指某一类人或者从事某一职业，或者具有某些特征的人或人们。

④ 图瓦浅（/ tuwaʧen/），指做饭的人或人们，厨师。

⑤ 乌苏斡浅（/usu:woʧen/），爱说话的或者口才好的人或人们。

⑥ 多姆勒（/dʊməl/），此处指一种治病的象征物。

跳神时，也往往请“扎列”到场协助。[①]

上述这些宗教活动者和“雅德恩”一样，不脱离生产劳动，没有特殊待遇，被人请去治病时，受人招待，祭神杀生者，赠送其皮张或肉，以示酬谢。[②] 其地位比“雅德恩”低。

8. 萨满助手

还有一类人，是专门做“雅德恩”的助手，他们没有祖先神的根子，不领任何神灵，但是，他们会唱萨满请神、送神神歌，即“雅德恩·伊若”，即萨满神歌）的衬词，熟悉仪式的仪程内容，热心萨满仪式活动，在仪式过程中他们还帮忙准备仪式用品，宰杀献牲的动物等。他们也会得到一些酬劳，只是更少。

“雅德恩”以外的各种宗教活动者都可以作为“雅德恩”的助手。比如：在诸多仪式中，斯琴掛的徒弟们除了沃菊芬萨满都曾经作为助手在仪式中为其服务。除了不能领神的专门的助手外，萨满的徒弟巴日西、巴格其、巴日耶浅等都可以充当师傅的助手。

在萨满教的研究领域有“二神”的说法，坐在巫觋旁边，敲单面鼓，唱第三人称的神歌，并与处于失神状态的巫觋对话。“二神”不出现被神灵凭依的失神状态。但从仪式的实际过程来看，“二神”还起着一种帮助大神将神灵降临到身上，并让神灵离去的作用。[③] 我把这些所谓的“二神”都归为萨满助手，助手有萨满的家人，现在一般多由萨满的丈夫或者子侄担任，比如：斯琴掛的助手主要是她的丈夫，偶尔是她的儿子，而沃菊芬的助手主要是她的儿子、侄子等。助手也有萨满的徒弟，徒弟中巴日西、巴格其充当助手者居多，弟子们大都在仪式中充当斯琴掛和大徒弟沃菊芬的助手。这些助手的主要工作是帮助萨满穿脱神服，萨满进入

① 参见内蒙古自治区编辑组编：《达斡尔族社会历史调查》，内蒙古人民出版社 1985 年版，第 267 页。

② 参见内蒙古自治区编辑组编：《达斡尔族社会历史调查》，内蒙古人民出版社 1985 年版，第 267 页。

③ 参见黄强、色音：《萨满教图说》，民族出版社 2002 年版，第 207 页。

神灵附体状态时扶持萨满，帮忙烘烤、替换神鼓，帮助问话、应答、翻译、解释，帮忙奉献茶水、酒品等。但是，助手并不能帮助萨满请神、送神，萨满请神、送神要靠自己击鼓唱祷完成。我观察的各种祭祀仪式，助手的重要作用是当萨满神灵附体的时候，扶助萨满请其安坐，通过把萨满的手指沾一下牛奶的方式唤醒萨满神灵，叫作“阿米拉贝”①；此外，还在萨满神灵附体的过程中，召唤被神灵召唤之人献茶、献酒、献牛奶，并帮助听宣之人记住神谕内容，或者解释萨满神灵的神谕、嘱咐，等等。需要指出的是，穿着“萨玛仕克”的“雅德恩”是不做别的萨满的助手的，仪式活动中，沃菊芬不做师父斯琴掛的助手，在各种大型公开仪式上她作为陪祭萨满请自己的“翁果日”降临，与师傅共同完成仪式。因此，现代萨满的助手由三类人员构成：一是萨满的家人，最重要、最得力的助手；二是萨满的徒弟们，自己有着祖先神的根子、渊源，熟悉仪式的程序和内容，称职的、得力的助手；三是专门从事助手的工作，既不是萨满的家人，也不是萨满的徒弟，没有神灵的根子、不能领神，但是对萨满文化有着强烈的兴趣，比如郭博勒・铁林，他在各种大小仪式上一直追随并帮忙斯琴掛、沃菊芬，也因此而获得很多关于萨满文化的知识。

总之，汉族的祭天祭祖与祭诸神，主要由族长和宗长来带领，并没有固定的祭司。达斡尔人的祭祀则靠以萨满为主的巫统人员来安排和主祭。而萨满是一个特殊群体，内部是有分工、有合作的。

通过考察当代萨满及其仪式活动，我发现，达斡尔族的巫统人员的分类及职能有了一定的变化。

首先，近些年活跃在内蒙古呼伦贝尔地区的达斡尔萨满主要有领“霍卓日・巴日肯”的“霍卓日・雅德恩，还出现了“巴格其”、“巴日西”、“斡托西”、“巴日耶浅”等，没有发现“奇彦其”、“克安其”等宗教活动者。

其次，“巴格其”、“巴日西”、“斡托西”等也都是领自己的莫昆家族“霍卓日・巴日肯”的人，同样能够请自己的祖先神灵附体。所以，不是仅仅

---

① 阿米拉贝（/amilabe/），激活，唤醒，赋予生命。

“霍卓日 · 雅德恩”才能请神降临，“巴格其”、“巴日西”、“斡托西”等理论上也都能请祖先神附身。

现在最活跃的要数斯琴掛萨满和沃菊芬萨满两位“霍卓日 · 雅德恩”。2017 年，斯琴掛的弟子沃黎明、敖春梅、孟玉金等相继举行领神仪式成为拥有萨满服的“雅德恩”，加上之前的孟孝瑞（巴格其）、敖智伟（雅德恩）、斯琴（斡德根，蒙古族）等人都已经能够自如地进入神灵附体状态，清晰明白地表达祖先神的意志。斯琴掛及其弟子沃菊芬等达斡尔族萨满队伍不断成长、壮大。

萨满被认为是能够与神灵沟通的人，是具有身份特殊的群体。他们往往需要借助特殊的、通灵的、具有象征意义的服饰和法器，完成祭司的职责和使命。

第三节　达斡尔族萨满的服饰和法器[①]

“凡萨满均有特别之衣装……当萨满请其神灵时，即衣此种特别服装。”[②] 在达斡尔民族中，人们认为“雅德恩”穿上这种特别服装“翁果日”才能附身。莫力达瓦达斡尔人把这种特别的服装称为“萨玛仕克”，海拉尔达斡尔人和齐齐哈尔达斡尔人称为“扎瓦”[③]。现在，翻译成汉语萨满本人和学者们普遍叫作萨满服或者神服。根据《达斡尔族百科词典》，“扎瓦”实际上只是“萨玛仕克”的一部分，是主体神袍。[④] 而且，我认为，萨满服应该是包括萨满帽和萨满靴的全套系列服饰。由文献资料记载及

① 此节内容参考《达斡尔族社会历史调查》、《达斡尔巫考——以海拉尔群体为例》、《达斡尔萨满文化传承——斯琴掛和她的弟子们》、《达斡尔族百科词典》等文献并结合实际萨满仪式田野调研资料。

② 程廷恒：《呼伦贝尔志略》，内蒙古文化出版社 2003 年版。

③ 扎瓦（/ʤawa:/），即“萨玛仕克”（/sama:ʃək/），萨满神服。

④ 参见满都尔图主编：《达斡尔族百科词典》，内蒙古文化出版社 2007 年版，第 243 页“萨玛石铠”（即萨玛仕克）词条。

田野调查可知，在萨满举行的仪式活动中，萨满都是全套穿着萨满帽、萨满服、萨满靴，没有只戴萨满帽不穿萨满服的情况，也没有只穿萨满服而不戴萨满帽的时候。仪式中，萨满祈请神灵降临附体之前必会同时穿戴萨满服和萨满帽，附体之后萨满帽换成萨满头饰。此外，在有特别需要的仪式上，萨满会戴面具“阿巴嘎拉岱”①，神灵附体后也是换成萨满头饰。一般都要配穿萨满靴，偶尔会出现不穿萨满靴的情况。

20 世纪 30 年代末，文献记录达斡尔族萨满服并不多见，据说，当时海拉尔有 4 件，齐齐哈尔有 1 件，莫力达瓦照片为证说明当时也有，不过数目不详。② 据莫力达瓦达斡尔族自治旗的沃金柱（俩克达）萨满说，她的母亲是有萨满服的“雅德恩”，母亲的萨满服至今还保留在舅舅家里。我的调查还不够全面、深入，尚未听说、看到莫力达瓦的其他的萨满服的情况。经历半个多世纪，到了 19 世纪 90 年代末，截至 2017 年上半年，达斡尔民族中还只有斯琴掛和沃菊芬两位萨满拥有萨满服。过去的文献介绍达斡尔族萨满服的也不多见。大间知笃三是较早记述者之一，他以当时郭博勒哈拉满那莫昆黄格萨满③ 的神服为例做了较为详细的记述。④ 进入 21 世纪，再次全面介绍当代达斡尔萨满服饰的是吕萍和邱时遇，他们以图文并茂的形式全面、生动地展示了当代著名大萨满斯琴掛的萨满神服。⑤ 沃菊芬的萨满服与师傅斯琴掛的非常相似，局部有些不同，在此不做详述。

---

① 阿巴嘎拉岱（/abagaladaj/），铜制萨满面具。大间知笃三记录为 abohalde，译者写作“阿布哈尔岱”。（[日] 大间知笃三：《达斡尔巫考——以海拉尔群体为例》，载辻雄二、色音编译：《北方民族与萨满文化——中国东北民族的人类学调查》，中央民族大学出版社 1995 年版，第 71 页。）

② 参见大间知笃三：《达斡尔族巫考——以海拉尔群体为主要对象》，载辻雄二、色音编译：《北方民族与萨满文化——中国东北民族的人类学调查》，中央民族大学出版社 1995 年版，第 70 页。

③ 黄格萨满（/xʊaŋgə saman/），郭博勒哈拉满那莫昆的著名萨满。

④ 参见大间知笃三：《达斡尔族巫考——以海拉尔群体为主要对象》，载辻雄二、色音编译：《北方民族与萨满文化——中国东北民族的人类学调查》，中央民族大学出版社 1995 年版，第 70 页。

⑤ 参见吕萍、邱时遇：《达斡尔族萨满文化传承——斯琴掛和她的弟子们》，辽宁民族出版社 2009 年版，第 46—56 页。

达斡尔族萨满使用的法器中最重要的是神鼓“混图日”① 和鼓槌“扎熟日”② 或者叫作“吉苏日”，其他神具还有念珠“额日克”③、一种叫作“产”④ 的乐器、铜铃、铜镜和鹅卵石，斯琴掛萨满使用的法器还有神杖、神鞭、天剑等。因为神服和法器是萨满举办各种仪式活动，请神灵降临必须穿戴、配用的。所以，只有举行真正的祭祀仪式或者有关治疗活动，“霍卓日·雅德恩”才能穿戴萨满服、萨满帽，使用神鼓等法器。下面对达斡尔族萨满的服饰和法器做一个简单的总结和介绍。

一、达斡尔族萨满穿戴的服饰

1. 萨满帽“玛嘎拉”⑤

萨满帽“玛嘎拉”(海拉尔达斡尔群体的叫法，巴特恩·达斡尔群体称为“玛额勒”用铁条或铜条做帽架，架顶有直径约 5 厘米的圆铜片。铜片上有仿鹿角做的三杈或者六杈铜鹿角两个，在两个鹿角杈中间有一只铜制小鸟。帽架内套有黑色大绒帽头，帽边两侧钉有皮带或者布带，用于戴帽后系于颔下。据说，帽顶的铜制小鸟是布谷鸟，亦说是鹰，总之是“雅德恩”所领神灵的象征。鹿角的杈数标志“雅德恩”的资格。初当“雅德恩”者不戴神帽，跳神时只用红布包头，这样经过 3 年，成功举行第一次斡米南仪式以后才能戴有 3 个鹿角杈的神帽，经过三次斡米南仪式之后才能戴有 6 个鹿角杈的神帽。戴 6 个鹿角杈神帽的“雅德恩”被认为是神灵“通达”了的萨满。也有学者认为，“初次当萨满者要戴三杈鹿角形冠。”但是，“已通过三次斡米南仪式的萨满可以戴六杈鹿角形冠”的说法却是一致的。人们每次请“雅德恩”跳神，仪式之后为了表示酬谢都在他的神帽鹿角

---

① 混图日（/xuntur/）或温图日（/untur/），神鼓。
② 扎熟日（/ʤaʃur/）或吉苏日（/ʤisur/），神鼓之鼓槌。
③ 额日克（/ərk/），念珠。
④ 产（/ʧan/），即镲（chǎ），一种黄铜制的小型铙钹。
⑤ 玛嘎拉（/magəl/）或玛额勒（/maəl/），萨满神帽。

杈上系一条垂至腰部的叫作“哈迪格”①的彩色绸布，因此，雅德恩的资格越老神帽上绑系的“哈迪格”就越多。神帽前面钉有长约一寸的黑色丝绥，雅德恩戴上神帽时丝绥挡住双眼。斯琴掛萨满已经举行过三次斡米南仪式，沃菊芬已经举行过两次斡米南仪式，她们都已经达到了最高级，都戴 6 杈鹿角神帽。斯琴掛萨满说，她的神帽上的哈达太多了，太重了，就取下来一些放在专供神灵的房间。“在齐齐哈尔群体中见到的巫冠上面饰有一种叫作特尔布卡②的很大的像佛僧帽一样的东西。”③这种佛僧帽子一样的萨满头饰设计今天在齐齐哈尔地区达斡尔人中依然较为普遍。

萨满头饰，达斡尔语叫作“莽额勒其”④，其功能相当于萨满帽。萨满帽由金属支架和诸多装饰制成，有相当的分量，于是，她们制作了美观轻便同时富有象征意义的萨满头饰，在神灵降临以后换下萨满帽，替代神帽的功能。

2. 萨满服“萨玛仕克”

传统达斡尔族萨满服“萨玛仕克”主要由神袍“扎瓦”、神坎肩“扎哈日特”⑤、神裙“哈勒邦库”⑥及其两侧皮条“阿斯朗”⑦等组成。

雅德恩在举行祭神仪式时要戴萨满帽，要穿包括神袍、神坎肩、神裙的全套神服，即“萨玛仕克”。“萨玛仕克”被认为有保护和帮助雅德恩施展法术的作用。过去，制作萨满服的费用由莫昆成员共同承担，雅德恩去

① 哈迪格（/xadig/），彩色绸布条。

② 特尔布卡（/tərbuka/），齐齐哈尔达斡尔萨满群体巫冠上面类似佛僧帽的装饰物。

③ 大间知笃三：《达斡尔族巫考——以海拉尔群体为主要对象》，载辻雄二、色音编译：《北方民族与萨满文化——中国东北民族的人类学调查》，中央民族大学出版社 1995 年版，第 70 页。

④ 莽额勒其（/maŋəlʧi/），萨满头饰。

⑤ 扎哈日特（/ʤaxart/），萨满神服的坎肩。

⑥ 哈勒邦库（/xalbəŋku/），萨满神服的神裙。

⑦ 阿斯朗（/aslaŋ/），“雅德恩”的“萨玛仕克”（萨满神服）两侧的牛皮条。在斡米南仪式第三天下午，举行完“阿日善”圣水洗仪式后紧接着举行“果克依日其贝”（/gʊ:kir ʧibe/）仪式，就是萨满与族众一起拉着“阿斯朗”牛皮条的两端一起跳跃或者萨满用“阿斯朗”在族众后背轻轻拍打、按压的祈福仪式。为便于书写，本书在后面的叙述和分析中统一简称“果克依旧其贝”为“阿斯朗”仪式。

世后将“萨玛仕克”传给继任者。达斡尔族萨满服的制作有一套规范，用料和工艺非常讲究，神袍、坎肩、神裙飘带各有不同底色，上面配有白色贝壳，绣有各种花草鸟兽，十分美观。

神服主体之神袍“扎瓦”是用熟得很柔软的犴达罕皮缝制的对襟长袍，袖子和腰身下摆都很瘦，扣上纽扣后不能迈大步。从长袍领口到下摆均匀地钉有 8 个大铜纽，据说象征城门；长袍前面左右襟中部各钉有 30 个小铜镜，象征城墙；左右袖筒及长袍前面左右下摆各佩 3 条黑大绒，象征四肢八节；下摆的 6 条黑大绒上各钉 10 个小铜铃，象征木城城墙。

达斡尔族神服上的铜镜叫作“托里”①，共有 66 只。神服背部钉有 1 大 4 小 5 个铜镜，大的直径 30 厘米，小的直径 15 厘米，大的叫“阿日肯·托里”②；胸前衬袍外面、神服里面佩戴一个中型铜镜，直径 10 厘米，叫“涅克日·托里”③；神服前面上身左右共钉有小铜镜 60 个，直径 5 厘米。其中，护心镜最为重要，据说是集中“雅德恩”神力之物，也是新萨满承袭任职之物。因此，在民间有着很多关于著名萨满的护心镜之神通的传说。

神袍外面的神坎肩“扎哈日特”，缝缀有 360 只小贝壳，象征着一年 360 天。

神袍两肩上缝制两个布制小鸟，叫“博日·绰库如”④，左肩为雄鸟，右肩为雌鸟，象征“雅德恩”的使者，据说可以将神灵的旨意悄悄传达给萨满。

神衣外面的神裙“哈勒邦库”，挂在神衣背面下半部，分上下两层各 12 条共 24 条飘带，由绣有日、月和松树及树下梅花鹿的图案的黑色绒布条组成。下层 12 条长约 60 厘米，象征着一年的 12 个月，上层 12 条长约

---

① 托里（/tɔ:li/），铜镜。

② 阿日肯·托里（/arkən tɔ:li/），护背铜镜。

③ 涅克日·托里（/nekər tɔ:li/），护心铜镜。

④ 博日·绰库如（/bʊ:r ʧʊkʊr/），萨满神服两肩上缝制的布制小鸟，左肩为雄鸟，右肩为雌鸟。

30 厘米，象征着 12 个“杜瓦兰”①。

神服两袖内侧的细长牛皮条叫作“阿斯朗”，左右各 9 条，长约 65 厘米，缝合处还系着 9 个铜制或铁制小法器，形如勺把儿，叫作“博吉勒岱”②。神灵降临并通过萨满说话时，“雅德恩”常常放下神鼓，两手抓着“阿斯朗”不停地甩动并口念神谕。据说，“阿斯朗”在萨满举行“多勒布日”仪式时能保护萨满的身体。每个萨满在“阿斯朗”旁边佩戴的法器的数目和内容不同，据说，黄格萨满的神服的“阿斯朗”旁铜环上绑系的是 1 个黄铜制风铃，1 个猪牙，数只细长圆锥形铜铃；平果萨满③的神服相同位置上悬垂着大型南京锭。④而斯琴掛萨满佩挂的法器是 3 个铜铃。

3. 面具“阿巴嘎拉岱”

“阿巴嘎拉岱”是“雅德恩”的神灵，用红铜制成的面具，胡子用黑熊毛粘贴而成。据说，它是黑熊的精灵，是“雅德恩”所领诸神的“乌格力·哈达兰”⑤。举行“托若·托勒贝”结束时，“雅德恩”把自己所领诸神集中于它，然后举行吃血仪式。⑥

“阿巴嘎拉岱”多用“苏·拉里”供奉，奶粥里点燃 9 只“卓拉”。萨满做仪式只要佩戴此面具，就要在仪式结束时从所供奉绵羊的羊尾上割下一块脂肪放在“阿巴嘎拉岱”的嘴里，戴一次面具就要以新换旧供奉，换下一个羊尾脂肪。神奇的是，这个羊尾脂肪从不腐烂变质。换下来的羊尾脂肪能够治病，可以治疗乳牛产崽后出现的乳房肿胀，还可以治疗女性乳腺炎、乳腺增生等疾病。

---

① 杜瓦兰（/duʊalən/），神树和灵禽。

② 博吉勒岱（/bʊʤirdæ/），萨满神服两侧牛皮绳“阿斯朗”（/aslaŋ/）顶端附属绑系的 9 个形如勺把儿的铜制或铁制小法器。

③ 平果萨满（/piŋgo saman/），敖拉哈拉登特科浅的著名萨满。

④ 参见大间知笃三：《达斡尔族巫考——以海拉尔群体为主要对象》，载辻雄二、色音编译：《北方民族与萨满文化——中国东北民族的人类学调查》，中央民族大学出版社 1995 年版，第 73 页。

⑤ 乌格力·哈达兰（/ugəli xadlan/），“雅德恩”所领诸神之总管家、总统领。

⑥ 参见内蒙古自治区编辑组编：《达斡尔族社会历史调查》，内蒙古人民出版社 1985 年版。

根据大间知笃三19世纪三四十年代的调查，在海拉尔达斡尔族四名萨满中，有两位萨满拥有面具，一个是黄格萨满，她的面具当时面朝南悬挂于她主屋的西间北墙神坛上，在浓浓的胡须中间半开的嘴巴里塞着一块“瓦奇”（羊尾脂肪）。据说这是从150年前伟大的嘎胡查萨满那里流传下来的；还有一位拥有面具的就是斯琴掛萨满的太爷爷“拉·萨满”，因为当时年事已高，早已不从事祭祀仪式活动的缘故，他把面具装在了革制袋子里，据说他的面具大约在40年前制作的（按照时间推算，应该是在18世纪末到19世纪初制作而成），与火神信仰有关。现在，斯琴掛继承莫昆上代萨满的服饰、法器和神灵，拥有同样的面具和神灵。

有人认为，戴“阿巴嘎拉岱”不是达斡尔族萨满文化固有的习俗，在布特哈群（今莫力达瓦达斡尔族自治旗）以及齐齐哈尔群中就没有佩戴面具的习俗，所以，海拉尔达斡尔萨满很可能是从与他们相邻的巴尔虎蒙古族那里学的。斯琴掛萨满对此的解释是，萨满的神服、面具、神偶、法器都与其所拥有的神灵有关，拥有阿巴嘎拉岱是因为拥有其强大的神灵，萨满能够得到它的保护并能够驱使它。我认为，阿巴嘎拉岱既是面具，也是神偶，是拥有此面具的萨满所有神灵的总统领，是一位强大的守护神。

4. 萨满靴

过去，达斡尔人都是穿靴子的，这与他们的生产生活方式密切相关，因为打柴、狩猎，都需要深入深山。靴子，达斡尔语叫作“果绰日”①，“其卡密”②。“果绰日”是牛皮底布面帮，“其卡密”是牛皮底袍皮帮。牛皮底结实耐用，布面帮由多层面布紧密缝制而成，皮帮是由狍子腿皮拼接细密缝制而成，底和帮用多股麻线缝合。

萨满靴就是类似“果绰日”和“其卡米”的一种特制靴子。斯琴掛的萨满靴非常具有达斡尔民族特色。鞋底和靴身都是用牛头皮做成；靴腰是由白色羊毛毡编织而成，白色靴腰上面缝缀着黑羔羊皮剪成的云朵和花

① 果绰日（/gʊʧʊr/），牛皮底布面帮的靴子。

② 其卡密（/ʧikami/），牛皮底袍皮帮的靴子。

儿，下面是五彩底衬；靴口呈马蹄形，靴口边缘向下缝制着宽约20厘米的黑色羊皮剪成的虎头云朵花边造型，整个黑色宽边的两侧镶红色花边。

二、达斡尔族萨满使用的法器

1. 神鼓“混图日”与鼓槌“扎熟日”

神具中最重要的是神鼓“混图日”。神鼓对雅德根的作用仅次于神服。偶尔，雅德恩不穿神服仅仅敲击神鼓也能请神附体、跳神治病。达斡尔族萨满使用的神鼓是无柄圆形单面鼓。把宽约寸余的榆树、杨树或落叶松板条弯成直径约二尺的圆形框架，以羊皮、狍皮、狼皮（据说，拥有很强的“翁果日”的萨满才能拥有狼皮鼓面）做成鼓面，鼓内面中央部位有分别能进无名指和小指的两个黄铜环，并以此为中心四对八条细皮条往外布满于框子内侧。鼓槌“扎熟日”用细藤条做芯，用哈达捆住，外面套上带毛的兽腿皮。槌柄穿眼，穿皮条做带，或用彩色布条装饰。

神鼓的响声是营造祭祀仪式气氛不可缺少的，通过它的声音，“翁果日”才感觉到请它，萨满自身也逐渐兴奋陶醉，人们的气氛也为之统一。尤其是通过这种激烈响声恶灵被驱赶，以振动的神鼓之风扫除恶灵。达斡尔民族之中还有“雅德恩”乘着神鼓在空中飞翔的观念。神鼓对于萨满及其仪式至关重要，因此，斯琴掛、沃菊芬都有两到三只神鼓。

2. 念珠“额日克”

念珠“额日克”是达斡尔族萨满的神具，由108颗珠子串联而成，当“雅德恩”不穿神服祈祷时挂在肩上。具体构造是把黑色大数珠用四个大珠分四等，在其一处带有黄铜镜一面及五色布、青铜巫镲，在另外两个大珠上分别系有一个黄铜或铜巫镲。①

① 大间知笃三：《达斡尔族巫考——以海拉尔群体为主要对象》，载辻雄二、色音编译：《北方民族与萨满文化——中国东北民族的人类学调查》，中央民族大学出版社1995年版，第74页。

3. 产（小型铙钹）及其他用品

乐器的一种为产，是一种黄铜制的小型铙钹。大间知笃三说，在海拉尔群体，还没听说有施巫术时打这种乐器的巫，在齐齐哈尔群体，助巫使用此器。

这个"产"，实际上是镲。2011 年沃菊芬萨满举行第二次"托若・托勒贝"时，斯琴掛萨满让准备了镲，仪式结尾的饮血仪式上打镲了（下文将有叙述）。萨满本人并不使用"产"，在某些仪式上必要的用途和时候由助手击打此法器。

除了上述的神鼓及鼓槌、念珠、产外，每位萨满都有制作"阿日善"①时净化水用的 9 块鹅卵石，也有一些自己用于治病的独特的法器。斯琴掛就有很多法器神具，用于祭祀仪式和治疗疾病，主要有神旗、神杖、神鞭、天剑等。

4. 神旗

神旗，代表吉祥，又叫吉祥旗。一般祭祀都用，与鼓同用，不用时插在鼓上，旗面垂在鼓面上。神旗旗杆长 93 厘米，旗面由蓝、绿、黑、粉、白五色长 60 厘米、宽 47 厘米的长方形旗面构成。神旗的最外面是蓝色旗面，上面用蓝、白、红、黄、绿、橙、棕七色线绣有一组精美图案，两匹飞奔的天马，马背上驮着吉祥八宝，天马的正前方是太阳，马尾处是月亮，天马驾着升腾的吉祥彩云，马的侧面还绣有剑戟等兵器。我在斯琴掛和沃菊芬 2012 年第一次共同祭祀龙神仪式上，看到二人都把神旗与神鼓一同使用，那是我第一次看到神旗在仪式中的运用。2015 年 6 月 29 日，祭祀"霍日里・绰罗"②时，斯琴掛和沃菊芬也都同时使用了神鼓和神旗。并不见真正使用甩旗子、摇旗子，只是把彩旗竖插在神鼓背面。还有，2015 年 7 月 23 日至 24 日斯琴掛的斡米南仪式上，斯琴掛萨满和沃菊芬萨满再次将神旗竖立插在神鼓北面，那是在向天神献牲祷告时使用的。

① 阿日善（/arʃan/），意为圣水。

② 霍日里・绰罗（/xʊrli ʧʊlʊː/），霍日里石头，指霍日里山山神。

5. 神杖

神杖“索日比”[①]，是萨满神灵来去的交通工具。神杖是一对大约96厘米长的用木头雕刻并漆成枣红色的扁圆形长木，顶端是马头形状，底部镶有铜圈，马头下方内侧距顶端大约30厘米处钉有一个铁鼻，上面穿着一个银圈，银圈里自上而下分别是蓝、白、粉、黄、绿五彩飘带，飘带长约76厘米，宽为6厘米，飘带对折处缝在银圈之上，旁边拴有两个铜铃铛，还有5个铜制小兵器：斧、锉、剑、马镫、长矛；从此往下约10厘米处又钉有一个铁鼻，上穿一个银圈，银圈上拴着斧剑相交的小兵器；再向下30厘米处又钉有一个铁鼻，上穿一个银圈，银圈上拴着一个铜铃铛，还拴着一串套在一起的3个铜环。

我把这对神杖叫作“双马头杖”。神杖作为交通工具，在仪式上神灵附体时萨满双手持“双马头杖”表现为骑马状，特别是附体开始和结束时萨满姿态步伐如同骑马，“双马头杖”快速有力敲击地面发出的声响和节拍也如同奔跑的马蹄的声音和状态，代表神来神往。除了神鼓，海拉尔达斡尔人、蒙古人、鄂温克人还常常在神灵附体时使用“双马头杖”，莫力达瓦达斡尔族自治旗的达斡尔人则主要使用神鼓，他们认为神灵“翁果日”是坐在神鼓上飞来飞去的。

6. 神鞭

神鞭“米纳”[②]，是给人治病驱邪用的，据说，一般情况下出门给当地蒙古人看病才使用。鞭把为直径约2厘米、长35厘米的小木棒。鞭子是用黄、红、粉、天蓝、浅蓝、翠绿、草绿、白混合编成的马莲垛形粗绳子，上面有一个大铜铃。鞭把顶端钻有一孔，上穿一铜环，将鞭子、铜铃连在鞭把上。鞭把下端也钻有一孔，上系一根8条彩线编成的辫形细绳，中间系一疙瘩扣，下边宛如人的两根辫子。

---

① 索日比（/sʊribi/），神杖，双马头杖，萨满的法器。

② 米纳（/mina/），神鞭，萨满的法器。

7. 天剑

天剑，达斡尔语叫作“腾格日·索姆”①，是用紫铜制作的圆锥形法器，下宽上窄呈喇叭口形状，喇叭口处为一侧尖顶矛头状。高 13 厘米，喇叭口直径 2.5 厘米，上有珠串缠绕，铜制锥形工艺品，是雷神专用法器，必须是通雷神的人才能有的“尚方宝剑”。治外病是用天剑挨上病人作法，能治疗精神病人和辟邪，因此天剑还是对付邪物的最高法器。

总之，在达斡尔族中人们一般认为雅德恩不穿戴萨满服饰和使用法器，“翁果日”往往不会降临附体，因此神服和法器是萨满教不可缺少的组成部分。过去，“霍卓日·雅德恩”都是各自莫昆的祭祀者，所以准备神服神具是莫昆的任务。而且，这些神服神具通过各莫昆的历代莫昆·萨满不断传承。历经土地改革、新中国成立后无神论教育和“文化大革命”，过去的神衣和法器都没能保留下来，现在的萨满服饰和法器神具都是当代萨满新做的，据说，神灵都得到了上代萨满这些新制萨满服饰的样式的托梦指点。

现在生活条件好了，制作萨满服和神具、法器没有那么难了。不过，价格依然比较昂贵。而且，只有上代萨满曾经拥有萨满服的“霍卓日·雅德恩”才能做萨满服、穿萨满服。

如前所述，除了“雅德恩”，达斡尔族还有其他宗教活动者，他们也拥有一些简单的服饰和法器，比如，“巴格其”使用拂尘，还有念珠和护心铜镜；“巴日耶浅”使用扇子，也有念珠和护心铜镜；“巴日西”、“斡托西”等也都有念珠和护心铜镜。斯琴掛及其弟子们人人都有念珠和铜镜，每当举行祭祀仪式，他们都会把念珠和铜镜佩戴在民族服装外面。而护心铜镜与神服分离，是一个单独的神器，“雅德恩”披挂在衬袍和神袍之间，其余人如“巴格其”、“巴日西”、“斡托西”、“巴日耶浅”等将其披挂在民族服装外面。

① 腾格日·索姆（/təŋgər sɯm/），天剑，萨满的法器。

第二章 “雅德恩·嘎日贝”：萨满领神仪式

如前所述，达斡尔族的“雅德恩”按照其身世和资历不同，分为“嘎日森·雅德恩”和“布图·雅德恩”。“布图·雅德恩”虽然也能主持一些小型仪式、看病治病，但是没有经过正式领神仪式，本领受限，不能为其他莫昆家族举行祭祀祖先神仪式；“嘎日森·雅德恩”则是举行了正式领神仪式的公认的神通广大的萨满，因此，“雅德恩”的领神仪式非常重要。其他巫统人员如斡托西、巴格其、巴日西、巴日耶浅等也一样需要举行正式领神仪式，才能光明正大地行走其巫统道路。①

到 2017 年为止，笔者已经参与式调研了七场“领神”仪式，第一次看到的是一场不充分的雅德恩的领神仪式，第二次考察的是雅德恩与巴日西的领神仪式，第三次考察的也是雅德恩与巴日西的领神仪式，第四次考察了巴日西的领神仪式；第五、第六和第七次都是2017年考察的“雅德恩”的领神仪式，不过第五次举行“领神”仪式的是一位通古斯鄂温克族的“萨满”候选者，第六、第七次是达斡尔族的“霍卓日·雅德恩”的领神仪式。2011 年、2013 年、2014 年、2015 年、2017 年七场“领神”仪式的时间、地点、候选者所领神灵及所走巫统道路、师傅萨满的情况见表 2-1：

表 2-1 作者参与式考察的斯琴掛徒弟的“领神”仪式简况表

时间	地点	候选者及所领祖先神谱系	所走巫统道路	师傅萨满
2011 年 7 月 14 日	莫力达瓦达斡尔族自治旗诺敏河畔	丁氏（汉族），女，领外祖母父系家族沃热哈拉绰库勒爱勒先祖萨满神	按照雅德恩的方式“出马”，实际走巴日西道路	斯琴掛为师沃菊芬助祭

① 本书将达斡尔族的“雅德恩”、“斡托西”、“巴格其”、“巴日西”、“巴日耶浅”统称为巫统人员或者领神者，五种类型的领神者所走道路统称为巫统道路，即雅德恩道路、斡托西道路、巴格其道路、巴日西道路、巴日耶浅道路等。

续表

时间	地点	候选者及所领祖先神谱系	所走巫统道路	师傅萨满
2013 年 6 月 14 日	鄂温克族自治旗斯琴掛萨满家中	丽娜（蒙古族），女，领父系家族李肯哈拉祖先神	走雅德恩与巴日西两条道路	斯琴掛为师沃菊芬助祭
2014 年 7 月 12 日	鄂温克族自治旗伊敏河畔	鄂嫩朵拉，女，领父系家族鄂嫩哈拉坤金莫昆①祖先神，雅德恩·爷爷②传给雅德恩道路，巴日西·太提③传给巴日西道路	走雅德恩与巴日西两条道路	斯琴掛为师沃菊芬助祭
2015 年 7 月 8 日	莫力达瓦达斡尔族自治旗纳文江畔	沃黎明，女，领父系家族沃热哈拉绰库勒莫昆祖先神，沃热哈拉绰库勒莫昆霍卓日·太提④传给巴日西道路	走巴日西道路	斯琴掛为师沃菊芬助祭
2017 年 9 月 28 日	陈巴尔虎旗海拉尔河附近	依如格勒，女，（通古斯鄂温克族）领父系家族东西布辛祖先神，爷爷与姑太提传给她萨满道路和巴日西道路。	走萨满与巴日西两条道路	斯琴掛为师沃菊芬助祭
2017 年 10 月 6 日	莫力达瓦达斡尔族自治旗纳文江畔	沃黎明，女，领母系家族莫日登哈拉寿儒托日苏浅⑤祖先神，莫日登哈拉寿儒托日苏姑乌·太提传给雅德恩道路	走雅德恩道路	斯琴掛为师沃菊芬助祭
2017 年 10 月 24 日	莫力达瓦达斡尔族自治旗纳文江畔	孟玉金，女，领父系家族莫日登哈拉崇斡罗莫昆西额莫日登浅⑥祖先神，西额莫日登浅雅德恩·爷爷传给雅德恩道路	走雅德恩道路	斯琴掛为师沃菊芬助祭

注：

1. 举行领神仪式的候选者除标注外，都是达斡尔族。
2. 丽娜、鄂嫩朵拉、依如格勒都是按照“雅德恩”及“巴日西”的双重“出马”方式举行领神仪式，同时开出两条巫统道路。鄂嫩朵拉于 2017 年夏制作并开始穿萨满服，依如格勒于 2019 年夏制作并开始穿萨满服，丽娜于 2020 年夏制作并开始穿萨满服。
3. 沃黎明、孟玉金都是先出“巴日西”，后举行“雅德恩”领神仪式，她们先后开出不同巫统道路，而且举行“雅德恩”“出马”仪式时就已制作并开始穿萨满服。

---

① 鄂嫩哈拉坤金莫昆（/kundʒin mokun/），鄂嫩哈拉的分支莫昆。

② 雅德恩·爷爷（/jad’ən jeje/），萨满爷爷。

③ 巴日西·太提（/barʃ tajti/），巴日西奶奶。

④ 霍卓日·太提（/xʊdʒʊr tajti/），直译“莫昆奶奶或莫昆祖母”，指莫昆女性萨满先祖神灵。

⑤ 即莫日登哈拉寿儒托日苏浅（/mərdəŋ xal ʃəʊrutʊrsuʧen/），莫日登哈拉崇斡罗莫昆的分支。

⑥ 莫日登哈拉崇斡罗莫昆西额莫日登浅（/mərdəŋ xal ʧʊŋʊlo mokun ʃi’ə mərdəŋʧen/），莫日登哈拉崇斡罗莫昆的分支。

以上这些领神仪式的师傅萨满都是斯琴掛，沃菊芬萨满应邀共同主持仪式。从形式上看，这几个“领神”仪式有许多共同点，主要仪程内容和程序比较相似。然而，每次调研我都有新的发现和认识，因为每个领神仪式都有各自的独特方面，说明“领神”仪式在核心内容不变的情况下，形式是变化的、灵活的、多样的，而且不同的形式具有不同的特点和象征意义。巴日西走巴日西道路，雅德恩走雅德恩道路，不同的候选者走不同的巫统道路。每位候选者所领祖先神及其助手神都不相同，而且，即使同样是成为“霍卓日·雅德恩”，不同哈拉—莫昆的“雅德恩”所走道路及所领众神都不尽相同，因此，不同的“领神”仪式的具体仪程还是有差别的。我在这七场“领神”仪式过程中看到的、遇到的情况也都不一样，七个仪式各有特点和不同仪程内容与安排。

本章我将按照我所观察的领神仪式的先后顺序分别详细描述前三个仪式，再简要介绍一下第四次领神仪式的不同之处。当然，首次出现的情况详细描述，仪式记述看起来将会一个比一个简洁，重复的内容不再详述。据此，总结归纳领神仪式的主要功能、特点，以及走不同巫统道路的候选者需要采用的领神方式的异同，分析领神仪式对当代达斡尔族萨满传承的重要意义及其影响。鉴于篇幅和时间所限，2017 年考察的三场领神仪式不再详述其仪程过程及内容，只在总结中一并分析阐释。

第一节　达斡尔族萨满的产生和传承

一、达斡尔族萨满产生的条件和资格

1. 神“抓”萨满及萨满病

据说当雅德根以久病不愈为其征兆，尤其神经错乱者被认为已被上一

代雅德根的神灵选中，非许愿当雅德根不能康复。① 这种由于被祖先神灵选中而引发的神经错乱病目前国内学界和民间普遍称为“萨满病”。大间知笃三把萨满病称为“巫病”。他当然不知道汉族的“巫”不同于达斡尔族等北方少数民族的萨满。不过，他对海拉尔达斡尔群体的调查和研究相当深入、细致，许多见解非常深刻，为我们提供了宝贵的早期资料。他说，成为新巫的人，多在青年时期陷入一种叫作巫病的精神错乱状态。如果精神错乱的原因是来自患病者所属莫昆的斡卓尔的意志，患病者能够顺从这种意志，充当莫昆·萨满而免除了精神错乱，那么这种病就叫作巫病。②

这个被神灵选中患萨满病的人就是萨满候选者。他命中注定要成为一名光荣的莫昆家族的祭祀者而被“霍卓日·巴日肯”选定为“莫昆·萨满”，达斡尔人叫作“霍卓日·雅德恩”，这个“霍卓日·雅德恩”地位尊崇。正如大间知笃三所说，在汉族中巫被看作是最卑贱的职业，因此几乎看不见富贵人家里出现巫。但是在达斡尔族中，巫绝不被看作卑贱，反而享有高贵的地位。他以郭博勒哈拉满那莫昆的黄格萨满为例，说她是在呼伦贝尔的达斡尔族中屈指可数的高贵家庭中出生的女人。她当巫，即使现在也比一般巫更受到尊敬。看起来她是一位有较高修养品格的人。③ 多少年来，呼伦贝尔地区一直都在流传着黄格萨满的传奇故事，而且，据海拉尔一位郭博勒哈拉满那莫昆的老人说，目前，海拉尔一带的达斡尔人都在供奉她。④

---

① 参见内蒙古自治区编辑组编：《达斡尔族社会历史调查》，内蒙古人民出版社 1985 年版，第 262 页。

② 参见大间知笃三：《达斡尔族巫考——以海拉尔群体为主要对象》，载辻雄二、色音编译：《北方民族与萨满文化——中国东北民族的人类学调查》，中央民族大学出版社 1995 年版，第 63—64 页。斡卓尔即霍卓日，根，根子，指莫昆祖先神。

③ 参见大间知笃三：《达斡尔族巫考——以海拉尔群体为主要对象》，载辻雄二、色音编译：《北方民族与萨满文化——中国东北民族的人类学调查》，中央民族大学出版社 1995 年版，第 63—64 页。

④ 据《达斡尔族社会历史调查》（内蒙古人民出版社 1985 年版，第 258—259 页），黄格萨满并不是满那莫昆（/manna mokun/）的“霍卓日·雅德恩”，黄格萨满于 1921 年当萨满，以“苏木·巴尔肯”和“翁胡尔·巴尔肯”为其神灵。但这并不影响她在达斡尔人心中的尊崇地位。

患萨满病也就是所谓的“神抓萨满”的开始。每一个萨满在正式成为萨满之前，都备受折磨，几近于死亡。比如，斯琴掛萨满从14岁开始就体弱多病，随着年龄的增长，病情不见好转；相反，30岁以后，身体越来越差，经常送到医院急救，家人带她辗转到各大城市医院治疗，也没收到显著效果，终日疾病缠身，苦不堪言。沃菊芬萨满也是从十几岁起疾病缠身，精神异常，30多年间，走遍中国北方地区，多方求医问药，几乎没有任何效果，在此期间她还经历了丧夫、丧女之痛，原本殷实的家业也都在治病过程中荡尽，多重的打击，病痛的折磨，使她体重不足40公斤，甚至走路都困难。① 她们无不经历了长时间的萨满病的折磨，直到同意接任自己家族莫昆·萨满一职才真正好转，举行正式领神仪式后，萨满病基本痊愈。

需要指出的是，久病不愈是被上代神灵选中的征兆之一，不过，据说，所谓的“神经错乱”并非真正的精神病，而是上代萨满借被选中者之口传递的信息不被常人所了解和理解，在常人听来不过一派胡言，实则可能传达着上代萨满神灵的意图和意志。但是，并非所有的久病不愈、神经错乱者都能成为萨满，这要请有资历、有经验、能力强的萨满预测、占卜，真正的神经病或者精神病不可能成为萨满，那些有“霍卓日”，即有“根子”、有祖先神渊源而被其选中者才有可能成为萨满。正如大间知笃三所说，如果不顺从斡卓尔（即“霍卓尔·巴日肯”）的意志而精神错乱痊愈，或因被依赖巫的巫术而精神错乱消失，或者是巫如何施尽巫术也治不好的狂人，这些都不是巫病。总之，所谓的“巫病”，是指斡卓尔在莫昆中选定一人成为莫昆·萨满，而他本人以及周围的人仍不领悟斡卓尔之意图的状态。②

2. 成为萨满的条件和资格

由此我们知道，萨满候选人有特定的含义，这个候选者，并非本人自

① 参见吕萍、邱时遇：《达斡尔族萨满文化传承——斯琴掛和她的弟子们》，辽宁民族出版社2009年版，第19—21、158—159页。

② 参见大间知笃三：《达斡尔族巫考——以海拉尔群体为主要对象》，载辻雄二、色音编译：《北方民族与萨满文化——中国东北民族的人类学调查》，中央民族大学出版社1995年版，第63—64页。

愿成为萨满，也不是哈拉—莫昆推举的候选人，而是被祖先神或者其他外面的神灵选中的继承者。那么，神灵选什么样的人做萨满呢？据说，神选萨满的条件是心地善良，骨白血清，连续三代转生为人，这样的人才有资格当“雅德恩”。萨满仪式中“雅德恩”多次以祖先神的口吻提到“骨白血清”的某某人从小或者从少年（女）时代起就被祖先神选中的说法，可见，“骨白血清”是成为萨满的最为重要的一个条件。

莫力达瓦达斡尔族自治旗的达斡尔族受汉语言文化的影响，有认为达斡尔族的祖先神是“仙家，仙儿”的说法。萨满文化知情人郭博勒·铁林说，咱们这个祖先神是仙家，仙家就是在家族里找人，找到那人，代替他，他一看，这个人三世转生都是人，骨白血清，这才能代替他的身子。有人以为，咱们达斡尔人好像过好几代、过两代才能找到代替自己的人，这不是过两代、三代的事儿，实际上，有的人知道自己被“抓”了，好多人并不知道，一直那么闹腾的有的是。因为，这个传承中断了几十年，而且，现在人们有病都是先去医院就诊，看了又看，实在看不好了才找民间会看的人去看，是不是有什么特别的原因。被神“抓”了而不自知，然后闹腾闹腾一直出不来，死去的人很多。

充任萨满者多为常年患慢性病，弄得骨瘦如柴，或者精神失常，多年不愈者，经萨满或者占卜认定后，由其家长或族长出面，请一老萨满为师举行领神仪式，学习祷词和祭神本领，被请为师者的老萨满，达斡尔人称为“额格·雅德根”①，即母萨满，为徒者称为“克库·雅德根”②，即子萨满。充任母萨满者必须熟悉子萨满祖传的各种神灵的缘由，否则不能胜任，人家也不会请他为师。③

考察文献记述和现代调研访谈，达斡尔族萨满的产生可谓具有孟子所

---

① 额格·雅德根（/əg jadgən/），母萨满，为师者，即萨满师傅。

② 克库·雅德根（/kəku jadgən/），子萨满，为徒者，即萨满徒弟。

③ 参见满都尔图：《达斡尔鄂温克蒙古（陈巴尔虎）鄂伦春萨满教调查》，载吕大吉、何耀华总主编，满都尔图主编：《中国各民族原始宗教资料集成·达斡尔族卷》，中国社会科学出版社 1999 年版，第 332 页。“雅德根”，即“雅德恩”。

言“天将降大任于斯人也，必先苦其心志，劳其筋骨，饿其体肤，空乏其身，行拂乱其所为，所以动心忍性，增益其所不能”的意味。总之，达斡尔族的萨满的产生非常艰难、痛苦。雅德恩的产生如此，其他的领神者也均无例外，都要经历一番痛苦和折磨。

二、达斡尔族萨满的传承及其培训

达斡尔族萨满的传承机制与传承体系非常复杂。由于达斡尔族的巫统人员、领神者分为雅德恩、斡托西、巴格其、巴日西、巴日耶浅五个类别，更增加了传承的复杂性。

1. 传承的原则

达斡尔族萨满传承有自己的特点。斯琴掛萨满认为，达斡尔族萨满的传承有三个环节，“萨满病”是神“抓”萨满的最初体现，“神灵托梦”是重要的信息传递渠道，“神灵附体”是成为萨满的重要标志。[①]

达斡尔族萨满传承还具有如下几个原则。达斡尔族萨满传承原则一：达斡尔族萨满传承最根本的原则是按照父系血统传承。据《达斡尔族社会历史调查》记载，达斡尔族的雅德根大致可分为两个派，即“霍卓尔·雅德根”和一般雅德根。霍卓尔·雅德根是领本莫昆或哈拉的霍卓尔·巴尔肯（祖神）为其神灵的雅德根，它虽然不是世袭的，但必须由本莫昆的成员充当，没有另一个莫昆成员来当这一莫昆的霍卓尔·雅德根的。[②] 就是说，“霍卓日·雅德恩”是领本哈拉、莫昆的“霍卓日·巴日肯”为其主要守护神灵的“雅德恩”，必须在本哈拉—莫昆家族内部传承，由本莫昆成员担任，男、女均可接任。这是最重要、最根本的传承原则。按照父系

① 参见斯琴掛：《达斡尔族萨满传承点滴谈》，2008 年 6 月 21 日长春“非物质文化遗产：中国萨满文化遗存研讨会”会议论文，转引自吕萍、邱时遇：《达斡尔族萨满文化传承——斯琴掛和她的弟子们》，辽宁民族出版社 2009 年版，第 28—33 页。

② 参见内蒙古自治区编辑组编：《达斡尔族社会历史调查》，内蒙古人民出版社 1985 年版，第 258 页。

血统传承，即祖先神要在父系家族中一代又一代寻找继承人。爷爷可能传给儿子或者孙子甚至重孙，也可能传给女儿或者孙女甚至重孙女，姑奶奶可能传给侄子、侄女，也可能传给侄孙或者侄孙女。男性在家族内部传承没有问题，出嫁的女子一旦被莫昆祖先神选中，就要领娘家哈拉—莫昆父系血缘的祖先神回到娘家举行领神仪式，当然前提是她的夫家允许她在夫家立娘家的神位，并举行祭祀仪式活动走她的祖先萨满道路。在她故去之后，祖先神将会回到她的娘家莫昆寻找下一代萨满，而不会传给她的子孙，即不会传给夫家哈拉—莫昆的外姓氏后代。据大间知笃三记载，当时在海拉尔达斡尔群体五个莫昆中，女巫庞古·萨满出生在墨和尔图（今内蒙古鄂温克族自治旗巴彦嵯岗苏木所在地）的满那莫昆[①]的家，嫁到敦特克·莫昆的一家。她曾在满那莫昆完成了祭司者的作用。[②]

按照父系血统传承，当然还有一个引申的原则，即达斡尔族的莫昆祖先神的萨满之路绝对不会传给媳妇、儿媳妇、孙媳妇等，因为那终究是外来的血统。

达斡尔族萨满传承原则二：在理论上，每一个莫昆家族的祖先神一般都有五条巫统道路，可以同时出雅德恩、斡托西、巴格其、巴日西、巴日耶浅五个类别的领神者。其中，“霍卓日·雅德恩”只能有一位，斡托西、巴格其、巴日西、巴日耶浅的领神者则没有人数限制，可以出现两个甚至两个以上。根据文献记载和实地考察采访的情况，在实际传承中，还较少有五个类别的巫统人员同时在一个莫昆中一齐出现，更不要说一个“霍卓日·雅德恩”和多个其他类别领神者同时在一个莫昆中出现了。特别是作为人口较少的达斡尔族中人口较少的莫昆家族，20 世纪三四十年代以来，主要由于土地改革和“文化大革命”等政治运动的影响，加上传统氏族社会组织逐步解体、生产生活方式变化、莫昆家族分散居住、人口没有持续

① 满那莫昆（/manna mokun/），郭博勒哈拉满那莫昆。

② 参见大间知笃三：《达斡尔族巫考——以海拉尔群体为主要对象》，载辻雄二、色音编译：《北方民族与萨满文化——中国东北民族的人类学调查》，中央民族大学出版社 1995 年版，第 53 页。

增长等原因，直到斯琴掛萨满及其弟子们举行领神仪式并开始举行大量公开的仪式活动，达斡尔族的萨满教信仰一度成为隐性存在。虽然在 20 世纪 50 年代老年人乃至不少中年人还偷偷地在家里供神，① 但是，大部分莫昆家族萨满传承中断，偶见个别暗中活动之“布图 · 雅德恩”。即使到了现在，许多莫昆家族一位萨满继承者也没有出现的情况依然比较普遍。

达斡尔族萨满传承原则三：萨满传承在等级和层次上就低不就高。达斡尔族领神者的等级序列从高到低依次是雅德恩、斡托西、巴格其、巴日西、巴日耶浅。第一种情况，一个莫昆家族的“霍卓日 · 巴日肯”一般都有五条道路，也可以说“霍卓日 · 巴日肯”有五个类别形态，即雅德恩 · 霍卓日②、斡托西 · 霍卓日③、巴格其 · 霍卓日、巴日西 · 霍卓日④、巴日耶浅 · 霍卓日⑤等。祖先神寻找后代继承者“抓”萨满的时候，当然首先选能接任“霍卓日 · 雅德恩”之职的继承者，那是走最大的道路，也是能力和级别最高的；同时，再出几个其他级别、专门职能的司祭者和治疗师更好，分工协作，共同为莫昆家族服务。第二种情况，如果神选之人不能走“霍卓日 · 雅德恩”道路，传给他（她）其他道路，比如，斡托西，或者巴格其，或者巴日西的本领也可以，这当然要好过没有继任者，不致完全中断传承。上代萨满自身曾经行走“雅德恩”道路，作为最高级别和层次的巫统人员，他当然能够履行任何较低级别即各有专长的领神者的职能，传给下一任继承者斡托西，或者巴格其，或者巴日西，或者巴日耶浅的本领。据说，“雅德恩 · 霍卓日”如果实在着急，也会让所选之人先走层次较低的道路，能走什么道路就先传给他（她）什么本领。在我考察的具体仪式中，2011 年“出马”的候选者丁氏只能走“巴日西”道路，虽然领外祖母的巫统道路而不能成为“雅德恩”，因此“出马”为“巴日西”。同

---

① 参见内蒙古自治区编辑组编：《达斡尔族社会历史调查》，内蒙古人民出版社 1985 年版，第 265 页。

② 雅德恩 · 霍卓日（/jad’ən xʊʤʊr/），雅德恩根子，走雅德恩道路的祖先（祖先神）。

③ 斡托西 · 霍卓日（/ʊtʊʃi xʊʤʊr/），斡托西根子，走斡托西道路的先祖神灵。

④ 巴日西 · 霍卓日（/barʃ xʊʤʊr/），巴日西根子，走巴日西道路的先祖神灵。

⑤ 巴日耶浅 · 霍卓日（/baræʧen xʊʤʊr/），巴日耶浅根子，走巴日耶浅道路的先祖神灵。

样，敖玉英于2011年9月举行“巴日西”的领神仪式，本来祖先神“抓”她并给了她“雅德恩”的道路，但是，她走不了这条道路，所以传给她“巴日西”的本领走“巴日西”的道路。这就是仪式中沃菊芬萨满神灵所说：“走不了大的（道路），走小的（道路）也行啊！”根据神选之人的资质条件，能走哪条路祖先神就传给他（她）什么样的本领。据说，“雅德恩·霍卓日”一般是不肯屈就的，自己的本领明明非常高强，勉强走低层次的道路，彰显不了自己的本领，因此都不愿意降低级别行走。第三种情况，雅德恩以外的四种类型的领神者成为“雅德恩”不是由于巫统道路的层级可以由低到高晋升，而是新开出一条“雅德恩”道路。按照传统继承原则，莫昆家族除“雅德恩·霍卓日”以外，“斡托西·霍卓日”、“巴格其·霍卓日”、“巴日西·霍卓日”、“巴日耶浅·霍卓日”，其中任何一位“霍卓日”寻找接班人，所找到的人只能接续这个“霍卓日”原来的道路。比如，“巴日西·霍卓日”寻找继任者，找到的人只能成为巴日西，不可能往上直接晋升为“霍卓日·雅德恩”，除非这个巴日西经过一段时间行走这条道路，非常敬业、非常成功，最重要的是再被“雅德恩·霍卓日”选中，传给这位“巴日西”“雅德恩”的道路，再举行一场领神仪式才能成为“霍卓日·雅德恩”。这种情况也是可以的，现实中也有这样的例子。斯琴掛萨满的徒弟敖智伟就是这种情况，她先于2005年“出马”成为“巴日西”，2013年再次按照“雅德恩”的方式举行领神仪式，开始持神鼓走“雅德恩”道路，但是还不能穿萨满服，直到2017年才开始拥有萨满服。斯琴掛萨满的另外一位徒弟孟玉金也是这种情况，2004年举行领神仪式领“莫日登·太提”成为“巴日西”，后又被西额莫日登浅上代萨满“雅德恩·爷爷”选中，2017年再度举行领神仪式成为莫日登哈拉西额莫日登浅①的“雅德恩”。

不过，在实际传承过程中，萨满道路的延续和继承非常复杂。特别是到了今天这样一个新时代，出现了一些非正统传承方式。斯琴掛传承的是

① 莫日登哈拉西额莫日登浅（/mərdəŋ xal ʃi’ə mərdəŋʧen/），莫日登哈拉崇斡罗莫昆的分支。

太爷爷“拉·萨满”所传下来的祖先神道路，沃菊芬传承的是爷爷“贵·雅德恩”[①]所传下来的祖先神道路，斯琴掛的其他弟子孟玉金、孟利州、孟孝瑞、敖智伟、敖玉英、鄂嫩朵拉、沃黎明等都是领父系莫昆家族的祖先神，这都是正宗和正统传承方式。但是萨满传承也有例外的情况，比如，斯琴掛的徒弟丁氏领外祖母莫昆家族祖先神；莫力达瓦达斡尔族自治旗的沃金柱萨满领的是母亲莫昆家族的祖先神，斯琴掛的徒弟晶华也是领母亲家族郭博勒哈拉厄尔根浅[②]祖先“巴日西”道路。2017 年，领父系莫昆家族祖先神走“巴日西”道路的沃黎明再领母系莫昆家族莫日登哈拉寿儒托日苏浅“姑乌·太提”“出马”成为“雅德恩”，这些都是非正统传承方式，巫统道路都是暂时传到了外姓氏人那里。

这一非正统传承方式产生的原因比较复杂。可能与两个因素有关：一是达斡尔人自古很少有人愿意做萨满。据说，祖先神在家族内寻找下一代可以继承其意志、愿意并能够继续走其道路的接班人非常不易。所以，祖先神在自己血亲后代中寻找继任者。二是上代萨满的子（女）孙（女）由于从小耳濡目染，熟悉萨满信仰观念并熟知仪式礼仪和活动程序，特别是知晓如何调用先辈萨满神灵，不知不觉走上萨满道路。据沃金柱说，他小时候跟着妈妈到处看她治病做仪式，所以从小会唱妈妈的“伊若”，年轻时他经常在野外河滩或者山坡草地放牧时唱歌，他唱的歌都是妈妈曾经的萨满神歌，重要的是，他知道如何调用妈妈的神灵，并借此能够预测占卜，慢慢地有人开始找他看病，他也渐渐走上了母亲的萨满道路。按照严格的传统传承原则，他不是正宗的萨满继承者，因为不是遵从父系家族祖先神道路，加之他并未拜师举行正式领神仪式，所以，不仅在经过正式领神仪式的当代萨满群体还是在民间达斡尔民众眼中，其地位和能力都可能遭到质疑和非议。据他自己介绍，他不敢立母亲的神灵在自己家里，说那

① 贵·雅德恩（/guj jad’ən/），沃热哈拉绰库勒莫昆（沃热哈拉博荣凯亚）第 8 代霍卓日·雅德恩（莫昆·萨满），沃菊芬萨满的爷爷。

② 郭博勒哈拉厄尔根浅（/gʊ:bəl xal ərgənʧen/），即郭博勒哈拉厄尔根莫昆，也叫格日衮莫昆（/gərgun mokun/）。

样会对母亲的娘家不利。他说母亲的萨满遗物曾经在舅舅家里，他不能去看也不能去要。可见，他自己似乎也认为自己所走萨满道路并不名正言顺。另据他的堂兄介绍，本来，他的家族也是有“雅德恩·霍卓日”的，祖先神曾经抓过他的一位侄女，侄女一直闹病，现在看来很可能就是“萨满病”，沃金柱开始走上萨满道路之后侄女的病就好了。这确是一个奇怪的现象。不管怎样，他熟知达斡尔族萨满教的古老信仰观念和传统萨满式治疗方法，还非常擅长唱“伊若”，而且，多年来他一直遵循着一些固有的传统方式在行走自己的萨满道路，据了解，当地还是有很多达斡尔人请他治病或举行一些祭祀活动。

即使出现了非正统传承方式，但是，按照父系血统传承萨满之路，还是达斡尔族萨满信仰的根本原则和不变传统。据说，祖先神不可能一直在外姓人家待着，终究要回归正统。即使一时没有找到合适的传承人，找了外孙子、外孙女，但是，最后还是要回到自己孙子、重孙家里就座、接受供奉。这只是莫昆祖先神的权宜之计，下一代或者将来还是会回到父系家族传承。从仪式中沃菊芬萨满进入神灵附体状态下的话语可知，孟孝瑞也是从母亲家族金肯哈拉“梅斯勒·太提”[①]“出马”成为“巴格其”的，但是，沃菊芬“翁果日”紧接着说到，尽管如此，你（指孟孝瑞）还是要把“莫日登·太提”“抓”在首位，即指要把父系莫昆家族祖先神放在首位。可见，父系莫昆家族的“霍卓日”才是巫统道路的根本，才是领神者应该继承的正统道路。

达斡尔族萨满传承原则四：按照传承原则和实际传承状况，达斡尔族的萨满代代相传，即一代接着一代传承是可以的，并非像一些文献所记述，萨满传承必须隔代或者隔几代延续。据说，沃菊芬的爸爸曾经被上代萨满即她的爷爷选中过，也闹过“萨满病”，他甚至还在夜间偷偷做过萨满服，但是因为种种因素没有成功，所以，年纪轻轻的就去世了。不过在

① 梅斯勒·太提（/məjsəl tajti/），即“梅森·太提”（/məjsən tajti/），也称为“梅斯勒·巴日肯”（/məjsəl barkən/），金肯哈拉祖先神。

现实中，达斡尔族萨满“子承父业”，也就是说儿子或者女儿直接接续父亲或者姑姑辈“雅德恩”一职的情况的确比较少见，隔上一两代才出现下一代莫昆·萨满的情况则比较常见。

2. 传承概况

目前发现的文献资料对于达斡尔族萨满传承人的记载比较零散、有限。

首先，20 世纪三四十年代达斡尔族萨满的传承情况，以海拉尔达斡尔群体为例。

据大间知笃三记载，20 世纪三四十年代，当时在海拉尔达斡尔群体的五个莫昆中有四位萨满，其中一位是女萨满。只有莫日登哈拉·阿拉克产莫昆①的萨满，十几年前去世后一直没有出现继承者；其他四个莫昆各有一位萨满，分别是敖拉哈拉·登特科浅的平果萨满，敖拉哈拉·库热浅的扎布·萨满②，郭博勒哈拉·满那莫昆的黄格萨满，鄂嫩哈拉·博斯克浅的喇嘛·萨满（简称拉·萨满）。只有喇嘛·萨满由于年迈，已经远离巫术，而其他三人还比较活跃。③

其次，中华人民共和国成立以后达斡尔族萨满的传承情况，以满都尔图先生 20 世纪 50 年代至 90 年代调查搜集材料为例。

黑龙江瑷珲地区达斡尔族萨满已绝迹。据当地老人回忆，1900 年前还有几名萨满，如江东巴拉木屯有德姓男萨满，扎尔吉噶淖尔屯有敖姓女萨满，都在 1900 年前去世；富拉尔基屯有一瓦然姓男萨满，也于民国年间去世。这些萨满都是霍卓日·雅德恩，之后瑷珲地区没有出现新的萨满。④

---

① 莫日登哈拉阿拉克产莫昆（/mərdəŋ xal alkəʧan mokun/），莫日登哈拉的分支阿拉克昌浅。

② 扎布萨满（/ʤabu saman/），敖拉哈拉库热浅的萨满。

③ 参见大间知笃三：《达斡尔族巫考——以海拉尔群体为主要对象》，载过雄二、色音编译：《北方民族与萨满文化——中国东北民族的人类学调查》，中央民族大学出版社 1995 年版，第 51—53 页。拉·萨满即斯琴掛萨满的太爷爷。

④ 参见满都尔图：《爱辉县西岗子乡友谊社达斡尔族情况——达斡尔族调查材料之三》，载吕大吉、何耀华总主编，满都尔图主编：《中国各民族原始宗教资料集成·达斡尔族卷》，中国社会科学出版社 1999 年版，第 333 页。

新疆达斡尔族萨满已经失传。据说，达斡尔人迁到新疆伊犁塔城地区后，曾有过两名萨满，一个是叫依·雅德恩的女萨满；另一个是叫夏·雅德恩的夏克太男萨满，于 1920 年去世。他们之后新疆达斡尔族没有出现后继的新萨满。①

20 世纪 90 年代考察到当时尚有 7 位萨满：杨文生，男，1921 年生，德都勒哈拉，随继父姓杨，齐齐哈尔市富拉尔基区全和太屯人氏，继承祖父的萨满之路，1946 年拜哈拉屯康福生萨满为师正式成为萨满；徐某，男，1914 年生，齐齐哈尔市梅里斯区卧牛吐村人氏，1944 年成为萨满；敖仁，男，1935 年生，齐齐哈尔市梅里斯区哈拉屯人氏，20 世纪 50 年代初成为布图·萨满②；鄂国永，当时 50 多岁，莫力达瓦达斡尔族自治旗阿尔拉镇人氏，由于疾病缠身被迫走上萨满之路，决意不再进行宗教活动；平果，女，1937 年生，内蒙古鄂温克族自治旗巴彦托海镇，曾请富裕县的赖萨满为师，但是没有举行正式的领神仪式；多铁保，男，1939 年生，齐齐哈尔市梅里斯区人氏；何兴山，男，1933 年生，齐齐哈尔市梅里斯区人氏，大约 1953 年拜康福生萨满为师，接续祖父成为本莫昆第 7 代萨满。③在这 7 位萨满中，有 5 位都是居住在齐齐哈尔的达斡尔人，有 1 位居住在莫力达瓦达斡尔族自治旗，1 位居住在鄂温克族自治旗。

第三，莫力达瓦达斡尔族自治旗在中华人民共和国成立后的达斡尔族萨满传承情况，以作者在 2014 年到莫力达瓦达斡尔族自治旗调研时了解到的情况为例。

---

① 参见凯英：《新疆达斡尔族概况》，载吕大吉、何耀华总主编，满都尔图主编：《中国各民族原始宗教资料集成·达斡尔族卷》，中国社会科学出版社 1999 年版，第 332—333 页。

② 布图·萨满（/butu saman/），即布图·雅德恩，指没有举行正式领神仪式正规“出马”的萨满。

③ 参见满都尔图：《达斡尔鄂温克蒙古（陈巴尔虎）鄂伦春萨满教调查》，载吕大吉、何耀华总主编，满都尔图主编：《中国各民族原始宗教资料集成·达斡尔族卷》，中国社会科学出版社 1999 年版，第 326 页。平果萨满即前文所说的敖拉哈拉登特科诚的平果萨满，人们也称为平萨满。

2014年夏我在莫力达瓦达斡尔族自治旗调研，据沃金柱介绍说，莫旗在20世纪六七十年代大约有过4位比较著名的萨满，大库莫村有一个叫"莫 · 尼德 · 雅德恩"①，敖拉哈拉多音莫昆②；沃金柱的母亲，敖拉哈拉多音莫昆，人称"亚乐 · 雅德恩"③；郭博勒哈拉④有一位"雅德恩"，莫日登哈拉有一位"雅德恩"，名字不详。

我还没有时间和精力到黑龙江齐齐哈尔市梅里斯达斡尔族区、新疆伊犁塔城达斡尔族区等地进行调研，所以，不了解那些地方目前达斡尔萨满的传承情况。近十年来，笔者主要在内蒙古呼伦贝尔市海拉尔区、鄂温克族自治旗、莫力达瓦达斡尔族自治旗、陈巴尔虎旗等地，以斯琴掛和沃菊芬等人及其仪式活动为主要考察对象，即使对于这些地方民间自在、自发的萨满信仰现状也不敢说绝对的全面了解，信仰全貌留待未来继续进行调查研究了。

3. 萨满候选人的训练

萨满候选人的训练分为两种情况：一种是经过有资历的萨满看病，所患病症确属已被祖先神选中患了萨满病，尚未举行正式领神仪式，需要跟着师傅学习和练习，学习和训练的时间有长有短，是否成熟、是否举行领神仪式主要看萨满候选者的祖先神的意志；另一种是领神仪式以后，新萨满或其他领神者仍然不能成功请其祖先神降临附体，开口明确表达祖先神意志，独立行走萨满之路，履行萨满职责，仍需学习和练习。

传统观点认为，萨满候选者需要学习和训练。据《达斡尔族社会历史调查》记述，神经错乱者，被认定要当雅德根时，请一资格较老的雅德根（即雅德恩）为师，选择春季或冬季农闲季节的夜晚跳神，学习掌握当雅德根的基本要领。这种跳神训练至少进行一个冬春，有的甚至持续二三年，以跳得神志不清为标志，认为所领的神的"温果尔"（即"翁果日"）

---

① 莫 · 尼德 · 雅德恩（/mʊː nidə jad'ən/），敖拉哈拉多音莫昆的萨满。

② 敖拉哈拉多音莫昆（/aʊla xal duəjin mokun/），敖拉哈拉多音莫昆。

③ 亚乐 · 雅德恩（/jaːlə jad'ən/），敖拉哈拉多音莫昆的萨满，沃金柱（俩克达）萨满的母亲。

④ 郭博勒哈拉（/gʊːbəl xal/），达斡尔族古老的父系氏族，后简称单字姓氏"郭"。文献亦写作"郭布勒"。

附体时为止，才正式被承认为雅德根。[①]这是从前的情况，因为资料有限，所以不能判定在当时是不是普遍情况。目前就我所考察到的情况看，并没有专门的候选者的跳神训练活动，而是在一些大型仪式上，利用合适的时机，师傅会让徒弟们练习请神降临。因为，按照达斡尔族的神灵观念和传统习惯，神灵无事不请，没有合适的恰当的缘由不能随意呼唤召请神灵，请神必有请神的缘由，并准备好熏香和供品，至少要有酒、水果（过去很少新鲜水果，多以水果罐头代替）、点心等，甚至可能准备献牲，所以，单单为了让徒弟练习请神举办仪式，尤其是在过去经济比较困难的年代，我不能确定这是一个普遍情况。

大间知笃三的调查也认为候选者需要学习。他说，患巫病的人，师从以巫学习做巫应掌握的技能，积累巫所应有的教养。他们把当师傅的巫称为巴克西・亚他堪[②]，好像师巫是随意选定的，氏族的异同也不妨碍这一点。巫候补者在巴克西・亚他堪的指导下经过一定修炼之后，按惯例，经过斡米南仪式[③]就认正式亚他堪。一位巫病患者成为巫，这就意味着他能够和斡卓尔之间保持和谐相处的关系。以后他就要侍奉斡卓尔，斡卓尔根据他的祈愿行事。一位巫所拥有的翁古尔之数，照惯例随着巫力的增加而增加。一位巫的巫力之强弱取决于巫自身能力，但从另一方面多归于巫的翁古尔之力量的强弱。[④]

斯琴掛萨满说，有的人"出马"以前跟着她走有一年的，也有两年、

---

① 参见内蒙古自治区编辑组编：《达斡尔族社会历史调查》，内蒙古人民出版社 1985 年版，第 262 页。

② 巴克西・亚他堪（即巴格西・雅德恩 /bageʃi jadgən/ 或巴格西・萨满 /bageʃi saman/），师傅萨满。

③ 据考察，应为经过领神仪式，也就是现在民间所说的"出马"，而不是斡米南仪式。领神仪式与斡米南仪式的异同详见本书第五章第一节。

④ 参见大间知笃三：《达斡尔族巫考——以海拉尔群体为主要对象》，载辻雄二、色音编译：《北方民族与萨满文化——中国东北民族的人类学调查》，中央民族大学出版社 1995 年版，第 64 页。巴克西，也写作"巴额西"或"巴格西"，老师、师傅。亚他堪，即雅德恩，也写作雅德根，萨满。翁古尔即"翁果日"。斡卓尔即霍卓日，根、根子，祖先、祖先神、祖先萨满神灵。

三年的，还有很长时间的。如果他(她) 自己会附体时才让他(她)“出马”；如果他（她）没附体前，或附体了也说些乱七八糟的话，保证不“出马”，附体以后说出来的话有根据才让他（她）“出马”。问到新萨满需要培训与否的时候，她说，教也不是那么教，萨满人应该自己明白。

萨满候选人的确需要一定的训练和学习，不过，那不是我们日常所说的学习和训练，跟着师傅学习祷词。这种学习和训练是在师傅的帮助下，在特定的场合、平台练习请自己的祖先神灵降临附体。这是候选者最重要的练习内容。什么时候，萨满候选人能够张开嘴，清楚明白地说话了，表达出合理的思想和意志，能够真正进入神灵附体状态，并且能够传递祖先神意志，什么时候才能举办仪式正式领神“出马”。据说，有个别神灵选中的萨满候选人，始终不能张开口说话，清晰地表达意愿和思想，始终不能按祖先神的意志走萨满路，也有神灵放弃候选人的情况。据说，那个时候，这个候选人将死去。

关于萨满培训时间问题，有人说萨满传承需要培训三年。据一些萨满文化知情人说，不用等那么久，着急的话，遇到能给“出马”的人，当年就可以“出马”。不过，“出马”有节气的要求，比如说农历三月初三、农历六月十八、农历九月初九、农历九月十八，等等。总之，花朵败落凋谢了，树木枯黄凋零了，不会“出马”的，天寒地冻的冬天没有一个“出马”的。斯琴掛农历三月初三“出马”，农历三月初三正是春暖花开的时节；沃菊芬农历九月初九“出马”，正是秋季收获的时节。

必须在一定的仪式中让萨满候选者练习请神灵附体，真的是师傅在那里教这么做、那么做，我在多年考察中见到的萨满候选人的练习都是在别人的仪式之中进行，一般是在斡米南仪式和领神仪式过程中，在正式仪式内容基本完成的时候，给候选者提供练习请神的平台，师傅会说，试试吧！然后，候选者试请神灵附体。这些情况将在下文的领神仪式分析中涉及。

4. 传统传承仪式概况

凡学习当萨满者，要请一名老萨满为师，学习萨满的祷词和跳神功能。如前所述，新学徒者称为“克库·雅德根”，为师者称为“额格·雅德根”。当举行几个冬季或春季的跳神训练，新萨满的神灵附体后，新老萨满一同前往学徒者上代萨满的墓地或其附近埋藏其护心镜的地点，挖一四方小坑，取出随葬的护心镜，师者授给其徒弟，并在所带去的鸽子上系红、绿、黄三种颜色的布条，放其飞回家中，师徒二萨满一同沿途跳神回返。回到家中，新萨满在已燃着的火堆上跳神，直到将火堆踩灭为止。至此，新萨满的领神仪式即告完成。经此仪式的萨满称为“噶日曾·雅德根”，即已出徒的萨满，否则称为“布图·雅德根”，即未出徒的萨满。①

这是国内学者记录采写的较早出现的类似于“出马”仪式的记载。但是，相当简略，没有详细记述萨满“出马”的具体仪程，而且，其说法与我近年来调研过程中所了解到的情况不尽相同。当时，还没有叫作“出马”仪式，“出马”仪式是当代萨满文化恢复和重建时期对领神仪式的新提法。黄强、色音在《巫觋与“守护·辅助灵”》一文中介绍了“出马”仪式。②

在达斡尔族的萨满信仰文化中，除了雅德恩，斡托西、巴格其、巴日西、巴日耶浅等巫统人员也都是领各自祖先神，即都是有“霍卓日”的人，都是能够通神的人，他们各有职责和分工，可以为人祭祀、治病、占卜等。不过，不同的领神者其祖先神原本走不同的巫统道路，祖先神是走什么道路的领神者，接续的继任者一般就走什么样的道路。拥有雅德恩“霍卓日”的继承者可以走雅德恩的道路，如果，走不了大的道路即萨满道路，还可以暂时先走小的道路，因为，雅德恩是全能的萨满，其他各类领神者能干的活儿雅德恩都能干，反之不行。而且，雅德恩往往可以兼具某一项职能，比如，斡托西，比如，巴日西。还有，许多莫昆家族的霍卓日本来就有两个甚至更多，可能有“巴格其·霍卓日”，同时还有“斡托西·霍卓日”或者“巴日西·霍卓日”，传给哪一个本领，也要看被选中之人能走什么样的道路。祖先神本来是“抓”候选者走“雅德恩”的道路，但是，

① 参见满都尔图：《达斡尔鄂温克蒙古（陈巴尔虎）鄂伦春萨满教调查》，载吕大吉、何耀华总主编，满都尔图主编：《中国各民族原始宗教资料集成·达斡尔族卷》，中国社会科学出版社 1999 年版，第 333 页。

② 参见黄强、色音：《萨满教图说》，民族出版社 2002 年版，第 234—240 页。

被“抓”之人能力和悟性一时还达不到，那很可能退而求其次先走其他的小的道路了。这在当代达斡尔族萨满传承过程中并不鲜见。

三、当代达斡尔族萨满传承

（一）呼伦贝尔市萨满文化传承人：斯琴掛及其弟子们

1. 斯琴掛

斯琴掛，女，达斡尔族，1950 年出生在内蒙古呼伦贝尔盟鄂温克族自治旗巴彦托海镇（又称南屯）。她是鄂嫩哈拉博斯克浅莫昆第七代萨满，是当代达斡尔族著名的萨满文化传承人。莫昆第六代大萨满是斯琴掛的曾祖父辈的拉·萨满（又称为喇嘛·萨满），是一位很有名气的大萨满。[①] 她不仅在达斡尔族民间有很高的声誉，而且在蒙古族、鄂温克族乃至俄罗斯境内的布里亚特人中也有一定的影响。她还曾多次参加国内外的萨满文化学术研讨会，得到了专家学者的肯定。

斯琴掛的父亲、母亲均为达斡尔族，她的母语是达斡尔语，后来在学习、工作和生活中学会了汉语、鄂温克语、蒙古语。1967 年她中学毕业后先后在西苏木和新巴尔虎右旗小学任教，1989 年回到巴彦托海镇，调到鄂温克旗老干部局工作，因身体原因 1998 年提前退休。斯琴掛于 1970 年结婚，丈夫巴特尔，蒙古族李肯哈拉氏，1950 年出生，原在新巴尔虎右旗政府办公室工作，1992 年因照顾斯琴掛内退回到巴彦托海镇。巴特尔的母语是蒙古语，同时还兼通达斡尔语、汉语、鄂温克语，是斯琴掛最得力和最重要的助手。他们育有一儿一女，均已结婚。

斯琴掛 14 岁时就开始疾病缠身，有时高烧抽搐，整夜不睡，而且常常晕倒，最初到医院看病，被诊断为癫痫病，但是打针吃药都不见效。1995 年以后，她又患了心脏病，严重时一年要抢救几次，因到医院检查

① 拉·萨满，参见大间知笃三：《达斡尔族巫考——以海拉尔群体为例》，载辻雄二、色音编译：《北方民族与萨满文化——中国东北民族的人类学调查》，中央民族大学出版社 1995 年版，第 53 页。

时心电图测不到图像，医院曾几次下病危通知书。她自己非常痛苦，家人也高度紧张。她又时常表现出精神失常，睡梦中又说又唱，家人以为她神经出了毛病，可与精神病患者又不一样，每次犯病均在睡梦中。后来，她的发病频率越来越高。医院一直看不好，不得已，家人开始找看“外病”的人来看。斯琴掛家祖上供过佛，于是在家中先供了佛，可一切如故，还是没有解决问题。这样，原本对萨满毫无了解也根本不信的斯琴掛及其家人最终只好同意斯琴掛当萨满。因为一直没有找到能帮助其“出马”的萨满，斯琴掛直到48岁（1998年）那年才举行领神仪式，怪病也没了。

斯琴掛给达斡尔族、鄂温克族、巴尔虎蒙古、科尔沁蒙古和布里亚特蒙古族及汉族看过病，人数多达几百人。每天有十几人，甚至几十人前来看病。她看病治疗记录所用笔记本已经写满了300多本，每年都有几十本。

斯琴掛现有徒弟几十位，其中达斡尔族徒弟10余人，分别是沃菊芬（女）、孟玉金（女）、孟利州（男）、孟孝瑞（女）、敖小六（男）、敖玉英（女）、敖春梅（女）等，居住在莫力达瓦达斡尔族自治旗；敖智伟（女）、鄂嫩朵拉（女）、沃黎明（女）、晶华（女）等，居住在鄂温克族自治旗。

斯琴掛不仅是一位萨满文化传承人，而且还是一位参与国内国外萨满学术会议的“文化人”。她先后多次参加国内外萨满文化学术研讨会，并在会上作专题报告，受到与会各国专家学者的高度关注与好评。她不仅在中国北方少数民族之中有声望，而且已经具有了一定的国际影响。

2004年8月，斯琴掛参加了在中国长春举办的“第七届国际萨满学术会议”。这是斯琴掛第一次参加国际学术会议，成为她走向全国、走向世界的第一步。在这次会议上，她作了“我是怎样当萨满的”主题发言，并播放了在海拉尔巴彦托海镇家中举行萨满祭祀仪式的实况录像，立即引起了与会者的震惊。会后，许多专家学者与她进行了交流，新闻记者对她进行了采访。美国、德国、韩国、匈牙利等国家的学者对其表现出浓厚的兴趣。国际萨满学会前主席霍帕尔也是在这次会议上认识斯琴掛的，并且两人很快成为朋友。会议结束后不久，国内外学者纷纷前往海拉尔巴彦托海镇和莫力达瓦达斡尔族自治旗参加斯琴掛的萨满仪式，并对她进行跟踪调查研究。近年来，她及家人先后接待了十多个国家的萨满研究者，录制她所做的多种萨满仪式，并应邀多次出国参加国际萨满会议。

2006年，斯琴掛应邀参加在蒙古人民共和国首都乌兰巴托召开的“长生天研讨会”，在会上她详尽介绍了“斡米南仪式”，她的发言吸引了德国、日本、蒙古国、俄罗斯、韩国、朝鲜等十几个国家的专家学者，他们对中国的萨满仪式产生了浓厚的兴趣，与斯琴掛进行了长达两个多小时的讨论。斯琴掛蒙古语非常好，交流起来很方便，刚开始外国人还以为她是蒙古国的，后来知道她是中国东北少数民族达斡尔族时，非常惊讶，并且对她的论文及答辩评价非常高，掌声不断。

2007年6月，“第八届国际萨满学术会议”在匈牙利首都布达佩斯召开，斯琴掛应邀出席。在会上，她宣读了论文《阿巴嘎拉岱》，引起与会学者们对中国达斡尔族萨满面具的浓厚兴趣。会议期间，匈牙利社会科学院、匈牙利大学邀请斯琴掛参加学术讨论，国际萨满学会主席霍帕尔先生亲自接见并与斯琴掛进行了长时间的交流，匈牙利布达佩斯都那电视台对斯琴掛进行了专访，并以《女强人》为题进行了专题报道。

2008年6月21日，由中央民族大学、吉林省民族研究所、长春大学、吉林省民族干部学校、吉林师范大学联合举办的“非物质文化遗产：中国萨满文化遗存学术研讨会”在长春召开。斯琴掛应邀参加会议并在会上做了“达斡尔族萨满传承点滴谈”的大会主题发言。

2009年5月27日至31日，“第九届国际萨满教研究会议”在美国阿拉斯加州安克雷奇市召开，斯琴掛应邀参加，并在会上宣读了论文《我的萨满治病之路》。

2009年11月，斯琴掛为中央民族大学哲学与宗教学学院师生进行了题为“达斡尔族萨满文化传承”的专题演讲，这是以斯琴掛为代表的达斡尔族萨满首次步入大学讲坛，让更多的学者和学生开始认识和了解达斡尔族的萨满传承和传统文化。

2013年9月，斯琴掛出席在中国贵阳召开的第十一届国际萨满研究会会议，宣读了她的论文《斡米南仪式浅谈》（新版修订稿），她继续弘扬达斡尔族萨满文化。

2. 沃菊芬

沃菊芬，女，1953年出生于莫力达瓦达斡尔族自治旗博荣村，是沃热哈拉绰库勒莫昆第九代“霍卓日·雅德恩”，拥有“萨玛仕克”。她已经成功举办四次斡米南仪式，成为达斡尔族拥有十二个鹿角杈萨满帽的最高级别萨满。沃菊芬是斯琴掛最得意、最得力的徒弟。

沃菊芬，父母亲均为达斡尔族，母语是达斡尔语，后来在生活中学会了汉语。在沃菊芬之前，沃热哈拉绰库勒莫昆迁到嫩江流域以后共出过8位萨满，第七代是一位女性萨满，属于太姑奶奶辈分，即仪式神歌中所唱沃热哈拉“霍卓日·太提”①，第8代是沃菊芬的爷爷“贵·雅德恩”，沃菊芬是第九代萨满。沃菊芬在正式领神成为萨满之前同样经受了身体和心灵的折磨。她幼年丧父，兄弟姐妹8人中5人早夭。她19岁结婚，育有3子1女。如同所有的达斡尔族萨满一样，沃菊芬从十几岁起就被祖先神选中患上“萨满病”，经历了无数磨难。从20多岁起她就疾病缠身，胳膊经常脱臼，或者浑身疼痛打滚，有时失语，有时失明，精神异于常人，体重一度不足40公斤，医生多次下过病危通知书。她家曾是村中富裕家庭，但在患病20多年间，她走遍北方大小医院，也看了不少民间医者，原本殷实的家业几乎消耗殆尽。在此期间，她还经历了丧夫、丧女、儿残等重大打击。直到遇到斯琴掛，拜斯琴掛为师，于2001年正式举行领神仪式成为萨满之后，她才恢复了健康。

沃菊芬举行过领神仪式，祭祀祖先神仪式，斡米南仪式，祭祀龙神仪式，祭祀敖包仪式，祭祀“雅德恩·敖包”仪式等大型公开或者私人仪式，平时为族众看病，每月初一和十五上午定期为莫昆家族和族众举行“阿日善”洁净仪式，还为众多达斡尔族哈拉—莫昆恢复立起其祖先神位。

① 霍卓日·太提（/xʊdʒʊr tajti/），直译“莫昆奶奶或莫昆祖母”，指莫昆女性萨满先祖神灵。

3. 斯琴掛的其他达斡尔族弟子

斯琴掛的其他达斡尔族徒弟有孟玉金、孟孝瑞、孟利州、敖小六、敖智伟、敖玉英、鄂嫩朵拉、沃黎明、晶华、敖春梅等。

孟玉金，1957 年出生，莫日登哈拉崇斡罗莫昆西额莫日登浅，2002 年举行领神仪式，领“莫日登·太提”成为巴日西；2017 年举行领神仪式成为莫日登哈拉崇斡罗莫昆西额莫日登浅拥有“萨玛仕克”的“雅德恩”。

孟利州，1958 年 10 月出生，2017 年去世，莫日登哈拉崇斡罗莫昆西博奇浅①，2002 年举行领神仪式成为巴格其和巴日西。

敖小六，1966 年出生，2010 年去世，敖拉哈拉奎力浅莫昆，2002 年举行领神仪式成为巴日西和斡托西。

孟孝瑞②，1956 年 11 月出生，莫日登哈拉崇斡罗莫昆尼日耶浅③，2003 年举行领神仪式成为巴格其和巴日西。

敖智伟，1968 年出生，敖拉哈拉登特科浅，2005 年举行领神仪式成为巴日西；2013 年农历六月初八举行升级仪式，拥有神鼓；2015 年举行“托若·托勒贝”仪式；2017 年成为拥有“萨玛仕克”的“雅德恩”。

敖玉英，1974 年出生，敖拉哈拉登特科浅，2011 年举行领神仪式成为巴日西，2017 年她再举行领神仪式成为“雅德恩”。

鄂嫩朵拉，1987 年出生，鄂嫩哈拉坤金莫昆，2014 年举行领神仪式成为雅德恩和巴日西，“出马”前半年准备了神鼓，2017 年制作了“萨玛仕克”，并于农历九月初九请师傅斯琴掛萨满为神服“开光”。

沃黎明，1962 年出生，沃热哈拉绰库勒莫昆，2015 年举行领神仪式成为巴日西。2017 年举行领神仪式成为莫日登哈拉寿儒托日苏浅拥有“萨玛仕克”的“雅德恩”。

---

① 莫日登哈拉崇斡罗莫昆西博奇浅（/mərdəŋ xal ʧʊŋʊlo mokun ʃiboʧīʧen/），莫日登哈拉崇斡罗莫昆的分支。

② 孟孝瑞，《达斡尔族萨满文化传承——斯琴掛和她的弟子们》（吕萍、邱时遇，辽宁民族出版社 2009 年版，第 161 页）一书写作“孟小瑞”，经过本人确认应为“孟孝瑞”。

③ 莫日登哈拉崇斡罗莫昆尼日耶浅（/mərdəŋ xal ʧʊŋʊlo mokun nir’iʧen/），莫日登哈拉崇斡罗莫昆的分支。

晶华，1974 年出生，鄂嫩哈拉坤金莫昆，跟从母亲郭博勒哈拉格日衮莫昆[①]祖先神，2015 年举行领神仪式成为巴日西。

敖春梅，1982 年 3 月出生，随养父母姓氏敖拉哈拉多音莫昆，2017 年举行领神仪式成为多音莫昆拥有“萨玛仕克”的“雅德恩”。

这些达斡尔族弟子也基本上都经历了“萨满病”的折磨，不得已走上萨满道路。他们一般都有念珠、护心铜镜和“索日”[②]等神具和法器。雅德恩拥有萨满服和神鼓；巴格其使用扇子或者拂尘；巴日西能正骨，会按摩。

4. 斯琴掛的其他民族徒弟

斯琴掛还为十几位其他民族弟子成功举办了领神仪式，不仅使达斡尔族萨满得到传承，还在呼伦贝尔地区为其他民族的萨满传承作出了重要贡献。以她为师并主持领神仪式的有索伦鄂温克、通古斯鄂温克、布里亚特蒙古、巴尔虎蒙古等。鄂温克族索伦部徒弟有阿尔腾图雅、娜仁格日勒等；鄂温克族通古斯部徒弟有博日玛、斯布乐玛、依如格勒等；蒙古族巴尔虎部落徒弟有斯琴、宝音图等；还有一些布里亚特蒙古族人民忠实追随着斯琴掛。

日本南山大学瑞士籍学者卡耐特·皮特教授连续跟踪采访斯琴掛萨满十余年，赞叹斯琴掛为其他民族弟子举办“出马”仪式，说：“就上面描述的仪式而言，令我感动的是达斡尔族萨满为非达斡尔萨满候选者主持了一场重要的萨满仪式。”[③]

除了斯琴掛和沃菊芬的家人，这些弟子及追随者在各种萨满仪式中经常担任斯琴掛和沃菊芬的助手。

（二）莫力达瓦达斡尔族自治旗萨满文化传承人：沃金柱及其弟子们

2012 年 7 月，莫力达瓦达斡尔族自治旗文化局命名沃菊芬、沃金柱、

① 郭博勒哈拉格日衮莫昆（/gərgun mokun/），郭博勒哈拉的分支莫昆。

② 索日（/sʊːr/），牛皮绳。

③ ［瑞士］卡耐特·皮特：《达斡尔萨满之管见》，薛刚译，载郭淑云、薛刚主编：《萨满文化研究》（第三辑），民族出版社 2013 年版，第 241 页。

敖奇林、鄂全飞为莫力达瓦达斡尔族自治旗非物质文化遗产名录《萨满文化》项目代表性传承人。

沃金柱（俩克达），男，达斡尔族，1960年出生，沃热哈拉米勒特额莫昆人氏，居住在莫力达瓦达斡尔族自治旗腾克乡，是莫力达瓦达斡尔族自治旗萨满文化传承人。他近年比较活跃。据他说，他的母亲是有名的萨满“亚乐 · 雅德恩”。“亚乐 · 雅德恩”，敖拉哈拉多音莫昆人氏，1918年出生，1979年去世。他走的路是母亲的萨满道路。因为没有经过正式领神仪式，多年来，他一直调用母亲的神灵在从事萨满活动。据他介绍，他的母亲有萨满服，现在还在舅舅家里，用帆布做的，年久破损严重，铜镜和配饰也已丢失。沃金柱本来没有萨满服和萨满帽，只有念珠和铜镜。2015年8月，沃金柱在别人出资帮助下做了帆布萨满服并自己举行神服神帽的“开光”仪式。

严格按照达斡尔族传统萨满传承原则，他走母亲的萨满之路是非正统传承方式。但是，沃金柱会占卜，能治病，所以，人们经常找他做一些传统萨满式治疗仪式。据他说，他很早以前就已经走上了萨满之路。他收了两个徒弟，一位是敖奇林，另一位是孟达拉。

敖奇林，男，达斡尔族，1970年出生，敖拉哈拉多音莫昆，住在莫力达瓦达斡尔族自治旗，是莫力达瓦达斡尔族自治旗萨满文化传承人。他于2011年12月举行领神仪式成为“雅德恩”，没有萨满服，2014年10月举办了第一次斡米南仪式。他平常给人看病。据他说，他的太爷爷、爷爷辈都是萨满，他的上代萨满是爷爷辈分、爸爸的大伯父，人称“莫 · 尼德 · 雅德恩”。敖奇林家原来只有“霍卓日 · 巴日肯”，后接的“霍列日 · 巴日肯”。

孟达拉，男，达斡尔族，1956年出生，莫日登哈拉崇斡罗莫昆尼日耶浅，2007年举行领神仪式成为“巴日西”。据他自己说，是太爷爷孟东海传给爷爷，爷爷尔德春再传给他巴日西道路。

据沃金柱说，莫旗有20多个“雅德恩”，汉族有100多个。调研过程中我也听说，莫力达瓦达斡尔族自治旗、齐齐哈尔市梅里斯达斡尔族区一带近年来出现了一些所谓的“达斡尔族萨满”给人看病治病。由于时间精力有限，我尚未来得及进行考察，但在十多年的田野调查研究中了解到传统中的那些新出现者还未如沃金柱在乡村民间的影响，更远不及斯琴掛、沃菊芬萨满在国际国内的声望地位和整个呼伦贝尔地区的深远影响，所以，不能妄加断言，在此从略，希望将来有机会进行更为广泛的考察。

本书主要以斯琴掛和沃菊芬的各种大型、典型、公开仪式为例考察记述分析当代达斡尔族萨满的仪式活动。对于莫力达瓦达斡尔族自治旗的沃金柱的治病仪式活动我在2014年夏天参与式观察两场，还未对其仪式活动做进一步深入调研，故暂不列入此书。待将来有机会深入调查另作分析和阐释，以期更加全面地梳理、诠释达斡尔族传统萨满信仰的恢复与重建态势。

第二节　萨满领神——“出马”的概念和含义

领神仪式对于萨满的成功必不可少。现在，在中国东北地区无论是萨满群体还是民间百姓，甚至是专家学者也都把萨满领神仪式称为“出马”或“出马”仪式。

自20世纪40年代土地改革时期之后，达斡尔族已经没有公开活动的萨满了，但是，萨满和民间的拜神求神的治病活动从未停止过，转入夜幕降临后悄悄地进行。据说，祖先神也从未停止在自己的莫昆家族中找寻继承者，年长的达斡尔医者即使在那个萨满受迫害的年代也能意识到自己的神力。后来，“文化大革命”对民间宗教信仰和“迷信活动”又一次进行严厉打压。在这样的环境中，萨满的处境很艰难。一方面，对萨满活动的打压剥夺了萨满的“出马”仪式，更加难有活跃的萨满，这个时候，萨满不能公开活动，传承几乎被迫中断。没有办法光明正大地“出马”，更不能公开从事祭祀仪式和治病等神事活动。据萨满文化知情人说，很多神选萨满候选者基本上早夭了，年纪轻轻就被折磨而死。所以，在20世纪50年代末进行社会历史调查时没有发现正在活跃的萨满，只是记录了一些老人们记忆中的萨满及其事迹。另一方面，尽管从医学的角度看，医者的神力是非科学的、非理性的，但对于普通百姓却被看作是方便有效的治愈身体的途径。现在人们生病时更多的首选到医院就诊，但还有很多医学也没有办法救治的疾病，而且，除了疾病，人们的生产生活中还有大量的困惑和难题，你丢了两匹马、一头牛的事情，在边远的牧区，牧民更多时候会选择请萨满占卜自己家畜的所在，而不是去派出所报案寻求解决。基于以上原因，即使没有正式的“出马”仪式，民间医者、祭司还是继续从事着他们的职业。

萨满的领神仪式现在民间通俗地称为“出马”。在实际情况中，有一些萨满在领神“出马”仪式上并未真正请下来自己的“翁果日”，有的甚至在领神仪式之后相当长的一段时间都不能很好地请自己的“翁果日”降临，不能张开口清楚明白地传达祖先神的旨意。领神仪式是必需的，但是，萨满候选人自身的素质、见识、能力和水平也是参差不齐的，其背后的祖先神也各不相同。达斡尔族信奉的神灵种类繁多，各司其职，存在等级差别。虽然，萨满非常反对给神灵划分级别，他们一直强调不能评论神灵这个能力强，那个本事小，说神灵不过是分工不同而已，各有各的本事，各有各的能耐。但是，实际上神灵还是有等级差别的，能力也是有强弱的。不妄言神灵的本领大小，是出于对神灵的尊重和敬畏。①

一、“出马”的概念

达斡尔族现在把包括雅德恩、巴格其、巴日西、斡托西、巴日耶浅等巫统人员的正式领神仪式叫作“出马”，举办的仪式称为“出马”仪式。“出马”一词是来自汉语的说法。出马，原指将士骑马出阵交战，今泛指出头做事。我们常常说，这件事非得你亲自出马不可，这么点事儿你就不必出

① 参见萨敏娜：《试论达斡尔族萨满教的神灵世界》，《世界宗教文化》2014 年第 5 期。

马了，都是“将士骑马出阵交战”的引申义，出面办事的意思。百度百科对“出马”也做了详细解释：出马，也叫看香，出堂，据说是继承上古萨满文化的传承，然后演变成我国北方地区一种巫文化。①虽然这些解释并不十分精确、恰当、全面，但是，可以推断，看香、出堂也不过是汉语词汇“出马”原意“将士骑马出阵交战”的引申义，还是出头做事、出面办事的意思。

根据东北地区汉族迁入的时间，笔者认为汉民族大概是受到东北少数民族传统萨满文化的影响信奉了万物有灵的观念，有了汉语的表达，比如仙家、堂子等说法，再引入汉语的“出马”及其引申意义。

“出马”，莫力达瓦达斡尔族自治旗即巴特恩·达斡尔族普遍说“嘎日贝”②，即出来，“雅德恩·嘎日贝”，即“出萨满”，巴日西出马叫作“巴日西·噶日贝”，巴格其出马叫作“巴格其·噶日贝”，斡托西出马叫作“斡托西·噶日贝”，巴日耶浅出马叫作“巴日耶浅·嘎日贝”，等等；海拉尔地区的达斡尔族也叫作“阿龙贡克·讷贝”③，雅德恩、巴日西、巴格其、斡托西等“出马”都说“阿龙贡克·讷贝”。斯琴掛萨满解释说，“阿龙贡克·讷贝”就是“哈里额·讷贝”④，大开门，是光明正大地开门，意思是到时间了，是时候了，全都准备好了，该工作了，正式行走萨满之路了。

吕萍、邱时遇合著的《达斡尔族萨满文化传承——斯琴掛和她的弟子们》⑤是近年来较早记述达斡尔族萨满“出马”及“出马”仪式这一概念的著作。

瑞士学者卡耐特·皮特教授的论文《达斡尔萨满之管见》⑥实际上讲述的也是萨满的“出马”仪式，这是国内论文、著作较早提到“出马”仪

① 参考百度百科词条“出马”。

② 嘎日贝（/garbe/），本义“出来”或“出去”，指领神仪式。

③ 阿龙贡克·讷贝（/alʊŋguŋkə nəbe/），打开道路，指举行领神仪式。

④ 哈里额·讷贝（/xaliə nəbe/），打开大门，指举行领神仪式。

⑤ 吕萍、邱时遇：《达斡尔族萨满文化传承——斯琴掛和她的弟子们》，辽宁民族出版社2009年版，第92页。

⑥ ［瑞士］卡耐特·皮特：《达斡尔萨满之管见》，薛刚译，载郭淑云、薛刚主编：《萨满文化研究》（第三辑），民族出版社2013年版，第237页。

式这一概念。皮特教授记述了两次“出马”仪式，虽然都是布里亚特人作为候选人，但是都以斯琴掛为师傅萨满，由她带领指导举办仪式，一个是萨满的“出马”仪式，另外一个是巴日西的“出马”仪式。

成为萨满、正式成为一个公认的萨满需要有一个正规的领神仪式，现在，在呼伦贝尔乃至中国东北地区人们把这样一种仪式通称为“出马”。根据多年的仪式活动考察，以及对斯琴掛、沃菊芬萨满的多次访谈，我发现，达斡尔族萨满的正式“出马”是一个非常重要而且必不可少的仪式。我分别于 2011 年 7 月 14 日和 2013 年 6 月 14 日、2014 年 7 月 12 日、2015 年 7 月 7 日四次考察领神仪式，即“出马”仪式，在本书中均有论及。2017 年，我又有机会参与式观察了三次领神仪式，都是“雅德恩”的领神仪式，还采访过斯琴掛、沃菊芬、孟玉金、孟利州、敖玉英等人“出马”时的一些情况。当然，这些人因为“出马”仪式时隔已久，并且很少留下当时的音像资料，所以，给我讲述的内容是相对断续的、零散的。但是，我依然从中发现了许多有价值、有意义的内容和线索。

从过去的文献和现在的研究论文看，学者普遍认为，要当萨满，必须要学习、培训，“学习萨满的祷词和跳神功能”。实际上，我所采访到和了解到的情况是，这些所谓的“学习”和“训练”一定意义上说都是外在的表现和形式。据说，最重要的是神选之人的“出马”时间、所持法器、穿着神服式样和图案、以什么方式打开道路，等等，都是由其祖先神决定，或者通过托梦告知师傅萨满安排或直接告知候选者本人。当然，候选者的训练还是必要的，师傅萨满经常在“出马”仪式、斡米南仪式、祭祀祖先神仪式上为徒弟提供练习请神降临的机会和平台。

二、领神仪式时间的确定

据说，萨满“出马”的日子都要选择好日子，比如，农历三月初三、农历九月初九，等等。

通常情况是由候选者自己的祖先神指定，即谁“出马”谁的祖先神定“出马”时间。沃菊芬原来一直找不到能给她“出马”的人，后辗转找到南屯找到斯琴掛萨满以后，沃菊芬的祖先神附到斯琴掛的身上，说，我为什么“抓”你呢？我是为了要你“出马”，走我的萨满路，你要“出马”，走我的路，我给你定时间，九月初九“出马”。让你九月初九“出马”，你就不能九月初十“出马”，得按照祖先神的旨意、按照指定的时间“出”，不能随意更改。

还有一种确定出马时间的方式，就是由师傅萨满指定。这种情况据说是因为候选者的祖先神没有托梦给自己的继承者或者师傅萨满告知“出马”时间，也没有给萨满师傅托梦告知。这种情况，师傅萨满会斟酌挑选一个好日子为徒弟举行领神“出马”仪式。

三、萨满候选人拜师的传统

准备领神“出马”的人如何拜师傅？送给师傅什么礼物？这在达斡尔族萨满传承中都是讲仪礼、有规矩的。

候选人给师傅萨满的祖先神、给师傅萨满磕头是必不可少的，不论过去还是现在都如此。

沃菊芬萨满介绍说，过去，拜师者必须给师傅“甩额·挥亚贝”①。过去，牲畜很重要，那时，一般人家没有什么像样的财产，牛马在人们生产生活中发挥着特别重要的作用，因此，非常珍贵。“甩额”是艾蒿，“挥亚贝”是绑系，“甩额·挥亚贝”就是去给师傅家院子里绑系艾蒿草。当然，绑系艾蒿草是一个象征的说法，主要目的是要在师傅家院子里拴一头牲畜，如牛或者马，艾蒿是吉祥的东西，绑系艾蒿草也是尊敬的意思。她说，现在，人们生活条件好了，拜师者也不再送牛送马了，按照自己的条件和心意表示就行。

斯琴掛萨满说，过去，准备拜师“出马”的人还要给师傅做一种边长

① 甩额·挥亚贝（/sʊaj'ə xʊjabe/），甩额（/sʊaj'ə/），本义艾蒿；挥亚贝（/xʊjabe/），本义绑系。甩额·挥亚贝直译“绑艾蒿”，是达斡尔族萨满传统礼仪，指弟子去给萨满师傅送一头大牲畜作为拜师礼。

两尺半的方形褥子，敬献之后，磕头求师傅收自己为弟子。

另据现在莫力达瓦达斡尔族自治旗六七十岁的达斡尔族老人讲，几十年前，因为经济条件不好，那时都是送给师傅一种叫作“色棱布”的 7 尺布料做传统民族服装。

其实，拜师礼仪也是随着时代发展而变化。据说，现在早就不给七尺粗布做衣服了，礼物也尽量是时兴的和师傅喜欢的东西，比如首饰、衣服等。总之，候选人根据自己的经济条件给师傅准备礼物。师傅也不挑剔，往往欣然接受礼物；重要的是，师傅收徒弟关键是看候选者的人品和资质，而不是看中钱财，不是给钱多就好，给钱多就收。据说，师傅和徒弟的先祖神和莫昆家族往往都是有渊源的或者世代友好的，或者是有缘之人。这样，师傅相中了弟子才会击鼓祈请祖先神，请其托梦，安排“出马”日期和领神仪式的具体事宜。

第三节　2011 年、2013 年、2014 年领神仪式实录

截至 2017 年底，我参与式调研了七场领神仪式，第一次看到的是一场不充分的雅德恩的领神仪式，第二次考察的是雅德恩与巴日西的领神仪式，第三次考察的也是雅德恩与巴日西的领神仪式，第四次考察了巴日西的领神仪式；第五、第六和第七次都是“雅德恩”的正式领神仪式，不过第五次“出马”的是一位通古斯鄂温克族的“萨满”。这些领神仪式的师傅萨满都是斯琴掛，沃菊芬共同主持仪式。从形式上看，这七场领神仪式有许多共同点，主要仪程内容非常相似。然而，每次调研我都有新的发现和认识。巴日西走巴日西的路，雅德恩走雅德恩的路，不同的候选者走不同的巫统道路，候选者所领祖先神及其助手神各不相同，而且，即使同样是出“雅德恩”，不同姓氏莫昆的萨满所走道路及所领众神都不尽相同，因此，不同的领神仪式具体仪程还是有差别的，而且，我在四次领神仪式过程中看到的、遇到的情况也都不一样，四次领神仪式

各有特点。本章我将按照我所观察的领神仪式的先后顺序分别详细描述前三个仪式，再简要介绍一下我所观察的第四次领神仪式的不同之处。当然，仪式的记述看起来将会一个比一个简洁，重复的形式与内容不再详述，首次出现的情况详细描述。然后，总结领神仪式的主要功能特点，以及走不同巫统道路的候选者需要的领神形式的异同。因时间和篇幅所限，2017 年考察的领神仪式暂不展开论述，但在本章的总结中会略加分析。

一、2011 年一场不充分的“雅德恩”的领神仪式实录

2011 年 7 月 14 日，莫力达瓦达斡尔族自治旗博荣村南诺敏河畔北岸草地上，一个以“雅德恩”的“出马”方式打开“巴日西”道路的领神仪式在此举行。按照传统，领神仪式都是在野外河边举行。候选者是中年女子丁氏，她领外祖母的祖先神“出马”。据说，候选者的外祖母曾经是齐齐哈尔一带有名的“雅德恩”，沃热哈拉氏。严格按照过去传统的父系传承习惯，准备“出马”的候选者是不能接外祖母的神灵的。但据萨满文化知情人解释说，候选者的外祖母原来也是（莫力达瓦达斡尔族自治旗）博荣村老沃家的姑娘，属于姑奶奶辈分和角色，她的接班人回到姥姥的娘家“出马”也是可以的，符合达斡尔人的规矩。

师傅萨满斯琴掛介绍说，候选者将成为“巴日西”，不是“雅德恩”，但是可以做萨满服，因为她领外祖母的神灵，外祖母曾经是拥有“萨玛仕克”的“雅德恩”，不过此次领神仪式祖先神传给候选者的是“巴日西”的本事，而没有传给她“雅德恩”的神通，可以做萨满服是祖先神为了后代能够接续萨满之路，为后代萨满的传承做准备。这也是丁氏以“雅德恩”的“出马”方式举行领神仪式的重要原因。

丁氏的家人都没来参加她的领神仪式。参加丁氏领神仪式并帮忙的有：斯琴掛萨满的丈夫、妹妹、女儿等；沃菊芬萨满的弟弟、弟妹、儿子、侄子等；斯琴掛的徒弟娜仁格日勒、孟玉金、孟利州、孟孝瑞及准备

“出马”的敖玉英等；还有斯琴掛、沃菊芬的一些亲戚朋友和博荣村村民前来帮忙。

（一）领神仪式的准备

1. 领神仪式前一天下午，准备工作已经启动

住在鄂温克族自治旗的斯琴掛萨满及其丈夫、海拉尔的徒弟们于仪式前几天就已经来到莫力达瓦达斡尔族自治旗。领神仪式前一天下午，在沃菊芬萨满家里，我见到斯琴掛萨满的徒弟和家人帮助做候选者丁氏神鼓鼓槌和念珠上绑系的彩色带子。沃菊芬萨满说，按照传统习惯，过去准备工作都由候选者莫昆家族负责来做。因为候选者及其家人都不居住在当地，没有家人前来参加她的领神仪式，所以，师傅的家人和弟子们帮忙。在西博荣村外的仪式场地，助手们已经竖立了“格日依·托若”、“博迪·托若”。①“室内托若树”是在主祭蒙古包里面地中间竖立两棵白桦树，白桦树是连根挖来的，就那样连根竖立在地上，树梢伸出蒙古包顶中间的通风圆孔；室外距“室内托若树”向南经蒙古包门口大约9米远的地方竖立一棵白桦树，就是“室外托若树”，竖起来之前大家在“室内托若树”、“室外托若树”的枝杈上面绑系了许多彩色绸布条。

2. 领神仪式前夜，师傅萨满为候选者举行“达日卡贝”仪式

7月13日晚，领神仪式前夜，在沃菊芬萨满家供祭“巴日肯”的西屋，斯琴掛萨满、沃菊芬萨满为候选者第二天的领神仪式举行“达日卡贝”②仪式。

关于这个仪式的目的，沃菊芬萨满介绍说，“出马”前夜，师傅萨满击鼓祷告自己的祖先神，给候选者看了什么日子，明天就给她做那个

---

① 参见满都尔图主编：《达斡尔族百科词典》，内蒙古文化出版社2007年版，第248页。

② 在2015年7月23—24日斯琴掛萨满的斡米南仪式上，一位达斡尔族老者介绍说，“达塔贝”是蒙古语，“巴日肯讷·达塔贝”，达斡尔语说“翁果热·吉克贝”。就是正式仪式之前，萨满击鼓向神灵祷告，来者是什么莫昆、什么属相，以便神灵记住他们，在仪式上神灵降临时告知这些人注意事项，给予祝福、保护等等。这样的“达塔贝”在其他类型仪式上都有举行。

仪式，祈请祖先神给予帮助。同时，候选者必须祈请师傅的祖先神，说明自己来的意图，明天准备“出马”，今晚一定请师傅的祖先神帮忙，好好给托梦，告知祖先神都有什么要求、愿望等。据说，因为人刚刚入睡时做的梦早上醒来就忘了，而清晨所做的梦早上醒来却能记得很清楚。所以，候选者要恳请师傅的祖先神清晨给好好托梦，让梦境清晰、明白。

斯琴褂、沃菊芬身穿民族服装，胸前披挂铜镜，头戴萨满头饰，其他人只穿平时的衣服。但是按照规矩，候选者的穿着有要求，不能穿短袖衣服和裙子，不能露胳膊、腿和脚。候选者换上达斡尔民族服装和旅游鞋。应师傅萨满要求，达斡尔萨满文化知情人铁林向候选者解释仪式的目的，明天斯琴掛、沃菊芬两位萨满给你“出马”，所以，今晚你要给斯琴掛的祖先神、沃菊芬的祖先神磕头，每位至少磕三个头，请她们的祖先神相助，保证明天的仪式马到成功。

沃菊芬家西屋是专门供奉祖先神和其他神灵的房间。当晚，西墙南侧摆放斯琴褂神服神具，太爷爷画像，西墙北侧是沃菊芬的祖先神画像，两位祖先神画像前面都摆放了白酒、水果、点心等供品，燃三盏黄油灯，点三炷香。“达日卡贝”仪式就在这里举行。斯琴掛、沃菊芬面向两位祖先神神位站立共同击鼓，斯琴掛唱歌：迪古呀，迪古呀，迪古迪古迪古呀；迪古呀，迪古呀，迪古迪古迪古呀；迪古呀，迪古呀，迪古迪古迪古呀；迪古呀，迪古呀，迪古迪古迪古呀。然后，向祖先神祷告候选者莫昆家族成员的情况，都有些什么人，都是什么属相，等等。

候选者首先跪拜斯琴掛的“祖先神”，她双手合十举过头顶，到胸前，然后跪拜；站起，再双手合十，举过头顶，下移到胸前，然后再跪拜，如此重复，一直跪拜。稍作停顿，斯琴掛、沃菊芬重新击鼓，斯琴掛唱同样的神歌，斯琴掛的丈夫巴特尔和徒弟孟利州跟唱。此时，候选者在沃菊芬“祖先神”神位前跪拜磕头，直至两位师傅唱祷完毕。仪式的结尾，徒弟们也都先后在斯琴掛祖先神位前和沃菊芬祖先神位前跪拜磕三个头。最后，斯琴掛跪拜自家的祖先神，磕三个头；跪拜沃菊芬的祖先神，磕三个头。接着，沃菊芬跪拜师傅的祖先神，磕三个头；跪拜自家祖先神，磕三个头。

3. 领神仪式当天早晨，繁忙而有序的准备工作全面展开

此次领神仪式场地设在诺敏河边一个小型家庭旅游点，红顶蒙古包作为主祭场所。沿着主祭场地周围河边、树丛中插上了一些彩旗，不仅是美观的需要，更为主要的是设立仪式神圣空间。主祭蒙古包门前拼接好三个红顶的凉棚，凉棚雨天遮风挡雨，晴天遮挡太阳。凉棚下面铺着一块长方形地毯。

助手们在“室内托若树”之两棵白桦树中间位置搭三根横木，叫作“特日克音”① 或“特日肯”，表示“天梯”；两棵白桦树底部分别绑系着黑、白蛇偶，称作“哈日 · 其昂 · 霍别楞”②；在“室内托若树”和“室外托若树”之间拉起牛皮绳，叫作“拴那”③，据说，这是神灵进出和往来的通道。然后，在“室外托若树”主干上方悬挂代表“天神”的日月图案。主祭场所西南方向远处一块空地上，一些村民在帮助宰杀献牲的白色绵羊。在主祭蒙古包门口外面西南方向大约三米处挖了一个半米深的四方坑。与此同时，助手们摆放供品，先摆室内、后摆室外，此次仪式摆放的供品分四个部分：主祭蒙古包内门口正对着的是主祭供桌、“室内托若树”下的供桌、“室外托若树”下的供桌、主祭蒙古包外西北方向的供桌。在“室外托若树”的根部四周埋 4 根高约 15 厘米的树桩，叫作“阿勒特 · 蒙固 · 嘎特”④，用以保护和固定“室外托若树”。

室内主祭供桌供祭祖先神：供奉“祖先神”的供品最为丰盛，桌子左侧一整只煮熟的公鸡，旁边摆放着一小碗生羊血，三盘九层高的点心（各种蛋糕、曲奇饼干等，上面散放着冰糖、奶酪、奶皮子、葡萄干、红枣、

① 特日克音（/tərkin/）或特日肯（/tərkən/），本义“梯子”，指“室内托若树”上搭建的三根横木，象征“天梯”。

② 哈日 · 其昂 · 霍别楞（/xar ʧiaŋ xʊbæləŋ/），直译“黑、白变化者”，指黑白蛇神。

③ 拴那（/ʃʊanna/），“室内托若树”和“室外托若树”之间拉起的牛皮绳。

④ 阿勒特 · 蒙固 · 嘎特（/alt moŋgo gat/），金银桩，埋在“室外托若树”根部四周的 4 根小树桩。

核桃等）和两盘水果（苹果、桃、橘子、紫葡萄、绿葡萄、香蕉）的摆放顺序是：点心盘、水果盘、点心盘、水果盘、点心盘；几瓶未开启瓶盖的罐头，一瓶开启瓶盖的白酒、一瓶开启瓶盖的红酒。桌子右侧靠南一个大碗里装着七只去壳的煮鸡蛋，右侧靠北一大碗“拉里”；一瓶开启瓶盖的大瓶罐头；五个小碗，每个碗里插着七支香；十五只杯子，每组三只杯子，里面装的分别是：鲜奶、奶茶、红酒，鲜奶、奶茶、白酒，鲜奶、奶茶、白酒，鲜奶、奶茶、白酒，鲜奶、奶茶、红酒。十五盏黄油灯，也分为五组，三盏一组。可见，主祭供桌上供奉着五位神灵。只有一位祖先神的画像，即丁氏外祖母的照片。其他神灵没有画像或者偶像。主祭供桌前的地上摆放着一只煮熟的全羊，还有一小碗生羊血。

“室内托若树”下供祭“托若·巴日肯”：“室内托若树”下是一张四方形矮脚供桌，用红色绸布罩着，上面有两盘水果，有苹果、桃、橘子、紫葡萄、绿葡萄等；还有两盘点心，有各种蛋糕、曲奇饼干，上面散放着冰糖、奶酪、奶皮子、葡萄干等；还有一碗生羊血。

“室外托若树”下供祭“天神”：供桌上有一盘点心、一盘水果、一大碗“拉里”，里面有红枣，中间挖了一个小坑，放上黄油，里面插着七只棉线灯捻，摆上煮熟的羊头、羊各部位形似一只趴着的绵羊，然后，候选者用打火机点着“拉里”碗中的七只灯捻。桌子上还供着红酒、白酒、鲜奶，一小碗生羊血、三盏黄油灯。

室外西北方向远处供祭地方神：供桌上摆放着一盘各种水果与蛋糕点心和糖果，一瓶开启的罐头，一瓶开启的白酒，红酒、白酒、牛奶各一杯，一整只煮熟的公鸡，一只煮熟的全羊（羊头及各部位），一小碗生羊血，三盏黄油灯，一小碗米中插着七支香。

4. 师傅萨满及其弟子指导候选者，为其示范

在等待煮熟献牲白色绵羊的时候，斯琴掛、沃菊芬等人站在主祭蒙古包外面的方坑旁边指导候选者。沃菊芬告诉她要双腿迈过四方坑，并亲自示范从四方坑的北侧双腿一下子拔起蹦跳到南侧。沃菊芬还让孟利州做示范。候选者试着蹦了过来，比较利索、敦实。沃菊芬接着对她说，光蹦还

不行，这边有三堆火，都跳过去；跳过三堆火后，要绕着凉棚跑，到时有人领着跑。斯琴掛补充说，实际上还要在火里踩。沃菊芬、孟利州、候选者、孟玉金先后从方形坑上跳过，未见其他人跳过。而且，我还注意到，当沃菊芬小儿子跳进坑里扶持候选者跳跃时，沃菊芬笑着对他说，你不能进去！由此可见，萨满及候选者以外的人是不能这样做的，因为用于领神仪式的坑洞及由此跳过、跳出都具有神圣的意义。这一点在后面的仪程中将再次得到验证。

后期采访了解到，原来丁氏领神仪式还是采用了“雅德恩”“出马”的方式，据说，半米深的方形坑实际上也不应该是迈过而是应该从坑里跳出来。因为丁氏并没有真正“出”萨满，所以，并没有那么严格遵从“雅德恩·嘎日贝”的形式，而是较多地采用了象征性的手法。

5. 再次进行“达日卡贝”仪式，向神灵祷告

主祭蒙古包内，斯琴掛、沃菊芬两位萨满身穿民族服装，头戴萨满头饰，身前披挂念珠和铜镜，手执神鼓，面向主祭供桌分站左右。斯琴掛击鼓唱歌，大意如下：

> 沃热哈拉的人要“出马”，向祖先神祷告；什么哈拉什么属相的人来帮忙了，比如沃热哈拉、莫日登哈拉、郭博勒哈拉等等，请祖先神神灵降临宣示神谕，请求神灵保佑沃热哈拉—莫昆家族和其他族众吉祥安康。

斯琴掛、沃菊芬在室内开始唱祷的时候，室外，凉棚西侧、四方形坑南侧，南北方向一字排开的三小堆篝火已经点燃，噼噼啪啪的木材在燃烧。唱毕，斯琴掛走出蒙古包，巴特尔手执她的神鼓跟出来。

（二）领神仪式主要仪程

一切准备就绪，领神仪式正式开始。

1.《请神衣佑助歌》唱祷神灵佑助

室外凉棚下，面朝主祭蒙古包站立的斯琴掛在助手们帮助下开始穿白色衬裙，穿萨满服，唱《请神衣佑助歌》，她一边舞一边唱。

我的白色衣服啊，请增加我的本领吧；

像哈达一样颜色的扣子啊，请一辈子做我的伴帮助我吧；

裁剪的叶子一样的前襟啊，请渐渐地融入到我这一辈的身体吧；

扎梅花一样的领子啊，请慢慢地渗透进我这一代的身体吧；

我的衣衫的后腰下摆啊，请进入到我的皮肤和肌肉里边吧；

我的衣衫的前腰下摆啊，请融入到代代传承之接续者我的身体吧；

我这唯一的护心铜镜啊，请帮助保护我的心脏和胸骨吧；

我的用一对犴皮缝制而成的神服啊，已经成为最高神灵的我的太爷爷传给我的神服啊，请给我力量吧，请保护我吧；

我的神服前面右边的30只铜镜啊，请把不好的一切都挪开吧；

我的神服前面左边的30只铜镜啊，请把四面八方的不吉利都给扫除吧；

我的后背的大铜镜啊，请帮助保护我的生命吧；

我后背的4只小铜镜啊，请把四方的坎儿都移走吧；

我的24条飘带啊，请成为我永久的伴为我召请神灵吧；

我的60只铜铃啊，请把我的消息和声音悠远地传送给神灵吧；

我的镶嵌着360颗五色宝贝一样贝壳的坎肩啊，请指导我这一代接续的萨满吧；

我的用金子与黄铜制成的带有神鹿角杈的帽子啊，请帮助保护我的生命和动脉吧；

我的红色腰带啊，请增加我的力量和本领吧。①

与此同时，沃菊芬也面朝主祭蒙古包站立，她也开始在助手们的帮助下穿白色衬裙，穿萨满服。候选者丁氏身穿达斡尔民族服装，头戴萨满头饰。

---

① 《请神衣佑助歌》，是本文作者所起歌名。2011年夏，美国印第安萨满苏珊慕名专程前来中国呼伦贝尔看望斯琴掛萨满，并与她进行了交流和沟通，斯琴掛萨满举行专门仪式为苏珊萨满祈福。苏珊萨满回国后，打电话来说希望了解斯琴掛穿神衣时所唱神歌的主要内容。之后，由斯琴掛把穿神衣时所唱神歌的歌词用达斡尔语一句一句念出来，笔者录了音，然后翻译记述整理成汉语神歌，后由李楠翻译成英语，转交给苏珊萨满。

孟利州、丽娜在准备萨满进入神灵附体状态时需要奉献的奶茶、白酒、红酒、牛奶等。斯琴掛穿戴完毕，手执神鼓和鼓槌，继续唱《请神衣佑助歌》。沃菊芬一直在打哈欠，小儿子拿来她的神鼓，站在她的身旁。孟孝瑞给沃菊芬戴上萨满帽。铁林和孟利州在烤神鼓。西南稍远处，几个当地村民在观看，那些帮忙的人们依然在收拾献牲的白色绵羊。斯琴掛还在唱《请神衣佑助歌》。此时助手们还在整理沃菊芬的萨满服、萨满帽帽穗和哈达。沃菊芬再次打着哈欠。凉棚周围聚集了附近的村民和孩子们，他们在聚精会神地观看斯琴掛轻歌曼舞。沃菊芬上前几步靠近师傅站立的地方，踮起双脚抖动全身的衣服，铜铃和铜镜发出叮叮当当的响声，然后，她接过神鼓与鼓槌。此时，斯琴掛才唱完《请神衣佑助歌》，也踮起脚、头微微向前倾，全身抖动，她的神衣上的铜铃和铜镜也发出叮叮当当的响声。

2. 唱祷请神，斯琴掛萨满神灵附体，拉·萨满领着候选者“祖先神”降临

仪式即将进入主题，斯琴掛萨满对助手们说：你们都分别给记下来，给她翻译、解释。斯琴掛的意思是要助手们将她进入神灵附体状态下说的话转达给不懂达斡尔语的候选者丁氏。斯琴掛喝了两口茶，然后开始击鼓，沃菊芬快步上前站在师傅东边，她们面朝主祭蒙古包共同击鼓，斯琴掛唱，“德比三，德比三，德，德比三”。助手们跟唱“德比三，德比三，德，德比三”。共唱三遍，然后，斯琴掛开始唱有意义的内容，主要是请神降临。

接着，斯琴掛喊一声“唔”，就开始急速转圈，顺时针转，逆时针转，再顺时针转、逆时针转，然后向上蹦跳了几下，跟着向前扑倒在地毯上打滚，往左翻滚、往右翻滚，再往左翻滚、往右翻滚。她的“翁果日”降临了。助手上前拿开斯琴掛手中的神鼓和鼓槌，巴特尔始终抓握着斯琴掛的腰带。徒弟们上前帮忙，解开神服外边的皮扣，扶助斯琴掛面朝南向坐在板凳上，取下萨满帽，把神服的皮条放在后摆中，稍微向上分向两侧、提着神服后面的两个裙摆，并用鲜牛奶沾了沾斯琴掛的手指。

沃菊芬在斯琴掛喊了一声后就退后两步站立，同时，一直快速而轻轻地击鼓，助威。斯琴掛开始击鼓，沃菊芬的家人上前跪拜，候选者上前跪

拜，斯琴掛的家人跪拜。斯琴掛唱：

> 哎……德比勒，德比勒，德比勒；德比勒，德比勒，德比勒。哎……金色山崖的背脊上，长满了散发香味的檀木；鸟巢中的蛋破壳而出，在山崖的背脊上。羽毛慢慢丰满，羽翼日渐强壮，鸟儿一天天长大，脖子上挂着铜铃，到来了，下来了。德比勒，德比勒，德比勒；德比勒，德比勒，德比勒。哎……金色山崖的背脊上，长满了散发香味的檀木；鸟巢中的蛋破壳而出，在山崖的背脊上。羽毛慢慢丰满，羽翼日渐强壮，鸟儿一天天长大，脖子上挂着铜铃，到来了，下来了。①

助手们跟唱神歌。铁林、娜仁格日勒分别提着斯琴掛神服后摆的两个衣角，巴特尔解下斯琴掛的护背镜，放到神服箱里。助手替斯琴掛换神鼓，换下来的神鼓继续到篝火边熏烤。降临斯琴掛萨满的首先是她的太爷爷“拉・萨满”，带领着候选者的“先祖萨满神灵”沃热哈拉“霍卓日・太提”随后降临。

第一，斯琴掛萨满“翁果日”沃热哈拉“霍卓日・太提”自我介绍，表达喜悦的心情。

斯琴掛转为低声吟唱：

> 算好了在6月，好的月份里，好的日子里，我的孙女要修好我的道路，我来到莫力达瓦，等在博荣村这个地方。鄂嫩哈拉博斯克浅“爱拉”的姑娘②呼唤着我，我的身体到来了。

---

① 萨敏娜、吴凤玲：《达斡尔族斡米南文化的观察与思考——以沃菊芬的仪式为例》，民族出版社2011年版，第16—17页。笔者首次听到这首神歌，是在2009年5月参加在美国阿拉斯加举办的国际萨满教研究会第九届国际会议时，由斯琴掛萨满在考察途中的cruise上即兴所唱。当时，时任莫力达瓦达斡尔族自治旗旅游局副局长的杜明艳也前往参加会议，我们一起第一次聆听了这首激动人心的歌曲。在写作出版《达斡尔族斡米南文化的观察与思考——以沃菊芬的仪式为例》时，附上了我于2009年首次翻译、记述并整理成的上述汉语歌词。笔者将其命名为“德比勒”歌曲，论文中不再重复记述全部歌词，以“德比勒”神歌代之。2015年由斯琴掛的弟弟喜恩图先生记录谱曲，斯琴掛订正歌词内容，“德比勒”歌曲已经灌制成唱片，在呼伦贝尔地区流传。

② 爱拉（/æla/），即爱里（/æli/）或爱勒（/æl/），本义“村、村子”，指代莫昆。鄂嫩哈拉博斯克浅“爱拉”的姑娘指斯琴掛萨满。

助手应了一声“嗻！”接着，斯琴掛萨满神灵向大家问好：

众多民族莫昆的孩子们，你们好吗？

大家回答：好。斯琴掛哭起来，边唱边哭：

原来的时候啊，原来的时候，作为沃热哈拉的女儿，我的身体，回到了自己的原来的地方。民族莫昆的众多孩子们帮忙呢，我高兴啊！高兴！新的时代到来了，我站在那里想，起来吧，起来吧！在给予我的声名和道路的时候，我想要我的烟袋锅里的烟（抽）。

助手在一个短把儿烟斗里装上旱烟并点燃，此间，斯琴掛就一直轻轻击鼓，等待敬烟。助手将烟斗递到斯琴掛嘴边，斯琴掛抽了几口，说：

原来我是抽“硕末日提·袋日”[①]的烟。尽管现在不是带滤嘴的烟袋杆了，抽上几口你们奉献的烟，我还是非常高兴啊！

旁边的篝火一直在噼噼啪啪地燃烧。助手对斯琴掛说：“您再抽一口吧！”

第二，斯琴掛萨满“翁果日”沃热哈拉“霍卓日·太提”对候选者讲述自己的艰难经历。

斯琴掛又吸了两口烟，说：

我原来是抽“硕末日提·袋日”的烟。

然后对候选者诉说：

喝了你奉献的酒壶里的酒，我想告诉你几句话。

助手给斯琴掛喝了一口酒。接着，斯琴掛萨满仍以候选者祖先神口吻讲述自己的经历：

跟着山崖和江河的主人，我在高高的山坡上跑过，我在“绰库勒·爱拉”[②]有座次地行走，我曾经占据自己的一方水土，我在黑龙江中有座次，我在“绰库勒·爱拉”有座位，我在高高的山坡上有座位。我，沃热哈拉属龙的萨满，在这样的好日子里，下来了。应鄂嫩哈拉“霍卓日·雅德恩”诚恳言语之邀而来，我想说几句话吧。

---

① 硕末日提·袋日（/ʃʊmʊrti dajr/），带过滤嘴的或长或短的烟袋杆，“硕末日”是烟袋杆的嘴儿，用玛瑙或者翡翠制成，也有用木头做的。

② 绰库勒·爱拉（/ʧuokulə æla/），即绰库勒村，指绰库勒莫昆（/ʧuokulə məkun/）。

助手应道：嗻！嗻！

虽然我的身体死去了，但是，我的能耐不是原来就有吗？虽然我的命脉中断了，我的精神与灵魂不是还在吗？新的时代到来了，我说，起来吧，出来吧。46 年的时候，我得到了我的“特日乌勒 · 贵斯勒”①。今天，起来，出来回到原来地方的时候，托民族莫昆的好，我想按照旧有的、原来的规矩打开院门、打开屋门，我想打开上天赋予的道路和大门，打开院门、打开屋门，我想被哈拉—莫昆所认识，我想把本事传给孙女，坐在孙女家里。

候选者跪在斯琴掛面前，双眼闭着，好像在哭。斯琴掛萨满神灵继续讲述自己的艰难历程：

久未到来的我的身体啊，四十几年了，天气寒冷的时候我一直挨冻了，没有可穿的衣服，没有可吃的东西，离开过很多很多地方，在山崖之间匍匐而行，这里那里没有能进去的地方，委屈地行走的我的身体啊；天热的时候我口渴着走，夏天自己在田地里找吃的，以山野菜和草籽做食物充饥，我十分艰难辛苦地行走过，希望被呼唤着出来啊！新的时代到来了，我的身体艰难地行走着，领着我的神灵们，让原来的“霍卓日”坐下来，扶起古老的“霍卓日”，想着按照达斡尔人的样式“出来”（指正式领神“出马”），以便后代萨满不被压制，我的神灵的力量不被压制。新的时代到来了，被子孙们召唤着，听到呼唤我到来了。我想着要打开我曾经走过的道路，我想了很久。我的“翁果日 · 库钦”②到了，说要按照古老的规矩出来，竖立起“托若树”，接续七色线，“阿龙贡克 · 玛勒特吉”③，踩三堆火。即使不能请下“翁果日”，也要把“翁果日 · 库钦”的道路打开，接续代代相传的道路，让沃热哈拉的“霍卓日”的声名在四面八方“满讷吉”④。民

① 特日乌勒 · 贵斯勒（/tər'ʊ:l gujsl/），特日乌勒、贵斯勒，同义反复，均为“道路”。

② 翁果日 · 库钦（/ʊŋgʊr kuʧin/），神灵，众神灵，萨满神灵。

③ 阿龙贡克 · 玛勒特吉（/alʊŋguŋkə maltədʒi/），指领神仪式。

④ 满讷吉（/mannədʒi/），遍布、传扬。

族莫昆的人们给予帮助，把（我的）“特日乌勒·穆日”① 打开。离开了很久的我的身体，离开了原来的一方水土，起来后走出去，到过很多地方，到了呼和浩特城，跟着儿子坐在了他的家里，他当了“其日依·诺因”②，把我的这个身体给丢掉了。

第三，斯琴掛萨满“翁果日”找候选者家族男子告知事情。

属虎的孙子，喝了你献的酒，即使你没有重立我的“翁果日·旭特勒”③，被祈求着到来的我的身体，还是想告诉你几句话。

候选者替属虎的哥哥敬酒。斯琴掛喝过敬献的白酒继续击鼓说道：

民族莫昆的人们都来帮助，我要按照原来的规矩“出来”坐下。迎接“翁果日·库钦”的时候，我想让沃热哈拉属虎的孙子看看、知道。他按照我的嘱咐来了吗？如果能让神灵高兴，他的身体会好，疾病都会挪开，“特日乌勒·穆日讷”④ 将会变得清白。他要注意身体，好日子里要敬酒。他的这个身体，八月初四不要坐车到外边走，河水结冰之时，他的身体有大病坎儿。告诉他修修“特日乌勒·穆日”吧，把“欧日·扎德额”⑤ 挪开，“巴日肯·霍卓日”⑥ 要“苏吉勒吉”⑦ 走，要祈求着走。要修路让道路延伸的话，到沃热哈拉的“霍卓日·雅德恩”那里求一些“泰日米特·切”⑧ 带回去喝 21 天。

嘱咐完候选者的哥哥，斯琴掛继续击鼓唱道：

“翁果日·库钦”跟着我的身体来了，我在约束着他们，高兴地坐着，和村子里的孩子们相见了，我要说说自己约束的心情，高兴的

---

① 特日乌勒·穆日（/tər’uːl mur/），特日乌勒、穆日，同义反复，均为“道路”。

② 其日依·诺因（/ʧir’i nɔjin/），公家的领导。

③ 翁果日·旭特勒（/ʊŋgʊr ʃytələ/）或翁果日·旭特楞（/ʊŋgʊr ʃytələŋ/），即巴日肯·旭特勒或巴日肯·旭特楞，神灵，旭特楞指供奉对象，即翁果日。

④ 特日乌勒·穆日讷（/tər’uːl murən/），他的道路。

⑤ 欧日·扎德额（/əur ʤad’ə/），泛指疾病。“欧日”是一般疾病，“扎德额”常指老病，还指时疫、传染性疾病等。

⑥ 巴日肯·霍卓日（/barkən xʊʤʊr/），神灵的根子，祖先神或始祖神灵。

⑦ 苏吉勒吉（/suʤiləʤi/），供奉，祈祷。

⑧ 泰日米特·切（/tærmit ʧe/），泰日米特茶叶。

心情。

第四，斯琴掛萨满“翁果日”找候选者的妹妹告知事情。

沃热哈拉属马的女孩，喝了你奉献的茶，想告诉你几句话。

助手代为奉茶。

被子孙们迎接着到来的“翁果日·库钦”，要让它们高兴。我在告诉。对于祖先神，五根手指是一样的，哪一个子孙我都一样看待。我这样看着、转着、想着、走过。你的这个身体，在兔年十月十三，不要与属牛、虎的人一起去西北方向，工作的地方要注意口舌，腊月初八不要去北面。你的这个身体，要买些好酒敬洒，让“翁果日·库钦”高兴。我在告诉。生病的时候让“额头乌·塔特拉”（老太太给挪开）吧，再来看吧。龙年正月初四有大坎，不要出门去往北方。为了把我的“特日乌勒·穆日”打开，你的这个身体亲自来过。我给了你大拇指“额日德么”①、“沙德勒”②，给了你中指“多姆勒”。

第五，斯琴掛萨满神灵再次找候选者说明找到她接续自己道路的原因，同时提出殷切希望。

属龙的孩子，喝了你奉献的茶水，告诉你事情吧。

候选者从助手手中接过茶杯，跪着奉茶。

你在公家工作的时候，我从后背跟着你，我让你在有名望的地方成为领导，你虽然有学识，有本事，我“抓”了你的这个身体，我想把自己的本事传给你，跟了你十几年了。你把被土埋着的我扶起来，把倒下的我的身体扶起来，我希望你能让哈拉—莫昆繁荣兴旺。让孙女萨满你的道路“出来”的时候，你的骨白，你的血红，所以，我选中了你，我让你的大拇指有本事了，我让你的中指有了“多姆勒”，我让你的胸骨增加了本领。我跟着孙女你时日久了，你要把神灵亲眷

---

① 额日德么（/ərdəm/），本领，能力。

② 沙德勒（/sadəl/），能力，本领。额日德么、沙德勒常常连用，相当于同义反复，均指能力、本领、技能、能耐。

扶起来，我想按照过去的规矩，坐在你的身上，我高兴地想了很久。你的这个身体，让“翁果日”坐下，可以购买“扎瓦”衣服（萨满服）。过去我在齐齐哈尔城和“绰库勒·爱拉”声名显赫，我在齐齐哈尔城非常有名，我转过万个家庭，我迈过千家门槛。我要把这身本事传给你我的孙女，你要让孩子们兴旺发达地走，我想代代相传、接续而走，我这样想着坐下的。我的这个身体，是第十三代萨满。我的这个身体，坐在姑娘你的家里，你能说会道，有学识有能耐，你要修我的路，传给后代，接续我的道路，让我的道路清白，我因此而打开我的道路。

巴特尔应道，嘛！嘛！

莫力达瓦这个地方，沃热哈拉的儿女们，帮助你的众多姓氏的孩子们，还有莫日登哈拉的三个孩子，满那莫昆的小子，还有帮这帮那的孩子们，你要让他们高兴地啊！我要帮助你汇聚财物和福气。你的这个身体，用金子银子包裹着。我在说我在告诉。……我在给你打开道路。我拉了红线，给你办好事；我拉了白线，让你的道路清白。我给你修路，让你的神灵进来看看。拉了三条系着铜铃的线，把你的道路打开，让攀升的双龙坐好，我在给你开路。如果买萨满服，要杀生祭祀。既已立起祖先神位，代代相续我的神圣道路，把我的原来道路打开，让我的这身本领出来。我让你占据上天赋予的神圣道路……让神灵坐在三条线路和铜铃之上，在三堆篝火上跳过，你要跳着舞经过篝火。我在告诉。你要跑 9 圈，把“翁果日”收拢到身上，请他们进到屋里坐下。你要迈出你的步伐，没有鸽子，你要一样方式做。我在告诉。

巴特尔应道，嘛！嘛！

连续 9 天 9 夜你要给祖先神敬酒，要给祖先神磕头。我的子孙们，大家都来帮忙了，万千莫昆的孩子们让我高兴啊！我感谢你们！“托若树”送走的时候，要往“绰库勒·爱勒”（指博荣村）方向敬洒杯中之酒，然后再往外送。我在告诉。你听明白了吗？我在问。

巴特尔代答：明白了。斯琴掛继续唱道：

“翁果日·旭特勒”，从今往后 7 天里，给 8 个人看病试试。我在告诉你。你的这个身体，迎接龙年的时候，有些病坎儿。不要接触属虎的病人。……即将进入本命年，不要去红色的地方，不要穿红色衣服，注意口舌，九月二十不要去右边方向。

第六，沃热哈拉“霍卓日·太提”给候选者的孩子们一些忠告。

你在国外居住的属鸡的女儿，也给告诉一下吧。你的这个住在国外的属鸡的女儿，今年树木树叶黄落之时，有大病的坎。给这个女儿做“多姆勒”，让给人治病的“雅德恩”做“泰日米特”，拿去给她吃21天，每天用此水洗脸、洗腋下，用完把水扔掉。我在告诉。九月二十二，属鸡的女儿与属兔的、属虎的、属猴的人一起坐车出去玩，不要在结束前独自离开；注意像兄弟一样相处的人的言语、口舌，被别人的口舌、言语暗暗压着。给你属猪的女儿告诉一下吧。有病坎，把“热菜”采摘，晒干，连续7晚泡水喝，泡透了，把水往右边甩。我在告诉。让她注意身体，不要去有病有灾的人家，不要去出血的人家。我在说。听懂了吗？我在问。

大家代为回答：听懂了。最后，斯琴掛萨满神灵说：

沃热哈拉的“翁果日”想告诉呢，在等着呢。按照规矩，我要离开了。我再告诉时，你们再听罢。

说完，斯琴掛一阵急促击鼓，从凳子上站起来，又击了几下鼓，神灵离开。

3. 沃菊芬萨满神灵附体

(1) 沃菊芬祖先萨满神灵“贵·雅德恩”降临

对面，沃菊芬在长子扶持下，站起来击鼓，击打了几下之后就往上蹦跳，跳了两下，然后倒在地毯上打滚，左右摇晃身体，沃菊芬神灵降临了，铁林、孟玉金、孟利州、敖玉英等上前帮忙，敖玉英取下沃菊芬的护背镜。因为，沃菊芬倒下时头冲南，大家把直挺挺的沃菊芬抬起来后，坐在凳子上是面朝北的，大家再次连着座椅一块把沃菊芬转向面南而坐，又把人连同凳子向北面挪了挪才坐定。孟玉金解开沃菊芬神裙下摆的扣子。孟利州已经端来牛奶，把沃菊芬左右手的小手指在牛奶中各蘸了一下，然后送到她的嘴边，给她喝了一点。然后，沃菊芬的身体开始动起来。助手们帮忙取下神帽，递上神鼓、鼓槌，沃菊芬开始击打神鼓，沃菊芬家人、候选者跪拜。铁林、孟玉金帮忙整理沃菊芬的白色衬裙的下摆，把萨满服的皮条放在两腿前面的裙摆中间。孟孝瑞和铁林分别抓着沃菊芬神裙后摆的两个衣角轻轻抖动。

沃菊芬击鼓唱道：

> 德古德古德古呀，德古德古德古呀，德古呀，德古呀，德古德古德古呀。阿日提·腾格日·阿米提贝①，谢仁·腾格日·谢金提贝②，库克·腾格日·贵勒斯提贝③，敖拉哈德·扫德勒提贝。④

唱完，沃菊芬开始击鼓说话：

> 一代又一代接续而来，沃热哈拉博荣凯亚⑤“贵·雅德恩”我的身体下来了。

铁林说，都磕头呢。

> “博额·阿日斯的·博克依日杰地·依日森昧”⑥，“哈日米·阿日斯的·汇亚日结地·依日森昧”⑦。沃热哈拉属龙的姑娘来到这儿，“特日乌勒·欧索·讷勒未”⑧，“阿龙贡克·讷未·额勒乌德讷”⑨，所以，我来了。我的“敖包·敖里·额吉楞”⑩下来跟你们说三五句话吧。

---

① 阿日提·腾格日·阿米提贝（/arti: təŋgər amitibe/），雷电天空赋予我生命。

② 谢仁·腾格日·谢金提贝（/ʃerən təŋgər ʃedʒintibe/），彩虹天空赋予我多彩道路。

③ 库克·腾格日·贵勒斯提贝（/kuk təŋgər gujləstibe/），蓝色天空中我有道路。

④ 敖拉哈德·扫德勒提贝（/aʊla xad saʊdəltibe），高山悬崖里我有座位。

⑤ 沃热哈拉博荣凯亚（/uərə xal bə:ruŋ kaja/），指沃热哈拉绰库勒莫昆（/uərə xal ʧuokulə mokun/）。

⑥ 博额·阿日斯的·博克依日杰地·依日森昧（/bɔə: arsəd bɔkirdʒiə:di irsənme/），我被鹿皮捆着来的。

⑦ 哈日米·阿日斯的·汇亚日结地·依日森昧（/xarmi: arsəd xʊja:rdʒe:d irsənme/），我被犴皮绑着来的。

⑧ 特日乌勒·欧索·讷勒未（/tər'u:l ɔsɔ: nə:lə:we/），想要打开自己的（巫统）道路。

⑨ 阿龙贡克·讷未·额勒乌德讷（/alʊŋguŋkə nəwe əlwu:dən/），想要领神“出马”。

⑩ 敖里，即敖拉，山；额吉楞，即额金，主人、主宰者、皇帝、国王等；敖包·敖里·额吉楞（/ɔbɔ: aʊli ədʒiləŋ/），即敖包·敖拉·额金，直译为“敖包山的主人、主宰者”，意为敖包（山）神。

助手附和，嗻！

“阿勒腾·噶吉日米讷·依日吉·特日乌勒·讷依日森西讷”①，我高兴啊。我的地方还是远处也闻名啊！“白音·阔托日·噶吉日米讷·依日吉·阿龙贡克·讷依日森谢”②，“特日乌勒·欧索·赛肯·讷杰地·要乃的”③多的话我不讲，“敖包·敖里·额吉楞”要下来说三五句话呢。

(2) 沃菊芬萨满“翁果日”“敖包·敖拉·额金”④降临

沃菊芬一阵急促击鼓，身体往上弹跳了五六下，渐渐坐下来，重新开始击鼓，另外一个神灵“敖包·敖拉·额金”降临了，指示了三个方面的重要内容。

第一，沃菊芬萨满“翁果日”“敖包·敖拉·额金”对候选者的告诫与嘱托。

“阿勒莫·莫尼噢·奥讷杰地·博吉日森么”⑤，“苏阿迪勒·塔特杰地·博吉日森么”⑥。今天，我要喝沃热哈拉属龙的姑娘的白酒。

助手把白酒杯递给候选者，候选者敬献白酒。沃菊芬击鼓问道：

给我的“敖包·敖拉”⑦敬洒牛奶了吗？敬洒酒了吗？给我这里的“噶吉日·额金”⑧敬洒酒了吗？敬洒牛奶了吗？给我的“罗松·敖包”敬洒牛奶了吗？敬洒酒了吗？

沃菊芬“咚咚！咚咚！”大声击鼓，接着说道：

---

① 阿勒腾·噶吉日米讷·依日吉·特日乌勒·讷依日森西讷（/altəŋ gadʒirmin irdʒi: tər’u:lə: nə:irsənʃin/），你来到我的金子一样的地方打开你的道路。

② 白音·阔托日·噶吉日米讷·依日吉·阿龙贡克·讷依日森谢（/bajin kʊtʊr gadʒirmin irdʒi: alʊŋguŋkə nə:irsənʃe/），你来到我的富庶地方打开道路“出马”。

③ 特日乌勒·欧索·赛肯·讷杰地·要乃的（/tər’u:l ɔsɔ: saikən nə:dʒiə:di jawnaidə/），你要好好打开你的道路行走啊。

④ 敖包·敖拉·额金（/ɔbɔ: aʊla ədʒin/），敖包山之主，即敖包山山神。

⑤ 阿勒莫·莫尼噢·奥讷杰地·博吉日森么（/almə mɔniɔ ɔnədʒiəd bʊ:dʒirsənme/），我骑着猿猴下来的。

⑥ 苏阿迪勒·塔特杰地·博吉日森么（/sʊadil tatadʒiəd bʊ:dʒirsənme/），我拉着血脉下来的。

⑦ 敖包·敖拉（/ɔbɔ: aʊla/），敖包山。

⑧ 噶吉日·额金（/gadʒir ədʒin/）或噶吉日·额吉楞（/gadʒir ədʒiləŋ/），地方之主，即地方神。

你奉献的白色的绵羊，我没有为此而高兴；你奉献的白色的牛奶和吃食儿，我没有为此而高兴。我的地方你认为是金色的地方而来，我高兴呢。来到我的子孙这里坐下，我高兴呢。找到你自己的道路继续走的时候，要管我的子孙后代啊。虽然，你不懂三五句话也好，你的口舌转向了(指语言发生了改变）也罢，我还是想告诉你三五句话。你来到我这儿的地方“出来”呢，我们代代有“雅德恩”，我们的“霍卓日·库钦”① 都高兴呢。所以，你可不要弄脏了(道路)，丢沃热哈拉、鄂嫩哈拉的名声啊。不要为钱财而倒，多多帮助那些办大事的人；多多扶起身处患难中的人们，不断给他们修路，多多帮助苦难的人们；不要牵涉到官方事务当中，那些在官家的、官家的大头目，不要多给他们看病，你会因他们的口舌而倒下，因钱财而倒下。那样的话，你很有可能跳进黑屋里。我，“敖包·敖拉·额金”，因为你觉得此地好而来（出马），我才告诉你呢。(神灵们）都高兴呢。以后认识着我的子孙们走吧，多多帮助沃热哈拉的子孙们，你在汇聚钱财与福气时，分给我的子孙一些吧。早先的时候啊，我的地方，可是好地方啊，出了很多有本事、有能力的子孙来着。现在的后代子孙，他们还不行的时候，你要多多帮助着他们迈进。有困难的人们你要帮忙。“罗松·敖包”，我们的“罗松”② 你要好好敬洒着走；我的“敖包·敖拉”你要好好指着敬洒着走。那么，我会不断帮助你的。虽然，你是外甥女，外孙女，我一样看待你。我的“莫昆·库热”③ 中有难处的子孙你要给关照啊。虽然不是本民族，口舌发生了变化，好好供奉着“敖包·敖拉”行走，立起自己的“罗松·敖包”吧。那么，你的“抓”(指正骨、按摩）的本领会更好吧。

候选者一直浑身轻轻地哆嗦着。

---

① 霍卓日·库钦（/xʊdʒʊr kuʧin/），祖先神，众多祖先神。

② 罗松（/lʊsʊŋ/），即罗斯（/lʊs/），龙神，泛指一切水系神灵。

③ 莫昆·库热（/mokun kurə/），直译“莫昆圈”，指莫昆家族成员或莫昆家族的边界和范围。

第二，沃菊芬萨满“翁果日”“敖包·敖拉·额金”安排下一个仪式有关内容，提醒注意事项。

嘱咐完候选者，沃菊芬萨满神灵找沃热哈拉的人安排后续仪式的有关重要事宜：

> 我要找沃热哈拉属猪的孙子重孙，想喝你献的好酒。

献白酒。沃菊芬继续“咚咚！咚咚！”大声击鼓。铁林抖动着沃菊芬神服下摆的衣角，发出叮叮当当的响声。喝过白酒，沃菊芬神灵接着说道：

> 你要把万千个民族同胞汇聚在一起，想让我们玩乐、聚会，你在准备着。我们高兴啊！现在，我们都去你的地方“盘旋”呢。① 我们不停地因你而高兴啊！一代又一代，我们会扶持着你们沃热哈拉的子孙后代前行。多少年了，我没有办过这么大而喜悦的事情了。现在，第三年了，你在这“敖包山”的地方做仪式，不轻视这个地方，把“爱们·库钦”② 都召集起来，让我们都坐在这里了。你供奉着诺敏河行走，你修好着神圣的泉水行走。现在，你要在纳文江边上做仪式，非常正确！“翁古·旭特勒·苏勒”都在高兴地往那边跑呢。你的子孙后代、民族的子孙后代、你的“莫昆·库热”都将“迪岱·博斯吉·要恩乃”③。(到时候）要把“博迪额”④ 领着，让他们喝黑山羊的血。那么，你们这里那些民族子孙后代们出事的会减少吧，你的民族的孩子们死于车祸的会减少吧。供奉开始前，“托若勒·西乌·斡日多恩讷”⑤，你们都要到“敖包”来磕头，磕完头再走。（神

---

① 沃菊芬萨满于2011年7月19日至21日举行第二次斡米南仪式。此次“出马”仪式举办的时候，斡米南仪式的场地已经修建完毕，就选址在纳文江边的河滩草地。纳文江，嫩江支流，巴特恩达斡尔群体自古称之为“纳文穆日”。

② 爱们·库钦（/aimən kuʧin/），民族同胞。

③ 迪岱·博斯吉·要恩乃（/didai bɔsʤi: jawne/），直译“向上起来行走”，意为蒸蒸日上，兴旺发达。

④ 博迪额（/bə:di’ə/），直译“外面的”，指无主的孤魂野鬼和游荡精灵。

⑤ 托若勒·西乌·斡日多恩讷（/tʊrʊ: l ʃiʊ ɔrdɔnə/），竖立“托若树”之前，指举行斡米南仪式之前。

灵们）都高兴呢。万个地方的神灵都来呢，千个地方的神灵听到消息都高兴呢。不是你的民族的，是你的民族的，都来呢。所以，你都要好好迎接，好好相送；求着来问的，都好好给看，任何时候也不要看人家的贫富；有难处而来的，即使（他们）坏，也要让他们好好地度过，好好给他们指路；来的人都要好好招待，让他们高兴，让他们宽心，让他们的“霍卓日 · 巴日肯”好好坐着，再好好相送他们离开；有被自己的神灵引领着到来的人们，都给他们整好了再让他们离开。因为我的子孙们，我高兴啊！沃热哈拉的我的子孙们，你们都没事吧？

大家回答，没事。

“托若 · 托勒乌 · 博勒瑟”①，咱们都进来走走吧。

第三，沃菊芬萨满“翁果日”“敖包 · 敖拉 · 额金”为其他人指点迷津。

今天，这个沃热哈拉属龙的“欧姆勒 · 多姆勒”②回到咱们的地方“出来”的时候，我回到自己的地方来小坐，我要说的话少了。我要找属虎的孙子，喝他奉献的白色牛奶。

助手说：给告诉吧。

你占据着“噶吉日 · 额吉楞”③的地方做买卖呢，所以，我要喝你的白色牛奶。

助手代献牛奶，说：给告诉吧。

你的路不太好呢，你只给“敖包 · 敖拉”敬洒牛奶，为什么不给自己的“罗松”好好敬洒?！到泉水的源头，去绑七色布条，放七层去皮的煮鸡蛋，放七层高的点心，放七样“图布耶 · 伊德”④，然后好好磕头。那么“罗松”会给你“阔托日 · 博音”⑤吧。占据“罗松”

---

① 托若 · 托勒乌 · 博勒瑟（/tʊrʊ: tʊlu: bɔlɔ:sə/），竖立“托若树”的时候，即做斡米南的时候。

② 欧姆勒 · 多姆勒（/ɔmɔl dɔmɔl/），孙子、重孙。

③ 噶吉日 · 额吉楞（/gaʤir əʤiləŋ/），地方之主，即地方神。

④ 图布耶 · 伊德（/tubuɛ: idə:/），水果类供品。

⑤ 阔托日 · 博音（/kʊtʊr bʊjin/），财富、福源。

的地方原来有一个大的黑鱼来着。所以，好好给它供奉牛奶，好好敬洒，五月初五，供奉黑色飞禽的头。那么，你的道路会更好吧。这个地方你要好好敬洒牛奶，那么你的道路会更好，对你汇聚“阔托日·博音”会更好吧。如果小孩子们来说被污染了，你时不时在西方、东方点上白色艾蒿草，被污染的都会往外走，那么来人时不是好吗，对你积攒“阔托日·博音”好。今天，不是你家里的人也好，别人来开自己的路，你的地方水土会变得更好吧。在东南方向，你要做七个小小的“托库”① 放，做七个颜色的“托库”放，绑在筷子上就行，然后在“托库”下面放七杯红酒，每个下面放一杯，每个下面放一个“图布耶·伊德”，要放苹果，那么，你的道路会更好吧。你的道路有人在“甩”呢，做避开口舌的“泰日米特”不断地“甩一甩”，那么，你的道路会更好吧。尽管如此，你要多多照管你的兄弟们，与莫昆家族的人们、与那些有困难的弟兄们好好走动，多照看那些有困难的弟兄，那么，我会让你的道路更好。

今天，我说了三五句话，“托若·托勒乌·乌都日”②，我再进来好好告诉子孙们事情。人家今天“特日乌勒·嘎日阿吉·依日森”③，“提乌德”④，人家到了要“阿龙贡克·卡日耶吉”⑤、“嘎列·阿勒库吉”⑥、“贵乌·额任尼讷·博勒恩”⑦。时日变短的时候，“派其乌·额任·米讷·博勒恩”⑧。

沃菊芬快速急促击鼓，然后向上蹦跳几下，神灵离开了。助手们上前

---

① 托库（/tʊku/），三角形小旗。

② 托若·托勒乌·乌都日（/tʊrʊ: tʊlwu: wu:du:r/），竖立“托若树”的日子。

③ 特日乌勒·嘎日阿吉·依日森（/tər’ulə: garga:ʤi: irsən/），为打开道路而来。

④ 提乌德（/tiudə/），因此，所以。

⑤ 阿龙贡克·卡日耶吉（/alʊŋguŋkə kare:ʤi/），指举行领神仪式。

⑥ 嘎列·阿勒库吉（/galiə alkuʤi/），直译“迈过火堆”，指跳过三堆篝火，萨满领神仪式的规定动作。

⑦ 贵乌·额任尼讷·博勒恩（/guiwu ərənin bɔllən/），到了该“跑”的时候了。

⑧ 派其乌·额任·米讷·博勒恩（/paʧiu ərənmin bɔllən/），到了我要散去的时候了。

为沃菊芬擦汗、递水喝。

4.“阿米拉贝”，为候选者的神具“开光”，赋予其生命和活力

在主祭蒙古包内，候选者外祖母的相框上方搭着一条蓝色哈达，供祭祖先神的一只白色绵羊已经煮好摆在供桌前的地上，旁边一个大不锈钢锅装着煮熟的羊尾，盆上也搭着一条蓝色哈达。候选者的神鼓、铜镜、念珠、萨满头饰都供在主祭供桌右侧桌面上。斯琴掛身穿萨满服，头戴萨满头饰，站在“室内托若树”西侧，面向主祭供桌击鼓而唱，唱祷一会，斯琴掛转过身来，让拿来候选者的“托里”、“额日克”，孟利州端起白酒，孟玉金从主祭供桌上拿起准备好的候选者的系着蓝色哈达的小铜镜和念珠，斯琴掛喝了一口白酒，“噗”地喷在铜镜上，唱“阿米勒拉”[①]，又在念珠上喷了一口酒。然后，斯琴掛说让沃菊芬“吹”一下，孟玉金双手捧着念珠和小铜镜出去找沃菊芬喷酒。斯琴掛继续唱“阿米拉贝”。此时，候选者走进来，面朝主祭供桌站在“室内托若树”右侧。斯琴掛还在唱：

> 赋予生命吧！沃热哈拉“霍卓日·太提”，“霍卓日·巴日肯”，以这个身体到来的话，请你坐在孙女这里，给你打开房门、院门。……

外面，沃菊芬也用白酒喷过铜镜、念珠和萨满头饰，孟玉金拿进来给候选者一一披挂、戴上。斯琴掛又唱“欧德西讷·讷库亚贝”[②]。沃菊芬身穿萨满服，头戴萨满帽，手执神鼓进到蒙古包里。斯琴掛又喝了一口白酒，喷了三下在候选者的神鼓上；沃菊芬喝了一口白酒，在神鼓上喷了五下，铁林把神鼓交给候选者。

5. 候选者完成射箭、跳坑、踩踏跳越篝火、跑圈等规定动作，并试请神灵降临

“开光”仪式完成后，沃菊芬指引候选者走出蒙古包，斯琴掛和助手们跟着出去。候选者站在方坑北侧，准备射箭，沃菊芬、斯琴掛分别站在

① 阿米勒拉（/amilela/），即“阿米拉贝”，赋予生命和活力。

② 欧德西讷·讷库亚贝（/əudəːʃin nəːkujabe/），给你打开大门呢。

左右两侧，击鼓。沃菊芬说："好好射！"斯琴掛说："射远点！"第一次没有成功，箭掉在坑里，沃小军趴下捡起，候选者射第二支箭，斯琴掛喊："射远一点。"然后继续击鼓。候选者还是不太会射，助手们一齐教她，把箭向上举，做射箭状，做示范。再交给候选者，这次，她把箭射了出去，大家欢呼，斯琴掛一阵急促击鼓，沃菊芬面露喜色，再接再厉，可惜箭又掉到坑里了，孟利州单腿迈进坑里捡起那支箭递给候选者，这次候选者又成功把箭射了出去，大家都高兴地笑了。

接着是跳坑环节，经过前面的指导，候选者跳坑非常顺利，一下子就跳过去了。四方形坑往前是三个火堆，助手们等赶紧跟上，沃菊芬、斯琴掛还是分站左右，一齐往前移了几步，孟玉金喊："跳！跳！"候选者犹豫，斯琴掛亲自做示范，踩了一脚第一堆火，跳过去，候选者也学着斯琴掛的样子跳了过去，接着又跳过第二堆，孟玉金、沃菊芬再喊："跳！跳！"候选者又跳过第三堆。

然后，孟利州带领候选者沿着主祭蒙古包前的凉棚、地毯周围跑，候选者小跑起来，沃菊芬说："不那么跑，蹦！"孟玉金喊："蹦！蹦！"候选者改跑为蹦，斯琴掛此时边击鼓边唱。蹦！蹦！蹦！跑了一圈，候选者停了停，大家就喊："迈得了。"候选者就又小跑起来，跑完第二圈，沃菊芬开始边击鼓边往前蹦跳着跑，速度很快，候选者就再次跑起来，斯琴掛也加入进来，在沃菊芬后面蹦跳着跑起来，候选者就学着样子跑，但还是跑不快。到了第四圈，候选者又跑起来，沃菊芬说："别那样跑。"孟利州再次带着她跑，大家指导，"踮着跑！"斯琴掛还在带着跑，沃菊芬击鼓助威。孟孝瑞加入进去做示范，踮着跑，围观的人们都笑得前仰后合。斯琴掛问："有三圈了吗？"沃菊芬说："有三圈了。"斯琴掛说："那行了。"候选者实际上已跑完五圈。沃菊芬让孟利州协助候选者准备让她试请神灵降临。孟利州站在地毯中间，抓起候选者的腰带，抱起她转圈，候选者的脚已经离地，顺时针转，逆时针转，再顺时针转，逆时针转。候选者停下后晃了晃，孟玉金把神鼓、鼓槌交到她手中，她击几下神鼓，没有请下神来。

6. 训练领神者和候选者

领神仪式可以为已经“出马”的领神者或者尚未“出马”的候选者提供练习请神降临的平台。

“室外托若树”下供桌南侧，斯琴掛、沃菊芬面北站立，斯琴掛在西侧，沃菊芬在中间，丁氏站在东侧。她们共同击鼓，斯琴掛唱歌。唱祷一个段落之后，沃菊芬让助手带着敖玉英试请神灵降临。敖玉英被祖先神选中多年了，准备“出马”。孟玉金扶着打着哈欠的敖玉英走到凉棚中间，孟利州跟着，铁林、孟孝瑞也跟过来，敖玉英已经睁不开眼睛了。铁林从后面抓住敖玉英腰带开始转圈，沃菊芬一阵急促击鼓，铁林带着敖玉英先顺时针转，再逆时针转。不一会儿，敖玉英开始双脚踏地，双手往两边甩了，神灵似乎已经降临到敖玉英身上了。孟玉金赶紧拿过凳子，让敖玉英坐下，助手们拿来神鼓，交到敖玉英手中，并把敖玉英的手指在牛奶杯中蘸了一下。敖玉英只是击鼓，不说话。沃菊芬边击鼓边唱神歌接引敖玉英神灵：

德古德古德古呀，德古德古德古呀，德古呀，德古呀，德古德古德古呀。

斯琴掛坐在主祭蒙古包门口击鼓助威。孟孝瑞问：

嗻！什么“翁果日”下来了？什么“巴日肯”下来了？好日子里下来了，好好说话吧！好好告诉你的孙子吧！

孟玉金也说：

好好给告诉吧！

重新穿上民族服装的孟孝瑞再问：

什么道理就给告诉什么道理啊！

敖玉英开始哭，仍不说话。孟孝瑞说：

不知道的，不会的，不要怪罪、生气！你的孙女说了，要按照你告诉的道路好好走呢，好好告诉她你的意思吧！

敖玉英还在哭，并且哭出了声音。孟孝瑞跪下来，再次请问敖玉英：

你有什么心思就说说你的心思吧。我们不明白的，你张开口告诉吧，说几句金子一样的话吧。

助手端来一杯酒，献给敖玉英，说：

嘛！把酒（敬酒）呢！

敖玉英喝了一口。铁林说：

说说话吧！

孟孝瑞继续劝道：

让你孙女何时“出马”？哪天“出来”啊？给告诉这个得了。

敖玉英还是不说话。沃菊芬说：

让她出来吧。

孟玉金喝了一口白酒，“噗”地喷在敖玉英头上，并用手指按了按敖玉英的头顶，敖玉英回过神来，她的神灵离开了。

仪式暂告一个段落。助手们搬来椅子，沃菊芬、斯琴掛依然身穿萨满服，头戴萨满头饰，手执神鼓，坐下稍事休息。丁氏依然坐在方凳上左右摇晃。

7.“霍日耶！霍日耶！”① 祈福仪式

准备祈福仪式了。助手们开始分发糖果、点心，周围村民的小孩子上前来抓那些食物，大人们也都各自准备了食物，或者从分发者手里拿一些。斯琴掛站起来走到沃菊芬前面说，给她解开萨满服吧，孟孝瑞拿来民族服装，沃菊芬依然是一副困倦的样子，睁不开眼睛，大家帮沃菊芬脱下神服，换上民族衣服。斯琴掛手执神鼓和鼓槌，说：“嘛，霍日耶，霍日耶啦！”然后，面朝主祭蒙古包，大家都手捧食物，站在她身后，候选者索性坐在地上，手里端着那盆装着羊尾、搭着蓝色哈达的不锈钢大锅。斯琴掛唱几句，就喊一声“霍日耶！霍日耶！”大家一边跟着喊“霍日耶！霍日耶！”一边双手捧着食物做顺时针画圆圈，每次喊的时候同时画三圈。

（三）送神，领神仪式结束

祈福仪式之后，师傅萨满斯琴掛再次走进主祭蒙古包内，站在“室内

① 霍日耶！霍日耶！（/xʊre xʊre/），动词，直译“汇聚啊汇聚”，祈福仪式。

托若树”与主祭供桌之间，面向主祭神位，斯琴掛唱了一阵，然后，甩了一下神鼓，再次击鼓，只击鼓而不唱。轻轻地，快速击鼓。击鼓之后，斯琴掛双手抓握神鼓，在身前自上而下移动神鼓，六下，三排，再依此位置停留三次移上来。巴特尔接过神鼓，娜仁格日勒帮助斯琴掛脱去萨满服。这是斯琴掛在送神，让自己的“翁果日”归位。

沃菊芬也做了同样的一套动作，请自己的神灵归位。

师傅萨满送完神灵，脱下萨满服，意味着领神仪式正式结束。

（四）一个地方河神不期而至

调研考察了这么多年，我很少见到不期而至的神灵附体现象，在这次领神仪式结束之后，有一个地方河神“黑鱼精灵”不请自来了。当时我已经收好了录像机和照相机。我看到沃菊芬往上跳了几下，和她的家人一样，我也以为她在闹着玩呢，结果她一下子就倒下来，旁边的家人和助手们这才意识到情况不对，赶紧上前帮忙，沃菊芬再次进入神灵附体状态。一般情况下，都是萨满唱诵念祷，祈请神灵降临，神灵不约而至降临的情况比较少见。此时，沃菊芬已经脱下神服换上民族服装，家人和助手们也都已经换下民族服装穿上日常便装准备回去，没想到沃菊芬蹦跳了几下，大家还以为生性活泼的她在开玩笑，结果是一个神灵不请自来了。因为没有准备，家人和助手们手忙脚乱地上前一起将她扶坐在凳子上。沃菊芬眉头紧锁，击鼓唱歌：

扎梅·伊勒阿·扎恩德恩达，德么扬古[①]，扎梅·伊勒阿·扎恩德恩达，德么扬古。

助手们跟着应和唱歌。斯琴掛此时也把已经收起来的神鼓重新拿出来，站在旁边击鼓。唱完，沃菊芬击鼓说道：

一代又一代我跟着来的，我跟着黑龙江下来的，我让黑色的江水

---

① 扎梅·伊勒阿（/ʤaːməj ilə’a/），一种叫做“扎梅”的花，当地人称刺梅花。扎梅·伊勒阿·扎恩德恩达，德么扬古（/ʤaːməj ilə’a ʤandənda dəmjaŋguː/），沃菊芬萨满神灵降临时的神歌序曲之一。

翻滚着走的；我让黄色的河水翻滚着来的。这儿原来不是有一个大坝吗，黑龙江上我有路，黑色大坝下我有座儿。今天，你们这样半途丢下我就走吗?!

说着沃菊芬哭了起来。大家赶紧说：“没有，没有。”此时，沃菊芬的侄子沃小军拿起红色腰带给她系到腰上，以便她抓握、扶持。

沃菊芬萨满神灵继续说：

我一直跟着子孙们走来着。

助手应道：以为你回竖立“托若树”的地方了。

到现在为止，你们知道我的存在吗?!

助手回答：现在知道了，知道了。

我本来对孩子们、子孙们有话说来着。

斯琴掛说，说说你要说的话吧，说吧。

给我的孙子、重孙有话说来着。

铁林说，把你的神鼓都拿出来了。助手为其换神鼓。

我一代接一代、代代相续而走的，帮助着莫昆家族走的。所以，今天，沃热哈拉的人来这里打开自己的道路。我想与子孙们相聚、团聚，想喝他们奉献的茶水。

一个男子跪着献茶。铁林说，奉茶呢。

沃菊芬萨满神灵继续说：

我一直在这江水中来着。我175岁了，诺敏河里我有座儿，纳文江上我有路，以后，你们要认识着、供奉着走。

斯琴掛已在对面坐下来，击鼓说，知道了。沃菊芬长子重新为其戴上萨满头饰。

发黄了的木头我都能让他们变绿，圣洁的泉水我都能打开它们的泉眼。

助手回应，嗻!

我都能让子孙们闪闪发光、灿烂地行走。子孙们都让我高兴呢。我在想，你们虽然不知道（我的存在），我也不想与你们赌气，孙女着急地收好“萨玛仕克”，我有点生气了。

铁林解释说，不知道呢。

时日虽然短暂，我还是想说三句话来着。

铁林回应，说吧。

子孙后代让我高兴啊！你们竖立“托若树”时我再下来说三五句话吧。知道你们的“额金”了吗？我原来在大坝下面来着。我的子孙后代都将青翠茂盛地行走。说完三五句话，被你们认识了，我想着离开呢。

旁边应道，嗻，嗻。

再相见时我们再说吧。

旁边继续应道，嗻，嗻。

几声急促的鼓声，沃菊芬前后左右摇晃了两下身体，突降而至的神灵离开了。铁林为她擦汗，沃菊芬长子拿开神鼓，孟孝瑞给她拿来一瓶水。沃菊芬喝了一口水才慢慢睁开眼睛，然后，又闭了闭眼睛，又喝了一口水。铁林对沃菊芬说，这河里的“额金”下来说话了。沃小军对沃菊芬说，他以为您要走了，还没来得及说上话，急着下来的，我们还以为您玩呢，还以为您开我婶的玩笑呢。

据说，仪式结尾降临的“翁果日”是当地河水里一条修炼了 175 年的黑鱼精灵。从前，博荣山的上游有水闸大坝，水闸下的水很深，黑鱼精灵降临后借沃菊芬之口说它就是一直生活在那里的。

在这场领神仪式中，射箭、跳坑、踩火、跑圈几个环节至关重要，前三个环节实际上是“雅德恩”打开道路的方式。射三支箭表示开出三条路：一个红道，一个白道，一个黑道。候选人自己知道走哪条路。据说，真正的萨满三条路都能走，红、白、黑三道都能走，死人的事情也能看。这场领神仪式上，候选者是跳过方形坑，据说其实应该是从坑里跳出来。候选者从坑里跳出来，表示“霍卓日·巴日肯”“出来”了，“重生”了，这是“雅德恩”正式领神“出马”的一个重要环节。据说，过去萨满候选者都是从坑里往外跳，一米左右深的坑，能从那么深的坑跳出来，那是彰显祖先神的能力、本事。而候选者跳过三堆篝火的意义在于，祖先神过去被埋在黑土之下，不被后代所认识，现在找到了能够继承他的萨满之路的人了，通过踩踏、迈过篝火，让所有邪气都去掉，把一切污秽都冲走，身体干净了，从此，候选者开始延续祖先神的萨满之路走向正规、绵长。跑圈（严格说应该是沿着 9 棵白桦树往返“8”字形跑），绕着主祭蒙古包前的凉棚跑，实际上是“巴日西”打开道路的方式。“跑”是表示祖先神给本事呢，是代表祖先神在跑，也是祖先神与候选者的身体合而为一的过程。当然，如果条件成熟，进展顺利，跑完的时候候选者就应该能够请神灵降临了。丁氏当然没有成功请神灵降临。在后来的调研采访中得知，她的仪式有一些象征性的意义。原因很多，也比较复杂，主要是候选者的条件所限，虽然为了未来可以接续“雅德恩”的道路和能力，以不充分、不完整的“雅德恩”“出马”的方式领神，但是，祖先神只能传给她“巴日西”的道路，所以，最后又以“巴日西”“出马”的方式跑圈，完成领神环节。

二、2013 年“雅德恩”与“巴日西”的领神仪式实录

2013 年 6 月 14 日，农历五月初七，内蒙古鄂温克族自治旗南屯斯琴掛萨满家的院子里举行领神仪式，候选者是蒙古族李肯哈拉丽娜，斯琴掛萨满的女儿，此次“出马”将为她开出“雅德恩”与“巴日西”两条巫统道路，斯琴掛和沃菊芬共同作为候选者的师傅萨满为其主持领神仪式。

（一）仪式的准备工作

1. 领神仪式前的准备

第一，搭建主祭蒙古包。

候选者的领神仪式定于 2013 年 6 月 14 日，而在 2013 年 6 月 12 日，农历五月初五这天斯琴掛要举行祭祀伊敏河“罗斯”[①] 的仪式，所以，领

① 罗斯（/lʊs/），或罗松（/lʊsʊŋ/），龙神，泛指水系神灵。

神仪式的很多准备工作提前进行。

早在 6 月 11 日，斯琴掛萨满家的院子里就搭建了一个较大的蒙古包，作为候选者供奉祖先神位的主祭场所。领神仪式过程中，蒙古包内将设立祭祀祖先神的主祭供桌，西侧还要摆放斯琴掛萨满的神服、神鼓、神帽、神靴等及供品，东侧将要摆放斯琴掛的弟子们沃菊芬萨满等人的祖先神供桌，摆放徒弟们的神服器具及供品，还有一些休息用的椅子、凳子等。斯琴掛萨满本人领神"出马"时用的两根粗木已经在主祭蒙古包门外东侧一南一北竖立起来，上面已经拉起了牛皮绳。

第二，按照传统，树立神树——托若。

6 月 13 日下午，蒙古包里面主祭供桌上方棚顶已经布置好三条哈达，自上而下分别为蓝色、黄色、白色。准备好的弓箭上系着一条红色哈达挂在蒙古包上方的围栏杆上。

晚饭后，开始布置第二天领神仪式的场地。巴特尔先生介绍说，丽娜将出两条路，"雅德恩"和"巴日西"。出"雅德恩"的道路，如前所述，两根粗木头立在蒙古包门外东侧，一北一南，上面单拉一条牛皮绳"拴那"，"出马"时候选者在皮绳上来回跑，这是代表祖先神打开"雅德恩"的道路。9 棵白桦树还在路上，尚未运到家，那是打开"巴日西"道路用的。

晚上，助手们运来三棵青枝绿叶的白桦树。这就是领神仪式要竖立的"室内托若"两棵白桦树和"室外托若"一棵白桦树，所有这些白桦树都要枝叶繁茂，嫩绿新鲜，连根拔起，让其保持生命的活力，所以，不能太早采伐。巴特尔代表斯琴掛萨满先在每棵白桦树的主干上方系一条蓝色哈达，然后，徒弟们、亲友们开始在树上绑红、粉、蓝、绿、白等彩色绸布条，叫作"哈迪格"。系好后，两棵白桦树从蒙古包的顶端伸进里面，立在蒙古包的中央，这是"室内托若树"，叫作"格日依·托若"；另外一棵立于蒙古包外正南方距"室内托若树"大约 9 米远处的是"室外托若树"，叫作"博迪·托若"。

与此同时，助手们用 8 根彩色细线搓成一根线绳，每根线绳大约 9 米长，要做绿、红、黄、白四种颜色。这些彩色线绳与牛皮绳“拴那”一起连接“室内托若树”和“室外托若树”。

大约晚上七点，娜仁格日勒带来了电脑制作的代表“天神”的日月图案粘贴纸板。

2. 领神仪式当日，郊外祭拜“山登”，仪式场地继续完成各项准备工作

第一，布置主祭蒙古包。

首先，摆放祖先神神位供桌，安放祖先神画像，摆放供品。

在斯琴挂萨满一行前往祭祀“山登”的时候，她的家人和徒弟布置主祭蒙古包。摆放斯琴挂“祖先神”供桌，摆放沃菊芬“祖先神”供桌。供桌上摆放了点心、水果、白酒、红酒、牛奶、奶茶等供品，还有线香、黄油灯等。

在达斡尔族萨满文化的核心信仰观念中，“祖先神”居于非常重要的地位。正如大间知笃三所描述，达斡尔族神系中的最高神是“腾格日”，但在他们信仰生活中起着现实的最强有力作用的是斡卓尔。莫昆信仰的中心对象是斡卓尔，还有依据该斡卓尔的意志，为满足本莫昆宗教性的要求而被派遣到人间的人是莫昆·萨满。所以莫昆·萨满的信仰的中心对象也是斡卓尔。①

其次，布置“室内托若树”。

搭天梯“特日肯”。用蓝色哈达把三根短木横绑在“室内托若树”两棵白桦树之间居中靠下位置，象征天梯，上面搭了几条蓝色哈达。

安放“奴吉日·巴日肯”。用布和棉花做成的黑、白蛇偶绑在“室内托若树”根部。黑蛇在左，西边；白蛇在右，东边。

悬挂斯琴挂萨满的面具“阿巴嘎拉岱”。把“阿巴嘎拉岱”挂在“室内托若树”左侧上方，即西侧树干上。

摆放“室内托若树”下的供桌和供品。“室内托若树”下的供桌上摆

① ［日］大间知笃三：《达斡尔巫考——以海拉尔群体为例》，载辻雄二、色音编译：《北方民族与萨满文化——中国东北民族的人类学调查》，中央民族大学出版社 1995 年版，第 58 页。

放一碗"拉里"、自制的油炸白面果子、各种水果、奶酪、奶豆腐等奶制品、鲜牛奶等供品。

第二,布置室外场地。

首先,拉四色彩线。在"室内托若树"和"室外托若树"之间拉起绿、红、黄、白四色线绳。绿色线代表将要充满生机与活力地走下去,红色线代表正在筹办喜庆的事情,黄色线代表供祭祈祷迎请神灵进来,白色线代表要让道路变得像牛奶一样洁白,走牛奶一样洁白的萨满之路。

其次,搭凉棚,铺地毯。为两位萨满师傅请神降临做好准备。

再次,竖立九棵柳树。昨晚运来的是柳树,并非白桦树,据说,砍伐树木受到越来越大的限制,所以,"多姆"① 的意思,用柳树代替白桦树,为候选者走"巴日西"道路做好准备。在最南端第九棵树上,师傅萨满系一条蓝色哈达,树上还挂着一只铜铃。

最后,供奉天神"腾格日"。领神仪式必须供祭"腾格日",叫作"腾格日·塔克贝"②,"腾格日"没有画像,领神仪式时悬挂日月图案于"室外托若树"上高处,以太阳和月亮的形象代表天神。

第三,另一路帮手同时在外面准备供品牺牲白色绵羊。

此次仪式准备了六只白色绵羊作为供品牺牲。羊肉微微煮熟冒着热气摆放到主祭蒙古包内祖先神位面前,仪式才能正式开始。全羊各部位煮好后一定要首先奉献给"天神",然后给自家的"祖先神"和追随"祖先神"的家族其他守护神灵。

在此次领神仪式上,为了节省时间,直接在外面宰杀了供品牺牲,煮肉,拿回来直接供奉,而省去了现场献牲白色绵羊的洁净及祷告环节。

3. 祭拜"山登"

6月14日早上5点多,斯琴掛萨满一行十余人乘车前往太爷爷

① 多姆(/dʊm/),或多姆勒(/dʊməl/),文中有多种含义,有时指某种超自然能力,有时指正骨、按摩的治病本领,有时指驱邪的象征物,有时指害人的小巫术,等等。

② 腾格日·塔克贝(/təŋgər takəbe/),供祭天神。

“拉·萨满”的“山登”祭拜。每逢重大仪式活动，斯琴掛都要前往上代萨满太爷爷“拉·萨满”的“山登”祭拜。这是达斡尔族的萨满传统礼仪。

第一，祭拜“罗斯依·敖包”。

2012年夏天，斯琴掛在太爷爷的“山登”东南方大约300米的地方修建了夫家蒙古族李肯哈拉的“罗斯依·敖包”。这次前往祭拜“山登”同时祭拜一下“罗斯依·敖包”，所以，一行人按照路途远近首先到达“罗斯依·敖包”，斯琴掛的儿子、女婿、外甥和亲密助手们留在这里，换下敖包上方原来的柳树捆，在新柳树枝上绑系各色绸布条，重新在敖包顶端中间插放新的柳树捆，然后摆放供品。同时，斯琴掛与丈夫、弟弟、侄子等前往“山登”祭拜。

到达“山登”时，斯琴掛要求所有外人不能到“山登”的西边，即“山登”左侧。据说，这是对“山登”的尊敬和祭拜“山登”的禁忌要求和礼仪规范。

第二，敬献哈达，点燃熏香，奉献供品。

首先，斯琴掛和巴特尔把带去的几条新的蓝色哈达放在“山登”之上，并用一两块小石头压住哈达以免飞起。然后，在“山登”前面摆放供品：白酒、奶茶、水果、点心、奶制品、酸奶、“拉里”。接着，点燃熏香烟灰桶，沿着“山登”的西边开始自西向北、向东、向南转圈熏。斯琴掛萨满和巴特尔先生站在“山登”的西边面向南方撒三下白酒，又转向“山登”撒三下，然后以同样方式敬洒牛奶、奶茶和方糖。斯琴掛和巴特尔向“山登”跪拜磕三个头。然后，斯琴掛的弟弟和侄子摆放供品，站在“山登”西面面向南方撒牛奶，也跪拜磕三个头。

第三，请安、祷告。

斯琴掛双手托举哈达向“山登”请安，然后，把哈达放回“山登”，接着，退后一步站立，手执神鼓，再向“山登”请安，转身面向南方，开始击鼓祈祷唱诵，后转向西面、北面、东面、南面，还是顺时针旋转，最后，再慢慢转向“山登”跪下，击鼓，唱祷，大意为：

> 您坐在了女婿家里，给予关照吧，给告诉吧，给指点吧，给我们修路了，把我带出来了，给予我帮助了，我给您立了敖包，您的子孙

来给您磕头呢……

巴特尔、斯琴掛的弟弟和子侄也纷纷向“山登”请安，奉献哈达，敬洒牛奶，跪拜磕头。

唱祷完毕，斯琴掛起身，再向“山登”敬洒奶茶、白酒。巴特尔敬洒白酒，弟弟敬洒白酒。

第四，带供品回家。

祭拜完“山登”，弟弟和侄子带上一些供品。拿回供品分给家人吃，传统观念认为可以保佑健康，带来吉祥。斯琴掛一行往“罗松 · 敖包”走去。这时，新的柳树捆已经换好。斯琴掛摆放供品，跪拜磕头，然后，到敖包的南面向天空和四面八方敬洒糖块、敬洒牛奶。先前在这里忙碌的斯琴掛的儿子、女婿、外甥们则到“山登”那里磕头去了。

应有的程序进行完毕，斯琴掛一行返回家里。

（二）向“托若 · 巴日肯”磕头祈福

斯琴掛一行回到家中时，准备工作已近尾声。

后院厨房煮羊的时间，主祭蒙古包里开始了向“托若 · 巴日肯”跪拜磕头、献礼祈福仪式，即“巴日肯讷 · 达塔贝”（意为向巴日肯祷告），即“达日卡贝”仪式，向祖先神及其助手神祷告的仪式。

斯琴掛坐在“室内托若树”左侧的两层褥子上，沃菊芬坐在右侧的双层褥子上。斯琴掛萨满的三位徒弟已经穿上民族服装，身前斜挂铜镜和念珠，给“托若 · 巴日肯”磕头以后盘腿坐在斯琴掛和沃菊芬后面。斯琴掛萨满解释说，那些徒弟也是有祖先神跟着的，所以，他们磕完头以后坐在“室内托若树”后面，他们的神灵也接受供奉和叩拜。坐好后，斯琴掛开始击鼓，唱歌，她唱道：

迪古迪古迪古呀，迪古迪古迪古呀，迪古呀迪古呀，迪古迪古迪古呀……

沃菊芬也一直击鼓。这样的仪式环节上，主祭萨满的家人要首先跪拜、磕头。其他的人排着队进来献哈达，献供品——奶制品、牛奶、酒、点心、糖果、钱。来人一般要身穿民族服装，戴帽子的男人、女人要把帽子摘下来放在一边，再向“室内托若树”跪拜、磕头。在仪式的准备阶段，只有斯琴掛萨满和沃菊芬萨满穿着民族服装，其他人都还穿着便装，方便干活，在仪式正式开始后，人们都换上自己的民族服装。据说，本民族人如果不穿民族服装参加仪式活动，降临的萨满神灵会生气。在 2009 年的仪式中，我就见到过斯琴掛萨满“翁果日”降临后斥责来人没穿民族服装，忘了传统，忘了身份。

“达日卡贝”仪式持续进行中，斯琴掛一直唱跪拜磕头者的哈拉、莫昆和属相，将其报告给“托若·巴日肯”。唱词大意为：

> 某某哈拉某某莫昆的属什么的儿子、属什么的媳妇在磕头，在献供，请神灵给前后照看吧。我一直在祈祷，在祈求。请神灵把他们的大坎挪开，小坎化无吧。

（三）主要仪程

1. 斯琴掛萨满神灵附体

领神仪式就要正式开始了。

斯琴掛萨满和沃菊芬萨满在家人和弟子们的帮助下开始穿萨满服。

萨满服穿好后，斯琴掛的家人和助手为其戴上面具“阿巴嘎拉岱”。

斯琴掛手执神鼓和鼓槌面向主祭供桌站立，抬起双脚晃动晃动身体。

沃菊芬抬起双脚浑身晃动，神服上的铜镜、铜铃叮当作响。然后，助手把神鼓和鼓槌递给她。斯琴掛和沃菊芬在徒弟和家人的护送下，走出蒙古包。来到蒙古包外面西侧凉棚下地毯之上，面北站立，斯琴掛在西边，沃菊芬在东边，她们身后分别站着家人、助手和徒弟们。

斯琴掛只是站着唱歌，没有击鼓，唱完以后，开始击鼓。沃菊芬跟着击鼓。斯琴掛鼓声响亮、有力、急促，击打几下神鼓，斯琴掛就开始旋转，向上跳跃。

（1）斯琴掛祖先萨满神首先降临。

她唱着“阿古勒”神歌，巴特尔、娜仁格日勒等家人、助手跟唱。然后，这位祖先神借斯琴掛之口讲述自己的来历和经历：

从阿日提·腾格日①有生命而来的，从安门·敖包有生命而来的，伊敏河水有座位，海拉尔河水有座位。……鄂嫩哈拉上代“霍卓日”，属鼠的，我亲自到来了。

第一，首先找鄂嫩哈拉属牛的孩子，表达自己的心情和愿望。

喝了你献的酒壶中的酒，我想说两句话。

被叫者跪敬献一杯白酒之后磕三个头。祖先神说道：

我被自己的子孙后代相认而来，在这样的好日子里回来了，因为高兴的心情，要说一说，虽然坐在了女婿家里，还是关照着自己哈拉—莫昆的子孙们，因为民族莫昆的好，竖立“阿勒腾·托若”②时我来了，因为孩子们的好，我到了，我来了，孩子们的好，让鄂嫩哈拉的名字闪耀，我高兴地坐着，因为孩子们的好，我高兴地坐在这里。五月初五进来过的人们就不再指点了，因为时日的短暂，告诉后面的人吧。李肯哈拉家的女孩“阿龙贡克·讷乌德讷”③，你们要给予帮助，我在告诉。正月里我们再相见时再告诉吧。

第二，找敖拉哈拉属马的夫妇，要喝他们敬献的装在酒壶里的白酒。

一对中年夫妇跪拜，献酒之后，斯琴掛萨满神灵开始嘱咐：

前来帮忙的敖拉哈拉家的孩子，属猴的男孩，他的属猴的媳妇，在吗？

助手喊被叫的人。

敖拉哈拉某“爱里”的孩子。喝了你献的酒壶中的白酒告诉你们两句话。帮助我们的鄂嫩哈拉的姑娘，我在找满乃的外甥，她迈过的地方你们一直在给予帮助。你们要注意身体。五月初五采摘的艾蒿草做成药，喝三七二十一天，挪开你的病灾，修一修你的道路。

① 阿日提·腾格日（/aːrti təŋgər/），指雷神。

② 阿勒腾·托若（/altəŋ tʊrʊː/），金色托若树，意为神树。

③ 阿龙贡克·讷乌德讷（/alʊŋguŋkə nəːuːdən/），领神“出马”的时候。

巴特尔应答：嗻嗻。

告诉你们属马的姑娘吧。原来一直病着，丢了“萨满·太提”①的名声……不是求了吗。要想以此名义走萨满路。我在你前后转着呢。进入马年的时候，冬天的三月你有一些病，喝一些“泰日米特·切”，秋季的八月初七，不要出门去往北方。告诉你们属鼠的儿子吧，八月十一不要出门去南面，敖拉哈拉要是有了“温杜斯②，你们要是有了孙子，给他起名字叫“斯日特·恩奴日”③，要是有了孙子跟随敖拉哈拉的姓氏的话，你们会越来越好，我在告诉。

第三，找敖拉哈拉登特科莫昆的徒弟及其家人嘱咐。

敖拉哈拉登特科爱里（/aʊla xal deŋteke æli/）属猴的姑娘，属虎的儿子，属龙的姑娘，属虎的男孩，属猴的媳妇，属猪的孩子。

被叫弟子赶紧过来跪下磕头，然后唤来家人。

我试着让你的“翁果日·库钦”进来，我试着修你的路，属猴的姑娘，不听“登特科·太提”④的话，不干活⑤，七月十九不要出门，七月十八再次打开道路，让“巴日肯”坐下来。你的“霍卓日”到时候能不告诉吗？……十月十三要注意。属猪的男孩，某属相的孩子喝了你的牛奶告诉你几句话吧。要注意身体，六月有病坎呢。把某草晒干了煮水泡脚，听懂了吗？我在告诉。

第四，找莫日登哈拉某人嘱咐。

在吗？你要注意身体，你的血稠呢，胸口疼。看看医生吃点官家的药，结冰的时候你有一点病坎，到时你要注意。属鼠的男孩，求求你们的“霍卓日·巴日肯”，修修你们的道路，你们的“巴日肯·霍

---

① 萨满·太提（/saman tajti/），萨满奶奶指女性、萨满先祖神灵。

② 温杜斯（/undu:s/），莫昆家族的男子。

③ 斯日特·恩奴日（/sərət ənnur/），人名。

④ 登特科·太提（/deŋteke tajti/），指登特科浅的先祖萨满神灵。

⑤ 不干活，指不好好走萨满路。即不好好为莫昆族众服务、看病、治病等。

卓日”生气，有病灾，我在告诉，一会儿“阿日善”的时候进到里边走走，挪开病坎。

第五，找郭博勒哈拉属牛的人嘱咐。

来了吗？我在问。你要注意身体，结冰时节你有病坎，你总是身体没劲，胸口疼痛，你要注意，挪开大小坎儿。要给“巴日肯”磕头地行走。原来的原来……黄油灯年底再点吧，试试接续吧。

第六，找涂格敦哈拉[①]属鸡的人嘱咐。

一个男子上前跪拜磕头。

你要放宽心情，不断进步，不断上升，秋天九月二十二你要注意，你有病灾，喝酒时要注意点，要给你家“敖雷·巴日肯”供奉着行走。注意自己的身体，给“巴日肯·霍卓日”磕头。领着自己“霍卓日”道路走的时候，领出路来。你的属虎的媳妇，注意身体，给“霍卓日·巴日西·太提”[②]供奉。好好修修你的道路，七月你有病坎，要躲着酒席走，有水的吃食要注意，要记住，要注意着走，本命年你有病坎。我在告诉你。八月初三坐车走的时候，属蛇、属猪、属羊和属鼠的人一起，不要去北面。你的属虎的媳妇，八月初四起7天不要去北面，我在告诉。

第七，找鄂嫩哈拉属蛇的重孙，要求其敬献牛奶。

属蛇的男孩，你要注意走啊。八月十三、十五两天不要乘车出门，结冰时节要注意，你叫醒着敖包在走，我会给你积攒“阔托日·博音”，九月你有点坎儿，我会给你挪开。过年的月份里，回馈你的财富“阔托日·博音”，你的牲畜群将繁盛，让你的畜群满圈，粮食满仓。你们要供奉“霍卓日·巴日肯”，要帮助着“霍卓日·雅德恩”行走。

第八，找尚未领神“出马”的萨满徒弟。

---

① 涂格敦哈拉，鄂温克族姓氏之一。

② 霍卓日·巴日西·太提（/xʊʤʊr barʃ tajti/），莫昆巴日西祖母，指莫昆女性巴日西先祖神灵。

被叫到的人和女儿赶紧过来跪拜。

五月初五，祭祀“安门·敖包”的时候，试请了你的“翁果日”，那一年你该“出马”的，你自己没成，苦难之上还有苦难，不要哭泣，否则还会难上加难，八月十三、八月十五不要出门，我在告诉，你要注意着点。我要出去了，散去了。布里亚特“霍卓日·额头乌·太提”①要下来呢，等着我呢。

斯琴掛站起来，快速击鼓，稍作转圈状，助手们扶持，挪开凳子，然后，重新坐下，拿牛奶再蘸她的左右小指。助手拿来她的双马头杖，斯琴掛开始唱布里亚特曲调的神歌。巴特尔、娜仁格日勒跟唱。

(2) 斯琴掛萨满神灵布里亚特“霍卓日·额头乌·太提”降临。

她叫了几位布里亚特人一一告知事情。语言不通，详细内容在此从略。后来采访了解到基本上是请被叫者注意身体，注意出行安全，挪开坎坷，给予一些忠告和建议。之后，斯琴掛“翁果日”离开。

2. 沃菊芬神灵附体，沃菊芬祖先神降临

斯琴掛神灵刚刚离开，沃菊芬就跳起来向上蹦几下，然后，倒地左右翻滚。助手们及时上前扶起她坐在凳子上。沃菊芬开始击鼓唱歌：

迪古迪古迪古呀，迪古迪古迪古呀，迪古呀迪古呀，迪古迪古迪古呀。阿日提·腾格日·阿米提贝②，谢仁·腾格尔·谢金提贝，库克·腾格日·贵勒斯提贝，敖拉哈德·扫德勒提贝（高山悬崖里我有座位）。我跟着诺敏河水下来的，我在“博荣·敖包”③有地方，我在“雅德恩·敖包”有座位。一代又一代接续而来的，沃热哈拉博荣凯亚“贵·雅德恩”我的身体下来了。李肯哈拉的人办“乌日翁·白特”④的时候我来了。

---

① 霍卓日·额头乌·太提（/xʊdʒʊr ətəu tajti /），莫昆老太太，莫昆祖母，指莫昆女性先祖神灵。

② 阿日提·腾格日·阿米提贝（/arti: təŋgər amitibe/），雷电天空赋予我生命。

③ 博荣·敖包（/bo:roŋ ɔbɔ:/），在莫力达瓦达斡尔族自治旗西博荣村山上。

④ 乌日翁·白特（/urwəŋ bajt/），好事，喜事。

首先，找候选者说话。

李肯哈拉属兔的孩子，我要喝你献的白色牛奶。（候选者跪献牛奶。）我们扶起万千个“霍卓日”走的，和鄂嫩哈拉的“霍卓日·雅德恩”一起，不是自己民族的，我们也帮助他们出来了。今天，因为你帮助了“巴特恩·达斡尔”人了，坐在女儿家里了。今天，我们高兴！为了给你的“霍卓日”立起来，把你的“霍卓日·雅德恩”出来，我们下来了。你跟着走了千个地方，万个地方，你给予帮助，你照看着四个方向、八个角度，你跟着走的，你跟着我们达斡尔人，跟着几个“霍卓日·萨满”① 走的，你帮我们修路来着，你帮我修整着“巴日肯”的东西，你帮着洗我的碗碟。今天，进到你的家里了，我因为看重你，我无论如何会帮着你的子孙们走（下去）。今天，你要走出自己的路，我要让你像鲜花一样灿烂！像绿树一样长青！你要对你的民族同胞有所帮助地走（萨满道路），要约束着你的“莫昆·库热”行走，要帮助那些有难处的人们，你帮过万千个人，（这）对你的子孙后代好。即使如此，你要注意自己的身体，七月十四你要注意你的身体，到时候喝点药，你的胆不太好不是吗，你的头不是老疼吗，你心里不是老堵得慌吗。虽然如此，你出了“霍卓日·雅德恩”，你的病痛都会减轻吧，你心里的郁闷会减轻吧。

其次，找候选者的兄长说话。

我要找属猪的孙子重孙，喝你献的白色牛奶。（候选者的兄长敬献牛奶。）岁月流转，长时间之后才出来的也好，你跟着“霍卓日·雅德恩”走过万千个地方呢，你是真心跟着走呢，你好好地领着沃热哈拉、鄂嫩哈拉的人行走呢，你想着我们没有想到的地方，你告诉着事情跟着走。你让我高兴啊！现在，我的属兔的孙子要“出马”的时候，虽然，她改换了屋门、大门，你要和妹妹肩并着肩，给她出主意，想办法，你要帮着她走。你要前后跟着照看着她走。你不是身体有些疾

① 霍卓日·萨满（/xʊʤʊr saman/），即霍卓日·雅德恩（/xʊʤʊr jad’ən/），莫昆·萨满。

病吗？进入八月的时候，你不要参加酒席，喝点官家的药。虽然不是自己的民族，扶起这么多“霍卓日”的时候你都跟着了，（他们）都会帮助你，以后，你的道路会越来越好，你像松树一样长青！像鲜花一样鲜艳！你的道路会更好吧！今年，明年，你要对别人说说好话，那么，你的道路会上升吧。

第三，找候选者的丈夫说话。

李肯哈拉，我有属虎的孙女婿，我想喝你献的有颜色的酒。（候选者的丈夫敬献红酒。）今天，按道理应该进到你的家门，应该到河边，到树木丛生的地方“出马”。不过，我们一样也不挑剔。鄂嫩哈拉、沃热哈拉的“霍卓日·雅德恩”会像自己的女儿一样好好做，好好把她的道路开出来，让她坐下来。你以后要前后跟着她、照看着她、跟着她行走（这条路），将来你一定不要小看我们的女儿，生病时照顾她，将来你一定不要说坏话，一定要帮助她，和我的属猪的孙子商量着互相帮助，好好带领着我的属兔的孙女。

最后，再次找候选者表达心情和嘱咐。

我有属兔的孙女，我要喝你的白色的牛奶。不要因为在娘家“出马”，没有在自己的家门“出马”而委屈，这么多年你一直打扫“巴日肯·格日依”①，真心伺候“巴日肯”，任何时候都会帮助你的道路，鄂嫩哈拉、沃热哈拉的“霍卓日·雅德恩”任何时候都会像自己的亲生女儿一样从旁照看着你、帮助着你的。你踩过的地方给你弄干净，你跨过的地方给你缝合好。时日变短的时候，到了你该跳火的时候了，到了你该跑的时候了。因此，有要问的人，我们以后再说吧。我们先办重要的事情吧。你要好好帮助着自己民族的人们。你要好好收拢着自己的神灵行走。李肯哈拉属羊的姑娘要给人看病，说她有“巴日肯”，以汉人的方式行走（萨满之路），那不是没有按照规矩“出马”

① 巴日肯·格日依（/barkən gəri/），直译“巴日肯屋”，是萨满摆放神龛、神灵画像、偶像及神服、法器的专门的房间。

吗？“布图”的方式行走呢。所以，你跟从“霍卓日”“出马”呢。你要好好帮助着民族同胞，好好约束着自己的莫昆家族，“巴日肯”你要好好扶起来走，“霍卓日·巴日肯”都会帮助你。达斡尔族的事情，你像自己的民族一样帮着行走，你的道路会好吧，一代接一代我们会跟着你们迈进，我们会照看着你。所以，我们先办咱们的“乌日翁·白特”吧。有想问的人以后试着问吧。时间还早的话，我们再下来说话。到了我们要散去的时候了。

说完，沃菊芬一阵轻轻快速击鼓，同时向上弹跳几下。旁边，斯琴掛开始快速有力击鼓，并转圈，先顺时针转，再逆时针转。然后，向上弹跳。巴特尔紧紧扶持着她。

3. 斯琴掛萨满神灵候选者家族祖先神降临

斯琴掛神灵唱了几句，然后要她的双马头杖，助手双手奉上，她双手握持马头杖在地上剧烈晃动，“唔，唔”叫了两声，然后拉长声音哭着唱：到了海拉尔地方……据说是候选者家族的祖先神，使用双马头杖。斯琴掛神灵大声哭诉，异常激动，哭诉自己的艰难经历。神灵这样激动地倾诉的时候，巴特尔也哭了，这是他的家族祖先神，因此有特别感应。斯琴掛神灵倾诉很久，叫了很多人为他们指点迷津。此时斯琴掛说着蒙古语，据说也都是警示、劝告和嘱咐。被叫者献酒，然后跪拜磕头。斯琴掛开始唱。候选者及家人还在跪着。唱了一会，又改为说，然后又开始唱。被叫者站起身离开站到后面。斯琴掛还在唱。唱了一会儿。然后，站起身双手把双马头杖抓握在一起，弯腰转圈，顺时针转，逆时针转。最后，斜向上高举双马头杖，举几次，停下来，候选者家族祖先神离开了，斯琴掛清醒过来。

4. 候选者完成射箭、踩火、跳牛皮绳、跑圈等规定动作，打开雅德恩之路和巴日西之路

铁林拿一块蓝色头巾在室外的火盆上熏了熏拿进蒙古包，这是候选者的专用头巾，她准备射箭时头戴那个头巾走出了主祭蒙古包。

“射箭”，达斡尔语叫作“诺姆·索姆·哈日莫贝”①，“索姆·卡日库贝”。射箭的意义在于“特日乌勒·讷扎贝”②，意为“打开道路呢”。

斯琴掛萨满说，对于达斡尔“雅德恩”，1、3、5、7、9、13是吉利数字。“雅德恩”“出马”之前总是做梦的，按照梦中指点的数字办事。

候选者站在主祭蒙古包门内，手持弓箭，准备射箭，大家从旁示范，箭支并不容易射出，但是她还是将3只箭一一射向南面远方。沃菊芬一直站在蒙古包门前击鼓助威。

接着是“踩踏跨越篝火”，达斡尔语叫作“嘎里·卡日耶贝”③，目的是洁净全身，以便“翁果日”进入。达斡尔萨满观念认为，火能使人的身体变得干净。射箭仪式之前，蒙古包前就已经点燃了3个炭火盆，象征着3堆篝火，射箭仪式完成后，助手将3盆烟火倒扣在地上。沃菊芬边击鼓边跑出蒙古包，亲自带领候选者踩火、迈过每堆篝火再回踩一下篝火，然后前进，候选者跟着做同样的动作；迈过3堆篝火，沃菊芬带领准萨满折返往回蹦跳着再踩踏、跨越3堆篝火回到蒙古包前，这样她们在篝火上跑了一个来回。

因为候选者要走两条巫统道路，所以，有两条开出道路的方式，首先是开萨满道路，“跳牛皮绳”，达斡尔语叫作“吉勒·塔特贝”④，蒙古语叫作“索隆·塔特贝”。“吉勒”⑤是用一头牛的整张牛皮做成的大约两指宽的无接缝牛皮绳子，也叫作“拴那”。“跳牛皮绳”也是“打开道路”的意思，表示“现在出来（马）呢”、“打开门了”，请“翁果日”进来呢。候选人

① 索姆·哈日莫贝（/sʊm xarmbe/）或诺姆·索姆·哈日莫贝（/nʊm sʊm xarmbe/），射箭，象征打开道路。萨满领神仪式的规定动作。

② 特日乌勒·讷扎贝（/tər'ul nə:ʤabe/），打开道路呢。

③ 嘎里·卡日耶贝（/gali karæbe/），直译“跳火”，跳过三堆篝火，萨满领神仪式的规定动作。

④ 吉勒·塔特贝（/ʤil tatbe/，达斡尔语）或索隆·塔特贝（/sʊ:lʊŋ tatbe/，蒙古语），跳牛皮绳，即在牛皮绳上骑行跑，萨满领神仪式的规定动作。

⑤ 吉勒（/ʤil/），牛皮绳，用一头牛的整张牛皮做成的大约两指宽的无接缝牛皮绳子，也叫作“拴那”（/ʃʊanna/）。

在牛皮绳上来回走象征着“翁果日”自上而下从“吉勒”上面下来，这是引领“雅德恩”的“翁果日”进来。连接“室内托若树”和“室外托若树”的牛皮绳“吉勒”或“拴那”上靠近蒙古包一侧已经绑好一副可移动的牛皮绳做的类似马镫的装置，还有一副牛皮绳手环，候选者抓着手环，脚踩马镫，大家扶着她从北往南滑行，到达“室外托若树”前下来，再上去抓住手环、踩着马镫从南往北滑行到蒙古包前，这样象征性“骑行”了一个来回，准萨满边走边双脚划动、双手摇动，类似骑马的动作，沃菊芬和斯琴掛都站在蒙古包门口击鼓引领、助威。斯琴掛后来解释说，因为要在它的下面跑，所以，牛皮绳“吉勒”的位置应该很高。斯琴掛说她当时“出马”的时候都是四五米高的，这次“出马”仪式在家中的院子里举行，空间不够，埋神杆的地方也没有。所以，是“多姆”的意思，应该是在河边做仪式。

其次是开“巴日西”的道路。仍然是沃菊芬萨满领着候选者“贵贝”①，据说是代表着“翁果日”跑，沿着先前立好的 9 棵柳树按照“8”字形路线跑，共跑 3 圈。这种绕树跑“8”字形是领着走“巴日西”道路的“翁果日”跑，意思是请“翁果日”们进来。斯琴掛萨满说，落下哪一个神灵，候选者的力量都将受到影响。因此，要用力跑，按照祖先神的托梦完成规定动作。在候选者绕着 9 棵树跑的时候，一个助手端着大红木碗用小勺子沿着 9 棵柳树一勺一勺、一棵树一棵树敬洒牛奶，据说，这是尊敬“翁果日”并表示迎请。

5.“霍日耶！霍日耶！”仪式，为莫昆和族众祈福

斯琴掛的家人、助手们从蒙古包里拿出一些牛奶、酸奶、点心、水果等食物分发给大家。斯琴掛一手拿着神鼓和鼓槌，一手拿着一大把哈达出来，大家一下子拥上来，伸手去取哈达。拿到食物和哈达的人们开始走到斯琴掛跟前，请斯琴掛和沃菊芬用神鼓触碰食物和哈达。由于空间有限，

① 贵贝（/gujbe/），直译“跑”，指沿着 9 棵白桦树“8”字形往返跑 9 圈，巴日西领神仪式的规定动作。

人们一时有些混乱。

然后，斯琴掛和沃菊芬走向蒙古包西侧的凉棚下，人们也都跟了过去，整齐地站在两位萨满身后。斯琴掛和沃菊芬并排面朝北面站在凉棚下，她们共同击鼓，斯琴掛唱。斯琴掛自己唱几句，然后带大家一起喊“霍日耶！霍日耶！”大家就手捧食物顺时针方向画着圆圈，跟着喊“霍日耶！霍日耶！”如此重复数次。候选者兄长抱着装“达勒”（羊背骨）的木桶站在斯琴掛身后祈福。

6.“阿日善勒贝”①，为莫昆和族众洁净、祛病除灾

蒙古包外西侧已经架好一口大铁锅，装满了清水，里面加入1枚小铜镜、9块鹅卵石、牛奶、白酒、黄油、“刚嘎·欧斯”②等9样东西，然后把这混合水烧开。这就是圣水“阿日善”。

沃菊芬萨满和斯琴掛萨满一左一右分立铁锅两侧，每人手里拿着一把全新的锅刷子。人们开始排队，脱下民族服装，男人们更是脱掉上身的衣服，光着膀子。“阿日善”圣水烧开了，斯琴掛和沃菊芬首先用刷子蘸一下水，往自己的额头、左肩、右肩、前胸拍打，这样连续蘸水、拍打三次。然后，她们两人开始给排好队的人们掸水，也是头部、两肩、前胸、后背，还有双手掌心。据说，经过“阿日善”圣水的洗涤可以洁身祛病。

（四）送神，领神仪式结束

洁净仪式后，斯琴掛、沃菊芬分别用神鼓在身前上下晃动，这是收拢、送神动作。然后，她们回到蒙古包，脱下萨满服，换上达斡尔民族服装，领神仪式到此结束。

仪式结束之后，候选者的兄长在宾馆饭店举行了答谢午宴，对师傅萨满、对莫昆族众、对帮手们、对参加仪式的人们表示衷心感谢和祝福。午

① 阿日善勒贝（/arʃanləbe/），洗“阿日善”圣水。

② 刚嘎·欧斯（/gaŋga: əus/），“刚嘎”草，当地人称“百里香”。

宴和联欢同时进行，大家唱歌跳舞，尽欢而散。

三、2014年“雅德恩”与“巴日西”的领神仪式实录

2014年7月12日，农历六月十六，在鄂温克族自治旗南屯镇南伊敏河畔举行了一场领神仪式，候选者是鄂嫩哈拉坤金莫昆的一位年轻女子，名字叫作鄂嫩朵拉（山丹），她领父亲莫昆家族的祖先神“出马”。她的母亲是郭博勒哈拉厄尔根浅。这位候选者走“雅德恩”和“巴日西”两条巫统道路。

斯琴掛萨满和沃菊芬萨满共同作为师傅萨满为候选者举行领神仪式。沃菊芬说，要“出马”的人已经专程从海拉尔到莫旗给她家的“霍卓日·巴日肯”磕头了，邀请沃菊芬及其祖先神灵帮助她“出马”。这场领神仪式的仪程、内容和形式与丽娜的领神仪式比较相似，但又有其独特的地方，增加了候选者的洁净仪式、放飞鸽子及其他已经“出马”的巫统人员的洁净与练习请神环节。候选者的家人基本上都参加了仪式，有她的父亲、母亲、姐姐、哥哥、嫂子、侄女等人。比较而言，她的母亲在整个仪式过程中起着更为积极和主导的作用。仪式主要参与者还有来自莫力达瓦达斡尔族自治旗的沃菊芬萨满及其长子、三子、孟玉金、敖玉英、铁林等；还有来自鄂温克族自治旗南屯的斯琴掛萨满及其丈夫巴特尔、娜仁格日勒、斯布乐玛、斯琴、米西叶代等。这些家人、徒弟们也都是仪式过程中斯琴掛萨满和沃菊芬萨满的得力助手。

候选者鄂嫩朵拉在举行领神仪式的时候也并没有准备萨满服，而是做了一个黑色斗篷和萨满头饰在领神仪式过程中穿戴。领神仪式中斯琴掛萨满在献牲祷告中唱祷神歌中说要叫醒候选者的“霍卓日”，为候选者打开“巴格其”和“巴日西”的道路。实际上，鄂嫩朵拉的领神仪式是完全按照“雅德恩”“出马”的方式进行的。

据鄂嫩朵拉说，她在领神“出马”前大约半年就已经制作了神鼓。的确，我之后考察的斯琴掛、沃菊芬的萨满仪式活动中，鄂嫩朵拉都是持鼓

跟着师傅斯琴掛，跟着一起击鼓。2017年鄂嫩朵拉做了“萨玛仕克”，斯琴掛萨满于农历九月初九为她的神服举行了“开光”仪式。

经过十余年跟踪考察多种不同类型达斡尔族萨满仪式、翻译整理仪式萨满神歌和后期追踪访谈求证，我了解到，“萨玛仕克”并不是每一个“雅德恩”都可以拥有，首先，“霍卓日·雅德恩”才能拥有“萨玛仕克”，“博迪·雅德恩”不能拥有；其次，上代有萨满服的可以做，但是不一定都可以穿，如果接续的是“雅德恩·霍卓日”走“雅德恩”道路继任者才能穿萨满服，否则，如果接续其他的巫统道路如萨满“翁果日”所言“走小的道路”就不能穿。比如，前文记述的丁氏领祖先神接上代“霍卓日·雅德恩”的巫统道路，但是她走的是“巴日西”的道路，而不是“雅德恩”的道路，虽然降临于斯琴掛萨满的丁氏祖先神表示为了接续莫昆家族的萨满道路可以做萨满服，但丁氏不能穿。实际上，她也没有做萨满服。

（一）仪式的准备

1. 布置仪式场地

2014年7月11日下午，巴特尔带领并指导候选者的家人在伊敏河畔的草地上立起主祭蒙古包，立起“室内托若树”、“室外托若树”，立起9棵白桦树。

2014年7月12日早上6点，候选者鄂嫩朵拉的哥哥嫂子就开车来接斯琴掛萨满和她的助手们。神服箱子装上车后，斯琴掛身穿达斡尔民族服装，手执一只神鼓，从房里走出，经过院子，上了鄂嫩朵拉哥哥的车，直奔仪式场地。我乘坐斯琴掛萨满的车一路同行。

大约7点，斯琴掛、巴特尔和徒弟们一行到达仪式场地。斯琴掛主要指导鄂嫩朵拉的家人布置主祭蒙古包内的供桌和供品摆放，巴特尔主要负责室外场地的布置。

主祭蒙古包门口东侧向南一字排开的9棵白桦树已经竖立，每棵白桦树的枝杈上都系着几个红、黄、蓝、绿等彩色绸布条。门口西侧一北一南大约与9棵白桦树的最南最北对应地方也已经竖立了两棵白桦树，南面的树就是“室外托若树”。巴特尔带领鄂嫩朵拉的家人和帮手在“室内托若树”和“室外托若树”之间拉起四色线和牛皮绳，然后，两个年轻男子在“室外托若树”上方悬挂代表天神的日、月神像和“托若勒 · 巴日肯”画像。

“室外托若树”下，已经摆放了两张桌子，一张桌子上放着四束大绢花，还有一盘点心，几只杯子和一只小熏香炉。

2. 献牲

主祭蒙古包内，斯琴掛、沃菊芬身穿民族服装，头戴萨满头饰，分站主祭供桌左右两侧，面向候选者祖先神位共同击鼓，斯琴掛唱祷。唱几句，开始面向东方，击鼓唱歌。唱几句，转身朝南站立，接着击鼓唱歌；然后，转身向西站立，击鼓唱歌；最后，转向北面，主祭供桌方向，继续击鼓唱歌。斯琴掛按照顺时针方向东、南、西、北转圈击鼓唱歌。此时，候选者一直站在“室内托若树”的南侧，面向主祭供桌和“室内托若树”。

候选者的哥哥和帮手先后牵来两头羊站在主祭蒙古包门口。巴特尔用熏香熏羊，然后用牛奶和黄油抹羊的头和四蹄。斯琴掛唱完歌，抓起一把大米扬撒到两只羊身上，同时，还说，另外的姓氏不可以。意思是给谁的羊就是给谁的，不能混淆。

斯琴掛边击鼓边侧头看着门口，说：

> （把黄油）抹在额头上，还有四蹄。行了。米西叶代看着点！羊不能混淆！ 1 号的是“霍卓日”的，1 号、2 号做区分啊。

两只羊被牵走了。又牵来第三只羊。斯琴掛再次面向主祭供桌击鼓唱歌：

> 迪古迪古迪古呀，迪古迪古迪古呀……” 今天是个好日子啊，你的孙女，郭博勒哈拉的亲眷，“雅德恩”、“巴日西 · 爷爷” ①，三个“霍卓日”，献给您白色的绵羊，“阿日善勒吉” ②…… “霍卓日 · 巴日西” ③……属虎的……嘛，三只羊。

① 巴日西 · 爷爷（/barʃ jeje/），巴日西爷爷，指男性巴日西先祖神灵。

② 阿日善勒吉（/arʃanledʒi/），即“阿日善勒贝”，洗“阿日善”圣水。

③ 霍卓日 · 巴日西（/xʊdʒʊr barʃ/），莫昆巴日西。

然后，第三只羊被牵走了。

3. 祭天神

斯琴掛和沃菊芬在徒弟们和家人、助手们的陪同下，走出主祭蒙古包来到“室外托若树”下供祭天神的供桌南面，面向东方，开始击鼓唱歌。弟子斯琴（玲玲）开始敬洒牛奶。候选者已经换上达斡尔民族服装，站到斯琴掛及其徒弟们身旁。巴特尔开始沿着伊敏河边敬洒牛奶。斯琴掛唱了几句之后转向南面继续击鼓唱歌，然后，转向西面，再转向北面。娜仁格日勒、斯布乐玛、斯琴、鄂嫩朵拉等一直跟着转变方向，始终站在斯琴掛的身后。斯琴掛在击鼓唱歌的时候依然是顺时针转圈，东、南、西、北。

候选者的哥哥和帮手此时又牵来一只羊，这是第四只羊，是献给天神“腾格日”的，他们牵着羊站在“室外托若树”下南侧，使羊头朝向“室外托若树”。

候选者也向伊敏河方向敬洒牛奶，敬完牛奶，她重回斯琴掛身后站立。

斯琴掛唱道：

属鼠的孩子，出“巴格其”、“巴日西”的道路的时候，我在“达塔基”（祈祷，祷告），奉献白色的绵羊，我在看着绿色天空，我在看着“敖包”的亲眷。……然后，开始变调，“迪古迪古迪古呀，迪古迪古迪古呀……”

徒弟们跟唱。徒弟娜仁格日勒再次开始面向河边敬洒牛奶。

斯琴掛接着唱道：

白色的绵羊，我不断地向天神祈祷……“阿日善”（此处指洁净）呢，我一直在祷告，好日子里……

唱完，斯琴掛走过去，从助手捧着的米碗里抓了三把大米，一一撒向献牲的绵羊。然后，斯琴掛说：

实际上，应该面向太阳的方向（转一圈）。……

但是，三个男子好不容易抓着羊，来不及转向太阳的方向，直接牵到西边去宰杀了。

4. 供祭地方神

接着，斯琴掛转向伊敏河水和河边的小供桌击鼓低声唱歌。斯琴、斯布乐玛、敖智伟、候选者一直跟在斯琴掛身后。候选者又开始在自己的周围转圈敬洒牛奶。斯琴掛唱诵祈祷完毕面向河水抖了抖神鼓以示敬意。然后，走到“室外托若树”南面，面北朝向“室外托若树”，击鼓唱了几句之后向“室外托若树”下的供桌也抖了抖神鼓以示敬意。然后，斯琴掛在成南北一字排开的 9 棵白桦树外即东侧走向主祭蒙古包。斯琴掛嘱咐人们不要从 9 棵白桦树之间穿梭走过。这与丁氏“出马”时的情况类似，都是普通人不能行走或者穿越候选者即将引领祖先神行走的通道，因为那是神灵要经过的神圣道路。在每一次斡米南仪式和领神“出马”仪式上，斯琴掛都要反复嘱咐大家，务必不要穿越或者行走于连接“室内托若树”和“室外托若树”之间的牛皮绳和彩色线之间、之下。

5. 向“托若 · 巴日肯”磕头祈福

主祭蒙古包内，斯琴掛面朝主祭蒙古包门口坐在“室内托若树”下左面即西侧，击鼓唱歌，沃菊芬坐在右侧即东面，与斯琴掛共同击鼓。娜仁格日勒、孟利州、敖智伟站在斯琴掛身后，孟玉金、敖玉英站在沃菊芬身后。斯布乐玛首先跪拜磕头，娜仁格日勒接着跪拜磕头。候选者的爸爸跪拜磕头，斯琴掛就唱，鄂嫩哈拉属鼠的孩子在磕头呢。然后是候选者的妈妈跪拜磕头，斯琴掛就唱，鄂嫩哈拉的属虎的媳妇、郭博勒哈拉属虎的姑娘在磕头，我在祷告。候选者的哥哥跪拜磕头。弟子斯琴跪拜磕头。候选者的姐姐跪拜磕头。候选者向“室内托若树”跪拜磕头。候选者的嫂子、侄女跪拜磕头。其他参与仪式的几个人跪拜磕头。敖智伟跪拜磕头。敖玉英跪拜磕头。人们磕头的时候，斯琴掛和沃菊芬一直共同击鼓，斯琴掛一直唱祷，一一报告磕头的人的姓氏和属相。

6.“阿日善勒贝”，为候选者举行洁净仪式

斯琴掛和沃菊芬商议给候选者“阿日善勒贝”，洁净的意思。

主祭蒙古包内主祭供桌前方的地上最西侧，米西叶代在木板上铺第一只羊的羊皮。

主祭蒙古包外东南不远处，助手们已经支好连着液化气罐的一口小铁锅，锅里正在烧水。沃菊芬、斯琴掛身穿民族服装，手执神鼓一左一右站在小锅灶旁边，小铁锅里的水已经烧开了，这就是洁净用的“阿日善”水。斯琴掛让候选者脱下民族服装，只穿T恤。斯琴掛让旁人站远点。沃菊芬用锅刷子搅动小铁锅里的水。然后，斯琴掛轻轻击打神鼓，开始唱歌。此时候选者已脱下民族服装，身穿长裙和短袖T恤衫走出蒙古包，来到沃菊芬的前面，把蓝色哈达系着的小铜镜斜挂在胸前，面向斯琴掛、沃菊芬、“阿日善”水站立。沃菊芬用锅刷蘸蘸锅里的开水，甩向她的头脸和全身，打在左肩、右肩、腰间、胸口。娜仁格日勒把她的手心朝上翻起，沃菊芬用锅刷点候选者的右手、左手，然后，再次用锅刷蘸蘸锅水向她的头脸和全身甩了两次。然后，沃菊芬示意她转身。她转身面向东方、背对沃菊芬站立。沃菊芬从她身后开始甩，头上、身上，然后，蘸水拍打她的头部，拍打双肩，拍打后背心，从上到下，拍打腰部、双手手背。然后，再次重复，从上到下甩。此时斯琴掛大声唱歌、快速击鼓数下，然后她说，用鼓打。沃菊芬右手执鼓，在候选者身后开始，顺时针转鼓，然后，转到她的前面也是顺时针晃动着转鼓，自头上而下至大约半身处顺时针转。“阿日善”仪式结束。候选者并没有出现神灵附体的迹象。

沃菊芬用锅刷蘸蘸水往自己头上、身上前胸、后背轻轻拍打。

7.“阿日善勒贝”，训练其他徒弟

敖玉英站在了沃菊芬和锅灶旁边，面对沃菊芬。沃菊芬开始用锅刷沾水向敖玉英头上、身上甩。斯琴掛开始击鼓唱歌。沃菊芬自上而下甩了几次，然后，蘸水拍打敖玉英的头顶、脸、肩。敖玉英身体开始轻轻抖动。斯琴掛快速击鼓。沃菊芬继续使劲甩水。敖玉英开始大幅度晃动身体，同时，向上跳动，跳着跳着后退着甩开双手，左晃右晃，晃了几下，仰面躺倒，助手1和助手2上前扶她。斯琴掛走上前，走到敖玉英身前，快速、大声击鼓唱歌。助手1扶着敖玉英，敖玉英此时快速蹦跳，蹦跳得非常有力，娜仁格日勒换下助手1。有人拿来凳子，让敖玉英坐下。敖玉英坐下后，晃动着身体，娜仁格日勒继续扶着她。斯琴掛又跟上前来，不停地快速击鼓。助手 3 拿着神鼓走过来。助手 1 把牛奶倒进碗里，然后，抓起敖玉英的左手蘸牛奶，助手 2 上前抓起敖玉英的右手也蘸了蘸牛奶。斯琴掛继续快速有力地击鼓唱歌。助手 3 把神鼓和鼓槌交到敖玉英手里。敖玉英开始击打神鼓。

孟玉金一直在说："说两句话吧，给告诉两句话。"孟利州走到敖玉英身旁站立。沃菊芬走过去用手摸了摸敖玉英的脸。敖玉英不开口，只是不断地"咚咚、咚咚"地打着鼓，试图说话，看得出在努力。然后，她开始了快速击鼓，敖智伟走过去跪拜磕头。斯琴掛一直在快速有力地击鼓。沃菊芬也一直在击鼓。孟玉金再次说："你的孙女给你磕头呢，给告诉两句话吧。"敖玉英还是没有开口。斯琴掛用鼓在跪着的敖智伟头上转了一圈，然后把鼓交给巴特尔。沃菊芬则走向敖智伟侧面，面向敖智伟开始快速击鼓。斯琴掛竖起鼓槌让鼓槌的穗儿冲下在敖智伟头上转了一圈。沃菊芬喝了一口酒，喷在敖玉英的脸上、头上，唤醒她。孟利拿来斯琴掛的另外一只神鼓为其换上。沃菊芬走到敖玉英前面用手指按了按敖玉英的额头、鼻子、下巴。敖玉英睁开眼睛，清醒过来。敖智伟站起来，站在一边。斯琴掛又开始击鼓，沃菊芬此时转到敖玉英身后，用手指按敖玉英的脖子、脊柱从上到下几处。敖玉英站起身，助手 3 上前拿开神鼓。后来，据说，敖玉英虽然没有开口说话，但是，已经成功地与她的"翁果日"、"奥里森"①。

斯琴掛开始用神鼓在敖智伟身上转、头上转，然后，开始击鼓。沃菊芬、孟玉金、敖智伟走向煮"阿日善"水的锅灶处，沃菊芬左手执鼓、右手开始用锅刷蘸水向敖智伟头上、身上甩，斯琴掛则在旁快速、清脆击鼓。沃菊芬甩了几下，蘸水走向前拍打敖智伟的头顶、右肩、左肩、额头、胸口，再次蘸水拍打双肩、胸口和手臂、手掌，敖智伟开始昏迷状、向后倒，娜仁格日勒、沃小军上前扶她。娜仁格日勒扶住敖智伟，沃菊芬

---

① 奥里森（/aʊllisən/），本义"相聚"、"聚合"，文中指"合而为一、合体"，指领神者与其所领"翁果日"合而为一了。

再次向敖智伟甩“阿日善”水。敖智伟再次向后倒。沃菊芬也开始快速击鼓，敖智伟开始跳，转圈，娜仁格日勒抓着她的腰带扶着她。沃菊芬、斯琴掛同时快速、清脆地击鼓，敖智伟昏迷了，娜仁格日勒把敖智伟扶到凳子上坐下，孟玉金跑着去蒙古包里取来一碗牛奶，赶紧抓着敖智伟的手蘸牛奶，左手，右手，沃菊芬上前站在敖智伟前面击鼓。斯琴掛说，她有自己的鼓。斯琴掛也上前继续快速击鼓。孟玉金用毛巾给敖智伟擦脸，斯琴跑着拿来敖智伟的神鼓，交到她的手中，敖智伟开始“咚、咚、咚、咚”击鼓。敖玉英上前跪拜磕头。

斯琴掛说：“嘛，磕头呢。”

敖智伟开始哭，边击鼓边哭。娜仁格日勒说：“你有什么心思，给告诉吧。”孟玉金蹲在敖智伟身旁，沃菊芬也走上前，走到敖智伟身旁，边击鼓边说：“给告诉吧。”孟玉金也说：“给告诉两句话吧。”敖智伟还是只击鼓不说话。孟玉金对娜仁格日勒说：“让她出来吧。”然后，用手指在嘴边吹了一下去按敖智伟的头顶。敖玉英站起来。沃菊芬用酒喷了喷敖智伟的脸部，然后，用手指按了按她的头顶、额头、鼻梁、人中、下巴。敖智伟睁开眼睛，清醒了。沃菊芬然后转到她的身后，又喷了喷酒，用手指按了按她的后背、脖颈。敖智伟站起身，孟玉金为其擦脸，把眼镜给她戴上。

主祭蒙古包内供桌前的地上，供给祖先神的第一只羊已经煮熟，摆放在同一只羊的整张羊皮上面的木板上，第二只羊也已经煮熟了，也开始陆续端进来，准备摆放。

主祭供桌的左侧即西面有一个供桌，上面摆放着斯琴掛的萨满服及神鼓等用具，边上供着黄油灯、酒水、点心、水果等供品，主祭供桌的右侧即东面也有一个供桌，上面摆放着沃菊芬的萨满服及神鼓等用具，同样，边上供着黄油灯、酒水、点心、水果等供品。

室外，敖玉英在绕着 9 棵白桦树按“8”字形蹦跳，给候选者鄂嫩朵拉做示范。沃菊芬开始按照“8”字形沿着白桦树试跑，发现有些树枝较低，会刮到头饰，她于是把低矮的树枝往上拉起用树上的彩色绸布条绑系在树干上。

（二）领神“出马”仪式正式开始

1. 唱《请神衣佑助歌》——请神

斯琴掛在巴特尔、娜仁格日勒等人帮助下穿萨满服，并开始唱《请神衣佑助歌》。沃菊芬在儿子、敖玉英等人帮助下穿萨满服。

在主祭蒙古包的西南侧已经搭建好一个红色凉棚。在凉棚和9棵白桦树之间的地上已经燃烧起三堆篝火。孟利州在准备献茶献酒的用具。米西叶代从蒙古包后面提着一整张羊皮走到“室外托若树”下的供桌，供祭天神“腾格日”的绵羊已经宰杀完毕。候选者的家人围在蒙古包门口徘徊、倾听、等待。敖智伟在蒙古包门口西侧双手举着神鼓在晒太阳。

斯琴掛还在唱《请神衣佑助歌》。斯琴掛和沃菊芬还在穿萨满服，不时传来铜镜、铜铃、挂饰的声音。穿完萨满服，斯琴掛和沃菊芬都踮着脚、晃动全身衣服，发出叮叮当当的声音。穿戴完毕，斯琴掛、沃菊芬一前一后走出主祭蒙古包。斯琴掛没戴萨满帽，径直走到凉棚下。沃菊芬穿戴好神服和神帽，跟着斯琴掛也径直走到凉棚下。助手们都跟着来到凉棚下。

室外凉棚下，红色地毯上，沃菊芬、斯琴掛面朝北方分站左右，斯琴掛继续唱《请神衣佑助歌》，巴特尔为斯琴掛戴上“阿巴嘎拉岱”面具，然后，把神鼓交给斯琴掛，斯琴掛、沃菊芬开始共同击鼓。

2. 斯琴掛神灵附体

斯琴掛开始唱神歌序曲：“德比三，德比三，德，德比三……”巴特尔等人站在斯琴掛身后跟唱。孟玉金等人站在沃菊芬身后。候选者和她的母亲、哥哥站在凉棚的东侧。人们都在向凉棚聚拢过去。后来，候选者的母亲从蒙古包东侧后面取来一只装鸽子的鸟笼，放在蒙古包门口备用。

米西叶代和几个帮手正在用一个大盆子从蒙古包后面的厨房端来煮熟的羊肉，开始摆放奉献给天神的绵羊，也是按照一只趴着的绵羊的姿态摆放整只羊。摆放完毕，他们走过9棵白桦树的东侧，向后厨房走去。

斯琴掛唱了几句实词，开始快速、有力击打神鼓，同时急速转圈，她的“翁果日”要降临了。巴特尔紧紧抓着斯琴掛的红色腰带扶着她右转、左转。不一会儿，斯琴掛仰面倒下来，巴特尔、娜仁格日勒、孟利州、铁林等上前帮忙。此时，敖智伟已经拿起神鼓，站在后面，与沃菊芬一同在旁快速击鼓助威。

助手们把斯琴掛扶起来坐在她的“翁果日”降临时的专用凳子上。由于倒地的地方在地毯的南端，大家把斯琴掛连同凳子一起抬着放到地毯的北部面南而坐。娜仁格日勒用牛奶蘸了蘸斯琴掛的手指，弟子斯琴拿着取下来的“阿巴嘎拉岱”面具送到蒙古包内。巴特尔始终护在斯琴掛身后，斯布乐玛拿来湿毛巾放在斯琴掛头上，铁林在整理斯琴掛神服上的裙摆和细牛皮条，娜仁格日勒拿着抽取纸巾站在旁边。孟利州站在斯琴掛身旁，叫候选者和家人上前跪拜。鄂嫩朵拉赶紧上前跪拜磕头，她的哥哥、母亲、父亲、嫂子、侄女等也都跟着上前跪拜磕头。

斯琴掛坐定，开始唱神歌：

> 哎……德比勒，德比勒，德比勒；德比勒，德比勒，德比勒。哎……金色山崖的背脊上，长满了散发香味的檀木；鸟巢中的蛋破壳而出，在山崖的背脊上。羽毛渐渐丰满，羽翼日渐强壮，鸟儿一天天长大，脖子上挂着铜铃，到来了，下来了。

助手们跟唱。再重复唱一遍。斯琴掛萨满“翁果日”降临了。孟利州把斯琴掛的护背镜送到蒙古包里。候选者的家人跪拜。沃菊芬此时也在离斯琴掛不远的地方坐下来。斯琴掛唱着唱着浑身晃动了几下，巴特尔说，“嘛！”候选者及其家人全都再次三叩首。斯琴掛萨满神灵继续唱道：

> 我把过去的“霍卓日”叫醒了，把“霍卓日”扶起来了，推开房门，打开大门，帮助民族莫昆，帮助孩子们、儿孙们。我在告诉属鼠的男孩子，你明白了吗？你有一个坎儿，要躲着车走。

然后，斯琴掛开始换调快速唱：

> 秋天树叶发黄的时候……我要找属虎的孩子。

候选者示意母亲上前献茶，母亲献完茶回到原位跪拜，斯琴掛嘱咐她注意事宜。

> 属猪的孙子，我要找他告诉他事情。属蛇的重孙来了吗？

候选者的姐姐回答：“没来，感冒了。”巴特尔说：“给告诉吧。”

斯琴掛萨满神灵继续说：

> 属猪的孙子，八月初，不要乘坐车子出门，我在告诉。属猪的重孙，八月十一的时候，有点病坎儿，我在说。属鼠的男孩子，我要喝你的茶，告诉你几句话。

候选者的哥哥站起身献茶。斯琴掛萨满神灵对他嘱咐：

> 秋天的时候，八月十四不要往北走，一阵阵有点生气，公家的单位里，有点小病，会有些破费。说说你的媳妇吧。要注意身体。有点小病。不要去办白事的地方，不要去有大病大灾的地方，十一月初七不要从家里出门，红色的事情，属鸡的重孙子，八月初不要出门，九月初八，十月初不要出门，记得要给“霍卓日·巴日肯”磕头。“腾格日·娘娘”你们供奉鸡了吗？属虎的姑娘。

巴特尔说：“磕头呢。”

斯琴掛说：“是属红虎的姑娘，磕头呢吗？”

巴特尔说：“两个都磕头呢。”

斯琴掛萨满神灵继续嘱咐：

> 郭博勒哈拉的“巴日西·爷爷”①要不断祈求，要注意身体，把“巴日肯”扶起来走的时候……沃热哈拉的“霍卓日·雅德恩”的“翁果日”要下来了。

说完，斯琴掛神灵离开。此时，三堆篝火已经燃烧了一半，露出了一些木炭。

3. 沃菊芬祖先神降临

沃菊芬站起身开始蹦跳，只跳了几下，就俯身在地左右打滚，助手们将沃菊芬扶起坐在凳子上，把神鼓和鼓槌交到她手中，给他戴上萨满头饰，整理沃菊芬神裙下摆及皮条。然后，对候选者及其家人说，哎，来磕头吧。鄂嫩朵拉及母亲、爸爸、姐姐等人上前给沃菊芬跪拜磕头。沃菊

① 巴日西·爷爷（/barʃ jeje/），巴日西爷爷，指男性巴日西先祖神灵。

芬开始击鼓。孟玉金和铁林抖动着沃菊芬神服的两侧下摆。沃菊芬击鼓唱道：

阿日提·腾格日·阿米提贝，谢仁·腾格尔·谢金提贝，库克·腾格日·贵勒斯提贝，敖拉哈德·扫德勒提贝。我跟着黑龙江，跟着诺敏河下来了。（然后，沃菊芬开始击鼓说话）一代跟着一代来的，沃热哈拉博荣凯亚“贵·雅德恩”我的身体下来了。鄂嫩哈拉温差日莫昆打开道路的时候，我来帮忙了。温差日哈勒[①]属鼠的孙子重孙，我要喝你献的白酒。

候选者的父亲起身献白酒，献完白酒重新跪下磕头。沃菊芬萨满神灵继续说道：

今天是个好日子，你们在这样的好时候打开自己的道路，我和你们的亲眷相聚，来到你们的亲眷当中，我高兴啊！现在，达斡尔人的“霍卓日·巴日肯”不断“站起来”、“出来”呢，新的时代，孩子们都起来呢，按照老规矩延续着传统。你虽然没有打开道路，“霍卓日·巴日肯”并没有因此而生你的气。在这样的新时代，还想着“出来”的早，因你而高兴呢。被土埋着走过，现在我有“巴日肯”屋了；被悬崖夹着走过，现在我终于进到自己的家族莫昆了，我高兴啊！你们迎接了，我们因此而高兴！鄂嫩哈拉、沃热哈拉、莫日登哈拉、敖拉哈拉、西博奇浅[②]从“巴特恩”[③]来，“伊斯尔·哈德·额吉楞”[④]、“其昂·哈德·额吉楞”[⑤]、“西额·敖包·额吉楞”[⑥]，都跟着来了，因为你们是自己民族的人，都来了，都帮忙来了。祝愿你们的道路像牛奶一样干净！翠绿的树木都开出鲜艳的花朵！

我要找属虎的孙女，白虎的孙女，喝你献的牛奶。时代变好的

---

① 温差日哈勒（/unʧar xal/），指鄂嫩哈拉温差日莫昆。

② 西博奇浅（/ʃiboʧiʧen/），莫日登哈拉崇斡罗莫昆的分支。

③ 巴特恩（/bat'ən daur/），指莫力达瓦达斡尔族自治旗所在地方。

④ 伊斯尔·哈德·额吉楞（/isər xad ədʒiləŋ/），伊斯尔山崖之主，伊斯尔山崖山神。

⑤ 其昂·哈德·额吉楞（/ʧiaŋ xad ədʒiləŋ/），其昂山崖之主，其昂山崖山神。

⑥ 西额·敖包·额吉楞（/ʃi'ə ɔbɔː ədʒiləŋ/），西额敖包之主，西额敖包神。

时候，你在打开你的道路。鄂嫩哈拉、沃热哈拉、你的族人、“敖包·额金”、“哈德·额金”[①]、“罗松·额金”[②]都来帮忙了。不是你的民族的、是你的民族的，都来帮忙了。因此，你要好好打开你的路，要对民族有所助益。你要帮助你的民族，要帮助民族的同胞。到任何时候，你都要帮扶起那些身陷困境中的人们，要帮助那些有难处的人们，你要多多扶起“霍卓日”。今天，虽然你的年龄还小，你的道路不是“出来”了吗？这么多“霍卓日”不是都高兴地来了吗？将来你走这条路的时候，你要多多帮助民族的孩子们，你要把“霍卓日”扶起来。你要到“那日依·古润”[③]去。不过，咱们民族的人哪里都有不是吗？你任何时候都要多多帮助别人，不要为钱财而倒，任何时候，别人的坏你都要回报以好。你要是想“抓”着“巴日肯”的道路而行，不要张开嘴骂人，不要说恶毒的语言，无论何时都不要为了别人的钱财而倒下，不要为了别人的东西而倒下，越是生活困难的人你越要帮助他们。绊跤摔倒的人，你要把他们扶起来！你要去他们的莫昆中，扶持起遇到困难的人们的“霍卓日”！今天，这么多民族同胞都来帮你来了。到了“跳火”的时候，我领着你跳吧；你“上牛皮绳”的时候，到时候会抬着你的。所以，你要好好走你的路，一天比一天好，我会让你的道路更加清澈，你要让发黄的树木变绿！变绿的树木让它们开花！磕磕绊绊走路的孩子们，你要把他们扶起来。今天，我没有因为你的好东西而高兴，你让我们住得舒服、吃得可口，我并不因此而高兴；说到吃的喝的，你吃粥的话，我们也都能吃。

今天，你立起自己的“霍卓日”，“打开”你的道路，我们高兴呢！今后，鄂嫩哈拉的、今天来的万千哈拉的孩子们，你们都要肩并肩地行走、心交心地说话。真正帮助民族啊！你把名字和道路亮出来了，不要被包裹着行走，按照“霍卓日·巴日肯”告诉的话好好干，任何

① 哈德·额金（/xad ədʒin/），山崖之主。

② 罗松·额金（/lʊsʊŋ ədʒin/）或罗松·额吉楞（/lʊsʊŋ ədʒilŋ/），江河之主，泛指龙神。

③ 那日依·古润（/nari: gurun/），指日本国。

时候都不要往回看着行进。尽管年龄小，还是要多走你的路，你走得越多你的道路会越好。时日变短的时候，你（出来）的时候到了，到了我要散去的时候了。我领着你“跳火”吧！

沃菊芬站起身击鼓，跳跃两下，神灵离开。沃菊芬慢慢清醒过来。

4. 斯琴掛再次神灵附体，候选者祖先神降临

斯琴掛站起身，好似仪程要告一段落，可是，她一下子开始急速转身，急促击鼓，从她旁边走开的助手们都猝不及防，斯琴掛神灵再次降临了，这次来的是另外一位神灵。巴特尔动作最快，首先上前扶住斯琴掛的后腰、后背，娜仁格日勒也及时取来一小碗牛奶，把斯琴掛的左手、右手分别蘸了蘸牛奶。助手们扶着斯琴掛坐在凳子上，整理斯琴掛神服上的裙摆、皮条和铃铛。巴特尔迅速拿出斯琴掛的萨满头饰为其戴上。孟利州再次招呼鄂嫩朵拉及其家人上前跪拜。

斯琴掛开始击鼓，唱“德么扬古”神歌序曲，是候选者母亲莫昆家族的“霍卓日·巴日西·爷爷”[①]下来了，找属鼠的姑爷要说几句话，首先讲述自己的来源：

原来的原来，我喝过黑龙江的江水，我在河滩草地都有座儿，我到了海拉尔这个地方，进到老郭家坐下了，我是你的“巴日西·乌塔其·爷爷”[②]……把高兴和感谢反馈回去的时候，把“霍卓日”立起来的时候，帮助你的属虎的女儿，我要给她本领，给她手指本事。五月初五，你们把我的“巴日肯”立为“霍卓日”了，我再次求呢，虽然不好意思，还是让“霍卓日”“出来”！把达斡尔的“霍卓日”扶立起来！我想着说着在求呢。我说了几句话。

停顿了一下，斯琴掛开始急促击鼓，快速唱歌，嘱咐了几句话。然后，斯琴掛说：

时日还长，时光却短的时候，你的属白虎的“出马”的姑娘，我

① 霍卓日·巴日西·爷爷(/xʊʤʊr barʃ jeje/)，莫昆巴日西爷爷，指男性巴日西先祖神灵。

② 巴日西·乌塔其·爷爷（/barʃ utaʧi jeje/)，巴日西老爷子，巴日西爷爷，指男性巴日西先祖神灵。

想着不要阻挡。所以，我要出去了。

然后，斯琴掛击着神鼓站立起来，神灵离开。候选者和家人都站起身来。

5. 候选者完成射箭、放飞鸽子、踩火、跑圈、跳牛皮绳等规定环节，开雅德恩之路和巴日西之路，并试请神灵降临

候选者鄂嫩朵拉在姐姐的帮助下穿上新做的黑色斗篷，戴上了专门的头饰。

斯琴掛坐在凳子上休息。沃菊芬站着，状态有些迷离。

候选者射箭。鄂嫩朵拉在哥哥、姐姐的护送下走到蒙古包外西南方向不远处的圆坑北侧，手里拿着弓和箭，在哥哥、孟利州、铁林、米西叶代等人指导下成功向南方射出三支箭。

候选者放飞鸽子。助手从鸽笼取出一只鸽子交给鄂嫩朵拉，鄂嫩朵拉站在圆坑中间，放飞了鸽子。第二只由她的哥哥放飞了。一共放飞两只鸽子。

候选者踩火。沃菊芬带领鄂嫩朵拉从圆坑处开始蹦跳着向前、向南，一一踩踏并跳过 3 堆篝火，然后，停顿了一下，原地站着蹦了蹦，然后，再返身往回走，再次一一踩踏、跳过篝火，最后，迈过小圆坑。蹦跳的过程中，沃菊芬神衣上发出叮叮当当的声音。斯琴掛一直站在旁边击鼓唱歌。

候选者跑圈。斯琴掛一直站在凉亭的东北侧击鼓唱歌，沃菊芬则站在蒙古包门口击鼓助威。鄂嫩朵拉在人们簇拥下来到最北面的白桦树，即靠近蒙古包门口的地方，敖玉英开始带领鄂嫩朵拉按照“8”字形路线绕 9 棵白桦树跑圈。跑了几圈，接着，孟利州开始带着鄂嫩朵拉跑，又跑了半圈，孟玉金上前带着鄂嫩朵拉跑。沃菊芬边击鼓边计数。跑完的时候，沃菊芬说，好！鄂嫩朵拉跑完 9 圈。

候选者跳牛皮绳。巴特尔指导鄂嫩朵拉的哥哥和帮手们进行下一个环节。斯琴掛、沃菊芬走近前来一左一右分别站在那个圆坑两侧，面朝东方看着牛皮绳索和鄂嫩朵拉及其家人继续击鼓，斯琴掛开始唱歌。连接“室内托若树”和“室外托若树”的牛皮绳“拴那”上靠近蒙古包一侧已经绑好一副可移动的牛皮绳做的类似马镫的装置，还有一副牛皮绳手环，在哥

哥和米西叶代的抬扶下，鄂嫩朵拉双手抓着手环，双脚踩上“马镫”，从北往南做骑马状滑行，到达“室外托若树”前下来，再上去抓住手环、踩着马镫从南往北滑行到蒙古包前，这样“骑行”了两个来回。

候选者试请神灵降临。斯琴掛、沃菊芬带领鄂嫩朵拉等众人回到凉棚下，让她试请神灵附体。鄂嫩朵拉的哥哥在后面扶持她。沃菊芬口中含了一口酒，走到鄂嫩朵拉面前，执神鼓在她面前晃动着画了一个大圆圈，然后，把口中的酒分两次喷在鄂嫩朵拉的脸上，然后用手在她的额头、脸上、人中、下颚处摸了摸，并在她胸口处按了一下，再喷第三次酒。然后，用神鼓继续在鄂嫩朵拉脸前晃动，晃动两圈后，示意鄂嫩朵拉的哥哥抱着她转圈。鄂嫩朵拉的哥哥抱着她的腰来回地甩，鄂嫩朵拉则蹦跳着左转右转转圈。沃菊芬急促击鼓助阵。转了几圈，鄂嫩朵拉还是没有下神的意思，斯琴掛叫停了，在领神仪式上鄂嫩朵拉没有成功请下自己的神灵。

（三）训练其他徒弟

沃菊芬让斯琴（玲玲）试请神灵降临。

首先，铁林从后面抱着斯琴的腰带带着她转圈，没有成功。然后，米西叶代从蒙古包取来双马头杖。娜仁格日勒唱起巴尔虎蒙古族歌曲，这次由米西叶代从后面抱着斯琴转圈。斯琴双手抓着马头杖，快速转圈。沃菊芬用力快速击鼓，说，让她坐在板凳上，助手便扶斯琴坐在板凳上，斯布乐玛说着巴尔虎蒙古语。但是，斯琴还是没有请下神灵。沃菊芬在斯琴脸上“噗噗”喷酒，斯琴回过神来，清醒了。

（四）“霍日耶！霍日耶!”，为族众祈福仪式

斯琴掛身穿萨满服头戴萨满帽，手执神鼓和鼓槌走到“室外托若树”南面，面北站立，巴特尔手拿马头杖跟在后面。候选者家族的年轻男子她的哥哥捧着一盆羊肉跟在后面，候选者穿着黑色袍子跟在后面，她的爸爸从旁跟着她。沃菊芬走在大家后面。她的姐姐端着点心盘子跟在后面。敖玉英、孟利州等人拿了一袋牛奶快速走到人群聚集处，站在师傅身后。按

照师傅指点，候选者接过姐姐手中的点心盘子面向“室外托若树”和主祭蒙古包，跪在师傅前面的草地上，哥哥端着羊肉盆子，妈妈、爸爸坐在她的旁边，沃菊芬、斯琴掛一左一右站在他们的后面，面朝“室外托若树”共同击鼓。斯琴掛开始唱祈祷词，然后带领大家喊“霍日耶！霍日耶！”她喊一遍，大家跟着喊一遍。

（五）斯琴掛萨满和沃菊芬萨满送神，领神仪式结束

祈福仪式结束后，斯琴掛和沃菊芬在身前晃动神鼓，神衣上的铃铛发出叮叮当当的声音。然后，斯琴掛、沃菊芬在周围人的簇拥下回到蒙古包，她们准备换衣服了。

（六）候选者家族为师傅萨满敬献哈达

斯琴掛、沃菊芬前后进到主祭蒙古包。斯琴掛摘下萨满帽，再次站在主祭供桌前击鼓，沃菊芬未摘萨满帽，面向主祭供桌击鼓。鄂嫩朵拉的哥哥把一条白色哈达搭在斯琴掛肩上，娜仁格日勒取下哈达交给巴特尔；再把一条白色哈达献给沃菊芬，沃菊芬让他系在自己的萨满帽的鹿角杈上。

（七）给“阿巴嘎拉岱”献礼

“室外托若树”下，米西叶代拿刀割下供给天神“腾格日”的白色绵羊的一条羊尾肥油。他说，这是献给斯琴掛的“阿巴嘎啦岱”面具神的，而且必须是在供祭天神的绵羊取羊尾肥油。然后，他拿着这块羊尾肥油向主祭蒙古包走去，放到“阿巴嘎拉岱”面具嘴里。

四、2015年“巴日西”的领神仪式简述

2015年7月8日（农历五月二十三）上午，在莫力达瓦达斡尔族自治旗纳文江畔我又有机会看到了一位达斡尔族“巴日西”的领神仪式，候选者是沃热哈拉绰库勒莫昆中年女子沃黎明，来自内蒙古鄂温克族自治旗

巴彦托海镇（即南屯），她领父系家族祖先神“出马”，由沃热哈拉绰库勒莫昆的“霍卓日·太提”传给“巴日西”道路。沃黎明是斯琴掛的弟子，她的领神仪式由斯琴掛萨满、沃菊芬萨满共同主持。

这是我第四次参与式考察达斡尔族巫统人员的领神仪式。像前述的其他领神仪式一样，在作为“托若树”的白桦树的枝杈上绑系彩色绸布条，竖立起“室内托若树”和“室外托若树”，之间搭建“天梯”；室外竖立9棵白桦树为“室外托若树”，室内竖立2棵白桦树为“室内托若树”；杀生献祭白色绵羊，供奉天神、供奉祖先神；果品、糕点供祭地方神；向“托若·巴日肯”磕头、献礼，斯琴掛、沃菊芬击鼓为众人祷告等环节都与以往的领神仪式顺序、流程一样。

参与此次领神仪式的有候选者家人、斯琴掛萨满、沃菊芬萨满、其他弟子及家人，其他一些亲属、随从等，大家都前来帮忙，齐心协力准备仪式用品、供品。因为天气炎热，此次领神仪式开始得非常早，结束得也很快，用了不到半天时间即完成了所有规定动作。

献牲的白色绵羊的羊肉煮熟摆放完毕，斯琴掛、沃菊芬开始穿戴神服、神帽，领神仪式正式开始。斯琴掛、沃菊芬一阵击鼓祷告之后，首先是斯琴掛萨满神灵附体，然后是沃菊芬萨满神灵附体。中间休息的时候，斯琴掛的弟子们指导候选者练习跑圈的姿势和要领，还带领她在室内地毯上跑了跑，进行了一些练习。然后，请候选者坐在提前准备好的白色褥子上，斯琴掛对候选者及其家人强调说，这个褥子是“翁果日”坐过的，就是“翁果日”的座位了，除了候选者以外别的人一律不能坐在上面。然后，候选者披着白色的披风跑出主祭蒙古包，由孟玉金、敖玉英带领她沿着9棵白桦树按照“8”字形穿梭着往返跑圈，一共跑了9圈。

此次领神仪式特别之处是候选者先在室内坐了白色褥子，然后披着白色披风从室内跑出蒙古包，接着在室外9棵白桦树之间来回跑9圈。据说，“巴日西”要走白色的巫统道路，所以，候选者的方坐垫和披风都是白色的，这样，她未来捏骨按摩的本领才会发挥得好。

在这次领神仪式上依然安排了训练徒弟仪式，已经举行“出马”仪式的敖玉英试请“翁果日”降临，这次她成功了，而且首次开始张口说话，虽然简短，据说清晰表达了祖先神的意志和意愿。仪式最后照例举行了“霍日耶！霍日耶！”祈福仪式，为候选者及其家人、为参加仪式的所有人祈福，沃黎明“出·巴日西”的领神仪式圆满结束。

第四节 领神仪式的特点与功能

一、领神仪式的特点

上述四场领神仪式各有特点。丁氏“巴日西”的“出马”仪式在野外河边举行，仪程的后面有沃菊芬祖先神对即将举行的斡米南仪式的重要内容的安排，还有地方河神意外降临的情况。丽娜“雅德恩”与“巴日西”的领神仪式在家中院落举行，因为空间有限，没有提供徒弟练习请神的机会，但是，增设了为莫昆家族和族众祈福的“阿日善”仪式。鄂嫩朵拉“雅德恩”与“巴日西”的领神仪式，为候选者增设了“阿日善”洁净仪式。此外，候选者虽然没有做萨满服，但做了一件黑色斗篷，还放飞了两只鸽子；因为在野外河边举行，还为其他新萨满和候选者提供了训练请神降临仪式，而且，练习请神降临者也都首先接受“阿日善”的洗礼，然后练习请“翁果日”降临。沃黎明巴日西的领神仪式，候选者在沿着9棵白桦树“跑”之前穿了白斗篷、坐了白褥子；因为在野外河边举行，也安排了训练徒弟的仪程环节，而且试请神灵附体的新萨满成功地请祖先神降临了。

虽然各有不同，但总的来看，这些领神仪式反映了当代达斡尔族萨满传承中的两个突出特色：

1. 坚守传统，坚持核心信仰观念，遵守本民族萨满信仰礼仪

每位候选者都是按照达斡尔族的信仰礼仪，按照传统方式正式打开自己的巫统道路。

第一，沿袭传统，竖立通天神树“托若”[①]。托若树分为“室内托若树”和“室外托若树”。在“室内托若树”两棵树之间搭建天梯“特日肯”，树下分别绑系黑、白两条蛇偶。天梯之上悬挂祖先神偶和多彩哈达。“室内托若树”和“室外托若树”以牛皮绳“拴那”和七彩线相连接。据说，“托若树”是神灵降临停歇的地方，神灵到来后首先降临在“室外托若树”上，然后顺着“拴那”牛皮绳到达“室内托若树”，沿着“室内托若树”进入室内，顺着天梯降临室内，接受候选者及其莫昆家族的供奉，享用一应俱全的供品。“拴那”绳是神灵往来的通道。

竖立“托若”神树是萨满生涯的正式起点。经历了正式的“出马”仪式，正式开始领神之后，萨满才能在未来举行“托若·托勒贝”仪式，才能晋级提升资历和本领，才能在未来的萨满道路上有更大的建树和造诣。可以说，萨满正式领神“出马”始自竖立“托若”神树。

第二，献牲白色绵羊，供祭天神。在“室外托若树”上悬挂代表天神的日月图案，在树下摆放供桌，点燃线香和黄油灯，摆放水果、糕点和饮品，献牲一只白色绵羊，祭祀天神。

斯琴掛萨满说，每个萨满都必须供奉天神。每个人，包括萨满人都是靠天吃饭，都是上天赋予人们的食物和道路。因此，候选者领神“出马”仪式必须首先供祭天神。

因此，竖立神树和领神仪式意义重大，并非是可有可无的仪式。“出马”的意义在于，不出马的萨满人也是可以看病的，但是，他的道路是被包裹着的，所以走的是“布图”的道路。当然，既然被包裹着就不能舒展、无法自如，就不能很好地行走祖先神赋予的道路，履行神圣使命。领神的意义还在于明确走一条什么样的道路，现在，不知道自己所领神道路的人不在少数，就是因为没有正式打开道路，不知道究竟跟从哪位先祖神灵的道路在行走。就是“布图”的道路。无法升级，道路也不能持久恒远。

天梯、拴那、四色（或七色）彩线等都沿袭传统，按照古法和习俗，

① 托若（/tʊrʊ:/），即托若树，意为神树。

都有深刻含义，并非装饰之用，也绝非可有可无的东西和形式。

第三，献牲白色绵羊，供奉祖先神。

主祭蒙古包内，主祭供桌主要供奉祖先神。摆放候选者祖先神画像(或者照片)、神偶，点燃三炷香和三盏油灯，摆放水果、糕点、饮品，献牲一只或几只不等的白色绵羊，供祭祖先神；在“室内托若树”下绑系黑、白两只蛇偶后在此摆放矮脚供桌，点燃熏香或线香和黄油灯，摆放水果、糕点、饮品，供奉“托若·巴日肯”。据说“托若·巴日肯”在萨满首次举办“托若·托勒贝”仪式之后才开始真正确立，但“室内托若树”就是它的位置，因为这是众神往来的通道和必经之路。

第四，供祭地方神灵。

领神仪式一般都在野外河边举行，在野外河边举行就要借用地方神的一块宝地。所以，凡在野外河边“出马”，都要在主祭场地西南或者西北方向大约 50 米处专设供桌，摆放果酒点心，供祭地方神，以示尊重和感谢地方神提供仪式场地。

第五，候选者所在莫昆家族负有一定的支持义务与职责。

虽然，传统意义的氏族组织莫昆早已失去作用和功能，但是，现在的达斡尔族民间仍以“爱拉”、“浅”的形式称呼莫昆，血缘关系和血统脉络仍以莫昆划分。在萨满领神仪式上，莫昆仍像过去一样负有主要责任，帮助候选者准备供品、用具、神器、服装等，筹备出马事宜，提供经济支持和人力帮助。不过，现代莫昆家族的社会功能的确非常弱化，在现代萨满传承的领神仪式上，候选者家庭成员全员参与准备和支持的方式和情况更为普遍，甚至师傅萨满及其弟子们也都全力帮助。2013 年“出马”走雅德恩和巴日西道路以及 2014 年“出马”走雅德恩和巴日西道路的候选者主要都是全凭父亲家族，在父亲母亲、兄弟姐妹的帮助下得以圆满完成领神仪式。

竖立神树“托若”、供祭天神、供祭祖先神、供祭地方神，以父系家庭为代表的莫昆家族出钱出力，这些环节、程序和内容都严格遵循着达斡尔族固有的传统领神方式。

第六，由巫统人员引领候选者完成规定动作。

2011 年领神仪式，沃菊芬带领候选者踩踏跳跃 3 堆篝火，斯琴掛、沃菊芬、孟孝瑞、孟利州先后带领候选者沿着矩形凉棚跑 3 圈。2013 年领神仪式，沃菊芬带领候选者完成踩踏跨越 3 堆篝火及围绕 9 棵树作“8”字形往返跑 3 圈。2014 年领神仪式，沃菊芬领着候选者跳篝火，敖玉英带领候选者围绕 9 棵桦树往返跑“8”字形圈。2015 年领神仪式，孟玉金、敖玉英带领候选者围绕 9 棵白桦树“8”字形往返跑 9 圈。后来，沃菊芬萨满解释说这对于那些引领者、领跑者能够请祖先神附身大有益处。说明这实际上对于孟玉金和敖玉英也都是一种训练，这表示，她们跑是引领着她们的“翁果日”在跑，所以，对她们大有益处。

回顾几次领神仪式上徒弟们练习请神降临的情况，我发现，领着候选者跑、跳的都是真正的巫统人员，斯琴掛、沃菊芬、孟玉金、孟利州、孟孝瑞、敖玉英等，达斡尔萨满文化知情人铁林一次都没有带领候选者跑过。他可以抱着敖玉英转圈，帮助她练习，但是，他不能跑。神圣的通道和路线只能由巫统人员和他们的“翁果日”行走。而这种神圣的空间意义决不能打破。这是古已有之的规矩和传统礼仪。2011 年带领候选者跳过方坑的也都是那些领有祖先神的巫统人员。2015 年巴日西的领神仪式上，斯琴掛训斥在“拴那”绳下来回穿梭的人们。2015 年沃菊芬的斡米南仪式上，沃菊芬的子侄们一再叮嘱参加仪式的人们不要在连接“室内托若树”和“室外托若树”的“拴那”牛皮绳下来回走动，特别是女人，还不能到“拴那”绳的西侧坐着，要待在“拴那”绳的东侧区域。这些看起来都是细节，外人也许很难发现，告知他们注意他们也许也难以理解，而且不容易遵守。这些规矩都是有原因的，这种划分区分着神圣的范围与世俗的空间。据说，“拴那”牛皮绳和四色线是神灵往来的通道，所以，普通人当然就不能在此穿越和逗留。

2. 适时调试，变通改革，适应日新月异的时代变化

根据时间、地点和条件的变化，在遵从尊重民族传统信仰观念、坚持坚守固有原则和礼仪规范的前提下，当代达斡尔族萨满的领神仪式都能适

时调整具体的操作细节，适应变化了的新时代。

第一个变通之处是具体环节形式上的变化。

2011 年候选者丁氏“出马”时并没有从室外的半米深的四方坑里跳出来，而是从北向南双腿迈过四方坑，因为候选者并非继承祖先神的“雅德恩”道路，而是接续“巴日西”的本事，所以，不必一定遵从“雅德恩”的领神形式，象征性从地下坑洞中跳出。此外，据说，候选者不具备神灵附体的条件，也无法从坑中跳出来。还有，丁氏沿着凉棚周围跑圈，并没有按照传统竖立 9 棵白桦树，因为她只身一人来到外祖母的老家“出马”，还是师傅及其弟子们帮忙才可能举行领神仪式，因此在具体程序上有象征性的环节，但是，跑圈的意思是一样的，都是表示带领着祖先神在跑。能否请神灵降临，每个候选者的情况都不一样，一些已经“出马”的人不能在领神仪式上甚至之后一段时间请神降临的现象并不少见，甚至“出马”多年的新萨满即使进入神灵附体状态但是还不能开口清楚表达祖先神意志的也有。

2014 年“雅德恩”与“巴日西”的候选者鄂嫩哈拉“出马”时在主祭蒙古包外挖了一个圆形浅坑，然后，站在坑中放飞鸽子，也是象征性喻示祖先神从地底下被埋没的状态飞升出来，重新站立起来、重新被认识。

其实，在领神仪式上本来就有很多象征性的形式，可以调整的根据实际情况和需要适当进行调整，但是，取消形式是绝对不行的，该有的形式必须有。据说，这些踩、跳、跑的形式其意义在于候选者引领祖先神在跨越、游走、飞升，在此过程中，候选者与其祖先神灵才开始合为一体。

第二个变通之处是仪式用品象征物的变化和替代。

2013 年“雅德恩”与“巴日西”候选者开出“巴日西”的道路时使用 9 棵柳树替代 9 棵白桦树。当时不宜去远方采伐白桦树，所以用河边的柳树代替白桦树，斯琴掛萨满说这是“多姆”的意思，就是象征的意思。斯琴掛首先在主要一棵柳树之上绑系蓝色哈达，然后，其他人在 9 棵柳树上绑系彩色绸布条，赋予这些柳树神圣性和象征意义，因此，再在柳树之间穿梭往返跑跳同样寓意引领“翁果日”在跑。

第三个变通之处也是典型的变化体现在传承方式上出现许多新情况。

首先，萨满的接续出现了非正统的传承方式。达斡尔族“霍卓日·雅德恩”按照父系血统传承，这是正宗正统传承方式，莫昆·萨满领父系家族“霍卓日·巴日肯”走萨满之路。近年在达斡尔族中恢复萨满传承以来，出现了一些非正统传承情况。如前所述，莫力达瓦达斡尔族自治旗的俩克达萨满的传承就是非正统传承方式，他领母亲家族的祖先神在走萨满路，这已经是非正统传承。2011 年“出马”的丁氏的领神情况则更为特殊，她所领神灵既不是父系（父亲）家族的神灵也不是母系家族的神灵，而是领外祖母的莫昆家族的祖先神灵，即领外祖母的父系家族的祖先神灵，按照传统传承习惯，这不是达斡尔族萨满的正统传承方式，但是，现在能给候选者外祖母接续的人也只有这个外孙女了，所以，新的时代了，莫昆家族的影响力已经非常薄弱的情况下，勉强如此吧。

其次，传承人的年龄有年轻化的趋势。现代著名的达斡尔族萨满一般都年龄稍长，经过长时间的病痛折磨和曲折的求医问药之路才走上萨满之路正式领神“出马”，比如，斯琴掛 1998 年“出马”，沃菊芬 2001 年“出马”，她们那时候都已经 40 多岁，经历了十分艰难的生活历练，具备了相当深刻的神意理解。现在的情况则是候选者年龄出现年轻化趋势。以 2014 年举行“雅德恩”与“巴日西”的领神仪式为例，候选者非常年轻，据说也是从小具有特异气质，斯琴掛首先帮助立起她的祖先神位。因为备受疾病折磨，候选者家人希望她早日“出马”，据说这也是祖先神意愿强烈，多次给师傅萨满托梦，因为有过去“霍卓日”的渊源，尽管当时不太成熟，斯琴掛萨满还是决定为其举行领神仪式，正式打开她的萨满道路。

再次，达斡尔族萨满为其他民族传承萨满文化，为多位不同民族的候选者举办领神仪式。

自从斯琴掛萨满举行正式领神仪式、开始行走萨满道路以来，不仅勤奋工作，还参加国内外学术交流活动，达斡尔族萨满及其文化影响越来越大，萨满仪式的功能不断扩展和延伸，斯琴掛及其弟子们广泛为区域各民族群众服务。

斯琴掛的弟子有几十人，不仅有达斡尔族，还有索伦鄂温克族、通古斯鄂温克族、布里亚特蒙古族、巴尔虎蒙古族，等等。上述举行领神仪式的雅德恩、巴日西候选者本人（按父系血缘划分）有汉族（领达斡尔族祖先神）、蒙古族、达斡尔族三个不同民族成分，都以斯琴掛为师，沃菊芬共同主持仪式。候选者都是按照比较相似的达斡尔族传统方式领神“出马”，因为，萨满文化的基本信仰观念和崇拜方式在根本上是一致的，不过，不同民族的核心信仰对象有所差别，即不同民族之不同莫昆家族供奉的祖先神都不一样。据说，师傅萨满的祖先神首先要与徒弟的祖先神有缘，甚至祖辈就有交往和交流，能够将其纳入自己的“莫昆·库热”，其次师傅萨满的祖先神要比较强大、高明，才能指引带领徒弟开出巫统道路，给弟子“出马”。斯琴掛萨满首先为沃菊芬萨满举行了领神仪式，后来她们共同为本民族其他莫昆家族的多位候选者举行领神仪式，让那些弟子们都名正言顺地行走“嘎日森”的道路，她们还经常受邀为其他民族的候选者“出马”。仅 2015 年，斯琴掛就为 2 名达斡尔族徒弟举行领神仪式，均为巴日西；还为 2 名巴尔虎蒙古族徒弟“出马”，1 名萨满、1 名巴日西。2017 年，斯琴掛萨满为 3 位达斡尔族弟子举行“雅德恩·嘎日贝”的领神仪式，还为 1 位通古斯鄂温克族弟子举行了萨满领神仪式。

最后，萨满传承人供奉的神灵谱系越来越复杂。

2015 年举行领神仪式的达斡尔族巴日西沃黎明供奉的神灵来源广泛，情况非常特殊。她供奉的神灵有不同来源的四个系列：

父亲家族神灵：沃黎明按照父系传承传统，接续父系家族沃热哈拉绰库勒莫昆祖先神道路正式领神成为巴日西，她所领主要守护神是娘家父亲莫昆家族的祖先神，她与沃菊芬萨满同属一个莫昆，因此，她的主要“霍卓日”有两位，即“雅德恩·爷爷”和“霍卓日·太提”，是“霍卓日·太提”传给沃黎明“巴日西”的本领道路。据她本人介绍，在此之前的 2003 年她就已经开始供奉娘家父系家族的固有神灵“娘娘·巴日肯”、“西额·敖雷”、“乌其肯·敖雷”。

母亲家族神灵：沃黎明的母亲是达斡尔族莫日登哈拉，母亲生前就供奉莫日登哈拉寿儒托日苏浅的“寿儒托日苏·姑乌·太提”，还有老孟家的“怀玛日·巴日肯”，沃黎明说她于2014年立起这两位神灵的神位。

公公家族神灵：沃黎明的公公是鄂温克族柏露热浅郭哈拉，公公家族原来就供奉着“西额·敖雷”，还有“巴日西·额头乌”[①]的“霍卓日”，2006年沃黎明接立了老郭家的“西额·敖雷”和“巴日西·额头乌”。

婆婆家族神灵：沃黎明的婆婆是达斡尔族苏都日哈拉，而婆婆的姥姥是达斡尔族讷迪哈拉，有“巴日西·霍卓日”，还有专门跟着姑娘传承的“巴日肯”，她于2006年接立此神。

因此，沃黎明供奉着四路祖先神灵谱系。她说，在她13岁的时候，她的母亲就开始闹病，不正常，像一个精神病人，据说，母亲就是被祖先神选中的人，因为种种原因，没有“出马”，2003年她立老沃家的神灵之后，母亲的病好了，因为母亲的神灵“寿儒托日苏·姑乌·太提”本来就是跟着老沃家祖先神的，但是在2006年她立了夫家老郭家的神灵之后，母亲又回复到以前的样子，她的解释是母亲的神灵不干了，能够立夫家公公的神灵就应该同时供奉她的神灵。母亲2011年去世，沃黎明至今非常后悔，她认为，如果早点立起母亲的神灵或许母亲可以长寿，至今还健在。她说，将来在她百年之后，她的主要守护神沃热哈拉家族的祖先神将回到自己子孙那里，即回到她的娘家父系家族沃热哈拉绰库勒莫昆内传承，夫家老郭家的神灵留下来在儿子家里，婆婆讷迪哈拉的神灵原来就跟着公公老郭家，所以，还是跟着老郭家留下来。母亲家族的神灵本来就是世代跟随沃热哈拉绰库勒莫昆的，如果母亲娘家有人供奉则可以接走其神灵画像，如果没有，它们仍然可以跟着回到沃热哈拉绰库勒莫昆的子孙那里。

莫昆·萨满领莫昆祖先神“出马”，正统传承方式是候选者领父系家族祖先神。如果夫家有祖先神，出嫁的女性领娘家父系祖先神“出马”前要首先供奉夫家神灵，这个现象无论在过去还是现在都比较普遍。女性，

① 巴日西·额头乌（/barʃi ətəu/），巴日西老太太，指女性巴日西先祖神灵。

一般只有萨满才在夫家立自己的祖先神，她去世之后，夫家会把她的祖先神像、神偶归还给她的娘家，祖先神即归位于自己莫昆子孙家里，继续按照父系血统向下传承。其他非萨满女性一般是不能在夫家立娘家父系祖先神的。不过有一个特殊的情况。据说，有个别莫昆家族有一种专门跟着女儿走的神灵，母亲供奉此神，她的女儿出嫁了，此神跟着去，女儿如果再生女儿即外孙女，神灵就继续跟着外孙女走。沃黎明立起自己娘家神灵之后，供奉夫家神灵有一定道理，因为她生活在夫家，是夫家的人，符合传统信仰习惯和礼仪风俗，但是，她供奉婆婆的外祖母的神灵就不是常态了，按照跟姑娘的传承传统，讷迪哈拉的神灵应该传给沃黎明的小姑子，但是，她供奉着父、母、公、婆四个家族系列的神灵。

2017 年，沃黎明再次举行领神仪式，这次她是领母亲莫昆家族莫日登哈拉寿儒托日苏浅的“寿儒托日苏·姑乌·太提”“出马”成为莫日登哈拉寿儒托日苏浅的“雅德恩”，这又是一个非典型传承情况。

沃黎明的传承之路同样曲折、复杂，她所供奉的神灵谱系众多，来源广泛，这在达斡尔族中并不多见，在当代的萨满传承和神灵供奉谱系中具有一定的典型性和代表性，说明了民族民间信仰传统具有强大的适应环境和形势的调适功能。

3. 仪式中采用大量的象征手法

领神仪式中，候选者迈过深坑或者从坑中跳出来或者放飞鸽子，还有射 3 只箭、跨越 3 堆篝火、跳上牛皮绳往返骑行式游走等都象征着准萨满引领自己的“翁果日”在奔跑、在行走。9 棵柳树代替 9 棵桦树，桦树本身就是“多姆”的意思，柳树代替桦树，更加具有象征的意味。

2017 年，我又有机会考察了三场萨满领神仪式，其中，两场是达斡尔族“雅德恩”的领神仪式，一场是通古斯鄂温克的“萨满”领神仪式。由于时间关系和篇幅所限，暂不能将这三场仪式内容纳入本书，留待将来深入研究与分析。不过，因为考察过几场领神仪式，也就领神仪式的有关问题对斯琴掛萨满、沃菊芬萨满进行过不止一次采访，所以我比较熟悉领神仪式的主要仪程内容和传承原则。需要指出的是，孟玉金与沃黎明两位之前都举行过“巴日西”领神仪式，“开”出并走“巴日西”之路，沃黎明于 2015 年举行的“巴日西”领神仪式我还考察过，前文有记述。2017 年两位都举行了“雅德恩”的领神仪式，并不是说“巴日西”可以或者必然升级为“雅德恩”，而是根据祖先神的意志“开”出一条新的“雅德恩”之路，即萨满之路。孟玉金的“巴日西”之路领的是莫日登哈拉崇斡罗莫昆的“巴日西·霍卓日”，由“莫日登·太提”传给她“巴日西”道路；2017 年再举行领神仪式，她是领莫日登哈拉崇斡罗莫昆的“雅德恩·霍卓日”，是接续上代萨满“雅德恩·爷爷”的道路成为西额莫日登浅的“雅德恩”；同样的，2015 年，沃黎明领沃热哈拉绰库勒莫昆[①]的“巴日西·霍卓日”举行领神仪式，由沃热哈拉绰库勒莫昆的“霍卓日·太提”传给她“巴日西”道路；2017 年，她是接母亲的父系莫昆家族莫日登哈拉寿儒托日苏浅的“雅德恩·霍卓日”，继承上代萨满“寿儒托日苏·姑乌·太提”成为莫日登哈拉寿儒托日苏浅的“雅德恩”。这首先说明了达斡尔族巫统道路的复杂性，也说明达斡尔族萨满传承在新时代的变迁情况。在萨满传承人匮乏的状况下，一个候选者承继不同祖先神走不同的巫统道路，这是一种适应时代发展和条件变化的变通方式。当然，一个“霍卓日·雅德恩”是不必再接续其他巫统道路，比如，巴日西、巴日耶浅、巴格其或者斡托西，因为，在达斡尔族领神者中“雅德恩”是最高级别的巫统人员，是真正的萨满。

二、领神仪式的功能

总结上述四场领神仪式，虽然形式有所不同，各有特色，但是分析对比之后，我认为领神仪式具有如下几个功能：

1. 为萨满候选人正式打开萨满之路，准萨满开始具有名正言顺的称号，成为公认的“嘎日森·雅德恩”

不同祖先神赋予不同的候选者走不同的巫统道路，走不同的道路要以

① 沃热哈拉绰库勒莫昆（/uərə xal ʧuokulə məkun/），沃热哈拉的分支莫昆。

不同的方式领神“出马”。以象征性的“雅德恩”的领神方式“出马”走“巴日西”的道路，要经过射箭、迈过四方形坑、踩踏跳越篝火[①]、跑圈的形式，射箭，通过四方形坑，踩踏跳越篝火是“雅德恩”打开道路的方式，围着矩形凉亭跑是象征性的“巴日西”打开道路的方式；走“雅德恩”道路，要经过射箭、踩踏跳越篝火、跳牛皮绳等形式，可能还要经历“阿日善”洁净环节、放飞鸽子、从坑洞跳出或钻出等形式，每个候选者也并不相同；走“巴日西”的道路，要经历认领“巴日西”的座位、在9棵白桦树之间穿梭往返跑“8”字形路线等形式。上述四场领神仪式中，候选人都没能在仪式过程中成功请神附身，但是，她们都已经经过正式领神仪式，可以开始光明正大地行走巫统道路，都成为公认的“嘎日森·雅德恩”、“嘎日森·巴日西”，而不是“布图”的道路了，已经“出来了”，正式出徒了，可以正式履行祖先神赋予的神圣使命了。

“雅德恩”“出马”，除了射箭、踩踏跳越篝火、放飞鸽子外，必须跳牛皮绳。斯琴掛萨满说，牛皮绳是神灵降临的重要通道，候选者带着“翁果日”跑，这是表示引领“雅德恩”的“祖先神”在跑，找到自己的路。“巴日西”围着矩形凉亭跑，那是引领“巴日西”的“霍卓日”在跑；“巴日西”在9棵白桦树之间穿梭着往返跑，那是引领“巴日西”的“霍卓日”在跑，是巴日西“出马”的典型形式。

2. 为新萨满或者候选者提供练习请神的场所和平台

2011年巴日西丁氏的领神仪式上，当时尚未“出马”的敖玉英练习请神灵附体。但是，没有成功请下自己的“翁果日”。

2014年“雅德恩”与“巴日西”鄂嫩朵拉的领神仪式上，已经经过正式领神仪式的敖玉英、敖智伟和斯琴练习请神降临，据说，只有敖玉英一人成功请神附体，其他两位没有成功。但是，敖玉英并没有开口说话。

2015年“巴日西”沃黎明的领神仪式上，敖玉英练习请神附体，并

① 篝火泛指一般在郊外地方，通过累积木材或树枝搭好的木堆或高台，点燃的火堆。雅德恩领神“出马”要迈过的篝火堆并不那么高，以便于候选者跳跃。

成功开口说话。据说这是明确表达祖先神意志的开始。

能够提供这样机会的萨满仪式并不多见，除了领神仪式，还有斡米南仪式能够为新萨满或者候选者提供练习请神附体，萨满祭祀自己的祖先神或者为其他人祭祀祖先神、祭祀龙神、祭祀敖包一般都不会提供这样的平台，萨满为人们的治病仪式更不可能为候选者提供练习请神附体这样的机会。所以，沃菊芬萨满说，机会难得！

2017 年 1 月 23 日，我得到沃菊芬萨满的特别许可，考察了她的年终祭祀祖先神仪式。沃黎明在沃菊芬的祭祀祖先神仪式上成功请神灵降临，这时，已经基本确定了她要接续母亲家族的祖先神道路即将成为莫日登哈拉寿儒托日苏浅的“雅德恩”。不过，这还是一个特别的例子，因为，沃黎明与沃菊芬同属于沃热哈拉绰库勒莫昆，拥有同样的“霍卓日”，相当于同一莫昆祖先神的子孙后代，必然支持她的神圣道路；再说，其他的人一般也是不被邀请参加莫昆·萨满祭祀自己祖先神仪式的，因此，当然也不可能有机会在这样的场合练习请神。所以，除了领神仪式、斡米南仪式外，还有祭祀祖先神仪式能够为新萨满或者候选者提供练习请神的机会。

3. 为候选者莫昆家族和参加仪式的族众祈福

我所看到的领神仪式都有“霍日耶”仪式，师傅萨满带领候选者莫昆家族和参加仪式的各莫昆家族、各民族族众、同胞及参加仪式的人们祈福。

在 2013 年“雅德恩”与“巴日西”的领神仪式上，师傅萨满与候选者家族还专门准备制作了“阿日善”，为候选者莫昆家族、师傅萨满家族以及参加仪式的其他族众、其他民族等所有参与者举行洁净仪式，为人们祈福。

2013 年的领神仪式是紧接着斯琴掛萨满祭祀龙神“罗斯”仪式之后举行的，所以，斯琴掛祖先“翁果日”对鄂嫩哈拉家的孩子、对仪式其他参加者说：

> 五月初五进来过的人们就不再指点了，因为时日的短暂，告诉后

面的人吧。李肯哈拉家的女孩“出马”的时候，你们要给予帮助，我在告诉。正月里我们再相见时再告诉吧。

可见，领神仪式，包括祭祀龙神仪式都是萨满为莫昆家族、族众同胞和亲朋好友祈福并劝导的大好时机。她们总是以祖先神的名义不失时机地劝告、警示，帮助莫昆、保佑族众。

4. 为未知的地方神灵现身提供机会和平台

2011 年丁氏领神仪式结束时，沃菊芬萨满再次进入神灵附体状态。据说，是一位地方河神“黑鱼精灵”不请自来，显示自己的存在，这在我所见过的诸多仪式中极其少见。据说，因为在河边举行领神仪式，河里的河神借此机会得以显现。

5. 安排后续仪式的主要事项和重要内容

领神仪式后几天之内接着有其他仪式的话，萨满神灵会安排下面将要进行的仪式准备工作、部分内容和重要事项。

在 2011 年丁氏领神仪式上，沃菊芬萨满“翁果日”“敖包 · 敖拉 · 额金”向沃氏家族主事男子部署了几天后将要举行的沃菊芬萨满的第二次斡米南仪式的有关注意和提醒事项。①

一般来说，相邻几日或者相隔不远举办两个仪式的话，在前面的仪式上，萨满常常以“翁果日”的口吻安排下面将要进行的仪式的有关内容。

6. 为新的神具、神器“开光”，赋予其神性和活力

领神仪式上，还有师傅萨满为候选者的神具用品“开光”的环节。“开光”是借用佛教用语，达斡尔语叫作“阿米拉贝”，即赋予神具用品以生命和活力的意思，其实是赋予神性和神圣意义。

领神仪式首先为候选者的神具和神服“开光”。在 2011 年丁氏领神仪式上，斯琴掛和沃菊芬共同击鼓唱祷，唱“阿米拉贝”，即给它生命，相当于激活的意思。两位萨满师傅通过涂抹牛奶、喷洒白酒等一套程序和做

① 即本书第五章记述的沃菊芬萨满的斡米南仪式，2011 年 7 月 19—21 日举行。详见第五章。

法，为候选者的萨满头饰、神鼓、念珠、铜镜“开光”，丁氏从此开始正式启用这些神具和神器。

领神仪式中师傅萨满还可以为其他徒弟的新神器、神具“开光”。在2015年“巴日西”领神仪式上，斯琴掛为孟玉金的神器铜镜、念珠等“开光”，赋予其生命和活力，赋予其神圣意义。可以如前所述按照既有程序和内容“开光”，也可以把新用品一直在主祭供桌之上摆放供着，仪式尾声，这些神器神具就已经“开光”了，激活了，可以佩戴、使用了。

7. 领神仪式提升师傅萨满的资历和等级

斯琴掛萨满说，师傅萨满给弟子举办一次领神仪式，就相当于自己做了一次“托若 · 托勒贝”，即斡米南仪式。因此，给弟子举办领神仪式，师傅萨满的资历得到晋升，本领增强。

三、领神仪式上萨满神歌对人们的警示、劝导和期望

在上述四场领神仪式上，师傅萨满斯琴掛和助祭萨满沃菊芬多次进入神灵附体状态对候选者提出使命要求，对候选者莫昆家族给予忠告和希望；还特别关注人们的健康，反复提醒人们要注意身体，并不时给出草药方，给出“多姆勒”办法；还对人们的出行安全作出警示，提醒人们要择日择方向出行；告诫人们要注意口舌，避免矛盾和纠纷；还提出对于不同民族一样看待的平等、和睦观念。

1. 对候选者寄予希望、提出忠告

在2011年领神仪式上，候选者祖先神首先降临于师傅萨满斯琴掛对候选者寄予期望，告知她领神仪式的关键仪程、仪式之后的规矩：

> 我拉了红线，给你办好事；我拉了白线，让你的道路清白。我给你修路，让你的神灵进来看看。拉了三条系着铜铃的线，把你的道路打开，让攀升的双龙坐好，我在给你开路。如果买萨满服，要杀生祭祀。在三堆篝火上跳过，你要跳着舞经过篝火。你要跑9圈，把“翁果日”收拢到身上，请他们进到屋里坐下。连续9天9夜你要给祖先

神敬洒，要给祖先神磕头。"托若树"送走的时候，要往博荣村方向敬洒杯中之酒，然后再往外送。从今往后7天里，给8个人看病试试。

沃菊芬萨满神灵对候选者提出忠告说：

不要为钱财而倒，多多帮助那些办大事的人；多多扶起身处患难中的人们，不断给他们修路，多多帮助苦难的人们。有困难的人们你要帮忙。"敖包·敖拉"，我们的"罗松"你要好好敬洒；我的"敖拉·敖包"你要好好指着敬洒。

在2013年领神仪式上，沃菊芬萨满神灵两次找到候选者嘱咐说：

你要对你的民族同胞有所帮助，要约束你的"莫昆·库热"，要帮助那些有难处的人们，你帮助万千人，对你的子孙后代好。

在2014年领神仪式上，沃菊芬萨满神灵对候选者忠告说：

你要帮助你的民族，要帮助民族的同胞。到任何时候，你都要帮扶起那些身陷困境中的人们，要帮助那些有难处的人们，你要多多扶起"霍卓日"。将来你走这条路的时候，你要多多帮助民族的孩子们，你要把"霍卓日"扶起来。你任何时候都要多多帮助别人，不要为钱财而倒，任何时候，别人的坏你都要回报以好。你要是想"抓"着"巴日肯"的道路而行，不要张开嘴骂人！不要说恶毒的语言！无论何时都不要为了别人的钱财而倒下！不要为了别人的东西而倒下！越是生活困难的人你越要帮助他们。绊跤摔倒的人，你要把他们扶起来！你要去他们的"莫昆"中，扶持起遇到困难的人们的"霍卓日"！

2. 嘱咐候选者莫昆家族全力支持候选者

巫统人员继承祖先神意志，是为了保护并服务于莫昆家族，因此，莫昆家族也有义务支持萨满履行神圣职责。在2013年领神仪式上，沃菊芬萨满祖先"翁果日"找候选者的兄长嘱咐说：

现在，我的属兔的孙子要"出马"的时候，虽然，她改换了屋门、大门，你要和妹妹肩并着肩，给她出主意，想办法，你要帮着她走。你要前后跟着照看着她走。

对候选者的丈夫叮嘱道：

你以后要前后跟着她、照看着她、跟着她行走（这条路），将来你一定不要小看我们的女儿，生病时照顾她，将来你一定不要说坏话，一定要帮助她，和我的属猪的孙子商量着互相帮助，好好带领着我的属兔的孙女。

3. 一再告诫人们要注意身体

在领神仪式上，候选者祖先神、师傅萨满祖先神不仅告诫候选者要注意身体，履行神圣职责，走好萨满路，还一再叮嘱莫昆家族和族众等其他人要注意身体，注意健康。

在2013年领神仪式上，斯琴掛萨满神灵一再告诫敖拉哈拉夫妇：

你们要注意身体。五月初五采摘的艾蒿做成药，喝三七二十一天，挪开你的病灾，修一修你的道路。然后找莫日登哈拉的人说：你要注意身体，你的血稠，胸口疼。看看医生吃点官家的药。结冰的时候你有一点病坎，到时你要注意。

4. 警示人们要注意出行安全

出行安全是至关重要的，萨满祖先神警示人们要择日择方向出行。在2013年领神仪式上，斯琴掛萨满神灵警示涂格敦哈拉属鸡的人：

我在告诉你，八月初三坐车走的时候，与属蛇、属猪、属羊和属鼠的人一起，不要去北面。你的属虎的媳妇，八月初四起7天不要去北面。

5. 嘱咐人们注意饮食安全

在2013年领神仪式上，斯琴掛萨满神灵劝告涂格敦哈拉属鸡男子：

好好修修你的道路，七月你有病坎儿，要躲着酒席走，有水的吃食要注意，要记住，要注意着走，本命年你有病坎。

6. 忠告人们注意口舌、免生是非

在2011年领神仪式上，斯琴掛萨满神灵告诫沃热哈拉属马的姑娘：

工作的地方要注意口舌，腊月初八不要去北面。然后，告知候选者，即将进入本命年，不要去红色的地方，不要穿红色衣服，注意口舌，九月二十不要去右边。

7. 忠告要结交好伙伴

现代社会，人们生活、交往的范围不断扩大，萨满神灵告诫人们无论在工作的地方还是聚会的场所都务必要注意口舌，免生是非，免生祸患。在2011年领神仪式上，斯琴掛萨满神灵告知候选者居住国外的属鸡的女儿说：

> 九月二十二，属鸡的女儿与属兔的、属虎的、属猴的人一起坐车出去玩，不要在结束前独自离开；注意像兄弟一样相处的人的言语、口舌，被别人的口舌、言语暗暗压着。

8. 劝告人们不同民族要一样看待、一样帮助

在2011年领神仪式上，沃菊芬萨满神灵对候选者说：

> 虽然，你是外甥孙女，外孙女，我一样看待你。虽然不是本民族，口舌发生了变化，你要好好供奉“敖包·敖拉”，立起自己的“罗松·敖包”。那么，你正骨、按摩的本领会更好吧。

在2014年领神仪式上，沃菊芬萨满神灵对候选者忠告：

> 不是你的民族的、是你的民族的，都来帮忙了。因此，你要好好打开你的路，要对民族有所助益。

以上这些，都是领神仪式上师傅萨满和助祭萨满在神灵附体状态下表达的内容，总的目的是教导候选者要行善、公平、正义、不为钱财而倒，为莫昆族众消灾求福，体现的价值是平安、健康、和睦、富裕、敬重神灵，等等。其中既有本民族的优秀传统文化，又有反映新时代要求的内涵，如不同民族要一样看待、约束莫昆、帮助民族都吸收了当代民族团结、和谐社会的内容，说明达斡尔族的萨满文化、萨满仪式是适应社会发展与进步要求的。

第三章 “敖包·塔克贝”：祭祀敖包仪式

在读硕士研究生期间，我考察过一场祭祀“敖包”求雨仪式。那是在1997年夏天，我在内蒙古莫力达瓦达斡尔族自治旗腾克乡特莫呼珠村参加“巴格其”吉日克主持的祭祀“敖包”求雨仪式。那个“敖包”修建在村子西面的山上，用一些大石头垒积而成。祭祀仪式上杀了几只鸡做祭品供奉敖包，鸡皮挂在旁边的树枝上，参加祭祀的都是村子里的男人们，村里的女人只是帮忙准备了供品和祭品，没有上山参加祭祀敖包活动。吉日克穿着平常的衣服，手中拿着一块大手帕，一边唱祷一边甩一甩手中的大手帕。①

读博士研究生后我考察的首个达斡尔族萨满仪式是祭祀“山登”及其“山登·敖包”仪式。②那是在2009年8月19日，斯琴掛萨满应邀为内蒙古鄂温克族自治旗巴彦嵯岗乡一位鄂温克族牧民涂格敦氏举行祭祀莫昆家族萨满“山登”的仪式。我第一次看到萨满墓“山登”，面朝一潭幽静的湖水躺在翠绿的半山坡上，了解到首次祭祀“山登”必须在其上面（北面）修建“山登·敖包”，知道了女人不能到“山登”的左侧（即西侧），也是第一次看到身穿“萨玛仕克”的斯琴掛萨满进入神灵附体状态。

后来，我又看了两次官祭“敖包”仪式。第一次是2010年6月18日鄂温克族传统节日“瑟宾节”早上，鄂温克族自治旗举行官祭“巴彦呼

---

① 记录这一田野考察的回忆文章《我的首次田野经历》发表于2019年11月，载于色音、宋小飞主编：《鸢飞鱼跃——民族学家的田野故事》，商务印书馆2019年版，第198—205页。

② “山登”，萨满墓；“山登·敖包”，是在“山登”的北面（也说是上面）专门为“山登”修建的“敖包”。详见第三章第一节。

硕·敖包”仪式，据说，自从恢复“瑟宾节”及庆典活动以来，当天清晨都要首先祭祀“巴彦呼硕·敖包”，这已经成为鄂温克族自治旗庆祝“瑟宾节”的一部分。我有幸观看并考察了那次隆重而盛大的祭祀仪式。那是一场真正的官祭敖包仪式，由鄂温克族自治旗旗委书记、旗长等政府官员与群众一起参加祭祀仪式和祈福活动。按照当地的传统风俗，主办方还邀请了附近寺庙的十多名喇嘛共同念经祈福。据说，这也是当地祭祀“巴彦呼硕·敖包”的应有之义，年年如此。第二次是2014年6月28日莫力达瓦达斡尔族自治旗在“斡包节”庆祝活动上举行的官祭“八旗衙门·斡包”仪式，与鄂温克族自治旗的官祭敖包相比有所不同，莫力达瓦达斡尔族自治旗的官祭敖包仪式正式开始之前，首先祭拜撒吉尔迪汗，祭祀仪式活动由莫旗民族宗教事务局和达斡尔学会共同组织，祭拜“八旗衙门·斡包”仪式由达斡尔学会资深男性长者主持。①

我真正有机会参与式考察由“雅德恩”主祭的达斡尔族民间祭祀“敖包”仪式是在2014年6月29日，即由斯琴掛萨满和沃菊芬萨满共同主持祭祀“尼日耶·敖包”仪式。虽然是应政府部门邀请举行仪式，但那是一场由“霍卓日·雅德恩”主祭的真正意义上的民间祭祀“敖包”仪式。了解达斡尔族萨满文化的人都知道，真正的达斡尔族萨满绝不会举行表演仪式，不会随便穿上神服、敲击神鼓，因为，请神必有请神的充分理由。

2015年7月1日、2日，我有幸再次参与式考察达斡尔族萨满主持民间修建敖包、祭祀敖包的仪式活动，那是由莫力达瓦达斡尔族自治旗腾克乡的鄂嫩哈拉7个莫昆发起、邀请斯琴掛萨满和沃菊芬萨满主持的恢复重建“鄂嫩哈拉·敖包”、祭祀“鄂嫩哈拉·敖包”仪式。②修建敖包仪式之前，出于尊重当地的风俗和习惯，她们还举行了一个祭祀“霍日里·绰

① “八旗衙门·斡包”即“八旗衙门·敖包”，发音相同，采用不同的汉字书写。

② 鄂嫩哈拉7个莫昆包括：开阔、博库尔浅、霍日里、伊斯尔、博斯呼浅、都尔本浅、齐尔莫勒登等。参见内蒙古自治区编辑组编：《达斡尔族社会历史调查》，内蒙古人民出版社1985年版，第204页。博斯呼浅即博斯克浅。

罗”[①]的仪式。据说，这个“霍日里 · 乌塔其”[②]是腾克乡一带的古老山神，生活在这里的人们包括鄂嫩哈拉 7 个莫昆的人们都供奉它。通过这次考察，加深了我对达斡尔族萨满主持修建及主祭哈拉—莫昆敖包仪式活动的了解，我发现祭祀敖包的目的和诉求较过去也有了一些新内涵，体现了时代发展的新特点。

2015 年 7 月 7 日，我有幸考察了沃菊芬萨满祭祀“雅德恩 · 敖包”仪式。这个仪式相当私人化。据说，这个“雅德恩 · 敖包”是沃菊芬上代“雅德恩”的墓，其实也是用石头累积而成的“敖包”，故称其为“雅德恩 · 敖包”。祭祀“雅德恩 · 敖包”相当于祭祀“山登”。2016 年，我考察了莫力达瓦达斡尔族自治旗库如奇乡和杜拉尔乡主办的祭祀敖包仪式。2017 年 6 月 3 日和 7 月 13 日，我先后考察了鄂温克族自治旗南屯（即巴彦托海镇）莫日登哈拉各莫昆自发组织重建的祭祀“莫日登 · 敖包”仪式和莫力达瓦达斡尔族自治旗塔温敖宝镇祭祀“甘珠尔迪 · 敖包”仪式。2016 年的两场祭祀敖包仪式和 2017 年塔温敖宝镇的祭祀敖包仪式，虽然都是由乡政府倡议发起、民间集资组织恢复重建工作，但是我把这三场仪式都归为民间祭祀敖包仪式，原因有二：一是主祭者为达斡尔族的“霍卓日 · 雅德恩”斯琴掛和沃菊芬；二是这些“敖包”原本都曾经是民间自发修建并一直供奉。现在，基层政府出面组织恢复重建过去的地方敖包是顺应民意，传承弘扬民族传统文化。由于本书篇幅所限，加上这几场祭祀敖包仪式的萨满神歌及跟踪访谈还有待于进一步翻译和完成，而且，“山登”及“山登 · 敖包”还有别于一般的哈拉—莫昆家族敖包和地方敖包。因此，本章仅以 2014 年 6 月 29 日祭祀“尼日耶 · 敖包”为例，介绍、分析当代达斡尔族萨满祭祀莫昆家族敖包仪式主要仪程、特点和功能。

截至 2017 年，我参与式观察及调研的祭祀“敖包”仪式简况见表 3–1。

---

① 霍日里 · 绰罗（/xʊrli ʧʊlʊ:/），霍日里石头，指霍日里山山神。

② 霍日里 · 乌塔其（/xʊrli uta:ʧ/），直译“霍日里老爷子”，指“霍日里 · 绰罗”之主，即霍日里山山神。

表 3–1 笔者参与式观察及调研的祭祀“敖包”仪式简况表[①]

时间	地点	仪式名称	祭祀性质、主办者、主祭者
1997 年 7 月 19 日	莫力达瓦达斡尔族自治旗特莫呼珠村	祭祀“敖包”	民间祭祀敖包，莫力达瓦达斡尔族自治旗腾克乡特莫呼珠村村民自发举行，“巴格其”吉日克主祭
2009 年 8 月 19 日	鄂温克族自治旗巴彦嵯岗	祭祀“山登”及“山登·敖包”	民间祭祀敖包，鄂温克族涂格敦氏主办，斯琴掛主祭
2010 年 6 月 18 日	鄂温克族自治旗	祭祀“巴彦呼硕·敖包”	官祭敖包，鄂温克旗政府主办，副旗长主持
2014 年 6 月 28 日	莫力达瓦达斡尔族自治旗民族园内	祭祀“布特哈八旗衙门·斡包”	官祭敖包，莫力达瓦达斡尔族自治旗民宗局与达斡尔学会共同主办，达斡尔学会理事主持
2014 年 6 月 29 日	莫力达瓦达斡尔族自治旗尼尔基镇西北郊	祭祀“尼日耶·敖包”	民间祭祀敖包，莫日登哈拉 7 个莫昆等主办，斯琴掛、沃菊芬主祭
2015 年 6 月 29 日	莫力达瓦达斡尔族自治旗腾克乡	祭祀“霍日里·绰罗”	修建、祭祀鄂嫩哈拉敖包的准备仪式，斯琴掛、沃菊芬主祭
2015 年 7 月 2 日	莫力达瓦达斡尔族自治旗腾克乡	重建“鄂嫩哈拉·敖包”选址暨奠基仪式	民间修建敖包，鄂嫩哈拉 7 个莫昆主办，斯琴掛、沃菊芬主祭
2015 年 7 月 2 日	莫力达瓦达斡尔族自治旗腾克乡	祭祀“鄂嫩哈拉·敖包”	民间祭祀敖包，鄂嫩哈拉 7 个莫昆主办，斯琴掛、沃菊芬主祭
2015 年 7 月 7 日	莫力达瓦达斡尔族自治旗西博荣村	祭祀“雅德恩·敖包”	莫昆·萨满祭祀“山登”，沃菊芬主祭，斯琴掛领祭
2016 年 7 月 2 日	莫力达瓦达斡尔族自治旗杜拉尔乡	祭祀“杜拉尔·敖包”	民间祭祀敖包，杜拉尔乡主办，斯琴掛、沃菊芬主祭
2016 年 7 月 1 日	莫力达瓦达斡尔族自治旗库如奇乡	祭祀“谊岗·敖包”	民间祭祀敖包，库如奇乡主办，斯琴掛、沃菊芬主祭
2016 年 7 月 1 日	莫力达瓦达斡尔族自治旗库如奇乡	祭祀“布拉日·敖包”[①]	民间祭祀敖包，库如奇乡主办，斯琴掛、沃菊芬主祭
2017 年 6 月 3 日	鄂温克族自治旗	祭祀南屯“莫日登·敖包”	民间祭祀敖包，鄂温克族自治旗南屯莫日登哈拉主办，斯琴掛、沃菊芬主祭
2017 年 7 月 13 日	莫力达瓦达斡尔族自治旗塔温敖宝镇霍日里村（当地都叫作大门庄）	祭祀“甘珠尔迪·斡包”	民间祭祀敖包，塔温敖宝镇主办，斯琴掛、沃菊芬主祭

① 布拉日·敖包（/bʊlar ɔbɔː/），泉水敖包。

第一节　达斡尔族的敖包崇拜及传统祭祀习俗

一、达斡尔族的敖包崇拜

（一）达斡尔人所供奉敖包的含义

日本学者池尻登在《达斡尔族》的附文中说，一踏进蒙古地方，给人留下的印象就是“鄂博”（“敖包”）。山的顶端，高坡之上，小土丘上，河岸边，湖畔，只要能当目标的地方，就有用石头堆积起来的圆锥形的石堆，这就叫作“鄂博”。经过鄂博旁边，必须下马敬虔下跪礼拜，祷告旅途安全。然后上马再向下一个鄂博继续赶路。鄂博的本体是土地神。他们认为自然界的变异，全在于鄂博，如不祈祷，必遭灾难。①

根据多年田野调查和多次访谈，我发现，达斡尔族所供奉的“敖包”的本体实际上是山神之一种或水神之一种，也是地方神或地域保护神。

如前所述，山神崇拜在达斡尔族信仰观念中的地位非常重要。在达斡尔族萨满教的观念里，深山密林里的山神不止一个，修炼多年而成精的动物，占据着高山、悬崖，成为深山里“敖雷”的“额金”、“哈德”的“额金”，它们都是山神。山神种类繁多，有“西额·敖雷”，意为大山神，即狐仙，被认为是成精的狐狸；有“乌其肯·敖雷”，意为小山神，即小黄仙，被认为是成精的鼬鼠；还有“额特日肯”，义为黑熊神，被认为是成精的黑熊；还有“古斯克”，义为狼神，被认为是成精的狼。它们都是经过长时间的修炼成为精灵，成为高山、悬崖的“额金”，都属于“山神”系列，都是“山神”。② 一般达斡尔族人家普遍供奉的山神主要是“西额·敖雷”和“乌其肯·敖雷”。

---

① 参见［日］池尻登：《达斡尔族》，奥登挂译，达斡尔历史语言文学学会编印，1982年，第58页。

② 参见萨敏娜：《试论达斡尔族萨满教的神灵世界》，《世界宗教文化》2014年第5期。

这其中，很多“山神”，特别是野外大型动物精灵，成为哈拉—莫昆敖包的“额金”。“山神”本来是自在生长于此地的长期修炼成精的动物精灵，人们出于主动原因或者被动原因请它们保护自己的莫昆家族，为其修建敖包，供奉“敖包·额金”。因此，“敖包·额金”首先是“山神”之一种。达斡尔族除了山系神灵敖包，还有水系神灵敖包如“罗松·敖包”和“布拉日·敖包”。这种敖包同山系敖包一样，起初也是哈拉—莫昆修建的家族敖包，后来渐渐发展成为地域性（或者叫地方）水系神灵敖包。这种水系神灵敖包的“敖包·额金”其实也就是水神之一种。

随着社会发展和时代变迁，达斡尔族也不再完全按照莫昆家族为单位聚居在一起，村屯群落的哈拉—莫昆发生着变化，“敖包·额金”逐步发展成为该地地方保护神，掌管着这一方水土，接受居住在这里的不同莫昆人们的供奉，人们相信“敖包”能够守护、保佑他们。所以，“敖包·额金”还是一种特殊形式的地方神。

呼伦贝尔地区有一个敖包叫作“安门·敖包”，坐落在内蒙古陈巴尔虎旗境内。据海拉尔达斡尔族老人讲，“安门·敖包”原来是达斡尔人修建起来的，“安门·敖包·额金”①是跟着“达·霍卓日”②的，是从达斡尔族的祖先神最开始立起来的时候紧跟着被立并一直供奉着的神灵。现在，通古斯鄂温克、巴尔虎蒙古、海拉尔达斡尔，居住在附近的各族人们都来祭拜“安门·敖包”，“安门·敖包”已经成为地域守护神，那里的人们认为，谁磕头献供，“安门·敖包”就保佑谁。起源于一个民族哈拉—莫昆的“敖包山神”已经发展成为居住于此的各民族共同崇拜、供奉的地域保护神。

斯琴掛萨满说：“实际上敖包的来历都不一样。”③我们可以将“敖包”看作是祭祀各种“山神”或“水神”的综合性平台，并不是一成不变和单

① 安门·敖包·额金（/anmən ɔbɔ: əʤin/），安门·敖包（安本·敖包）之主，即安门·敖包神。

② 达·霍卓日（/da: xʊʤʊr/），远古祖先神。

③ 参见丁石庆、赛音塔娜编著：《达斡尔族萨满文化遗存调查》，民族出版社 2011 年版，第 240 页。

一的祭神场所，这样，“敖包”的多样性就好理解了。

（二）达斡尔族供祭的几种主要敖包

敖包的形式不是固定统一的。一般是高五到六尺，直径约一丈五尺的圆锥形。一般都是用石头垒积而成。在游牧地区，中间插柳树捆的为多数。定居地带是老树干周围堆积石头而成的较多，这种情况称老树为神树。①

按照修建与供奉主体不同，达斡尔族民间祭祀的“敖包”主要有：

1. 哈拉 / 莫昆・敖包

有哈拉敖包，也有莫昆敖包，以莫昆敖包居多。目前，莫力达瓦境内的家族敖包主要有沃热哈拉博荣・敖包、莫日登哈拉尼日耶・敖包、索都日哈拉・敖包、鄂嫩哈拉・敖包、郭博勒哈拉满尼・敖包等。

哈拉 / 莫昆・敖包中还有一种专门修建于大江、大河边上的“敖包”，叫作“罗松・敖包”（海拉尔达斡尔群体叫作“罗斯依・敖包”），是祭祀水神、河神的莫昆家族敖包，按照传统信仰观念，确切地说“罗松・敖包”是“龙神”的居所。据说，“罗松・敖包”就是河神所在，哪个哈拉—莫昆立了就是哪个哈拉—莫昆的，不过其他哈拉—莫昆也都可以去，祭拜了也都能够得到保佑与庇护。莫日登哈拉就在嫩江边上修建了家族“罗松・敖包”，属于莫日登哈拉，但是，其他哈拉—莫昆的人们也可以去祭拜，人们相信，谁供奉保佑谁。沃热哈拉在诺敏河边修建了哈拉—莫昆的“罗松・敖包”，属于沃热哈拉，人们同样认为谁供奉保佑谁。

2. 地方（地域）敖包

地方敖包（或者叫地域性敖包）主要是在不同哈拉—莫昆开始混居的情况下逐步出现的。很多地方敖包原本属于某哈拉—莫昆，后来随着传统氏族组织的松散和瓦解，逐渐变成该地方不同姓氏莫昆居住者共同崇拜和供奉的对象。此类敖包一般以本地名称命名“敖包”，在莫力达瓦达斡

---

① 参见［日］池尻登：《达斡尔族》，奥登挂译，达斡尔历史语言文学学会编印，1982 年，第 59 页。

尔族自治旗有这样的敖包，比如“拐勒·哈德·敖包”① 就属于这种情况。它原本是郭博勒哈拉塔温浅② 修建、所属敖包，年久失供。近年，由居于此地的沃氏等族人恢复重建并开始供奉，成为拐勒村一带的地方敖包。重新恢复修建的乡镇村屯“敖包”也属于此列，如“杜拉尔·敖包”、“库如奇·敖包”等。

地方敖包同样有水系神灵敖包，即“布拉日·敖包”，类似于“罗松·敖包”，不过，“布拉日·敖包”不是修建于江河边上，而是一般修建于山脚下的泉眼旁边。2016 年，莫力达瓦达斡尔族自治旗库如奇乡“布拉日·敖包”恢复重建并启动至少连续三年的祭祀仪式；2017 年，阿尔拉镇“布拉日·敖包”恢复重建并开始祭祀仪式。这两个地方的“布拉日·敖包”都是由乡镇政府倡议发起、民间集资修建，请斯琴掛萨满和沃菊芬萨满共同主持重建仪式和祭祀仪式。

3. 敖包·敖拉

敖包还有一个别称“敖包·敖拉”，直译为“敖包山”，顾名思义，“敖包·敖拉”是指“敖包”所坐落的山或者山脉。提到“敖包·敖拉”，并不是在讲那座山、那座山脉，而是代指建于那座山上的敖包及“敖包·额金”，敖包的统领者和主宰者，莫昆家族或者地方（地域）的守护神。因此，“敖包·敖拉”可以说是哈拉 / 莫昆敖包或地方敖包的别称或者代指。

比如，莫力达瓦达斡尔族自治旗境内西博荣村的博荣山。因为博荣山上有很多敖包，据说，有两组 13 座敖包，特别是还有沃菊芬萨满所属沃热哈拉绰库勒莫昆的“雅德恩·敖包”，③ 所以，博荣山在沃菊芬萨满的神歌中常常也被叫作“敖包·敖拉”，即敖包山，实际上在说“博荣·敖包”及其主宰者“敖包·额金”。还有，现在的“尼日耶·敖包”所在的莫力达瓦达斡尔族自治旗尼尔基镇民族园对面的西山山脉，在神

---

① 拐勒·哈德·敖包（/gʊajil xad ɔbɔ:/），拐勒山崖敖包。

② 郭博勒哈拉塔温浅（/gʊ:bəl xal ta:unʧen/），即郭博勒哈拉塔温浅莫昆。

③ 博荣山上的“雅德恩·敖包”实际上有两座，一座是沃热哈拉绰库勒莫昆第七代“霍卓日·太提·敖包”，另一座是第八代“雅德恩·爷爷·敖包”。

歌中也被叫作“敖包·敖拉”，实际上是指重新修建于此地的新的“尼日耶·敖包”。但是，整个山、山脉都要全体莫昆成员保护它的洁净，并致以崇敬。

上述哈拉/莫昆·敖包，包括罗松·敖包、敖包·敖拉主要由莫昆全体成员共同祭拜。地方敖包，包括地方布拉日·敖包由居住生活于此的人们供奉祭拜，目前由乡镇村屯负责人牵头重建并组织祭祀活动为主。

4. 山登·敖包

“敖包”中还有一种特殊的敖包，就是“山登·敖包”。许多人以为“山登”就是“山登·敖包”。其实，“山登”是“山登”，是已故萨满墓；“山登·敖包”才是真正的“敖包”，是在“山登”北边（一般说“上边”）数十米处的山坡单独修建的“敖包”。

据说，“雅德恩”的死期临近时，他会就主持自己葬仪的“雅德恩”以及自己的墓葬地址立下遗嘱，而被指定主持葬礼的“雅德恩”也将会通过“索罗”（巫梦，即萨满梦，也被称为“神灵托梦”）而预知此事。在一般人的葬礼上除了特殊情况外，萨满不能以萨满的身份参加。但在萨满的葬礼上，一定要有一名萨满来参加并主持葬礼。达斡尔人把一般墓地称作“花仁”①，过去采取莫昆公共墓地的形式，但其中不包括“雅德恩”的墓地。“雅德恩”的墓地由他本人在生前选定，多数选在山顶或者山坡上。海拉尔达斡尔人把“雅德恩”墓地称作“山登”。② 大间知笃三认为，这一名称与呼伦贝尔陈巴尔虎族（指巴尔虎蒙古族）和索伦族（指鄂温克族）相同。但布特哈群（指今莫力达瓦达斡尔族自治旗的达斡尔群体）中无此语。所以可以推断，“山登”是达斡尔人移住呼伦贝尔之后采用的名称。③

过去，达斡尔人对已故“雅德恩”实行风葬。据民间传说，上代萨满

① 花仁（/xʊarn/），也写作“花然”，莫昆公共墓地。

② 大间知笃三记为 shandon 的发音，因此，翻译者译为“山敦”。也有学者写作“尚德”。据调查发现，准确发音为 /ʃandəŋ/，故汉语发音写作“山登”，都是萨满墓地的意思。

③ ［日］大间知笃三：《达斡尔族巫考——以海拉尔群体为例》，载辻雄二、色音编译：《北方民族与萨满文化——中国东北民族的人类学调查》，中央民族大学出版社 1995 年版，第 62—63 页。

去世后把其安坐在石头顶端，三年后脱落了，骨头进到石头之间。在此基础上添加石头修建成萨满墓，举行第二次葬礼。这与大间知笃三的考察记述相似。据说，“山登”一般在几年中被野火烧掉，又有人说，萨满生前越伟大，这一过程越短暂。数年后只留白骨，举行第二次葬礼，即把遗骨集中起来上面堆一座石堆。① 这座石堆就是“山登”。从山登往北数十米的地方即山顶上或者山坡高处修建敖包，叫作“山登 · 敖包”。这是为“噶吉日 · 额金”而筑立的敖包。斯琴掛萨满解释说，“山登”必须要有“敖包”，这是向地方神求一块宝地，为下一代萨满人开一条通向未来之路，含义深刻。“山登”与“山登 · 敖包”只是去世的“雅德恩”一个人的，一般只有已故萨满的后代接续萨满及家人供祭，一旦开始祭祀就要连续祭祀三年。沃菊芬萨满及其沃氏家族 2003 年、2004 年、2005 年连续三年祭祀“雅德恩 · 敖包”；2015 年开始启动新一轮祭祀仪式活动，也是连续祭祀三年。

二、民间祭祀敖包传统

达斡尔人祭敖包由来已久，并十分普遍。选临近的土岗或山包，垒积石块成尖塔形，中心植一棵树，作为祭坛。平时过路者下车下马，在石堆上添加石块，以示崇敬。原来以莫昆为单位聚居时，以莫昆为单位设置敖包，按年祭祀，杀牛、羊或者猪供祭。后来随着地域杂居，开始形成以屯落为单位的敖包，杂居的各莫昆共同祭祀。祭敖包的目的主要是祈求风调雨顺、五谷丰收、牲畜兴旺。敖包集会上还要进行群众性的赛马、摔跤、搬棍、颈力等体育比赛活动。②

不过，居住和生活于不同地方的达斡尔人、不同时期祭祀敖包的风俗

① ［日］大间知笃三：《达斡尔族巫考——以海拉尔群体为例》，载辻雄二、色音编译：《北方民族与萨满文化——中国东北民族的人类学调查》，中央民族大学出版社 1995 年版，第 63 页。

② 参见内蒙古自治区编辑组编：《达斡尔族社会历史调查》，内蒙古人民出版社 1985 年版，第 256 页。

不尽相同，没有统一定制。

日本学者池尻登在《达斡尔族》中认为，妇女和萨满不参加敖包祭祀。他说，达斡尔人也和蒙古人一样祭祀敖包。可是由于定居，有敖包的部落和村庄，就以部落和村庄为单位祭典，以祈祷风调雨顺、家畜平安、五谷丰登。从前，似乎不允许妇女参加，现在去敖包集会的妇女也极少。尤其萨满是不参加敖包祭祀的。祈雨时把牺牲（牛羊）拉到敖包前宰杀，作为供品。由主祭人读祭文，然后大家一起磕头。祈祷完毕用供品会餐一顿。①

吴卫荣认为，祭祀敖包由主祭人宣读祭文，萨满唱祈神歌、跳吉祥舞，他记述的是齐齐哈尔地区达斡尔人祭敖包的情况：最早，每个氏族都有自己的敖包。如今齐齐哈尔郊区的敖包村，就是清代随宫村（现大五家子村）吴力斯哈拉祭祀敖包的地方。祭祀敖包在每年初夏种完地后的农历五月间举行。每当祭日，人们都像过节一样参加祭典。祭祀前，先在敖包上插上带有青枝绿叶的柳树枝或桦树枝，以象征五谷丰收和牲畜兴旺。祭典一开始，首先上供煮熟的牛、羊、猪肉，奠祭白酒，敖包的四周点火焚香。当主祭人宣读祭文后，雅德恩围绕着敖包唱祈神歌，跳吉祥舞，大家向敖包叩头，祈求风调雨顺，各业兴旺。仪式结束后，大家用供品会餐，进行摔跤、赛马和射箭等体育活动。②

鄂温克旗巴彦托海索木达斡尔族祭祀敖包的情况代表了海拉尔地区达斡尔人的祭祀习俗：在呼伦贝尔地区，过去除各旗联合祭祀的敖包，并有旗、索木级的敖包。这里的达斡尔人也有祭敖包的习惯，如南屯的满那和登特科两个爱里联合祭祀胡吉尔诺尔敖包，西屯的阿尔哈昌爱里祭祀查干敖包。每年夏季祭一次，富裕户出牛羊几头为祭祖之用，其他杂费由各户

① 参见池尻登：《达斡尔族》，奥登挂译，达斡尔历史语言文学学会编印，1982年，第59页。

② 参见吴卫荣：《祭敖包与那达慕》，《嫩水达斡尔人》，载吕大吉、何耀华总主编，满都尔图主编：《中国各民族原始宗教资料集成·达斡尔族卷》，中国社会科学出版社1999年版，第296页。

均摊。请喇嘛念经，不赛马也不摔跤，除妇女外凡男子都来参加。每个莫昆墓地上也都有敖包，达斡尔语称为“华然·敖包”[①]。

《达斡尔资料集》记载：敖包即郊祭坛，择于高山岗或大山巅上，以土或石垒成圆式敖包。每岁5月间，屯人咸集敖包前，用牛或猪羊祭之。巴格其祝祷者，以祷告词祷告、祈求天地、山川、神祇威灵感格。风雨以时、灾疠以消，五谷丰登，大畜繁殖等词。祷毕宰牲，分节煮荐，巴格其仍祷告1次，此时众皆焚香叩拜祭毕，生熟肉按户均分之，此民祭敖包之俗礼。其他森林山地也有敖包，系打猎及采木山林生活者祭之，每经过其地，必拾石块添垒其上或插草木以增繁荣其祭意无非祷告，默佑一切平安，凡事顺利为求，祭品：香、果、酒、礼等物，并挂彩布一条，放鞭炮等。[②]

总之，虽然，不同的达斡尔群体祭祀“敖包”的风俗有所不同，但是祭祀目的基本差不多，都是风调雨顺、家畜平安、五谷丰登等等。此外，综上所述及我本人的调查发现，祭祀“敖包”确有一些禁忌和风俗。过去，妇女不参加祭祀“敖包”，有的地方甚至不允许女人接近“敖包”；现在，一般达斡尔地方都允许妇女参加祭祀“敖包”的活动，但是女人仍然不能上到“敖包”上面去绑系哈达或者插柳树枝，这种禁忌习俗一直延续下来。

那么，还有一个问题，就是萨满到底能不能参加祭祀“敖包”？经过考察我认为，传统修建“敖包”、祭祀“敖包”都由“雅德恩”主持、主祭，因为按照信仰习俗，“敖包”是由“额金”主宰的，必须由萨满唱祷才能邀请某个“额金”就座于“敖包”。后来情况发生一些变化，原因比较复杂，目前一些节日化的祭祀敖包虽然也意在祈祷风调雨顺、家畜平安，但是，

① 满都尔图：《巴彦托海索木达斡尔族情况——达斡尔族调查材料之二》，载吕大吉、何耀华总主编，满都尔图主编：《中国各民族原始宗教资料集成·达斡尔族卷》，中国社会科学出版社1999年版，第296页。“花然·敖包”（/xʊarn ɔbɔ:/），也写作“华仁·敖包”（/xʊarn ɔbɔ:/）。“爱里”（/æli/），或“爱勒”（/æl/），村，村子，这里指莫昆。

② 参见《达斡尔资料集》（第二集），民族出版社1998年版。

主要变成了节庆风俗。而坚持传统萨满教信仰的地方，仍然要请萨满主持修建敖包、祭祀敖包仪式。几十年来，没有公开活动的萨满也是导致祭祀敖包活动萨满缺失的原因。近年来，越来越多的莫力达瓦达斡尔族自治旗地方的达斡尔族民间哈拉、莫昆恢复重建、修建敖包、祭祀敖包都邀请斯琴掛萨满和沃菊芬萨满主祭。另据说，鄂温克族自治旗地方的达斡尔族一些莫昆虽然没有请萨满主祭敖包，但是，修建及祭祀“敖包”的时间选择、祭祀方式和祷告内容等还是请萨满提前预测占卜。2017 年，鄂温克族自治旗的莫日登哈拉几个莫昆联合修建了“莫日登・敖包”，邀请斯琴掛萨满和沃菊芬萨满共同主持祭祀敖包仪式活动。

此外，如大间知笃三所说，敖包・额金还是氏族共同神。对于氏族共同神，以莫昆为单位举行定期性的或临时性的共同祭祀。今日的敖包祭多为地缘集团的祭祀活动。但地缘集团由同一血缘集团构成时，这种祭祀活动必然要带有氏族共同祭的性质。这种祭祀由亚他堪（即“雅德恩”）或者巴克西（即“巴格其”）来主持的事例，今天在布特哈群体（指今天莫力达瓦达斡尔族自治旗地方的达斡尔族）中也不罕见。①

需要说明的是，达斡尔族的祭祖区分为纯粹血缘关系的祭祀祖先和神格意义上的祭祀祖先神。祭祀祖先、续修莫昆族谱、祭祀莫昆公共墓地、个别地方祭祀敖包活动，都由莫昆达（氏族长）或者德高望重的族中年长男子主持，不请萨满主祭，女人也不允许参加这样的祭祀活动。过去，女人不进入家谱之中，所以，与单纯男性血缘祖先相关的任何祭祀活动，女人都不能参加。只有那些与祖先神有关的祭祀活动包括哈拉—莫昆家族祭祀敖包才必须由“雅德恩”主祭。有些地方祭敖包也有请“巴格其”或族中男性长者主祭唱祷的。

① 参见大间知笃三：《达斡尔巫考——以海拉尔群体为例》，载辻雄二、色音编译：《北方民族与萨满文化——中国东北民族的人类学调查》，中央民族大学出版社 1995 年版，第 62 页。

三、官祭敖包传统

自清代有文字记载以来，除民间祭祀的敖包外，还有官方主祭的敖包。在（达斡尔族社会历史调查）调查组征集到的在《瑷珲条约》签订前绘制的布特哈八旗官兵巡逻外兴安岭地区的线路图中，标记有不少敖包，它们都是官方主祭的敖包。①

达斡尔人祭祀敖包，除了民间祭祀外，“也有公祭之制，向由总管、副管均祭。总管祭者曰衙门敖包，在宜卧奇后屯之北约五里许山顶之敖包。副管祭者曰旗敖包在尼尔基屯东山头之敖包。其祭制仍用牛、猪、羊等牲，每年春秋两季祭祀之。祭时总管率领官兵全体临场烧香，读祝文。内容指天地、山川、神祇为主，所祷之词与民祭同，不用巴格其。其秋季祭则感谢神灵之保佑、风调雨顺、五谷丰登、人畜平安，仍祈加惠施恩，免除一切灾害为主要祭词，祷肉署内分配。旗敖包的祭法与衙门敖包同。佐校则不祭。公祭有游艺会举行较射、赛马、角力或舞蹈等活动”②。

这里所说总管祭者“衙门敖包”原来位于宜卧奇后屯之北约五里之山顶，所说副管祭者“旗敖包”在尼尔基屯东山头之敖包。国家在莫力达瓦达斡尔族自治旗（简称“莫旗”）的嫩江支流修建水库，需要炸平尼尔基镇东山头。2001 年莫旗人大、政府经过专家论证并讨论通过决议，决定将东山头上的“旗敖包”迁址，选定在莫旗民族园内北面山坡高岗之上，并与“衙门敖包”合并重新修建，叫作“布特哈八旗衙门敖包”，并定于每年 6 月 28 日举行官祭布特哈八旗衙门敖包仪式。

副管所祭“旗敖包”原来位于尼尔基屯（镇）东山头，当地人们都称为“老山头”，这个“旗敖包”实际上就是原来的“尼日耶·敖包”。据说，最开始迁到嫩江西岸居住的是莫日登哈拉 7 兄弟，叫作“多罗·莫

---

① 参见内蒙古自治区编辑组编：《达斡尔族社会历史调查》，内蒙古人民出版社 1985 年版，第 256 页。

② 参见《达斡尔资料集》（第二集），民族出版社 1998 年版。

日登”[①]，其中的尼日耶浅在嫩江边西岸的半壁悬崖高山“老山头”上修建了“尼日耶·敖包”，虽说是尼日耶浅修建，但孟氏其他6个莫昆都前来祭拜，大家都知道这是老孟家的敖包。以后陆续迁到嫩江西岸的其他哈拉—莫昆达斡尔人居住在莫力达瓦这个地方，后来的达斡尔人也都去祭拜“尼日耶·敖包”。当时，清朝政府设置布特哈八旗以后，八旗副管带领官员祭拜“尼日耶·敖包”，形成官祭“旗敖包”的传统。中华人民共和国成立以后，于1958年8月15日建立莫力达瓦达斡尔族自治旗，延续了祭拜“旗敖包”的传统，每年8月15日旗庆日全旗各机关单位、团体、民众都在“老山头”上举行庆祝活动，并首先集体祭拜“尼日耶·敖包”。

2001年原来的“尼日耶·敖包”（即旗敖包）搬迁并与原来的“衙门敖包”合并，修建了“布特哈八旗衙门敖包”。莫日登哈拉需要有自己哈拉—莫昆的敖包，选址在民族园西南的山坡高地修建了新的“尼日耶·敖包”。从此，莫日登哈拉尼日耶浅最初修建后来兼有“旗敖包”功能的原来的“尼日耶·敖包”二合一的功能分离，属于旗敖包的功能并入衙门敖包，纳入官祭敖包系列；属于哈拉/莫昆敖包的功能由莫日登哈拉牵头，由老孟家、老沃家、老郭家等7个哈拉的达斡尔人为主体的不同家族于2007年自发重新修建了新的“尼日耶·敖包”，重新归属于真正民间敖包的形式，但这个敖包也已经不是原来意义上的单一莫日登哈拉的哈拉/莫昆敖包了，而是由达斡尔族的几个不同哈拉—莫昆，据说还有一个鄂温克族哈拉的加入而修建的综合性敖包了。具有了一定的地方性、地域性。但在实际生活中，还是莫日登哈拉的人们在维护打扫这个敖包，供奉祭祀也基本上是由莫日登哈拉的莫昆家族发起组织。这个新的“尼

① 多罗·莫日登（/dʊlʊ mərdəŋ/），直译“7个莫日登”，即莫日登7兄弟，同属莫日登哈拉崇斡罗莫昆，包括尼日耶浅（/nir’iʧen/）、寿儒托日苏浅（/ʃəʊrutʊrsu ʧen/）、西额·莫日登浅（/ʃi’ə mərdəŋʧen/）、乌其肯·莫日登浅（/uʧikən mərdəŋtʃən/）、会托日·莫日登浅（/xʊitʊr mərdəŋʧen/）、乌日昆·莫日登浅（/urkun mərdəŋʧen/）、西博奇浅（/ʃiboʧiʧen/）。

日耶·敖包”就是下文中记述的2014年6月29日祭祀的敖包。

清朝后期至民国年间，不仅在莫力达瓦达斡尔族自治旗有官祭敖包的惯例，在呼伦贝尔地区其他地方官祭敖包也很盛行。池尻登在《达斡尔族》的附文“鄂博”（即敖包）中有记述：蒙古人祭祀“鄂博”（即敖包）在五、六、七月间，这是每年节日中的主要一项。其中最盛大的是巴尔虎博古达敖拉的“鄂博”（即敖包）祭。每当节日时节，省长以下的官吏们穿着古式服装参加，他们在和和气气的气氛中进行献供品奏祭文，请喇嘛念经、赛马、摔跤、设宴等项活动。这种祭典往往聚集几千人，所以在兴安北省（现在的呼伦贝尔——译者）都当做一年中的一个重要节日来隆重举行。达斡尔人一般也和蒙古人一样祭祀鄂博（即敖包）。①

官祭敖包不请萨满主祭，过去由总管、副管主祭，现在由族长及年长男子们领祭。本书主要考察达斡尔族萨满主持或者主祭的仪式，所以，官祭敖包暂不在本书中研究和讨论。

第二节 2014年祭祀“尼日耶·敖包”仪式实录

一、祭祀“尼日耶·敖包”的缘起

1. 此座敖包的渊源

“尼日耶·敖包”的变迁情况如上文所记，此处从略。

2. 本次祭祀敖包的缘起

2014年6月29日，斯琴掛、沃菊芬主持祭祀莫力达瓦达斡尔族自治旗“尼日耶·敖包”。此次仪式实际上是莫力达瓦达斡尔族自治旗政府、旅游局为了评审萨满文化之乡而专门发起，请两位萨满举办一个仪

① ［日］池尻登：《达斡尔族》，奥登挂译，达斡尔历史语言文学学会编印，1982年，第59页。

式，斯琴掛萨满和沃菊芬萨满决定祭祀“尼日耶·敖包”。如前所述，“尼日耶·敖包”地位特殊，原来以一个姓氏哈拉、一个莫昆修建的敖包代表全莫日登哈拉、代表全旗的公共敖包接受全旗人们在旗庆日祭拜、供奉；而且，这一年祭祀据说时机也非常恰当。斯琴掛萨满的丈夫、得力助手巴特尔说，敖包建立起来以后，需要连续三年大供，献牲猪牛羊等，三次都由萨满主持。连供三年以后，第三次神灵附体后会告诉，下次何时再供。2014 年“尼日耶·敖包”是第四年供，本来连续三年已经供完了，莫旗政府为了评选萨满文化之乡邀请斯琴掛、沃菊芬做一个仪式，斯琴掛决定祭祀“尼日耶·敖包”。一来因为“尼日耶·敖包”的特殊地位，二来因为 2014 年是马年，马年吉祥，让“hi·莫日耶”[①] 飞扬，正是祭祀敖包的好时候。

二、祭祀敖包的准备工作

“达斡尔人过去每个家族莫昆或屯落都有自己的敖包，每年祭一次，以求五谷丰收，人畜平安。”[②] 许多敖包是原来就有的，达斡尔族各莫昆一直供奉，上代萨满一直供奉。近几十年，由于各种原因一度中断。近十年，新一代萨满修建了一些敖包，承接上代萨满和莫昆家族、乡镇村落继续供奉它们。进入 21 世纪以来，莫力达瓦达斡尔族自治旗除了官祭“八旗·衙门·敖包”，民间敖包基本上都是由斯琴掛萨满和沃菊芬萨满带领重建并祭祀的。

原来，哈拉—莫昆敖包都是莫昆·萨满选址、莫昆家族各家各户集资修建。现在哈拉—莫昆修建敖包也恢复为请萨满选址。据说，选址的意义在于萨满向拟修建敖包所在的“噶吉日·额金”求一块宝地。敖包修建完

① hi·莫日耶（/xiːmʊri/），据沃菊芬萨满介绍，也叫作克依·莫日耶（/kiːmʊri/）、哏·莫日耶（/xənːmʊri/），掌管运气之神，意为提升运气更高一层、更进一步，是达斡尔、蒙古、鄂温克等少数民族普遍供奉的吉祥之神。

② 满都尔图主编：《达斡尔族百科词典》，内蒙古文化出版社 2007 年版，第 253 页。

成后，还要请萨满击鼓唱祷赋予敖包“生命和活力”，叫作“阿米拉贝”，然后，萨满和莫昆代表先后向敖包敬洒牛奶、敬洒大米。敬洒牛奶是希望子孙后代像牛奶一样心地洁白，敬洒大米是希望子孙后代像大米一样繁荣兴盛。据说，敬洒东西很重要，但最重要的还是萨满的祷告，祷告是祈请“敖包·额金”坐在敖包之上，祈请“敖包·额金”保佑莫昆全体，那是实质内容。修建敖包要在敖包中心点的地下埋宝瓶，象征着财富、平安、健康，等等；还要在地下埋1米长的“高里·莫德”[①]，敖包上面石头中间竖立十几米高的“高里·莫德”，露出于敖包之上，上下一条线，都叫作“高里·莫德”，我称之为“敖包中心柱”，据说“高里·莫德”相当于敖包的“朱日乌”[②]。地下的永久埋藏，上面的可以更换，如果腐朽了没有人换的话，说明后继无人。

“敖包”新立或者重建以后，一般要连续杀牲献祭三年，献牲祭祀属于大祭，莫昆全体祭拜或者特别缘由需要祭祀，献牲祭祀要请“雅德恩”主持。三年大供以后，莫昆成员前往供奉、祭拜敖包，供一些酒水、牛奶、点心、水果都可以，根据祭拜者的条件和心意选择供品，而不必一定献牲。

（一）祭祀敖包头一天的准备工作

1. 头一天的准备工作

准备彩色绸布条，彩色四方旗，购置供品，等等。

斯琴掛让在莫日登哈拉七个莫昆中找12个属相的小伙子，沃菊芬及孟玉金等人开始在莫昆中点人，需要按照属相找出12个年轻男子参加祭祀尼日耶·敖包仪式，商议出供品牺牲的分配金额。

2. 头一天晚上“达日卡贝”仪式

晚上，在沃菊芬家的“巴日肯”屋举行了“达日卡贝”仪式。孟氏几个男子跪拜斯琴掛萨满的、沃菊芬萨满的祖先神。斯琴掛萨满和沃菊芬萨

① 高里·莫德（/gəli mədə/），敖包中心柱。

② 朱日乌（/ʤuruː/），心脏。

满身穿民族服装，头戴萨满头饰，击鼓唱歌祷告，敬告祖先神们哪些领着“霍卓日·巴日肯”的人们来了，姓氏哈拉—莫昆及属相，还有哪些孟氏子孙来了，祈请平安康健，祈请保佑一切顺利，等等。第二天的仪式上，降临的祖先神、“敖包·额金”会告知提前磕头祈福的人们的注意事项并给予祝福。

（二）祭祀当天早上的准备

1. 摆放供品

斯琴掛、沃菊芬亲自指导摆放供品。沃菊芬弟妹、孟玉金、孟孝瑞在敖包前面的石桌上摆放点心、水果等。沃菊芬弟妹、孟玉金儿媳在供桌旁剥鸡蛋皮。

沃菊芬在指挥摆放供品。

供品很快摆好，有九层高的点心盘子、水果盘子、牛奶、白酒、红酒、罐头、一碗“拉里”等。

主祭供品摆放完毕，其他人才开始在石桌上摆放自己带来的一些供品。一些来人先转起了敖包。

2. 拉彩色四方旗

“尼日耶·敖包”上的中心柱的顶端向四周拉起了悬挂彩色四方旗的绳子。

3. 在敖包中心柱绑系哈达

巴特尔上到敖包顶上，在中心主柱上绑系了一条白色哈达。一个孟氏小伙在上面绑系了一条黄色哈达。然后，其他人开始上去绑系自己的哈达，有蓝色、白色等。按照规矩，只有男人可以上到敖包上面，女人不能上去。因此，下面的女人们就不断把自己的蓝、白哈达递给巴特尔和那个小伙，请他们代为绑系。后来，一些年轻男子也上去绑系自己的哈达。主要是莫日登哈拉各个莫昆的男子，还有进到他们的“莫昆·库热”的男子们上去绑系、敬献哈达。

4. 搭建柳枝架子摆放红牛的主要部位

巴特尔指挥帮手们在敖包西南角上搭建柳枝架子，先搭建了像双杠一样的架子，大约五六十厘米高，上面堆放了许多柳树枝，献牲的红牛宰杀完毕，帮手们把红牛的四蹄连着细皮条搭在柳树枝上面，上面放肝、胆、肺，然后在柳树枝的最北侧朝北摆放了牛头，看起来像是牛朝北站在敖包西侧。一碗牛血，一小段牛动脉，放在牛头的南面，实际上是牛头的后面挨着牛皮的地方。

沃小军过来对附近人们说，你们要注意点，离那些（献牲绵羊的）皮远点，刚才有一个女的从那跨过去，这个最忌讳。那样，对你们本人不好。

5. 柳枝上绑系彩色绸布条

斯琴掛指挥大家在柳树枝上绑系彩色绸布条，她首先在柳树枝上绑系了一条黄色绸布条，并告诉周围人们要在柳枝枝杈的地方绑系，她说，美观地绑！大家纷纷上前绑系彩色绸布条。然后，敖包上的年轻男子把下面人们绑好彩色布条的柳枝用绳子围起来固定在敖包上面的中心柱上。下面绑系好彩色绸布条的柳树枝源源不断地往上递，小伙子们就继续在敖包中心柱上绑系、固定这些柳枝。

敖包上的柳树枝基本插好了，固定了。还有后来的一个小伙子上去绑系自己的哈达。

围绕敖包中心柱插柳树捆是希望后代子孙繁荣兴旺，像松树一样长青，像鲜花一样盛开。柳条上绑系五彩布条，是敬天敬地，敬四面八方的神灵。

6. 供奉地方神灵

斯琴掛弟子孟孝瑞和沃菊芬的家人准备到旁边不远的地方摆放供品，供祭地方神灵。孟玉金嘱咐带上东西，她们说，啥都不缺了。孟玉金最后整理供品，摆放 9 只“卓拉”，3 只“卓拉”为一组，9 杯牛奶、红酒、白酒等，也是 3 杯一组。

7. 点燃桑烟，洁净仪式场地

铁林在敖包的东南、东北、西南、西北四个角上堆放四堆桑烟并将其点燃了。铁林解释说，点燃桑烟一为驱邪，二敬各种神灵。

采伐来的柳树枝真不少，人们还在绑系彩色绸布条，往敖包上递。

8. 敬洒牛奶，唤请神灵

孟玉金对孟利州说，多洒点牛奶。孟利州、娜仁格日勒等人在敖包周围洒牛奶。其他来人有的已经开始在敖包周围转圈并向敖包敬洒牛奶了。

9. 宰杀并煮熟献牲的猪、牛、羊

敖包南面小路西侧几百米远的林边草地，就是此次祭祀敖包仪式宰杀并煮献牲的地方，再往西一些草地边的沙石上东西方向一字排开五口大铁锅，锅里倒满了清水，铁锅下面架设好的柴火已经点燃，开始烧水准备煮肉。

帮手们首先宰杀了一只白色绵羊，取出有关部位和一小段主动脉，供到敖包前的供台上面，开始剥皮。然后，宰杀了一头红色公牛，也是取出有关部位和一小段主动脉，供到敖包旁边的柳枝架子上面，开始剥皮。

另一组杀猪的帮手们到得有点迟。铁锅下的柴火燃烧正旺，铁锅里的清水已经烧开。大铁锅附近，一只待宰杀的黑白花猪四脚绑缚在一起躺在地上。一台四轮车后面，帮手们正在宰杀一头大黑猪。然后，把黑猪抬到最西侧的一口大铁锅旁停放的四轮车与铁锅相连的大铁板上开始煺猪毛。一个男子不断从大铁锅舀了开水倒在黑猪身上，另外的一个男子用专用工具刮猪毛。后来的帮手们杀完猪、煺猪毛的时候，东面的三口大锅已经开始煮上红牛肉了。

这些专业帮手们动作麻利，两只猪肉、一只羊肉很快都下了锅。待全部献牲的猪牛羊肉煮熟并摆上供台之际，准备工作基本完成，仪式即将正式开始。

正对敖包的小路对面树林旁，搭建了一个凉棚，凉棚下面铺上一个大方形地毯。

三、祭祀敖包主要仪程

1. 斯琴掛、沃菊芬萨满穿神衣、唱《请神衣佑助歌》

煮熟的牛肉已经摆放在敖包西侧柳枝架子旁，煮熟的猪肉也已经摆放在敖包前的供台西侧地面的木板上，开始摆放煮熟的羊肉。全部的牺牲都已经供在敖包周围，仪式即将正式开始。

斯琴掛在助手们帮助下开始穿白色衬裙、穿萨满服，唱《请神衣佑助歌》。沃菊芬在助手们帮助下开始穿白色衬裙、穿萨满服。

穿戴好神服，沃菊芬戴萨满帽，斯琴掛戴面具“阿巴嘎拉岱”。铁林拿着一铁锹燃着的桑烟在沃菊芬、斯琴掛周围熏了熏，然后，放到她们装神服、神具的汽车下面。

斯琴掛、沃菊芬共同击鼓，斯琴掛开始唱“德比三”神歌序曲，助手们跟唱。

2. 斯琴掛“翁果日”“达其·敖包·赛日跌·额金”① 降临

唱了几句神歌，斯琴掛就开始转圈、倒地、左右翻滚，助手们上前帮忙，把她面朝尼日耶·敖包即北面扶坐在凳子上。斯琴掛的孟氏弟子们和沃菊芬的家人首先跪拜。助手喊姓孟的人们上前跪拜。孟氏几十人跪拜在斯琴掛面前。斯琴掛坐定后，在助手们帮助下，沃菊芬也在地毯东面朝西坐在凳子上。斯琴掛击鼓唱“德比勒”神歌，助手们跟唱。斯琴掛接着唱道：

> 我来自原来的敖包山，来到这方水土，我来到兄弟莫昆之间找一下他们吧。

助手附和：嘛！嘛！斯琴掛神灵开始叫人告知注意事项：

> 第一，说一说敖拉哈拉属鸡、属虎的孩子们吧。我要喝你的酒壶

① 达其·敖包·赛日跌·额金（/daːʧi ɔbɔː sairdiə əʤin/），原来敖包的年老额金，指原来的“尼日耶·敖包”之主。

中的酒。

被叫者敬献白酒。喝罢献酒，斯琴掛继续击鼓唱道：

夏天的时候，我口渴着行走，托敖包兄弟的好，我有了五个屋子，我有了座位坐着，我有了吃的喝的。我感谢莫昆的孩子们，我高兴啊！既然见面了我想要说一说高兴的心情。我会照看着你们的孩子行走，我会帮助你们的哈拉—莫昆。虽然我口才不好，身体也老了，我还是想和见了面的孩子们说一说我高兴的心情。我想告诉你们几句话。

助手附和：嗻！嗻！

你要注意你的身体。你立起了祖先神，你要注意自己的疾病坎坷。秋天八月初七，你不要去东北方向，大年初四不要去北面。结冰时节你有坎儿，你要注意自己的身体而行走。你要让你的祖先神高兴地行走，我会把你的疾病挪开，把你的坎坷移走，我要让你的孩子们晋升。我在说，我在告诉。你不要心里老是生闷气，偶尔不快集聚起来你的胸骨会痛，心情不快导致语言有失。你要注意啊！

说一说“敖包·敖拉”的事情吧。我一直帮助民族莫昆行走。虽然我的（原来）水土遭到了破坏，我还是来坐到了自己的地方。我的“罗松·敖包”被弄脏了。让十二个属相的小子，再加上莫日登哈拉两个属龙的小子，把敖包弄干净，让他们围着敖包转三圈，四面八方迈十三步，然后敬洒白色的牛奶，迈完十三步到敖包来磕头。我在说，我在告诉。有三个人想用花纸“厌胜（压胜）”①，做了“多姆勒”，夹到了敖包石头中，他们的名字我就不说了，我要让十三个人用十三个数字化解。为了我的敖包，你以自己的身体奔波，因此我要告诉你。

第二，我说一说敖拉哈拉多恩浅爱里属虎的小子吧。

---

① 厌胜，《辞海》释义：古代方士的一种巫术，谓能以诅咒制服人或物。“厌”字此处念ya（阴平韵），通“压”，有倾覆、适合、抑制、堵塞、掩藏、压制的意思。

助手呼唤被叫者的名字。

你要注意地行走，你想回到自己的地方。你不要着急，九月看看有无升迁机会，你听听消息吧。在工作的地方你要心意诚挚行走，那样才能达成你的愿望。秋天八月十五、十六的时候，你不要去南面，也不要去北面。结冰时节你坐在有轮子的车走的时候要注意看着点，不要与属羊、属蛇、属狗的人一起去北面。你要不断达成自己的心愿，在工作的地方不断进步升迁。你要让你的“霍卓日·巴日肯”高兴，你要经常给“敖包·敖拉”敬洒。

第三，莫日登哈拉的某某小子。（一个男子上前跪拜。）你在公家工作呢。你的“霍卓日·巴日肯”在帮助你，“敖包·额金”在高兴。你要注意你的这个身体。有时候你在心里想想你的“巴日肯”，有时候你把它们放在后背上。真的在意，你要在心底里想着你的“霍卓日·巴日肯”，你要占据着自己的一方水土。

说一说自己的事情吧。我靠着金色山崖坐过，我翻滚着诺敏河、纳文江下来的，我看着“博荣山”，我求着“拐勒·敖包”，我相信着“伊斯尔·哈德”①，我坐在这个山上了，我跟着你们莫日登哈拉一代又一代，我是“达其·敖包·赛日跌·额金”。说真的，有标记到来的我的身体，我作为“额金”主宰者、主人是有规矩行走的。你们把我扶坐起来了，我很高兴！莫日登的孩子们，我会帮助你们，我立在七兄弟的莫昆中间了，你们给了我居住的房子，我要把我高兴的心情告诉我的孩子们。

斯琴掛神灵接着对刚才的莫日登哈拉的人说道：

你要注意身体，你的身体有坎儿，我在说。你的这个身体，把疾病挪开，你要吃点官家的药。草木霜冻时节，九月二十，不要乘坐红色车辆去西北方向。你要给敖包敬洒牛奶敬洒酒，不论你身在何方我都会照看着你。

---

① 伊斯尔·哈德（/isər xad/），伊斯尔山崖。

第四，莫日登哈拉属虎的小子，喝了你献的茶，告诉你几句话。

中年男子跪献茶水。

你是穿着长衫来的吗？你给敖包磕头，你立起原有的“霍卓日”行走呢，有一些“阿勒腾·索罗”① 给你解释一下，你要注意行走。八月初三、十三你不要出门，不要去出血的地方，我在告诉。你不要吃野生动物的肉，你不要砍树。你要向沃热哈拉“霍卓日·雅德恩”求一些“泰日米特·切”，喝。我在告诉。你听懂了吗？

助手代答，听明白了。斯琴掛神灵接着叫人嘱咐。

第五，莫日登哈拉西博奇爱勒属狗的小子。喝了你献的茶水告诉你几句话。

巴特尔说，磕头呢。被叫者跪献茶水。

你要注意身体。到了秋天九月的羊日不要出门，不要乘坐红色有轮子的车子，不要参加红、白喜事，被口舌压着。我要给你汇聚“阔托日·博音”。

助手倒一杯牛奶让斯琴掛咬住，斯琴掛一甩头，把牛奶杯甩出来，被叫者已经站起来用民族服装的长摆衣襟接住；助手倒第二杯牛奶让斯琴掛咬住，牛奶杯甩出，被叫者再用衣襟接住。斯琴掛一共甩了三个牛奶杯子，被叫者一一用衣襟接住。然后，斯琴掛神灵继续击鼓唱道：

你的身体有大坎，我把你的“阔托日·博音”给你叠放好。你要注意身体，你要注意祖先神给你的“阿勒腾·索罗”。草木霜冻时节你要注意，我在告诉你。告诉你属蛇的媳妇，六月初八、八月十八、十月初八不要去南面；要挪开疾病，要移开怒气。我在说，我在告诉。

第六，莫日登哈拉寿儒托日苏属鸡、属狗的孩子。（两个男子跪拜磕头。）你们要供奉祖先神，要不断地敬洒。正月的时候我再三告诉。……告诉属狗的孙子吧，红、白喜事不要去，不要做红色的衣服，

---

① 阿勒腾·索罗（/altəŋ sʊlʊ/），金色的梦，意为神灵托梦。

不要骑红色的马，我在告诉。要注意口舌，九月二十二，不要去东北方向，会出口舌纷争，我在说，一旦有口舌纠纷会出大事，走路的时候也要注意。

第七，莫日登哈拉西博奇莫昆，属猴的小子，告诉你几句话。(助手呼唤被叫者) 在公家的地方工作，你要注意，虽然你的道路正确，你也要注意自己的身体。八月初四不要去北面，你要注意口舌压制怒火，否则你会进入别人的口舌。我在说，我在告诉。即使祖先神帮忙，你要一样供奉祷告。八月你要注意，结冰时节你要注意。和属鼠、属蛇、属鸡的人一起出去的时候要注意。我在说，我在告诉。

莫日登哈拉属龙的小子。(一位老人过来磕三个头。) 喝了你献的酒壶中的酒，告诉你几句话。(老人敬献白酒，再次跪拜磕头。) 你的地方强大啊！你要占据着自己的地方和水土。你要祭祀“罗斯依·敖包”(龙神敖包)。……

第八，西博奇爱里属猴的小子、属马的姑娘。(女子跪听。) ……

第九，杜拉日哈拉属狗的姑娘。(被叫者过来跪拜。) 你会得到升迁，你要好好占据着自己的地方。你要注意自己的身体，今年你有点病坎。……

第十，属猴的领导。(助手呼唤被叫者过来跪拜。) 你在公家做领导呢。……给你告诉几句话。今年六月你有点病坎。……祝你健康长寿，你会看着子孙后代成长。我在说。我高兴！到了你的地方，我想喝你献的茶水。

被叫者敬献奶茶。喝罢奶茶，斯琴掛快速击鼓，快速说话，又说了一些祝福健康吉祥的话。然后，斯琴掛神灵离开。

3. 沃菊芬“翁果日”“罗松·敖包·额金·莫日登·太提”① 降临

旁边沃菊芬站起身跳跃，然后倒地打滚，左右滚动几下，沃菊芬神灵

---

① 罗松·敖包·额金·莫日登·太提（/lʊsʊŋ ɔbɔː ədʒin mərdəŋ tajti/），龙神敖包之主莫日登·太提（/mərdəŋ tajti/）。

降临，助手将她扶坐在凳子上，沃菊芬开始击鼓唱歌：

扎梅伊勒阿，扎恩德恩达，德么扬古；扎梅伊勒阿，扎恩德恩达，德么扬古。（唱完，她击鼓说道）一代接一代，我从黑龙江下来的，我顺着纳文江、诺敏河来的，我把七个泉眼翻滚着走来。今天这样的好日子里，我来了，我见到了我的子孙们，我高兴啊！我是“罗松·敖包·额金·莫日登·太提”。

孟氏弟子们赶紧双手合十再拜。助手喊，老孟家，赶紧上前来磕头。

“多罗·莫日登”我的孙子重孙们都来了，我高兴呢！寿儒托日苏领着“西额”①、“乌其肯”②来了；西博奇浅领着“西额”、“乌其肯”来了；西额·莫日登浅来了；乌其肯·莫日登来了；会托日·莫日登来了；乌日昆·莫日登来了；尼日耶浅也来了。所以，这么长时间了，也有我没见过的孙子重孙，他们来（敖包）的时候偷偷摸摸地来。今天，我都看到你们的容貌了，我高兴啊！

第一，沃菊芬萨满神灵找寿儒托日苏子孙。

莫日登哈拉寿儒托日苏属猪的孙子重孙，我要喝你献的白酒。（助手呼唤被叫者。）你从远方来，虽然不是专程来看我，但是，今天，你迈步来到这里，我高兴！我的孙子重孙们，今天来给“敖包·敖拉”磕头。

被叫到的年长男子上来跪拜。助手引导他献酒。献完白酒，他跪拜磕头。

我喝过你的白酒，虽然不是你专门带来的白酒；今天，你给我献酒，我还是很高兴！你领着孙子重孙来了，我高兴啊！不是原来的尼日耶浅供奉的“多罗·莫日登”的“敖包”吗？把地方泥土挪开的时候我到这里坐下来了。③因此，你来了，我高兴！你以后要让你的子

① 西额（/ʃi'ə/），大，指代“西额·敖雷”，即大山神。

② 乌其肯（/uʧikən/），小，指代“乌其肯·敖雷”，即小山神。

③ 指莫力达瓦达斡尔族自治旗尼尔基水库修建时，尼尔基镇东面嫩江边（即纳文江）山崖尼日耶·哈德炸平时，“尼日耶·敖包”从山上迁到现在的地方。

孙后代来这里磕头，那么他们的道路会更好。你为了民族不断向前迈进，你要让孩子们好好明白（这些事情）。任何时候，你只要呼唤“敖包 · 敖拉”，我都会帮助你。既然见面了，你的坎儿我给你告诉一下吧。你的身体有点毛病，你的血有点稠，你有些头疼，那个情况你要吃点药。你回来的话，要给“敖包 · 敖拉”敬洒些水。你要喝些泉水，你要给我修好我的七个泉水，你的子孙后代将来都像泉水一样清澈地行走，读书做学问的本领不断增强，不断进步。时代在变化啊，我的孩子们都不再知道（历史）了。原来的时候，都是以莫昆为单位（给我）磕头来着，供奉来着。因此，虽然是尼日耶浅的敖包，寿儒托日苏浅也都来磕头。现在，“莫昆 · 库钦”① 都来了，我高兴啊！因为你年长，所以我跟你说（这些）呢。原来的时候，我在“多罗 · 莫日登”要饭来着。（说到此处，沃菊芬开始哭泣。）我想着让我的莫日登浅（即莫日登哈拉）做大官而奔走，我（给人）看病的时候，人们都说我是疯子。那时候，你们哪里管我叫“莫日登 · 额头乌”啊?! 你们把我喊作疯老太太！因此，我那时被黑土埋着、被悬崖夹着。现在，我有了“罗松 · 敖包”坐着呢，我高兴啊！今天，这么久了，我的“多罗 · 莫日登”的孩子们并没有都来。（说到这，沃菊芬哭得更厉害了。）你们奉献的白色的食物我没有因此而高兴，你们奉献的有颜色的酒我没有因此而高兴，你们的供品水果我没有因此而高兴。我的子孙们都这样走的话，占据着尼日耶街里，早都成就美好的道路了！我转着“多罗 · 莫日登”走的时候，人们叫我疯老太太。我那时老是跑到“尼日耶 · 哈德”② 哭泣，“罗松 · 额金”说给我本领，然后，我告诉人们（预知预见的事情）的时候，他们说我是傻子、是疯子。我在“多罗 · 莫日登”的野外跑来着，我从“扎梅 · 伊勒阿”③ 里面跑来着，

① 莫昆 · 库钦（/mokun kuʧin/），莫昆家族成员。

② 尼日耶 · 哈德（/nir’i xad/），尼日耶山崖，指莫力达瓦达斡尔族自治旗尼尔基镇原来的老山头。

③ 扎梅 · 伊勒阿（/ʤaːməj ilə’a/），一种叫作“扎梅”的花，当地人称刺梅花。

然后，人们说我是傻子，把我扔到了水里。所以，我把自己的身体坐在了“罗松”上面。我有“哈日·其昂·额金”①，我有“哈日·奴吉日·额金”②，我让泉水翻滚着行走，我的本领好！

助手附和：嗻！嗻！

我在不断帮助莫日登哈拉的人们。你从肩膀拽他们，他们都不知道！你指点着他们的额头，他们也不知道！你拽着他们的手，他们还不知道！尽管如此，我不和子孙们较劲、斗气。我会不断帮助你们。所以，你要不断修好泉水啊！（希望）我的子孙们都有像泉水一样明亮的心，思想和方法不断进步，好好学习文化和本领，对国家有所助益，帮助民族同胞。

第二，找尼日耶浅子孙。

尼日耶浅我有属羊的孙子重孙。你不管束民族同胞，你的兄弟你都不好好告诉。你占据着地方坐着，（可是）孩子们你都不再那么照看。你管着点自己的民族吧，你要照看着莫日登哈拉，尼日耶浅你要管护些啊！

助手问，属羊的是谁呀？被叫者还没有到来。

你们要多多教给小孩子们本领，那样，你的达斡尔民族不是也能不断向上进步吗？

助手附和：嗻！嗻！

我的孩子们都让我高兴啊！

第三，找西博奇浅子孙。

西博奇浅我有属狗的孙子重孙，我想喝你献的有颜色的酒。（被叫者跪献红酒。）你在莫日登哈拉西博奇浅出了“巴格其”，你出了“巴日西”。因此，莫日登的孩子们你要照看着行走啊！你要把他们的大坎化小，小坎化无，你要帮助那些有本领的孩子们好好读书学文化。

① 哈日·其昂·额金（/xar ʧiaŋ ədʒin/），黑白之主，指蛇神。

② 哈日·奴吉日·额金（/xar nudʒir ədʒin/），黑蛇之主，指蛇神。

即使你不能帮助民族，也要管束着莫昆哪！尼日耶浅七个莫昆的孩子们你都要照看一些，他们不知道的事情你要告诉他们。“敖包·敖拉”被弄脏的时候，你经常自己悄悄地过来打扫干净，这些为什么你一点都不告诉孩子们？你怎么不带着“多罗·莫日登”的孩子们来收拾呢？现在，“敖包·额金”告诉要整十年，你听明白了吗？按道理，你都应该进到“莫昆·库钦”里面，帮助民族同胞，帮助那些身处困境当中的人们。今天，你不走自己的“巴格其”、“巴日西”道路，所以，把苦难都背负在自己身上过日子呢。你走一走自己的道路吧！那时，我不是一直会在你的左右告诉你吗？我不是一直在给你“阿勒腾·索罗”吗？任何时候你们问“莫日登·太提”，我都会给你们托梦，抛给你们“阿勒腾·索罗”，我会不断告诉你们思想和方法，我都能让你们的本领彰显。原来的时候，我能让发黄的树木抽绿芽，我能让枯萎的树木开鲜花，我能让子孙繁盛兴旺。我在不停地帮助我的孩子们。

莫日登哈拉西博奇浅属狗的、属龙的、属虎的、属猪的、属猴的。(被叫到的人们上前跪拜磕头。助手说，你的子孙们给你磕头呢。)我想喝你们献的有颜色的酒。今天，你们都来了，我高兴呢！你们献的白色牛奶我没因此而高兴。今天，你们说要看自己的“霍卓日”、自己的“敖包·敖拉”来了，我高兴呢！你们要好好培养你们的孩子长本事，要让他们好好学文化，以便他们能够帮助民族莫昆，为国家出力。你们要约束、管理“莫昆·库热”。好日子里我下来了，想着给你们聚福，所以我叫你们了。我要把你们的疾病都给丢掉，我要用白色的泉水给你们“泰日米特”。

助手给沃菊芬喝了一大口矿泉水，沃菊芬分三次喷洒在这些跪拜者脸上。

第四，找西额·莫日登浅子孙。

西额·莫日登浅属虎的孙子重孙，我要喝你献的白色牛奶。(助手代献牛奶。) 你的身上不是有点毛病吗？你喝酒应酬的时候要注意点。为了修路，你要用酒做“泰日米特”。你不是被别人的口舌压到了吗？所以，你要经常敬洒牛奶、敬洒酒，那么，你的道路会越来越好吧。八月初九，你不要坐车去西北方向，你要躲着点有轮子的车；到了晚上，你要给“多罗·霍德”① 磕头，你要连续 7 天晚上磕头，那样，你的生命坎儿会没有吧。

西额·莫日登浅属马的孙子重孙，我要喝你献的白色牛奶。（一名男子跪献牛奶。）西额·莫日登不是“抓”过你吗？你的“雅德恩·爷爷”不是“抓”过你吗？所以，你所走的道路不是不一样吗？以后看看吧。你要注意身体，你的身上不是有毛病吗？你要多吃点草药，我的“敖包·敖拉”的草药、我的“泰日米特”草药你要拿回去喝，那么，你的疾病会消失吧。你不是在公家工作吗？你不是在家以外的地方工作吗？因此，你要多多在你工作的地方敬洒牛奶、敬洒酒。你马上就会回来了，所以，你要不断修路。无论何时，你遇到困难的时候，你只要喊你的“莫日登·太提”，我都会帮助你。

莫日登哈拉，西额·莫日登浅，我要找莫日登哈拉的孩子们，我要喝你们献的白色牛奶，我要用泉水给你们洗一洗，让你们的疾病都丢掉，你们的苦难都去除，你们的道路像牛奶一样洁白，把西额·莫日登的孩子们都好好抚养长大，增长他们的才干和本领，帮助民族，为国出力，统领“莫昆·库热”。

第五，找乌其肯·莫日登子孙。

我要找乌其肯·莫日登属虎、属猪、属牛的孙子重孙。

助手喊，乌其肯·莫日登浅！没有人上前来。助手说，您给告诉得了。沃菊芬击鼓说道：

你们连自己的哈拉—莫昆都不知道了吗？你们来到我的这个“敖包”，你们是以为来玩笑取乐的吗？你们来了，我看到你们了，我高兴。你们连自己的哈拉—莫昆都不知道了，不是吗?!

---

① 多罗·霍德（/dʊlʊ xʊd/），北斗七星。

第六，找会托日·莫日登子孙。

会托日·莫日登属猴的孙子重孙，我想喝你献的白色牛奶。（被叫者跪献牛奶。）我的子孙们都来了，我高兴。我放了标记，进到院门、屋门，进到“莫昆·库热”，我想好好帮助我的孙子重孙，修好你们的道路，希望我的子孙代代出生得好，好好学本领。我要喝你们奉献的白色牛奶，给你们“泰日米特”。

助手给沃菊芬喝了一大口牛奶，沃菊芬把牛奶喷洒在两个年轻男子脸上。

第七，找乌日昆·莫日登子孙。

乌日昆·莫日登属猪的孙子重孙，我要喝你们奉献的白色牛奶。

助手喊，乌日昆·莫昆！另一位助手也喊道，乌日昆·莫昆！没见人上来，助手说，您给告诉吧。沃菊芬击鼓说道：

你要修路，立起自己的院门屋门，把“莫日登·太提”请到你的家里。你的日子不是差一些吗？你的道路不太好，你都没有把你的“祖先神”扶立起来请其坐下，你的“西额·敖雷”非常能闹，捣乱，所以，你要是把“巴日肯”立起来的话，你的道路会好吧。你有箱子，但是没有福财之源，你得到财富的时候，从右手进，从左手经过出去呢。因此，你要立“莫日登·太提”，立“西额·敖雷”，那样，你的道路会好的。

第八，再找寿儒托日苏子孙告诫。

寿儒托日苏属鸡的、属猪的、属猴的、属龙的、属兔的、属蛇的、属羊的。（助手喊，都到这边！）你们怎么都不知道自己的莫昆哪?！我想喝你们献的有颜色的酒。说到酒，有颜色的酒，你们可是很会喝啊！白酒你们可是真能喝啊！你们想过一次你们有“莫日登·太提”吗?！要给“罗松”敬酒，你们懂了吗？要敬洒有颜色的酒，你们知道了吗？原来的时候，你们是非常懂得供奉自己的“姑乌·太提”，你们的那位祖先也走“雅德恩”道路来着，所以，你们要是好好供奉自己的“敖包·敖拉”的话，你们的“莫昆·库热”也会重新繁荣兴盛，你们的道路也会越来越好。今天，你们来了，我高兴呢！我的孩子们我都见到了，都看到了。我要把“博音·阔托日”[①]分给“多罗·莫日登”，你们各自都得到自己的那份“阔托日”[②]，你们的田地丰收，你们的牲畜繁盛，你们的孩子学习进步，对国家有益，你们要管束好“莫昆·库热”，你们要帮助自己的民族。我要喝你们的白色牛奶，给你们“泰日米特”。

助手给沃菊芬喝了一大口牛奶，沃菊芬分三次喷洒在跪拜者脸上，然后击鼓说：

你们的大坎化小，小坎化无，你们都从苦难中躲开，汇聚你们的福财。我给你们修路，给你们“阿勒腾·索罗”。

第九，沃菊芬萨满神灵继续找人告知。

我要找属狗的孙子重孙，告诉他三五句话。你的道路不对不是吗？你说要放到哪里去，你的那个先待着，你要好好磕头，你平时忘了磕头的话，过年的时候总能磕头啊。你要是好好供奉的话，你的道路会变好。原来的时候，你的“玛罗·巴日肯”[③]，其中两个没有了，挪开你的坎儿的时候出去挡了，所以，没能回来，那个你要补上。你的那两个（没回来的）其中一个叫作阿尔腾硕[④]，另外一个是依思尔[⑤]，这两个帮过你，这两个你无论如何要给补上并供奉。正月初七你不要从家里出门，你要好好给北斗七星磕头。墓地和尸

① 博音·阔托日（/bʊjin kʊtʊr/），财富，福源。

② 阔托日（/kɔtɔr/），即阔托日·博音，财富、福源。

③ 玛罗·巴日肯，也叫霍列力·巴日肯（霍列日·巴日肯），是达斡尔人普遍供奉的神。海拉尔地区称为“达·巴日肯”，爱辉地区称为“麻罗·巴尔肯”（即“玛罗·巴日肯”）。在布特哈地区除供“孟尔丁·额特乌”（即“莫日登·额头乌”）的人家，多数达斡尔人家都供奉此神。此神包括 17 种神，由 58 个生物和物件组成。其中，15 种神偶是木刻的，2 种是布上绘制的。这些神偶平时装在一个专用袋子里，平日供在西炕窗上，因而也称为“怀玛日·巴日肯”，在布特哈地区，也称为“怀玛日·查”。参见《达斡尔族社会历史调查》，内蒙古人民出版社 1985 年版，第 244—249 页。

④ 阿尔腾硕（/altəŋʃʊː/），神灵名字。

⑤ 依思尔（/isər/），神灵名字。

骨的事情你要少点走，那样的话，你的道路会更加不好。你要放宽心，多向长辈请教，那么，你不会走错路。我会不断跟在你的左右，我会从前后照看你，任何时候你喊我，我都会像风一样迅速来到你的身边。

助手代问，她说的话你能做到吗？男子说，能！沃菊芬萨满神灵继续说道：

见到我的“莫昆·库热”的孩子们，我不多讲我曾经的艰难坎坷，我要多说说我高兴的心情。

第十，找那些已经领神“出马”的孟氏子孙。

莫日登哈拉我要找我的属鸡的重孙女，我要找属猴的尼日耶浅重孙女，我要找西博奇浅属狗的孙子重孙。

孟氏弟子们跪拜。助手说，你的孙子们磕头呢。

今天，时代在发展，你们不走自己的道路，我也没说你们什么。不过，今年，马年，你们按照规矩应该供奉自己的“敖包·敖拉”，你们被人家提醒了才要供奉吗？你们自己不该供奉吗？那样的话，你们的道路不也会好些吗？从今天开始你们要是能走自己的道路，你们的道路会日日向上晋升。我这么艰难地走过，这么艰难地走来，（现在）能上马，下不来；能上马，不会走。所以，我有点委屈呢。不管你们的本事有多大，你们多少走一走你们的道路啊！那么，你们的苦难会出去一些。这么多莫昆的人都“出来”（指“出马”）了，有像你们这样三个莫昆一起“出来”（指“出马”）的吗？“温杜斯”的出了“温杜斯”，尼日耶浅出了“巴格其”，你们的西额·莫日登出了“巴日西”。你们走一走我的“多罗·莫日登”的道路，扬扬我“多罗·莫日登”的名誉不行吗?!（沃菊芬伤心地哭泣。）任何时候我都不断给你们“阿勒腾·索罗”，我不停地教给你们思想和方法。什么时候我被弄脏的时候我没有告诉你们？你们的道路不好的时候我没有告诉你们吗？你们的道路被挡住了，进来黑箭呢，你们的“敖包·敖拉”被弄脏了，哪一个你们放在心上了?!今天，来了很多人，我的“莫昆浅”（指莫昆家族的成员们）都来了，我高兴呢。所以，多的话我不说了。你们要好好注意自己的“阿勒腾·索罗”，注意其中的思想和方法吧。你们要帮助自己的民族，你们要约束着自己的“莫昆·库热”。我会不断给你们修路，我一直在帮助你们的“莫昆·库热”。有难处的那些子孙们去找你们的话，你们要帮助他们。民族的孩子们你们要多多教导他们好好读书，学习本领。作为民族，咱们的民族不是一个小民族吗？这个时代变好的时候，你们以为我们是吃喝玩乐过生活吗？一个一个莫昆我进去走呢，我在你们身边照看呢，我从窗户缝里看着你们呢，我的孙子重孙我不断给予帮助呢。不明白的还用说吗？明白的都这样。要供奉三年的情况三年都给告诉了。所以，任何时候，你们的孩子们，我都让他们大坎化小，小坎化无。“尼日耶·敖包”本身不是让民族的孩子们大坎都渡过了吗？“罗松·敖包”的话，纳文江、诺敏河里溺亡的孩子们多多照看呢？“奴吉日”①的话，不是多照看泉水呢吗？有病有灾的人喝了泉水不是都把他们的疾病给挪开了吗？即使不是我的民族，不是我的“莫昆·库热”，孩子们我都不停地照看着、统领着。任何时候，你们呼唤我，我都给你们修路。

沃菊芬萨满神灵接着再把这三位已经领神“出马”多年的莫昆后代一个一个嘱咐：

莫日登哈拉西博奇浅属狗的小子，我要告诉你。你是经过三代才找到的接班人，你要好好照看着自己的孩子们，你要戒酒，你要走一走自己的道路，那么你的疾病就会被压住。你现在被疾病压着呢，所以，官家的药你也要吃一些，你要用泉水洗一洗你的腿，那样，病痛会减轻吧，七个泉眼的泉水你要连喝七天试试，那么你的腿病都会减轻吧。

我要找莫日登哈拉属鸡的孙子重孙。今年你的身体有些毛病，明

① 奴吉日（/nuʤir/），即奴吉日·巴日肯，蛇神。

年你的身体会好些的，你要吃点官家的药。你的“霍卓日·巴日肯”不是也有些气吗？所以，你的身体一阵阵会有气，你用“奴吉日”缠裹身体了，今天这儿疼，明天那儿疼。你要好好求一求你的“霍卓日·巴日肯”，你要求一求郭博勒哈拉的“霍卓日”，那样的话你的身体会好吧。

莫日登哈拉属猴的孙子重孙，我要喝你献的白色牛奶。（被叫者跪献牛奶。）你虽然改换了门户，“莫日登·太提”还是你的“霍卓日·太提”，“梅斯勒·太提”是你“出马”的“太提”①。因此，你要拿去从左右、从前后看着那些神灵们的进进出出。时代变了，“翁果日”成了什么？对于孩子们有时间概念，多多收拢约束“莫昆·库热”，帮助那些有难处的人们，要给国家多出力。尽管如此，时代变了，给人看病的人，不给人看病的人，都只认钱财了。所以，你任何时候都不要只认钱财，你要好好把你的神灵叠放好，请它们就座在（自己的）座位上。将来，你们的孩子们都会变成汉人，口舌都会改变，不再能够讲自己的民族语言。所以，你们要好好管束自己的神灵，好好教导它们。

时光飞逝，我要说的话也多啊！

沃菊芬萨满神灵开始找莫日登哈拉以外的其他族众、来宾。

第十一，找博荣浅莫昆子孙。

博荣浅属猪的孙子重孙，我要喝你献的白颜色的酒。（被叫者跪献白酒。）这么多年，你把我的“敖包·敖拉”立起来了，你把民族的“霍卓日”、把自己的“霍卓日·雅德恩”都立起来了，那些生活困难、处境艰难的人们你都一直帮助他们，你进到“莫昆”里面走呢，那些处境艰难的人们你帮助他们把“霍卓日”立起来了，这些你都在自己处理承担，莫日登浅、尼日耶浅你都没少帮忙，我的“敖包·敖拉”都是你给立起来的。你让我高兴啊！我的“敖包·敖拉”你一直

① 太提（/tajti/），奶奶，祖母，此处指“梅斯勒·太提”。

都在关照。我会代代跟着你，给你照看你的孩子们，我会不断给你积攒你的牲畜牛马羊，我会一直给你汇聚福气，我会不断给你修路，我要让你的大坎儿渡过，小坎儿化无，把你从苦难中解救出来，把你的疾病都给丢掉。我一直都因你而高兴！我有莫昆、有孙子重孙，我的孙子重孙都找到了自己的道路在行走，不过，我因为你而特别地高兴！你不是想着要他们的“阔托日·博音”而来，也不是想着要他们的道路而来，你不是为了躲过大坎儿而来。所以，我要找你的子孙们，用牛奶给你们“泰日米特”。属鸡的……

沃氏的孩子们跪拜在沃菊芬脚下，沃菊芬喝了一大口牛奶，高高举起神鼓在他们头顶上方击鼓，然后，分三次把牛奶喷洒在大家脸上。接着，沃菊芬再次敲击高高举起的神鼓，说道：

我代代跟着你们的“雅德恩”行走，我第八代上就跟着走了，现在是第九代上我跟着走呢，我心里想着以后代代都跟着走。我的孩子们口舌（言语）都不会了，不过，神灵都好好地放起来了，都很好地教导自己的神灵坐着呢，将来他们要是真的遭遇困难了，汉语我也会说一点。我到时候告诉你们，帮助你们。你们不要担心！

助手附和，嗻！嗻！

你治了这么多“霍卓日”，你把道路都给修好了，给这么多“霍卓日”绑系了“哈迪格”，那不都是给你做的“博勒额”①吗？你们遇到困苦磨难的时候，会有人出来帮助你们的。我会保护你们。

助手附和，嗻！嗻！

第十二，找敖拉哈拉拉里浅莫昆子孙。

我要找敖拉哈拉拉里浅的孩子们，我要喝你们献的有颜色的酒。(拉里浅的人们跪拜。) 拉里浅②、奎力浅③、多恩浅④。(被叫到的敖拉哈

① 博勒额（/bələ’ə/），本义胎记、痣，意为“标记”。

② 拉里浅（/la:liʧen/），即敖拉哈拉拉里浅（/aʊla xal la:liʧen/）莫昆。

③ 奎力浅（/kuiliʧen/），即敖拉哈拉奎力浅莫昆。

④ 多恩浅（/dʊ:ənʧen/），即敖拉哈拉多恩浅莫昆。

拉的各莫昆人们跪拜。）你们虽然不是我的莫昆，但是与我的孩子们肩并肩行走呢，手拉手为了民族的发展修路呢，所以，你们要让民族的孩子们好好读书。我想把“阔托日·博音”分一些给你们，我想给你们修路，我要把你们发黄的树木变绿，让你们干枯的树木开花，让你们像太阳一样闪耀，像灯光一样明亮，我要用泉水给你们“泰日米特”。

助手给沃菊芬喝了一口矿泉水，沃菊芬把泉水喷洒在众人脸上。

你们的道路会像泉水一样。你们给我的“敖包·敖拉”磕头这么久了。我高兴！我没有因为你们奉献的白色牛奶而高兴，我没有因为你们奉献的白色猪头而高兴。今天，虽然不是自己的莫昆，你们来和我那些身处困境的人们聚在一起了，我高兴啊！我要给你们修路，我会帮助你们的子孙。你们要是呼喊我，我会即时到达你们的院门、屋门，渡过你们的艰难困苦。祝愿你们的孩子本领增长，为民族出力，为国家出力。我将把你们的大坎儿化小，小坎儿化无。

第十三，找郭博勒哈拉满那浅子孙。

我要找郭博勒哈拉满那浅属狗的孙子重孙，我要喝你献的白色牛奶。（助手找被点到的人。）郭博勒哈拉满那浅……

助手说，老郭家都过来！郭博勒哈拉其他人跪拜。

任何时候你都为了帮助民族在奔波。但是，你老是被别人的口舌所累。你的道路我会一直帮你。我的孙女重孙女告诉你的话，你要懂得一些。我会不断地给你、给我的孙女托金色的梦，我会不断给你们看那些人的样貌，那些人和事你不要忘了关注。原来的时候，你的“嘎胡查·爷爷”①，你的“呼兰·巴日肯”②，国王（皇上）丢失的东西都能找回来，因此，你们把他们请回来了，你们多多祈求的话，他们

① 嘎胡查·爷爷（/gaxʊʧa jeje/），即嘎胡查·萨满（/gaxʊʧa saman/）、嘎胡查·雅德恩（/gaxʊʧa jad’ən/），郭博勒哈拉满那莫昆（/gʊ:bəl xal manna mokun/）著名大萨满。其传说故事参见《达斡尔族社会历史调查》，第258页。

② 呼兰·巴日肯（/xulan barkən/），或乌兰·巴日肯，郭博勒哈拉满那莫昆（/gʊ:bəl xal manna mokun/）祖先神。其传说故事参见《达斡尔族社会历史调查》，第259页。

会不断地给予你们帮助。他的子孙们原来不是做官就是在军中服役。以后，你们要让我的子孙们多去从军，为国出力。你们要管束着“莫昆·库热”，帮助那些艰难处境当中的人们。去取白色的牛奶，我要给你们的身体“泰日米特”！

助手给沃菊芬喝了一口牛奶，沃菊芬把牛奶喷洒在郭氏人们头脸和身上。

我把你们的坏的坎儿都给渡过。春天的时候，不是有很多“哈日·索姆”[①]指向你吗？我把它们都挪开了，我拽出了他们的红舌头，把他们的绿舌头翻转过去了，我给你修路了。所以，你们要多多拿回去“多姆勒”，贴在屋子角落里，那样，黑箭都会躲开，坎儿会挪开吧。

第十四，找主办此次仪式官方人员。

公家说要祭祀“敖包·敖拉”，因此，哈拉—莫昆都没有告诉我，我都不知道呢。不过，我还是要说三五句话。这个样子，时代不同了，即使你们想成功、想要“博音·阔托日”而祭祀，为了民族，还是告诉你三五句话吧。

助手喊来被叫者前来跪拜，然后说，磕头呢。

虽然你的诚意还没达到，你张开口说的话不还在吗？所以，我的子孙孩子们来到“敖包”相聚，我感谢你！你领来的那些公家的人们（指专家们）我都感谢啊！你们为了自己民族而做事呢，找来了兄弟（民族帮忙），不明白的事情都开始想要搞清楚，我高兴。我会让你们看到你们未曾见过的，让你们知晓你们不曾了解的。我会进到你们的“阿勒腾·索罗”，告诉你们思想和方法。你们在公家工作呢，任何时候都要为了民族而走，要帮助民族同胞。孩子们不能学习文化的、不能读书的你们也都要帮助他们。那些艰难困苦的人们你们要多多给予帮助。那样的话，我任何时候都会帮助你们！

① 哈日·索姆（/xar sʊm/），黑箭，意为黑巫术。

第十五，找鄂嫩哈拉人氏。

时间变短的时候，鄂嫩哈拉、跟着鄂嫩哈拉来的人们，我要喝你们献的牛奶。

助手代献牛奶。另外一位助手、孟氏弟子说，老鄂家，所有的人都叫呢。鄂嫩哈拉人氏上前跪拜。

你从远方来，劳累着到来了，“莫日登 · 敖包”、“罗松 · 敖包”都因你而高兴呢，民族的孩子们都高兴呢。沃热哈拉属羊的孙子重孙、鄂嫩哈拉属兔的孙子重孙都因你们而高兴呢。今天，你们要修好道路，虽然是因为公家的原因而祭祀，我能让这两位“霍卓日 · 雅德恩”都高兴。无论如何，你们辛苦自己、劳累身体让我见到我的孙子重孙们，我高兴啊！鄂嫩哈拉的孩子们我会代代帮助你们，从前后照看你们，避免你们摔倒，我要让你们大坎渡过，小坎化无。我要把你们的苦难都挪开，把你们的疾病都丢掉，我要让你们发黄的树木变绿，让你们枯萎的树木开花。没有“温杜斯”的给你们接续（子嗣），我要让你们枝繁叶茂。把你们的白色牛奶拿来。

助手给沃菊芬喝了一口牛奶，沃菊芬把牛奶喷洒在跪拜的鄂嫩哈拉亲眷们脸上。

第十六，找外来学者、专家为他们祈福。

从外面来的，你们虽然是为了聚会而来，你们也是为了我的民族而来。因此，不管是因为信仰而来，还是为了自己而来，我还是要叫你们，给你们用白色的牛奶“泰日米特”。你们为了我的民族，为了让我的名誉传播而奔走呢。

助手喊，摄像的都过来。

属猴的孙子重孙，我要喝你献的有颜色的酒。

被叫者上前跪在沃菊芬脚下敬献红酒。孟氏弟子、另外一位助手喊，剩余的记者都过来。给你们祈福呢！

为了自己的民族，你流着眼泪在辛苦艰难地奔波呢。你以自己弱小的身躯，为了让世人了解达斡尔民族，辛苦的奔走，你为了民族、为了国家奔走，我高兴啊！无论如何我都会帮助你的道路，你喊着“莫日登·太提”敬洒牛奶、敬洒酒，我都会不断地帮助你的道路。你为了自己的民族而奔走，“敖包·额金”都会帮助你，“拐勒·哈德·额吉楞”①、“伊斯尔·哈德·额吉楞”、“其昂·哈德·额吉楞”、“多罗·布拉日·额吉楞”②、“诺敏·果里·额吉楞”③、“纳文·果里·额吉楞”④都会帮助你！你从远方来的时候带来了糕点，不过，我并没有因为你的糕点而高兴。你为了自己的民族，让民族的名誉传扬，我高兴。你帮助鄂嫩哈拉、沃热哈拉，像姐妹一样相亲相爱相处呢，你把我的道路装在心里走呢，你和我的莫日登哈拉的孙女也像姐妹一样相处呢，所以，我因你而高兴啊！

这么多来人，谁我也不会让他空手而归，我要让你们的大坎渡过、小坎化无，“博音·阔托日”我都给你们汇聚，本领和能耐我都教给你们。你们为了我的民族而奔走，我要给你们修路，我要给你们喷洒白酒。

助手给沃菊芬喝了一口白酒。沃菊芬高高举起神鼓击打，然后，把白酒喷洒在跪拜者的脸上。

你们的道路都将正确，你们帮助（我们的）民族奔走的时候，你们的道路步步向上攀升、像白色的泉水一样明亮清澈！你们为了帮助我们这样一个小民族而辛苦工作，你们的道路将更加宽广，你们的坎坷都会过去，你们的疾病都将丢掉，“博音·阔托日”我也会给你们汇聚，你们要接着我的“博音·阔托日”。

时光短暂，与我的子孙们尚未说到的话也有，即便如此，你们不要挑理。你们磕头的话，我都能告诉你们要问的话。

---

① 拐勒·哈德·额吉楞（/gʊajil xad ədʒiləŋ/），即拐勒·哈德·额金（/gʊajil xad ədʒin/），拐勒山崖之主，拐勒山崖山神。

② 多罗·布拉日·额吉楞（/dʊlʊ bʊlar ədʒiləŋ/），多罗·布拉日之主，即多罗·布拉日泉水水神。

③ 诺敏·果里·额吉楞（/nʊmin gʊli ədʒiləŋ/），诺敏河之主，诺敏河河神。

④ 纳文·果里·额吉楞（/nawən gʊli ədʒiləŋ/），纳文江之主，纳文江江神。

第十七，找李肯哈拉氏告知。

李肯哈拉属兔的、属虎的，都找来，从远方来的，女儿、儿子。我要喝你献的白色牛奶。（被叫者敬献牛奶。）这么多年，沃热哈拉、鄂嫩哈拉都上到“拉日其·拉瓦”① 上面了，在李肯哈拉你不也是“霍卓日·雅德恩”来着吗？但是，你跟着我的“巴特恩达斡尔”的儿女们。我因你而高兴！我将代代跟着你、帮助你，我会照看你的孩子们，你们要让“温杜斯”接续。我要给你大坎化小、小坎化无，我会不断给你修路。我将不断给你“阿勒腾·索罗”，多多告诉你思想和方法。

第十八，找远方来的鄂温克族巴日西。

从远方来的属猴的、属虎的，你们都过来。我给你们撒牛奶、撒酒。（被叫者跪拜。）你抓着“巴日西”的道路，也上到“拉日其·拉瓦”上面走呢。登特科属虎的。（被叫者上前跪拜。）你带着我的神灵亲眷，你从这么远来，你按照我的孙子重孙们告诉的话做呢，我因你而高兴，我感谢你！我没有因为你奉献的白色食物而高兴，你们叫醒我的子孙，我高兴呢。我要用白色的牛奶给你们“泰日米特”。任何时候你们呼唤我，我都会来到你们身边，把你们扶助起来。（沃菊芬把牛奶喷洒在跪拜者脸上。）以后，你的“巴日西”道路要进到民族莫昆里面，你要进到千家万户里面行走，接续着迈步行走。是你的民族的，不是你的民族的，你都要帮助他们。你任何时候呼唤我，我都到达你的左右，我帮助你“抓”（指按摩正骨）。你要多多得到我的“阿勒腾·索罗”，我会告诉你思想和方法。有血的（骨头）你要少“抓”，“抓”出血的（骨头）的时候，你要买红色的布放在上面再“抓”，那样，别人的苦难不会被你“抓”到吧。

时日变短的时候，到了我要散去的时候了。我见到了我的孙子

① 拉日其·拉瓦（/larʧi lawa:/），“拉日其”是树叶，“拉瓦”是枝杈，直译“树叶和枝杈”，指父系血统以外的旁支。

们，我高兴啊！我要把我的“阔托日·博音”分给你们。

第十九，远方客人祈求平安。

助手赶紧代别人问事情。外地远方到来的一位达斡尔族女士祈求平安要“阿姆勒·泰本”①。沃菊芬击鼓说道，拿来你的白色牛奶。那位女士赶紧跪过去。助手给沃菊芬喝了一口牛奶，沃菊芬高高举起神鼓击打了几下，然后，把牛奶喷洒在那位女士头顶和面庞。然后，沃菊芬击鼓问道，你们没有要问的人吗？时光短暂，到了我要散去的时候了。助手看了看，说没有。沃菊芬快速击鼓，身体向上跳了跳，神灵离开了。

神灵附体状态持续了这么长时间，沃菊芬相当辛苦，劳累。她缓了缓才开始闭着眼睛喝水。助手们给她擦汗。休息了好一会儿，沃菊芬才睁开眼睛，清醒过来。

中间稍事休息。

4. 转敖包祈福

接下来是转敖包祈福仪式。

娜仁格日勒给斯琴掛戴萨满帽。孟玉金给沃菊芬戴萨满帽。沃菊芬戴上萨满帽站起身，来到地毯中间，与斯琴掛并排面朝敖包，即面朝北面站立。斯琴掛站在凉棚下的地毯上击鼓唱歌。沃菊芬到供台前抖了抖神鼓，然后开始击鼓转敖包，边击鼓边顺时针转敖包，她走几步就喊一声“霍日耶！霍日耶!”人们纷纷到供台上争拿供品，一开始都没有几个人跟着沃菊芬转敖包。沃菊芬已经转了一圈了，后面跟着转的人才开始渐渐多起来。沃菊芬又喊道:“霍日耶！霍日耶!”后面跟着的人向敖包敬洒牛奶，敬洒酒。转完三圈，沃菊芬回到凉棚下。此时，大部分人才转了一圈。没转够三圈的人们还在转圈，有的人还在拿供台上的供品。这个过程中，斯琴掛一直站在凉棚下的地毯上击鼓唱歌。斯琴掛唱一段神歌，喊几声“霍日耶！霍日耶!”一些弟子和家人、莫昆成员和族众等不多几人站在斯琴掛身后，一边跟着喊“霍日耶！霍日耶!”一边双手捧着食物顺时针画

① 阿姆勒·泰本（/amʊl tajbən/），安健、康泰。

圆圈。其他人都在跟着沃菊芬转敖包。

沃菊芬转完敖包后回到地毯上面，站在斯琴掛东侧，继续同斯琴掛一起击鼓。斯琴掛还在唱祈福神歌。孟利州也回到师傅后面站立。巴特尔手持双马头杖来到斯琴掛身后，取下她的护背铜镜送回车上。

祈福仪式结束。

5. 送神仪式

祈福神歌唱毕，斯琴掛右脚向后迈出半步前倾身体半蹲抖动神鼓，此动作重复三次。然后，双手持神鼓自下而上在身体下、中、上三个部位触碰萨满服。

斯琴掛完成这些动作时，沃菊芬开始动作。沃菊芬是左脚向前迈出半步前倾身体半蹲抖动神鼓，这一动作也是重复三次。

斯琴掛做完上述动作后，把神鼓和鼓槌交给巴特尔，再接过双马头杖，手执双马头杖面向敖包半蹲行礼并晃动双马头杖，然后，再把双马头杖在身边转一圈再半蹲行礼晃动双马头杖，这个动作也做了三次。然后，斯琴掛在助手帮助下开始换下神服。

此间，沃菊芬一直快速轻轻击鼓。最后，沃菊芬双手持神鼓自下而上在身体前面多个部位晃动神鼓，再自上而下晃动神鼓。这样的动作也是进行三次。沃菊芬在助手帮助下换下神服。

送神仪式结束。

四、祭祀“尼日耶·敖包”仪式尾声

萨满换下神服标志着祭祀敖包仪式正式结束。

但是，还有一个环节，即离开前给敖包供香、磕头。

沃菊芬已经换上民族服装，来到供台前面朝敖包双手合十站立默默祈祷，然后，跪拜磕三个头。换下民族服装的孟孝瑞跪拜磕三个头。换下民族服装的孟玉金双手合十站立默默祈祷，然后，跪拜磕三个头。这些人在仪式开始前已经点香供过了。沃菊芬的子侄们在供台前燃香，然后跪拜磕三个头。孟氏其他人燃香、跪拜磕三个头。鄂氏燃香、磕头。娜仁格日勒手拿一瓶白酒开始转敖包。

第三节　祭祀“尼日耶·敖包”仪式的特点与功能

一、祭祀尼日耶·敖包仪式的特点

1. 此次祭祀尼日耶·敖包具有综合性和典型性，尼日耶·敖包是祭祀山神、地方神和祖先神的综合性平台和场所

第一，祭祀“尼日耶·敖包”就是祭祀古老的敖包山神。

现在的“尼日耶·敖包”就是原来修建于莫力达瓦达斡尔族自治旗尼尔基镇东山头、莫日登哈拉尼日耶浅莫昆修建的敖包。原来的敖包由于嫩江修建水库炸掉山头迁到尼尔基镇西面的山上，所以仪式上首先降临的萨满神灵就是这位原来的敖包山神，它自诉自己是“原来敖包的年老额金”。斯琴掛神灵附体时说：

> 我跟着你们莫日登哈拉一代又一代，我是“达其·敖包·赛日跌·额金”。

是莫日登哈拉尼日耶浅的敖包主宰，供奉它，祭祀它，请它保护莫昆家族。所以，祭祀敖包首先是祭祀古老的敖包山神。

第二，祭祀“尼日耶·敖包”还是祭祀新址的地方神灵。

“尼日耶·敖包”迁到新的地址重新修建敖包的时候，加入了几个其他哈拉—莫昆的人们。同时，用萨满教的语言说就是，斯琴掛萨满和沃菊芬萨满在修建新的尼日耶·敖包的启动仪式上是击鼓唱祷向此处地方神灵求得一块宝地建敖包。新敖包修建完成后，首次祭祀的时候，请原来的敖包·额金就座于新敖包。祭祀新建“尼日耶·敖包”的同时必须祭祀新敖包所在地的地方神灵。因此，祭祀“尼日耶·敖包”同时也是供奉该地地方神。

沃菊芬萨满说，"莫日登·太提"是"罗松·敖包"的"额金"。据说，新的尼日耶·敖包是几个哈拉—莫昆一起立的。以前是8个家族可以立，10个家族也可以立，什么姓氏的都可以。坐在那里的是各种神灵，有"噶吉日·额吉楞"，有"敖包·额吉楞"（敖包神），等等。相当于汉语所说的庙，里面可以供奉一个神灵，也可以供奉多个神灵。

第三，祭祀"尼日耶·敖包"仪式也是祭祀莫日登哈拉的祖先神仪式。

"莫日登·太提"也叫作"莫日登·额头乌"，都是指莫日登哈拉的祖先神。此次祭祀"尼日耶·敖包"仪式，除了"原来敖包的年老额金"降临，就是莫日登哈拉祖先神"莫日登·太提"降临。这位祖先神几乎找遍了莫日登哈拉7个莫昆所有来到现场参加祭祀仪式的子孙后代，给"多罗·莫日登"的孩子们一个一个地忠告、警示、勉励和祝福，喷洒"泰日米特"牛奶、酒、泉水，让人们感到这就是一个活生生的慈祥老祖母对于自己的孙子们的关切与爱护。因此，这场祭祀"尼日耶·敖包"仪式也是祭祀祖先神"莫日登·太提"的仪式。

第四，祭祀尼日耶·敖包仪式还是祭祀纳文江河神仪式。

"莫日登·太提"还是莫日登哈拉"罗松·敖包"的"额金"。莫日登哈拉的"罗松·敖包"修建于莫力达瓦达斡尔族自治旗水库上方的嫩江岸边。"罗松·敖包·额金"[①]也不是单纯的"莫日登·太提"一个神灵，她是主神，是统领，她还有众多神灵亲眷、助手神灵。沃菊芬萨满神灵所说：

> 我是"罗松·敖包·额金·莫日登·太提"。……我转着"多罗·莫日登"走的时候，人们叫我疯老太太。我那时老是跑到"尼日耶·哈德"哭泣，"罗松·额金"说给我本领，然后，我告诉人们的时候，他们说我是傻子、是疯子。我在"多罗·莫日登"的野外跑来着，我从"扎梅·伊勒阿"里面跑来着，然后，人们说我是傻子，把我扔到了水里。所以，我把自己的身体坐在了"罗松"上面。我有"哈日·其

① 罗松·敖包·额金（/lʊsʊŋ ɔbɔː ədʒin/），龙神敖包之主。

昂·额金”，我有“哈日·奴吉日·额金”，我让泉水翻滚着行走，我的本领好！

因此，祭祀“尼日耶·敖包”也是祭祀莫日登哈拉“罗松·敖包”，即祭祀水神、河神。

大间知笃三考察海拉尔达斡尔群体的萨满教信仰状况时，认为“当今在这种祭祀（指祭祀敖包）中很少有向血统上或巫统上的祖先神致祭的事例”①。与此不同，祭祀“尼日耶·敖包”则既有血统上也有巫统上祭祀祖先神的意义。“莫日登·太提”是孟氏的祖母，是血缘意义的祖先，她在莫日登哈拉中找过多位承袭其道路的继任者、领神者，因此，她还是巫统意义上的祖先神。不过，在当时的时代和地域条件下，大间知笃三没有看到和发现这样生动的、变化的事例而已。

2. 2014 年祭祀尼日耶·敖包仪式最具典型性，是祭祀山神、地方神与祖先神的综合平台的典型代表

敖包的来源是多样的，但是，有的敖包有单一性，可能只有一种神灵，一种功能，有的敖包也有综合性，就像尼日耶·敖包，其间有众多神灵，多种功能。因此，尼日耶·敖包具有综合性，祭祀尼日耶·敖包具有典型性。这种情况还是不多见的，祖先神与山神、地方神、水神共同作为萨满的守护神和助手神，共同保护生活在这方水土的哈拉—莫昆与族众。

3. 祭祀尼日耶·敖包仪式还具有现代性特点

传统祭祀敖包的目的是祈求风调雨顺、五谷丰收、牲畜兴旺，基本上还是属于丰衣足食的温饱问题。而今，社会经济发展了，大多数人衣食无忧，人们有了更高的生活理想和目标追求，体现在现代祭祀敖包的仪式中人们增添了更高的诉求。表现是超越对哈拉—莫昆子孙后代的平安、健康、富裕的基本护佑，祖先神对他们寄予深切厚望，希望后代子

① ［日］大间知笃三：《达斡尔巫考——以海拉尔群体为例》，载辻雄二、色音编译：《北方民族与萨满文化——中国东北民族的人类学调查》，中央民族大学出版社 1995 年版，第 62 页。

孙好好学习文化、增长本领和才干，读书、从军，为民族出力、为国家出力。这其实是人们现实的愿望和理想，反映了现代社会的变化和人们的追求。

4. 祭祀尼日耶·敖包仪式采用大量的象征手法

解决人们的困惑、渴望，对于平安健康的祈盼，对于富裕生活的向往，对于统领能力的重视。

“敖包”本身就具有典型象征意义。在达斡尔族萨满信仰观念中，敖包一般是地方神灵、山神的居所，它代表着此地地方神或者此山山神，因此，在这个意义上，敖包还相当于达斡尔人在家里供奉的巴日肯画像。此外，祭祀敖包的时候要替换敖包顶端中心的柳树捆，用新采伐来的柳树枝绑系彩色绸布条替换上次祭祀安放的旧的柳树枝，象征着莫昆家族未来欣欣向荣、充满生机与活力，等等。

二、祭祀尼日耶·敖包敖包仪式的功能

1. 祭敖包的目的主要是祈求风调雨顺，五谷丰收，牲畜兴旺。[①]

2. 过去达斡尔人求雨常常向敖包祈求。祈雨时，把牺牲（牛羊）拉到敖包跟前宰杀，作为供品。由主祭人读祭文，然后大家一起磕头。祈祷完毕，用供品会餐一顿。[②]

3. 敖包集会上还要进行群众性的赛马、摔跤、搬棍、颈力等体育比赛活动。[③]

4. 祭祀敖包在客观上还有团结莫昆族众、增强家族凝聚力的作用。

关于祭祀敖包的功能，我采访过斯琴掛萨满和沃菊芬萨满。

① 参见内蒙古自治区编辑组编：《达斡尔族社会历史调查》，内蒙古人民出版社 1985 年版，第 256 页。

② 参见［日］池尻登：《达斡尔族》，奥登挂译，达斡尔历史语言文学学会编印，1982 年，第 59 页。

③ 参见内蒙古自治区编辑组编：《达斡尔族社会历史调查》，内蒙古人民出版社 1985 年版，第 256 页。

斯琴掛萨满说，敖包的来历都不一样。就是说，每一个敖包都有不一样的主宰者“敖包·额金”，其作用与功能也是不一样的。

沃菊芬萨满说，祭祀敖包的目的是：风调雨顺；牲畜汇聚、繁盛；庄稼收成好、丰收；渡过大坎儿小坎儿，管车祸坎儿，道路坎儿；“噶吉日·额吉楞”都管，小孩子们打架坎儿，出各种事情的坎儿都能管；出走外面的人也求，说，我们走远道的时候，让我们平平安安；还有，我去干什么干什么呢，帮帮我；再比如上山打柴，求，不要让我们去打柴的时候出什么事儿，我们求地方神呢，我们求敖包神呢。这些“敖包”都能管。总之，好事都可以求（实现），坏事也都可以求（避让、挪走）。

我还采访过当地萨满文化知情人铁林和中央民族大学张海洋老师。

铁林说，立敖包和祭祀敖包的目的是保佑子孙后代增长本领和才干。这是传统祭祀功能的延伸与当代解读。张海洋教授当时作为萨满文化之乡评审专家观看了此次祭祀“尼日耶·敖包”仪式。后来我问过张老师他对此次祭祀敖包仪式的看法。他认为，祭祀敖包是本民族、当地人宣称对这片土地的所有权。这也是有一定道理的。

总之，祭祀敖包的功能非常丰富和全面，包含现实所有美好的愿望和具体的企盼，避免所有不好的遭遇和处境，这就是祭祀敖包的目的功能。

三、祭祀尼日耶·敖包仪式上萨满神歌对人们的警示、劝告和期望

在 2014 年祭祀“尼日耶·敖包”的仪式上，斯琴掛进入神灵附体状态只有一次，自称是“原来敖包的年老额金”，据说是原来的“尼日耶·哈德”上“尼日耶·敖包”的“额金”；沃菊芬也只有一次进入神灵附体状态，自称是“罗松·敖包·额金·莫日登·太提”，据说是莫日登哈拉“罗松·敖包”的“额金”，还是莫日登哈拉的祖先神。两位萨满神灵叫了很多人，给予劝告、警示，提出了殷切的希望。特别是“莫日登·太提”所

叫之人最多，而且首先找莫日登哈拉各莫昆人们谆谆教导、告诫、嘱咐。

1. 对于莫昆年长和位高者寄予殷切希望，希望他们承上启下教育教导后代，使民族不断进步

找寿儒托日苏浅年长者寄予厚望：

> 因为你年长，所以我跟你说（这些）呢。因为随着时间的流逝，我的孩子们都不再知道（历史）了。……
>
> 你要给我修好我的七个泉水，你的子孙后代将来都像泉水一样清澈地行走，读书做学问的本领不断增强，不断进步。……（希望）我的子孙们都有像泉水一样明亮的心，思想和方法不断进步，好好学习文化和本领，对国家有所助益，帮助民族同胞。

找尼日耶浅位高者嘱咐：

> 你占据着地方坐着，（可是）孩子们你都不再那么照看。你管着点自己的民族吧，你要照看着莫日登哈拉，尼日耶浅你要管护些啊！你们要多多教给小孩子们本领，那样，你的达斡尔民族不是也能不断向上进步吗？

2. 对于身负祖先神使命者寄予特别希望，希望他们走好萨满路，帮助莫昆、帮助民族

（1）帮助民族、管束莫昆，帮助孩子们读书学文化，帮助那些遭遇困难的人们

找西博奇浅子孙说：

> 你在莫日登哈拉西博奇浅出了“巴格其”，你出了“巴日西”。因此，莫日登的孩子们你要照看着行走啊！你要把他们的大坎化小，小坎化无，你要帮助那些有本领的孩子们好好读书学文化。即使你不能帮助民族，也要管束着莫昆哪！……按道理，你都应该进到“莫昆·库钦”里面，帮助民族同胞，帮助那些身处困境当中的人们。

找那些已经领神“出马”的莫昆后代，嘱咐他们要帮助民族和莫昆：

> 你们要好好注意自己的“阿勒腾·索罗”，注意其中的思想和

方法吧。你们要帮助自己的民族，你们要约束着自己的“莫昆·库热”。……有难处的那些子孙们去找你们的话，你们要帮助他们。

(2) 思想方法很重要

沃菊芬萨满神灵对三个已经“出马”的人讲思想方法的重要性，希望他们注意接收思想方法的启迪：

这么多莫昆的人都“出(马)”了，有像你们这样三个莫昆一起“出来”的吗？……你们走一走我的“多罗·莫日登”的道路，扬扬我“多罗·莫日登”的名誉不行吗?！任何时候我都不断给你们“阿勒腾·索罗”，我不停地教给你们思想和方法。什么时候我被弄脏的时候我没有告诉你们？你们的道路不好的时候我没有告诉你们吗？你们的道路被挡住了，进来黑箭呢，你们的“敖包·敖拉”被弄脏了。哪一个你们放在心上了?！今天，来了很多人，我的莫昆浅都来了，我高兴呢。所以，多的话我不说了。你们要好好注意自己的“阿勒腾·索罗”，注意其中的思想和方法吧。你们要帮助自己的民族，你们要约束着自己的“莫昆·库热”。

(3) 不贪图钱财，教导、管束好自己的巴日肯

对属猴的莫昆后代嘱咐：

时代变了，给人看病的人，不给人看病的人，都只认钱财了。所以，你任何时候都不要只认钱财，你要好好把你的神灵叠放好，请它们就座在（自己的）座位上。将来，你们的孩子们都会变成汉人，口舌都会改变，不再能够讲自己的民族语言。所以，你们要好好管束自己的神灵，好好教导它们。

3. 注意身体健康

沃菊芬萨满神灵对西额·莫日登浅属马的孙子重孙说：

你要注意身体，你的身上不是有些疾病吗？你要多吃点草药，我的“敖包·敖拉”的草药、我的“泰日米特”草药你要拿回去喝，那么，你的疾病会消失吧。

4. 不忘祖先，敬奉祖先

斯琴掛萨满神灵：

我说一说敖拉哈拉多恩浅爱里属虎的小子吧。你要让你的“霍卓日 · 巴日肯”高兴，你要经常给“敖包 · 敖拉”敬洒。

沃菊芬萨满神灵嘱咐寿儒托日苏年长后代：

你回来的话，要给“敖包 · 敖拉”敬洒些水。你以后要让你的子孙后代来这里磕头，那么他们的道路会更好。

对乌日昆 · 莫日登后代嘱咐：

你要修路，立起自己的院门屋门，把“莫日登 · 太提”请到你的家里。……你要是把“霍卓日 · 巴日肯”立起来的话，你的道路会好吧。

劝告西额 · 莫日登后代要敬奉祖先：

你要经常敬洒牛奶、敬洒酒（给祖先神），那么，你的道路会越来越好吧。

5. 要教育教导后代子孙

对寿儒托日苏浅后代嘱咐：“你为了民族不断向前迈进，你要让孩子们好好明白（这些事情）。”

找那些已经领神“出马”的子孙，嘱咐他们：

民族的孩子们你们要多多教导他们好好读书，学习本领。……你们要好好注意自己的“阿勒腾 · 索罗”，注意其中的思想和方法吧。你们要帮助自己的民族，你们要约束着自己的“莫昆 · 库热”。我会不断给你们修路，我一直在帮助你们的“莫昆 · 库热”，有难处的那些子孙们去找你们的话，你们要帮助他们。

找西博奇浅子孙，嘱咐他们：

尼日耶浅七个莫昆的孩子们你都要照看一些，他们不知道的事情你要告诉他们。“敖包 · 敖拉”被弄脏的时候，你经常自己悄悄地过来打扫干净，这些为什么你一点都不告诉孩子们？你怎么不带着“多罗 · 莫日登”的孩子们来收拾呢？

6. 帮助民族，为国出力

沃菊芬萨满神灵“莫日登·太提”找了十八组人们劝告、嘱咐、祝福，多次提到要后代孙子学习本领，学习文化，增长才干，帮助民族莫昆，为国家出力。

你要不断修好泉水啊！（希望）我的子孙们都有像泉水一样明亮的心，思想和方法不断进步，好好学习文化和本领，对国家有所助益，帮助民族同胞。

7. 注意口舌，避免纷争

斯琴掛萨满神灵告诫莫日登哈拉寿儒托日苏浅属狗的人：

要注意口舌，九月二十二，不要去东北方向，会出口舌纷争，我在说，一旦有口舌纠纷会出大事，走路的时候也要注意。

然后，劝告莫日登哈拉西博奇浅属猴的人：

在公家的地方工作，你要注意，虽然你的道路正确，你也要注意自己的身体。八月初四不要去北面，你要注意口舌压制怒火，否则你会进入别人的口舌。

8. 注意出行安全，出门要择日择方向

沃菊芬神灵找西额莫日登浅属虎的后代嘱咐：

八月初九，你不要坐车去西北方向，你要躲着点有轮子的车。

然后，找属狗的人告诫，正月初七你不要从家里出门，你要好好给北斗七星磕头。

9. 结交好伙伴

斯琴掛神灵警示郭博勒哈拉多布浅爱里属虎的人：

结冰时节你坐在有轮子的车走的时候要注意看着点，不要与属羊、属蛇、属狗的人一起去北面。

10. 爱护自然

斯琴掛萨满神灵告诫莫日登哈拉属虎的小子要爱护自然环境，说：

你不要吃野生动物的肉，你不要砍树。

11. 不同莫昆、不同民族要一样看待，一样帮助

沃菊芬萨满神灵对那些已经领神“出马”的子孙说：

即使不是我的民族，不是我的“莫昆·库热”，孩子们我都不停地照看着，统领着。任何时候，你们呼唤我，我都给你们修路。

沃菊芬萨满神灵对敖拉哈拉拉里浅的人说：

你们虽然不是我的莫昆，但是与我的孩子们肩并肩行走呢，手拉手为了民族的发展修路呢，所以，你们要让民族的孩子们好好读书。……今天，虽然不是自己的莫昆，你们来和我那些身处困境的人们聚在一起了，我高兴啊！我要给你们修路，我会帮助你们的子孙。

沃菊芬萨满神灵对远方来的鄂温克族“巴日西”劝道：

以后，你的“巴日西”道路要进到民族莫昆里面，你要进到千家万户里面行走，接续着迈步行走。是你的民族的，不是你的民族的，你都要帮助他们。

12. 年轻人要多向长辈学习请教，不走错路

沃菊芬萨满神灵对属狗的子孙劝导：

你要放宽心，多向长辈请教，那么，你不会走错路。我会不断跟在你的左右，我会从前后照看你。任何时候你喊我，我都会像风一样迅速来到你的身边。

综观斯琴掛和沃菊芬的神歌内容，发现在这次祭祀“尼日耶·敖包”仪式上，她们对于人们在健康、出行、交友等方面的具体指导并不是很多，但在莫昆家族和睦相处、互帮互助、教育孩子学习文化、掌握本领、为国出力等方面却一再强调，反复讲，多次讲，还对郭博勒哈拉的人们说：

他（指嘎胡查·爷爷）的子孙们原来不是做官就是在军中服役。以后，你们要让我的子孙们多去从军，为国出力。

多去从军、为国出力，在我所见到的几十场达斡尔族萨满仪式中并不多见，足见当代达斡尔族萨满群体以萨满祖先神的名义所表达的决心和愿望，展示了他们的认识高度和水平。而且，还对沃热哈拉的人们说：

我的孩子们口舌（言语）都不会了，不过，神灵们都好好地放起来了，都很好地教导自己的神灵坐着呢，将来他们要是真的遭遇困难了，汉语我也会说一点。我到时候告诉你们，帮助你们。你们不要担心！

萨满祖先神居然说，汉语也会说一点！让那些参加仪式的莫昆成员和族众们惊讶之余，感到振奋和希望吧！

而且，在仪式之中，沃菊芬萨满神灵“莫日登·太提”多次用泉水、用牛奶、用白酒给不同的群体、莫昆和族众，甚至前来考察评估的专家、学者和记者们“泰日米特”祈福。

在其他仪式上，萨满也多次以神灵的名义和口吻告诫莫昆成员和族人要约束莫昆，帮助民族，为国出力，但是，都没有像这次祭祀尼日耶·敖包仪式这样集中宣讲、集中展示当代达斡尔族萨满的眼界和见识，在民族文化传承过程中的使命感和担当，他们始终站在国家、民族和莫昆及其未来发展的认识高度和长远眼光看问题。那些应邀前来考察、评估莫力达瓦达斡尔族自治旗萨满文化的专家们并不懂得达斡尔语，但是，萨满在神灵附体状态下不断地劝告人们要敬奉祖先、敬奉地方山水，好好抚养孩子们长大，增长他们的才干和本领，帮助民族、为国出力，统领莫昆。

第四章　“罗斯·塔克贝”[①]：祭祀龙神仪式

2012年、2013年、2014年斯琴掛萨满、沃菊芬萨满连续三年举办“罗斯·塔克贝”仪式祭祀伊敏河。2012年6月23日(农历五月初五)，斯琴掛、沃菊芬两位萨满在内蒙古自治区鄂温克族自治旗政府所在地巴彦托海镇（即南屯）南面的伊敏河畔草地上共同举办了首次祭祀伊敏河“罗斯·塔克贝”仪式；2013年6月12日（农历五月初五)，斯琴掛主祭、沃菊芬助祭共同举行了第二次祭祀伊敏河“罗斯”仪式；2014年6月2日（农历五月初五)，斯琴掛主祭、沃菊芬助祭共同举行了第三次祭祀伊敏河“罗斯”仪式。连续三年我都前往参加并考察了“罗斯·塔克贝”仪式。2013年6月9日（农历五月初二)，沃菊芬萨满的莫昆家族在莫力达瓦达斡尔族自治旗政府所在地尼尔基镇南诺敏河畔修建了沃热哈拉绰库勒莫昆的“罗松·敖包”并举办祭祀莫昆家族“罗松·敖包”暨祭祀诺敏河“罗斯”仪式，因为6月12日她将应邀前往南屯参加师傅的仪式，所以，自己家的仪式提前举行。这个仪式我虽然没有亲自前往参加，但是在沃菊芬萨满的特别允许之下，我请家人对仪式活动进行了照相和录像，留下了珍贵的资料。2015年，斯琴掛萨满启动了祭祀海拉尔河“罗斯”仪式，此番祭祀海拉尔河“罗斯”仪式也连续举行三年，继2015年之后，2016年、2017年又连续举行了两年。由于时间关系，我只参加了2017年5月30日（农历五月初五）的祭祀“罗斯”仪式。前往参加仪式，我了解到祭祀海拉尔河的仪式选址在流经内蒙古自治区陈巴尔虎旗境内呼和诺尔镇巴音布日德嘎查的海拉尔河段。由于尚未整理完成新近的调研材料，仅就目前翻译整

① 罗斯·塔克贝（/lʊs takəbe/)，祭祀龙神，供奉龙神。

理的资料看，祭祀海拉尔河“罗斯”仪式与此前的祭祀伊敏河“罗斯”仪式仪程内容大致相似，做法大同小异。详细深入的对比描述分析留待未来继续进行。本章仅以 2012 年 6 月 23 日斯琴掛与沃菊芬首次共同举行的祭祀伊敏河“罗斯·塔克贝”仪式为例，记述达斡尔族祭祀水系神灵“罗斯”的仪式过程，分析祭祀“罗斯”仪式所具有的特点和功能。

截至 2017 年底，我参与式考察的祭祀“罗斯”和“罗松·敖包”仪式见表 4-1。

表 4-1　笔者考察的斯琴掛、沃菊芬“罗斯·塔克贝”仪式简况表

时间	地点	主祭萨满	举办顺次、祭祀河流名称
2012 年 6 月 23 日（五月初五）	内蒙古鄂温克族自治旗伊敏河畔	斯琴掛、沃菊芬	首次共同举办祭祀伊敏河“罗斯·塔克贝”仪式
2013 年 6 月 9 日（五月初二）	内蒙古莫力达瓦达斡尔族自治旗诺敏河畔	沃菊芬	首次举办祭祀莫昆家族“罗松·敖包”暨诺敏河“罗斯·塔克贝”仪式
2013 年 6 月 12 日（五月初五）	内蒙古鄂温克族自治旗伊敏河畔	斯琴掛主祭、沃菊芬助祭	第二次举办祭祀伊敏河“罗斯·塔克贝”仪式
2014 年 6 月 2 日（五月初五）	内蒙古鄂温克族自治旗伊敏河畔	斯琴掛主祭、沃菊芬助祭	第三次举办祭祀伊敏河“罗斯·塔克贝”仪式
2017 年 5 月 30 日（五月初五）	内蒙古陈巴尔虎旗海拉尔河畔	斯琴掛主祭、沃菊芬助祭	第三次举办祭祀海拉尔河“罗斯·塔克贝”仪式

第一节　达斡尔族的蛇神、龙神崇拜

一、达斡尔族的蛇神崇拜

达斡尔族特别敬奉蛇神“奴吉日·巴日肯”。蛇，达斡尔语叫作“莫额”①，蛇神就是“莫额·巴日肯”②，但是，达斡尔族的信仰习惯是不能直

① 莫额（/mʊə/），蛇。

② 莫额·巴日肯（/mʊə barkən/），蛇神。

接叫神灵背后的动物本名，所以，把蛇神尊称为“奴吉日 · 巴日肯”。而在萨满神灵“翁果日”降临的时候，更尊敬地把“奴吉日 · 巴日肯”叫作“霍别楞”，“哈日 · 其昂 · 霍别楞”说的就是蛇神。

“奴吉日 · 巴日肯”有画像，也有偶像。画像摆放在家里神龛中供奉，偶像是用布和棉花制作的黑、白两条蛇偶，就是在萨满的领神“出马”仪式和斡米南仪式上，“室内托若树”的两棵白桦树的根部绑系的黑、白两条蛇偶。

蛇神崇拜是否属于图腾崇拜暂时还没有在达斡尔族的萨满传说中发现有力的证据。但是，在长期与达斡尔族相邻而居或者杂居相处的鄂温克族神话传说中，蛇神被看作是图腾，是始祖神。在达斡尔族民间萨满信仰观念中，蛇神地位非常重要，能力非凡。蛇神的本领与龙神的本领一样，能够呼风唤雨，让下雹子就下雹子，让下雨就下雨。据说，“巴日西”接骨、正骨的本领就来自“奴吉日 · 巴日肯”。所以，“巴日西”必须供奉蛇神。还有，人们出现口舌纷争，别人说自己坏话的，要向蛇神祈祷，请蛇神把说坏话的人的绿舌头翻过去，露出红色的舌头，意思是不再说坏话了，只讲公道话。

达斡尔族崇拜的蛇神功能总是与泉水、江河相联系，这与龙神信仰和龙的功能一脉相承。人们认为龙能行云致雨，润泽稼穑山林、草原，有益民生，故敬称龙王，又把水量充沛的山泉称为龙泉。达斡尔族供奉的蛇神同样能够呼风唤雨，而且，还具有出水导河的功能。

二、“罗斯”的含义

达斡尔族相信万物有灵，认为江河湖泊都有神灵主宰，江有江神、河有河神，泉有泉主，湖泊有湖泊的主宰神灵。那么，这些掌管水系的神灵都是什么样的神灵或者精灵呢？是“罗斯”。斯琴掛萨满说，实际上，“罗斯”是蒙古语的词汇，“鲁吉日”[①]、“鲁吉日 · 巴日肯”是达斡尔语的叫法。

① 鲁吉日（/luʤir/）或鲁朱日（/luʤur/），即“鲁吉日 · 巴日肯”或“鲁朱日 · 巴日肯”（海拉尔达斡尔群体），即“奴吉日”、“奴吉日 · 巴日肯”（莫力达瓦达斡尔群体），均为蛇神。

“罗斯”一词，在天为龙、在地为蛇，草地、悬崖、水中也都有蛇类精灵。她进一步解释说，“罗斯”全都包括，除了天上的龙，地上“敖拉”（山）、“哈德”里面的蛇，还有水里的鱼类、龟类都进入此系列，全都包括的话就是“罗斯”。根据达斡尔族的传统萨满教信仰观念，当然只有蛇类、鱼类、龟类中那些成为精灵的才进入“罗斯”的系列，而非指每一个种类及个体的动物本身。

在“罗斯”这个集合中，达斡尔族对于蛇神“奴吉日·巴日肯”的崇拜比较特殊，更为突出。据达斡尔族古老民间传说，所有江河湖泊都与“奴吉日·巴日肯”有关，都是“奴吉日·巴日肯”翻滚出来的泉眼，流淌出来汇成的河水、江水。

斯琴掛萨满说，不管是“敖雷”还是“罗斯”都不叫动物原形的名字，都要以“霍别楞”称呼它们。动物成为精灵了、成为“巴日肯”了，能够变为人的模样和形象，所以，山神和蛇神的画像一般都是端坐着的中年男女的形象，下面是动物本身的形象。因为叫的时候不能叫神的本名，也就是不能叫它动物的名字。而且，山神、蛇神能够以变幻的形式进入萨满人的身体，即所谓的神灵附体现象，所以，尊称为“敖雷·巴日肯”的“霍别楞”，意为山神的变化者，“奴吉日·巴日肯”的“霍别楞”，意为蛇神的变化者。“霍别楞”意为“变化者”或者“化身”。

罗斯的代表是“罗斯依·敖包”（或罗斯·敖包），一般以莫昆家族为单位，把“罗斯·敖包”修建在靠近江河水源的山坡或者草地。供在家中的是蛇神“奴吉日·巴日肯”，有画像，也有偶像。“奴吉日·巴日肯”降临附体时，萨满以“翁果日”的口吻这样叙述自己的来源和经历：达斡尔人，从原来的地方来，蛇神为他们开了两条路，一条是诺敏河，一条是纳文江，为了子孙后代在这个地方繁衍生息，把沿途经过的所有泉眼打开，把山上的树木全都变绿。[①] 因此，在达斡尔族的观念中蛇神能力非凡。蛇神的本领与龙神的本领一样高强，而且，与人们的生活更加切近。龙能腾

① 萨敏娜：《试论达斡尔族萨满教的神灵世界》，《世界宗教文化》2014 年第 5 期。

云驾雾、呼风唤雨，让下雹子就下雹子，让下雨就下雨。蛇则能翻滚泉眼，流出涓涓泉水，汇成江河，可以说，是它们在共同掌管着各个水域的命脉。

在远古渔猎时代，不仅龙蛇地位尊崇，就是各种鱼类都与人们的生活息息相关，江河湖泊中的鱼类更是人们的重要食物来源。达斡尔先民认为大江大河的主宰神灵决定着人们猎获的丰歉；进入农耕时代以后，雨水多寡更加直接影响到农业收成的好坏；在过去交通极为不便的经济落后年代，居住在莫力达瓦的达斡尔族还曾经一度靠放木排解决运输困难，运用诺敏河自上而下的水流运送木材到城里卖作为一个重要经济来源，因此，过去人们的生活在很大程度上依赖水源，依赖自然。

在参加完 2013 年祭祀“罗斯”仪式以后，我曾经采访过海拉尔当地一位年近 80 岁的达斡尔族郭博勒哈拉老人，老人说，“罗斯”就是龙王爷，是龙神，“罗斯·塔克贝”就是祭祀龙王爷。加之后面对斯琴掛萨满的采访和求证，我把“罗斯·塔克贝”这种仪式在本书中翻译、解释为祭祀“龙神”仪式。当然，“罗斯”是龙神，但不仅仅包括龙，还有蛇、鱼、龟、水貂等，是主宰水系神灵的集合、总称。因此，“罗斯”也可以称为河神、江神、水神。在萨满仪式中，常有某“果里·额金”降临，就是这个江的江神或河的河神，即江河之主。

第二节 2012 年“罗斯·塔克贝”祭祀“龙神”仪式实录

一、2012 年祭祀“罗斯”的缘起

2012 年是龙年，6 月 23 日也就是农历五月初五这天上午，达斡尔族大萨满斯琴掛与沃菊芬在内蒙古鄂温克族自治旗巴彦托海镇南伊敏河畔共同举行了“罗斯·塔克贝”仪式祭祀伊敏河。斯琴掛萨满说，2012 年是

黑龙年，“卡腾”[①]，所以，祭祀“罗斯”，保佑莫昆家族、保佑族人、保佑一方水土的百姓平安、健康。

2013 年是蛇年，依然“卡腾”，因此，6 月 12 日农历五月初五这一天上午，斯琴掛主祭、沃菊芬陪祭再次在伊敏河畔同一个地方举行祭祀“罗斯”仪式。仪式举办之前，我曾经打电话给斯琴掛萨满，她简单解释了这年仪式还是准备茶饭，供奉白色的食物，感谢“罗斯”和地方神灵，并祈祷天气不旱，雨水丰沛，牛羊牲畜肥壮，祈请“罗斯”保佑生活于一方水土的人们健康、进步、幸福、安泰。

2014 年是马年，斯琴掛主祭、沃菊芬陪祭第三次在伊敏河畔同一个地方举行祭祀“罗斯”仪式。斯琴掛萨满说，祭祀“罗斯”、祭祀“敖包”、祭祀“山登”这样的仪式，一旦开始都要连续三年进行祭祀。仪式之前，应我的再次采访，斯琴掛萨满对举行“罗斯·塔克贝”仪式的目的再次进行了深入的解读。

她说，过去，达斡尔人依山傍水而居，完全依赖身边的自然资源，对山川草木、土地河流倍加珍惜、珍视。达斡尔人信奉万物有灵，他们认为自然万物都有神灵在主宰，山有山神，水有水灵，不能破坏，不能弄脏，不能丢弃任何脏污到江河湖泊之中。斯琴掛萨满说，保护水源干净、洁净，一切美好的东西才能到来。

过去，达斡尔妇女的衣服不能直接到河水中洗，要用盆子打水拿到岸上放在盆中洗涤，洗过衣物的脏水也不能直接倒入河水中，甚至不能朝着太阳的方向扬洒、倒掉。传统观念中，达斡尔人还认为，“罗斯”被弄脏了，人们将会害眼病。

斯琴掛萨满解释说，每年冬季，千里冰封万里雪飘，就是“罗斯”进入睡眠的时候。到了春天，春暖花开草木青葱，“罗斯”就会苏醒过来，这个时候正是祭祀它的最好时节，“罗斯”开始保佑人们一年的平安、健康，教导人们对自然万物要珍惜、爱护，不能过度采摘和渔猎，尤其是要

① 卡腾（/katəŋ/）或卡图（/katu/），本义硬，意为艰难；也指人厉害，本事大，能力强。

保持水源洁净。保持土地水源、花草树木干净，才能保护人们的平安和健康，渔猎、畜牧和农耕才能获得丰收。

因此，祭祀“罗斯”的仪式就是教导子孙后代要珍惜水源、珍惜自然资源、爱护大自然、保护大自然，自然是人类赖以生存的环境。自然水源干净了，人们才能健康，不生疾病，四季平安，丰衣足食。今天的人们更加清楚地意识到水源干净、洁净极为重要，随意向江水河流排放污物，将会严重破坏自然生态，像现在这样恣意开发利用破坏草场、毁林造田、河中挖沙、拦坝养鱼等行为，让人们无以为生、失去家园，最终毁坏的是我们人类的家园。

二、祭祀龙神的准备工作

1. 制作专用服装——斗篷

2012 年祭祀“罗斯”仪式，斯琴掛与沃菊芬没有像以往的仪式一样身穿萨满服“萨玛仕克”，而是每人做了一身枣红色的大斗篷。斯琴掛萨满说，在她成为萨满之前，祖先神就曾经托梦给她，让她做枣红色缎面、黑色里衬的斗篷，但是限于当时条件，她没有做斗篷。直到 2012 年龙年，祖先神托梦，这个龙年是黑龙年，对于年轻人“卡图”（意为艰难）、“卡腾”。根据祖先神的意志，斯琴掛萨满和沃菊芬萨满分别做了斗篷，祭祀仪式中要让莫昆成员和族人们从她们的斗篷下摆钻过三次以便保护年轻人。因此，贯穿仪式始终，她们没有穿萨满服，而是穿着红缎面黑里衬的斗篷举行祭祀伊敏河“罗斯”仪式。① 斗篷相当于“萨玛仕克”。有的“雅德恩”候选者在举行领神仪式时还不能穿萨满服，不过可以做斗篷穿，也相当于神衣。鄂嫩朵拉举行领神仪式的时候就穿着提前做好的黑色斗篷。“巴日西”做白色的斗篷穿，因为，“巴日西”

---

① 在连续 6 年祭祀“罗斯”仪式中，只有 2012 年这次仪式上斯琴掛萨满和沃菊芬萨满身穿枣红色斗篷，以后的祭祀“罗斯”仪式中，她们都身穿萨满服“萨玛仕克”。

走的是白色的道路，正骨、按摩。沃黎明举行领神仪式时就披了白色的斗篷。

2. 制作彩色四方旗“塔日格斯”[①]

斯琴掛和沃菊芬每人做了一套彩色四方旗子。彩色四方旗叫作“塔日格斯”，共有 7 种颜色，红、白、蓝、绿、黄、粉、黑。蓝色代表“库克·腾格日”[②]，意为蓝天；红色代表“乌日翁·白特”，意为好事，红色还代表火与火神，此外，萨满打开道路的领神仪式，也被称作“乌日翁·白特”，表示办好事；绿色代表“欧斯”[③]、“莫德”，即花草、树木；黄色代表太阳；白色代表像牛奶一样洁白的道路，像牛奶一样洁白的善良心地；粉色代表“罗斯”；黑色代表黑夜的道路，有时也指黑暗的精灵。

斯琴掛萨满说，不过，在彩色四方旗中可以不做黑色的一面旗子。在萨满佩戴的铜镜、佩戴的 108 颗念珠[④]上一定要有一块黑色的绸布，那个黑色意同上面的黑色，表示萨满能够行走黑夜的道路，与黑暗的精灵世界打交道。

3. 选择洁净的河边草地作为神圣的仪式场所

据说，“罗斯”特别喜欢干净，只待在干净的地方，凡是冒烟、有味儿的地方都不能待。所以，萨满要在好看的地方，就是水草丰美、干净整洁没有污染的地方祭祀“罗斯”。仪式要在有水有草的地方举行。巴特尔，斯琴掛的丈夫，蒙古族李肯哈拉氏，斯琴掛萨满最得力最坚强的助手，带领着生活在鄂温克族自治旗和陈巴尔虎旗的斯琴掛的男弟子们一起寻找，仪式场地选在了鄂温克族自治旗南屯镇伊敏河畔北面的一片开阔草地举行。

6 月 12 日早上，我跟随斯琴掛萨满一行大约在早上 7 点到达仪式场

---

① 塔日格斯（/targəs/），彩色四方旗，萨满的法具之一。

② 库克·腾格日（/kuk təŋgər/），蓝天。

③ 欧斯（/əus/），草。

④ 念珠，雅德根的神具，由 108 颗珠子串联而成。当雅德根不穿神衣祈祷时挂在肩上。参见满都尔图主编：《达斡尔族百科词典》，内蒙古文化出版社 2007 年版，第 245 页。

地。伊敏河水正自西向东缓缓流淌。斯琴掛萨满的丈夫及家人、莫旗的达斡尔族徒弟沃菊芬萨满及其家人、孟利州及其家人、孟玉金及其家人、孟孝瑞及其家人、敖玉英及其家人、鄂温克旗的鄂温克族徒弟娜仁格日勒及其家人、达斡尔族徒弟敖智伟及其家人、陈旗的鄂温克族徒弟斯布勒玛及其家人、鄂温克族大徒弟的丈夫米西叶代、巴尔虎蒙古族徒弟斯琴及其家人；布里亚特蒙古族斯日格玛及其家人，还有鄂温克旗一些索伦鄂温克族、布里亚特蒙古族、陈旗的巴尔虎蒙古族和通古斯鄂温克族等其他民族的人们也已经陆续来到仪式场地。仪式场地周围插了一大圈彩色旗子，标志着仪式的神圣空间范围，旗子围成的仪式场地周围停放着几十辆大小车辆。

4. 准备和摆放供品

斯琴掛的家人、沃菊芬的家人及莫旗的弟子们在仪式头一天已经分头到海拉尔、鄂温克旗的超市、市场购买了仪式所需各种糕点、糖果和奶制品。参加仪式的人们也都各自提前准备了供品。

仪式举行的清晨，帮忙的男人们在巴特尔带领下就已经把帐篷搭建起来了，用来存放和准备斯琴掛萨满的祭祀供品。到达现场后，斯琴掛的助手们，主要是女人们，在娜仁格日勒斯日格玛的带领下开始在帐篷里面摆供品，在不同的盘子里面摆放各类供品，主要是奶制品、点心、水果、红酒等。斯琴掛亲自指导供品摆放。点心盘子最顶端放着大块冰糖，点心之间散落着白色咖啡方糖。装扮好的糕点盘子、自制油炸果子盘子、水果盘子陆续端到河边的供桌上面。27 只木碗分成三组，每 9 只木碗一组，里面盛满着 9 种奶制品，包括奶干、奶豆腐、奶皮子、白奶油、黄奶油等。供桌上还供有 2 个装着五谷杂粮的平盘。

沃菊芬萨满的祭祀供品主要在帐篷外北面草地上一块大塑料布上面准备。沃菊芬站在旁边观看，亲自指导。她的家人和助手们也在紧锣密鼓地准备供品。摆放的高高的水果盘子、高高的点心盘子非常壮观、漂亮。还有一只大瓷碗里放着 27 个去壳煮鸡蛋。还有两个长方形盘子，一个装着核桃、大枣、小枣、冰糖、杏仁、果脯等。另外一个装着奶片、果丹皮、糖果、枣片、西米丹等。人们常吃的各种零食应有尽有。还有多瓶红酒，多瓶水果罐头，几瓶八宝粥，一个切成两瓣的大西瓜。

祭祀“罗斯”的供品，莫力达瓦旗的达斡尔人与海拉尔地区的达斡尔人有些微差别。莫旗达斡尔族供品中有鸡蛋，据说是必不可少的；而在海拉尔地区，鸡蛋并不重要，最重要的就是“查干·伊德”[①]，即白色的奶制品。这应该与不同地区生活饮食习惯相关，农区种植、养殖业发达，鸡蛋是常见而营养丰富的好东西；牧区牧业发达，牛羊成群，很少果蔬，多的是牛奶及各种奶制品。

与此同时，距离伊敏河北岸十几米处东西方向并排摆放了三张长方形桌子，作为最后摆放祭祀供品的供桌。摆好的各式供品盘子被一个接着一个端上供桌。斯琴掛和当地弟子们的供品分三组摆在西侧两张供桌上，沃菊芬和莫旗弟子们的供品摆放在东侧的一张供桌上。斯琴掛、沃菊芬都亲自在河边查看、指导供品摆放。

5. 供奉地方神

在仪式场地西南角上靠近伊敏河的地方有一个供桌，上面也摆放了一些水果、点心和牛奶等供品。那是给仪式举办的那个地方的地方神，也就是“土地老”的意思。斯琴掛萨满解释说，借人家的地方、在人家的地盘举行祭祀自己家族神灵的仪式，所以要尊敬当地的地方神，感谢地方神。

6. 为“罗斯”搭建“罗斯依·霍日耶”[②]

在帐篷西南、与河边供桌几乎平齐的西侧草地上，助手们，主要是男人们在草地上沿着东西方向用柳树枝干和枝条编结并安扎了三个连在一起的低矮的正方形小园子，形成一个长边三倍于短边的长方形园子，园子四角及长边用 8 根柳树枝干竖立做桩，中间横着编结两个正方形柳条围墙，隔成了三个相连的正方形柳枝园子。每个小园儿里草地上铺上 9 块红砖，每组红砖上面各放着一个铁盆，铁盆里面燃着袅袅升腾的“桑”烟。

① 查干·伊德（/ʧagan idəː/），白色的食物，即奶制品。

② 罗斯依·霍日耶（/lʊsi xʊræ/），供奉龙神仪式上搭建的龙神的临时居所。

搭建的柳枝园子叫作“罗斯依·霍日耶”。“霍日耶”，在这里是名词，意为家畜的圈舍、笼子。过去，家畜最重要，那是达斡尔人的最重要的家产。名词变动词，“霍日耶”就是“汇聚、集聚、积攒”的意思。每个萨满仪式的结尾都有“霍日耶！霍日耶！”仪程，此时“霍日耶”为动词，意思是“汇聚啊！汇聚！”就是祈祷汇聚福气、财源的意思。

7. 象征性献牲

斯琴掛萨满提前作出安排，让徒弟娜仁格日勒请人在仪式早上制作了“9只绵羊”送到仪式现场，小绵羊以白面为皮、“刚嘎”草为芯儿，惟妙惟肖，憨态可掬。在仪式开始时就把面制小羊放在园子里了。这是后来才看到并询问和了解的情况，仪式过程中忙于拍摄和记录并不知道。

8. 给鱼放生

给鱼放生，就是往仪式场地前面（南面）的伊敏河水里放活鱼。参加仪式的人们一般都是放生从市场买来的泥鳅。不过，鱼的品种并没有规定，放一般的鱼都行。据说，在水里放生，放有生命的东西，是做“博音”①。

9. 参加仪式的人们摆放自己的供品

当“罗斯依·霍日耶”里面飘出袅袅“桑”烟的时候，斯琴掛和沃菊芬的祭祀供品基本摆放就绪。仪式场地前来参加仪式的人越来越多，他们此时纷纷拿出自己的供品插空摆放到供桌之上或供桌周围，主要也是奶制品，如奶油、奶皮子、奶干等。

10. 铺设专用地毯

助手们在供桌北侧与帐篷东侧之间的草地上铺了一大张红地毯。这是两位萨满击鼓唱祷、请“翁果日”降临的地方。

三、祭祀龙神主要仪程

一般情况下，前往仪式地点时，无论是野外的河边还是祭祀的人家，

① 博音（/bʊjin/），意为好事。

斯琴掛萨满、沃菊芬萨满都是身穿达斡尔民族服装。拿起神鼓，搬动起神服箱子，她们就已经进入准备请神、与神灵相交通的状态，穿着达斡尔民族服装到达仪式场地是基本的礼仪和传统。这次的伊敏河边祭祀“罗斯”仪式也不例外。

1. 斯琴掛安排祭祀“罗斯”的首要环节

斯琴掛萨满在民族服装外面佩戴护心铜镜、念珠，头戴萨满头饰。助手们把她的神服箱子、神鼓和专用板凳搬到地毯西南角上。

沃菊芬萨满在民族服装外面佩戴护心铜镜、念珠，头戴萨满头饰，手执神鼓和彩色四方旗站在师傅旁边。她的助手也已经搬来她的神服箱子放在地毯西北角上。

斯琴掛左手执彩色四方旗，平端着神鼓，右手执鼓槌，助手给她平端着的神鼓上抹白酒，防止风吹日晒后神鼓鼓面开裂。斯琴掛给沃热哈拉家族、李肯哈拉家族男子讲解如何进行下面的环节，给陈巴尔虎旗的通古斯鄂温克、巴尔虎蒙古族弟子交代下一步将要进行的仪程内容。鄂嫩哈拉、沃热哈拉、陈旗弟子们3个组每组出9人，每人敬洒9次牛奶，一共81次，鄂嫩哈拉与沃热哈拉分站在供桌两侧伊敏河边，鄂嫩哈拉—莫昆家族在西侧，沃热哈拉—莫昆家族在东侧，陈旗弟子及其家人队伍排在供桌北侧、帐篷和地毯之间。然后，斯琴掛走过去为即将领神“出马”的徒弟鄂嫩朵拉整理念珠，让她把铜镜戴在民族服装里面。

接着，斯琴掛嘱咐儿子和铁林，让人们不要挡住风。他们两位于是让人群都移动到地毯东侧。这样，萨满进入神灵附体状态时周围可以透风，不致过于憋闷。斯琴掛然后指着供桌对巴德玛·苏荣老人说，我们这个不是有“嘎胡查·爷爷”① 吗，所以，喜恩图（斯琴掛弟弟）敬洒牛奶时要一并供奉他，而且，从莫力达瓦旗来的铁林等人也都代表郭博勒哈拉满那莫昆的孙子重孙同时敬洒牛奶，供祭“嘎胡查·爷爷”。

---

① 嘎胡查·爷爷（/gaxʊʧa jeje/），即嘎胡查·萨满、嘎胡查·雅德恩，郭博勒哈拉满那莫昆的著名大萨满，海拉尔地区的达斡尔人和满那莫昆普遍供奉。

斯琴掛萨满主要供奉鄂嫩哈拉博斯克浅莫昆祖先神“拉·萨满”太爷爷及其助手神灵，还供奉夫家李肯哈拉祖先神“额吐温·太提”①、郭博勒哈拉满那莫昆的祖先萨满神灵“嘎胡查·爷爷”。所以，有三组供品，代表着这三个莫昆家族供奉祭祀“罗斯”，供奉祭祀祖先神。

安排完有关事项，斯琴掛、沃菊芬稍事休息，喝些茶水。

2. 斯琴掛、沃菊芬穿斗篷

稍事休息之后，斯琴掛和沃菊芬开始穿斗篷，她们的斗篷用红色金丝绒为面、黑纱为里衬制作而成。她们把彩色四方旗旗杆插在神鼓后面抓绳中，旗子从神鼓边缘露出来，迎风舞动。这斗篷相当于萨满服，两位萨满穿上斗篷，意味着仪式即将正式开始。

3. 向“罗斯”献祭祈祷

斯琴掛在西、沃菊芬在东，她们面朝供桌和伊敏河水站在红色地毯上，先朝南半蹲甩了甩神鼓，然后，朝东甩神鼓，朝西甩神鼓，朝北甩神鼓，最后，她们转向南面面朝伊敏河水开始共同击鼓，斯琴掛唱祈祷神歌序曲：

迪古呀，迪古呀，迪古迪古迪古呀。迪古呀，迪古呀，迪古迪古迪古呀。

助手们跟唱同样的曲调。唱两遍上述神歌序曲之后，斯琴掛开始唱有意义的祈祷词，大意是向“罗斯”祷告，五月初五，某某哈拉—莫昆的某某属相的人们，在向您祈祷，给您供奉呢，请享用洁白的食物。斯琴掛一直唱念每一个敬献牛奶的人的哈拉—莫昆和属相，还有那些没有排在三组9人队伍当中的其他主要莫昆家族成员，特别是年轻人，也要向“罗斯”祷告他们的姓氏莫昆和属相。

与此同时，斯琴掛萨满和沃菊芬萨满的家人排队向伊敏河水敬洒牛奶。河边，西侧是斯琴掛所属鄂嫩哈拉博斯克浅莫昆的人们，第一位是斯琴掛的弟弟，后面依次跟着她的侄女、弟妹、侄子、侄女、儿子等共9人。东侧是沃菊芬所属沃热哈拉绰库勒莫昆的人们，第一位是沃菊芬的弟

① 额吐温·太提（/ətu'un tajti/），直译“大祖母”，李肯哈拉的祖先神。

弟，后面依次跟着她的侄子、侄女、弟妹、侄女婿、儿子等共 9 人。两支队伍中的第一人手里都端着一大碗牛奶，用小勺从碗里舀牛奶敬洒，从东南方向一直转到西南方向，然后，把碗交给第二人，第二人依样转圈敬献牛奶。然后，队伍中的每个人都依样向河边敬洒牛奶，直到队伍中的所有人把大碗中的牛奶全部敬献完毕。陈旗弟子和家人队伍一排 9 人在宝音图带领下也是每人向伊敏河水方向敬洒 9 勺牛奶。

斯琴掛萨满说，每支队伍都是 9 个人，每人敬献 9 勺牛奶，这样，相当于每个莫昆家族敬献给“罗斯”九九八十一份牛奶，数字吉祥，如此安排，也有尊敬的意思。

4. 斯琴掛首次神灵附体

两个莫昆家族及陈旗弟子与所属莫昆家族敬洒完牛奶，斯琴掛也唱完了神歌，她开始一边击鼓一边转圈跳舞，先逆时针转，然后顺时针转，再逆时针转，再顺时针转，然后，向上跳了两下，仰面倒下。斯琴掛进入神灵附体状态，她的“翁果日”降临了。助手将其扶起来，使她面朝东北方向背风坐在凳子上，然后，帮助她整理斗篷和萨满头饰。此间，沃菊芬一直在旁轻轻击鼓，直到斯琴掛接过助手交到她手上的神鼓和鼓槌开始击鼓，沃菊芬才在一旁坐下来，停止击鼓。

斯琴掛开始击鼓唱神歌序曲：

……德么扬古……

然后，她变调唱另外的神歌序曲：德古霍尼德古，德古霍尼德古；德古霍尼德古，德古霍尼德古；德古霍尼德古，德古霍尼德古。

助手们先后跟唱同样的神歌。斯琴掛萨满神灵开始自述，说：

我从遥远的地方来，来到了这一方水土。

首先，斯琴掛萨满神灵找沃热哈拉人氏嘱咐。

沃热哈拉的“霍卓日・雅德恩”，我想对你说几句话。

沃菊芬萨满走到斯琴掛身前倾听。

我想喝你献的碗里的茶，我在说，我要告诉你几句话。

助手端来奶茶，沃菊芬献茶，然后跪听。

我把你的家族曾经被杀死的“旭特勒”①拉拽出来了，我把你的家族曾经被压住的“旭特勒”拉拽出来了。鄂嫩哈拉、沃热哈拉世世代代像兄弟一样走动，共同走来，沃热哈拉“霍卓日·巴日肯”、“霍卓日·雅德恩”，我把你们的道路打开了，我非常高兴地坐着。我给你穿上了你的“扎瓦”、“扎斯日”②，我为你打开了你的“阿龙贡克”③。你不是仅有的一两个身穿“扎瓦”④的“雅德恩”吗？你要让民族莫昆的道路都开拓出来，你要让哈拉—莫昆兴旺发达地向前迈进，你要占据着院门、屋门坐着，你要抓着纳文江、诺敏河的命脉，你要不断供奉“敖包”、供奉“罗斯”。

你要不断看着想着行走，我在说，孩子们在“巴日肯”的“吉雅”⑤下行走呢，“博音·阔托日”不能跟着的时候，你要对他们说，不要生气，要注意自己的身体。为了万千人你要不断努力，作为“雅德恩·胡”⑥你要想着背负（人们的）苦难，任凭后世评说。你要注意你的这个身体而前行，你要把疾病和时疫给移开，你要不断唤醒“敖包·敖拉”，你们扶起了古老的“霍卓日”，你们把原来的“霍卓日”都立起来了，你的祖先神们都跟着你呢。你的这个身体，不要让别人把你自己的地方给占据了。有一个人，脸色发黑，个高膀大，到西北方向与某人联合起来，想要抢沃热哈拉的“阔托日”呢。看到这个情况，得到了托梦，我非常生气，我哭着坐了好几天。我只要活着，我就要保护你，带领你。我心疼你的这个身体，我才说这些话。我不想多说了，我的心因为悲伤而颤动。

---

① 旭特勒（/xytələ/），或旭特楞（/xytələŋ/），指供奉对象，即巴日肯，神灵。

② 扎斯日（/ʤasar/），即扎熟日（/ʤaʃur/），神鼓之鼓槌。

③ 打开阿龙贡克（/alʊŋguŋkə/），打开大门、道路，指领神仪式。

④ 举行这场祭祀“罗斯”仪式的时候，斯琴掛、沃菊芬还是当时仅有的两位拥有“萨玛仕克”（或叫作“扎瓦”，即萨满服）的正式举行了领神仪式的达斡尔族“霍卓日·雅德恩”（即“莫昆·萨满”），所以斯琴掛“翁果日”这样对沃菊芬萨满说。

⑤ 吉雅（/ʤija:/），意为命运，福气。

⑥ 雅德恩·胡（/jad’ən xu:/），萨满人，泛称。

说到此处斯琴掛开始哭泣，边哭边击鼓，继续说：

在我的孙子重孙面前，我有些失态呢。不过，我还是想告诉你几句话。我告诉你的这些你要记住了，你自己要把自己的“阔托日”收好着行走。……说说你的这个身体吧。你要像达斡尔车的车毂一样结实地走，你要像辐条一样心意坚定地走，你在抓着像车辋一样柔软的心走呢，你要像车排一样心细、有谋略地走，我在说。你要像车轭一样主事儿，你要像车轴一样公道地走，你要拥有像车辕一样的正直的道路。我在说，我在告诉你。

接着，斯琴掛萨满神灵安排下面要进行的仪式内容，嘱咐仪式环节要注意的事项：

等到让人们进入保护环节的时候，男人要从右侧腋下（指斗篷右侧）出去，女人要从左侧腋下（指斗篷左侧）出去。记住了吗？我在说，我在告诉。

铁林、巴特尔等人说，记住了。斯琴掛萨满神灵最后对沃菊芬嘱咐道：

黑龙年十一月初九是红龙日，还有红蛇日，你要把属龙的孩子们收拢好、约束着他们行事。

斯琴掛萨满神灵对沃菊芬告知完毕，沃菊芬站起身回到座位上就座。斯琴掛萨满神灵接着找沃热哈拉其他人告知注意事项：

沃热哈拉属猪的孩子，我告诉你几句话吧，我要喝你献的茶。(被叫者跪拜，磕三个头，然后献茶。）你要注意你的这个身体，你要经常呼唤着你的“巴日肯”。你的这个身体，在今年黑龙年十一月初九红龙的日子你要把子孙们收拢约束好，要给地方神灵们敬牛奶、敬酒，要呼唤着你的“罗斯”、“敖包”，不要坐往上飞的车（指飞机），出了这个月你再往外走吧。龙年你的“阔托日”多，眼红的人也多。你要注意你的这个身体，你要压制怒火、让火气降温。你要事事注意，防止被人欺骗。再说一个兔年的事情，夏天中间月份的时候，龙日你去右前方向（西南方向）“罗斯”占据的山外地方吃过鱼。以后，每月初五你不要吃鱼，初五注意不要把水弄脏了，初五你们不要在河里洗东西、不要吃鱼，我在告诉。想要汇聚你的“阔托日 · 博音”，想要你的身家性命，把你的“巴日肯 · 旭特勒”[①] 占据在自家的院门、屋门，抓着纳文、诺敏的“苏阿德勒”[②]，半懂不懂的人们做了“多姆勒”放着呢。你要好好转着旧房子看一看，你们搬进新房子的时候，要看着好日子，在“阔托日 · 博音”的日子再搬，我在告诉。你的这个身体在今年草木发黄的时节有病坎儿，你要用泉水洗一洗，到博荣的敖包山上采摘“红额 · 伊勒阿”（一种叫作“红额”的花），让你的“霍卓日 · 雅德恩”给“泰日米特”（赋予神圣力量），然后，用七个泉眼的泉水煮着喝 7 天，喝完以后你要让官家的大夫再给治一治。秋天八月十一的时候，不要去左前方向（东南方向），不要抓刀具等带刃的东西，那样可能会卷入别人的口舌是非，惹上刀刃事情，要出破财之事。帮助钱财的事情，你要看清是什么人再给，有的人说过要积攒你的“阔托日”，有的人（生活）被过度压制，是个无底洞，你再往外拿也难。

其次，斯琴掛萨满神灵找郭博勒哈拉满那莫昆人氏告知事项。

郭博勒哈拉满那爱拉[③] 的属狗的小子，喝了你奉献的茶，我要告诉你几句话。（被叫者不在，亲属跪拜，代献茶水。）你要注意身体。……九月二十二不要去右后方向（西北方向），然后，十一月初九红龙日、红蛇日连续三日晚上给“巴日肯”磕头，给“罗斯依 · 敖包”（龙神敖包）敬洒牛奶、敬洒酒。你们不要乘坐在高处飞翔的车出门，不要乘坐有轮子的车出门，你们一定要注意，一定要当心！我想着把你们的口舌是非的坎儿都挪开。你们要从鄂嫩哈拉、沃热哈拉的“雅德恩”的长衫衣摆下通过。你的属虎的儿子，在八月初四、八月初七，

---

① 巴日肯 · 旭特勒（/barkən xytələ/）或巴日肯 · 旭特楞（/barkən xytələŋ/），神灵。旭特勒或旭特楞指供奉对象，即巴日肯。

② 苏阿德勒（/sʊadəl/）或苏阿迪勒（/sʊadil/），血管、命脉，河流主干道等。

③ 郭博勒哈拉满那爱拉（/gʊːbəl xal manna æla/），即郭博勒哈拉满那莫昆（/gʊːbəl xal manna mokun/）。

> 不要去左后方向（东北方向），不要与属牛、属鼠、属猴、属蛇的人一起走。结冰时节要注意。要注意女人，不要被她们的心计办法所束缚。我在告诉。

之后，斯琴掛萨满神灵找郭博勒哈拉乃音浅[①]属蛇的人。被叫到的年轻男子上前跪拜磕头。斯琴掛萨满神灵开始对他说：

> 你要不断让“霍卓日·巴日肯”高兴。你要注意你的这个身体，你在龙年、蛇年都有硬坎儿。龙占据的山，黑蛇占据着坐下了。你要想向（这个）地方要“阔托日”，今年动（土）的话，你会日日向下，你的“阔托日·博音”会被收起来，你的被杀死的身体不是生命吗？你要更加珍视生命，你要注意。我在告诉。你们听明白了吗？我在问。六月初八、八月十八你要是乘车去往东北方向，要出大事，将有钱财破费。你要是一定今年想做，你要请属猴的人占据那个地方再做。我在告诉。

接着，斯琴掛萨满神灵找郭博勒哈拉属虎，来自莫力达瓦的人，要喝他献的茶，告诉他几句话。被叫到的中年男子前来给斯琴掛跪拜磕头，献茶。然后，斯琴掛萨满神灵开始述说：

> 我说，你的这个身体，你的这个命运艰难。你不要喝酒。你要注意你的坎儿，你要给你的“霍卓日·巴日肯”磕头，七月十三、八月初四你要注意，不要去左后方向（即东北方向），结冰日、龙日你不要去北面，你要注意。我在告诉，我在说。你要注意自己的身体。鄂嫩哈拉的“霍卓日·雅德恩”给你的衣服，到了秋天八月的时候你要穿上。你要注意给你的“阿勒腾·索罗”，给你挪开生命坎儿，给你修路。你不要去墓地，不要去有人倒下死去的地方。我在告诉。

说完，斯琴掛神灵接着找从莫力达瓦到来的，郭博勒哈拉属虎的另外一个人。被叫到的年轻男子跪拜磕头，献茶。斯琴掛萨满神灵开始对他嘱咐：

---

① 郭博勒哈拉乃音浅（/gʊ:bəl xal næjinʧen/），即郭博勒哈拉乃音浅莫昆。

草木发黄的时节你要注意，不要吃野生动物的肉，不要锯树，不要去发生车祸流血的地方，你要从口舌是非中躲着走。秋天八月二十二，去右后方向（即西北方向）的时候，不要与属龙、属蛇、属猴、属牛的人一起出去，你有大坎儿。我在说。你要给你的“霍卓日·巴日肯”磕头，你要三次进到沃热哈拉“霍卓日·雅德恩”的“阿日善”，你要让她给你修路。我在告诉你。与别人相处你要注意口舌，容易惹上是非。

第三，斯琴掛萨满神灵找鄂嫩哈拉博斯克浅莫昆人氏。

鄂嫩哈拉属牛的小子。我要喝你献的茶水。（被叫者跪拜磕头，献茶水。）你要注意你的身体，六月初八，十月十八，你不要出门去南面，我在告诉。今年黑龙年十一月初九红龙日，你们要给“霍卓日·巴日肯”磕头，龙日、蛇日不要出远门，有坎儿，我在说。属牛的媳妇，属龙的重孙，我要告诉他们，我在说，媳妇在八月初四、初七不要去北面。你们不要去墓地，不要去有死人倒下的地方，不要说顶风的硬话。属龙的重孙，我给他告诉一下。九月二十不要去西北方向、东北方向。你们要注意。我在说。

然后，斯琴掛萨满神灵找鄂嫩哈拉另外一批人喻示：

鄂嫩哈拉属蛇、属马、属羊、属牛、属鼠的孩子们，我要喝你们奉献的茶水，告诉你们事情。

巴特尔招呼那些被叫到的鄂嫩家族的孩子们一起过来。被叫到的几个年轻男子、女子们跪拜磕头。

属蛇的小子、属蛇的重孙，你们进入属相年的时候要注意，你们要给“海日斯·巴日肯”① 磕头，你们要给你们的“霍卓日·巴日肯”敬洒牛奶、敬洒酒，龙日要给“霍卓日·巴日肯”磕头。属牛的小子，有病坎儿，我说。属蛇的重孙，六月初八、十八，八月十八不要去南面，我在告诉你们。龙年 11 月红龙日，你们不要出门，你们要供奉

① 海日斯·巴日肯（/xairs barkən/），海日斯，榆树，海日斯·巴日肯，一种山神的名字。

自己的"霍卓日·巴日肯"，心里要默默向"霍卓日·巴日肯"祈祷。属羊的小子，我在找你呢。五月十七不要出门，你要注意口舌，不要去墓地，不要去有人倒下死去的地方。你们要给"霍卓日·巴日肯"磕头。属牛的姑娘，你有病坎儿，我说。你的属兔的女儿，八月十一不要出门去南面，要注意刀刃，要注意口舌。属牛的姑娘，草木发黄的季节，你有大病坎儿，你们要敬洒牛奶、敬洒酒。属鼠的姑娘，八月十五要注意，我在告诉，你们要注意。你们要供奉"巴日肯"，我在告诉。

第四，斯琴掛神灵找李肯哈拉人氏告知事项。

首先，斯琴掛萨满神灵找鄂嫩哈拉的女婿告诉事情。

你跟着我的姑娘 17 年了，到来的我的身体，你让"霍卓日·巴日肯"高兴了，你用你的这个身体帮忙了，我看看你的孩子们吧。你的姑娘、女婿，草木发黄的时候有大坎儿，走"雅德恩"道路的时候，不区分富有还是贫穷，不区分男女老少，一样好好给看，她在肩负着大的磨难走呢，那个时候，你要把她的"卓布楞·杜卡"[①]给挪开，有疾病的时候要看官家的大夫，是"翁果日·库钦"的帮助，她才这样好好地走呢，让她注意自己的身体。黑龙年，"卡腾·博勒乌德"[②]，把那些有"卓布楞·杜卡"的人们，用衣襟把他们收拢好，挪开他们的疾病，挪开他们的磨难。……我在明白地告诉，我在告诉。

接着，斯琴掛神灵找鄂嫩哈拉女婿的子女们告知事项。

属猪的儿子，属虎的女婿。属虎的重孙，属狗的媳妇，属兔的女儿。(被叫到的人们一齐跪拜。)属兔的姑娘，你干自己的活吧。你干活的话，你呼唤着"翁果日"干活的话，你妈妈的身体会轻松，背负苦难，你要注意地走，我在说。你要让自己的"巴日肯"高兴，你打开了原来的道路，想要再次打开道路，被你母亲的身体挡住了，

---

① 卓布楞·杜卡（/ʤʊblan duka/），磨难，坎坷。

② 卡腾·博勒乌德（/katəŋ bɔlwud/），引申为地方变得著名了、闻名了。

你要不断求着你的“巴日肯”，神灵，会不断地帮助你。属猪的儿子，我要告诉你，我在说。今年你要注意，十月份你要注意，不要喝酒，对你的身体不好，你要是真的想妈妈，不要让她心痛，你的妈妈用生命在想你，她在承载着你的生命，来回带着你呢。进钱了，你要注意身体，不进钱的时候，你不要着急。……兔年你有“阔托日”，你想要祭祀“罗斯”，你说要做“博音”，到了自己的肚子，你喝酒让她生气。你要是得到了“罗斯”的“阔托日”，我问你，你得到了吗？今年按照规矩，你要整。上冻的时候，你们要注意，龙年十一月红龙日、红蛇日无论如何不要出门。说多了不行，就解释到此吧。属虎的女婿，你老是心里堵得慌。你干活的地方有一个人，虽然是年轻人，留着短头发，却像个老年人的模样，长条脸，在你面前笑着走着，在你背后说你这个那个，用“达勒额”① 压了，即使不能弄倒你，也要破坏你的生计，想要抢你的“阔托日”，有一个这样的人，三个人合起伙来，在你们的右后方向整的，说要扳倒你。你要注意身体，八月你有大坎儿，你要注意口舌，疾病要到官家医生那里，我在告诉。属虎的孙女，你要注意地走。属虎的孙女、媳妇，你们两个，八月初一不要去左后方向。你们要修路，你们的院门、屋门，有人在做“多姆勒”，你们要注意。我的“霍卓日 · 雅德恩”姑娘，自己哄自己，不想让别人知道自己儿子的房子所在，都不到儿子的家里去。我在告诉，你们要注意。用好心去想吧，你们要告诉你们的老太太，打鼓三次，“卡日其 · 苏姆”② 往右后方向、往右面给挪开。你们要给“巴日肯”磕头，要喝点官家医生的药。你们要注意，你们要从衣服的“华日么”③ 下面过三次。

第五，斯琴掛萨满神灵再次找郭博勒哈拉满那莫昆的人们。

郭博勒哈拉满那爱拉属虎的、属猪的，属鼠的媳妇，属狗的小

① 达勒额（/dallə'ə/），有多种含义，指象征物，或者“博音”，有时指黑巫术，等等。

② 卡日其 · 苏姆（/kartʃi sumu/），坎坷、磨难。

③ 华日么（/xʊarm/），达斡尔民族服装的长袍下摆，此处指萨满的斗篷下摆。

子，你们大家伙。

助手帮忙喊那些被叫的人们。郭博勒哈拉一位老人和他的儿子，还有另外一对老夫妇及其儿子媳妇等上前跪拜。

我说的是属虎的小子。属虎的小子，八月十一，不要去左前方向，有一些病坎儿，我在说。属猪的小子，八月要注意地走，你们一直让"霍卓日·巴日肯"高兴呢，虽然没有走"巴日肯"的道路，但是，让"巴日肯"立起来了，"巴日肯"高兴呢。我在给你们挪开"欧日·扎德额"[①]，十一月龙日不要出门，我在说。听明白了吗？我在说。

前面那位老人说，明白了。斯琴掛萨满神灵就接着告诉别的人：

另外的属猪的小子和属鼠的媳妇，告诉属狗的媳妇，属猪的小子，你们让"巴日肯"高兴地走呢，你们要注意疾病，你们要注意身体，你们要注意口舌，把一些是非挪开，属鼠的人，十月有病坎儿，你们要注意身体，修修路。属虎的小子，八月初一、初四要注意点，十月十三要注意，十一月十九不要坐车出远门，属蛇的媳妇身体有命坎儿，你到时候要进到"穆都日·华日么"[②]里走一下，让"霍卓日·巴日肯"高兴地走，挪开你的身体的命坎儿要做"多姆勒"，我在告诉。

第六，斯琴掛萨满神灵找新萨满候选者。

从日本国来的姑娘，我想对你说几句话。(年轻女子和母亲前来跪拜磕头。)你诚心诚意而来，你不是专程从日本国来的吗？来进到这个"库热"[③]的你的身体，你要向"霍卓日·巴日肯"敬洒着走，请沃热哈拉"霍卓日·雅德恩"为你打开道路的话，你要去给她的"霍卓日·巴日肯"磕头。你的这个身体，把"巴日肯"立起来了，你要想让"霍卓日·巴日肯"高兴，看看日子吧，再出来你们的"霍卓

① 欧日·扎德额（/əur dʒad'ə/），泛指疾病。"欧日"是一般疾病，"扎德额"常指老病，还指时疫、传染性疾病等。

② 穆都日·华日么（/mudur xʊarm/），龙神长袍衣衫的下摆，一种象征说法。

③ 库热（/kurə/），圆圈，圈子。此处指斯琴掛萨满及其弟子所属莫昆家族的范围。

日·雅德恩”。你要进到斗篷下摆里走，把疾病和苦难都挪开。

第七，斯琴掛神灵找敖拉哈拉登特科莫昆的两个弟子。

登特科爱拉[①]属猴的、属虎的孙女，我告诉你们几句话。(被叫两个敖氏女子前来跪拜磕头。)属猴的姑娘，你要注意你的这个身体，九月你要注意，你要从口舌中避开着行走，十一月初九、初十，不要去右后方西(西北方向)、不要去北方，我在告诉。

属虎的姑娘，你想抓着“雅德恩”的道路，你要意志坚定地走，我在告诉。

第八，斯琴掛神灵找鄂温克族弟子及其家人告知事项。

哈赫尔哈拉属狗的、属马的、属狗的。(被叫到的人们前来跪拜磕头。)你要注意身体，避开口舌是非。你们一直在帮助鄂嫩哈拉的“霍卓日·雅德恩”。属鼠的姑娘，十月十三要注意，十一月红龙日，红龙日不要出门，要在家里，红蛇日要注意，不要出门。属羊的儿子，在草木发黄的季节要注意身体，九月二十二要注意，我在说。属虎的姑娘，八月初七要注意。……

第九，斯琴掛神灵找敖拉哈拉登特科莫昆其他人氏告知事项。

敖拉哈拉登特科爱拉的人。

被叫到的年轻男子带领着妻子和孩子，跪拜磕头。

敖拉哈拉登特科爱拉的孩子让我高兴，你一直在帮助我的鄂嫩哈拉的“霍卓日·雅德恩”姑娘。我在给你挪开大坎小坎，我在为你背负苦难，你要注意你的这个身体。你不要动土，不要去有水泡子的地方，不要说硬话。我在说，我在告诉。你要注意口舌，有人要破坏你的道路，在观察你的言行，有这样的人。你如果陷于这样的是非，将有损你父亲的名誉。你要注意。你要向你的“霍卓日·巴日肯”祈祷、供奉。我给你打开道路，你要占据好自己的一方水土。你会不断进

① 登特科爱拉(/deŋteke æla/)，或登特科爱里(/aʊla xal deŋteke æli/)，敖拉哈拉登特科浅莫昆。

步，得到喜悦和幸福。你要是得到晋升，你要让民族莫昆兴旺发达。我要帮助你。登特科“爱拉”的“霍卓日”，你们原来有“西额·巴日肯”①，也出过很多名人。

第十，斯琴掛神灵再次寻找第三批郭博勒哈拉人氏。

斯琴掛神灵再次找郭博勒哈拉属猪的人，限定说是“找到了地方，来到这里的孩子”。被叫到的人没来仪式现场，助手就对斯琴掛说，您给告诉吧。斯琴掛神灵说道：

你要注意身体，一代又一代没有找到“托若·托勒乌德”②的地方，我有点生气地坐着呢。帮助郭博勒哈拉的小子进步的时候，分给他一些“阔托日”吧。我在说，我在告诉。

第十一，斯琴掛神灵找苏都日哈拉乌日昆莫昆③人氏。

苏都日哈拉乌日昆莫昆属猴的媳妇，属狗的儿子。苏都日哈拉属蛇的孩子来了吗？属猴的姑娘，我要喝你奉献的牛奶。

斯琴掛神灵寻找的是嫁给苏都日哈拉的女子及其儿子。被叫者上前跪拜磕头。助手代献茶水。

告诉苏都日哈拉属蛇的小子吧，你要注意口舌，九月二十二你往右后方向走的时候要注意口舌，你要躲着走，听到什么要躲着走，有人骂的话，你要躲开。不要吃“古热斯”④的肉，不要砍伐花草树木，你要躲开口舌是非，你若心意坚定，向南行走的话，你的“阔托日·博音”会集聚。告诉属猴的姑娘吧。今年，你有一些疾病的坎儿，你要注意。告诉鄂嫩哈拉属蛇的外甥女吧，你要进入属相年了，你在八月的时候有病坎儿。你要修修路，你要挪开疾病的坎儿。

最后，斯琴掛神灵击鼓说道：

鄂嫩哈拉“霍卓日·雅德恩”有些累的时候，“翁果日”想让她

① 西额·巴日肯（/ʃi'ə barkən/），直译“大神”、“大神灵”，一些莫昆家族的祖先神。

② 托若·托勒乌德（/tʊrʊ: tʊlwu:d/），竖立托若树的时候，指举行斡米南仪式。

③ 苏都日哈拉乌日昆莫昆（/su:du:r xal urkun mokun/），苏都日哈拉的分支莫昆。

④ 古热斯（/gurə:s/），野兽、野生动物。

休息急着走呢。

说完，斯琴掛快速击鼓，神灵离开。

5. 沃菊芬首次神灵附体，祖先神灵降临

斯琴掛萨满神灵刚刚离开，沃菊芬就站起身转圈，倒地左右滚动身体、她的神灵降临了，助手们扶她坐在凳子上。沃菊芬开始击鼓唱歌：

古维古维古维克，古维古维古维克，古维克，古维克，古维古维古维克。阿日提·腾格日·阿米提贝，谢仁·腾格尔·谢金提贝，库克·腾格日·贵勒斯提贝，敖拉哈德·扫德勒提贝。从黑龙江山脉出发，我跟着纳文、诺敏河下来的，沃热哈拉博荣凯亚“贵·雅德恩”我的身体下来了。

然后，沃菊芬开始击鼓，说：

一代接续一代，我承继而来，我踩着纳文江、踏着诺敏河走来，我来到了伊敏河水岸边，鄂嫩哈拉、李肯哈拉祭祀“罗松”的时候，我领着沃热哈拉的“霍卓日们”来了一起供奉呢，我看着“莫昆·库热”高兴啊。鄂嫩哈拉的孙子重孙们让我高兴！孩子们让我高兴！

首先，沃菊芬萨满神灵找李肯哈拉人氏。

沃菊芬击鼓说道：

李肯哈拉属猪的孩子，我想喝你献的白色牛奶。

被叫到的人敬献牛奶。沃菊芬喝了牛奶接着说道：

听说了好日子，好日子里我来啦。“温杜斯·霍卓日”①，我要喝你献的白色牛奶。

其次，沃菊芬萨满神灵找鄂嫩哈拉人氏。

鄂嫩哈拉属牛的孙子重孙，我要喝你献的白色牛奶。

被叫到的人一时未到，助手代献牛奶。之后，被叫到的人才赶来跪拜。

第三，沃菊芬萨满神灵找沃热哈拉人氏。

① 温杜斯·霍卓日（/undu:s xʊʤʊr/），莫昆家族的男子。

我要找沃热哈拉属猪的孙子重孙，喝你献的白色牛奶。

被叫到的人敬献牛奶，然后跪听。沃菊芬的祖先神连着叫了三个不同姓氏的三个男子，他们代表了联合举办此次仪式的三个不同莫昆家族，即李肯哈拉、鄂嫩哈拉、沃热哈拉，沃菊芬先后喝了这三个莫昆家族代表奉献的白色牛奶，然后说道：

我跟着“哈日·穆日”① 下来的。

助手回应：嗻！

我跟着“纳文·果里”②、“诺敏·果里”③ 下来的，我来到了“伊敏·果里”④。

助手回应：嗻！

今天，咱们的“罗松”、“哈日·博日吉”⑤ 的“罗松”要下来呢。

说完，沃菊芬站起身向上弹跳了几下，重新坐下。“贵·雅德恩”离开了。

6. 沃菊芬再次神灵附体

根据沃菊芬此前刚刚离开的祖先萨满神“贵·雅德恩”所说，是另外一位“翁果日”“哈日·博日吉”的“罗松”降临了。助手们扶助沃菊芬坐好，沃菊芬开始击鼓，说道：

“多罗·莫日登”的地方，你们要敬7碗牛奶！（听到这句话，沃热哈拉男子赶紧站起身去敬洒牛奶。）你们要敬洒有颜色的酒！（听到这儿，李肯哈拉男子也站起身去敬洒牛奶和红酒。）这个地方变得强大的时候，“翁果日·库钦”都来了，不是都羡慕地坐着看吗？多年了没有看到祭祀“罗松”了，所以，都高兴地坐着看呢。我从“博

① 哈日·穆日（/xar mur/），黑龙江。

② 纳文·果里（/nawən gʊli/），纳文江。

③ 诺敏·果里（/nʊmin gʊli/），诺敏河。

④ 果里，江，河，多指水面较窄一些的河流。纳文·果里就是纳文江，嫩江支流，在莫力达瓦达斡尔族自治旗尼尔基镇东侧自北向南流淌；诺敏·果里就是诺敏河，在莫力达瓦达斡尔族自治旗尼尔基镇西部自北向南流淌；伊敏·果里就是伊敏河，自北向南在呼伦贝尔市海拉尔区穿城而过。

⑤ 哈日·博日吉（/xar bʊrʤi/），黑色博尔吉河。

日吉·奥苏”[①]下来的，我从诺敏河下来的。今天，好日子里我来了，我要跟我的孙子们说三五句话。

首先，沃菊芬萨满神灵找李肯哈拉人氏嘱咐。

李肯哈拉属兔的孙子重孙，你给我修着道路，来到我的“乌日翁·白特”，给我敬献牛奶了，按照我的规矩行事呢。我高兴啊！

助手附和：嘛！

其次，沃菊芬萨满神灵找鄂嫩哈拉人氏表达心情。

鄂嫩哈拉的“霍卓日·雅德恩”让我高兴啊！

斯琴掛此时已经来到沃菊芬身前站立、倾听。沃菊芬萨满神灵继续对斯琴掛说道：

说要给大家修路，要给民族莫昆的孩子们渡过大坎小坎儿，说要用蓝色、红色让人们行走，为你们敬献了白色的牛奶，把你们的道路都给变白、修好呢！都把你们的大坎儿化小、小坎儿化无呢！我的孙子重孙们都来了，鄂嫩哈拉、沃热哈拉、李肯哈拉，合起来，肩并肩，走这条道路的时候来了，很多民族的人们来了，我高兴呢！你们的道路我都会给你们修好！把你们的坎儿都给你们挪开！你们的孩子们、民族的孩子们我都会给予帮助！

第三，沃菊芬萨满神灵找莫日登哈拉人氏嘱咐。

莫日登哈拉西博奇浅属狗的孙子重孙来了，他抓着自己的“巴格其·霍卓日”、领着“莫日登·太提”来了，领着“西额·巴日肯”、领着“霍卓日·库钦”来了。莫日登哈拉西额莫日登浅属鸡的孙子重孙，领着她的“雅德恩·爷爷”、“莫日登·太提”、领着“罗松·库钦”[②]来了。莫日登哈拉尼日耶浅属猴的孙子重孙，领着“巴格其·爷爷”[③]、领着“巴日西·额头乌”来了，领着“梅斯勒·太提”来了。

被叫到的三个孟氏子孙前来跪拜，他们都是前来参加仪式的斯琴掛的弟子。

---

① 博日吉·奥苏（/bʊrʤi ɔs/），直译“博尔吉水”，指博尔吉河。

② 罗松·库钦（/lʊsʊŋ kuʧin/），龙神。

③ 巴格其·爷爷（/bagʧi jeje/），巴格其爷爷。

他们领着“翁果日·库钦”都来了。

第四，沃菊芬萨满神灵找敖拉哈拉登特科莫昆人氏。

敖拉哈拉登特科浅属虎的孙子重孙，领着登特科“巴日西·额头乌”、领着“巴日耶浅·额头乌”①、领着“罗松”来了。敖拉哈拉多恩浅的媳妇，领着“罗松”、领着“敖包·敖拉·额金”来了，领着“腾格日·娘娘”、领着敖拉哈拉“霍卓日·巴日肯”来了。

被叫到的两个女子上前跪拜。她们也都是斯琴掛的弟子。

第五，沃菊芬萨满神灵找郭博勒哈拉满那莫昆人氏。

郭博勒哈拉属牛的孙子重孙，领着“霍卓日·巴日肯”来了，“嘎胡查·爷爷”也跟着来了。

铁林跪拜。

第六，沃菊芬萨满神灵找敖拉哈拉人氏。

敖拉哈拉属猴的孙子重孙，领着“巴日西·太提”、领着“奴吉日·巴日肯”，也进到这个地方了。（被叫到的敖氏男子跪拜。）因此，领着这么多“霍卓日·巴日肯”来了。不是我的民族也罢，领着“霍卓日·巴日肯”来的人们，我们都感谢你们呢！沃热哈拉、鄂嫩哈拉、李肯哈拉，我们都感谢呢！你们的子孙们都会好的！都能够成为自己哈拉—莫昆的主人，收拢约束着自己的“莫昆·库热”②吧！你们要对自己的村里、族人有所助益！你们要为国出力！把（指向）你们的黑箭都挪开，把黑色事情都挪开，我们用白色的牛奶赋予你们生命的活力，你们的道路都清清白白，你们要像泉水一样明亮清澈地行进。（助手应答：嗻！）今年，你们要掏开七个泉水，那样的话，你们的道路会更好！7个泉水，你们的“巴日西”道路，你们要煮开7日，连喝7日，那样，你们的手脚会更好。你们的有“多姆”的手指会更加有“多姆”。我的孙子重孙我都见到了。感谢的话我也都

① 巴日耶浅·额头乌（/baræʧen ətəu/），巴日耶浅老太太。

② 莫昆·库热（/mokun kurə/），直译“莫昆圈”，指莫昆家族成员或莫昆家族的边界和范围。

说了。

第七，沃菊芬萨满神灵找莫日登哈拉阿拉克昌浅[①]人氏。

阿拉克昌浅的小子，莫日登哈拉阿拉克昌浅，属蛇的孩子，我要找他，喝他奉献的白水。

助手喊被叫之人，被叫者过来磕了三个头。

你那么喜欢喝酒吗？你不要端起酒杯就放不下！喝酒的事情你要躲着点走啊！你要给鄂嫩哈拉的“霍卓日·巴日肯”磕头，那么你的坎儿会挪走吧。七月初四，你不要去西北方向，那样的话，你会被别人把路堵住，你要出有轮子的事故呢！喝酒的时候，你要注意点，你要少喝点酒！以后你的道路会变坏，你要注意身体。“罗松”及其“翁果日·库钦”会帮着你修路，你要好好修泉水，那样，你的道路会更容易向上攀升吧。

第八，沃菊芬萨满神灵找李肯哈拉人氏。

我要找李肯哈拉属猪的孙子重孙，喝他献的白色牛奶。

前面的人磕头拜谢，起身离开。新被叫到的人敬献牛奶。

你是“温杜斯·克库”[②]，你好好伺候你的父母，我高兴。你相信“巴日肯”，领着他们行走他们的（萨满）道路，我高兴。我会给你好好修路，你要好好修泉水。你要到“拐勒·哈德·罗松·敖包”[③]那里好好求一求，那样，你的道路会更好吧，会给你修路吧，会好好给你汇聚“阔托日·博音”吧。“拐勒·哈德”[④]的黄色花朵连根挖来煮水喝着试试，那样，你的疾病会减轻吧。你伺候长辈人呢，你经常走远路，我一直跟着你，你驾车走的时候一直跟着你。因此，无论如何不要忘了给“拐勒·哈德·罗松”[⑤]敬酒，不要忘了给“尼日耶·罗

---

① 阿拉克昌浅（/alakʧaŋʧen/），莫日登哈拉阿拉克昌浅。

② 温杜斯·克库（/undu:s kəku/），莫昆家族的男子。

③ 拐勒·哈德·罗松·敖包（/gʊajil xad lʊsʊŋ ɔbɔ:/），拐勒山崖的龙神敖包。

④ 拐勒·哈德（/gʊajil xad/），拐勒山崖。

⑤ 拐勒·哈德·罗松（/gʊajil xad lʊsʊŋ/），拐勒山崖的龙神。

松”[①]敬洒。我会不断给你修路，你这儿走那儿走的时候，我会不断给你“阿勒腾·索罗”，你要关注着点你的“阿勒腾·索罗”。你在做买卖屋子呢，门不是朝西开吗，我让你做一只小箭放在那里，你放了吗？你的道路好吗？你的买卖好了吗？你积攒“阔托日·博音”了吗？到了秋天的时候，你的“阔托日·博音”会聚集，你要不断在你的院门、屋门敬洒牛奶，那么，你的道路会不断明亮吧。

沃菊芬萨满神灵接着找李肯哈拉人氏，说道：

我有属虎的孙女婿。我要喝你献的白色牛奶。

被叫者前来跪拜，敬献牛奶。

你的心里嘴上老是堵得慌，有人在堵你的道路。所以，你要常常转身而走（指远离是非），避免进入口舌是非。你要注意点，你要少说一些话，不要和别人辩论争执，不要闲来多事，那样的话，你会更加容易被人整。沃热哈拉的“霍卓日·雅德恩”会不停地为你敬洒，你不要操心，你的道路会变好的，你的“阔托日·博音”会好好积攒的，你要给“罗松·敖包”、给“噶吉日·罗松”[②]不断地好好敬洒牛奶、敬洒酒，“博荣·敖包”、“罗松·敖包”你要一直好好敬洒，呼唤着诺敏河、呼唤着纳文江，你要好好敬洒，那样，他们都会帮着你，让你的道路更好吧。

沃菊芬萨满神灵继续找李肯哈拉人氏，说：

我有属兔的孙女，我要喝你献的白色牛奶。

被叫者跪拜磕头，敬献牛奶。

你老是觉得心里委屈，老是爱流眼泪，我任何时候都在照看着你，不要老是心事重重。说到人啊，各有各的命运，因此，不能为别人太过操心，这么多“霍卓日·巴日肯”都会帮着你。你操心，你有什么本事啊？因此，不要为别人太过操心，流着眼泪过日子，那样，

① 尼日耶·罗松（/nirgi lʊsʊŋ/），尼日耶龙神。

② 噶吉日·罗松（/gaʤir lʊsʊŋ/），地方龙神。

你会把苦难都兜在你的衣衫大襟、装在自己的口袋里。为你修路，我给你用牛奶“泰日米特”①，所以，你要不停地敬洒牛奶、敬洒酒。

第九，沃菊芬萨满神灵找沃热哈拉人氏。

沃热哈拉属猪的孙子，我要找他，喝他献的白色牛奶。

被叫到的沃氏男子敬献牛奶。

你在挖土呢，你在做“混奴日 · 巴日肯②的屋子，今年，你不要让太多血出来，有生命的不要多杀，不要杀黑色的猪，不要杀红色的牛，要不断地敬洒牛奶、敬洒酒，要不停地给“敖包 · 敖拉”敬洒牛奶，在挖土的地方放7层高的鸡蛋、放9层高的点心磕头，好好磕头，那样，“罗松”不会生气吧，有生命的你放了吗？有生命的你好好放完了再走。“诺敏 · 果里”、“纳文 · 果里”、“伊敏 · 果里”你都要放，那么你的道路会更好吧。这么远你来了，你把我的孩子们都带来了，与鄂嫩哈拉的“霍卓日 · 雅德恩”、与李肯哈拉的男孩子联合起来一起供奉，我高兴。所以，我会给你撒牛奶、撒酒，给你修路。把泉眼打开，让你的子孙都兴旺繁盛，你去取我的7个泉眼的泉水喝着试试。把你的眼睛洗一洗，把你的手指洗一洗，那样，你的血液变稀、眼睛会变得明亮吧。你不是有些疾病吗，那个你要吃点官家的药，秋天的时候你的嗓子也吃点药，你要吃草药。你有属猴的儿子吗？

跪听者答，是。助手说，您给告诉吧。

他的道路你们要不断地修好，你要让他给“罗松”磕头。今年，你们要好好给“罗松 · 敖包”敬洒牛奶、敬洒酒，那样，我的属猴的孙子重孙出钱的坎儿会渡过吧。（被叫者匆匆赶来跪听。）有一个小个子黑脸庞的小子，有一个微胖脸色发白的小子，和这几个小子聚在一起走不行。或者，那几个小子说，给我们修修路，敬敬酒、敬敬牛奶也行，那样，（我的属猴的孙子重孙）出钱的道路会堵上吧。他驾车

① 泰日米特，萨满在仪式中喝牛奶、水或者酒，然后喷洒在被叫到的人的头、面部，认为这样可以起到保护、保佑的作用。

② 混奴日 · 巴日肯（/xunnur barkən/），高位神，指神佛。

走呢，开车走的时候要当心。初七、十七、二十七给“霍卓日·巴日肯”磕头，那样的话，他的道路会变得明亮吧。

沃菊芬萨满神灵继续找沃氏子孙，说：

我有属龙的孙子重孙，我要喝你献的有颜色的酒。

被叫者跪拜磕头，跪献红酒。

这个干活的季节，你丢下活计，领着“霍卓日·巴日肯”，跟着你们的“霍卓日·巴日肯”走呢，我高兴。今年你不是有坎儿吗？今年不是黑龙年吗？所以，你不要穿红色的衣服，不要烧火什么的，你要好好给“罗松”敬洒牛奶、敬洒酒，你要扒拉着泉水走，那么，你的道路会好吧。八月十三你不要钓鱼，你要放生有生命的东西，那样的话，你的坎儿会走开，会让你的八月初四的坎儿渡过。你要好好给北斗七星磕头，你的车子要好好地走，那么你的坎儿会躲开吧。十一月你不要前往西南方向经过冰上行走。那样的话，你有坎儿。

第十，沃菊芬萨满神灵找敖拉哈拉人氏。

敖拉哈拉我有属龙的孙子重孙，我想喝你献的有颜色的酒。

被叫者跪拜磕头，跪献红酒。喝罢红酒，沃菊芬击鼓说道：

虽说你的道路不好，这两年，我没有间歇地照看你了。我为你而甩的酒，都有好几桶了。“霍卓日·巴日肯”听“霍卓日·雅德恩”的话，为了她的心意，一直给你修路呢。她说的话你听呢吗？到了今年，我把你用粗绳绑着，用细绳系着，把你绑到腰带上走呢！让你渡过25岁，修好你以后的道路，我在不断地帮助你呢。连续三年，出生的月份里你要吃2个、3个鸡蛋，今年，你要吃2个鸡蛋，包25个小饺子吃，那样你会从坎儿里躲开吧。你可把我的“霍卓日·雅德恩”难坏了！她的心里、嘴上说，我的“霍卓日·巴日肯”、我的守护神们，你们谁也不要管，到了死期，谁也管不了！我愁得求着说，不要给他看到酒。如果真的到了那个时候，爱怎么样就怎么样吧！不过，今天，我还是要用白色牛奶给你，给属龙的孙子重孙们，用白色牛奶给你们大家一起喷洒，用泉水给你们喷洒[①]。属龙的我的孙子重孙们，你们都到我的前面来。属蛇的、属龙的都行。

属龙的沃氏和敖氏子孙跪在沃菊芬身前。助手给她喝了一大口牛奶，沃菊芬噗地喷了一口，又喷了一口。然后，沃菊芬神灵说：把泉水拿来。

助手又给她喝了一大口矿泉水，沃菊芬把口中的矿泉水分三次喷洒在跪于身前的孩子们脸上，然后，击鼓说道：

你们要像纳文江水一样轻松、明亮地行走！希望你们心胸开阔、宽广，不断迈向前方、不断进步！你们要把道路变得光明亮丽而走，要像诺敏河水一样翻腾涌动，思想开阔，向上攀升，帮助“莫昆 · 库热”！那些有困难的人们你们都要给予帮助。要像泉水一样轻松、明亮地走，你们的道路都变得明亮，你们的子孙们都拥有美好生活！你们的疾病都跟着这三条河流顺水流走，你们的大坎都化小，小坎都化无！你们的磨难艰辛都离开走掉！时日变短的时候，几个莫昆要走已经准备好的道路，即使要帮助孩子们，也到了我要散去的时候了。来帮忙的人们，我都高兴呢！我都感激呢！以后，你们的道路都会变好的！你们都要好好供奉着“罗松”，然后，你们像“罗松”一样明亮地迈进！你们的子孙后代世世转生为人的时候都聪明伶俐！

说完，沃菊芬快速击鼓，神灵离开，沃菊芬慢慢清醒，睁开眼睛。

7. 斯琴掛萨满再次神灵附体

沃菊芬的“翁果日”刚刚离开，斯琴掛站起身，转着圈击着鼓，她的另外一位“翁果日”降临了，下来的是鄂嫩哈拉另外一位祖先萨满神灵。助手们扶持她坐在凳子上，斯琴掛开始击鼓唱歌：

哎……德比勒，德比勒，德比勒；德比勒，德比勒，德比勒。哎……金色山崖的背脊上，长满了散发香味的檀木；鸟巢中的蛋破壳而出，在脊背的背脊上。羽毛慢慢丰满，羽翼日渐强壮，鸟儿一天天长

① 喷洒，即“泰日米特”，萨满喝牛奶、水或者酒，然后喷洒在被叫到的人的头、面部，认为这样可以起到保护、保佑的作用。

大，脖子上挂着铜铃，到来了，下来了。德比勒，德比勒，德比勒；德比勒，德比勒，德比勒，哎……金色山崖的背脊上，长满了散发香味的檀木；鸟巢中的蛋破壳而出，在山崖的背脊上。羽毛慢慢丰满，羽翼日渐强壮，鸟儿一天天长大，脖子上挂着铜铃，到来了，下来了。

助手跟唱同样的歌儿，这次不是重复，而是斯琴掛开头后，大家同步跟唱，跟唱的人主要有斯琴掛的丈夫巴特尔、女儿丽娜和鄂温克族徒弟娜仁格日勒等人。这是斯琴掛祖先神降临时所唱神歌。这次到来的据说是鄂嫩哈拉“霍卓日 · 太提”，是斯琴掛太爷爷之前的上代某位萨满太姑奶奶，她嫁给了布里亚特蒙古人，所以，这位祖先神降临时说布里亚特蒙古语。

第一，斯琴掛神灵找弟子斯布勒玛及其女儿，她们跪拜、聆听。

第二，找陈旗的一个男子说话。

第三，找弟子斯琴及其女儿等人一起跪听。

与此同时，两个男子拿着木碗，向河边敬洒了一些牛奶。

第四，斯琴掛神灵还在继续召唤有关人等，警示、劝导，主要还是陈巴尔虎旗的人们。

在附近草地上，或坐或站的人们在聊天，“翁果日”没有叫到他们或者已经叫过了。斯琴掛萨满还在叫人说话。

第五，米西叶代跪在地上，斯琴掛边说边哭。旁边记笔记的人也跟着哭了。

第六，宝音图跪拜磕头，同时叫了一些其他人。

第七，斯琴掛的小妹与儿子跪听。妹妹献茶。告诉一些注意事项。

第八,一个灰白短发的中年男子和妻子跪拜磕头。男子献茶。

第九，再找登特科爱里的人。中年女人跪拜磕头。

第十，布里亚特女子跪拜。

然后，斯琴掛起身转圈并击鼓，她的“翁果日”离开了。因为这位祖先神说布里亚特蒙古语，暂时不译略去。据说，告知内容也都是劝告、警示及鼓励。

8. 沃菊芬萨满第三次神灵附体,“莫日登·太提”降临

斯琴掛站着活动腿脚并和身边的人们说话。沃菊芬眼神迷离,不一会儿,她站起身跳了两下,就倒地左右打滚,助手帮忙把她扶坐在凳子上。沃菊芬开始击鼓,然后唱:

雅给雅给雅给呀,雅给雅给雅给呀,雅给呀,雅给呀,雅给雅给雅给呀。接着击鼓说道:一代一代接续跟着来的,跟着“多罗·莫日登”来的,“莫日登·太提”我的身体下来了。

斯琴掛的几个莫日登哈拉的徒弟赶紧跪下磕头。沃菊芬萨满神灵说道:

跟着孙子们来了,我想说三五句话。虽然时日短暂,高兴地进来了,鄂嫩哈拉的“霍卓日·巴日肯”让我高兴啊!我跟着沃热哈拉的“霍卓日·巴日肯”,跟着孙子们来了,我高兴呢!因此,高兴地来了,我想和我的子孙们说三五句话。

“莫日登·太提”首先找莫日登哈拉西博奇浅属狗的孙子重孙,要喝他奉献的白色牛奶。被叫者跪献牛奶。沃菊芬萨满神灵接着嘱咐道:

你要关注着你的“罗松”,要敬洒牛奶、敬洒酒,给你的“罗松·敖包”放9层高的点心。你的“罗松·敖包”不是在水边吗?因此,那里的地方神也坐在旁边呢。所以,你要给地方神也敬洒牛奶、敬洒酒。我的“莫日登·太提”“迪岱·穆日斯泰”①,我的民族莫昆的孩子们“迪岱·穆日斯泰”!我要帮助我的民族莫昆的孩子们!你要这样说,好好求一求。六月十六你不要去西北方向,你要卷入别人的口舌,被人家的“哈日·苏姆”(黑箭)射呢。我有属蛇的孙媳妇。让她吃点草药,她吃药的病不是多吗?虽然她的“木荣奎·太提”②跟着她,也挪不走她的这个病,所以,你们要吃点官家的药。你告诉她要注意口舌,避免口舌灾难。“华日么·斡日特·博

① 迪岱·穆日斯泰(/di:dai murstai/),向上攀升,指进步、晋升。

② 木荣奎·太提(/mu:ruŋkuj tajti/),鄂温克族涂格敦哈拉的祖先神。

勒色·库里·阔其贝”[1]“合里·斡日特·博勒色·夸莫伊·阔其贝”[2]心地好，嘴巴坏，所以，经常被别人的话语夹带。

接着，沃菊芬萨满神灵找属虎的孙子重孙，告诫说：

五月二十六不要进娶媳妇的房子，身子被弄脏了的话，“巴日肯”就不再跟着了，去了那个地方，会生口舌是非，刀子和桌子要分离。无论如何要注意啊！

“莫日登·太提”接着找莫日登哈拉属鸡的孙子重孙，提醒说：

多的话不要讲，别什么事都打听，给你做“多姆勒”的人会从你话语的空隙更加容易做“多姆勒”。有人要写信告我的孙女婿呢，所以，无论如何你一定要注意口舌。娶媳妇的地方你不要喝酒，你要注意身边的人。你无论如何一定要注意口舌，否则这个时代可能会牵扯进官家的纠纷。有人用心想整你呢，脸色有些黄的女人，与男人合起来整呢，那个男人也是莫日登哈拉，个子有些高，与她一起整呢。无论如何不要被哄骗，你变得太实心眼了，老是被人家的话语套进去。有一个年纪轻轻的人让人做东西甩呢，有一阵子你不从家里出门，或者你出远门的时候，她到处打听你。所以，你无论如何要注意啊！我好好告诉你“阿勒腾·索罗”的时候，你也不太懂。你怎么这么没有头脑，这个人我告诉你多少次了！你怎么一点也不知道呢！你让沃热哈拉、鄂嫩哈拉的两个“霍卓日·雅德恩”给做“泰日米特”敬酒一下，那样，你们的道路变得明亮，别人就碰不了你们了。你在屋里“多姆勒”进不来，你一出门就来招惹你。

“莫日登·太提”接着找莫日登哈拉·尼日耶浅属猴的孙子重孙，批评道：

你现在可不像迎接我的那个时候那么困难了，你的道路不是好了

---

① 华日么·斡日特·博勒色·库里·阔其贝（/xʊarm ʊrt bɔlɔsə kuli kʊʧibe/），衣衫长了裹卷腿脚。

② 合里·斡日特·博勒色·夸莫伊·阔其贝（/xəli ʊrt bɔlɔsə kʊami kʊʧibe/），舌头长了缠绕脖子。

吗？日子好了，你也要回头看看自己的“巴日肯·熟图勒”（/barkən ʃutul/，众神灵）啊，我的子孙们你也帮帮忙啊！你得到了盛在碗里的饭，也应该回头看看哪。我的子孙们都枯萎摔倒呢，至今为止你带他们去“莫日登·罗松·敖包”[①]磕头了吗？你以为你只是抓着“梅斯勒”（金肯哈拉的祖先神）“出来”的吗！按道理不还是（跟从）你的“莫日登·太提”吗？因此，和你闹别扭，我都想把挂在你脖子上的东西给拽下来，想剪掉你的衣襟，你要还是这么走下去，你就不要想着有孙子孙女了！为了让你们的孙子们起来，我不是让你们进入这条道路吗？即使你们不走自己的路，也要多多告诉别人好事情，你要让他们去给“敖包·敖拉”好好磕头。你要让我的孙子重孙们去认识我们啊。今年不是黑龙年吗？前一年是虎年、兔年，虎年、兔年、龙年都不太好，属猴的、属狗的、属虎的、属龙的，聚在一起的话老是会出事，（发生）口舌是非事情，因此，今年（龙年）不是更硬的年份吗？你要让我的孙子重孙们掏开泉眼，让他们明亮着走吧！发黄的树木我会让它们变成绿色，重现生机，腐朽的树木我会让它们开花，重现繁荣。这么远的路，你以为是来玩乐的吗？你都没有好好召唤你的“巴日肯”，使之与自己的身体重合就来了。

一个接一个训导完自家子孙后，沃菊芬萨满神灵“莫日登·太提”说道：

不过，今天，人家高兴地办事情，要把众多莫昆的不好丢掉，要把民族莫昆的不好丢掉。在这样喜庆的日子里，我不跟你们生气。

可是，“莫日登·太提”还是恨铁不成钢，忍不住再次训斥起后辈孙子重孙，生气地说道：

莫日登哈拉西博奇浅属狗的孙子更加让我生气！“阔提·艾日耶·孔阔里比谢”[②]！“戳莫提·艾日耶·绰绰日里比谢”[③]！虽然(你

① 莫日登·罗松·敖包（/mərdəŋ lʊsʊŋ ɔbɔ:/），莫日登哈拉的龙神敖包。

② 阔提·艾日耶·孔阔里比谢（/kʊ:ti ær'i kʊŋkʊli'biʃ/），壶里的酒让你歪歪斜斜。

③ 戳莫提·艾日耶·绰绰日里比谢（/ʧʊmʊ:ti ær'i ʧʊnʧʊli'biʃ/），杯中的酒让你晃晃悠悠。

平时）不说三五句话，一开口就能一闷棍把人打倒，说别人都是重话、狠话。自己的道路一点也不走！你的道路老是让别人经管，所以，你的道路不好不是吗。苦难老是在你身上汇聚，你满身都是疾病！你要吃点官家的药。你要好好给“敖包·敖拉”敬洒牛奶、敬洒酒，让孩子们把泉水捅开着走。

最后，沃菊芬萨满神灵说道：

时日变短的时候，到了我要散去的时候了。大家伙，不是我的民族也好，是我的民族的也罢，你们大家的道路都将变好！把你们的大坎都丢进伊敏河水里，把你们的小坎化无了再回去，把你们的磨难和坎坷都丢弃了再回去。现在，人家的时间到了，到了要做“多姆勒”的时候了。尽管如此，我还是有很多要对我的子孙们说的话来着，你们有要问的话，回去后问问沃热哈拉的“霍卓日·雅德恩”吧。到了我要散去的时候了。

说完，沃菊芬快速击鼓，意犹未尽的“莫日登·太提”还是依依不舍地离开了。助手赶紧给她喝水，帮她擦汗。

9. 仪式参加者进入“穆都日·华日么”的保护

助手们按照斯琴掛的吩咐组织大家开始排队。男人排一队，女人排一队。同时，助手们与斯琴掛和沃菊芬商议如何就座，方便人们从她们的斗篷下摆钻进钻出。斯琴掛在西、沃菊芬在东，面朝南坐，二位中间有一段距离，三个助手靠后一点分站在斯琴掛西侧、斯琴掛与沃菊芬之间、沃菊芬东侧，然后，她们三人高高举起两位萨满身披的斗篷的两边下摆。斯琴掛、沃菊芬开始击鼓，斯琴掛唱歌。排好队的男人们首先从高高举起的斗篷下面从左到右即从西向东爬过。斯琴掛侧身在经过的人们的身体上方击鼓，沃菊芬也侧身在钻爬人们的头身上方击鼓。男人们连续钻爬三次完成被保护。然后，女人才开始钻爬，女人则是从右到左即从东向西爬，也是连续钻爬三次完成被保护。

进入萨满的斗篷下摆寻求保护的仪程结束。那些领有祖先神的人们让两位萨满用神鼓拍拍头、拍拍肩、触碰手。萨满还持神鼓在这些人头部上方晃动神鼓或者击打几下神鼓。

10. 祈福仪式“霍日耶！霍日耶！”

人们都聚拢在供桌前面，每人取回自己带来的供品，也拿一点萨满的供品。人人都手中捧着食物，围在两位萨满身后。斯琴掛、沃菊芬在供桌北侧面南而立，共同击鼓，斯琴掛唱歌，然后带领人们喊：霍日耶！霍日耶！大家跟着喊：霍日耶！霍日耶！同时，他们双手捧着食物平面顺时针画着圆圈，每次画三个圆圈。祈祷仪式之后，虔诚的人们还跪下来面向伊敏河水磕三个头。

“霍日耶！霍日耶！”就是把东西攒起来，把福气积攒了拿来，过富裕的生活，什么好的东西都包括，应有尽有。

四、仪式结束

“霍日耶！霍日耶！”祈福仪式之后，两位主祭萨满的家人才最后拿走自己的供品，前来参加仪式的人们又到供桌上拿一点剩余的供品后开始收拾行装物品，陆续返回。

1. 象征性献牲白色绵羊仪式

斯琴掛端着“面（绵）羊”盘子在河边祈祷了几句，然后，娜仁格日勒代她把“羊”放到了河里。征得斯琴掛萨满同意，徒弟娜仁格日勒让儿子把盆中的桑烟灰倒在草地与河水的堤岸斜坡黑土之上。我到河边问娜仁格日勒。她说一共有9只羊，在仪式开始时就把面制小绵羊放在柳枝园子里了，应该在火上让羊飞升的。面（绵）羊是萨满供祭“罗斯”的供品，仪式结束时放到河水里让它们顺水流走，这是祭祀“罗斯”的时候奉献绵羊的意思。因为“罗斯”喜欢干净，不能杀生，不能见血，所以，用面制小绵羊代表真正的白色绵羊象征性奉献。

2. 打扫仪式场地，保持草地洁净

男助手们开始拆掉凉棚和帐篷，女助手们开始收拾、洗刷碗盘。然后，大家把所有用品都装上车。最后，大家一起捡拾草地上的垃圾，塑料袋、瓶子和纸屑等废品。祭祀“罗斯”仪式结束后，草地上没有留下任何垃圾，只有一些踩踏过的痕迹。

第三节　祭祀龙神仪式的特点与功能

一、祭祀龙神仪式的特点

1. 仪式的举办沿袭了达斡尔族萨满教单数为上、三为常态的传统

2012 年是黑龙年，据说是祖先神托梦，说黑龙年“卡腾”让萨满举行“罗斯·塔克贝”仪式，用斗篷把大家“哈日莫拉贝”①，都保护在“华日么”里，平安度过。因此，农历五月初五端午节斯琴掛与沃菊芬共同举行了“罗斯·塔克贝”仪式。

2013 年是蛇年，依然“卡腾”，因此，端午节斯琴掛再次举行祭祀龙神仪式，供奉白色奶制品和水果、糕点等食物，感谢“罗斯”，祈祷雨水丰沛，牛羊肥壮，祈请“罗斯”保佑生活于一方水土的人们健康，安泰，进步，幸福。

2014 年是马年，斯琴掛和沃菊芬第三次举行祭祀龙神仪式。按照达斡尔族萨满教的传统，有些仪式一旦开始一般要连续举行三次，按照单数为上原则，三、五、七、九都是吉祥的数字。因此，在马年的端午节举行了第三次“罗斯·塔克贝”仪式。其他需要连续三次举行的类似仪式还有祭祀“山登”仪式，祭祀敖包仪式等。

沃菊芬萨满在仪式中常常说“告诉子孙三五句话”最为典型，还有，“三五步路都不会走”，供奉点心一般要放七层或者九层。一般仪式要连续举办三次，祭祀时为每位祖先神灵摆三杯酒、点三盏黄油灯、点三支香，等等。

---

① 哈日莫拉贝（/xarmlabe/），意为保护。

2. 仪式的举办目的彰显了达斡尔族萨满教原始生态保护的积极意义

关于仪式的目的，斯琴掛多次提到，每一年的说法有所差别，但是，仪式目的非常明确。祭祀“罗斯”，就是要保佑莫昆家族、保佑族人、保佑一方水土的百姓平安、健康。这是最终目标。

过去，达斡尔人选择依山傍水而居，生产生活完全依赖身边的自然资源，对山川草木、土地河流倍加珍视。山有山神，水有水神，不能丢弃任何脏污到江河湖泊之中。他们相信，保护水源干净、洁净，好的东西、好的生活才能到来。

每年冬季千里冰封万里雪飘，就是“罗斯”进入睡眠的时候；到了春天，春暖花开草木青葱，“罗斯”就会苏醒过来，正是祭祀它的最好时节。

祭祀“罗斯”仪式就是要教导子孙后代珍惜爱护山川河流，保持土地水源、花草树木干净，保护我们人类赖以生存的环境。河流干净了，土地干净了，人们才能健康，不生疾病，四季平安，丰衣足食，渔猎畜牧农耕才能获得丰收。

因此，祭祀仪式不仅具有祈福内涵，还具有原生态自然环境保护的积极教育意义。在仪式结尾，参加仪式的人们都要带走随身的、产生的各种垃圾，大家极为注重保护环境。

3. 仪式的举办全面恢复了达斡尔族萨满教祭祀以龙神为代表的水系神灵的传统，而且，仪式功能得到扩大和延伸

2012 年，祭祀“罗斯”仪式上，沃菊芬萨满神灵“哈日·穆日”、“博日吉·穆日”的“罗松”降临后说道：

> “多罗·莫日登”的地方，你们要敬洒 7 碗牛奶！你们要敬洒有颜色的酒！这个地方“卡腾·博勒乌德”的时候，“翁果日·库钦”（众神灵们）都来了，不是都羡慕地坐着看呢吗？多年了没有看到祭祀“罗松”了，所以，都高兴地看着呢。

自有文献记录以来，基本上没有达斡尔族萨满举行过如此大型、公开、正式的仪式祭祀以龙神、蛇神为代表的水系神灵了。所以，“祖先神”都说“众神灵”多年没有看到祭祀“罗松”了，都高兴地看着。萨满神灵

一再重申抓萨满“出马”行走萨满路是为了约束莫昆，帮助民族，为国家出力，凡是具有这样功能的活动，“神灵们”都高兴！

正如沃菊芬萨满神灵“莫日登·太提”训斥完不好好走自己萨满路的子孙之后所做的总结：

> 今天，人家高兴地办事情，要把众多莫昆的不好丢掉，要把民族莫昆的不好丢掉。在这样喜庆的日子里，我不跟你们生气。

仪式目的是“要把众多莫昆的不好丢掉，要把民族莫昆的不好丢掉”。这是一句简单的话语。但是，我们想象一下，不好是什么吧？大的如天灾、小的如人祸，疾病、刀伤、车祸以及危及健康、生命和安全的一切都是不好的，所有令人痛苦的、担忧的都是不好的，都是坎坷都是磨难。这些统统都丢掉，人们不希望的一切不好的都丢掉，还有什么比这更加鼓舞、激励人们的呢?!

所以，当代达斡尔族萨满仪式很少单纯一个目的和目标。现在，国家经济发展了，人们的物质生活条件好了，大多数人不愁吃穿，衣食无忧，但是，生活条件好了可以更好，何况人们不能把握和确定的因素还有很多，疾病、安全、健康、意外的灾祸、灾难甚至死亡，都无法预知。

因此，2012 年祭祀龙神仪式是几十年后在达斡尔民族中首次恢复，是达斡尔族萨满文化传承的重要仪式，具有开拓性意义。

从仪式目的看，“罗斯·塔克贝”仪式还是传统水系神灵求雨仪式的功能延伸。仪式不仅仅是祈求雨水丰沛，还有萨满及其仪式对于牛羊肥壮、五谷丰登、四季平安、人人健康的良好祝愿。而且，祭祀龙神仪式同所有其他祭祀活动一样，具有为族众祈福的环节，仪式结尾的祈福仪式“霍日耶！霍日耶！”就是对平安、健康、富裕、幸福生活的祈祷。

4.“罗斯·塔克贝”仪式是现代达斡尔萨满仪式中唯一不杀生、不献牲的大型祭祀活动

祭祀龙神仪式的供品主要是“查干·伊德”，就是奶制品，因为奶制品洁净、干净。据说，龙神喜欢干净的食物。以面做的小绵羊表示供奉了

真正的绵羊，但是又没有真的杀生，没有见血，还是干净、洁净的意思。可以供红酒，但是，不能供白酒，达斡尔人把白酒叫作“有劲的酒”，有劲的酒等烈酒都不能供奉给龙神。其他供品有各种点心、糕点、果子等面食，还有各种苹果、葡萄、西瓜等水果，还有各种零食，但是不能有肉食。

“罗斯·塔克贝”仪式是当代唯一一种不杀生、不献牲的达斡尔族萨满仪式。不仅不杀生，还要放生，所以说，祭祀龙神仪式具有进步意义。

5. 仪式中采用大量的象征手法

从萨满斗篷“穆都日·华日么”下面通过，象征着受到萨满神灵和龙神“罗斯”的保护。

为龙神“罗斯”修建柳枝园子“罗斯依·霍日耶”。

因为不能杀生，所以供祭“面制小绵羊”给“罗斯”。

6. 祭祀“罗斯”仪式仍然沿袭达斡尔族萨满仪式“祭谁，谁下来告知”的原则

2012 年祭祀伊敏河“罗斯”仪式上降临的“罗斯”或“奴吉日”首先是伊敏河的“罗斯”，由斯琴掛萨满的太爷爷“拉·萨满”领着下来的。标志性的物件是仪式开始之前在伊敏河边用柳树条编结了三个“罗斯依·霍日耶”，它们分别为斯琴掛萨满的鄂嫩哈拉博斯克浅莫昆的“罗斯”、斯琴掛的夫家蒙古族李肯哈拉的“罗斯”以及郭博勒哈拉满那莫昆的“罗斯”而修建。2017 年祭祀海拉尔河“罗斯”的时候，编制修建了四个“罗斯依·霍日耶”，分别代表着四个家族供奉祭祀其“奴吉日·巴日肯”，降临的“罗斯”第一位是“海拉日·果里”[①] 的“额金”；第二位是陈巴尔虎旗巴尔虎蒙古族查干额都额日耶更莫昆的“奴吉日·巴日肯”；第三位是斯琴掛夫家李肯哈拉的“奴吉日·巴日肯”。当然还有其他“翁果日”降临，比如沃菊芬的“翁果日”。

① 海拉日·果里（/xailar gʊli/），海拉尔河。

2012—2014年、2015—2017年，连续两个三年，斯琴掛萨满分别祭祀了伊敏河和海拉尔河，后面是否继续举行祭祀“罗斯”仪式取决于斯琴掛萨满的“霍卓日·巴日肯”给她的“阿勒腾·索罗”。据说，各种仪式活动与安排都是按照祖先神的意志而预知和决定的。

二、祭祀龙神仪式的功能

龙是中华民族形成过程中出现的共同性图腾神，后来成为全民族的艺术象征，它以蛇为基型，融会了许多动物的要素而成为多姿多彩的形象。古书中常龙蛇并称，说它能召云致雨，有益农业，故又称雨神，为人们普遍崇拜。达斡尔人敬祭龙神，在仪式上比汉族丰富多样，在信仰上赋予龙神以更多的吉祥意义，如保护山川河流、保佑风调雨顺和国泰民安，甚至教导人们崇德重义、与人为善。达斡尔族的生活对山清水秀的自然环境的依赖度比内地更大，因此，祭祀龙神的萨满仪式不仅得到了恢复，而且有新的发展，从其主流社会功能来看，是有积极意义的，通过“神道设教”，加强人们的环境保护意识，有益于生态文明建设。

萨满神灵附体是祭祀仪式活动的最主要、最重要的环节，萨满神歌不仅歌词古老优美，合辙押韵，集中展示了古老达斡尔语的魅力，还传递着达斡尔族萨满教的价值观、伦理观等一系列思想观念。

斯琴掛萨满的祖先神一降临就对沃菊芬萨满提出了期望：

> 你要像达斡尔车的车毂一样结实地走，你要像辐条一样心意坚定地走，你在抓着像车辋一样柔软的心走呢，你要像车排一样心细、有谋略地走，我在说。你要像车轭一样主事儿，你要像车轴一样公道地走，你要拥有像车辕一样的正直的道路。我在说，我在告诉你。

这里，不仅以传统的达斡尔族大轱辘车不同部位的功能来做比喻，而且，健康、坚定、心细、谋划、主见、公道、正直是作为达斡尔族的“霍卓日·雅德恩”的品格要求，也只有具备了这样的意志品质，萨满人才能背负人们的苦难，帮助民族莫昆不断向上、积极进取，后世子孙兴旺繁盛。

达斡尔谚语、俗语的运用，使得萨满神灵对人们的教育生动而深刻。沃菊芬萨满神灵“莫日登 · 太提”降临时对某孟氏媳妇告诫：

“华日么 · 斡日特 · 博勒色 · 库里 · 阔其贝”，意思是衣衫长了包裹腿脚；“合里 · 斡日特 · 博勒色 · 夸莫伊 · 阔其贝”，意思是舌头长了缠绕脖子。

这句话用达斡尔语说合辙押韵，朗朗上口，生动活泼，给人留下的记忆深刻，同时蕴含了丰富的人生哲理：多说无益，有好心，没好嘴，往往使事情变坏。这两句话就是教导人们，要注意口舌，谨言慎行，方得幸福康泰。

还有，“莫日登 · 太提”训斥某孟氏子孙爱喝酒，说：

“阔提 · 艾日耶 · 孔阔里比谢”！意思是壶里的酒让你歪歪斜斜！“戳莫提 · 艾日耶 · 绰绰日里比谢”！意思是杯中的酒让你晃晃悠悠！

这两句话用达斡尔语说同样词头发音相同，合辙押韵、形象生动，而且内容贴切，使人仿佛能够看到一个人醉醺醺样的动态身影。

三、祭祀龙神仪式上萨满神歌对人们的警示、劝告和期望

在此次祭祀伊敏河“罗斯”的仪式上，斯琴掛萨满和沃菊芬萨满一共进入 5 次神灵附体状态，先后对达斡尔族十几个哈拉—莫昆的近百人次、对索伦鄂温克、通古斯鄂温克、布里亚特蒙古、巴尔虎蒙古等不同民族的几十人次，给予诚恳忠告、提醒注意事项、寄予殷切希望。

1. 一再嘱咐人们注意身体，重视健康，珍爱生命

每一位萨满神灵都告诫人们要注意身体，少喝酒，该吃药就吃药。

斯琴掛神灵对沃热哈拉“霍卓日 · 雅德恩”说：

你要不断看着想着行走……不要生气，要注意自己的身体。为了万千人你要不断努力，作为“雅德恩 · 胡”你要想着背负（人们的）苦难，任凭后世评说。你要注意你的这个身体而前行，你要把疾病和

时疫给移开，你要不断唤醒“敖包·敖拉”，你们扶起了古老的“霍卓日”，你们把原来的“霍卓日”都立起来了。

对沃热哈拉属猪的孩子首先就说：

你要注意你的这个身体，你要经常呼唤着你的“巴日肯”。……你要注意你的这个身体，你要压制怒火、让火气降温。……你的这个身体在今年草木发黄的时节有病坎儿，你要用泉水洗一洗，到博荣的敖包山上采摘“红额·伊勒阿”(一种叫作“红额”的花)，让你的“霍卓日·雅德恩”给“泰日米特”，然后，用七个泉眼的泉水煮着喝7天。喝完以后你要让官家的大夫再给治一治。

斯琴掛神灵对郭博勒哈拉乃音浅属蛇的孩子所说：

你要注意你的这个身体，你在龙年、蛇年都有硬坎儿……你的被杀死的身体不是生命吗？你要更加珍视生命，你要注意。

斯琴掛神灵找郭博勒哈拉属虎的人说：

我说，你的这个身体，你的这个命运艰难。你不要喝酒。你要注意你的坎儿……结冰日、龙日，你不要去北面，你要注意。……你要注意自己的身体。

之后，斯琴掛萨满神灵对鄂嫩哈拉、敖拉哈拉、李肯哈拉、哈赫尔哈拉等人无不提出“要注意身体”的忠告。除了洗泉水、吃“多姆勒”草药之外，斯琴掛萨满神灵和沃菊芬萨满神灵还多次提醒人们去看官家的医生，吃官家的药。斯琴掛萨满有自己的疾病观。她认为，疾病分为实病和虚病，虚病是萨满的诊治范围，实病则要看官家医生，吃官家药。有些疾病无关乎祖先神灵之事，而是吃药的疾病，所以要吃官家医生开的官家的药。正如沃菊芬神灵“莫日登·太提”对西博奇浅属狗的孙子说：

我有属蛇的孙媳妇。让她吃点草药，她吃药的病不是多吗？虽然她的“木荣奎·太提”跟着她，也挪不走她的这个病，所以，你们要吃点官家的药。

2. 反复提醒人们出门要择日，择方向，注意出行安全

斯琴掛神灵对郭博勒哈拉某属狗人氏说：

九月二十二不要去右后方向（西北方向），然后，十一月初九红龙日、红蛇日连续三日晚上给“巴日肯”磕头，给“罗斯依·敖包”敬洒牛奶、敬洒酒。

斯琴掛神灵对郭博勒属虎的人民所说：

八月初四、八月初七，不要去左后方向（东北方向），不要与属牛、属鼠、属猴、属蛇的人一起走。结冰时节要注意。要注意女人，不要被她们的心计办法所束缚。

斯琴掛神灵对鄂嫩哈拉某属牛人民说：

你要注意你的身体，六月初八，十月十八，你不要出门去南面，我在告诉。今年黑龙年十一月初九红龙日，你们要给“霍卓日·巴日肯”磕头，龙日、蛇日不要出远门，有坎儿，我在说。……媳妇在八月初四、初七不要去北面。

3. 多次告诫人们要注意口舌，避免纷争，不惹是非

斯琴掛萨满神灵叮嘱沃热哈拉属猪的人：

秋天八月十一的时候，不要去左前方向（东南方向），不要抓刀具等带刃的东西，那样可能会卷入别人的口舌是非，惹上刀刃事情。

告诫苏都日哈拉属蛇的人：

你要注意口舌，九月二十二你往右后方向走的时候要注意口舌，你要躲着走，听到什么要躲着走，有人骂的话，你要躲开。……你要躲开口舌是非。

沃菊芬萨满神灵劝告李肯哈拉属虎的孙女婿：

你要常常转身而走（指远离是非），避免进入口舌是非。你要注意点，你要少说一些话，不要和别人辩论争执，不要闲来多事，那样的话，你会更加容易被人整。

最经典的是沃菊芬萨满神灵“莫日登·太提”告诫莫日登哈拉某男子转告他的妻子：

你告诉她要注意口舌，避免口舌灾难。“华日么·斡日特·博勒色·库里·阔其贝”“合里·斡日特·博勒色·夸莫伊·阔其贝”心

地好，嘴巴坏，所以，经常被别人的话语夹带。

萨满神灵反复告诫人们要注意口舌，避免不必要的纷争，口舌之事说小不小，祸从口出，甚至引发危及生命的祸患，因此，务必要谨言慎行。

4. 特别告诫年轻人要注意明辨是非，结交好伙伴

对到达仪式场地的郭博勒哈拉另外一个属虎的年轻人说：

> 秋天八月二十二，去去右后方向（即西北方向）的时候，不要与属龙、属蛇、属猴、属牛的人一起出去，你有大坎儿。我在说，你要给你的“霍卓日·巴日肯”磕头。

对李肯哈拉属虎的女婿说：

> 你干活的地方有一个人，虽然是年轻人，留着短头发，却像个老年人的模样，长条脸，在你面前笑着走着，在你背后说你这个那个，用“达勒额”压了，即使不能弄倒你，也要破坏你的生计，想要抢你的“阔托日”，有一个这样的人，三个人合起伙来，在你们的西北方向整的，说要扳倒你。

沃菊芬神灵对沃氏属猴的年轻人嘱咐：

> 有一个小个子黑脸庞的小子，有一个微胖脸色发白的小子，和这几个小子聚在一起走不行。

5. 告诫人们要敬重山河湖海，爱护自然环境，不随意吃野生动物，不乱砍滥伐花草树木

因为是祭祀“罗斯”龙神仪式，除了萨满祖先神外，降临附体萨满的主要是水系神灵。而且，祖先神一再提到自己是踏着各条江河而来。沃菊芬的祖先神沃热哈拉博荣凯亚“贵·雅德恩”一下来就唱自己从黑龙江山脉出发跟着纳文江、诺敏河下来的，然后说：

> 一代接续一代，我承继而来，我踩着纳文江、踏着诺敏河走来，我来到了伊敏河水岸边，鄂嫩哈拉、李肯哈拉祭祀“罗松”的时候，我领着沃热哈拉的“霍卓日们”来了一起供奉呢。

连着喝了李肯哈拉、鄂嫩哈拉、沃热哈拉三个家族代表奉献的白色牛奶后，祖先萨满神重复道：

我跟着黑龙江下来的。我跟着纳文江、诺敏河下来的，我来到了伊敏河畔。

祖先萨满神这么说是迎接下面将要降临的远古江河之神：

今天，咱们的“罗松”、“哈日·博尔吉”的“罗松”要下来呢。

达斡尔族的先祖们自古就有靠近江河而定居生活的传统，他们认为，大江大河都有神灵居住主宰，江河湖泊是先祖神灵的发源地。达斡尔人敬奉山河湖海，敬奉龙神、蛇神、水神。因此，不能弄脏河流，在河里洗脏东西。

斯琴掛萨满神灵对沃热哈拉属猪的人说：

以后，每月初五你不要吃鱼，初五注意不要把水弄脏了，初五你们不要在河里洗东西、不要吃鱼。我在告诉。

斯琴掛萨满神灵对郭博勒哈拉属虎的人说：

草木发黄的时节你要注意，不要吃野生动物的肉，不要锯树，不要去发生车祸流血的地方，你要从口舌是非中躲着走。

斯琴掛萨满神灵还告诫苏都日哈拉属蛇的小子：

你要注意口舌……不要吃“古热斯”的肉，不要砍伐花草树木，你要躲开口舌是非，你若心意坚定，向南行走的话，你的“阔托日·博音”会集聚。

6. 劝告人们不仅要少杀生，还要放生

沃菊芬萨满神灵嘱咐沃热哈拉属猪的孙子：

今年，你不要让太多血出来，有生命的不要多杀，不要杀黑色的猪，不要杀红色的牛。……有生命的你放了吗？有生命的你好好放完了再走。诺敏河、纳文江、伊敏河你都要放（生），那么你的道路会更好吧。

沃菊芬萨满神灵对沃氏属龙孩子说：

八月十三你不要钓鱼，你要放生有生命的东西，那样的话，你的坎儿会走开，会让你的八月初四的坎儿渡过。

这里所说的“放生”都是指在河里放生鱼类。

7. 劝告人们敬重祖先神灵，敬重地方神灵，要经常敬洒牛奶、敬洒酒

斯琴掛萨满神灵对鄂嫩哈拉—莫昆家族的孩子们几乎每一个人都劝告要敬重神灵：

属蛇的小子、属蛇的重孙……你们要给“海日斯·巴日肯”磕头，你们要给你们的“霍卓日·巴日肯”敬洒牛奶、敬洒酒，龙日要给“霍卓日·巴日肯”磕头。

属牛的小子，属蛇的重孙……你们要供奉自己的“霍卓日·巴日肯”，心里要默默向“霍卓日·巴日肯”祈祷。

属羊的小子……你们要给“霍卓日·巴日肯”磕头。

属牛的姑娘，你的属兔的女儿……你们要敬洒牛奶、敬洒酒。

属鼠的姑娘……你们要供奉“巴日肯”，我在告诉。

8. 萨满祖先神对于萨满人、走萨满道路的人有更高的要求和期望，因为萨满人担负着祖先神赋予的神圣使命和引领哈拉—莫昆前进的重要职责

斯琴掛祖先萨满神一降临首先找沃菊芬萨满，让她注意身体，意志坚强，担负起“霍卓日·雅德恩”的神圣使命，引领哈拉—莫昆向前迈进：

你不是仅有的一两个身穿“扎瓦”的“雅德恩”吗？你要让民族莫昆的道路都开拓出来，你要让哈拉—莫昆兴旺发达地向前迈进，你要占据着院门、屋门坐着，你要抓着纳文江、诺敏河的命脉，你要不断供奉“敖包”、供奉“罗斯”。……为了万千人你要不断努力，作为“雅德恩·胡”你要想着背负（人们的）苦难，任凭后世评说。你要注意你的这个身体而前行，你要把疾病和时疫给移开，你要不断唤醒“敖包·敖拉”。……你要像达斡尔车的车毂一样结实地走，你要像辐条一样心意坚定地走，你在抓着像车辋一样柔软的心走呢，你要像车排一样心细、有谋略地走，我在说。你要像车毂一样主事儿，你要像车轴一样公道地走，你要拥有像车辕一样的正直的道路。

斯琴掛萨满神灵对李肯哈拉某领神者的忠告是好好给人看病，不要区别对待，要一碗水端平：

你的姑娘走“雅德恩”道路的时候，不要区分富有还是贫穷，不

要区分男女老少，一样好好给看，她在肩负着大的磨难呢。

斯琴掛萨满神灵鼓励已经领神“出马”的敖拉哈拉登特科莫昆某领神者要意志坚强地走下去：

你要想抓着“雅德恩”的道路行走，你一定要意志坚定，坚强地走自己的道路。

总之，行走萨满路一定要坚强、坚定、公道、正直、有主见、有谋略，这样才能走好萨满路，完成背负的神圣使命和职责。

祖先萨满神严厉批评不好好走萨满路的孙子们。沃菊芬萨满神灵“莫日登·太提”斥责属猴的子孙：

你现在可不像迎接我的那个时候那么困难了，你的道路不是好了吗？日子好了，你也要回头看看自己的“巴日肯·熟图勒”（众神灵）啊，我的子孙们你也帮帮忙啊！你得到了盛在碗里的饭，也应该回头看看哪。我的子孙们都枯萎摔倒呢，至今为止你带他们去“莫日登·罗松·敖包”磕头了吗？这么远的路，你以为是来玩乐的吗？你都没有好好召唤你的“巴日肯”，使之与自己的身体重合就来了。

沃菊芬萨满神灵重申萨满领神“出马”的目的，告诫子孙：

为了让你们的孙子们起来，我不是让你们进入这条道路吗？即使你们不走自己的路，也要多多告诉别人好事情，你要让他们去给“敖包·敖拉”好好磕头。你要让我的孙子重孙们去认识我们啊！

一个接一个训导完自家子孙后，沃菊芬神灵“莫日登·太提”说道：

不过，今天，人家高兴地办事情，要把众多莫昆的不好丢掉，要把民族莫昆的不好丢掉。在这样喜庆的日子里，我不跟你们生气。

可是，“莫日登·太提”还是恨铁不成钢，忍不住再次训斥起后辈孙子重孙，说道：

莫日登哈拉西博奇浅属狗的孙子更加让我生气！壶里的酒让你歪歪斜斜！杯中的酒让你晃晃悠悠！虽然（你平时）不说三五句话，一开口就能一闷棍把人打倒，说别人都是重话、狠话。自己的道路一点也不走！你的道路老是让别人经管，所以，你的道路不好不是吗？苦难老是在你身上汇聚，你满身都是疾病！你要吃点官家的药。你要好好给“敖包·敖拉”敬牛奶、敬酒，让孩子们把泉水捅开着走。

9. 反复提到修好泉水，扒开泉水，用泉水洗脸、洗眼睛

斯琴掛萨满神灵对沃热哈拉某属猪者所说：

你的这个身体在今年草木发黄的时节有病坎儿，你要用泉水洗一洗，到博荣的敖包山上采摘“红额·伊勒阿”，让你的“霍卓日·雅德恩”给“泰日米特”，然后，用七个泉眼的泉水煮着喝7天，喝完以后你要让官家的大夫再给治一治。

沃菊芬萨满神灵对沃热哈拉属猪的人说：

把泉眼打开，让你的子孙都兴旺繁盛，你去取我的7个泉眼的泉水喝着试试。把你的眼睛洗一洗，把你的手指洗一洗，那样，你的血液变稀、眼睛会变得明亮吧。

10. 走清白、明亮的道路，对民族莫昆有所助益，为国出力

沃菊芬萨满神灵一个一个提及到来的人们及其背后的祖先神后，再次说道：

领着这么多“霍卓日·巴日肯”来了，不是我的民族也罢，领着“霍卓日·巴日肯”来的人们，我们都感谢你们呢！沃热哈拉、鄂嫩哈拉、李肯哈拉，我们都感谢呢！你们的子孙们都会好的！都能够成为自己哈拉—莫昆的主人，收拢约束着自己的莫昆家族，你们要对自己的村里、族人有所助益！你们要为国出力！把（指向）你们的黑箭都挪开，把黑色事情都挪开，我们用白色的牛奶赋予你们生命的活力，你们的道路都清清白白，你们要像泉水一样明亮清澈地行进。

11. 忠告人们要帮助别人，但要量力而行

斯琴掛萨满神灵对沃热哈拉某属猪者说：

帮助钱财的事情，你要看清是什么人再给，有的人说过要积攒你的“阔托日”，有的人（生活）被过度压制，是个无底洞，你再往外拿也难。

沃菊芬神灵对李肯哈拉属兔的孙女说：

你老是觉得心里委屈，老是爱流眼泪，我任何时候都在照看着你，不要老是心事重重。说到人啊，各有各的命运，因此，不能为别人太过操心，这么多“霍卓日·巴日肯”都会帮着你。你操心，你有什么本事啊？因此，不要为别人太过操心，流着眼泪过日子，那样，你会把苦难都兜在你的衣衫大襟、装在自己的口袋里。

12. 告诫人们要防止被骗

斯琴掛神灵对沃热哈拉某属猪人氏所说：

龙年你的“阔托日”多，眼红的人也多，你要注意你的这个身体，你要压制怒火、让火气降温，你要事事注意，防止被人欺骗。

13. 教导新萨满候选人传统礼节和规矩

斯琴掛神灵对于准备“出马”的新萨满候选者的建议：

进到这个“库热”的你，要向“巴日肯·霍卓日”敬洒着走，请沃热哈拉“霍卓日·雅德恩”为你打开道路的话，你要去给她的祖先神磕头。

这是萨满候选人拜师的传统礼节，必须要去师傅家给师傅的祖先神磕头、为其祖先神献礼。因为按照萨满教的信仰观念，是师傅萨满的祖先神在帮助新萨满候选人打开道路，所以，要给师傅的祖先神磕头、献礼。过去，新萨满候选人要给师傅做一个方垫子，要送做衣服的布料，还要献给师傅祖先神一头牛或者一匹马拴在师傅家的院落。

14. 萨满神灵倡导不同民族一样看待，修好人们的道路，为莫昆民族和国家出力

不同民族的人们来到仪式现场，带来了各自的祖先神灵们。沃菊芬萨满借第二位附体神灵“哈日·穆日”、“博日吉·穆日”的“罗松”之名说道：

我的孙子重孙们都来了，鄂嫩哈拉、沃热哈拉、李肯哈拉，合起来，肩并肩，走这条路的时候来了，很多的民族的人们来了，我高兴呢！你们的道路我都会给你们修好！把你们的坎儿都给你们挪开！你们的民族的孩子们我都会给予帮助！

沃菊芬萨满神灵一个一个提及来人及其祖先神后，再次说道：

领着这么多“霍卓日·巴日肯”来了，不是我的民族也罢，领着“霍卓日·巴日肯”来的人们，我们都感谢你们呢！沃热哈拉、鄂嫩哈拉、李肯哈拉，我们都感谢呢！你们的子孙们都会好的！都能够成为自己哈拉—莫昆的主人，收拢约束着自己的莫昆家族吧！你们要对自己的莫昆、民族有所助益！你们要为国出力！

沃菊芬萨满神灵“莫日登·太提”降临时所说：

时日变短的时候，到了我要散去的时候了。大家伙，不是我的民族也好，是我的民族的也罢，你们大家的道路都将变好！把你们的大坎都丢进伊敏河水里，把你们的小坎化无了再回去，把你们的磨难和坎坷都丢弃了再回去。

这也是祭祀“罗斯”仪式要达到的目标。

斯琴掛萨满神灵一降临就首先找沃热哈拉“霍卓日·雅德恩”嘱咐：

等到让人们进入保护环节的时候，男人要从右侧腋下（指斗篷右侧）出去，女人要从左侧腋下（指斗篷左侧）出去。

然后，对郭博勒哈拉某属狗的人民说：

我想着把你的口舌是非的坎儿都挪开。你要从鄂嫩哈拉、沃热哈拉的“雅德恩”的衣摆下通过。

最后，再次叮嘱李肯哈拉年长的女婿：

黑龙年，变硬的时候，把那些有磨难的人们，用衣襟（指萨满仪式上穿的斗篷）把他们收拢好，挪开他们的疾病，挪开他们的磨难。

15. 告诫年轻人要孝敬父母

斯琴掛萨满神灵对李肯哈拉某属猪者所说：

……不要喝酒，对你的身体不好，你要是真的想妈妈，不要让她心痛，你的妈妈用生命在想你，她在承载着你的生命，来回带着你呢。

以上这些，都是祭祀罗斯仪式上萨满在神灵附体状态下表达的内容，总的目的是消灾求福，体现的价值是和睦、平安、健康、富裕、勤劳、坚强、敬重神灵、热爱自然等等。其中既有本民族的优秀传统文化，如上所述，又有反映新时代要求的内涵，如要一样看待不同民族、要为国出力，这些都是吸收了当代民族团结、爱国主义教育的内容，说明达斡尔族的萨满教是能够与时俱进的。神歌所表达的内容，对于今天的我们具有很大的启发和教育意义。

第五章 “托若·托勒贝”：斡米南仪式

截止到2018年，我有幸参与式调研考察了斯琴掛、沃菊芬举办的6次“托若·托勒贝”仪式。历次仪式举办时间、地点、主祭萨满、陪祭萨满等情况见表5–1。① 达斡尔族萨满的斡米南仪式连续进行三天时间，仪程众多，内涵丰富。本章将以2011年7月19—21日沃菊芬萨满第二次举行“托若·托勒贝”仪式为例记述、分析达斡尔族斡米南仪式的仪程和内容、萨满神歌及其意义。

表5–1 笔者考察的斯琴掛、沃菊芬“托若·托勒贝”仪式简况表

时间	地点	主祭萨满	举办顺次	领祭萨满	陪祭萨满
2009年6月18—20日	莫力达瓦达斡尔族自治旗诺敏河畔	沃菊芬	首次“托若·托勒贝”	斯琴掛	阿尔腾图雅
2010年8月12—14日	鄂温克族自治旗伊敏河畔	斯琴掛	第三次“托若·托勒贝”	—	沃菊芬 阿尔腾图雅
2011年7月19—21日	莫力达瓦达斡尔族自治旗纳文江畔	沃菊芬	第二次举办“托若·托勒贝”	斯琴掛	巴达玛
2015年8月23—24日	鄂温克族自治旗伊敏河畔	斯琴掛	第四次“托若·托勒贝”	—	沃菊芬
2015年9月20—22日	莫力达瓦达斡尔族自治旗纳文江畔	沃菊芬	第三次“托若·托勒贝”	斯琴掛	敖智伟

注：陪祭萨满以持神鼓参加仪式并有资格坐在“室内托若树”下东侧（即右侧）为标准。

① 斯琴掛萨满于2004年举办第一次斡米南仪式，2007年举办第二次斡米南仪式，地点都在鄂温克族自治旗。我都未能有机会考察。2018年7月26—28日，沃菊芬萨满在莫力达瓦达斡尔族自治旗嫩江岸边举行第四次斡米南仪式。我再次有幸参与式考察。

第一节　斡米南仪式的起源

一、“斡米南”一词的来源及其意义

匈牙利学者 DÁVID SOMFAI KARA and MIHÁLY HOPPÁ 认为，斡米南，ominaan，这个词的词源表明，这个仪式最有可能起源于达斡尔群体中的鄂温克民族。词根可能是通古斯语的 OMI“灵魂，精神”和动词 OMI-NA-“唤起神灵”所派生。神灵的唤起仪式鄂温克语称为 ominaran (/ɔminaran/)，斡米纳仁，而达斡尔语称为 ominaan，斡米南。ominaran 或 ominaan 基本上是一个很大的家族祭祀仪式，仪式上氏族萨满调用最重要的自然神灵、氏族祖先神灵和萨满的助手神灵。通过调用新的助手神灵，萨满能够获得较高的级别，并增加自身的实力。① 在我所看到的斯琴掛萨满、沃菊芬萨满的几次斡米南仪式上，调用新的助手神灵并不是常见的现象，更多的是调用祖先神灵及其世代追随者、萨满及其家族的其他守护神灵。

日本学者大间知笃三也把这种仪式叫作“斡米南”（在海拉尔群体）。他说，这是各巫至少每三年一次，在夏季的野外用三天时间，以莫昆为单位举行的大祭。② 他非常严谨，注明是在海拉尔达斡尔群体中这样称呼。因为他对达斡尔族萨满的考察以海拉尔群体为主。他当时没有机会到达现在的莫力达瓦达斡尔族自治旗，即巴特恩 · 达斡尔群体考察，所以，并不知道巴特恩 · 达斡尔群体如何称谓类似的仪式。而这仅是海拉尔地区达斡尔人的称呼。而且，从他的行文及注释来看，他在考察期间并未亲见这样一场盛大的

① 参见 DÁVID SOMFAI KARA and MIHÁLY HOPPÁ：“A Revitalized Daur Shamanic Ritual from Northeast China”，*SHAMAN*，Vol.17. Nos.1-2.，SPRIING/AUTUMN 2009，Molnar & Kelemen Oriental Publishers，pp.141-169。

② 参见大间知笃三：《达斡尔族巫考——以海拉尔群体为主要对象》，载辻雄二、色音编译：《北方民族与萨满文化——中国东北民族的人类学调查》，中央民族大学出版社 1995 年版，第 61 页。

“斡米南”祭典仪式。在斯琴掛和沃菊芬的“托若·托勒贝”仪式上，萨满神灵附体状态下也偶尔说到两次“ominaan”一词，但是，绝大多数时间是说“托若·托勒贝”或者是“托若·托里·斡米纳贝”[①]。

因此，在达斡尔民族固有的传统和原来的称谓当中，这种仪式确切地说叫作“托若·托勒贝”。“斡米南”只是后来的叫法，显然是借用了通古斯语族鄂温克语的词汇，在20世纪五六十年代满都尔图先生做社会历史调查的时代、甚至更早的时候就已经借用了。可见，这种叫法由来已久，只是在莫力达瓦达斡尔人中间一直保持着原来的称谓——“托若·托勒贝”。鉴于目前国内外学界普遍接受“斡米南”的说法，本书把“托若·托勒贝”仪式翻译成斡米南仪式。当然，当代的达斡尔族斡米南仪式有自己的特点，它不但很好地沿袭了传统，是达斡尔族“霍卓日·雅德恩”一生当中必须要举办的大型仪式，最重要的传统功能仍然是为莫昆家族服务；同时，它又增添了许多现代元素，融入了区域性文化特征，功能强大而众多，因此，它不同于文献记载的鄂温克族的“斡米南”，也不同于资料记述的达斡尔族的“斡米南”。文献记述的基本上是记忆中的、口述史中的仪式，而当代达斡尔族的斡米南仪式是生动的、活态的、盛大的、隆重的萨满仪式。根据当地达斡尔族老人讲述，中华人民共和国成立以后至“文化大革命”期间，甚至更早，斡米南仪式就已经从海拉尔地区消失，是斯琴掛萨满决定在四十多年后恢复这一民族文化传统。她首次举办斡米南仪式是在2004年，2007年、2010年、2015年她举办了第二次、第三次、第四次斡米南仪式。斯琴掛的徒弟沃菊芬萨满分别于2009年、2011年、2015年、2018年举行了第一次、第二次、第三次、第四次斡米南仪式。至此，她们都已经成为当代达斡尔族最高级别的著名的大萨满。

---

① 托若·托里·斡米纳贝（/tʊrʊ: tʊli ʊminabe/），竖立“托若树”，请众神降临欢聚即举行斡米南仪式。

二、“托若”、“托若 · 托勒贝”、“托若 · 巴日肯”的概念和含义

1.“托若”、“托若 · 托勒贝”、“斡米纳贝”①

“托若”，达斡尔语本意是“脚”、“柱脚”，如桌子、房子的柱脚；动物的蹄脚也叫作“托若”，如牛、猪的蹄脚。在萨满文化情境中，“托若”是“托若 · 莫德”②的简称，即托若树，意为神树。“托勒贝”，是“竖立、支撑”的意思。所以，“托若 · 托勒贝”直译过来就是“竖立托若树”，即“竖立神树”。在 2011 年的斡米南仪式中，萨满“翁果日”三次说到“托若 · 托里 — 斡米纳贝”，主祭萨满沃菊芬祖先萨满“翁果日”“贵 · 雅德恩”首次降临就说：

今天，鄂嫩哈拉的“萨满 · 爷爷”③和沃热哈拉的“霍卓日”一起“托若 · 托里”④，要“斡米纳贝”。村里（指莫昆）的孩子们，都把你们的不好丢掉，你们的道路都会变好。

“托若 · 托勒贝”是“竖立神树”，那么“斡米南”或者“斡米纳贝”究竟是什么意思呢？对此，我专门采访过沃菊芬萨满，她说，“斡米纳贝”就是让自己的“翁果日”高兴，让所有的“翁果日”高兴；“斡米纳贝”就是竖立“托若树”，然后升级，请众“翁果日”降临，吃、喝，享用供品和牺牲，各自请自己的“翁果日”降临，让他们“瑟博吉勒贝”⑤。我也专门采访过斯琴掛萨满，她说，也都说“托若 · 托勒俩贝”⑥，“斡米纳扎贝”⑦，就是给“翁果日”、“巴日肯”感谢呢，大供呢。可见，“斡米纳贝”有竖立神树、请诸神降临、向诸神献礼、让诸神欢愉聚会、萨满升级等基

① 斡米纳贝（/ʊminabe/），诸神欢愉聚会。

② 托若 · 莫德（/tʊrʊ: mɔdə /），托若树。

③ 萨满 · 爷爷（/saman jeje/），萨满爷爷，指祖先萨满神灵。

④ 托若 · 托里（/tʊrʊ: tʊli/），竖立“托若树”。

⑤ 瑟博吉勒贝（/səbʤilbe/），聚会欢愉。

⑥ 托若 · 托勒俩贝（/tʊrʊ: tʊliabe/），正在竖立“托若树”，即正在举行斡米南仪式。

⑦ 斡米纳扎贝（/ʊminaʤabe/），众神聚会欢愉呢。

本含义。实际上，达斡尔族更多时候把斡米南仪式叫作“托若・托勒贝”，在斯琴掛和沃菊芬的斡米南仪式中，她们在进入神灵附体状态下反复讲做“托若・托勒贝”仪式，偶尔会讲“ominaan”一词。

2.“托若・巴日肯”

关于“托若・巴日肯”在本书第一章第一节有论述。

在三天的斡米南仪式中，主祭萨满和领祭萨满、陪祭萨满多次坐在“室内托若树”下击鼓、唱祷，举行莫昆族众给“托若・巴日肯”磕头的仪式。那么，什么是“托若・巴日肯”呢？对此我请教过斯琴掛萨满，她说，竖立“托若”的话，“托若”是一个单独的“巴日肯”；不竖立“托若树”的话，就没有“托若・巴日肯”。因此，“霍卓日・雅德恩”首次举行“托若・托勒贝”仪式以后才开始有“托若・巴日肯”。她还说，“托若・巴日肯”是用金银箔纸剪贴的5女4男9个人手拉手的画像，斡米南仪式上挂在“室外托若树”上面的时候居多。

三、斡米南仪式与领神仪式的异同

在达斡尔民族中，与“托若・托勒贝”非常相似的仪式是“嘎日贝”仪式，即正式领神仪式，现在通常称为“出马”仪式。“出马”仪式也必须要竖立“托若树”。而且，这是萨满最初开始竖立“托若树”。

1.“嘎日贝”仪式与“托若・托勒贝”仪式的共同之处

首先，都要竖立“格日依・托若”和“博迪・托若”，之间拉牛皮绳和四色线，“室内托若树”之间中部位置搭建“特日肯”（天梯）、树下缠绕黑白蛇偶、摆放供桌供品，“室外托若树”上悬挂日月图案、树下摆放供桌供品牺牲供祭天神，等等。

其次，领神仪式除了候选者自己开始正式领神，还能够为其他候选者或者还不太成熟的其他已经经过领神仪式者提供学习和练习请神降临的平台，也可以安排“阿日善”洁净仪式，偶尔还会出现未知神灵降临的现象，仪式结尾都有“霍日耶！霍日耶！”祈福环节，等等。

2. 领神仪式与斡米南仪式的不同之处

首先，“室外托若树”所竖立的白桦树树木是不一样的。领神仪式的“室外托若树”通常只有一棵白桦树，而斡米南仪式的“室外托若树”根据主祭萨满的辈分，第几代萨满就竖立几棵白桦树，沃菊芬萨满是莫昆第九代萨满，所以，她举行斡米南仪式“室外托若树”竖立 9 棵白桦树。孟玉金领神仪式上“室外托若树”竖立了 7 棵白桦树。

其次，领神仪式除了候选者自己“出马”，还能够为他人提供练习请神的平台，也可以安排“阿日善”洁净仪式，偶尔还会出现未知神灵降临，仪式结尾都有“霍日耶！霍日耶！”祈福环节。但是，这些仪程在为期三天的斡米南仪式中仍然属于一少部分内容，斡米南仪式包括更多的内涵和功能。

由于都要竖立“室内托若树”和“室外托若树”，“室内托若树”和“室外托若树”之间还要拉牛皮绳和四色线，而且，有时候，主祭萨满为节省时间、节省人力物力，常把徒弟的正式领神仪式与自己的“托若·托勒贝”仪式连在一起举办。据说，斯琴掛萨满 2007 年第二次“托若·托勒贝”仪式时就把弟子娜仁格日勒“巴日西”的领神仪式连在一起举行。这也更容易引起人们的误解，把两种仪式混淆了。在一些文献记述中，说到斡米南仪式时其实很多是在讲领神仪式。其实，斡米南仪式并非新萨满的就任仪式，也不是候选者的领神仪式，而是已经正式“出马”至少三年以上的萨满举行的盛大仪式。斯琴掛萨满 1998 年举行领神仪式成为“霍卓日·雅德恩”，第一次举行“托若·托勒贝”仪式是在 2004 年，时隔 6 年；沃菊芬萨满 2001 年举行领神仪式成为“霍卓日·雅德恩”，2009 年举行第一次“托若·托勒贝”仪式，时隔 8 年。“霍卓日·雅德恩”举行“托若·托勒贝”仪式期间有候选者或者已经领神者练习请神的环节，这只是一个平台，并不是仪式的全部目的。

第二节　2011 年斡米南仪式实录

一、斡米南仪式的准备工作

（一）仪式之前的准备工作

1. 在纳文江边修建专门的仪式场地，修建大型主祭蒙古包

7 月 17 日下午将近 6 点，我来到仪式场地观察和了解情况。为了这次即将举行的斡米南仪式，沃菊芬萨满的弟弟带领子侄们已经专门在纳文江边用沙石修建了一个几百平方米的非常宏大的场地，场地周围稍远的地方插满了一圈各色彩旗。场地中央靠近北面还新修建了一个硕大的主祭蒙古包，说是蒙古包，那只是形状如蒙古包，实际上是用砖瓦水泥砌成的，顶棚用均匀的长板木条做支架，上面用铁皮覆盖，既美观又宽敞。主祭蒙古包里面已经开始了简单装饰、布置。斯琴掛、沃菊芬、铁林、孟玉金、巴达玛等人提前来到主祭蒙古包里面，边看边商量场地布置和仪式准备事宜。

2. 开始供祭地方神

主祭蒙古包东南方向靠近纳文江的地方已经用一些木板搭建起简单的供台，上面朝南摆放了一个煮熟的猪头及水果、点心、红酒、白酒等供品。简易供台南面一个米碗里插着点燃的 7 炷香。

3. 搭建供人们休息用的凉棚，准备仪式所需的各种树木

7 月 18 日下午 5 点多，我再次来到仪式举办场地观察和了解情况。从蒙古包顶向四周围地面拉起各色彩带，装饰显得更加美观、大气，完全是一场喜庆、隆重、盛大聚会的气派。仪式场地各项布置基本就绪。供人们休息的左右两列凉棚已经搭建完毕。其他准备工作还在紧张进行当中，帮手们采伐运来了仪式所需的柳树、稠李子树、白桦树。

（二）仪式当天早上的准备工作

7 月 19 日，各项准备工作依然在紧张进行之中。

4. 竖立“格日依 · 托若”和“博迪 · 托若”，搭建天梯，安放神偶，摆放供品

用于斡米南仪式的白桦树要从山上连根挖出运来，要枝繁叶茂，保持生命活力。为了保持树木新鲜，竖立托若树之前用塑料布把带土的白桦树根部包起来，防止水分流失。太阳升起之前，首先由巴特尔代表斯琴掛和沃菊芬在白桦树的主干上绑系两条蓝色哈达，然后人们开始在树枝枝杈上绑系 7 色彩条绸布。

（1）竖立“室内托若树”——“格日依 · 托若”

主祭蒙古包内地面中央挖了一个长方形坑，在此东、西方向连根竖立两棵白桦树。白桦树是倒提着抬上蒙古包顶、从蒙古包圆顶中间把树根竖立进蒙古包，白桦树高大繁茂，当树根落座在长方形坑里之后，系着彩色绸布条的上半截树干和树梢依然伸出在蒙古包的外面。两棵树间距大约三尺，树干中间靠下位置用柳树条横着捆绑三根稠李子短木。两棵白桦树叫作“格日依 · 托若”，即“室内托若树”，“室内的神树”；三根横木叫作“特日肯”，代表天梯，通往上天。据说，天梯象征萨满能够往来于上、中、下三界，沟通人神关系。

天梯的上方，“室内托若树”的两棵白桦树高处各绑系一条蓝色哈达，蓝色哈达之上，右侧白桦树上方用黄色哈达绑系着沃菊芬的面具“阿巴嘎拉岱”，左侧白桦树上悬挂着沃菊芬的祖先神偶像“哈音”。天梯的三根横木上方搭着多条蓝、白、黄、绿四色哈达。两棵白桦树的根部分别缠绕着黑蛇、白蛇两个蛇神神偶，黑蛇在西，白蛇在东。

“室内托若树”下南侧摆放一张长方形矮脚小桌，这是供祭“托若 · 巴日肯”的供桌。三天的仪式过程中，多次举行了“达日卡贝”仪式，人们在这个供桌与蒙古包门口之间的空地上向“托若 · 巴日肯”献礼、跪拜磕头，斯琴掛、沃菊芬萨满坐在托若树下为人们击鼓唱祷，祈请神灵保佑、赐福。

（2）主祭萨满、领祭萨满、陪祭萨满供桌及供品

在主祭蒙古包内对着门口的地方，紧贴着蒙古包呈半圆形的西北、正

北和东北方向摆放了四组桌子作为供桌，自西向东依次是：领祭萨满斯琴挂的祖先神供桌位于西侧、主祭萨满沃菊芬祖先神供桌位于正北居中、陪祭萨满巴达玛的祖先神供桌位于东侧，再往东依次是孟利州、孟玉金、孟孝瑞等人的祖先神供桌。

正对着蒙古包门口的北侧一长排桌子是主祭萨满沃菊芬的祖先神、助手神供桌，上面自西向东依次是代表“霍卓日·巴日肯”的“霍卓日·太提”和“霍卓日·爷爷”① 的画像、装有“怀玛日·巴日肯”群神画像和偶像的高约25厘米、褐色的圆柱形盒子、“托库仁·敖拉·多罗·代讷乌音”② 的画像③、“西额·敖雷”画像、“乌其肯·敖雷”画像、“奴吉日·巴日肯”画像。

每张供桌上面都已摆放了各样水果、点心等供品和牛奶、茶、白酒、红酒等饮品。除了供果点心外，这些神位前供的饮品也因神的不同而不同，牛奶和奶茶是每个神位前都有的；而第三样饮品则有白酒，有红酒。祖先神和怀玛日·巴日肯、大山神、小山神供白酒，七仙女神和蛇神供红酒。

（3）竖立“室外托若树”——“博迪·托若”

在主祭蒙古包外，正对蒙古包门口向南直线大概20米处，竖立9棵粗细均匀而高大的白桦树，捆扎在一起，叫作“博迪·托若”，即“室外托若树”，室外神树。“室外托若树”的根部四周有4根高约15厘米的树桩，叫作“阿勒特·蒙斡·噶塔”，意为“金银桩”，用以保护和固定“室外托若树”。

连接“室内托若树”和“室外托若树”的是牛皮绳和四色线。牛皮绳叫作“拴那”，用整张牛皮剪成的无接口、手指宽余的牛皮绳索，“拴那”上面挂一只铜铃和一只铜环，牛皮绳上绑系一些七色小彩旗。据说，牛皮绳和四色线是神灵往来的通道，萨满的神灵能够借助这条牛皮绳和四色彩

---

① 霍卓日·爷爷（/xʊʤʊr jeje/），本义“莫昆爷爷”，指沃菊芬萨满的爷爷贵·雅德恩。

② 托库仁·敖拉·多罗·代讷乌音（/tʊkrən aʊla dʊlʊ dajn ujin/），托库仁山上的七仙女。

③ “托库仁·敖拉”，直译为“圆形山、圆顶山”，是一座顶峰有圆形天池的高山，位于内蒙古莫力达瓦达斡尔族自治旗北面的诺敏河镇，也叫小二沟，行政区划隶属于鄂伦春自治旗。“多罗·代讷乌音”，意为七仙女，“托库仁·敖拉”之主。

线在“室内托若树”与“室外托若树”之间游走。“室外托若树”由9棵白桦树围抱而成，据说代表举行这次斡米南仪式的主祭萨满沃菊芬是沃热哈拉绰库勒莫昆家族第九代萨满。

“室外托若树”上面面朝南方悬挂一幅代表“腾格日”的绘有日月图案的画像，左侧（西侧）天蓝色底纹上画着红色的太阳，右侧（东侧）深蓝色底纹上画着银色的月亮。日月神图之下还挂着一幅8寸相框大小的“托若·巴日肯”画像，上面绘有5女4男9个年轻人紧密相连的画像，人像上面是头对头、中间一个小火球的两条龙的画像。

“室外托若树”下南面有两张方形供桌，北侧供桌上摆放了糖果、水果、糕点和酒水，线香和油灯六盏，左右各三盏。南侧供桌上，萨满主持献牲仪式后，献牲的白色绵羊被宰杀，代表一只全羊的羊头、脊背连着四蹄的大约两指宽的细皮条及其余大部分羊皮卷起来摆放在此供桌之上。供桌上面放着一张木质案板，待羊肉煮熟后全部摆放在案板之上。这是献给天神“腾格日”的白色绵羊。

（4）供祭地方神

在主祭蒙古包的西面不到10米的距离有一个供桌，供地方神，上面也是摆放着各种糖果、水果、糕点和酒水，具体有蛋糕、果丹皮、白巧克力、西瓜、苹果、菠萝、桃子、香蕉、葡萄、香瓜、白酒、奶茶、牛奶、红酒和罐头等。另供有两碗“拉里”，供奉的饮品分两排，一排为白酒一杯、奶茶一杯、红酒一杯、牛奶一杯，另一排为生鲜鸡血三杯。

（5）供祭“腾格日”

“室外托若树”南面大约200米的地方竖立着一根圆木柱子，柱子之下北面摆放着一张供桌，柱子顶端摆放着一大碗牛奶，靠近柱子供桌南侧东西方向摆放了7碗牛奶，还有一盘点心和一盘水果。

（6）供祭纳文江水神

靠近纳文江水，地面上也摆放了一盘水果和一盘点心。

5. 斯琴掛及其弟子们敬东南西北、四面八方的地方神灵

2011年7月19日，仪式第一天早上大约6:30开始，孟玉金在仪式场

地拿着一瓶白酒向东南西北、四面八方敬洒。

巴达玛用一只盘子装着三只小碗，分别装着牛奶、茶、酒，用小勺一下一下向四面八方转圈敬洒。

孟孝瑞手拿一袋牛奶向东南西北敬洒。

斯琴掛手拿一袋牛奶向四面八方敬洒。

6. 室内、室外点燃桑烟和熏香

主祭蒙古包外已经燃起熏香桑，烟雾从蒙古包的窗户飘进来。铁林手持一只系着红色哈达的小熏香炉依次熏各个供桌及神服箱子，然后，熏“室内托若树”。“室内托若树”下的供桌上用一块红色棉布覆盖，上面摆放着几碗“拉里”，里面都插着“卓拉”。

7. 祭拜沃菊芬莫昆家族“雅德恩·敖包”

（1）前往沃氏“雅德恩·敖包”

沃菊芬、斯琴掛身穿民族服装，头戴萨满头饰，身披念珠，身挂铜镜，手持神鼓，敖玉英、孟孝瑞、巴达玛、孟利州都已穿上了民族服装，身披念珠、手执法器，沃菊芬长子、侄子小军、小力，巴特尔等人一起出发前往“雅德恩·敖包”祭拜，“雅德恩·敖包”相当于老沃家上代萨满墓“山登”。

（2）摆放供品，敬洒牛奶

一行人到达博荣山沃氏家族的“雅德恩·敖包”，因为已经到了盛夏时节，“雅德恩·敖包”掩映在青翠、茂密的树林之中，周围树木和敖包中心顶部柳树枝上的彩色布条迎风摇曳，显示着它的神圣。

沃菊芬的子侄们开始摆放供品。

沃菊芬首先站在敖包东南，向着日出方向向四面八方敬洒牛奶，然后向敖包敬洒牛奶。斯琴掛向着日出方向向四面八方敬洒牛奶。孟利州、孟孝瑞、敖玉英敬洒牛奶。沃菊芬告诉子侄们敬洒牛奶。沃菊芬在敖包西南方向转圈敬洒牛奶。巴达玛敬洒牛奶。小军、小力敬洒牛奶。巴特尔敬洒牛奶。

（3）给其他敖包敬洒牛奶

沃菊芬让沃小军给凯亚“博荣·敖包”敬洒牛奶。斯琴掛说，给“博荣·敖包”，给“雅德恩·敖包”，给“额姆恩·敖包”①敬酒，给“拐勒·哈德”、“伊斯尔·哈德·额吉楞”、“噶吉日·额金”、“奥苏·额金”②敬酒。孟利州也拿起一袋牛奶开始敬酒。

（4）跪拜磕头，神歌祷告

沃菊芬对子侄们说，“磕头啊！都磕头！”大家全都跪拜磕头，第一排，西面巴达玛，中间斯琴掛，东面沃菊芬，第二排，孟利州，敖玉英，孟孝瑞，巴特尔，小力。磕头之后，沃菊芬、斯琴掛、巴达玛共同击鼓，斯琴掛开始唱神歌祷告：

> 迪古迪古迪古呀，迪古迪古迪古呀，迪古呀，迪古呀，迪古迪古迪古呀，迪古迪古迪古呀；迪古迪古迪古呀，迪古迪古迪古呀，迪古呀，迪古呀，迪古迪古迪古呀，迪古迪古迪古呀。鄂嫩、沃热、郭博勒（哈拉）的“爷爷”③，李肯、莫日登、敖拉（哈拉）的“太提”，在这样的好日子里，我带领着你们的孩子们在呼唤。六月十九④，我们来到博荣山，敬洒牛奶敬洒白酒，奉献供品，我们在敬告敖包山，敬告占据山脉河流坐着的“罗松”、“拐勒·哈德”、“伊斯尔·哈德”⑤，我们在呼唤召请诸位神灵，我们在跪拜祷告，我们在诚意祈求，我们向四面八方的地方神灵、水中神灵祈求敬告。7月19日，沃热哈拉的“霍卓日·雅德恩”想要“托若·托勒贝”，想要“斡米纳贝”，请从她后背推扶着她，从前后照看着她，她迈过踩过的地方帮她弄干净，把她经过的道路给她弄平坦明亮，她不知道的地方清楚明白地告诉她。我在祷告。我们继承先祖神灵的道路一代接续一代坐了下来，我们在新时代里“出来”，这里那里不懂的地方请告诉我们，我们不知道的本领请教给我们，我们没有见过的（事物）请让我们认

① 额姆恩·敖包（/əm'un ɔbɔ:/），直译“女人敖包”，位于莫力达瓦达斡尔族自治旗西博荣山上。

② 奥苏·额金（/ɔs əʤin/），水主，即水神。

③ 爷爷（/jeje/），爷爷，祖父。

④ 2011年农历六月十九日，公历2011年7月19日，沃菊芬举行斡米南仪式第一天。

⑤ 伊斯尔·哈德（/isər xad/），伊斯尔山崖。

识。鄂嫩、沃热、李肯哈拉的，郭博勒、莫日登、敖拉哈拉的孩子们，我们在不停地向您祈祷，请把我们迈过踩过的地方给弄明亮。

祭拜“山登”，并不仅是向主祭萨满上代萨满神祷告汇报，而且，还要向这个地域所属的山川河流的主宰神灵、向萨满出道后所建立的各个敖包的主宰神灵祷告，祈请诸神保佑与帮助。斯琴掛唱歌的时候，小军站起来拿起一瓶水在敖包的东南方向四面八方敬洒。

（5）完毕，返回

斯琴掛唱歌、祷告完毕，全体站起来，回到纳文江畔的仪式场地。

二、斡米南仪式主要仪程和内容

（一）2011 年 7 月 19 日上午的仪程

第一天上午，首先到博荣山祭拜主祭萨满的上代萨满墓“山登”；然后，举行为“天神”和“祖先神”献牲、祭天、祭祖仪式；为“托若 · 巴日肯”磕头；领祭萨满和主祭萨满的“祖先神”先后降临安排为期三天的仪式主要内容和注意事项。

1. 主祭萨满沃菊芬穿神衣、领祭萨满斯琴掛穿神衣、唱神衣佑助歌

从博荣山回来，稍事休息，斯琴掛、沃菊芬在助手们帮助下开始穿萨满服，斯琴掛唱“请神衣佑助歌”。徒弟们也纷纷开始穿达斡尔民族服装。两位萨满穿好萨满服，戴上萨满帽，斯琴掛还在唱歌。丁氏头戴萨满头饰，身穿达斡尔民族服装，巴达玛身穿蒙古族服装，头戴白毛巾。巴达玛的巴尔虎蒙古族的萨满服和萨满帽挂在一个特制的衣架上，立在主祭蒙古包内东侧。

斯琴掛穿戴好神服、神帽，手执神鼓开始边舞边唱。沃菊芬穿戴好神服和神帽，面向主祭供桌晃动三下神鼓以示敬意。

2. 斯琴掛、沃菊芬为陪祭萨满巴达玛神衣、神帽“开光”

斯琴掛和沃菊芬走到悬挂巴达玛神服和神帽的衣架前，面向神服开始击鼓唱歌，为巴达玛萨满服“阿米拉贝”，现在一般都通俗地借用佛教用

语“开光”[①]一词。巴达玛走到沃菊芬身旁站立。斯琴掛唱：“迪古呀，迪古呀，迪古迪古迪古呀；迪古呀，迪古呀，迪古迪古迪古呀；迪古呀，迪古呀，迪古迪古迪古呀。”助手们跟唱同样的神歌序曲。然后，斯琴掛开始唱神歌，为巴达玛的神服“赋予生命和活力”，斯琴掛首先吟唱候选者祖先神的神圣来源：

“阿日提·腾格日·桑提·伊日森”[②]，
“安门·敖包·阿米提·伊日森”[③]，
“伊敏·果里·特额提·伊日森”[④]
“海拉日·果里·霍别楞提·巴日耶森”[⑤]。

鄂嫩哈拉的姑娘，我在祷告，“安门·敖包·额金”、“罗斯·额金”，我在祷告，我在召唤。好日子里我到来了，我从远方来了。

唱到这里，斯琴掛开始哭泣，巴达玛也在旁边流泪。斯琴掛的得力助手她的丈夫巴特尔先生拿着一只装着牛奶的金色小碗，开始在巴达玛的神衣前面、后面缝缀的每只小铜镜上抹牛奶，在衣袖的皮条上抹牛奶。斯琴掛边哭边唱，为神服“开光”：

我给你的“罗松·敖包”赋予生命和活力，
我给你的神服神帽赋予生命和活力，
我把你的铜铃铜镜赋予生命和活力。
让你的哈拉—莫昆被知晓，
让你的道路未来能开拓，
你要帮助民族莫昆行走。

按照达斡尔族古老传统习惯，过去都是用鸡血为神服、神具、神像“开光”。现在，斯琴掛萨满做了改革，改用牛奶“开光”。对此，斯琴掛

① 开光，借用佛教用语，意为“赋予生命和活力”，达斡尔语叫作“阿米拉贝”。
② 阿日提·腾格日·桑提·伊日森（/arti: təŋgər saŋti: irsən/），从天上雷神之光而来。
③ 安门·敖包·阿米提·伊日森（/anmən ɔbɔ: amiti: irsən/），从安门敖包有生命而来。
④ 伊敏·果里·特额提·伊日森（/imin gʊli tə'əti irsən/），从伊敏河得到座位而来。
⑤ 海拉日·果里·霍别楞提·巴日耶森（/xailar gʊli xʊbilaŋti barisən/），抓着海拉尔河“变化者”而来。

解释说，因为久不供奉了，年代久远了，如果用血“开光”，“翁果日”会变得脾气更加不好。用牛奶“开光”，慢慢求，好好求，说，请你们来的时候温柔地进来，安详地坐下，好好就座在自己的座位；轻柔地进来了，我们不明白的话请你们好好告诉；离开的时候也要温和地出去，然后慢慢地去巡游。

在巴特尔拿着一只金色小碗往巴达玛的神衣各部位上抹牛奶的时候，斯琴掛的儿子代替父亲扶持在母亲身后。孟利州手里拿着一只装着大米的金色小碗站在沃菊芬和斯琴掛身后。抹完酒后，巴特尔重又回到斯琴掛身后扶持。巴达玛在娜仁格日勒示意下在民族服装外面腰间扎上布腰带。沃菊芬长子穿着达斡尔族服装扶持在母亲身后。

3. 领祭萨满斯琴掛神灵附体

斯琴掛转到巴达玛神衣侧面，唱了几句神歌就进入神灵附体状态，助手们扶其坐在主祭供桌和“室内托若树”之间空地上的三层方垫上，子女、徒弟跪拜，巴达玛跪拜。斯琴掛唱歌：

> 哎，德比勒，德比勒，德比勒；德比勒，德比勒，德比勒。哎，金色山崖背脊上，长满了散发香味的檀木；鸟巢中的蛋破壳而出，在山崖的背脊上。羽毛渐渐丰满，羽翼日益强壮，鸟儿一天天长大，脖子上挂着铜铃，到来了，下来了。德比勒，德比勒，德比勒；德比勒，德比勒，德比勒。哎，金色山崖的背脊上，长满了散发香味的檀木；鸟巢中的蛋破壳而出，在山崖的背脊上。羽毛渐渐丰满，羽翼日益强壮，鸟儿一天天长大，脖子上挂着铜铃，到来了，下来了。

助手、徒弟、家人一同跟唱。

斯琴掛的“祖先神”首先降临，主要找仪式主办家族沃热哈拉绰库勒莫昆主事男子和“霍卓日·雅德恩”指示仪式的有关安排和注意事项：

> 时光流逝，岁月流转，新的时代我到来了，醒来了。……你把过去的“霍卓日”给立起来了，占据一方水土坐下来的时候，你叫醒了从前的“霍卓日”，你叫醒了原来的“霍卓日”。你在自己的一方水土“竖立托若树”，你找到了好看的地方坐下来了。你的地方得到5样东

西的话，能够成为富庶的地方。作为你们的“翁果日 · 库钦”，我特别的高兴。告诉你这件事吧。东南方向，按照过去的规矩，要放木碗装着的牛奶，放 7 个颜色的小彩旗。让众多的“翁果日”进来，你们要绑红色的布，我在告诉你们。你们在这个时间“竖立托若树”很对。

你们自己哈拉—莫昆当中的某人，他的名字我就不说了，到不同口舌的人那里，说，过年正月初一的时候要汇聚你们的财富，做了汇聚“阔托日”的“达勒额”①。我从心里生气。孩子们我一样对待，一样给你们积攒“阔托日”。你们的“霍卓日 · 巴日肯”，你们的爷爷有点生气。……我的“雅德恩 · 乌音”②说这样的事情怎么会有呢？她心里虽然生气，按照她打开道路的时候我给她告诉的（规矩），给你们打开道路。

沃菊芬上前双手合十站在斯琴掛面前聆听，弟弟进来跪拜。“室内托若树”和主祭蒙古包门口之间的两侧空地上跪满了人。斯琴掛神灵继续唱歌，指示、指导仪式有关事宜：

……银色的碗里装满四杯酒，你要想获得“博音 · 阔托日”，你要给有生命的牲畜绑系蓝色哈达，带到“霍卓日 · 巴日肯”供台之下，放到前面不断地磕头，你要穿着有大襟的衣服磕头，站起来三次，说，让我的衣襟满满，让我们拥有“福气”吧，给我们汇聚“财富”吧。到时候你要这样说。我在说，我在告诉。其他的事情“翁果日”下来的时候，会一个一个告诉你们。我在说，我在告诉。“外面的托若树”，要用献给“天神”的绵羊血抹一抹“金银桩”，“室外托若树”也要用血抹一抹。再有一个事情，“雅德恩 · 乌音”要在神鼓上放三杯酒到室外面朝东方敬洒，说，汇聚“福气”吧，积攒“财富”吧。要晃动神鼓让三碗酒洒出来，献给一方水土。我在说。到时候，你们要这样做。让这方水土节节上升，我在说。你们要给纳文江敬洒之后

① 达勒额，一种象征性物品，此处指按照象征原理制作的能够汇聚“阔托日 · 博音”的东西。

② 雅德恩 · 乌音（/jad’en ujin/），雅德恩姑娘，萨满姑娘。

再离开，你们要朝外面四方打“镲”，磕头完再离开。我在说。你们拿来“镲”了吗？我在问。（助手回答，拿来了。）你们要朝四面八方打“镲”，你们要叫醒“翁果日”的力量。强大的“翁果日”都到来了，让大家伙都增添力量吧！你们要这样说，祈求完了再离开。从远方来到这里“阿龙贡克·讷森”(/alʊŋguŋkə nəsən/)（“出马”），进到我的“莫昆·库热”里的杜拉日的姑娘（指陪祭萨满巴达玛），让我很伤心啊！另外哈拉的姑娘，你们要给她穿上她的“扎瓦”让她坐下来，告诉她八月十九的时候要做“熟勒森·塔克依勒”①。我在告诉，你们听懂了吗？你们要是听懂了，给她穿上她的“扎瓦”，我在告诉。进到这个地方来，我告诉了几句话。

此时，因为斯琴掛神灵提到了陪祭萨满巴达玛，她上前跪拜。斯琴掛神灵嘱咐完就离开了，斯琴掛站起身向上跳了两下，恢复清醒。

4. 主祭萨满沃菊芬为一方水土敬献酒水

按照刚才斯琴掛神灵的嘱咐，沃菊芬用平放着的神鼓托着三杯白酒到主祭蒙古包外仪式场地东南方向晃动神鼓，酒从杯中洒出来一些，鼓湿，然后，沃菊芬拿起杯中剩余白酒撒出去，这样一杯接一杯晃动，洒出来，然后，杯中剩余的白酒撒向南面。

5. 陪祭萨满喜穿神衣

沃菊芬回到主祭蒙古包，带领助手们取下巴达玛的神服、神帽，为其穿上，巴达玛面露喜悦。然后，斯琴掛、沃菊芬、巴达玛走出室外，徒弟们、助手们跟着走出主祭蒙古包。

6. 为“腾格日”献牲红牛和白色绵羊

“室外托若树”南侧地毯上，巴达玛、斯琴掛、沃菊芬、丁氏从左到右面东而立，共同击鼓唱歌，然后，转向南面、转向西面、转向北面，面向主祭蒙古包和“室外托若树”方向继续击鼓而歌。沃菊芬长子向西面助手们牵着的红牛和搭建的柳枝架子方向敬洒牛奶，巴特尔用桑烟熏红牛和

① 熟勒森·塔克依勒（/ʃuːləːsən takil/），一种祭祀仪式名称。

柳枝，为“天神”献牲，所以，萨满面朝北面唱歌祷告的时间较长。唱祷完毕，沃菊芬抓了一把米撒到红牛身上，并用神鼓鼓槌触碰了一下红牛的额头。助手把牛牵走，等待宰杀。巴特尔给白色绵羊的额头、四蹄抹黄油，并用牛奶沾羊的两只耳朵，然后，把杯中的牛奶沿着羊头到尾部顺着脊背撒过去。沃菊芬抓了一把米撒向羊，并用神鼓鼓槌点了一下羊的额头。助手把羊牵走，宰杀。

萨满及助手们进入蒙古包。

7. 给“托若 · 巴日肯”献礼、磕头

紧接着，主祭蒙古包内举行“达日卡贝”仪式，为“托若 · 巴日肯”磕头、献礼。斯琴掛、沃菊芬在“室内托若树”西侧就座，巴达玛、丁氏在东侧就座，四人共同击鼓，斯琴掛唱歌，人们开始在“室内托若树”下供桌前敬献哈达、摆放一点供品，然后磕头。几个人已经开始磕头了。沃菊芬说，老沃家先磕头！来，磕头！可见，主祭萨满的莫昆家族家人应该先磕头。铁林献哈达、磕头。一个男子磕头，沃菊芬问他什么属相？他说，属牛。斯琴掛就唱沃热哈拉属牛的在磕头、在供奉。这个环节上，磕头的人要自报哈拉—莫昆和属相，斯琴掛就唱祷告知“托若 · 巴日肯”是谁在磕头、谁在供奉。斯琴掛的弟子们孟玉金、孟孝瑞、敖玉英等人盘腿坐在师傅后面。人们排着队进入主祭蒙古包敬献哈达、奉献供品、跪拜磕头。斯琴掛一直击鼓唱歌，向“托若 · 巴日肯”汇报献礼跪拜者的哈拉—莫昆和属相。

向“托若 · 巴日肯”磕头的“达日卡贝”仪式完毕。

萨满们脱下萨满服稍事休息，等待煮献牲的牛羊肉。

8. 主祭萨满沃菊芬神灵附体

主祭蒙古包内，献牲的供品已经煮好并陆续被端进来摆放在主祭供桌前面的地上，斯琴掛、沃菊芬开始穿萨满服。助手们帮助沃菊芬穿神服，神帽还没有戴上，沃菊芬就开始踮起双脚、抖动神服，跳着跳着就进入神灵附体状态，倒地、左右滚动身体。斯琴掛在旁边击鼓助威。助手们纷纷上前帮忙，扶起她坐在凳子上，把她的小手指在牛奶中蘸了一下，整理好她的神服，给她戴上萨满头饰，沃氏家族的人们纷纷跪在沃菊芬前面地上。沃菊芬开始击鼓唱歌：

迪古迪古迪古呀，迪古迪古迪古呀，迪古呀，迪古呀，迪古迪古迪古呀。阿日提·腾格日·阿米提贝，谢仁·腾格尔·谢金提贝，库克·腾格日·贵勒斯提贝，敖拉哈德·扫德勒提贝（高山悬崖里我有座位）。（沃菊芬唱完击鼓说道：）一代又一代接续而来，沃热哈拉博荣凯亚“贵·雅德恩”我来了。莫昆家族的人们都来了，我高兴。我的子子孙孙都来了，我高兴。孙子重孙的兄弟们都来了，我高兴。今天，我“竖立托若树”的时候，从千万个地方都来人了，我高兴。莫昆的人们来了，不是莫昆的、外姓氏的人们也来了，我高兴。今天，鄂嫩哈拉的“萨满·爷爷”和沃热哈拉的“霍卓日”一起“托若·托里·斡米纳贝”。村里（指莫昆）的孩子们，都把你们的不好丢掉，你们的道路都会变好。

首先，沃菊芬“祖先神”找沃热哈拉—莫昆家族的孩子、此次仪式的主办者和承办人，安排仪式的主要内容和注意事项：

我下来了，我想说三五句话，我要喝牛奶。（献牛奶。）我的属猪的孙子，你把这么多人汇聚在一起，你把这么多莫昆的人们汇聚起来，有本事的、有能耐的人你都要盛情款待，鄂嫩哈拉“霍卓日·雅德恩”你要给她铺上三层褥子，要敬献烟袋锅里的烟。是自己民族的，不是自己民族的，领着自己神灵来的人们，都给他们备好座位请他们就座，按照大小排队就座。找到自己的座位，请你们的神灵就座，不管是不是有口才，只要你们下来说话，我们都欢迎！三年才做一次“竖立托若树”仪式，所以，有本事的人都要把自己的神灵请下来，修好自己的路，让自己的神灵坐好了再走。你们要帮助自己的民族，帮助自己的莫昆。今天，你们要是能进来走走，你们的道路都会变好的，你们的发黄的树木将重现生机，变得青葱吧。你们抓着自己的道路在行走，不要让自己的“霍卓日”委屈，该下来的人们都要下来（开口说话）。

外面，你们供猪了吗？（主祭萨满家人答，供了。）“腾格日”供牛奶了吗？今天，我高兴地下来了。让“翁果日·库钦”就座，你们去敬洒牛奶、敬洒酒吧。（沃菊芬家人出去敬洒牛奶、敬洒白酒。）按照道理，领着自己的神灵到来的人们，你们不是应该自己在外面敬洒牛奶、敬洒酒请他们进来吗？（孟玉金大声回答，都敬完了。）这不是沃热哈拉应该敬洒的事情。你们领着自己神灵来的人，进入到这个院子了，要自己敬洒牛奶、敬洒酒，你们的道路会变好，然后你们再出去。你们的中指都会拥有好的能力，你们的本领将成倍增加。鄂嫩哈拉的“霍卓日·巴日肯”你们要敬献烟袋锅里的烟，李肯哈拉的“额吐温·太提”你们要敬献烟袋锅里的烟。

来的人们你们不要反向而行，错误地理解。新的时代我出来了，我的孙子重孙们，我说的不全面的地方你们要深刻地理解，我说的简短话语你们要引申开好好想一想。今天，我高兴地来了，你们都进来了，哈拉—莫昆都进来了，我高兴。过去，用一只山羊、一只绵羊都能做（“托若·托勒贝”仪式）来着。时代变好的时候，就是吃的东西好了，本领和能耐一点也没增加。所以，我的孙子重孙们，你们无论如何都要把我说的简短话语变长了想一想，浅显话语一定要深入地理解。你们大家伙都来了，我高兴。你们和我的孙子重孙们像兄弟姐妹一样相处，你们谁有困难和厄运时我都会给你们告诉，你们的困境和艰难我都会为你们去除、挪开。你们来这儿了，你们离开的时候，你们的道路都会变得干净。

今天晚上，你们要给“博迪额”供奉黑色山羊；下午的时候，你们要给“西额·敖雷”和“乌其肯·敖雷”供奉；明天，你们要给“敖拉·额金”（山的主宰，山神）、“哈德·额金”供奉；后天，要给“托库仁·敖拉·额金”①、“怀玛日·巴日肯”②供奉；明天下午，你们要

① 托库仁·敖拉·额金（/tʊkrən aʊla əʤin/），托库仁山之主，托库仁山山神。

② 详见本书第一章第一节第二个问题“达斡尔族供奉的主要神灵”之“怀玛日·巴日肯”。

把“杜卡·巴日肯”、“拐勒·哈德·额金”请进来;“莫日登·太提”(莫日登哈拉祖先神)、“罗松”你们要好好关照,“尼日耶·敖包·额金”①、“十八兄弟的·敖包·额金”(十八兄弟的敖包神)也来了,你们都要好好供奉,好好表示感谢!

院子周围拉红布了吗?大门两侧一边红色一边蓝色要挂两条哈达,这样,众人进来后都能明亮地出去。都把自己的神灵请进来好好修路。我的民族同胞都让我高兴啊!神灵们都要进来,一位一位都要好好地听(它们告诉),不懂的要好好问问(它们)。(只要)告知你们的哈拉—莫昆、属相姓名,(神灵)都能给你们告诉。所以,你们看着“翁果日”下来就问吧。再没有口舌的人,别人也会告诉。你们谁也不要客气,要往前迈,能让“翁果日”下来的都请下来吧。

我是沃热哈拉的“霍卓日·巴日肯”,所以,(无论是)沃热哈拉的孩子们,还是外姓氏的孩子们,我都一样看待。你们有想问的话,午后再问吧。“翁果日·库钦”(想要)下来的时候,我着急(先)下来的。我高兴地迎接呢,河滩草甸的神灵,树木之上的神灵,水系神灵,自己都来了,“外面的”(神灵)都来了。我都在迎接(它们)进来呢。所以,我急着下来的,我只说三五句话。

主祭萨满的祖先“翁果日”继续找自己莫昆家族的子孙说话:

我要找属虎的孙女,喝你献的白色牛奶。不要因为身体有病委屈着想问题,你的病我们不是没治。“多勒布日”不是一直在给你做吗。所以,你才到现在这个样子,你才活着呢,你要高兴地生活。今天,你到“托若·巴日肯”这里磕头,我高兴。你的疾病会减轻,做“药”的时候我会一直给予帮助,这么多的“霍卓日·巴日肯”也会帮忙的。

我要找属鸡的孙子重孙,喝你献的白酒。(被叫男子跪拜磕头,敬献白酒。)你在好好吃药吗?你有吃药的疾病。以后,你要好好照

① 尼日耶·敖包·额金(/nir'i ɔbɔ: ədʒin/),尼日耶敖包之主,即尼日耶敖包神。

看“霍卓日·巴日肯”，村里村外的你也要好好照看。你老是头疼，你的心里烦闷，你的血液有点黏稠，所以你吃点药吧。八月十七，你到外面烧三个纸团往外甩，那样，你的疾病会扔掉吧，跟着走的人会躲开吧。“拐勒·哈德·额金”下来的话，你到时候要好好问问。

我有属龙的孙子重孙。(被叫男子跪拜磕头。）为什么你老是说“我不行”？没有文化你还想多能?！你自己要高兴地行走。你不是没有再往上学的本事吗？所以，你的这个本领就够了，不要想太多。突然地，你的道路会越来越对。说到人，多是(各种)“卡日其·杜卡”①，你要常常给“霍卓日·巴日肯”磕头，经常敬洒牛奶、敬洒酒，那么，你的道路会越来越好。你的心脏并非不好，就是肺子有点毛病，所以，吃点药。有味的屋子你要少进去，不要吸入难闻的气味，那样，你的身体会好的。你的道路我会一直给你修好。好日子里，我下来了。孙子重孙们的疾病我都会给丢掉。

我有属猴的孙子重孙，我要喝你献的白酒。(被叫男子跪拜、献酒。）你的口舌虽然不会了（指不懂达斡尔语)，我还是想告诉你三五句话。你的身体有些毛病。你在酒桌上吓着过，心脏的血液翻腾过，所以，你老是嗜睡。你的血液也有点黏稠，你的血管扭曲的（地方）也很多，那种情况你要把它们减少。你的肾脏特别凉，你要让你的“霍卓日·雅德恩”用红色的布做“多姆勒”②，那样，你的病情会减轻吧。九月十九，你要给“罗松”供 7 个煮鸡蛋，供 7 杯牛奶，然后，你好好求求“罗松”。那样，你的道路会好吧，你的血液会变稀吧。不要去西北方向，那样的话，你会受到别人的霉运牵扯。

我有属狗的孙子重孙，我要喝你献的白色牛奶。(家人代献牛奶。）你的身体有些毛病。尽管如此，你的心思够用，向你的“霍卓日·雅德恩”问这问那的，你在操心地询问，我高兴。虽然，不会说（达

---

① 卡日其·杜卡（/kartʃi duka:/），坎坷、劫难。

② 多姆勒（/dʊməl/），此处指一种治病的象征物。

斡尔）话，但是，身在远方还惦记着问问，你的心里还是有“霍卓日·巴日肯”哪！你的身体有点毛病。六月十一，我说你不要动刀，你没听话。所以，你在官家的地方躺着呢，你在吃着官家的药躺着呢。好好收拢着自己的身体待着吧，那样，你会快快好起来回来的。这一天你想着要回来，你的心意我知道。我高兴。……

我有属羊的孙子重孙。（一时找不到被叫的人，助手说，给告诉吧。）你娶媳妇的时候去给“霍卓日·巴日肯”放红色绸缎了，我高兴。你的心里有“霍卓日·巴日肯”。从前往后走的时候你有车坎，不要坐红色的车走，七月二十四一天都不要从屋里出去。

我有属狗的孙子重孙，我要喝你献的白色牛奶。（助手代献牛奶。）你进到口舌（是非）里了，你自己进去的。你怎么那么傻，没心眼，没打的事情你说你打了。你惹了口舌是非了，所以，你现在有口舌之祸。十一月十五不要从家里出门，要进到“阔托日”里面走[①]，那样，我能跟着你渡过你的坎儿。

其次，沃菊芬神灵开始找李肯哈拉人氏表达喜悦和感谢的心情，并告知注意事项：

我要找李肯哈拉属猪的孙子重孙，喝你献的有颜色的酒。（被叫男子敬献红酒，跪拜。）你从远方来，领着你的“额吐温·太提”来的，你和我的沃热哈拉属猪的孩子肩并肩地一起走呢，互相了解对方的心思和想法一起走呢，我高兴啊。我的孙子弟兄少，所以，我们和鄂嫩哈拉“霍卓日·雅德恩”像至亲娘家人一样走动。鄂嫩哈拉的“霍卓日·雅德恩”也像自己的娘家人一样，像自己的姐妹一样，当作我的娘家人来往。我们都高兴。我因你们而高兴啊！你的身体有些毛病，你的心脏好像老是要停下来一样，好好吃点药，好好看一看，你的血液变稠了，你的肠胃老是疼痛，你的心脏有些肿胀，心脏疾病到官家医院去喝点药吧。八月十二要出去走走，那样，你的身体会好吧。这

① 进到“阔托日”里面走，指参加“阿日善”圣水洗仪式。

几个“霍卓日·巴日肯”你都要敬洒牛奶、敬洒酒。结冰时节你有坎儿，不要驾着你的汽车去往西北方向，不要与属狗的、属蛇的、属龙的、属虎的一起到酒桌上（喝酒吃饭）。你进到“阔托日”里，我能前后左右跟着你，你摔倒时我会拉着你的手扶你起来。你是鄂嫩哈拉的孩子，放到嘴里怕化了，捧到手里怕摔了，因此，无论如何你要注意饮酒之事。

这么多人都在，我的民族同胞都在，所以，时日变短的时候，到了我要散去的时候了。鄂嫩哈拉的“霍卓日·巴日肯”下来说三五句话吧。

说完，沃菊芬击鼓，“翁果日”离开。

9. 领祭萨满斯琴掛“翁果日”降临

接着，斯琴掛神灵附体，助手们扶她坐在“室内托若树”左侧的三层方褥子上。斯琴掛开始击鼓唱“德么扬古”神歌序曲。

首先，斯琴掛萨满神灵找沃热哈拉人氏告知事项：

叫属猪的男子、属鸡的男子说话：

我跟着鄂嫩哈拉的“霍卓日·乌音”（领祖先神的姑娘，指莫昆·萨满）来的。我的原来的地方，我在纳文江有座儿……出来了，来到了这个地方。我是“多恩浅·霍卓日·额头乌”①。我在纳文江有座儿……我特别高兴，我约束着自己，我占据着“阿拉克昌·哈德”（阿拉克昌山崖）。时光飞逝，岁月流转，我跟着到来了。

沃热哈拉凯亚博荣属羊的姑娘，把自己的“莫昆·库热”拉拽出来，帮助民族莫昆的时候，占据着一方水土，“竖立托若树”、“斡米南”的时候，我到来了。我高兴地坐着，被你们认识了，被你们用供品和牺牲拉拽出来。

沃热哈拉属猪的、属鸡的、属龙的孩子们让我高兴。我约束着自

① 多恩浅·霍卓日·额头乌（/dʊ:ənʧen xʊʤʊr ətəu/），敖拉哈拉多恩浅莫昆的老太太，指多恩浅莫昆祖先神。

己，好日子里我进来了，在鄂嫩哈拉“霍卓日·雅德恩”的祷告声音里下来的，我把高兴的、约束的心情向你们说一说。我以这个身体下来的，我一直在高兴，在约束。求着“拐勒·哈德”行走，守着“博荣·敖包”坐着，我一直叫着“满那·敖包”① 行走。我的这个身体，是被叫醒了、被扶起来的达斡尔的“霍卓日”，是被叫醒了出来行走的“霍卓日”，我（重新站）起来行走了，我高兴啊！我在向沃热哈拉的孙子重孙们诉说我高兴的心情，约束的心情。

沃热哈拉属猪的孩子让我高兴啊！我要帮助你、照看你。你们在肩并肩地行走。我特别地高兴！我会看着子孙们前行，你们要占据自己的地方。你的这个身体在九月有点病坎，吃点“药”，你要让沃热哈拉“霍卓日·雅德恩”给你做“泰日米特·切”喝，我在告诉你。你的这个身体，以后我会一直帮助你，给你金银财富。我在说，我在告诉。腊月初八的时候不要出门去往东北方向。你的“霍卓日·巴日肯”都在高兴，都在说要帮助你，你的心意诚挚。我在诉说我喜悦的心情，你将长命百岁，像松柏一样长青。

属鸡的重孙，喝了你献的壶中的白酒，我要告诉你两句话。（被叫男子跪献白酒。）我看中你诚心诚意，你的心意和别人一样，你“抓”着白色的心意在行走。你要注意口舌，十月十三,十月十七可能出现与别人的言语纠纷。你要注意身体。兔年的时候，属鸡的孩子，有些坎儿，我在说。你要修路，我在说，我在告诉你。过了兔年，你的日子会逐步上升，财富和福气将会到来，我在说。你要不断祈求“拐勒·哈德”。我会给你汇聚财富。我在说我高兴的心情。

属龙的孩子我要喝你献的白色牛奶，告诉你两句话。你这个身体一直在心中默默向“霍卓日·巴日肯”祷告。不要认为自己的“霍卓日”本事小，（你的“霍卓日”一直在）你前后照看着你，从你后面、

① 满那·敖包（/manna ɔbɔ:/），也叫满尼·敖包（/manni ɔbɔ:/），郭博勒哈拉满那莫昆的敖包。

前面转着照看着你。你的这个身体到了龙年的时候，有些艰难。你要一直注意，不要去西北方向。你要注意，扎上红腰带。我在告诉自己的“翁果日 · 库钦”，我看待你就像看待自己的孙子一样，虽然我是鄂嫩哈拉的“霍卓日”，你就像自己莫昆的孙子一样，我一样看待你。十一月初四的时候，你不要乘坐白色的汽车出门，不要去往北方。我在告诉你。

其次，斯琴掛神灵找敖拉哈拉人氏告知事项。

敖拉哈拉拉里浅属羊的小子，我告诉你几句话，解释一下你问的问题。敖拉哈拉多恩浅的母亲，我的这个身体，给你解释一下你问的事情。为什么不要“巴格其 · 霍卓日”？我在问。你们认为“巴格其”的本事小吗？说了要成为穿“萨玛仕克”的“雅德恩”了吗？他的这个身体，秋天 8 月的时候，有坎儿，命运艰难，我在告诉。八月十五的时候，不要出门，他被两个神灵争抢呢，自己的“霍卓日 · 巴日肯”和“博迪额”，不要把自己的两个“霍卓日”区别看待、区别对待。想出“霍卓日 · 巴格其”①的话，你们自己知道，看着办吧。八月的时候摔倒的话有命坎。

然后，斯琴掛神灵说道：“你们还有要问的事情就问后面下来的‘翁果日’吧。到了我要散去的时候了，我的这个身体要出去了。”说完，斯琴掛就站起身快速击打几下神鼓，“翁果日”离开了。

10. 陪祭萨满巴达玛“翁果日”降临

巴达玛在铁林扶持下迈着碎步跳起了舞蹈，轻盈地优雅地转着圈，转了一会，开始快速转圈，还向上蹦跳，快速击鼓，转圈。沃菊芬在旁击鼓助威，巴达玛面朝主祭供桌坐在地上，但是并不开口说话，只是不停击鼓。助手们拿来凳子并抬起她朝南坐在凳子上，巴达玛继续击鼓。铁林等人分别抖动她的神服衣角，但是，巴达玛只是不停地大声击鼓，还是不开口说话。前来参加仪式的陈巴尔虎旗的人们上前跪拜求告，“张开嘴吧！”

① 霍卓日 · 巴格其（/xʊʤʊr bagəʧ/），莫昆巴格其。

但巴达玛就是不说话。

11. 主祭萨满沃菊芬“翁果日”降临

沃菊芬站起来，轻轻击打神鼓，不一会，她就开始剧烈跳动，转圈，她的神灵又降临了。助手们扶持她安坐在凳子上。此时，斯琴掛一直坐在“室内托若树”的西侧击鼓助威，巴达玛的神灵无意离开，仍不停击鼓，“当当当当!”“当当当当!”斯琴掛一直为沃菊芬击鼓助威，此时不得不起身给巴达玛点酒，让其清醒。

沃菊芬击鼓唱道：

> 扎梅·伊勒阿·扎恩德恩达，德么扬古；扎梅·伊勒阿·扎恩德恩达，德么扬古。(助手们跟唱同样的神歌。)阿日提·腾格日·阿米提贝，谢仁·腾格尔·谢金提贝，库克·腾格日·贵勒斯提贝，敖拉哈德·扫德勒提贝。(唱完，沃菊芬开始击鼓说话：)一代又一代接续而来，我是沃热哈拉博荣凯亚“霍卓日·雅德恩”。今天“竖立托若树”的时候，我的孙子重孙们都来了，我高兴。民族同胞都来了，我高兴。不是民族的人们也来了，我都高兴。从远处来的，我都感谢。今天，好日子里，我来了，哈拉—莫昆的孩子们，我想告诉三五句话。好日子里，我和鄂嫩哈拉的“霍卓日·雅德恩”一起“竖立托若树”。所以，不同民族的人们来了，请下自己的神灵，我高兴。虽然，她没有说上三五句话，你们不要轻看她。她的口舌羞涩，神灵坐不下来呢，还没有从她的道路出来，所以，她的口舌有点麻木。神灵下来的话，你们要敬洒牛奶、敬洒酒。

首先，沃菊芬萨满神灵找沃热哈拉绰库勒莫昆人氏。

> 沃热哈拉绰库勒莫昆博荣凯亚属鸡的孙子重孙，我要喝你献的白酒。你要给沃热哈拉“霍卓日·雅德恩”敬烟，装在烟袋锅里的烟，原来的规矩不要丢掉。你要清楚明白地告诉孩子们。你的身体有些毛病。你的头老是疼，坎儿快来了。原来的时候你喜欢酒，(但是)一次也没有给“霍卓日·巴日肯”敬酒。(一个中年男子前来跪拜磕头。)为了修路，你去鄂嫩哈拉的“霍卓日·雅德恩”那里治疗了，于是，

你戒酒了，进入到正常的生活道路。你给“敖包·敖拉”敬酒过一次吗？你知道自己的“霍卓日·巴日肯”吗？正月十八的时候，你不要去东南方向、西北方向，那样的话，你将有大坎儿。你要注意身体，你要扶起你的“霍卓日·巴日肯”，那样，你的道路将会正确，你的生活会有起色。今天，你来了，我高兴。我要帮你汇聚福财，你的田地都会丰收。你们谁都有份。所以，汇聚福气和财富的时候，你们要接着。

沃热哈拉我有属龙的孙子重孙，我要喝你献的白色牛奶。（助手代献牛奶。）说是自己的弟弟，你跟着高兴地干活出力呢，你一直在帮助他的道路。现在，你要盖小房子，你要买红色的布放到神龛前面，对你的子孙有好处，下面要放折叠的黄色的纸，这样，小的财富会积攒吧。你有坎儿，你要让身体进到“阔托日”里走走，你要让喇嘛念经，那样，你的坎儿会挪开吧。十一月二十四，你不要去西北方向，那样，你的道路会不好的。

被叫到的人刚刚赶来，沃菊芬萨满“翁果日”却已经找另外的子孙了。

我有属牛的孙子重孙。（一个男子上前跪拜。）你从小就成了孤儿，流着眼泪行走，被大姑照看着长大。（说到此处，沃菊芬开始流泪。）过去的时候，我的孙子重孙被“博迪额”“哈讷日特恩”[①]了。你明白吗？坎儿什么也拦不住。八月十九，你不要到南面的水泡子去，不要和属龙的人聚在一起喝酒。那样，你的坎儿会躲开吧，你的“霍卓日·巴日肯”在帮着你。孙子重孙们我都会给予帮助，往地上敬洒三杯酒我就能到达你们的身旁，你要是用嘴呼唤，我也能跟着去。

我有属羊的孙子重孙。（助手喊，属羊的！一个男子跪拜磕头。）我要喝你献的白色牛奶。（来人跪献牛奶。）你们说自己有“霍卓日”，从远处来了，我高兴啊。看到我的孩子们我都高兴。你要修路，积攒财富。那样，你们会有好的道路。只要你们呼唤，我都会到来。你们

---

① 哈讷日特恩（/xannərtən/），意为被附身、附着了。

要找从远古而来、一代接续一代而来的你们的“霍卓日”，你们要喊“霍卓日·姑乌·太提”[①]！你们要喊“雅德恩·爷爷”！那么，我都能一直帮助你们。你有病坎儿，吃点药吧。拿“泰日米特”（/tærmit/）回去，那样，你的病坎会渡过吧。

我有属鸡的孙子重孙。(助手又喊，属鸡的！一位男子跪拜磕头。）你们都认识着行走呢。今天，你们的“莫昆·库热”有几人哪！数一数都有数！今天你们都来了，我高兴。“阔托日·博音”你们分一些拿去吧。你们的道路变好，财富汇聚，你们的道路向上攀升，你们的孩子生活美好！沃热哈拉的孙子重孙，我是想着都一个一个叫到，不过，时日变短的时候，你们有要问的就问吧。你们突然给“托若·巴日肯”磕头，没有告诉自己的哈拉—莫昆，我一下子看不太懂。我的孙子重孙不是多嘛。

其次，沃菊芬萨满神灵回答敖拉哈拉、其他姓氏问事者的问题。

助手代（敖拉哈拉）拉里浅问事，属羊的人做什么“多姆勒”、“泰日米特”能好？问事者家人上前跪听。

沃菊芬萨满神灵说道：

他的病不是什么好病。但是，还是吃些官家的药吧。“泰日米特”多喝点。你们要向沃热哈拉的“霍卓日·雅德恩”求些“泰日米特”，向鄂嫩哈拉的“霍卓日·雅德恩”求些“泰日米特”，向7个“雅德恩”求些“泰日米特”喝，疾病会减轻吧，会好吧，坎儿会躲开吧。答应要“巴格其”道路的话，会很快好吧。

助手代问另外姓氏有关盖房子的事情。

沃菊芬萨满神灵问：

是要盖房子吗？（回答，是的。）给这座山要敬洒牛奶，那样，道路会好吧。也没有给“噶吉日·额金”做“多姆勒”，好好给“敖

① 霍卓日·姑乌·太提（/xʊdʒʊr gu'u tajti/），直译“莫昆姑奶奶”，指莫昆女性萨满先祖神灵。

包·敖拉”、给“噶吉日·额金”做“多姆勒”，道路会好吧。(助手代问，没有坎儿吗?）这个人有坎儿。四月份也有小坎来着，八月初四还有，十二月十二还有一个。这个人修修路吧。修修路会好些吧。“敖包·敖拉”好好供奉的话，他的坎儿会移开吧。

铁林代问博荣人民何时能出“巴日西”?

沃菊芬萨满神灵说：

“博荣哪个村的？你打开道路的时候还没到呢，今年不是兔年吗，龙年再看看吧。”

助手代问拉里浅的女儿没有孩子的事情，询问到哪个方向找找?

沃菊芬神灵说：“到大地方去喝点药试试，好好求着‘奥米·娘娘’，那样会有孩子吧。”

说完，沃菊芬萨满神灵准备离开了，说：

你们还有要问的话吗？时日变短的时候，我们午后再相见吧。不是我的民族的，是我的民族的，你们都问的话，有的是能告诉的，你们都自己想着要问的，到时候问吧。从远处来的，我的孙子重孙们，兄弟姐妹们，你们有要问的话到时候都问吧。然后，都把大坎丢在这里，把小坎化无，都从苦难坎坷中出去。

说完，沃菊芬快速击鼓，身体前后左右摇摇晃晃，然后，向上跳跃了几下，她的“翁果日”离开了。家人和助手们赶紧上前给她喝水，为她擦汗。

12. 供祭天神

供祭天神的白色绵羊已经煮好，摆放在“室外托若树”下的供桌之上。“室外托若树”南侧，几位萨满身穿萨满服、头戴萨满帽，身穿民族服装，面朝北方主祭蒙古包和“室外托若树”并排站立，从西到东依次是沃菊芬、斯琴掛、巴达玛、丁氏，她们共同击鼓，斯琴掛唱歌：“德比三，德比三，德，德比三；德比三，德比三，德，德比三。”助手们分站她们身后，跟唱同样的神歌。然后，斯琴掛向天神祷告，大意是：沃热哈拉的“霍卓日·雅德恩”、属猪的孩子奉献白色的绵羊给您，鄂嫩哈拉的“霍卓日·雅德恩”向您祈祷。斯琴掛的儿子手持她的双马头杖站在她后面。

唱祷完毕，斯琴掛右手持双马头杖、左手持神鼓向“室外托若树”及“天神”供桌半蹲着前倾身体，同时前后晃动马头杖和神鼓，然后，双手持神鼓从身前下面移动到中部再移到上部，边移动边晃动神鼓。斯琴掛做完这些动作，退后一步。沃菊芬上前做同样的一套动作。巴达玛上前做同样的一套动作。这是向天神表示敬意。然后，几位萨满在助手们陪同下、簇拥下前后相跟着回到主祭蒙古包休息。

（二）2011 年 7 月 19 日下午的仪程

第一天下午，继续供奉“天神”和“祖先神”；主祭萨满家族“山神”、追随主祭萨满和领祭萨满的其他家族“祖先神”降临，为族众宣示神谕，提出警示、忠告和注意事项，为莫昆子孙后代和族众祈福；为领祭萨满的其他徒弟、为陪祭萨满提供请神降临的场所和平台，为“托若·巴日肯”磕头。

13. 主祭萨满沃菊芬神灵附体

下午将近 4 点半，主祭蒙古包内，供奉沃菊芬莫昆家族“祖先神”的一头全猪已经煮熟，摆放在主祭供桌前面的地中间，几位萨满开始穿萨满服、戴萨满帽。

室外，太阳西斜。斯琴掛、沃菊芬、巴达玛、丁氏及众徒弟、家人们来到“室外托若树”南面，几位萨满朝北，即“室外托若树”和主祭蒙古包方向站立，从西到东依次是沃菊芬、斯琴掛、巴达玛、丁氏，她们共同击鼓，斯琴掛唱歌：“德比三，德比三，德，德比三；德比三，德比三，德，德比三。”助手们跟唱同样的神歌序曲。

没唱几句，沃菊芬就向上跳跃，然后倒在地上翻滚，铁林几乎都要被拽倒了。助手们纷纷上来帮忙，扶她坐在椅子上，取下她的神帽，打开神服前襟的纽扣，把神服下摆的皮条分开放在两侧，抓她的手指沾一下牛奶，给她喝一口牛奶，然后，把神鼓和鼓槌交到她的手中，铁林帮她戴萨满头饰。沃菊芬开始击鼓唱歌：

德古德古德古呀，德古德古德古呀，德古呀，德古呀，德古德古德古呀。（然后，说道：）一代接一代接续而来，沃热哈拉“西额·敖雷”我的身体下来了，见到我的孙子重孙我高兴啊。

首先，沃菊芬萨满神灵找沃热哈拉子孙讲述自己的来历和经历，并为体弱多病及领有“祖先神”的人们祈福。

属猪的孙子重孙，我要喝你献的白酒。（被叫者赶紧站起来敬酒。）听到了好日子，找到了我的座位，今天，你给“竖立托若树”，你让我高兴啊！你把我的民族同胞都聚在一起就座呢，你把我的孙子重孙聚在一起请他们进来了。过去啊，我被土埋着走过，被悬崖夹着行走，在河边草丛被埋着行走，今天从茂密森林里下来了，见到了孙子重孙们，我高兴啊。不是民族的也好，民族里面的也好，我想着修好孩子们的路下来的，有病有灾的人，我想用酒、用牛奶给他们“泰日米特”下来的，我高兴地下来了，想着为莫昆出力，对国家有所帮助，看着自己的子孙后代进步，不是自己民族的也要帮助他们。我要找那些被疾病困扰的，给他们用牛奶和酒“泰日米特”。（铁林喊，有疾病、有难处的都上前来跪着。一些人到沃菊芬跟前跪下抬头等候。）有“神灵”的，也都过来，用牛奶给你们“泰日米特”，把你们的道路修好。（沃菊芬的几个师妹、师弟、近亲属们跪在前面。）把你们的苦难去除，把你们的疾病化无。把白色的牛奶拿来。（助手给她喝了一大口牛奶，沃菊芬喷向跪着的人群。）把你们的疾病化无了，把你们的苦难去除了。你们要像牛奶一样以白色的心意行走，给你们的孙子重孙汇聚财富，对国家要有所贡献，要帮助自己的民族，要管束着“莫昆·库热”的人们。你们中间有“多姆”的手指[①]，抓一个人让两个人好。到了“福财”汇聚的时候，你们也都分一些拿吧。

沃菊芬萨满神灵继续找沃热哈拉的孙子重孙：

① 有“多姆”的手指，指领神者所具有的特殊能力，如正骨、按摩等。

我要找属鸡的孙子重孙，喝你献的牛奶。（跪着的人群散开。被叫男子跪拜，敬献牛奶。）你让“拐勒·哈德·额金”坐下来了，它会好好照看着孙子重孙。你要一直敬洒牛奶，敬洒酒，你身体的毛病都能给你治。明天，“霍卓日·巴日肯”、“托库仁·敖拉·额金”下来的话，你要好好听他们的话，好好记下来，到时会给你做“额姆·多姆”[①]吧。你做买卖的道路也会越来越好吧。好好放镜子，放四方形的镜子，在屋门顶上，早上起来扬撒一饭勺水，再撒一次水，那样，你的买卖道路会更好吧。让你的“himorri”（运气之神）飞扬起来，那样，你的道路会好的。

好日子里我下来了，我的孙子重孙我都想告诉三五句话。有要问的人们都问吧。

我要找属马的孙媳妇，喝你献的白色牛奶。（助手代献牛奶。）你的坎儿一个接一个来呢，你让三五步都不懂的人做“多姆勒”了，所以，你的“霍卓日·巴日肯”生气呢，你要好好给你的“霍卓日·巴日肯”磕头，那样，他会帮助你吧。给你的“敖雷·巴日肯”敬洒牛奶、敬洒水试试，那么，我能跟着你的道路。你不要乘坐黑色车辆去往西北方向，那样的话，你会遭遇苦难。你老是被人们的口舌蹂躏，你要注意口舌言语。七月十九咱们办事呢，从现在开始半月左右，你会一直闹毛病，你要吃些官家的药，那样，你的病坎会躲开吧。你到后面的“敖包·敖拉”去采些“泰日米特·欧斯”[②]，然后，和冰糖、白梨一起煮水喝，那样，你的病坎会躲开吧。

我有属猪的孙女。（被叫女子上前跪拜磕头。）我要喝你献的有颜色的酒。（女子敬献红酒。）你老是爱生气，老是怒气冲冲，所以，你一直拉拽着苦难呢。今年，你的身体一直不太好，吃点药吧，去博荣山采一些稠李子、山丁子，和白糖、红糖，煮开了喝，那样，你的

---

① 额姆·多姆（/əm dʊm/），额姆、多姆同义反复，泛指药。

② 泰日米特·欧斯（/tærmit əus/），泰日米特草。

头疼的毛病会减轻。没事的时候，黑色的稠李子成熟的时候，煮点喝吧，那样，你的怒气会消减吧。九月二十四你不要去西南方向，那样，你会有坎儿，你要躲着点红色的汽车，你有车祸的坎儿。你要好好求着“敖包·敖拉”、求着“奴吉日·巴日肯”，你要好好求着“霍卓日·巴日肯”，那样，你的坎儿会躲开吧。

我有属牛的孙女，我想喝你献的白色牛奶。（助手代献牛奶。）你的坎儿出来呢，两个小的，一个大的，小的我们都给你挪开，八月初一，你来进入“阔托日”里边，“阿日善”洗一洗试试吧，你的坎儿会渡过吧。八月二十九不能开着白色的车辆去往北方，不要装载着你的小孩出去，那样，你的坎儿会出来。即使告诉了你月份，我们还是会不断地跟着你走，但是，你要是不进到“阔托日”里，我们不能跟着你。

我有属猪的孙女，我想喝你献的白色牛奶。（助手代献牛奶。）不要和别人交换着口舌走，不要和属猴、属龙的人一起走，那样，你会进到口舌是非中，你要注意呀！有一个姑娘，那个姑娘把眉毛染得黑黑的，个子高，脸白净，你不要和这个姑娘来往，那样，你的道路会被弄脏，你会进到口舌之中，你领着“霍卓日·太提”走呢，因此，不要和这样肮脏的姑娘一起玩。

其次，沃菊芬萨满神灵找莫日登哈拉和找敖拉哈拉领“祖先神”者试请神灵降临。

你们有要问的话吗？莫日登哈拉属狗的、属鸡的、属猴的孙子们，我要喝你们献的白色牛奶。（孟玉金、孟利州、孟孝瑞跪拜。孟利州献牛奶，然后，三人跪拜磕头。）今天，“竖立托若树”的时候，你们高兴地来了，我高兴啊。你们领着“霍卓日”来了，你们领着“莫日登·太提”来了，你们领着“巴日西·额头乌”来了。所以，我因为你们而高兴啊。你们想请下自己的神灵着急呢。

敖拉哈拉登特科浅属虎的姑娘，我想喝你献的白色牛奶。（敖玉英敬献牛奶。然后，跪拜磕头。）我给你们“泰日米特”，你们变得干净了，谁能下来谁下来，我给你们修路，给你们弄干净，你们着急要下来，我给你们“泰日米特”。（说完，沃菊芬喝了一大口牛奶，噗、噗向四位脸上喷洒两次牛奶。）我把你们的“神灵”和你们的身体“奥俩贝”[①]下来说三五句话是应该的道理吧。现在，我要躲开出去了。“乌其肯·敖雷”下来的话，你们再试着问吧。民族的人们，你们好好问问吧。

14. 主祭萨满沃菊芬神灵附体，训练孟氏子孙

几位赶紧站起来往后撤。沃菊芬“翁果日”离开了。沃菊芬刚刚喝了一口水，就又有一位“翁果日”下来了，助手们又是一阵忙乱，扶持她重新坐到凳子上。坐定后，沃菊芬萨满神灵开始唱歌：

扎梅·伊勒阿·扎恩德恩达，德么扬古，扎梅·伊勒阿·扎恩德恩达，德么扬古。（然后击鼓说话：）一代一代我跟着来的，我从博尔吉河下来的，我翻滚着黄色的江下来的，我从黑色的江下来的，纳文江、诺敏河我都有座儿，代代相传我来了，“拐勒·哈德”我有座儿，“尼日耶·哈德”我有座儿，“其昂·哈德”（其昂山崖）我踩着走过，“伊斯尔·哈德”我踩着走过，我翻滚着七个泉眼来的，一代代跟着来的，我是“莫日登·额头乌”。我曾经让七个村子震颤，你们说我是一个傻老太太。今天，我领着孙子重孙跟着来的。沃热哈拉、鄂嫩哈拉“竖立托若树”的时候，我高兴地来了。我想着让子孙们张开口说话，我的子孙们，今天，你们下来说三五句话吧。你们为什么不说话？你们枕着纳文江、诺敏河来的。我高兴地来了。头一年，你们沿着诺敏河做的（仪式）[②]，今年，你们跟着纳文江做的（仪式）。我高兴啊。今后，你们的泉水都泉眼洞开，你们的道路更加正确。你们要占据着纳文江、诺敏河行走。你们的道路我一直在修好。我想着让孙子重孙下来说三五句话。

然后，沃菊芬就大声快速击鼓，说道：“你们都下来说上三五句话啊！”

---

① 奥俩贝（/aʊlliabe/），重合、合一，指领神者与其所领“翁果日”合而为一。

② 指沃菊芬 2009 年举行的“托若·托勒贝”仪式，即斡米南仪式，在西博荣村外诺敏河边举行。

15. 训练领神者、斯琴掛徒弟练习请神附体

跪着的人们都纷纷站起来，让到一边，孟利州有意要下神了，沃小军抱着他的腰带。铁林对沃菊芬神灵说：“你帮助他们下来吧。”沃菊芬神灵就说：“拿来白酒！”沃菊芬喝了一大口白酒，站起来边击鼓边晃动身体，然后，一口喷在孟利州脸上，之后，她坐回去。沃小军就开始抱着孟利州的腰带转圈，转了几圈，孟利州就坐下来。斯琴掛说：“拿来白酒把他的手沾一下。”助手取来白酒，沾了沾孟利州的手指。之后，孟玉金、孟孝瑞过来给他磕头。沃小军在边上说：“有什么话你就给告诉吧。”孟利州只是摇动着拂尘，不说话。铁林过来说：“你的属鸡的孙子、属猴的孙子给你磕头呢。”孟孝瑞说：“告诉我们吧，我们不知道的你不要介意，我们是‘莫嫩 · 胡’①，不要介意。”孟利州一直闭眼低头摇动拂尘，始终没有开口说话。然后，抬头睁开眼睛。孟利州的“翁果日”离开了。

斯琴掛训练另外的徒弟请神附体。

接着，斯琴掛让敖玉英上场，铁林扶着她转圈，不一会，敖玉英就开始蹦跳，左右摇摆双臂。斯琴掛一直大声击鼓助威。敖玉英神灵下来了，助手拿来牛奶蘸了蘸她的手指。助手蹲在旁边问：“嗻，什么‘巴日肯’下来了？”还回头问，“唱什么歌呀？”铁林说：“登特科浅，给告诉吧。”助手取来神鼓交到敖玉英手上，她开始击鼓。有两个人上前跪拜。斯琴掛开始唱，“德古霍尼德古，德古霍尼德古”，接引神灵开口。敖玉英开始哭，只击鼓，不说话。助手说：“别委屈！”铁林说，“有什么心思就说什么心思吧！”孟孝瑞说：“说说话吧，你的子孙们什么也不知道，按照你告诉的话走，我们不知道的、不会的，请告诉我们，给告诉吧。”敖玉英表情痛苦。孟孝瑞说：“你是高兴下来的？还是生气下来的呀？给我们告诉一下吧！”

16. 主祭萨满沃菊芬和陪祭萨满巴达玛同时神灵附体

沃菊芬又开始有些迷离了，闭起眼睛。铁林再次请求敖玉英：“给告

---

① 莫嫩 · 胡（/mənən xu:/），意为麻木、反应迟钝之人。

诉几句吧!”那边，沃菊芬开始大声击鼓，她的弟弟和侄子赶紧过去。就在同时，巴达玛站起来大声击鼓。沃菊芬站起来跳跃，击鼓，蹦了几下，倒地打滚。旁边有人喊:“拿开她的神鼓。”助手们上前种种帮忙。巴达玛也来神了，转着转着差点要碰到在地上打滚的沃菊芬。斯琴掛也站了起来，左右看着沃菊芬和巴达玛，两位的“翁果日”同时下来了。旁边，孟玉金用手指按压敖玉英的头顶，促使她快速清醒。此刻的场面异常激烈、缭乱。丁氏见师傅站起来击鼓，她也站起身击鼓。巴达玛在助手扶持下，边击鼓边转圈。沃菊芬已经坐下来，双手手指在助手帮助下沾了牛奶，喝了一点牛奶，助手把她的神鼓和鼓槌交到她手中。巴达玛也在助手帮助下，坐在了凳子上，她还在不停地击鼓。

沃菊芬开始击鼓唱歌:

亚给亚给亚给呀，亚给亚给亚给呀，亚给呀，亚给呀，亚给亚给亚给呀。

助手同时跟唱同样的神歌。沃菊芬神灵唱完开始接着说:

我代代跟着沃热哈拉博荣浅行走，一代接一代我来了，沃热哈拉的孙子们都来了，我高兴。我是沃热哈拉的“西额·敖雷”，我领着“乌其肯·敖雷”行走呢。孙子重孙们都来了，我高兴。我的民族同胞都来了，我高兴。从外面来的也下来了，我高兴。说我的地方好，到了我的地方，让自己的神灵下来，我高兴。你们要让我们的神灵好好坐下来，为国家出力，帮助民族同胞，约束着“莫昆·库热”。今天，在我的地方，你们让自己的神灵下来，我高兴。虽然不是自己民族的，让你们的神灵下来说上三五句话吧。我的子孙们不是多吗?你们哪一个下来都能给告诉一下。

那边，斯琴掛在唱歌为巴达玛助威，巴达玛只是一直哭，只击鼓不说话，斯琴掛唱了一会歌，巴达玛的神灵还是不开口。

这边，沃菊芬神灵继续说道:

我原来想着跟我的孙子重孙说上三五句话来着，不过，人家下来了，咱们先挪开坐着吧。让人家坐在前面。

说完，沃菊芬向上跳了两下，她的“翁果日”离开了。

旁边，斯琴掛还在巴达玛前面唱歌，接引巴达玛神灵。铁林走过去，说，你们用蒙语问问，请她开口。陈巴尔虎旗几个蒙古族女子问了半天，巴达玛就是不开口说话，只是一直“当当当当!”击鼓。斯琴掛最后走上前去，用神鼓在巴达玛面前晃了一圈，巴达玛还是击鼓不停，斯琴掛用酒喷了一下她的脸和额头，然后，按了按她的头顶，巴达玛才清醒过来，她的神灵离开了。

之后，斯琴掛、沃菊芬带领大家进蒙古包稍事休息。

17. 再次举行“达日卡贝”仪式，给“托若·巴日肯”献礼，磕头

下午 5 点多，主祭蒙古包内，再次举行“达日卡贝”仪式，给“托若·巴日肯”献礼，磕头。斯琴掛、沃菊芬坐在“室内托若树”西侧三层褥子上，巴达玛、丁氏坐在东侧单层褥子上，共同击鼓。斯琴掛的儿子、沃菊芬的子侄们先后磕头。斯琴掛大声唱歌，向“托若·巴日肯”报告磕头者的哈拉、莫昆及属相。

前面没来得及磕头的人们排着队进来磕头。也有磕过头的人们再次磕头的。没有人再进来磕头的时候，“达日卡贝”仪式告一段落，萨满及众徒弟和助手们休息。

（三）2011 年 7 月 19 日晚上的仪程

第一天晚上，主要举行“献祭黑山羊”仪式，据说是为在仪式场地周边逡巡的无主的孤魂野鬼和游荡精灵献牲黑色山羊，以便仪式顺利进行，并为莫昆和族众祈福。

18. 晚上献祭黑山羊仪式，沃菊芬神灵附体

晚上大约 8:30，主祭萨满在师傅萨满和陪祭萨满等众人陪同下，在室外仪式场地西侧几十米处举行献祭黑山羊仪式。傍晚天还没黑的时候，帮手们就在仪式场地西侧搭建了低矮的柳枝架子，准备摆放黑山羊的皮。

上午，沃菊芬的祖先神首次降临时就已经对此项仪程做了安排和部署：今天晚上，你们要给“外面的”供奉黑色山羊。这“外面的”就是指

孤魂野鬼或者游荡的精灵。据说，萨满“竖立托若树”的时候，它们在外逡巡，羡慕地看着、转着，为了仪式顺利进行，为了参加仪式的人们平安、健康，给这些孤魂野鬼和游荡精灵献祭黑色的山羊。

献祭黑山羊同样要举行献牲祷告、煮肉、摆放煮熟的牺牲之肉和供品、献祭祷告等环节。首先，举行献牲仪式。晚饭后，天已经完全黑下来了。沃菊芬、斯琴掛、巴达玛身穿民族服装、头戴萨满头饰，一行人来到室外场地西侧几十米远处，面朝西方站成一排，沃菊芬在左、斯琴掛居中、巴达玛在右，徒弟们和家人们站在她们身后。此时，帮手们已经牵来一只黑色山羊，他们牵着黑山羊头朝东，即萨满所在方向站立。斯琴掛、沃菊芬等开始击鼓，斯琴掛唱歌，大意是请游荡周围的精灵享用黑色山羊，等等。然后，助手用牛奶洁净黑山羊，萨满抓一把大米投向黑山羊。

之后，萨满和家人、助手们进屋稍事休息。

帮手们立刻带走黑山羊宰杀、煮肉。把黑山羊头和皮连着四蹄以站立着的姿态摆放在低矮的柳枝架子之上，把主动脉一小段放在羊皮之上。

煮肉，肉熟，开始举行献祭仪式。帮手们用桶把山羊肉抬到低矮柳枝架子旁边。山羊肉并不摆放在柳枝架子上，而是请大家分吃。肉一煮熟，萨满们重又执鼓来到室外场地西侧，面朝西方站立击鼓唱歌。漆黑夜幕下，听见斯琴掛唱歌，歌声清晰，几个人在共同击鼓。巴特尔喊，“来来来，都过来吃肉”，大家纷纷上前拿点山羊肉吃。据说，吃了献祭给“外面的（无主精灵）”的黑山羊肉，能够祛病除灾，所以，人们非常踊跃地争拿黑山羊肉分享。

没多久，沃菊芬就神灵附体了，是“腾格日·诺额”（天狗神）下来了。这是一个突然降临的神灵，未曾出现，没有预知。所以，它到来后，一再挑理，问为什么没有呼唤它？

> 你们就不能叫我吗？……你们就不能供奉我吗？你们以为自己知道什么？不是我下来给你们转过来了吗？我一直在给你们修路，原来没有下来也好，现在我不是让你们看到我的身体了吗？你们为什么到现在都不供奉我？都说要帮你们，所以，我都领着来了，知道你们要

“竖立托若树”，我早就来这里等候了，五月初五我就来了，我的“亲眷”都跟着来了，因此，你们要多给敬洒牛奶。以后，我会一直跟着帮忙，你们民族的坎儿我都一直给挪开。（铁林说，那样更好。）你们会呼唤的话，我都能帮忙，你们喊“腾格日·诺额”我就能来。我从山上来，“河日·塔勒”[①]我有路，“胡日特·莫德”[②]我有座儿。原来我没有下来过，虽然没有下来过，你们召唤我不行吗?!（助手说，不知道呢。）一直帮着你们挪开灾祸，我想吃你们的黑山羊来着。但是，来到别人高兴的喜庆的事情，我想着不要失掉名誉，我好好地轻轻柔柔地下来的。（铁林说，我们可高兴了！）你们的孙子、重孙，我都让他们好好找到自己的路，你们只要求一求“腾格日·诺额”，我都能给予你们帮助。鄂嫩哈拉属猪的孙子重孙，我要喝你献的白色牛奶。鄂嫩哈拉属虎的我也跟着走来着，李肯哈拉“额吐温·太提”我也跟着走来着。沃热哈拉我跟着有成千上万年了。所以，今天我来了。孙子重孙们都让我高兴啊！我原来的路都给我走呢，过去用黑山羊做，现在还是用黑山羊做呢。我从山上高兴地跑下来了，你们的白色牛奶我没有弄脏，我没有弄脏。你们按照原来的规矩“竖立托若树”，我高兴。今后，我要跟着你们走，我要从你们的前后照看着走，我要在你们的左右跟着走，你们踩到的地方我会把它弄得明亮，你们迈过的地方我会给你们想方设法。只要你们迎接我，我都高兴。你们这个地方这几年不是老出灾祸吗？你们抓红色的公鸡去出事的地方放飞，你们需要放到几个地方，你们要去西北角上放，你们还要到北面去放，这两条道儿你们去放就行。（铁林说，懂了。）那样，灾祸会少出现吧，我的民族同胞的孩子们会少出事故、躲过灾难吧。你们要去放飞公鸡，两边的翅膀上绑黑、红、白线，那样，灾祸会减少吧。……

---

① 河日·塔勒（/xəːr tal/），河滩、草地。

② 胡日特·莫德（/xurt mɔdə/），茂密树木，森林。

然后，突然降临的“天狗神”找莫日登哈拉的孩子告知事项：

我要找莫日登哈拉属马的孩子，喝他献的白色牛奶。……你扩大了“西额·莫日登”行走呢，你要好好管教着孙子重孙们。以后不要往回看，不要害怕前面、后面的人，你要“抓”住自己的路往前迈，那样，你能收拢约束着自己的神灵。小孩子们长大的时候要敬洒牛奶，敬洒酒，那样，我代代跟着你们，帮助你们，照看十个方向和角落，到时候我给你大事化小、小事化无。……咱们民族的孩子们往下掉的太多啊！学坏呢，随便使用刀具，净出大事儿。“敖包·敖拉”无论如何也不要给弄脏，“尼日耶·敖包”你们要不断供奉。……“敖包·敖拉”你们不要撒脏东西，那样，你们的孩子们都会生病的。这个你们一定要注意啊！我的孙子重孙们没来的，你们要给他们告诉。自己民族的孩子们，不是自己民族的孩子们，你们要占据自己的地方啊，占据着地方，你们要敬洒牛奶、敬洒酒，呼唤我，那样，坎儿都会消失的。……能占据的地方要好好占据，不要给别人，要把自己的道路好好敬洒着走。是我的民族的，不是我的民族的，一定都要好好供奉！

说完，沃菊芬的“翁果日”离开。献祭黑山羊仪式结束。

（四）2011 年 7 月 20 日上午的仪程

第二天上午，举行为“敖包·额金”献牲白色绵羊的仪式，为“托若·巴日肯”磕头，主祭萨满和领祭萨满的家族“霍卓日·巴日肯”降临，“敖包·额金”降临，为家族莫昆子孙后代和族众宣示神谕，提出警示、忠告和注意事项，并为莫昆家族和族众祈福。

19. 为“敖包·敖拉·额金”和“安门·敖包·额金”献牲白色绵羊祷告

第二天早上，主祭蒙古包前，门口有一个铁盆装着桑，桑在燃烧，桑烟缭绕熏染着绵羊和蒙古包。助手们牵着两只羊站在主祭蒙古包门口，羊头朝向主祭蒙古包内，斯琴掛击鼓唱歌：

莫力达瓦地方，沃热哈拉的萨满姑娘“竖立托若树”的时候，献给“敖包·敖拉·额金”白色的绵羊。我向“敖包·敖拉”祷告，请收下她诚意奉献的洁净绵羊。我向“沃热·敖包”的亲眷“安门·敖包”祷告，沃热哈拉属羊的“霍卓日·雅德恩”姑娘，沃热哈拉属猪的、属鸡的孩子们，诚心奉献洁净的白色绵羊。

唱毕，斯琴掛抓起一把米撒到两只绵羊身上，并嘱咐要把羊转向太阳方向，即从东方、东南转起，转一圈再牵走。绵羊被牵到后厨房宰杀、煮熟。

20. 再次举行“达日卡贝”仪式，继续为“托若·巴日肯”献礼，磕头

主祭蒙古包内，斯琴掛穿好萨满服，坐在“室内托若树”西侧三层方形褥子上，沃菊芬穿好萨满服，身体半蹲前倾，在主祭供桌前向“祖先神”画像抖动三次神鼓以示敬意，然后，坐在“室内托若树”西侧，师傅的东侧，她们共同击鼓。巴达玛和丁氏坐在“室内托若树”东侧的单层方形褥子上。有人开始磕头了，斯布勒玛献礼、磕头，斯琴掛开始唱歌，向“托若·巴日肯”祷告跪拜者的姓氏莫昆和属相。孟利州、娜仁格日勒、敖智伟、敖玉英等都盘腿坐在师傅和“室内托若树”后面。“室内托若树”下的供桌上摆放了一大碗“拉里”，一杯牛奶。陈巴尔虎旗的人们献礼，磕头。

21. 领祭萨满斯琴掛神灵附体

“达日卡贝”仪式结束，斯琴掛和沃菊芬等来到室外地毯上击鼓唱祷。不久，斯琴掛一位守护神灵附体，面朝北坐，沃菊芬和巴达玛分坐左右，斯琴掛神灵用蒙语向人们宣示神谕。首先叫来自陈巴尔虎旗的蓝衣母子跪听。然后，叫弟子斯琴母女上前跪听，要求斯琴献酒。斯琴掛弟子斯布勒玛一直坐在旁边帮着被叫到的人们记神歌内容。斯琴掛快速击鼓，大声告诫跪在地上的人们要做什么，不要做什么，某月某日注意什么。斯琴之后，斯琴掛神灵叫弟子宝音图，要求他献茶。宝音图献茶，跪拜磕头，听宣。唱了一阵，助手拉起他去给沃菊芬跪拜磕头。然后，斯琴掛站起来，手执马头杖转一圈，神灵离开。

22. 主祭萨满沃菊芬神灵附体

紧接着，沃菊芬就站起来向上蹦跳，然后，倒地打滚，左转右转，坐在地上神灵附体了，助手上前用牛奶沾她的手指，把神鼓和鼓槌交到她的手上，然后，沃菊芬开始击鼓唱歌：

> 古维古维古维克，古维古维古维克，古维克，古维克，古维古维古维克。阿日提·腾格日·阿米提贝，谢仁·腾格尔·谢金提贝，库克·腾格日·贵勒斯提贝，敖拉哈德·扫德勒提贝。

这是不同以往的击鼓方式，沃菊芬敲击两下神鼓然后用鼓槌的把儿击打一下鼓面，唱完开始说道：

> 代代相续，第七代，你们的“霍卓日·太提”我来了！你们“竖立托若树”的时候我来了，你们的道路比以前更好了。我领着“翁果日·库钦”来的，从五月初五就开始等着了。我的孙子重孙们都来了，我高兴。村里的人们都来了，我高兴。民族同胞们都来了，我高兴。

首先，沃菊芬萨满神灵找鄂嫩哈拉的“霍卓日·雅德恩”表示感谢，并提醒注意事项。

> 鄂嫩哈拉的“霍卓日·雅德恩”让我高兴啊。每到我“竖立托若树”的时候，你都提前想着、来坐着，我高兴。我的“福气和富庶”你汇聚着行走吧。我想告诉你三五句话。（斯琴掛上前跪听。）你的身体要有些毛病了，你的头老是疼。你的心脏肿胀疼痛，你的胃疼，你的血液往上凝聚，你要吃点药啊。你把我的纳文江水、诺敏河水拿去喝着试试吧，那样，你的疾病会祛除，疼痛会减轻吧。说到人，吃五谷杂粮，有病是正常现象。即使这样，你试着喝一喝我的“多姆勒”吧。到热水里好好洗一洗你的双脚，那样，你的脚病会减轻吧。今天，我因为你而特别高兴啊！我非常感谢你！我想祛除你的疾病，你要把我的“泰日米特”和7个泉眼的泉水拿回去喝着试试看吧，每天早上用小杯子喝7杯。那样，你的疾病会好吧。你要健康长寿，为了多多扶起民族同胞的“霍卓日”而出力。你的孩子们都会好的。祝你长命百岁，进到万千家庭的大门。今天，民族同胞们都因你而高兴！民族的

孩子们对你感恩不尽！以后，你的福分多多汇聚，你的孩子们生活蒸蒸日上！

其次，沃菊芬萨满神灵找李肯哈拉人氏表示感谢并提示注意事项。

我要找李肯哈拉、属兔的年长的小子，我想喝你献的白色牛奶。(被叫者敬献牛奶。然后，跪听。）你这样跟着“巴特恩·达斡尔”的“霍卓日·巴日肯”们帮着出力，心里也一阵阵觉得委屈。你的“霍卓日·巴日肯”不是也立起来了吗？你也能好好给看，你的口舌不是羞涩吗？这么多“祖先神灵”会不断帮助你。什么样的“霍卓日”绑系什么哈达，你们都要放好。哪一个哈达，哪一个“霍卓日”抓过的哈达都能帮助你们。把你的怒气踩踏在大山之外走过，把你的委屈丢弃在草甸河滩离开。你的子孙后代都能帮助你，干枯的树木都会绽放光彩，发黄的树木都会重现生机，好好地繁荣兴旺地行走。你要好好积攒你的“福源”。你们要不断地汇聚我的“财富”。我的敖包山你们要好好敬洒牛奶，敬洒酒，那样，会不断分给你们“福气”。帮助民族的人们行走的时候，你的心里不要总是觉得委屈，即使生气，民族的人们不知道的事情，你要好好给告诉。“霍卓日·巴日肯”的话你给好好传达，你的道路会更好。九月十七你有病坎，吃点药吧。向着天边的方向，你要点上 7 支香，放 7 杯牛奶，放 7 杯水，放 7 杯红酒，你要求一求，然后，那些东西你要喝 7 个早上，那样，你的疾病坎儿会渡过吧。

我要找李肯哈拉属猪的孙子重孙。(被叫男子前来跪拜磕头。）我要喝你献的有颜色的酒。(男子敬献红酒。）你要注意身体，治治病，吃些药吧。你这样真心跟着（我们）走，我高兴。你们自己不是也领着“霍卓日”吗。我会不断地给你修路，我会不断地帮助你的买卖。任何时候你求到（化解）你的病坎儿，我都会给你修路。给你大坎化小，小坎化无，把你从困境灾难中拽出来。做些“药”喝吧。把白色的食物和白糖、冰糖一起煮着喝，然后，把东西放在肚脐上熏，连续熏三个晚上。再把冰糖、红枣、白梨、红豆煮在一起喝着试试吧。那样，你的疾病会减轻吧。你的心脏不好，你的头也不太好。你的血管堵的地方多，那个情况你要治一治。“泰日米特”你要多喝。你要多用热水泡脚，那样，你的疾病会减轻，血液循环会好吧。你要好好喝我的泉水。你要用泉水洁净身体。这样，你的道路会更好。

李肯哈拉我有属兔的姑娘。（被叫者上前跪拜磕头。）我要喝你献的有颜色的酒。（女子敬献红酒。）你因为没有孩子而委屈。你要喝些官家的药。你要经常暖暖你的小腹。……你要好好求着你的“奥米·娘娘”。一阵阵你会非常生气，你要给做买卖的道路好好敬洒牛奶，脏污的人会去，脏污的车子你们修得多不是吗，所以，进来肮脏呢，你们要经常敬洒牛奶、敬洒酒以求洁净。你的屋子里要常常放“阔托日”，晚上的时候，在北面的角落里放“阔托日”，那样，进来的车子的脏污会去除吧，进来的车子会把肮脏丢弃在外面吧。这样，你的怒气会减轻吧。

我有属虎的孙女婿。（铁林，给告诉吧。）我要喝你献的白酒。（女子代献白酒。）你的坎儿要出来呢。你被弄脏了。你不要和三个属狗的人一起走，你想进到他们的口舌之中被咬呢。你要常常（用桑香）熏熏身体，你的坎儿二十七有，十八有，十八的坎儿鄂嫩哈拉的“霍卓日·爷爷”已经给挪走了，现在，二十七的坎儿还有，九月二十三还有，你的这些坎儿我们都不停地给移开呢。因此，你要不断地进到“阿日善”里面。

第三，沃菊芬神灵找沃热哈拉人氏告诫他们务必要注意身体。

我要找我的属猪的孙子重孙，喝你献的白色牛奶。（被叫者跪献牛奶。）你的心里有时候很生气，不要老是生气。虽然你领着“霍卓日”走呢，该帮助的人还是要帮忙，有特别多苦难的人就不要老是帮助了，你要放宽心地走，不要为了管兄弟姐妹，为了管孩子们，不停地攀爬，要多注意身体。说到人，不管有多大能力本事，精力也是有限的。你的肺子苦，你的心脏有热，你的肝脏有热，吃些药吧。偶尔你的血液也往上涌，你要消消怒气，不要为了这些人老是生气，眼前能过得去就行了，你不是一直在帮助吗。这么多的祖先神灵会不断帮助你，但是，苦难太多的人你不要管太多了。你要注意自己的身体，民族同胞你一直在帮助，艰难困苦的人们你一直在帮助，“莫昆·库热”你一直在维护，因此，你要好好注意自己的身体，你要多求你的“霍卓日·太提”，再吃点官家的药。到时候你喝“泰日米特”水，叫作小黄芩，叫作大黄芩，叫作柴胡的草，“绰斯·伊勒阿”[①]的根，和“泰日米特”合在一起，和冰糖在一起煮着喝试试吧。那样，你的热会变凉，血液会好吧。不要为了所有人们的利益伤害了身体，你要修路，管你的子孙孩子们也要适度。说到人，本领没有不会的。人各有命，自己各有自己的命运。所以，你要多管管你自己。

我有属龙的孙子重孙，种田的属龙的孙子重孙。（男子上前跪拜磕头。）我要喝你献的白色牛奶。（男子跪献牛奶。）你把祖先神请到家里坐了，你的心里这样那样想吗？我一直在帮助你，你要看着点你的小儿子，你要多为他求求“霍卓日·巴日肯”。“敖雷·巴日肯”你要领着（供着）。八月初一你要领着小儿子进到“阿日善”里试试，他的道路需要修修，换换他的血水，换换他的脾性，他的灾难会出去吧。我的心里一直牵挂孙子重孙，他不听我的话，被弄脏了，我靠近不了他的左右，你一定要注意啊！九月初三，不要从家门出去，无论如何不要去西北方向，不要进后面开门的人家，那样的话，我跟不了他了，他的道路会更加不好。让他好好给祖先神磕头。

我有属牛的孙子重孙。（年轻男子跪拜磕头。）我要喝你献的有颜色的酒。（男子跪献红酒。）虽然你的道路不对，虽然你没有请祖先神坐下来，我还是会不断帮助你。你要多给“敖包·敖拉”敬洒牛奶、敬洒酒。那样，我的孙子重孙们的道路会变好，你们的子嗣多多接续，后继有人。你们的疾病要吃些药，那样，你的疾病会被丢掉吧。五月初五，你到泉水边上供奉 7 只鸡蛋，敬洒牛奶、敬洒酒，那样，

① 绰斯·伊勒阿（/ʧʊs ilə’a/），一种叫做“绰斯”的花。

你的五月初七的坎儿会过去吧。

我有属鸡的孙子重孙，我要喝你的白色牛奶。(助手代献牛奶。)你们说要帮助民族奔走，帮助民族的人们治病。你们要好好修修自己的道路，神灵画像做的不对，你们呼唤自己神灵的方式都不对。所以，你们要好好请“巴日肯”就座，好好修路。虽然没有从真正的道路出（马），你能走（这条路）。你到这样的地方走走，你的道路会更加正确。进入自己的民族莫昆里走，为什么要怕呢？你没有主宰自己身体的东西，你要买管束自己身体的东西引领自己前行，好好照看、帮助民族的话，对你的孩子们好。九月初八，你有大坎儿，好好求一求你的“神灵们”，好好求一求你的“敖雷·巴日肯”，好好求求你的“罗松”，你要好好给“哈日·穆日·额金”敬洒牛奶，那样，你的道路会正确吧。你没有跟从欻日额勒浅[①]的“霍卓日·巴日肯”走，你跟从沃热哈拉的“罗松”走呢，“敖雷·巴日肯”跟着（你）呢，沃热哈拉的“霍卓日·巴日肯”跟着（你）呢，所以，你要好好供奉着你的“霍卓日·巴日肯”。

(沃氏族人上前跪听。铁林说，可能说某某呢。)

沃热哈拉我有属猪的孙子重孙，我想喝你献的白色的酒。(助手代献白酒。)你们这一代身上有“霍卓日·雅德恩”。你们现在还没有扶起自己的“霍卓日·雅德恩”。说是有“萨玛仕克”的“雅德恩”，你们只是嘴上会说，你们带去三五步都不会迈的人整得乱七八糟，今天杀牛，明天杀羊的乱整，你弄脏我的孙子重孙了，什么“巴日肯”会立了?!什么“巴日肯”给你立起来了?!什么“扫德勒”[②]给你们(请神）坐下了?!你们自己的道路都不会修呢，所以，你们家里吵闹不断。九月初九，你要自己好好求求“巴日肯”，敬洒牛奶、敬洒酒，然后求，那样，九月你们家出大事的情况会渡过去吧，要出人命呢。

---

① 欻日额勒浅（/ʧʊar’ələʧen/），指苏都日哈拉（/su:du:r xal/）。

② 扫德勒（/saʊdəl/），神灵的座位。

所以，你要好好敬洒牛奶、敬洒酒，好好求求你们的“霍卓日·雅德恩”，你们要到“雅德恩·敖包”好好给说明白：我的孙子重孙们，不懂的不要较劲、置气，无论如何好好给“多姆勒”，轻轻地进去，慢慢地告诉，你们要这样去说，轻轻柔柔地告诉，好好把你的“阿勒腾·索罗”给我们，你们要这样告诉。你们要出（马）的日子还没到不是吗，猪年出（马）好吧。所以，你们要好好供奉就能行。迈三五步的人，“抓”的人不会呢，所以，属鼠的人，首先要商量。供奉的时候，要在鼠日供。那样，属鼠的人会“出来”吧。现在“抓”的人不喜欢，属猪的孙子重孙也“抓”过，但是，闹着别扭来的时候，是非纠纷太多，互相说本事弱、差，今天出这样的是非，明天出那样的是非。好好敬洒牛奶的话，道路会好，“翁果日·库钦”会好好坐下来吧。

第四，沃菊芬神灵找鄂嫩哈拉的子孙告知事项。

我要找鄂嫩哈拉属羊的孙子重孙，喝你献的白色牛奶。（年轻男子上前跪拜磕头。）九月二十二，你有坎儿，不要穿红色衣服，你要穿绿色衣服，穿蓝色衣服。那样，你的道路会正确吧。今年你不要穿红色衣服。你要少喝酒，不要和属虎的、属龙的孙子重孙一起上酒桌，你要修路，要给“敖包·敖拉”敬洒牛奶、敬洒酒。你要到“山登”去磕头，说你经过“山登”的时候都不下马，你曾经骑红色的马走过（“山登”），所以，你有坎儿。你要从马上摔下来，你的“撒纳·乌卡”[①] 都要减弱呢，因此，你要到“山登”好好磕头，要敬洒牛奶、敬洒酒，“嘎胡查·爷爷”的、“平果·太提”[②] 的、“黄萨满·太提”[③] 的，都要好好敬洒牛奶，他们的“山登”好好给你看着的话，你的道路会好吧，你的坎儿会躲开吧。明天，你要好好被我的“哈勒邦库”

① 撒纳·乌卡（/sana: u:ka/），思想、方法。

② 平果·太提（/piŋgo tajti/），即平果萨满。

③ 黄萨满·太提（/xʊaŋ saman tajti/），即黄格萨满。

甩，你的坎儿躲开，被“阿日善·奥苏”[①]洁净，你会好好渡过你的坎儿吧。

第五，沃菊芬神灵继续找沃热哈拉的孙子告知事项。

沃热哈拉我有属鸡的孙子重孙。你有疾病了，你老是头疼。这么远的路，我去有用吗？你这样想过。（助手叫远处的人过来。）所以，任何时候只要你找，我就会帮助你。我的孙子重孙我都会帮助，你们的道路我都会给你们修好。今天，你没有立“巴日肯”也好，只要你呼唤，我都会给予帮助。子孙后代们，你不是都认识了吗。今天，“竖立托若树”的时候，我的孩子们我都认识了。不过，我的孙子重孙少啊！我的“莫昆·库热”的孩子们就这些，所以，你们要修好你们的道路。十一月十五你不要去往西北方向。所以，你要注意身体。

沃热哈拉博荣浅我有属狗的孙子重孙。（助手们找被叫到的人。来人跪拜。）你有坎儿呢，你到“敖包·敖拉”去走走，“阿勒腾·索罗”你有时候不也得到了吗？你要每天早上给“敖包·敖拉”敬洒水，敬洒7杯水，那样，你的道路会好吧。你的腿有时候疼，里面有风跑着疼，你得治治。五月初五你应该到“敖包·敖拉”的露水中洗一洗，明年你要到那儿的露水里洗一洗，那样会好些吧。九月十四你有点坎儿，不要骑着自行车出门，那样，你会崴了右脚，还会出现纠纷，不要从你家的院子里出来。你要好好进到“阔托日”里面走，你进到我的“阿日善”里面走的话，你的苦难、疾病会被丢掉吧。你的血液有时候也会往上涌，你的血变稠了，吃点官家的药吧。

我有属狗的孙子重孙，我想喝你献的白酒。神灵你要供奉着走。你的道路不对呢，你艰难地走着，你有“阔托日”，但是你攒不住。“噶吉日·额金”你要好好供奉，你要给“罗松”好好敬洒水，那样，你的道路会好吧。腊月初七，你有大坎儿，你要求一求“敖包·敖拉”、“霍卓日·巴日肯”，那样，你的道路就会正确吧。

---

① 阿日善·奥苏（/arʃan ɔs/），意为圣水。

我有属虎的孙子重孙，你总是给“罗松·敖包”敬酒，你说，给我修修我的“阔托日·博音”，你要说，给我修修我的道路。你要好好求着你的“罗松”，明年五月初五，你要供黑色猪头，那样，你的道路会好吧。今年八月十五，你要放九层高的点心，放九种水果，在顶上放九个四方形冰糖，那么你的道路会变好吧。“神灵”你要好好供奉，那样对你的子孙后代好。然后，再要一个孩子吧，沃热哈拉我的孩子们太少了，你们要多多接续子嗣。

我有属羊的孙子重孙，我想喝你献的白色牛奶。(男子跪献牛奶。)一代接续一代我艰难地走来。原来你们一直供奉着“敖雷·巴日肯”，你管着民族莫昆的事情，然而还是没有看着道路行走，“敖包·敖拉”一次也没有供奉，所以，你进到酒里行走呢。今天，你的孩子们都弱，“敖包·敖拉”你要供奉着行走，立起“巴日肯”，“西额·敖雷”、“乌其肯·敖雷”你们要好好供奉，你们的“霍卓日·娘娘”① 有“乌西”，“乌西·娘娘”你们都没有立。所以，上代有会看的人来着。这辈子你都没有让孩子们学习本领，天生的本事就一半，因此，你们应该让他们学习文化，掌握本领，你们要好好求一求“乌西·娘娘”，那么，你们的下一代会出来头脑明白的孩子，会成为“敖拉山水”的主人吧。你不要喝酒了，要注意身体，八月二十七，不要从家里院门出来走动，不要去西南方向，那样，你会有大坎儿，绊倒的时候会得脑病。酒的事情要注意点。到你的“霍卓日·雅德恩”那里请她做“泰日米特”，把“泰日米特”拿回去喝，那样会好吧。

第六，沃菊芬神灵找敖拉哈拉拉里浅告知事项。

敖拉哈拉拉里浅属羊的孙子重孙，我想喝你献的白酒。(女子上前献酒。)好几天了，你们专程来这里等候，你的“神灵们”也来了，站在这里呢，我告诉它们了，进来坐吧，“怀玛日·巴日肯”来的时候你们一起好好说说话。你们委屈的心情我想给你们告诉。为什么这

① 霍卓日·娘娘（/xʊʤʊr njaŋnjaŋ/），莫昆家族的娘娘神。

样代代都得病呢？都得同样一个这么不好的病？原来某一代，也是这样的毛病。上代有一个出过“巴格其”的人，老和别人竞争，他的话语太过强硬，所以，和人比赛。现在要“出来”（指“出马”）的人被压着呢，（这是）“怀玛日·巴日肯”告诉的。你们好好做“多姆勒”了吗？“怀玛日·巴日肯”下来的话，你们要好好问问。你们的“巴日肯”有点生气呢，你们要出“巴格其”的人没有出，从“博迪额”出的人也没有出，（身体）有点毛病呢。即便如此，喝点药的话能好，你们不要太过担心。不要往屋里拿刀具什么的进来，他的头疼的病也没有大碍，要没事了。因此，要不断求着你们的“巴格其·爷爷”，向着“伊思尔·哈德”方向好好敬洒酒，莫力达瓦“莫凯日”①的“敖包·额金”，也要好好敬洒酒。那样，他的疾病，需要从多个“霍卓日”、“雅德恩”那里，从7个“雅德恩”那里求7个“泰日米特”，求7杯水喝，那么，他的病会好得更快吧。

我找敖拉哈拉拉里浅属鸡的孙子重孙，我想喝你献的白色牛奶。（被叫者跪献牛奶，然后磕三个头。）你的道路不太对，你的“阔托日·博音”攒不住呢。你在挖池塘养鱼，早上第一次打出来的鱼给“罗松”供，初七、十七、二十七都要供，在坝场那里供奉奶制品，放7只鸡蛋，敬洒牛奶。那个地方不要让人进去弄脏。那样，你的道路会正确吧。各种鱼你都打捞，你放了万千个鱼种，所以，初七、十七、二十七，你要往纳文江里拿去放生，那样，你的道路会更好吧。有属狗的、属龙的人，老是说你的是非，拿话语议论你、蹂躏你，你要敬洒点压住口舌的酒，那样，你的道路会好吧，你的口舌是非会躲开吧。一个高个子、黑脸、属虎的人，和你要好交往，这个人你要帮他，你给他修路的话，帮他一点半点的，他的“霍卓日·巴日肯”会帮助你。你开白色车子呢，九月十九不要去西北方向，十一月你不要去东北方向，你要熏熏你的车子，那么你的道路会好吧。你要好好求

① 莫凯日（/mʊ:kari/），山岗名称，位于莫力达瓦达斡尔族自治旗境内。

着你的“霍卓日·巴日肯”。

第七，沃菊芬萨满神灵找郭博勒哈拉满那浅告知事项。

郭博勒哈拉满那浅属狗的孙子重孙，我要喝你献的白色牛奶。（被叫者跪献牛奶，跪听。）我不断地因你而高兴。你说我的孙子重孙（只有）一个人（所以）一直帮助他，我高兴呢。你们肩并肩行走，我高兴。我不因你们的供奉而高兴，也不因你的万千财富而高兴，你真心对待、真心帮助我的孙子，我高兴。我会代代帮助你的子孙，你的道路我会一直帮助。你要约束一些你的言语，不要说强硬话语，有人在密切关注你的言辞，属羊、属鼠、属鸡的几个人，力量够不着，抓不住把柄呢，他们想告你，想把你从你的道路上、从你的座位上拉下来。你们要不停地敬洒去除口舌的酒，明天你来从我神服的皮绳下钻过去，你要进到我的“阿日善”里，那样，口舌是非会躲开吧。带你们的子孙来洗吧，那样，坎儿会躲开吧，你们的“莫日登·太提”，你们的“呼兰·巴日肯”，你们的“欧克·阿卡查”[①]，你们的“嘎胡查·爷爷”给你们遮挡呢。但是，不听话的属龙的、属虎的、属蛇的会遭遇（别人带来的侵害）。你们要让他们进到“阿日善”里洗洗。你要注意身体，你经常头疼，你的腰疼，你后背穿透一样疼痛，偶尔你抬不动胯骨，你的胃又有热了不是吗，你得接着吃药，那么，你的病会好的。我会不断帮助你们。你真心相待我的孙子，他没有学别的本事，你们帮他往上提携就行了。我们不因你们的钱财而高兴，无论如何你要给他讲道理、教方法，为他指明道路，我们就高兴。

满那浅属牛的孙子重孙，我要喝你献的白酒。你们从远处来的。属鼠的孙子重孙，你抓着一把年纪来的，在我的孙子重孙中，你的年龄最长。（被叫老者跪献白酒。跪听，老夫人一同跪听。）看到你，我很高兴。你的疾病我会想方设法帮助祛除，任何时候，你求“博荣·敖包”，“雅德恩·敖包”，你们的子孙我都会帮助，你带着这么

---

① 欧克·阿卡查（/əukə akaʧa/），神灵名称。

重的诚心诚意来了，我高兴啊。我不因你的钱财而高兴，也不因你的哈达而高兴，你抓着这个年龄来的，我高兴。你的年龄上的疾病我给你好好丢掉，祛除，我让你从苦难里走出来，我给你修路，我将把你的大坎化小，小坎化无，让你们腐朽的树木开花，子孙延续，后继有人，你们的道路对！对！对！你们的子孙满堂，不断汇聚“阔托日·博音”。（老人说，我会给你们的“巴日肯”磕头。沃菊芬萨满神灵对他说，我感谢你们！）

第八，沃菊芬萨满神灵找鄂温克族杜拉苏拉人氏说话。

首先遗憾地提起并未前来参加仪式的师妹：

杜拉苏拉，属猴的孙子重孙，属鸡的孙子重孙，你虽然没来，我没有生气，你自己把你自己的道路堵死呢。今天，“竖立托若树”，我说你要来，我一早念叨你了，抓着哈达我向你的“霍卓日”邀请了。今天你没来，我不挑理，各人都有各自的事情，过日子谁都有事情。不过，这样的事情，你这辈子怎么还能赶上呢！你来到我的这个地方“出来的”（指“出马”），你踩着我的纳文江、诺敏河出来的，今天，你自己把自己的道路封上呢。诺敏河、纳文江把你（托举）“出来的”，想让你的道路开拓好，（那时候）他们都来了，“神灵亲眷们”都高兴地来了。不过，我还是会帮助你。你有疾病坎儿。你不给我的“托若·巴日肯”磕头我不怪你，不挑理，你要给我的“敖包·敖拉”好好敬洒。那样，你的坎儿会躲开吧。

然后，沃菊芬萨满神灵找另外一个鄂温克族杜拉苏拉人氏，说：“杜拉苏拉出（马）‘巴日西’的，属鸡的孙子重孙，我要喝你献的白色牛奶。”经铁林提点，被叫者上前敬献牛奶，跪拜磕头。沃菊芬神灵又是一番感谢、高兴与嘱咐。

第九，沃菊芬萨满神灵找莫日登哈拉人氏告知事项。

沃菊芬神灵找莫日登哈拉氏告知，被叫者跪听：

你们的先祖不是没有买卖人家吗？初三、十三、二十三你们要不断地敬洒牛奶、敬洒酒，太阳出来前，天还没亮的时候敬洒，那样，你们的道路会越来越好吧，你们的买卖会汇聚财富吧。

我有属猴的孙子重孙，我要喝你献的白色牛奶。（被叫者跪听，敬献牛奶。）你也没怎么走你的路，你老是说我都不明白真的假的，你说我知道什么呀。你“抓”着“梅森 · 太提”① 走呢，你“抓”着“尼日耶 · 莫日登 · 额头乌”走呢，你领着“敖包 · 敖拉”走呢，你领着“西额 · 巴日肯”走呢。你走的是“巴格其”、“巴日西”的路，为什么你老是把我的路堵上说话？你是按照道理和规矩出来的，你把你的道路弄清楚了走不好吗？“尼日耶”（指莫力达瓦达斡尔族自治旗尼尔基镇）这个地方，只知道迈三五步的人行走（这条路）的人不是大有人在吗。那么，你要好好地明白地走。你的道路不是拉着“阿龙贡克”出来的②吗，因此，你要好好告诉我的孙子重孙们。九月二十一你要好好给“敖包 · 敖拉”敬洒牛奶、敬洒酒。你有病坎儿，属羊的、属鸡的、属猴的人老是在嘴里非议你，这种情况你要好好求求你的“梅森 · 太提”，你不要说硬话。给你的女儿买药吃，你要不断求“乌西 · 娘娘”、“腾格日 · 娘娘”、“奥米 · 娘娘”、她不是老流产吗，九月以前不要让她怀孕，兔年不怀孕更好，给她吃点药，吃点“多姆”，把白色艾蒿草“泰日米特”以后煮开水，给她放在小腹热敷。那样，寒气会驱除吧，然后，你们买药吃。

我有属鸡的孙子重孙，我要喝你献的白色牛奶。（被叫者跪拜磕头、敬献牛奶。）你要注意口舌，一定不要说硬话，使劲求“莫日登 · 太提”，你是“抓”着你的道路出来的，要多做“泰日米特 · 艾日耶”③ 不断地敬洒，连续 7 天早上，你要敬洒 7 勺子水。你为什么老是被自己的口舌所累呢，求求你的“莫日登 · 太提”，找找你的“雅德恩 · 爷爷”，不停地好好敬洒，找你的“尼日耶 · 罗松 · 爷爷”④，

---

① 梅森 · 太提（/məjsən tajti/），金肯（金奇里）哈拉的祖先神。

② 拉着“阿龙贡克”出来的，指举行了正式领神仪式。

③ 泰日米特 · 艾日耶（/tærmit ær'i/），泰日米特酒。

④ 尼日耶 · 罗松 · 爷爷（/nirgi lʊsʊŋ jeje/），尼日耶龙神爷爷，即尼日耶龙神。

找你的“罗松·敖包·额金”。我们沃热哈拉的“霍卓日·雅德恩”不也不停地给你敬洒吗。为什么你老是进到口舌（是非）之中呢？你要修路，你要不断地好好地祈求你的“霍卓日·巴日肯”。你的“翁果日·库钦”要下来，你就让他们下来，那样你的道路好了，（中伤你的）黑箭不是进入不了吗。官家的事情你不要参与意见，那种话你要少说，别人爱说什么说什么，他们的口舌会回到他们自己身上吧，你要做让他们的绿舌头翻过去、露出红舌头的红箭往北射。你的身体老是有些毛病，你的凉风不是太多吗，一阵一阵你的心脏也颤动，然后流汗，那个情况你要吃点药。然后，用白色艾蒿草煮水洗身体，那样，你的身体会好些吧，痒痒的毛病会减轻吧，在大锅里煮水蒸，那样，你的病痛会减轻。你的头老是疼痛，买点官家的药吃吧。你不要凡事都生气，你比“莫日登·太提”的火气都要大，你的本领和能耐增加了吗？想把你的怒气（消除），你要让“莫日登·太提”下来说话，那样，你老是被燃烧着的怒火会消失的。别人的话你不要老是生气，别人不管自己的“霍卓日”，不听话，你的心里老是裹成一团似的。即便如此，你也要多多注意身体啊！别人供奉不供奉，听话不听话，你别太管，那样你会自陷于苦难。你实在要想管，干脆请下“莫日登·太提”直接告诉（他们）。我会不断给你修路，你的口舌（是非）我让诺敏河水领着走吧，你要好好进到“阿日善”里洗洗。

我有属虎的孙子重孙。你马上就要做爸爸了，进产房的时候，你要系上红色腰带，7天后出去走的时候你要迈过7堆火，红腰带你要系7天，然后，满月的时候你要迈过三堆火，那样，你的“霍卓日·巴日肯”能跟着你，帮助你。你要给我的“博荣·敖包”敬洒牛奶、敬洒酒，你的道路会更加正确吧。你要是被弄脏了，我管不了你。你要迎接你的孩子，你的众多兄弟过来与你喝酒，你要好好注意，不要驾驶黑色车辆去西南方向送人，你要出车辆事故呢，你要注意身体，好好熏熏再走，那样你的道路会更好吧。

第十，沃菊芬神灵找苏都日哈拉人氏告知事项。

苏都日哈拉属狗的、属鼠的、属羊的孙子重孙，我要喝你们献的白色牛奶。（一帮人上前来跪拜磕头。）你们真心从远处来给我的“托若·巴日肯”磕头，我高兴呢。你们各自都有一些毛病呢，你们的心意至诚，七月二十一日让你们都进“阿日善”里洗一洗，用“阿斯朗”打一打，把你们的大坎打掉，小坎化无，苦难给你们挪开，到时候我给你们修路，给你们做“阔托日·博音·霍日耶乌·霍日耶”①，疾病给你们挪开。属虎的孙子重孙我给告诉一下吧，你要少喝点酒，约束一下你的口舌，硬话不要多说，你要好好求着自己的“霍卓日·巴日肯”，你有坎儿，今年，你要少下水，不要钓鱼，那样，你的坎儿会躲开吧。你要好好求着你的“欻日额勒·霍卓日”②，那么，你的道路会正确吧。我会不断给你们托梦，我向你们的“霍卓日·巴日肯”给你们求托梦，那样，你们要好好看着自己的本领学识行走。我要给孙子重孙们用白色牛奶“泰日米特”。（助手给沃菊芬喝了一大口牛奶，沃菊芬把牛奶喷撒到人们脸上。）我无论如何都要给你们修路。你们真心真意达到了，你们的“霍卓日·巴日肯”会不断帮助你们。遇到难处的时候，你们要不断地求你们的“霍卓日·巴日肯”，郭博勒哈拉的“霍卓日”也会不断地帮助你们，我们的“敖包·敖拉”你们要敬酒牛奶，我们会不断地帮助你们。

第十一，沃菊芬神灵找登特科浅人氏告知事项。

我要找登特科浅属虎的孙子重孙，我要喝你献的白酒。（被叫者跪拜磕头。）虽然没有从真正的道路出来，你的手指的本领好吗？你的道路对吗？（铁林说，不会呢。）你都不会召唤你的“翁果日”，你的“翁果日”你没有都请进来，你要把你的“翁果日”请下来，走哪条路，能告诉的话，会给你修好你的道路，张开你的嘴说上三五句话你都不会吗？

① 阔托日·博音·霍日耶乌·霍日耶（/kʊtʊr bʊjin xʊræu: xʊræ/），积攒财富的圈舍、笼子。

② 欻日额勒·霍卓日（/ʧʊar’əl xʊʤʊr/），苏都日哈拉的祖先神。

现在也有(已经)出来的我的登特科的孙女。(铁林说，磕头呢。)我要喝你献的白酒。(被叫者跪献白酒。)虽然你要了小的(道路)，给我的民族好好告诉吧，不是你的莫昆的人吗，她不是什么也不懂吗，你好好给她告诉吧，她的“翁果日”下来的话，你给好好问问。让她张开金口好好说话，你们给明白地记下来。那么，你们的神灵不就能施行其意志了吗。这次你指前面被叫属虎的敖氏要是“出不来”，指不能“出马”的话，你的道路要堵上了，如果你做(领神仪式)的话，你只能得到“巴日西”的道路吧。

第十二，沃菊芬萨满神灵回答其他提问者。

沃菊芬接着问众人：你们有要问的人吗？

铁林代拉力浅属猪的孩子问事。一个女子跪过去。沃菊芬神灵说，“你问什么？”沃菊芬的家人和女子的父亲坐在沃菊芬身旁，说：“她想要小孩。”沃菊芬神灵说：“你吃点官家的药。……然后，热敷小腹，那么，你的小腹的寒气会祛除吧。你要好好求着你的“奥米·娘娘”，那样，就会得到(孩子)的吧。”

一个女人问事。铁林代问，塔温浅[①]的人问疾病。沃菊芬神灵说，

你的血液总是往上涌动(使你)浮肿，一阵阵你的眼睛视线模糊，你的身体有现在叫作糖尿病的疾病，你还血稠，一阵阵你会腿疼，心悸，头脑变慢，你吃点官家的药吧。你要好好给你的“敖包·敖拉”敬洒牛奶、敬洒酒，好好给“拐勒·额金”[②]敬洒牛奶、敬洒酒。……八月十九你有坎儿，不要去人多的地方，不要去交换口舌(指搬弄是非)，那么，你的头疼的毛病会更坏的。你要注意你的坎儿，你要呼唤着你的“霍卓日·巴日肯”，你不是沃热哈拉的外甥女吗，你到时候去沃热哈拉的“雅德恩”那里喝她的“泰日米特·奥苏”[③]，那样，你的坎儿会躲开吧。

① 塔温浅(/ta:untʃen/)，郭博勒哈拉塔温浅莫昆。

② 拐勒·额金(/gʊajil ədʒin/)，直译“拐勒之主”，指拐勒·哈德·额金，即拐勒山崖山神。

③ 泰日米特·奥苏(/tærmit ɔs/)，泰日米特水。

助手代问阔通浅金哈拉属猪的孩子要出“雅德恩”的事情，说：“您给看看，给他告诉一下。”沃菊芬神灵说：

我要喝你献的白酒。（男子跪献白酒。她的母亲跟着一起跪拜磕头。）你是什么哈拉什么莫昆？（求问者回答，李哈拉，齐齐日莫昆。）属什么？（回答，属猪。）原来你们是有“雅德恩”、“萨满”，也走过“巴格其”的路，你们有走“巴日西”路的“雅德恩”，你们有“巴日西·巴日肯”①，是“奶妮·巴日肯”②吗？（求问者回答，是。）你们有“西额·巴日肯”吗？（助手说，他们不懂，自己不知道呢，您给告诉吧。）你们有12个神灵座次的“西额·巴日肯”，你们有“奶妮·巴日肯”，你们的“奶妮·巴日肯”有“哈日·其昂·霍别楞”，能走“巴日西”的路，你们是有“萨玛仕克”的“雅德恩”人家。（祖先神）从属猪的孙子13岁起就“抓”他了。原来，你13岁的时候吓着过，然后，你们的“霍卓日·雅德恩”就跟着你们了，你是有白色骨头的孩子，说你血液清晰（祖先神）跟着你，原来你都能占会看，“巴日西”在你的左耳不断地告诉来着。你们有“金立爷爷”③来着，还有坐在了“爱里”（莫昆）的“金立爷爷”神来着，跟着（你们的）“雅德恩·爷爷”行走的。（后来，）你的身体被弄脏了，你的身体老是不适，你的手脚疼，心口憋闷，好像被堵塞了一样，你有想要哭的心情，因为你们的“雅德恩·爷爷”没有坐下来。“雅德恩”道路你们好好供奉着走，你的道路会好吧。让你的身体好好进到“阔托日”里面走，那么，你的“阿勒腾·索罗”会变好。你是中指有“多姆”的人。你的道路被弄脏得特别厉害，所以，你老是这样生病，被疾病压着，一阵阵你从心底觉得委屈，你的血稠，偶尔你的血往上拉拽（指血压上升），那个情况，你要吃点药，让官家的医生看看，还要好好求着你的“祖先神”。今天，你专程来到我“竖立托若树”的地方，

① 巴日西·巴日肯（/barʃ barkən/），巴日西神。

② 奶妮·巴日肯（/najni barkən/），神灵名称，郭博勒哈拉莫热莫昆的祖先神。

③ 金立爷爷（/ʤinli jeje/），神灵名称。

我把你的苦难都给你丢掉，把你的神灵与你的身体重合在一起让你回去，你要进到我的“阿日善”里洗洗，让你的神灵都进到我的“阿日善”里走走。我把你的大坎化无，小坎化无，把你的神灵都给你好好扶立起来。

助手代问满那浅属龙女子的事情。女子跪拜。沃菊芬萨满神灵说道：

你不是在给人看病吗？（助手代答：自己啥也不知道呢。）你满嘴乱说别人，你会因钱财而倒，你知道一半，不知道一半，你的神灵都没有好好坐下来，你说话太满，你的道路不对呢，你没有请你的神灵坐好，让它们都坐好了，你的道路会正确一些吧。等其他神灵亲眷下来，“嘎胡查·爷爷”下来，你们再问吧。你谁也不信，你不知自己的能力，不懂分寸，谁你都想给“出马”。你是真心来的吗？（助手代答：真心来的。）你是真想看吗？你想着这些人都在干什么，来看看而已，你以为只有自己最能，但道路你都不知道，“敖包·敖拉”你都不知道。（助手：不知道的你让她明白吧。）你自己的名字和哈拉都不知道呢！（助手：她不知道的你让她知道吧。）时日变短的时候，“敖雷·巴日肯”要下来呢。到了我要散去的时候了。

紧接着沃菊芬快速击鼓，她的“翁果日”离开了。

23. 领祭萨满斯琴掛神灵附体

沃菊芬“翁果日”“霍卓日·太提”刚刚离开，“敖雷·巴日肯”还没有下来，斯琴掛站起来快速击鼓，转圈，向上跳跃，进入神灵附体状态。

首先，斯琴掛萨满神灵找沃热哈拉属猪、属鸡、属狗的子孙们。

我找你们大家伙。（被叫到的沃氏族人们跪听。斯琴掛萨满神灵进行详细的自我介绍。）我趁着早上初升的太阳早都到来了，在这里那里转着，坐在你们的白色绵羊上，转着金色山峦，“安门·敖包·额金”我来了。我喝了冰冷的泉水行走，草地河滩我有座儿，我转着金山银山，占据着“博荣·敖包·敖拉”行走。时间流逝，岁月流转，按照“额金 · 古润”[①]的“约斯”[②]，“腾格日 · 库钦”[③]到来了。我的身体占据了“敖包 · 敖拉”，我占据了“博荣 · 敖包”。属猪的、属羊的孩子们，我特别的高兴呢，一代接续一代，我帮助沃热哈拉行走的。因为“额金 · 古润”，我曾被压着行走，曾被土埋着行走，被子孙们丢弃来着。鄂嫩哈拉“霍卓日 · 巴日肯”，“霍卓日 · 雅德恩”，还有李肯哈拉的好，你们把我的“敖包 · 敖拉”叫醒了，给我找到了（我的）座位，你们让万千人认识我了，让我名声远播。我占据“博荣 · 敖包”坐下来的时候，我被哈拉—莫昆认识的时候，我被自己的孩子们供奉的时候，我由衷地高兴。我会一直帮助沃热哈拉行走，帮助自己民族的人们，我会一样帮助民族莫昆的孩子们。正午的太阳垂直照耀的时候，我要跟我的孩子们高兴地说上几句心里话。我在告诉你们，让你们认识。沃热哈拉属羊的“霍卓日 · 雅德恩”，属猪的、属鸡的、属龙的、属狗的孩子们，我会一直照看、帮助。博荣山的东方的早上，占据泉水的我的身体，民族莫昆的孩子们一直要供奉着这个“巴日肯”，就能够持续汇聚福源和财富。让泉水翻腾着到来的时候，出“雅德恩”道路的时候，呼唤“翁果日”的时候，请进来“翁果日”的时候，“敖包 · 翁果日”召唤的话，道路中断的“翁果日”不会进入，民族的“敖包”你们要一直供奉，我能不断帮助孩子们。迈过万家门槛，转遍千家房屋，占据古老博荣山脉的我的身体，我的身体变老了也好，我的腿脚口舌不太清楚也罢，我的学识和本领还在。父与子相互认识着行走，我高兴。众多“翁果日”高兴地坐着，到来的“翁果日”都高兴呢。我在约束着，高兴着。太阳西下的时候，午后的时候，“翁果日”下来的时候，你们再问吧。我在告诉，我要散去了，我要给你们洒牛奶，祝愿你们的道路像牛奶一样洁白。

说完，斯琴掛站起身快速击鼓，转圈，她的“翁果日”离开了。

---

① 额金 · 古润（/ədʒin gurun/），指国家。

② 约斯（/jɔs/），规矩。

③ 腾格日 · 库钦（/təŋgər kuʧin/），直译“天神的亲眷们”，指神灵的神圣来源。

（五）2011年7月20日下午的仪程

第二天下午，为“敖包神”献牲白色绵羊；为“托若·巴日肯”磕头；追随主祭萨满和领祭萨满的其他家族“祖先神”降临，“山神”降临，“蛇神”降临，“门神”降临，为族众宣示神谕，提出警示、忠告和注意事项，并为莫昆家族和族众祈福；为领祭萨满的其他徒弟、为陪祭萨满提供请神降临的场所和平台。

24. 继续举行“达日卡贝”仪式，给“托若·巴日肯”献礼、磕头

将近下午4点，人们继续给“托若·巴日肯”献礼、磕头。斯琴掛、沃菊芬仍然坐在“室内托若树”西侧的三层褥子上，巴达玛、丁氏坐在东侧单层褥子上，敖智伟、敖玉英、孟孝瑞、孟玉金等弟子们盘腿坐在她们身后的单层褥子上。

25. 主祭萨满沃菊芬神灵附体

大约三两个人磕头后，沃菊芬就起身跑出主祭蒙古包，她的长子跟着跑出去，助手们扶她朝南坐在主祭蒙古包门口西侧的凳子上，把她的小指沾了沾牛奶，整理好她的神服，用萨满头饰替换下她的神帽。沃菊芬神灵附体。斯琴掛、巴达玛、丁氏等人随后走出蒙古包，击鼓助威，助手们都跟在后面。沃菊芬坐定，助手把她的神鼓和鼓槌交到她的手上，沃菊芬击几下鼓，开始唱：

> 亚给亚给亚给呀，亚给亚给亚给呀，亚给呀，亚给呀，亚给亚给亚给呀。（然后击鼓说道：）一代接一代接续而来的我，我在“拐勒·哈德”有座位，我在“伊斯尔·哈德”有地方。今天，沃热哈拉“竖立托若树”的时候，我高兴地来了，想和孙子重孙们聚在一起说上三五句话。

第一，沃菊芬神灵找沃热哈拉子孙表达心情，并提出警示。

沃菊芬神灵击鼓说道：

> 我想喝属猪的孙子重孙敬献的白酒。（被叫者跪献白酒。）从远处来的“雅德恩”、“萨满”、“巴日西”、“巴日耶浅”、“斡托西”，我都感谢呢！不是我的民族的人们也来了，这么炎热的天里来了，坐着一

个一个听我们说。我感谢你们！我要给你们修路。

我想对属猪的孙子重孙说三五句话。你让我高兴啊！我不因你的白色绵羊而高兴，你知道我，让我每年都下来说三五句话，我高兴。你要“竖立托若树”，我早就知道了。我的“翁果日·库钦”我都领着来了。今天，我会继续帮你修路。你的孙子重孙我会不断帮助。在郭博勒哈拉塔温浅的人们不知道的情况下，你把我扶立起来了，我高兴地感谢你！我要给你们我的“敖包·敖拉”的草药，你们谁去取，都能治你们的病，你们去敬洒牛奶、敬洒酒的话，我都能把草变成草药给你们。我的（塔温浅的）孩子们什么也不知道，把我的“敖包·敖拉”弄脏的弄脏，什么都干，拿到我的边上杀牛、杀猪，拿羊去杀，拿狗去杀，因此，我的“敖包·敖拉”有点脏了，我的子孙们都被弄脏了。把我的子孙们的生命收拢着拿回来，第一次出尸骨的地方你们去放飞鸡，那样，孩子们再路过（那里）的时候，不会出那样的事情（指车祸一类的横祸）了吧。我的孩子们什么也不知道，你们和不知道的人不要斗气，我会一直帮助你们，你们帮着给我的子孙们告诉一下。他们知道什么呀？老是带着只知道两三步的人去做（仪式），所以，弄脏了再弄脏，脏上添脏，撒牛奶、撒酒、撒血，什么都干，把我的“罗松·敖包”的地方都给搬走了，我的那个地方你们也偶尔敬洒牛奶，那样，你的道路会更好吧。鄂嫩哈拉、李肯哈拉属猪的孙子、“霍卓日·雅德恩”，李肯哈拉属兔的孙子重孙，都让我高兴啊！你们把我的“敖包·敖拉”都给扶立起来了。你们把我们的“福气”拿回去吧，你们的道路我任何时候都会给予帮助。你在帮助达斡尔民族，你要给我的子孙们撒牛奶、撒酒，九月份出事之前，你们要给撒牛奶、撒酒，那样，我的孙子重孙们摔倒绊倒的情况会减少吧。

第二，沃菊芬萨满神灵找塔温浅人氏告知事项。

好日子里，我下来了，“塔温浅”我的孙子重孙在吗？（助手代为回答，在。女子磕头。助手说，塔温浅你的孙女磕头呢。）我想要喝你的白色牛奶。原来啊，我代代跟着“塔温浅”走的，我看着自己的子孙们走的，谁也没有回头看看的时候，我进到他们的街里走来着，我一直在帮助他们。我自己的孩子们没有认出我的时候，鄂嫩哈拉、沃热哈拉的“霍卓日”认出我扶我起来的。敖拉哈拉奎力浅[①]的孩子也认出我扶我起来的。他把自己的“巴日肯”烧了以后寿命不是变短了吗？所以，你们那里说能人有的是，不是吗？你们要照看着点你们的“敖包·敖拉”行走吧，“竖立托若树”的时候你们要好好敬撒牛奶、敬撒酒，那么，你们的坎儿会减少吧。

第三，沃菊芬萨满神灵找莫日登哈拉人民告知事项。

我要找莫日登哈拉寿儒托日苏属狗的孙子重孙，想喝他的白色牛奶。(没人上前来，助手一时不知在找谁。）他想问“尼日耶·敖包”来着。因此，我想给他告诉。你的坎儿出来呢，你要注意口舌，你不要聚一堆孩子们让他们待着，你要闯大祸吗？他的兄弟姐妹在的话，他的“姑太提”[②]给告诉吧。你告诉他，去给“拐勒·哈德”、“尼日耶·敖包”[③]好好磕头，那样，他的道路会正确吧，要敬洒牛奶、敬洒酒。

第四，沃菊芬萨满神灵再次找塔温浅人民说嘱咐。

塔温浅我有属猴的孙子重孙。(助手们说，给告诉吧。）你立了“巴日西·巴日肯”走呢。“敖包·敖拉”你为什么不占据而坐呢？你的道路不对呢，你有大坎儿，出来命坎儿呢。你要注意身体。“敖包·敖拉”你要不断地敬洒，你的“巴日西·巴日肯”有气呢。

我有属蛇的孙子重孙。(还是没人上前来。）你把自己的身体弄脏了。“拐勒·哈德·额金”不是一直跟着你吗？给它好好敬洒着走。否则，你要生大病呢。

我有属羊的孙子重孙。你的道路不对呢，你一直在迎接着疾病呢。你有口舌之祸。你老是讲究这个议论那个的，你的道路不对呢，

---

① 敖拉哈拉奎力浅（/aʊla xal kuiliʧen/），敖拉哈拉奎力浅莫昆。

② 姑太提（/gu: tajti/），或姑乌·太提（/gu’u tajti/），直译“姑奶奶”，指莫昆女性萨满先祖神灵。

③ 尼日耶·敖包（/nir’i ɔbɔ:/），即莫日登哈拉尼日耶敖包。

所以，坎儿要出来呢。

第五，沃菊芬萨满神灵回答求问者，提出忠告。

那么，我的孙子重孙们在吗？（助手说，不在，有事您给告诉得了。）你们有要问的事情吗？（一个女子跪过来问事。助手代问，有一个拉里浅属马的人问她的疾病。）你是西额·拉里浅[①]还是乌其肯·拉里浅[②]？（有人代答，端讷·拉里浅[③]）。你属啥？（求问者回答，属马。）你老是头疼，你的心脏也不太好，你的胃也不太好，你去我的“拐勒·哈德”取一些我的草药拿回去煮水喝着试试，那样，你的疾病会好吧。你的小腹寒气非常大。

你们没有要问的话，到了我要散去的时候了。（有人上前跪拜，问事。助手代问，她的弟弟要成为“雅德恩”闹呢。）你问什么？（助手代答，她要问身体情况。）你要问你自己的身体吗？（回答，是。）你的两个膝盖不好。你的右膝都变小呢，你的左膝也变小呢。右边的更重一些，你用羊膝盖敷敷试试。你的心脏也不太好，老是浮肿。你的血液也有点毛病，你的小腹老是冰凉，你的手脚都浮肿，你的这个情况要抓紧吃官家的药。你的“巴日肯”也帮过你啊，你可能以为好些了就没有吃药吧？你要赶紧吃些药，你要做点“多姆勒”。那么，你的情况会好些吧？你有跟着姑娘走的娘家神，你立了这位神吗？你要好好供奉它。你的属猪的孩子，13 岁的时候严重吓到过。（被提到的年轻男子赶紧上前跪拜。）然后，从那以后，有点知道、能耐了，他的血液稀，他的骨头白，所以，“神灵”喜欢要他。现在，你知道吗？你有特殊的能力，你有“阿勒腾·索罗”。今天，你好好进“阿日善”洗一洗试试，好好被“阿斯朗”打一下试试，那么，你的“阿勒腾·索罗”会好吧。

你们要是没有要问的了，“嘎胡查·爷爷”要下来呢。

---

① 西额·拉里浅（/ʃi'ə la:litʃen/），敖拉哈拉拉里浅的分支。

② 乌其肯·拉里浅（/utʃikən la:litʃen/），敖拉哈拉拉里浅的分支。

③ 端讷·拉里浅（/dʊan la:litʃen/），敖拉哈拉拉里浅的分支。

26.领祭萨满斯琴掛神灵附体

“室外托若树”前的地毯上，斯琴掛在丈夫的扶持下已经开始一边击鼓一边曼舞转圈了。斯琴掛神灵附体，“嘎胡查·爷爷”到来了，唱“阿古拉”歌曲，助手跟唱。

第一，斯琴掛神灵找沃热哈拉属猪的孩子，要喝他献的酒壶里的酒。

(被叫者献白酒。)这么大的事情，我到来了，下来了。虽然不是郭博勒哈拉，但是，坐在鄂嫩哈拉的“霍卓日·雅德恩”的铜铃上来的，来到了莫力达瓦的地方，和子孙们团聚的时候，沃热哈拉的孩子们，我高兴啊！我的这个身体来了，我高兴地约束着自己，告诉你们事情，给你们修路，给你们汇聚财富，把你们的病灾挪走，像我自己的孩子一样看待。沃热哈拉属猪的、属羊的、属马的、属鸡的、属龙的，我高兴地来了，我因为高兴再一次叫到你们。

第二，斯琴掛萨满神灵找郭博勒哈拉人氏告知事项。

郭博勒哈拉属狗的小子，我要喝你献的白酒，说上两句话。(被叫者献酒。助手说：“嗻，把酒呢。”)被阳光照耀着，我轻柔地下来的，看着孩子们坐着，告诉你们几句话吧。今日我与你们相见了，你们一直在供奉我，好日子里我下来了，我想告诉你们这个那个，让你们明白。你在这个兔年要注意，八月十一，不要与属猴、属蛇的人一起乘车去东北方向，黑色的东西不要往屋里拿。秋天十一月初四的晚上，因为公事因为属牛的人的口舌是非所牵绊，你会为此拉扯心脏一样生气，你要试试修路，你要说说属牛的小子，让他注意口舌。你要注意属猪、属鸡、属狗的人。莫力达瓦只有一个满尼莫昆吗？虽然，你的这个身体被别人的言语玷污着，想要压你的道路他们也做不到。你要注意自己的话语。你的身体疾病要吃点官家的药。我在告诉你。

第三，斯琴掛萨满神灵“嘎胡查·爷爷”再次讲述自己曾经的经历。

我的这个身体，我有某某道路来着，我有某某座位来着。我喝了冰冷的泉水，来到“哈赫尔”① 地方，跟着满族皇帝的将军，到达海拉尔地方，在外面有房子，得到“嘎胡查”② 名字的我的身体，我骑了火红色的马，我，“嘎胡查·雅德恩”让海拉尔河水封冻，在三天时间里，让畜群渡过河水。偷了官家书籍的鬼怪们，我把它们抓住并杀死，我的“扎瓦”被它们的血水喷溅，我被弄脏了，失掉了生命，我在海拉尔地方南屯村子的西北方向坐在了“山登”之上。我让满那浅的声名远扬，我帮助过万千人们，“嘎胡查”是我原来的名字。虽然，我原来放牧畜群，我得到了“嘎胡查·萨满”的名字，我有“乌兰·巴日肯”③，我领着众多“巴日肯”以“哈日·其昂·霍别楞”的形态变换着身体行走。

第四，斯琴掛萨满神灵接着告诉满那莫昆孩子们事情。

我想告诉满那莫昆属龙的孩子事情。七月十六的时候，不要驾车去东南方向，不要去有血的地方，不要去有人倒下死去的地方，不要与人争执惹口舌是非，告诉他河水结冰之时要注意。

属虎的重孙小子，告诉他几句话。沃热哈拉“霍卓日·太提”进来的时候告诉他的事情一定要按照规矩看着办。这个孩子八月有坎儿，十月要注意，我在告诉你。有人倒下死去的地方让他不要去，要躲避口舌，不要说些硬话，不要被土洞绊倒，我在不断告诉。

属蛇的小子，我要告诉几句话。草木发黄的季节，有大的坎儿，坎儿上有坎儿，我在说。让他注意口舌，有刀刃之事，我在告诉。让沃热哈拉的“霍卓日·雅德恩”给做“泰日米特”修修路，让他进到“阿日善”里洗洗，从“阿斯朗”下钻过。再告诉他属鸡的媳妇吧。喝了你的茶，告诉你几句话。（助手代献茶水。）到了秋天草木发黄的季节，

① 哈赫尔（哈赫日）（/xaːxər/），鄂温克族的一个姓氏。

② 嘎胡查（/gaxʊʧa/），即嘎胡查·雅德恩（/gaxʊʧa jad’ən/），嘎胡查·萨满（/gaxʊʧa saman/），郭博勒哈拉满那莫昆的著名大萨满。

③ 乌兰·巴日肯（/ulan barkən/，海拉尔达斡尔群体），或呼兰·巴日肯（/xulan barkən/，巴特恩达斡尔群体），郭博勒哈拉满那莫昆的祖先神。

你有病坎儿，不要去有血的地方，要注意身体。

属龙的、属牛的，要注意口舌，被口舌压着呢，莫日登哈拉“莫日登·太提”、“霍卓日·爷爷”，照看你的这个身体的时候，你要请“翁果日”下来说话。莫日登哈拉的“克库”[①]，十月有坎儿，要修修路，怒气上升头脑发晕，眼睛发花，要注意疾病，要求求祖先神，把坎儿给挪开。我在告诉你。

满那“爱里”（即满那莫昆）属牛的孩子，喝了你的茶，我要告诉你几句话。（被叫者敬献茶水。）你在帮助“祖先神”呢，你有极为虔敬的心意。祖先神们在高兴地约束着自己。你这个身体在秋季的八月初四，不要去东北方向，十一月初四，腊月二十三，半夜鸡叫的时候不要出去走，你被口舌压着，有刀刃的命坎。我在告诉你。我托梦的时候，你要注意，我在说。

属猪的孙子重孙小子，我要告诉他事情。八月十五那天不要乘车出去……如果被弄脏了身体会有大坎儿。我在说，我在告诉你。兔年要注意。沃热哈拉的“阿日善”里进去洗洗，从“阿斯朗”下面钻过去。

我的从海拉尔地方跟着来的郭博勒属猪的孩子，喝了你的茶我告诉你两句话吧。（被叫老人跪献茶水。）你要注意身体，你的心意诚挚而虔敬，我在高兴啊！祝你健康长寿！七月十一你不要出门，十一月十一，十一月十七，不要坐车去往北面。进入鼠日，要喝三七二十一天泉水制成的“泰日米特·切”。你要好好注意身体，疾病都躲开，道路变得清白。属虎的孙子，告诉他几句话。兔年有三个不太高兴的事情，是说他有三个大坎儿，让他大坎变小，小坎化无。好日子里，你们要给“安门·敖包”供奉，让鄂嫩哈拉“霍卓日·萨满”给修路，喝 7 天“泰日米特·切”，要往后接续着喝。我在告诉你。原来的老房子不能破坏，不能买卖年老的牛，以后不要说硬话，不要去有重病的人家。我在告诉你。你们要注意我丢给你们的“阿勒腾·索罗”。

---

① 克库（/kəku/），小子，男子。

鄂嫩哈拉“霍卓日·雅德恩”不断为你们祷告，为你们修路。

你的属鼠的媳妇，喝了你的茶，告诉你吧。（老夫人跪献茶水。）你们立起“巴日肯”了，你们带着“卓仁·撒纳”① 来到莫力达瓦地方，给沃热哈拉的祖先神、给“托若·巴日肯”磕头，我给你们挪开大坎、小坎化无。你们要注意属兔人的口舌，酒桌上动刀的话，属兔的媳妇八月有坎儿，要修修路。我在告诉你。告诉你们属狗的媳妇，草木发黄的时候，有点小的病坎，修修路，给“乌西·娘娘”磕头。他们属狗的儿子，九月二十二，不能去东北方向，你们要告诉他。不要吃野生动物肉，要注意口舌，不能与属虎、属猴、属兔、属羊的一起坐车出去，九月二十二，九月二十四不要出门。我在告诉你，我在说。

斯琴掛萨满神灵继续找郭博勒哈拉的子孙们告知事项。

郭博勒哈拉属龙的“雅德恩”姑娘来了吗？（中年女子上前跪拜磕头。助手说，磕头呢。）你问的事情给你解释一下吧。你自己听听吧。我的口舌有些不同，但是，我还是告诉你吧。郭博勒哈拉早先的某一代上，郭博勒哈拉有女子嫁到“欻日额勒浅”成为媳妇，回娘家的路上雷击而死，她的母亲听说后跑去看她，在女儿被雷击而死的地方也丢掉了生命，母女俩个都失去了金色的生命。7 天后，在郭博勒哈拉“祛除疾病”的仪式上，把她们母女二人供为“奶妮·太提”②，成为莫昆的“霍卓日·巴日肯”，不再供奉“呼兰·巴日肯”，改为供奉“奶妮·太提”。……40 年后，郭博勒哈拉出了“霍卓日·雅德恩”，“抓”着“奶妮·太提”的道路行走。……60 岁上了“山登”。我在告诉你。郭博勒哈拉的姑娘走了“雅德恩”的道路，40 年后接续了。从此以后，我靠近了。一个“霍卓日·雅德恩”也没有出过。跟着你也好，你并不知道多少，你一喝酒，就满嘴乱讲别人，金子银子你要很多，你让民族的人们寒心、痛心。你并没有清楚明白地得到你的道

① 卓仁·撒纳（/ʤʊrən sanaː/），诚挚心意。

② 奶妮·太提（/najni tajti/），即奶妮·巴日肯（/najni barkən/），神灵名称，郭博勒哈拉莫热莫昆的祖先神。

> 路。今年七月你有坎儿，腊月你有命坎儿。你成为阿拉克昌爱里①的媳妇，你请阿拉克昌的“霍卓日·巴日肯”进到屋里坐下来了吗？我在问你。（萨满神灵一提到阿拉克昌“爱里”，女子的丈夫赶紧上前跪在媳妇旁边。助手代问女子，你把他家的“霍卓日·巴日肯”请进来了吗？女子回答说，请进来了。）我说，你们做的不对。莫日登哈拉、郭博勒哈拉，哪一个也不是清楚明白的，你没有得到“霍卓日·巴日肯”的本领和能耐，我在告诉你。……你没有打开你的道路，你没有请“挂日奔·晃阿日”②坐下来。你有“朱儒·穆都日·朱日昆提”③吗？你有“扎仁扎日·特日乌勒提”④吗？你有“果钦·挂日博·朱仁提”⑤吗？你有“托任”吗？你把别人的疾病往自己身上拉呢，你在积攒灾难呢。你要注意你的这个身体，我在说。……我在告诉你。你要是出了口舌之祸，你要有命坎呢，要出大事情呢。你问了，我告诉你。你听明白了吗？我在问你。（铁林代问，问你呢，你听懂了吗？女子点头。）你要自己好好想一想。你并没有把原来的“霍卓日·巴日肯”扶起来，没有把“霍卓日·巴日肯”叫醒，你没有打开你的道路。我在告诉你。

第五，斯琴掛萨满神灵找沃热哈拉从远处来的子孙告知事项。

斯琴掛萨满神灵接着找沃热哈拉属羊的小子，要告诉他事情。一位绿衣男子跪拜磕头。其红衣儿子也上前跪在父亲身旁。

> 你专程从海拉尔地方来到这里，心意诚挚，你要给“噶吉日·额金”敬洒。你要把你的道路打开了行走。你要注意身体，秋天的时候，你不要骑红色的马。九月二十，你不要去西北方向，你不要去生产小孩的人家。你有一些苦难。属羊的重孙小子，告诉他几句话。结冰时

① 阿拉克昌爱里（/alakʧaŋ aili/），即莫日登哈拉阿拉克昌浅。

② 挂日奔·晃阿日（/gʊarbən xʊaŋar/），三个铜铃。

③ 朱儒·穆都日·朱日昆提（/ʤuru: mudur ʤurkunti/），有双龙向上飞升的道路。

④ 扎仁扎日·特日乌勒提（/ʤarənʤar tər’ulti/），有 66 条道路。

⑤ 果钦·挂日博·朱仁提（/gʊʧin gʊarbe ʤurənti/），有 33 条道路。

节，有一些坎儿，你要注意身体，你要给“霍卓日·巴日肯”供奉着行走。你们要把道路打开了行走。我在告诉你。

旁边，孟孝瑞在沃小军的扶持下开始跳跃，不停地甩拂尘。她的神灵降临了，但是，一直不说话。孟玉金用酒将其恢复清醒。

第六，斯琴掛萨满神灵接着找其他远方来到的其他姓氏的人们告知。

我要找属鸡的小子，告诉他几句话。（男子上前跪拜磕头。）帮助民族莫昆，我在高兴。你心意真诚，给你集聚财富，你要让你的“巴日西·霍卓日”高兴，你要修好你的道路。在八月初、还有结冰时节，你的这个身体有点坎儿。我在告诉你。

斯琴掛萨满神灵再找一人告知。助手们喊被叫到的人。

你诚心诚意在帮助自己的哈拉行走，我在高兴。就像我的孩子们一样，我会一直帮助你们。你要注意自己的身体，放宽心情。我在告诉你。你要注意身体，你要给“霍卓日·巴日肯”、要给“敖包·额金”敬酒。（斯琴掛神灵已经告知了几句后，一个男子过来跪拜磕头。）……

丁氏神灵附体。丁氏从颤动、抖动到拿起鼓槌击鼓，然后站立转圈，击鼓，最后倒地。她进入神灵附体状态。娜仁格日勒等人将其扶坐在凳子上，丁氏开始击鼓。

第七，斯琴掛萨满神灵找敖拉哈拉的人民告知。

与此同时，斯琴掛萨满神灵找另外的人告诉事情：“敖拉哈拉……其他的‘翁果日’要进来的时候，我要散去了。”说完，斯琴掛手执马头杖，站立转圈，神灵离开了。

敖玉英神灵附体。那边，敖玉英神灵降临了，躺地打滚，哭泣。助手为其取来神鼓、鼓槌，敖玉英坐在凳子上击鼓，不说话，只是哭。铁林不停求、不断劝：张开嘴吧，给告诉吧。敖玉英只是不停击鼓。

27. 主祭萨满沃菊芬神灵附体

敖玉英就是不开口说话。这边，沃菊芬神灵附体了。孟玉金用酒点其头顶唤醒了敖玉英。沃菊芬唱道：

德古呀，德古呀，德古德古德古呀。（然后，唱改为说。）一代接续一代，我是登特科浅，跟着登特科的“霍卓日·巴日肯”，今天，在你们“竖立托若树”的时候，我跟着子孙们来了。（说到这里沃菊芬神灵开始一边哭泣一边说：）我高兴地来了。我失礼了！我说我能走自己的路，跟着走，我的孙女一点也不顶事，我说让沃热哈拉的“霍卓日·雅德恩”给开出我的道路，我来了有半个多月了，不是我不能张开金口，我的孙女一点也达不到（我的要求）。（沃菊芬神灵说到这里又开始哭泣。）这么多“雅德恩”，我都不好意思呢！高兴地下来了，这个那个都不会说，那么艰难地来了，高兴地来了，“竖立托若树”的时候还不能说话吗?！原来啊，我被土埋着走的，托沃热哈拉的好，我有了“巴日肯”屋子坐着呢。我被悬崖夹住着走的，我进到哈拉—莫昆里了，原来啊，“西额·巴日肯”有“西额·雅德恩”①，有“巴格其”，有“斡托西”，有“巴日西”，有“巴日耶浅”，我原来是“西额·巴日肯”，我有“欧克·阿卡查”，我的名字不好，你们不让我进来吗?！（沃菊芬神灵痛哭起来。大家答，没有！没有！）我的道路不对，你们不让我进来吗?！（大家答，没有！没有！）我的孙子重孙害羞说话吗？（大家答，没有！没有！）我艰难地行走过来，我把天当作被子，我吃着草籽、把地当作褥子走来。我被扶立起来了。我感谢呢！今天，我真是失礼了！人家“竖立托若树”的时候，我流眼泪呢。我跟着“敖拉·哈德的（额金）”来的，我翻滚着泉水走的，我代代跟着“雅德恩”走的。今天，我抓的人不行吗？（助手说，她能行，她能行。）她为什么就是不张口说话！为什么不懂自己的“阿勒腾·索罗”！（助手说，她不知道的，请您告诉她，她不懂得的，请您让她明白吧。）本来到了我应该出来的时候了，但是，今天，我想出来的心思都没有了。小的“巴格其”都能下来说话的时候，“抓”着“雅德恩”的道路下来说话你怕什么?！今天不做的话，（她）九月

① 西额·雅德恩（/ʃi'ə jad'ən/），大萨满。

初九有命坎儿。你们一定要告诉我的孙子重孙，给她渡过大坎儿，你们一定要不断给她修路，你们要恳求鄂嫩哈拉的“霍卓日·雅德恩”。虽然，没有敬烟袋锅的烟，我很早以前就坐等迎接你了，我坐着等着沃热哈拉“霍卓日·雅德恩”“竖立托若树”了，我也想着让我的孙女像别人一样下来说上三五句话，想让她说说我高兴的心情。今天，我都难为情呢，沃热哈拉的“霍卓日·雅德恩”的嗓子都肿了，哑了，我还借她的嘴下来说话，我真是难为情呢！我失礼了！高兴地来到你的“乌日翁·白特”，这么样的借你的口舌说话。我老早就求你的“杜卡·巴日肯”了，让我进你的院门、屋门，让我说三五句话，你的“杜卡·巴日肯”老是不让进，然后，我敬酒了，你的“霍卓日·巴日肯”说话了，求情了，(“杜卡·巴日肯”)才让我进来的。我的孙女每天迷迷糊糊的，“阿勒腾·索罗”都不懂。对于你们，我真是失了礼数了！将来我要帮助你们，我会跟着你们走。我修不好路生气呢！原来我是跟着有“萨玛仕克”的“雅德恩”走来着，“霍卓日·雅德恩”，今天，她说不了三五句话，我生气，“巴日肯”是什么都不完全明白。(助手，慢慢让她懂呢。)我对你们感到抱歉啊！你们大家聚在一起高兴，我却这样下来的，我理亏啊！(助手，您也是高兴地下来的。)“奴吉日·巴日肯”要下来呢，到了我要散去的时候了。(沃菊芬再次哭着说)我失礼了！

沃菊芬哭诉的时候，敖玉英、敖智伟跪听、哭泣，浑身发抖。

28. 主祭萨满沃菊芬神灵附体

说完，沃菊芬站起身开始跳着碎步转圈，转了几圈后，倒地打滚。又有一位神灵降临了。助手们手忙脚乱地抬起她扶坐在凳子上，用牛奶沾她的手指，把神鼓和鼓槌交到她手中，沃菊芬开始击鼓说道：

一代接着一代来的，我是沃热哈拉“奴吉日·巴日肯”，我下来了。我“抓”着纳文江、诺敏河跟着来的，我翻滚着泉水到来的。我想找属猪的孙子重孙，喝你献的有颜色的酒。(被叫者敬献红酒。)你按照原来的样子“做托若（仪式)”呢，我高兴。你给纳文（江)、诺敏（河）都供东西、都敬洒了，我高兴。你做事的道路方法都正确，你在不停修复，将来不要忘了泉水，干净着走，那么，你的道路更加漂亮，更加明亮吧。你的身体有些毛病，你要让“某某”抓一抓，“某某”能给你好好抓，让他抓一抓试试，我到时候也给那个“巴日肯”力量。

好日子里我下来了，我想找属猪的孙女，说三五句话。（两个女孩子跪拜。助手说，你的两个属猪的孙女磕头呢。）我想喝你献的白色牛奶。（被叫者跪献牛奶。）你领着“霍卓日·太提”去的。你时时供奉吗？（说到这里，助手知道这次找的属猪的孙女是谁了。）你以为我放的记号不够吗？你要好好供奉，你要一直呼唤着“霍卓日·巴日肯”，我会跟在你的左右，从前后看着你。我给了你“阿勒腾·索罗”，你都不明白，我教给你办法和方法，你都不知道。你到你的“霍卓日·雅德恩”那里让她用牛奶做“泰日米特”，然后你喝，那会成为药，治你的病。

我有属猪的小孙女。你跟着“霍卓日·太提”呢，你要进到口舌里面呢。有一个脸色较白的人，一个姓郭，一个姓刘，你不要跟这几个孩子一起玩，那样的话，你会与人争执，与别人的是非扯上关联。你要注意身体，不要去有尸骨的事情，不要去娶媳妇的人家，过了今年就没事了。你们的道路我都一直会帮助。

我有属虎的孙女。（助手说，给告诉吧。）我想喝你献的白色牛奶。（家人代献牛奶。助手说，找某某呢。）你要往白布上扎7根针，往红布上扎9根针，然后，晚上睡觉的时候，你把它们卷起来放在脚下，8点到10点的时候，你就那么卷着放，那么，你的血管会通畅，你的病会好些吧。原来我一直跟着走的，你不是走过“爱里”吗？你的“寿儒托日苏·太提”① 不是不让进吗。所以，我告诉你，你要不断给

① 寿儒托日苏·太提（/ʃəʊru tʊrsu tajti/），即寿儒托日苏姑乌·太提，莫日登哈拉寿儒托日苏浅的先祖神灵。

你寿儒托日苏的“姑乌·太提”磕头，让我的沃热哈拉的“霍卓日·巴日肯”、“奴吉日·巴日肯”、“霍卓日·太提”进来，你要不断地求。那样，你的疾病会减轻一些吧。

代代相传，我接续上代而行走，听说了好日子下来的，到了我要出去的时候了。你们有要问的，以后再问吧。

沃菊芬萨满神灵主要找了沃热哈拉的几个孙女进行了一番嘱咐。

29. 领祭萨满斯琴掛神灵附体

娜仁格日勒对跪坐在地上的人们说，起来，都起来。斯琴掛站起身快速击鼓转圈，右转、左转，向上跳跃几下，然后倒地打滚。斯琴掛神灵附体，助手们扶起她坐在凳子上，斯琴掛神灵开始唱歌：德古霍涅德古，德古霍涅德古。德古霍涅德古，德古霍涅德古。（助手们跟唱同样的歌。巴特尔问，嘛，什么“巴日肯”下来了？）

第一，找沃热哈拉属猪的“克库”说几句话。

好日子里我下来了，我到来了。我从旁边身体进来的，我是真的失败于礼数和规矩，我想跟我的子孙们说几句话，时间那么多，我要占有一下，我在说。莫日登哈拉属猴的孩子，属马的孩子，属虎的孩子。（巴特尔喊来被叫者，被叫之人磕头。助手说，磕头呢。）金肯哈拉瑟克音莫昆谢金爱勒（/ʤiŋkən xal səkin məkun ʃeʤin ælə/）属猪的小子。（一个男子跪拜。助手说，嘛，磕头呢。）属鼠的我的姑娘，在吗？我在找金肯哈拉瑟克音莫昆[①]、金肯哈拉属鼠的姑娘。（被叫的老太太前来跪拜。）

第二，找莫日登哈拉的姑娘开始嘱咐和告诫。

属猴的姑娘，你出了“巴格其”。（孟氏弟子前来跪拜。）我要喝你的酒壶中的酒，告诉你几句话。在别人的大事上，我想与自己的孩子们相聚。我到来的时候，我的路被压着的时候，你“抓”着“梅斯勒·额头乌”出来走，“抓”着莫日登两个“霍卓日”走，你要不断

① 金肯哈拉瑟克音莫昆（/ʤiŋkən xal səkin mokun/），金肯哈拉的分支莫昆。

地走好你的路，帮助民族莫昆进步，你要走出我的名誉和声望！你在“抓”着我被埋的名字出来走呢，你在帮助我的哈拉—莫昆走的时候，你要管束着我的莫昆。你的这个身体，我丢梦给你的时候，你要注意查收，我在说。我托梦的时候，你别想着是彩票的梦，生活艰难地行走的“梅斯勒”，民族同胞的道路，挑着（担子）行走，我在告诉你。你要注意身体，十一月十一的时候你不要出门，你要注意口舌，到了酒桌之上的时候，属猴的、属羊的、属蛇的人在一起的时候要注意口舌，我在告诉你。你要走自己的道路，“巴日西”的路，采某草晾干，治疗骨头发黑的人。“哈勒邦库”换了也好，不要丢掉自己的“霍卓日”。

第三，找金肯哈拉人氏告知注意事项。

斯琴掛萨满神灵继续说道：

瑟克音莫昆属马的小子，喝了你献的酒壶中的酒，告诉你两句话。（一中年男子跪献白酒。）你的身体有些疾病，你要注意口舌。酒桌之上，你不要喝“泰日米特·艾日耶”，和你年龄不相上下的人找你，不要喝他们给的“泰日米特·艾日耶”，你会被请你的人的“泰日米特”压住。你要注意身体，进入兔年的时候，不要去酒席吃酒，我在告诉你。你的这个身体到了秋天的时候，整羊的时候放到冷水里，呼唤着拽出主动脉，我在告诉你，你要做三次试试。你要吃点药。劳累有火的时候，你要注意压着点火气走。你在挪开病灾病坎的时候，你要让沃热哈拉、鄂嫩哈拉的“霍卓日·雅德恩”给你修路，你要喝点药。告诉属虎的媳妇吧。今年六月二十九，你不要去南面，草木发黄的时节，你有病坎，你会突然身体没劲，心里生气，你的火特别大，你的心脏会突然血流不畅，你的眼睛会视线模糊，你会耳鸣，呼吸有些困难。你要看官家的医生，吃些官家的药，你还要修修路。那样，你的药会好好发挥作用。你要好好供奉着自己的“巴日肯”。

斯琴掛萨满神灵接着说道：

年长的金肯哈拉属鼠的姑娘，喝了你的茶告诉你几句话。我在说，神鼓的声音不太好了。（斯琴掛萨满神灵要求换神鼓。助手赶紧为其换上神鼓。）虽然你是郭博勒的媳妇，你还是金肯哈拉的姑娘，我在高兴。你要注意身体，你要不断供奉“巴日肯”，我在挪开你的坎儿。你的这个身体，要让“梅斯勒 · 太提”高兴，其他的事情“嘎胡查 · 爷爷”告诉过了。今天，我是想自身被认识才叫到你。我会把你的坎儿挪走，我会在自己的子孙们周围转着走。

斯琴掛萨满神灵接着再回过头嘱咐其他人：

你有一些病坎，你们要修修路。我在说，你们要告诉他。属马的小子有点病坎。他在工作的地方，要注意口舌，不要上酒席喝酒，我在告诉你。你们听懂了吗？我在问。（铁林代问，你们听懂了吗？郭氏年长男子说，听懂了。）

然后，斯琴掛萨满神灵找谢金爱勒属猪的小子，告诉他：

你想着走着的问题，（知道）你的心思有些多啊。这个“梅斯勒 · 太提”，原来的时候啊，坐在我的身上，我从海拉尔地方来的，跟着走的。我说一说怎么走的。我来到了莫力达瓦地方……山崖之上我有位置，红松之上我有座位……在第七代上我接续而来，我让莫昆繁荣兴旺。走着到来的我的身体，跟着金肯哈拉，我跟着你，我呼唤着你，在你左右转着。原来的原来，享用着羊啊、飞禽啊。给你清楚地告诉这些。我走“巴日西”道路的时候，下面背着两条路，后来我走的是“巴日耶浅”，我有名誉地行走的时候以变换着身体的方式坐下来了，成为有两个“特格”的神灵坐下来。我变换着挪开疾病行走，有本事地行走的我的身体……有名望的“梅斯勒 · 巴日肯”我的身体……我在说，虽然没有穿“扎瓦”……我以这个身体积攒金子，帮助民族莫昆。我说这个时代出来吧。……我占据了纳文江、诺敏河，我供奉着“雅德恩 · 敖包”，“霍卓日 · 哈音”原来就有，多多帮助达斡尔人行走。我在说，我在告诉你。

最后，斯琴掛萨满神灵说：

我从中间进来的，害羞地要出去了。我借用着鄂嫩哈拉的姑娘的口舌下来的。鄂嫩哈拉的“乌塔其”[①]，我失礼了！（众助手答，没有！没有！）我要出去的时候，我害羞呢！（那位郭氏老者说，没有！没有！）也不是我的地方，我在说。别人的事情上被顺便请来了。我在子孙们面前害羞呢。你们询问的事情我给解释了。（郭氏老者说，懂了。）你们自己知道吧。原来第四代上，我有五组双龙的“克伊登”，金肯哈拉的“翁果日”首次告诉呢。说完，斯琴掛站起来击鼓，她的神灵离开了。

斯琴掛神灵附体期间，一个蓝衣女子下神了，沃小军扶持她就座，孟孝瑞上前问，请其开口。像上次一样，女子还是结结巴巴地说话，她说了一会，但是难以成句，难以听懂。更因为斯琴掛神灵还在叙说，所以孟玉金用酒点其后脑、脖颈，令蓝衣女子清醒。

30. 主祭萨满沃菊芬神灵附体

斯琴掛的“翁果日”刚刚离开，沃菊芬的“翁果日”就下来了。沃菊芬在家人和助手们扶持下坐好，开始击鼓唱歌：

亚给亚给亚给呀，亚给亚给亚给呀，亚给呀，亚给呀，亚给亚给亚给呀。代代我跟着沃热哈拉行走的，“杜卡·巴日肯”，我的身体下来了。今天“竖立托若树”的时候我被请来了。我的莫昆的子孙们，好吗？（助手回答，好！）外面都没有出事，好吗？（助手回答，好！）你们的道路都正确，好吗？（助手回答，好！）

第一，沃菊芬萨满神灵找沃热哈拉的人告诉事情。

我想找孙子重孙喝白色的牛奶。（助手代献牛奶。）你们大家伙都来给我的“托若·巴日肯”磕头，我高兴。沃热哈拉我的“莫昆·库热”都来磕头了，我的民族同胞、同村同胞都来磕头了，我高兴。不是我的民族的也来磕头呢。你们都要立“杜卡·巴日肯”，看着“杜卡·巴日肯”坐着。那么，你们的家院不会出事吧。你们的院门、屋门，我到任何时候都会帮助守护，你们的道路我会一直修好，“博迪额”我

① 乌塔其（/utaʧi/），老爷子，此处指拉·萨满。

不让进来。时日虽短，我想说三五句话坐着呢。

今后，有神灵跟着的人去的话，坐过的地方你们要熏熏，被弄脏呢，你们的“巴日肯”屋子被弄脏呢。那样的话，我冲不进去，所以，你们要好好熏一熏。放“萨玛仕克”的地方，你们要好好熏熏，上面不要放乱七八糟的东西，神灵们都累呢。你们放在旁边不行吗？为什么你们要在上面放很多东西？你们的神灵都生气呢，要发火呢。你们的小孩儿都不愿意回家呢。“杜卡”（门神）我不愿意让被弄脏的孩子进门，你们要好好进到“阔托日”里面走，外面来的被弄脏的小孩给他们“阔托日”后让他们走，那样，“杜卡·巴日肯”我的身体能跟着走。我想去沃热哈拉属羊的孩子那里坐，想去属虎的孙子重孙那里坐，他们有“阔托日·博音”，但是不会攒，我想去他们那里好好给他们积攒“阔托日·博音”，给他们修路。

今天，你“竖立托若树”了，我让你在大门上挂红色和蓝色布条，你系了吗？万千个有神灵跟着的人来了，所以，要在左边挂蓝色的布，我不是告诉你了吗？在右边挂红色的布，我不是告诉你了吗？进来的时候把“翁果日·库钦”都领进来，出去的时候把不好的都扔掉，让他们走红色的路，走好的道路，多出喜庆吉祥的事情。我不是告诉你了吗？你们的道路我会不断修好，民族同胞我会不断帮助，有“霍卓日·雅德恩”的人来的话，有神灵跟着的人来的话，你们不要给人家脸色看，我会好好请他们进来，他们出去的时候我都让他们干净地离开。因此，你们不要以不好的言行对待人家，你们务必要告诉我的“霍卓日·雅德恩”，不要和不知道的神灵们较劲，压制怒气，给我的孙子重孙们好好修路。

第二，沃菊芬萨满神灵告知求问者事情。

处境艰难地从远处到来的人们，你们有要问的吗？虽然不知道三五句话，我还是想告诉你们三五句话。

一个女子上前跪拜磕头。助手代问，郭博勒哈拉属马的人要问。沃菊芬击鼓，然后问：

你是什么“爱里”[①]？（助手代跪拜女子回答，满那浅。）你的头老是像戴着帽子一样疼，从后边开始疼。你们有“纳哲勒·达额德额·巴日肯”[②]吗？（女子回答，有。）不是歘日额勒浅的“霍卓日·巴日肯”，是登特科吗？有“登特科·巴日肯”吗？你们为什么没有让“登特科·巴日肯”飞走？你老是头疼，心里难受，一阵阵像带着帽子一样疼，血管扭曲的地方多，你要吃点药。“登特科·巴日肯”一辈子给人看病行走被弄脏了，所以，不会让人消停地待着。你们要不断地好好地供奉歘日额勒浅的“霍卓日·巴日肯”。你们好好供奉歘日额勒浅的“霍卓日·巴日肯”，求它让自己的子孙平安。你是哪儿的就找哪里的哈拉—莫昆，你回到自己的“莫昆·库热”，你去帮助你的莫昆子孙们。您别在这儿捣乱了，你这么说。你要说，你不是有自己的“莫昆·库热”吗？你在干净的脸盆里放干净的水，放没有“脚”的水，然后，给自己的“巴日肯”插上三炷香，然后点燃，然后敬洒水，那样，你们的道路会好吧。

第三，沃菊芬萨满神灵开始找苏都日哈拉人氏。

我有姓苏都日哈拉的属兔的孙子重孙。（助手喊被叫者的名字。）你老是被疾病“抓”住呢，这都与那个事情有关。（那位神灵）看病久了，吃了血，所以，小打小闹地无事生非，与你们的“霍卓日·巴日肯”合不来，所以，老是出来这样不大不小的事情，没有大坎，出来一些没有名目的小坎。这是因为你们的道路不对，你们把自己的“巴日肯”丢在一边，供奉别人的“巴日肯”。人家不是有自己的子孙们吗？你要吃点官家的药，那样，你的“霍卓日·巴日肯”帮忙的话，你的疾病会好吧。你的“霍卓日·巴日肯”的“克伊登”要一只羊，“达·贝耶讷”[③]要一只羊，你们早就答应过，到现在也没有兑现，还

① 爱里（/æli/），村，指莫昆。

② 纳哲勒·达额德额·巴日肯（/na:dʒəl da’ə’də’ə barkən/），一种跟姑娘传的娘家神。

③ 达·贝耶讷（/da: bəjin/），直译“原来的身体”，意为本神、主神或原形。

要有牛奶的“拉里”，要点燃9只黄油灯。它的“克伊登”是三种颜色的吗？“霍卓日·巴日肯”你们要供一只羊，给它的“克伊登”供一只羊，到时候还要做“拉里”供。那么，你们的道路会好吧，你们的孩子们会积极向上、兴旺发达吧。你们有“阔托日”，但是攒不下来，你们的疾病不断。

告诉完苏都日哈拉的人，沃菊芬萨满神灵说：“你们要是没有问的了，我要散去了。”铁林赶紧代一个女子问属兔人的事情。沃菊芬萨满神灵问：

你这个人在黑屋子里吗？（跪问者回答，是。）这件事情不能太赌气、太倔强。任何时候鸡蛋都不能跟石头打架不是吗？你们要不断地修路，她的身体也不太好，心里老是生气，被人整了不是吗？这就叫作口舌之祸。钱财这个东西，闹着笑着可以，不能为钱财所倒，这个钱这个人并没有要，但是，开玩笑的时候，牵涉其中了，所以，有些口舌之祸，说了硬话，她是一个特别倔强的姑娘，别人说什么也不在乎，所以，她的道路不对，出了这样的事情。（跪问者在抹眼泪哭呢。）你们有一个叫作“查出库·太提”的“巴日肯”吗？（求问女子点头。铁林代答，说有。）给那个“巴日肯”好好供奉着走。这个“额头乌”①，原来使用它的人把它用脏了，玩的时候使用，跟别人吵架的时候也使用，它本领和能力都会，领着它走的人没让她走一条好的道路，所以，这个“巴日肯”有那个坏毛病，原来，（领着它走的人）（碗里）装着纸，领着它去玩的话，拿回来半碗半碗的钱。你让它走这样事情的时候，特别高兴地走来着。给它不断好好供奉白色牛奶，不要供酒，不要供血，这样的话，你们的这个“巴日肯”会学好的。领着它走的人不是特别不好吗？所以，把“巴日肯”都教坏了。

由此，沃菊芬萨满神灵劝诫那些领着自己祖先神的人们：

供奉“霍卓日·巴日肯”的人们，领着神灵行走（萨满路）的人们，

① 额头乌（/ətə'u/），老太太，指“查出库·太提”。

无论如何，要为了子孙后代，为了民族莫昆，你们都要好好约束着自己的神灵坐着，请它们好好就座，呼唤着它们收拢好它们。不好的道路一定不要让它们走。别人使坏了，你们一定要不断地告诉它好，你们要回报以好，将来它会好好管束你们的（子孙），会好好教导民族的孩子们学好。未来的时间里，孩子们的口舌都将不会讲民族语，都变成汉人了不是吗？尽管如此，想到将来约束不好自己的神灵而可能出现的状况的话，你们务必要好好约束收拢自己的神灵亲眷，好好让它们就座。你们看不看（病）都没有关系，不能教自己的神灵学坏，你们一定不要做“哈日·苏姆”（黑箭）！耍闹开玩笑的时候，无论如何不要找自己的神灵（帮忙），为了钱财不要找自己的神灵（帮忙），官家的事情不要参与其中，为了攒银子不要求自己的神灵。为了子孙后代，为了民族的子孙后代，你们一定要好好统领你们的神灵！你们要是没有要问的了，我要“派奇贝”①了。

铁林代刚才求问女子问她女儿的事情，告诉了属相。沃菊芬神灵问：

你这个孩子在外面读书吗？（求问者点头。铁林代答，是的。）一阵一阵不在那里，把学业抛在一旁去玩，好好求着苏哈拉的“霍卓日·巴日肯”，求求“奥米·娘娘”，求求“腾格日·娘娘”，那么，她的道路会好，会把学业抓在前面吧。你们没有要问的话，敖拉哈拉“乌西·娘娘”要下来呢。

31. 沃菊芬神灵附体

沃菊芬停下来说话，击鼓，神灵离开了。然后，她再次站起身向上跳跃几下，重又坐下来，另一位神灵降临了，由前面的介绍可知是敖拉哈拉的“乌西·娘娘”下来了。沃菊芬击鼓唱歌：

苏美苏美苏美克，苏美苏美苏美克，苏美克，苏美克，苏美苏美苏美克。（敖拉哈拉小伙首先跪拜磕头。其他敖姓人氏跪拜。沃

① 派奇贝（/paʧibe/），散去。

菊芬开始击鼓说话。）我代代跟着敖拉哈拉走的，我跟着拉里浅走的。你们要了我的姓氏，我跟着你们走呢，“腾格日·娘娘”6个“苏姆”①，你的“乌西·娘娘”4个“苏姆”。因此，今天沃热哈拉“竖立托若树”的时候，我想下来跟我的孙子重孙见面，说三五句话。沃热哈拉属猪的孙子、属羊的孙子，我因为你们而高兴呢。我要喝属羊的孙子重孙的白色牛奶。

家人代献牛奶。据说，此神本来是敖拉哈拉拉里浅的娘娘神，因为坐在了沃菊芬家里，坐在了沃热哈拉绰库勒莫昆家族，即沃菊芬请立了此神神位并供奉，所以，首先找沃热哈拉家族的人们表示感谢。

你年年供奉我，我没因此而高兴，你领着我的子孙们行走，我高兴。按道理，我应该盘腿坐在拉里浅的家里，我（应该）跟着他们行走，跟着他们的“太提”坐在他们家里。年年我都吃着你的果品糕点，接受你的供奉，我因你而高兴啊！你的道路我任何时候都会给予帮助，你们的属羊的孙子重孙，我会从她身边左右跟着走，我会抬起她的肩膀，你的道路我无论如何都会帮助，你的孩子们我会代代照看。

然后，沃菊芬萨满神灵找敖拉哈拉的孩子表达心情，提出忠告：

我有属牛的孙子重孙。（被叫男子赶紧前来跪拜磕头。）我要喝你献的有颜色的酒。（男子跪献红酒。）原来你不是姓敖吗，你跟着我的“老太提”②的敖拉哈拉走呢，你是一个可怜的孩子，我跟着你，双重身份跟着走，我不好意思地（跟着）走。我的（敖拉哈拉家族的）子孙们都在，并不明白我、供奉我。今天，我因为沃热哈拉“霍卓日·雅德恩”高兴呢，我因为代代跟着走高兴呢。今天，说要“竖立托若树”，我早早来排队坐着等着了，想着能得到机会说上三五句话。

---

① 苏姆（/sumu/），义同“特额”（特格），不同地方的叫法不同，意为神灵之组合的位数及位次，具体表现为神灵画像中每个“特额”或“苏姆”即表示有一位神灵，占有一格，转圈排开。比如，腾格日·娘娘（娘娘·巴日肯）有6个“苏姆”，即表示腾格日·娘娘包含6位娘娘神；西额·巴日肯有12个“特额”，即表示西额·巴日肯由12位神灵组合而存在。

② 老太提（/lɔ tajti/），老奶奶、老祖母，指代敖拉哈拉拉里浅的先祖神灵。

想着让我下来你们也供了一只白色绵羊，我高兴啊。我要代代跟着沃热哈拉帮助他们。我的（敖拉哈拉家族的）子孙后代的孩子们，你们任何时候都还不完这份恩情。思想和方法能送达就行了，你们有钱财、你们富有我不需要，你们给他们（指敖拉哈拉家族的子孙后代的孩子们）出主意、想办法，帮助他们就行了。你的身体有些毛病，你的胃老是疼，你的头老是疼，你的肾脏也有些寒凉，你的肺有点热，你吃点药吧。“乌西·娘娘”我说让增加一个“苏姆”，你添加了吗？（被叫者回答，还没有呢。）那个你为什么不添加？你是想着我的本事能耐那么小吗？（铁林代答，没有，不知道呢。）原来的时候，我作为“斡托西”行走来着，我的拉里浅有“西额·巴日肯”，我跟着“怀玛日·巴日肯”走来着，他们的“西额·巴日肯”有12个“特格”，有“巴格其·爷爷”，有“西额·敖雷”，因此，“乌西·娘娘”我的身体跟着走来着。从你们的“斡托西·额头乌”没有了以后，一个“苏姆”丢了。白色、红色、黄色，我混合着行走的，我帮助着民族同胞行走的，声名闪烁着行走的，修好着年轻人的道路帮助他们行走的，我跟着民族同胞的“娘娘神”行走的。你把我的“乌西·娘娘”的“苏姆”补上的话，我会不断帮助你，你的道路我会不断帮助。你得到的东西都是你的，你这样想吗？有“巴日肯”的人的，我们不是坐着看着吗？所以，你要好好供奉着神灵，要想能够报答恩情，你要好好干！九月初三你不要到北面，那样，你有坎儿，“乌西·娘娘”你要好好求着走，让沃热哈拉的“霍卓日·雅德恩”给不断地敬洒，那样，你的道路会不断走向正确吧。

沃菊芬萨满神灵接着找属马的孙子重孙。被叫的人不在，铁林说，给告诉吧。沃菊芬萨满神灵就接着说：

你的心思老是这里那里的，我说的话，你一句也不听！沃热哈拉的“霍卓日·雅德恩”让你从坎儿上躲一躲，你躲了吗？你把自己的院门屋门弄脏了，你说，别人的神灵喜欢我，想我。你一定要注意口舌。你要是和属牛的、脸色有些黑的高个子女孩来往，你会陷入口舌之中呢，说要让你进黑屋子呢。她是为了你的钱财在交往呢，你哪里是真的有钱啊！抓你的脑袋，你的脑袋光溜溜的，抓你的屁股，你的屁股都是屎。因此，你不要太和别人来往，别人逗你玩呢，慢慢地，腊月初的时候，北面你会找到人的，那个人会真心和你交往。你的道路不对呢，你不要凡事都觉得委屈，你不是没有立自己的神灵，你把它们都里倒歪斜地放着，你把“祖先神”都掉进泔水桶里了，因此，我都不愿意坐在你那里，什么人你都让去家里，因此，我没有坐在你那儿的心思呢。你要到属牛的孙子重孙那里，给“祖先神”磕头，给“乌西·娘娘”磕头，我会给你好好修路。

此时，打雷了，要下雨了，大家搬起沃菊芬就往主祭蒙古包走。沃菊芬还在说：“我有属龙的孙子重孙，我想喝你献的白色牛奶。无论如何……”停顿了一下，继续说，“你的白色牛奶在哪里?!”大家抬着沃菊芬走，她则一边击鼓一边要牛奶喝。没办法，到了蒙古包门口还没有进去前，大家停下来，被叫的年轻男子跪献牛奶，然后，大家把沃菊芬抬进蒙古包。进到蒙古包后，年轻男子跪拜磕头。沃菊芬萨满神灵继续对他说道：

你有坎儿呢。你要好好求着你的“乌西·娘娘”，你要好好求着沃热哈拉的“霍卓日·雅德恩”、“霍卓日·爷爷”、“霍卓日·太提”，那么，你的道路会正确吧。你要好好求着“混奴日·巴日肯”。跟女孩子不要多走动，那样，你会进到口舌（是非）之中。你在公家工作呢，好几代了，我好不容易让你出去行走，我在你身旁左右跟着你呢，我会不断地帮助你。为了让你的年龄增加我会不停地祈求，神佛我一直在求呢，沃热哈拉的“霍卓日·爷爷”我也不停地求呢。因此，你（也要）祈求着行走，你听话地行走，你的坎儿会不断躲开吧。你要进到（别人的）口舌呢，无论如何你要注意言辞。你不喜欢的人我不是让你看过吗？我说过你不要和她来往，你不是说了吗，我害怕了！那不就是告诉你不要和那个人走动吗？你怎么一次也不能明白呢？个子有点高，脸色有点黑，敖拉哈拉的男孩子，你要是跟他一起走的话，你会吃有毒的药，属龙、属狗、属马、属兔，你不要和这几个孩子一起走，他们对你没存着好心，他们把你推在前面，让你在前面迈步，他们在你后面坐着使坏呢，用嘴哄着你，喜欢你的有轮子的车。你的“阿勒腾·索罗”我会一直给你，你的思想方法我将一直告诉你，你要一直给你的“霍卓日·爷爷”好好磕头，不停地给你的“祖先神”磕头。见到贫困潦倒的人，把你的衣服给他，有钱的话把你的钱给他，你的苦难会出去吧。你过去的身体不是将军吗？你不是按照天生的本事行走的人吗？因此，你不能忍住怒气，你不懂得哄别人，你没有口舌，不善言辞，你按照原来的样子走不是不行了吗？你不是还没到娶媳妇的时候吗？等你到了 25 岁再娶媳妇。你的道路我会不断修复，你的院门大门我一直帮助守护，给你的“杜卡·巴日肯”好好求求。那样，你的神灵会不断地帮助你的。你的坎儿会一个接着一个到来，因此，你们要不断地敬洒“泰日米特”酒。

然后，沃菊芬萨满神灵问众人：

你们有要问的吗？虽然不知道三五句话，我还有走“斡托西”的道路的本领。

铁林代敖拉哈拉属猪的子孙问疾病。一个中年女子和一个男子跪拜磕头。沃菊芬萨满神灵问：

你的心脏不好吗？（男子点头。）你的头老是疼吗？（男子答，是的。）你的心里一阵一阵生气吧。你的手脚都冰凉吗？你迈步的时候，腿要拖着吗？（男子答，是的。）你的心脏放了什么？（男子答，放了东西。）你要好好求着你的“斡日浅·额头乌”[①]，（你）这个身体上不是要出（马）的人吗？“雅德恩·额头乌”[②]、“斡日浅·额头乌”都找过你，因此你们立了“巴日肯”，要好好求着“巴日肯”走，你们家族心里烦闷、嘴上被堵塞的人多，年轻人出祸事，你们要好好

① 斡日浅·额头乌（/ʊrʧen ətə’u/），直译“鄂伦春老太太”，指鄂伦春族某家族祖先神或女性先祖萨满神灵。

② 雅德恩·额头乌（/jad’ən ətəu/），雅德恩老太太。

求求，做“多姆勒”。那么，你们的道路会好，疾病会减轻吧。你们的后代不想遭遇这些事，“登特科”、“雅德恩·额头乌”、“斡日浅·太提”①，你们要好好求着，做三个高高的“多姆”，然后，给那个跪着磕头，你们要放三层红布，连续三年你们把那些挪开。你们去放到西北角上，放到三个“敖包”处，把它们一个一个挪开，供些糖果点心，三年里把它们挪完。那么，苦难躲开，不再“抓”孙子重孙吧。

告诉完，沃菊芬萨满神灵说：

你们要是没有要问的话，到了我要散去的时候了。到了晚上的时候，要祭火神呢。

铁林代问拉里浅属羊人的事情。沃菊芬萨满神灵问道：

有脑病吗？脑病要吃点药。肺子有毛病吗？那个好点了吗？（问者答，好点了。）那个要吃点官家的药。有“巴格其”的道路吗？你们的“霍卓日·巴日肯”抓过“巴格其”的道路。那个，要求着“祖先神”，敬奉装在烟斗里的烟然后求，那么，道路对了，疾病会好得快吧。“巴日肯”你们不是都立了吗？你的最小的弟弟在吗？（求问者回答，在。）属猪吗？（求问者回答，是。）他也老是生病。他的嘴太硬，经常坐着和“巴日肯”吵架，有“外面的（神灵）”不是吗，说巴日肯的话，“巴日肯”更加生气。说要从“霍卓日·雅德恩”（的道路）出（马），因此，你们的“巴格其·爷爷”生气。你告诉他，要约束一下自己的口舌，否则，会惹祸上身。他的身上有毛病了，他的嗓子老是呼吸困难，他的头也疼，一阵一阵心里堵得慌，心脏不好，胃也不太好，胃有热，肝也有热，胆不好，嘴里苦，膝盖有寒凉，腰也老疼，外面的要好好供奉，敬洒酒、敬洒牛奶。道路变好了，疾病会被丢掉吧。

铁林代问另外一个敖拉哈拉属马人的道路。沃菊芬神灵问道：

① 斡日浅·太提（/ʊrtʃen tajti/），直译“鄂伦春老奶奶”，指鄂伦春族某家族祖先神或者女性先祖萨满神灵。

你是什么“爱里”？（回答，奎力浅。）你是西额·奎力浅[①]吗？是库热浅[②]？你的道路不太好呢，你去西北方向的时候，你要敬撒牛奶、敬撒酒。你要求着“拐勒·哈德”，你有“霍日耶”，但是你没有“阔托日”。你做好了“圈舍”坐着等着，但是，你没有“福源”。你的道路不好。你要好好供奉你的“神灵”，那么，你的道路会变好，你的“阔托日”会进到你的“霍日耶”吧。你们到来的孩子们，分“阔托日”的时候都分一些吧。那么，你们的财富会攒点吧。你有坎儿，腊月初一，你不要从院门屋门出去走，你不要去西北方向。时间到了，到了我要散去的时候了。有要问的话，明天再问吧，一会儿要祭火神了。

说完，沃菊芬向上跳了三下，神灵离开了。

（六）2011 年 7 月 20 日晚上的仪程

第二天晚上，主要举行祭祀“火神”仪式，为莫昆家族和族众祈福。

32. 祭火神仪式

达斡尔人对“嘎里·巴日肯”的信仰非常虔诚。火神很重要，没有火，一个家庭、村子、莫昆都不可能兴旺发达。因此，每家每户每年都要祭祀火神。过去，在腊月二十三晚上、除夕夜都要祭祀火神。

斯琴掛萨满说，萨满人“斡米南”的话必须祭祀火神！祭祀火神的目的，就是祈福每个人吉祥如意，牲畜满院，生活富裕。因此，萨满在祭祀火神时要唱祷“平安，健康，吉祥，顺利，福气，富裕”，等等。

祭祀火神的供品有酒、奶制品、奶油、点心、饼干、肉，小型仪式放羊胸脯、肥油、用大米煮的“拉里”。祭祀火神及日常生活中的禁忌是不能把火、“火神”弄脏，不能往火里投放葱、蒜等有味的东西和肮脏的东西，必须保持火种、“火神”洁净。

---

① 西额·奎力浅（/ʃi’ə kuiliʧen/），敖拉哈拉奎力浅的分支。

② 库热浅（/kure:ʧen/），即敖拉哈拉库热浅。

傍晚大约6:30，天空已经开始淅淅沥沥下起了小雨，在主祭蒙古包外东南靠近纳文江不远处，点燃了一堆篝火，即将在这里举行祭火神仪式。斯琴掛萨满和沃菊芬萨满身穿民族服装，头戴萨满头饰，巴达玛、丁氏及其他徒弟们身穿民族服装，大家面朝东方站在篝火西侧，沃菊芬站在斯琴掛右侧，巴达玛站到左侧，丁氏则站到巴达玛左侧，孟玉金、孟孝瑞站在师傅身后。斯琴掛手拿一瓶白酒，向篝火中撒了一次，火势迅速增大，过了一会又撒一次，火苗又蹿高了一下。敖玉英端着一盘供品站在师傅身后。孟利州拿来一包供品后，斯琴掛开始击鼓唱歌，巴特尔从敖玉英手中接过供品盘子，站在斯琴掛左侧，敖玉英退后站立，沃热哈拉、李肯哈拉、郭博勒哈拉家族男子等人走过来，沃热哈拉家族男子首先从孟利州手中拿过塑料袋从里面取肉、奶制品、点心等往火里投掷，巴特尔从供品盘子里取食物投掷，大家纷纷上前取食物向火中投掷。

雨势大了起来，雨点越来越大，孟利州向火中敬酒，火苗“嗞嗞”作响向上蹿跳，斯琴掛喊“霍日耶！霍日耶！”大家跟着齐喊“霍日耶！霍日耶！斯琴掛再唱几句，喊“霍日耶！霍日耶！”大家又齐喊“霍日耶！霍日耶！”雨越下越大。人们纷纷向火中敬酒。

雨越下越大。斯琴掛唱祷完毕，斯琴掛、沃菊芬等面向篝火晃动神鼓，跪拜磕头，大家跟着跪拜磕头。然后，大家赶紧进到蒙古包了。雨越下越大，但火势依然很旺。

大家进到蒙古包后，雨势更大了，听到“哗哗哗”的雨声。之后，蒙古包顶部通风圆孔上覆盖的苫布都被掀翻了，大雨哗哗地流进来，仪式主办家族赶紧组织人员里外修补苫布。大雨瓢泼一样地下了半个多小时，待雨势稍小并渐渐停歇的时候，大家发现篝火还在熊熊燃烧。大家感到十分惊异！铁林解释说，火神在和雨神较量，任凭你下多大的雨，都浇不灭我！

（七）2011年7月21日上午的仪程

第三天上午，为“怀玛日·巴日肯”献牲红色公牛；给“托若·巴日肯”磕头；祭祀“怀玛日·巴日肯”，歌舞愉神；“怀玛日·巴日肯”、“托库仁·敖拉·额金”先后降临，为族众宣示神谕，提出警示、忠告和注意事项，并为莫昆家族和族众祈福；为领祭萨满的其他徒弟、为陪祭萨满提供请神降临的场所和平台；主祭萨满家族“祖先神”降临，做仪式小结。

33. 为“怀玛日·巴日肯”献牲红牛

上午9点，雨后的早晨，天空并未放晴，不过仪式场地空气清新。场地东面的纳文江水自北向南缓缓流淌。仪式场地外，蒙古包后面的水中有一个小孤岛，岛上栽种了许多白桦树，中间有一颗大树，树上系着一个红色布条、一个蓝色布条。

主祭蒙古包门口已经燃起一盆桑烟。萨满的家人和助手们在主祭蒙古包门口外面东侧火堆上烤神鼓。

主祭蒙古包内，斯琴掛萨满和沃菊芬萨满在助手们帮助下开始穿萨满服。巴达玛穿萨满服、丁氏穿民族服装。穿好萨满服，斯琴掛面朝主祭供桌击鼓，然后带领众徒弟和助手一起往外走，来到主祭蒙古包外西北空地，帮手们已经将献给“怀玛日·巴日肯”的红牛牵出来等候在那里。

从左到右依次是丁氏、孟利州、巴达玛、斯琴掛、沃菊芬，几位萨满共同击鼓，斯琴掛唱神歌：“沃热哈拉的‘怀玛日·巴日肯’，献给你的红牛在洁净，我们在祈祷，沃热哈拉属猪的孩子、属羊的萨满、属鸡、属龙的人，你的子孙在给你三岁的红牛。”助手用一盆桑烟熏红牛，唱毕，斯琴掛抓一把大米撒在红牛身上，沃菊芬用神鼓鼓槌触碰了一下红牛的额头，巴特尔把牛奶撒到红牛身上，斯琴掛一再嘱咐宰杀献牲的规矩。牛被牵走到餐厅与厨房之间宰杀。

斯琴掛、沃菊芬、巴达玛等众人回到蒙古包休息。

后院宰杀献牲的三岁红色公牛。巴特尔嘱咐，要骑倒红牛，不能用绳索绊倒。按照规矩，要由9个年轻男子一起骑到红牛背上，把红牛压倒，再行宰杀。9个家族年轻男子几经周折终于把红牛骑倒在地，宰杀红牛。

34. 再次举行“达日卡贝”仪式，给“托若·巴日肯”磕头

主祭蒙古包内，再次举行“达日卡贝”仪式，有前两天磕过头的人们

再次磕头的，也有今天刚刚来磕头的。斯琴掛、沃菊芬、巴达玛、丁氏及斯琴掛众弟子仍然像之前一样坐在“室内托若树”左右和后面，接受大家的跪拜，斯琴掛依然唱歌敬告“托若 · 巴日肯”磕头者的姓氏莫昆和属相。

大约上午 11 点天空又开始下起小雨。助手们割下献祭红牛的牛头并与四蹄以两指宽的牛皮条相连，放在主祭蒙古包西南方向搭建的柳条架上，还有一小段主动脉、一小块肝和肺都放在柳枝架子上。后面的厨房开始煮献牲红牛牛肉，祭祀仪式尚未开始。沃菊芬出来转转、查看一下，发现场地周围有些旗子倒了，就让子侄们扶起来，说别让人踩了。

35. 斯琴掛穿萨满服、唱《请神衣佑助歌》、戴“阿巴嘎拉岱”面具，沃菊芬穿萨满服，巴达玛穿萨满服

牛肉快煮熟的时候，主祭蒙古包内，斯琴掛萨满、沃菊芬萨满、巴达玛萨满在助手们的帮助下开始穿萨满服，丁氏穿民族服装。斯琴掛边曼舞边唱“请神衣佑助歌”，然后助手为其带“阿巴嘎拉岱”面具。

36. 领祭萨满斯琴掛神灵附体

室外，红牛已经煮熟，按照站立着的牛的样子摆放在另一个柳条架上，两个柳条架的南侧地上重新铺好了地毯。斯琴掛在助手扶持下走出蒙古包，后面跟着沃菊芬、巴达玛和众徒弟、助手，一行人来到“室外托若树”和红牛南面之间的地毯上面北站立，共同击鼓，斯琴掛开始唱歌：“德比三，德比三，德，德比三。”没唱几句，斯琴掛进入神灵附体状态。助手们扶持她就座在板凳上。沃菊芬不断击鼓，直到斯琴掛开始击鼓唱歌：

> 哎，德比勒，德比勒，德比勒；德比勒，德比勒，德比勒。哎，金色山崖背脊上，长满了散发香味的檀木；鸟巢中的蛋破壳而出，在山崖的背脊上。羽毛渐渐丰满，羽翼日益强壮，鸟儿一天天长大，脖子上挂着铜铃，到来了，下来了。

巴特尔说，大家都在磕头呢。是“怀玛日 · 巴日肯”到来了，斯琴掛神灵唱自己的来源和经历，然后，要酒喝，要烟抽，一直唱自己的经历，艰难历程。

第一，斯琴掛神灵找主祭家族沃热哈拉的人氏告知。

你用肩膀攀爬着来了，立起达斡尔的“霍卓日”，把道路变得通畅，帮助民族同胞。沃热哈拉属猪的小子，我要喝你的酒壶中的酒杯中的酒，抽你的烟袋锅里的烟。（被叫者敬献白酒，为斯琴掛点上烟袋锅装好的烟。）你的这个烟袋锅不是带烟嘴的呀，不是带烟嘴的也罢。用肩膀勉力前行，扶坐起原来的“霍卓日”的时候，你一直在帮助民族同胞。属羊的姑娘和属猪的小子，我因你们而高兴啊！在你们的好日子里我进来了。既然来了，我想让你们知道几句话，我自己的身体也想让众多子孙们知道。

接着，怀玛日·巴日肯讲述了自己的来历和经历：

“霍卓日”，我告诉你们……用红色松木做的座位，九次被天上的雷击中。我跟着黄色的江水下来的，在地方的水土中行走的时候，偷偷地行走的我的身体，我来到索伦、达斡尔人的地方的时候，我跟着“格日勒”，当他坐在西炕的时候，我得到了“怀玛日”① 的名字。（众人应答，嘛！）我以这个身体出来的时候，大家聚在一起的时候，东南方向能看到大海。……我进到达赖喇嘛的外屋了。（众人应答，嘛！）我捣乱着行走的，我在皇上的宫殿里大声地喊叫。……我坐下来。（众人应答，嘛！）我成为有三个“特格”的神灵行走。……我的这个身体进入达斡尔族，成为“怀玛日·巴日肯”，得到你们的“太提”的“旭特勒”，和你们的“太提”一起行走的我的身体，我穿着好看的绸缎衣服，穿着7种颜色的衣服，看着看着我高兴啊！我的这个身体到“巴特恩”地方，敖拉哈拉叫作“达·巴日肯”。（众人应答，嘛！）在莫力达瓦地方我成为“怀玛日”坐下来，帮助民族莫昆行走的我的身体，按照原来的规矩行走。今天，你们大家相聚而来，我在问，你们大家都好吗？（众人应答，我们都好！）向你们问好以后，我接着说吧。

属牛的小子让我高兴不已，祝愿你健康长寿！帮助众多民族同胞

① 怀玛日（/xʊajmar/），即怀玛日·巴日肯（/xʊajmar barkən/），或怀玛日·查（/xʊajmarʧa/），神灵名称。

的你的身体，我挪开你的疾病，祝愿你得到“阔托日 · 博音”，托子女的福你会得到“阔托日 · 博音”。众多民族的“巴日肯”高兴地坐着呢。我知道你的原来的“霍卓日”，你要丢掉你委屈的心情，不要和不明事理的人较真，你要压制一些你的怒火，祝愿你没有疾病！祝你健康！我会不断给你积攒汇聚你的“阔托日 · 博音”，你不要委屈着行走。

属鸡的沃热哈拉的小子，孙子辈的小子，我要喝你献的酒壶中的酒，告诉你几句话。(男子献酒。) 你心灵正直，心意诚挚。你的这个身体有病坎，结冰时节你要注意，你要按照“霍卓日 · 巴日肯”告诉的喝点药，已经告诉的药我就不再说了。你要注意身体，冬天结冰的时候，乘坐黑色车辆出门的时候不要和属兔、属龙、属虎的人一起出去，车祸的坎儿虽然不是你的，你也会背负别人的磨难。我在告诉你。

沃热哈拉属牛的小子，喝了你献的茶告诉你几句话。属牛的小子不在吗？(助手说，给告诉吧。) 好日子里你来了，我特别高兴啊。(男子前来跪拜，他的妻子女儿一齐跪拜。) 你的这个身体在八月初四、初七，不要参加 8 人聚会的酒席，腊月不要去有人倒下死去出现尸骨的地方，酒桌之上要约束自己少喝。你的这个身体有病坎，你要给“祖先神”磕头，让“霍卓日 · 雅德恩”给你做 21 天的“泰日米特 · 切”喝。偶尔你浑身没劲，胸闷，心慌，头晕，眼花，你后背疼，心脏血液流动缓慢。你要挪开你的病坎，你要到官家医生那里吃药。你要少喝酒，你要注意身体。你的属虎的儿子，八月十一不要和属狗的、属猴的人一起乘车去北面，那样会有口舌之争、刀刃之祸。你要进到“阿日善”里洗洗，到沃热哈拉的“阿斯朗”下面穿过，挪开你的坎儿。我在告诉你。

属龙的小子、属牛的姑娘、属蛇的姑娘，我在叫你们。属龙的小子，我要喝你献的茶。属蛇的姑娘在吗？你的态度强硬我就不说了，你的口舌我也不说了，你总是心里烦闷，别人说的话你也不听，特别倔强。你也不说，实际上不是那样，你有想到“祖先神”的时候吗？我在问你，你挣到钱的时候给你的“霍卓日·巴日肯”敬洒过一次吗？你的这个身体在草木发黄的季节，九月二十二，你有大坎，夹杂到别人的口舌之祸，要破费大量钱财，你不要去出血的地方，也不要去锯树木的地方，不要吃野生动物的肉，你要惹上磨难呢。你要注意口舌，注意不要卷入别人的口舌之祸，要损失大量金钱呢。你要进到“阿日善·阔托日”①里洗一洗，你要给“霍卓日·巴日肯”磕头。你如果挣到钱了，哪怕是供奉一杯酒给“霍卓日·巴日肯”也好。明年龙年艰难，五月初五要给“奴吉日·巴日肯”磕头，要在纳文江、诺敏河放生活鱼。使道路变得清白，让沃热哈拉的“霍卓日·雅德恩”给你修路。

属牛的姑娘，我要喝你献的茶，告诉你几句话。(年长女子献茶。)你给老人送终了，收了老人的“博音·阔托日”。你从远方来到这里，“霍卓日·雅德恩”“竖立托若树”的时候，你来给“巴日肯”磕头，我高兴。你的身体在冬天的三月份有点病坎，你要给“霍卓日·巴日肯”磕头，给“罗松·敖包”敬洒，让你的“霍卓日·雅德恩”给你修路，你要拿回7天的“泰日米特”干净身体。我的属鼠的女婿，八月十八不要去东南方向，你要给他修路。你有属虎的儿子吗？有属鼠的儿子吗？十月十三不要坐车出门，求一求“霍卓日·巴日肯”，你要给他们修路，在公家地方工作，要卷入别人的口舌是非，给他们修路，让他们从口舌是非中躲开。我在告诉你。

我的属龙的孩子来了吗？你要注意身体。你要进到“阿日善·阔托日”里，从“阿斯朗”下面穿过。九月十二、十三不要去南面。“吉勒·斡日特乌·霍恩”(迎接属相年，指进入本命年)②你有病坎儿，有财坎儿。我在告诉你。你要让你的“霍卓日·巴日肯”高兴，你要

① 阿日善·阔托日(/arʃan kʊtʊr/)，即“阿日善”圣水。

② 吉勒·斡日特乌·霍恩(/ʤil ʊrtʊ xʊŋ)，迎接属相年，指即将进入本命年。

给你的“敖包 · 敖拉”敬酒，到敖包山捡 7 种植物和冰糖、红枣一起煮，用 7 个泉眼的泉水煮着喝，让你的“霍卓日 · 雅德恩”给你修路，汇聚你的“阔托日 · 博音”。

第二，斯琴掛神灵找郭博勒哈拉人氏告知事项。

郭博勒哈拉属虎的孙子重孙，喝了你献的酒，告诉你几句话。(小伙子献酒，跪拜磕头。)“嘎胡查 · 爷爷”下来叫你的时候，你不在。知道你的心意真诚，得到你的猪羊，我要告诉你我的高兴的心情，好日子里我进来了、到来了，告诉你几句话吧。告诉你在兔年的坎儿，给你渡过的办法，告诉有关你的事情。八月十一，不要与属蛇、属虎、属猴、属马的人坐车一起出去。你要注意口舌，得到黑色的东西不要拿进屋子。今年，你的身体有点坎儿。郭博勒哈拉高兴，鄂嫩哈拉、沃热哈拉高兴，约束着高兴着，从旁边照看你，像看待自己的孩子一样，看到你的坎儿，告诉你几句话。你的真挚心意我就不说了，十月十九、二十七，你要从口舌纷争中躲着走，否则你会背负别人的苦难。你要给“霍卓日 · 巴日肯”磕头，把你迈过的道路变得顺利，你到达的地方给你弄明亮，给你修路。43 岁以后你的“阔托日 · 博音”会与日俱增，你不要觉得委屈，给你汇聚“阔托日 · 博音”，是你的时候就会给你。你要压制一些你的怒气，你的心肺都热，你的胃也热，这些热往上出去的时候，你的头会发蒙，你要到官家医院喝药。我会一直给你修路。我在告诉你我高兴的心情。

第三，斯琴掛萨满神灵回答鄂温克族杜拉日哈拉人氏所问事情。

问过的人给告诉一下吧。杜拉日哈拉属龙的人，在吗？你在公家工作，你带着真心诚意来了，我说一说我高兴的心情吧。杜拉日哈拉属龙的姑娘在吗？我在问。(助手说，没来。)告诉她几句话吧。你的这个身体，在公家工作得到晋升，你要好好走“巴日肯”道路，你要让“霍卓日”们高兴，迎接本命年的时候你有一些坎儿，你要把坎儿挪开，虽然坐在公家当着官员，你要注意口舌，你的这个年龄还小，虽然你的血清，虽然你在升迁，你要帮助民族莫昆，你要叫醒你的原来的“霍卓日”。十月十三，不要乘坐飞机，你要注意口舌。你会得到“阿勒腾·索罗”。你在给鄂嫩哈拉、沃热哈拉的“霍卓日”磕头，我们高兴啊！

在公家学了本领的属羊的姑娘问事情了，再说一说来到的巴日西小子。（大家一时不知道在找谁？斯琴掛又唱道，）姓圆的属羊的姑娘，自己问完忘了吗？（找的是来参加调研的博士、硕士学生。姑娘磕头。因为问事者都是汉族不懂达斡尔语，所以，斯琴掛萨满神灵同时也是在对助手说话，要助手翻译给他们。）你虽然学了文化，你向“巴日肯”求问了，我给你解释一下。尽管你有知识和文化，我还是给你解说一下。有一个脸色白净高个子的小子对你有情意，你跟人家开玩笑，没有看上他，另有一个跟你一样面色发黑的姑娘，跟你一起交往的姑娘，在中间说话最终把你们分开了，那个脸色发白的小伙子有些委屈地离开了。你到33岁的时候会遇到你的伴侣，你的年龄现在也不大，有一个年龄大些、脸色有些发黄、爱喝点小酒、满腹学问的人中意于你，（合适与否，）你自己知道吧。

姓于的属虎的重孙小子，问父亲的事情。（小伙磕头。）在公家单位，有一个年轻人，与一个女子来往，一起做了手脚，使得你的父亲在公家地方被口舌是非打倒。（助手问，你爸打官司哪？小伙点头。）你问了，我给你告诉一下吧。你对“祖先神灵”还是有些信的。你们上代的上代有家谱……（助手问，你家有家谱吗？小伙点头。）你家的“敖雷·巴日肯”、“奴吉日·巴日肯”很有怨气，年轻的男子嘴快，形势艰难的时候，和那个女子联合起来想着能够得到钱财告了他（小伙的父亲）。供上家谱，给“祖先神”、“山神”、“蛇神”磕头，修修路，这个官司能赢。即使这样，他的父亲有病灾。日过晌午了，你们不要再问了。你们再问后面的“翁果日”吧。

助手把小伙拽起来。巴特尔说：“跳舞！”斯琴掛萨满神灵并未马上离开，而是找敖拉哈拉人氏告知事项。

我告诉一下敖拉哈拉登特科莫昆属猴的女孩。（被叫者跪拜磕头。）

你的登特科“巴日西·太提”着急来到了，帮助你，给你托梦。要是能让你的“翁果日”进来的话，神灵会高兴，一会你要试试让你的“翁果日”下来吧。你的道路没有变得更加明亮，你要是得到一些钱财，你要让你的神灵高兴。你要是多多走你自己的道路，龙年你(的道路)会向上晋升。不要太操心。你明白了吗？你的这个身体要喝点药。

然后，斯琴掛萨满神灵说：“让我的九个男孩、九个女孩跳舞吧！”巴特尔喊：“跳舞！”

斯琴掛还在唱：“沃热哈拉属猪、属羊的孩子……”然后开始慢慢击鼓慢慢说，“九个男孩、九个女孩跳舞，你们要大声唱歌。”沃小军喊：“跳舞了。”手风琴伴奏声起，年轻的9个男子9个女子开始围成一圈跳达斡尔民族舞。达斡尔族歌手唱达斡尔族歌曲。铁林及沃热哈拉的子侄们带领大家一起跳舞。沿着顺时针方向围着献给“怀玛日·巴日肯”的供品、两个柳枝架子及上面的牛肉、牛皮、牛头等。鄂温克族歌手加入到唱歌队伍中。巴特尔喊：“大点声！”达斡尔族歌手继续唱达斡尔族民歌。斯琴掛一直敲击神鼓，神灵并未离开。

37. 主祭萨满沃菊芬神灵附体

歌声和舞步尚未结束，沃菊芬起身急促击鼓、神服铃铛“叮当”作响，跳跃了几下就倒地打滚，她的神灵下来了。斯琴掛神灵离开。家人和助手将沃菊芬扶坐在凳子上，沃菊芬开始击鼓唱歌“伊勒阿[①]，伊勒阿……”唱完击鼓说道：

代代跟着沃热哈拉，我是“托库仁·敖拉·多罗·代讷乌音”。

第一，沃菊芬萨满神灵表达喜悦和感谢的心情。

孙子重孙们“竖立托若树”，我高兴地来了，听到唱歌，我高兴地下来了。我的子孙们还是过去的达斡尔人哪。“竖立托若树”我高兴。我感谢鄂嫩哈拉“霍卓日·雅德恩”，我感谢李肯哈拉“霍卓日·雅德恩”。今天，我感谢所有从远方来的人们。你们的道路都会变好。

---

① 伊勒阿（/iləʼa/），花，花儿。

我的孙子重孙“竖立托若树”，你们来了，我高兴啊！这么多“霍卓日”来了，“霍卓日·雅德恩”，“雅德恩”，你们都来了，我高兴！我感谢你们！

第二，沃菊芬萨满神灵接着找主祭家族沃热哈拉的人氏告知事项。

我要找属猪的孙子重孙，喝你献的白色牛奶。（被叫者献牛奶。）你小小的身躯，学业也没有完成，不过，今天你“竖立托若树”了，领着“霍卓日·雅德恩”走，我高兴！我不断地感激！你把我的“翁果日·库钦”都请进来了，我高兴。我的子孙们多得是，我的“莫昆·库热”的孩子们都来了吗？（助手回答，来了。）我的民族同胞都来了吗？（助手回答，来了。）不是民族的人们你们也来了，我高兴，我向你们问好！

今天，你“竖立托若树”呢。人们都下来说话了，我说我最后下来说话，我想找我的孩子们，把没做的（事情）做完了，众多的“霍卓日”不是都下来找人告诉了吗。你们都记下来了吗？（助手回答，记下来了。）你要注意身体啊，即便你想管孩子们，也别太使劲、太操心，各人有各人的命运，各自按照自己的道路生活。他们要是好好供奉自己的“霍卓日”，道路会慢慢变好的。

第三，沃菊芬萨满神灵找莫日登哈拉寿儒托日苏浅人氏告知事项。

我要找莫日登哈拉寿儒托日苏浅属鸡的孩子，喝他献的白色牛奶。（助手代献牛奶，找的人不在。助手说，您给告诉吧。）你占据着“太提”了，你回来的话要好好给我的“敖包”供奉，呼唤着“哈德·巴日肯”[①]好好敬洒，那么，你的道路会更好吧。你的身体有坎儿。九月初九你不要出家门坐飞机走，那样，你的坎儿大。你的腰闪了，你要给“敖包·敖拉”敬洒牛奶、敬洒酒，给“托库仁·敖拉·额金”敬洒，原来我不也曾经坐在“寿儒托日苏”了吗。

第四，沃菊芬萨满神灵找满那浅人氏告知事项。

---

① 哈德·巴日肯（/xad barkən/），山崖之神。

满那浅属狗的孙子重孙，我要喝你献的白色牛奶。（助手代献牛奶。）你说要帮助民族一直在努力，你想着要把“莫昆·库热”扶起来努力呢，你说要把被压着的民族扶起来不断攀登，但是还是得不到好话。你要好好压制自己的脾气和性格，那样，我的子孙们都会好好看待你。按照道理，我的子孙们应该好好感激你。跟我的那些什么也不知道的麻木的子孙们不要置气，你们要好好迈着民族的步伐。你们呼唤我的“托库仁·敖拉·额金”我就会不停地给你们修路，我会不断帮助我的民族的孩子们。

第五，沃菊芬萨满神灵找敖拉哈拉拉力浅人氏告知事项。

我找拉力浅属鸡的孙子重孙，我要喝你献的有颜色的酒。（被叫者跪拜，敬献红酒。）你占据着有水的地方做领导呢。你掏开我的血管养鱼呢，你要不断供奉你的“罗松”，你挖土的时候要不停地敬洒牛奶。任何时候，初七、初九、十九、二十九，你要找人给鱼放生，你要在纳文江放生，诺敏河也要放生，那么，你的道路会好。

第六，沃菊芬萨满神灵再找沃热哈拉子孙告知事项。

我要找沃热哈拉属牛的孙子重孙。（助手喊人，男子跪拜磕头。助手说，磕头呢。）我想喝你献的有颜色的酒。（被叫到的人敬献红酒。）你的身体有不适吗？你的头老是疼吗？你的眼睛闪光吗？你的膝盖寒凉吗？你的肚子经常肿胀吗？你的血液肿胀吗？你要吃点官家的药，你要让沃热哈拉的“霍卓日·雅德恩”做“多姆勒”拿回去。你要敬洒牛奶、敬洒酒。你要是呼唤“托库仁·敖拉·额金”都能帮你。原来的原来，你的上代的上代，到过“托库仁·敖拉”①底下，所以，领着“博迪额”回来了，没给我的“敖包”、我的“罗松”敬洒，水都没敬洒，牛奶、酒都没敬洒。他嘴硬，老和别人辩论，所以，领着“博迪额”回来了，没被“巴日肯”选中，被“博迪额”跟上了。你要好好给“托库仁·敖拉”敬洒，那样对你的子孙都好。

① 托库仁·敖拉（/tʊkrən aʊla/），托库仁山。

我有属龙的孙子重孙。(男子跪拜磕头。)我要喝你献的有颜色的酒。(男子献红酒。)你的道路开始要正确了,"敖包·敖拉"都帮助你。你在做"混奴日·巴日肯"的屋子呢,你的地方"卡腾·比辛"[①],因此你要不停地敬洒牛奶、敬洒酒,只要你去就敬洒牛奶、敬洒酒,然后再去。经过"卡腾·嘎吉日"[②],你要敬洒牛奶、敬洒酒,那么,你不会被"外面的"附着,道路会好吧。给你干活的人当中有一个属龙的,脸有点黑,个头偏矮,那个人你一定要密切注意。你到我那里做"多姆勒",那样,他的坎儿会渡过吧。那个人你无论如何要好好看着点。

第七,沃菊芬萨满神灵告诉完应该告诉的那些子孙们,允许其他想问事儿的人们提问。

我的孙子重孙多啊,不过,这么多"霍卓日"下来了,该告诉的都告诉了。因此,外面的想问的就问吧。我高兴地下来的,你们给"托若·巴日肯"磕头的时候,我都没有记住你们的哈拉—莫昆。不过,这么多"巴日肯"都分着记下来了。

有一个女子跪拜问事。助手转告说是莫日登哈拉阿拉克昌莫昆属鸡的要问疾病。沃菊芬萨满神灵问:

你的头老是疼吗?你的心脏感到憋闷吗?你有一些要吃药的疾病。你是应该给"巴日肯"供奉的人,你要好好供奉你的"巴日肯",你要好好给你的"敖包·敖拉"敬洒。你给你的"巴日肯"供奉的话,你的道路会好吧。

第八,沃菊芬萨满神灵再次找沃热哈拉子孙告知事项。

沃热哈拉我有属牛的孙子重孙。(助手问,是找孙女吗?)我要找我的孙女。(中年女子跪拜磕头。)我要找属蛇的重孙女。我要用白水给她们"泰日米特"。你在背负苦难走呢。你的道路我用白色的泉水

---

① 卡腾·比辛(/katəŋ biʃin/),意为不够坚硬、不够强大。

② 卡腾·嘎吉日(/katəŋ gadʑir/),艰难的地方。

给你敬洒一撒。（沃菊芬喝了一口矿泉水，喷洒在母女的头上和脸上，然后击鼓说：）你们的疾病祛除，苦难挪开。百天还没过，你们背负着苦难走呢。因此，我把你们的苦难挪开。

第九，沃菊芬萨满神灵接着回答其他求问者的疑惑。

莫日登哈拉属鼠的人问事。沃菊芬神灵问：“你是问属兔的孙子重孙女吗？”（女子赶紧上前跪拜。沃菊芬接着击鼓说道：）你的那个孩子在公家工作吗？“巴日肯”要好好供奉。属兔的重孙女九月有大坎，你不要把她从公家领回家，你要好好给你的“霍卓日·巴日肯”供奉，不断地祈求，朝她所在的地方不断敬洒牛奶，那么，她的坎儿会渡过吧。你这个孩子按照原来的传统应该是走“雅德恩”道路的人，因此，到现在她身体都备受折磨。你们信的时候信，今天立这个神，明天迎接那个神，因此，你们的“祖先神”不敢坐呢。你的“霍卓日·巴日肯”原来不是都有本事吗？所以，现在什么都知道，今天我“竖立托若树”，她都知道。你今天早早来给我的“巴日肯”磕头，我高兴。你们的疾病都将祛除，你们的磨难都会丢掉。

铁林代女子问动土之事。沃菊芬萨满神灵问：

是往西北方向吗？是指向山的西北方向了吗？（问事者跪拜。）那个地方要以大的（牺牲）供奉。那不是省心的地方，那个地方破坏的话要出事，是踩着诺敏河水的山脉。供黑猪头求一求试试吧，然后，再动土。你在西北方向有公职吗？你的路不太好，你要不断地修路，你在合适的时间得到了你的位置。你问什么？你的道路有些差，有口舌是非，所以，你要不停地做压口舌的东西。

铁林代问：“你的属龙的子孙问事，问有关孩子的事情。”沃菊芬击鼓问道：

你们是梅森浅①吗？“梅森·太提”你们好好供奉呢吗？“敖包·敖拉”你敬洒牛奶了吗？你的心脏放什么了？你那个心脏疾病都

① 梅森浅（/məjsənʧen/），指金肯（金齐里）哈拉。

不必放东西。你现在放的好吗？一阵一阵你的心脏憋闷，你的血液往上涌，你（心脏里面）放的东西好吗？你要好好求着“梅森·太提”，回去不断求自己的“莫日登·太提”，各自求自己的“霍卓日·巴日肯”，那么，你的疾病会好吧。好好恳求。你老是被弄脏，你老是被别人的话语捎带，你的道路被弄脏了，今天信，明天（不信）则乱说话。道路不再被弄脏的时候，汇聚“阔托日”以后，“巴日肯”就进到你们家里了，你们的疾病会减轻吧。

铁林代问拉力浅女儿求子之事。问事女子女婿上前跪拜。沃菊芬萨满神灵问：

是华日额浅[①]吗？（铁林代答，是。）只是“腾格日·娘娘”吗？你们家有“乌西”吗？（代答，有。）有“乌西·娘娘”，是“西额·娘娘”、“乌其肯·娘娘”，“西额·博勒乌松”、“乌其肯·博勒乌松”，“奥米·娘娘”、“东·娘娘”，你们家的娘娘是这样的。“奥米·娘娘”有五个小孩吗？你家的娘娘有一个“乌音”[②]，你们要不断求“奥米·娘娘”、求“乌西·娘娘”，你的妈妈有“跟姑娘的娘家神”，你要求求她的“娘家神”，那么你会得到“奥米”[③]吧。（女婿问，去哪个方向吃药？）去南面。（女婿让铁林帮助问工作之事。）你想成为掌管公家的人吗？你的道路还没有非常正确，因此，你这事儿还不到时候。你先在你的道路上好好迈进，那么，你的道路会越来越好吧。

沃菊芬萨满神灵问：“你们还有要问的话吗？”

铁林代敖拉哈拉属蛇的小子问事。一个男子跪拜磕头。沃菊芬萨满神灵问：

你是哪个“爱里”（村，指莫昆）？（斯琴掛在旁边喊，登特科浅。铁林说，从南屯来的。）你是“华日额浅”吗？（男子磕头。）你的道路不是很好。你是想拍电影来的吗？你在博荣山的边上做吗？你在纳文江、诺敏河边上做吗？你给我的“罗松”敬洒水了吗？你敬洒酒、

① 华日额浅（/xʊar’əʧen/），即敖拉哈拉华日额浅。

② 乌音（/ujin/），姑娘。

③ 奥米（/ɔmi/），即奥米·巴日肯（/ɔmi njaŋnjaŋ/），奥米神，即奥米娘娘神。

敬洒牛奶了吗？我在掌管着纳文江、诺敏河坐着呢。到今天，你没有给我放（供）一个东西，你是想成就那件事情，还是不想成功呢？你要是想成功，你要给我的纳文江、诺敏河敬洒牛奶，放九层点心，放九层水果，放九只鸡蛋，放九层奶制品，然后，垫着你的长衫磕头，那样的话，会给你修路吧。沃热哈拉的“敖包·额金”你求了吗？你求地方神了吗？（助手说，他不知道，请您给告诉。）哪怕是一只羊，你们自己怎么能吃上呢?!“敖包·敖拉”的你们怎么没看?!你们好好敬洒，供一只白色的绵羊，求一求试试吧，那么，“噶吉日·额金”会答应让做吧。

铁林帮着杜拉苏勒萨氏问求子之事。击打一阵神鼓，沃菊芬萨满神灵说道：

“温杜斯”这个东西，都是有份额的，你们要不停地好好祈求“腾格日·娘娘”，你们的疾病要吃些药，那么你们会得到自己的“温杜斯”吧。份额这个东西，都是自天上有定数而来的，所以，你求的话会给你。你要是心意诚恳，你得到“温杜斯”不费劲。

你们要是没有问的话，时日变短的时候，到了我的民族同胞要进到“阿日善”里，从“阿斯朗”下面穿过的时候了。来的人们不要让人家的心情往后，让他们往前，把他们的苦难都给挪开，把大家的大坎化小、小坎化无，把他们的磨难去除，把他们的疾病丢掉。给大家修路，给你们汇聚“阔托日·博音”。“阿勒腾·索罗”好好进入（他们的头脑），教给他们思想和方法。

铁林赶紧代李肯哈拉属虎的人问事，一个中年男子前来跪拜。沃菊芬击鼓问道：

是李肯哈拉属虎的孙子重孙吗？（助手代答，是的。）你心里老是生气，老是委屈，你的血液往上流动，你老是生气。你自己有自己的“霍卓日”，原来不是给人看病来着吗？你媳妇把娘家的神灵拿回家供呢吗？（旁边家人代答，是的。）因此，你的“额吐温·太提”不答应呢。自己身上有“霍卓日·雅德恩”，为什么让“外面（姓氏）的（神灵）”进来？如果要“出（马）”的话，应该回到娘家“出（马）”。

你要是好好供奉自己的“霍卓日·巴日肯”的话，你的家可能要到离散的地步。因此，你的岳母的“霍卓日·雅德恩”让他们放到别的地方去。你们夫妇一直吵架过日子，你们这一辈子都在吵架过呢，你心里一直委屈。你把“巴日肯”给分开，你自己的“霍卓日·巴日肯”使劲求一求。……

说完，神灵离开，沃菊芬清醒过来。

38. 训练徒弟，敖玉英神灵附体

斯琴掛和沃菊芬让孟玉金、孟孝瑞等人带领敖玉英试请神灵降临，敖玉英神灵下来了。铁林等人劝说：“张开嘴给告诉吧。”沃菊芬击鼓助威，斯琴掛手执神鼓站在敖玉英前面，击鼓唱歌接引，敖玉英神灵哭诉：

今天我可生气呢，沃热哈拉“霍卓日·雅德恩”“竖立托若树”的时候，我高兴。我不好意思呢，“雅德恩”的道路找不到呢，孙女不行，我这么说，她那么想，我憋屈呢，蜷缩着走呢。

斯琴掛站着边哭边击鼓。敖玉英一直哭诉，说：“我心里可生气呢。”巴特尔、沃氏族人等劝慰。

39. 斯琴掛神灵附体

斯琴掛唱，大声说了几句，她的神灵就下来了。助手喊：“拿凳子来呀！”斯琴掛神灵大哭。是敖拉哈拉登特科莫昆的祖先神降临了。据说，因为这位祖先神所选之人不能体察其意，委屈、生气，直接降临到师傅斯琴掛身上一表心情。此时敖玉英已经清醒，大家赶快让敖玉英来磕头，敖智伟也跪下磕头，斯琴掛萨满神灵一直哭泣。

40. 巴达玛神灵降临

旁边，巴达玛站起来，击鼓转圈，她的神灵降临了。斯琴掛还在哭诉，委屈地哭诉，生气地哭诉。

巴达玛不停地击鼓，陈巴尔虎旗的人们在跪着唱他们的民族歌曲，意在接引巴达玛的神灵开口说话。巴达玛却一直哭，跪唱的人们也跟着哭泣。

41. 孟利州神灵降临

巴尔虎蒙古族的歌声中，孟利州起身开始转圈，转了几圈，他的神灵降临了，铁林扶其坐下。

斯琴掛神灵此时也已经离开，她手执神鼓走过来，看着巴达玛。巴达玛只是不断击鼓，不说话，任凭人们在边上唱歌。最后，斯琴掛在巴达玛脸上喷了一口酒，巴达玛停止击鼓，回过神来。

42. 主祭萨满沃菊芬神灵附体

沃菊芬神灵降临，助手赶紧拿来牛奶沾了沾她的手指，并为她擦汗。沃菊芬开始击鼓唱歌：

迪古迪古迪古呀，迪古迪古迪古呀，迪古呀，迪古呀，迪古迪古迪古呀。（然后由唱转说：）一代接续一代，承继而来，尼日耶浅原来的“敖包·额金”我来了。见到了我的孙子重孙们，我高兴。“竖立托若树”的时候，我早早就来等着了，我说我要见见我的孙子重孙们，一直坐着等着了。

沃菊芬萨满神灵首先找莫日登哈拉尼日耶浅人氏：

（居住在）尼日耶（指尼尔基镇）属狗的西博奇浅，我要喝你献的有劲的酒。（孟氏弟子一上前跪献白酒。）从前，我占据着尼日耶的地方，我占据着“多罗·莫日登”的地方，山崖之上我有座儿，草地河滩我有路。孙子重孙们“竖立托若树”的时候我都见到了，我高兴。时日虽短，我还是想见到我的孙子重孙，和他们说三五句话。

莫日登哈拉属虎的孙子重孙，我要喝你献的有颜色的酒。（中年男子跪拜，铁林代献红酒。）你在给“敖包·敖拉”供奉呢，“西额·莫日登”你们原来不也是有“萨玛仕克”的“西额·雅德恩”吗，你要好好修路。你来给“托若·巴日肯”磕头，你是怎么想的呢？你的坎儿我能挪的都给你挪开了，不过，八月十七你不要去北面的角落，那样，你有坎儿。

尼日耶浅属猴的孙子重孙，我要喝你献的白色的牛奶。（孟氏弟子二敬献牛奶。）你抓着自己的道路“出来”的。你虽然出自“梅森·太提”，你还是把“莫日登·太提”抓在首位走呢。你占据着我的“敖包·敖拉”走呢。你的手指有“多姆”吗？你在走你的“巴格其”道路吗？

我有属鸡的孙子重孙。（孟氏弟子三上前跪拜磕头。）你们说要占据“尼日耶”这个地方走呢，你们都得到我的道路走呢，你们给我的孙子重孙们思想和方法了吗？你们告诉那些知道者、能耐者事情了吗？你们要帮助民族啊！你们要帮助莫昆啊！你们要多多帮助那些有难处的人们！你们三个占据着“尼日耶·哈德·额金”①，你们哪一个迈过了8个门槛？你们进了5个莫昆吗？今天，说你们已经出（马）了，我才说这么多话。我要是被沃热哈拉供奉，我就能够在沃热哈拉下来，告诉沃热哈拉人们事情。所以，既然你们已经“出马”，可是你们又不下来说话，我不是生气吗。（铁林说，您别生气。）时光短暂，到了下午要进行“阿日善”的时候了，因此，有要问的人们，我会给他们告诉。你们要给那些在官家做事的人们增添思想和方法，“阿勒腾·索罗”我会好好告诉他们。

接着，沃菊芬快速击鼓，身体左右晃动。然后，对众多来人说道：

万千来人，你们都进到我的“阿日善”里面走走，我把你们的道路都变得明亮，我把你们的身体都弄得干净，我把你们的疾病都给甩掉。吃五谷米的人们难免会生疾病。但是，我要把那些“外面的”都给你们甩出去，有“翁果日”的人们我把你们的“翁果日”与你们的身体合一，让你们的大坎渡过，让你们的小坎化无，让你们都从坎坷里面出来，让你们的疾病都能祛除。我给你们修路，给你们丢下“阿勒腾·索罗”，你们要好好汇聚你们的“阔托日·博音”！我的民族同胞们，我的哈拉—莫昆们，你们要好好努力，好好占据着“多罗·莫日登”的地方，你们要好好帮助自己的民族！

说完，沃菊芬快速击鼓，神灵离开了。

43. 主祭萨满沃菊芬祖先神灵附体

紧接着沃菊芬祖先萨满神灵降临，唱道：

德古德古德古呀，德古德古德古呀，德古呀，德古呀，德古德古

① 尼日耶·哈德·额金（/nir’i xad ədʒin/），尼日耶山崖之主。

德古呀。阿日提·腾格日·阿米提贝，谢仁·腾格尔·谢金提贝，库克·腾格日·贵勒斯提贝，敖拉·哈德·扫德勒提贝。（然后击鼓说话，）一代又一代接续而来，沃热哈拉博荣凯亚“贵·雅德恩”我的身体下来了。我的孙子重孙们都来了，我高兴啊！今天“竖立托若树”的时候，是我的民族也好，不是我的民族也罢，你们的疾病我都给你们往外甩。因此，我的孙子重孙们，晚上喝完血以后，你们不要让多的血出来，车辆要注意好好驾驶，水边什么的你们也要注意。说到酒这个东西，也就是往嘴里倒的东西，喝了影响心智，思想和方法都会变弱。你们要少喝点酒啊！路上你们要好好走，一路平安！我的孙子重孙们，你们都来到我的“乌日翁·白特”，你们都要好好就座，各人都要管好自己，少喝点酒，可不要出现什么吵闹纠纷的事情。来到这里的我的孙子重孙们，我都会把你们的疾病丢掉，把你们的道路修好。今天，我们“竖立托若树”的时候你们来了，你们想的都对吗？像你们想象中的仪式吗？我在问年长的人们。（旁边众人，对呢。）我们的道路正确吗？（旁边众人回答，正确。）从今以后，我要给我的子孙们，给我的民族同胞们好好看病！（斯琴掛说，嗦！嗦！）为了自己的民族我会不断向前迈进！我的孙子重孙们，即使你们的身体不好，我也不会说你们不好，你们的“阿勒腾·索罗”我会好好地给你们。来的人们，只要你们求，我都能到达！所以，你们要好好记下来。你们要好好给我的“敖包·敖拉”敬洒牛奶。只要你们喊“博荣·雅德恩”①，我都能到达你们那里，把你们子孙的坎坷给渡过。我将会为国出力，帮助民族，约束自己的“莫昆·库热”。任何时候我都会告诉我属猪的孙子重孙，要和鄂嫩哈拉的“霍卓日·巴日肯”、“霍卓日·雅德恩”肩并肩前行。希望你们的道路任何时候都越走越宽阔，李肯哈拉的子孙越来越繁盛，多多汇聚你们的“阔托日·博音”，你们的道路越来越好！（斯琴掛回应，嗦！嗦！）外面的国家你

① 博荣·雅德恩（/boːroŋ jad'ə/），指博荣凯亚贵·雅德恩。

都出去走呢，为了自己的民族，你不断在攀登。（斯琴掛回应，嗻！嗻！）祝愿你的寿命越来越长，你的子女身体越来越好，你的属虎的孙子重孙得到孩子！（斯琴掛回应，嗻！嗻！）时日变短，到了我要散去的时候了。我的孙子重孙，你们是高兴呢，还是生气呢，我想问问。（沃菊芬家人说，我们高兴呢！）你们是不是想着来看看热闹、吃喝玩乐的？（沃菊芬家人等回答，没有，没有。）对你们不是都有帮助吗？你们给“托若”磕头了的，还是没有磕头的，只要你们来到这个地方，我都给予你们帮助！

说完，沃菊芬身体向上跳跃了几下，祖先萨满“翁果日”离开了。

44.“霍日耶！霍日耶！”祈福仪式

紧接着举行分享“阔托日·博音”，即汇聚、分享“福气和财富”的仪式，我称之为“霍日耶！霍日耶！”仪式。

斯琴掛、沃菊芬、巴达玛身穿萨满服、头戴萨满帽，手执神鼓和鼓槌，面北站在供奉红牛的两组柳条架南面地毯上。主祭萨满莫昆家族男子站在斯琴掛、沃菊芬前面，双手端着一个大盘子，盘子上铺着一条黄色哈达，哈达上面摆放着几只碗，碗里装着牛奶。人们踩着泥泞，纷纷手捧食物和钱在沃菊芬、斯琴掛神鼓下触碰一下，以示分享了福气和财富，然后站到几位萨满身后，依然手捧食物在胸前。斯琴掛开始击鼓唱歌，沃菊芬、巴达玛、丁氏一齐击鼓，斯琴掛唱几句祈祷神歌喊几声“霍日耶！霍日耶！”人们跟着喊“霍日耶！霍日耶！”同时手捧食物顺时针画圆圈。斯琴掛再唱几句神歌，喊几声“霍日耶！霍日耶！”大家再跟着喊“霍日耶！霍日耶！”同时手捧食物顺时针画圆圈。这样连续唱、念、祷，直到斯琴掛萨满和沃菊芬萨满为大家祈福完毕，表达所有美好的祝愿和希望！

（八）2011年7月21日下午的仪程

第三天下午，主要举行“阿日善勒贝”圣水洗和“阿斯朗”萨满服之牛皮绳抽打仪式，为莫昆家族和族众洁净并祈福。仪式目的正如沃菊芬的萨满祖先神在象征性吃血仪式后总结中所说：“阿日善”洗的时候，我把你们的不好都给丢掉了，我把你们的苦难都给挪开了。给你们修路，让你们从“阿斯朗”下面走过，你们都向着绿色的道路走去，你们要像太阳一样闪耀着走！

45.“阿日善”仪式

“霍日耶”祈福仪式之后，萨满稍事休息。助手开始制作“阿日善”，意思是“圣水”或者“神水”。一个大铁锅里面放入9个鹅卵石,1个小铜镜，2勺黄油,2把“刚嘎草”,1袋牛奶，然后，用燃气烧开大锅里面的混合水。

与此同时，斯琴掛的弟子和沃菊芬的家人为大家熏香，洁净身体。因为来人太多，等待被熏香熏陶洁净身体的人们排成两队，一队由沃菊芬的两个儿子用小香炉为人们薰香洁净，另外一队由孟玉金拿着小香炉为大家熏香洁净。助手们嘱咐大家，熏完往前走，不能往后走。孟利州喊，熏完的到我这儿排队，站一排，这是等待被“阿日善”圣水洗的人群。

参加仪式的人们都来了，包括那些一直在干活、做服务的人们，厨房干活的，杀牛宰羊的，搬运物资的，等等，这样盛大的仪式、难得的好事，人人都不想错过，人人都想得到祝福和保佑，洁净、驱邪、去病、除灾、平安、健康，一切美好的愿望和祝福。人们被告知经过“阿日善”洗后3天不能洗澡。

“阿日善”水煮开了，萨满要为人们“阿日善勒贝”，就是用圣水洗的意思。男人都脱掉上衣光着膀子，女人也尽量脱去外套、露出胳膊和脖子，大家排好队等在旁边，近亲属、徒弟们站在最前面。斯琴掛、沃菊芬分立大铁锅的两侧，分别用新的锅刷子在大锅里沾沾“阿日善”水为人们掸水，斯琴掛同时唱歌，掸完水，斯琴掛还要举起神鼓在人们的头上晃几晃。人太多了，所以，萨满让大家每次分前后三排站着迎接“阿日善”圣水，萨满高举锅刷用力甩，每人的脸上和身上都被掸到水了。滚烫的“阿日善”圣水洒向人们的时候一点也不感觉烫。

46.“阿斯朗”仪式

“阿斯朗”是达斡尔族萨满神服“萨玛仕克”两侧悬挂的细长牛皮绳子，萨满与助手拉起的这个牛皮绳“阿斯朗”在经过的人们的后背按压或者抽打，就是“阿斯朗”仪式。据说，这也是帮助人们祛病除灾的一个重要方法。沃菊芬与长子一组在前面对拉萨满服两侧的“阿斯朗”，斯琴掛与儿子一组在后面双手对拉起萨满服两侧的“阿斯朗”，人们排成长队一一从沃菊芬和斯琴掛分别搭起的两组“阿斯朗”下面弯腰钻过，经过时，两位萨满用皮绳在经过者后背上按压一下，斯琴掛此时还要唱几句祝福的神歌。有些老者经过时，沃菊芬还用皮条抽打两下他们的后背。这时，老者就会高兴地说：“嚯！嚯！毛病都丢掉了！”

所有来人都经过了“阿斯朗”的按压或者抽打，轻松愉快，笑逐颜开。人们相信，经过这个仪式，他们都得到了美好的祝福和诚意的保佑，他们将平安、健康、富有、兴旺发达。

（九）2011 年 7 月 21 日晚上的仪程

第三天晚上，主祭萨满举行吃血仪式，主祭萨满莫昆家族“祖先神”降临，做三天仪式的最后总结。

47.“绰斯斡贝”[①] 吃血仪式

（1）准备工作

傍晚时分，天色已经黑了下来。主祭蒙古包内，斯琴掛、沃菊芬身穿萨满服、头戴萨满头饰，助手们把“室内托若树”下的供桌和供品一一挪走，准备进行主祭萨满的“吃血”仪式。孟利州端一大碗牛血进来。徒弟们、家人们、助手们纷纷开始穿民族服装，仪式即将开始。

开始排队，斯琴掛站在最前面，后面跟着沃菊芬、沃菊芬长子、巴达玛、孟孝瑞、孟玉金、敖玉英、娜仁格日勒、丽娜、斯布乐玛、丽娜的好朋友、嫁给鄂温克人的汉族女子、乌云、丁氏等。这支队伍由斯琴掛萨满的徒弟们和两位萨满的近亲属组成，队伍在“室内托若树”北侧与主祭供桌之间排成长长一队。

孟利州手里端着那碗牛血站在“室内托若树”南面，等待主祭萨满沃

① 绰斯斡贝（/ʧʊs ʊ:be/），指吃血仪式。

菊芬象征性饮血。利军抓着一对镲站在主祭供桌的西侧，等待萨满引领的人们转圈跑时间或击打。

（2）饮血仪式开始

准备就绪，斯琴掛开始击鼓，唱“德么扬古”神歌，助手们大声跟唱。歌声之中，利军间或打一下镲。唱了两句神歌，斯琴掛开始沿着“室内托若树”蹦跳着跑，后面长长的队伍跟着斯琴掛围着“室内托若树”蹦跳着转圈，先逆时针转，再顺时针转。转了一圈的时候，沃菊芬从“室内托若树”两棵白桦树之间的横木“特日肯”上方探出头喝一口牛血。然后，大家在斯琴掛带领下接着蹦跳着转圈跑，还是先逆时针转，再顺时针转。沃菊芬蹦跳着转到第二圈时又在横木上方喝了一口血。

（3）沃菊芬神灵附体

大家开始转第三圈的时候，开始喊“格古·格古”[①]、“德吉·德吉”[②]。沃菊芬蹦跳完第三圈的时候第三次象征性饮血，然后倒地打滚，她的神灵降临了。助手们把她扶坐在凳子上，把她的小拇指沾了沾牛奶，交给她神鼓和鼓槌，沃菊芬开始击鼓唱歌：

> 德古德古德古呀，德古德古德古呀，德古呀，德古呀，德古德古德古呀。（然后开始说话：）一代接着一代来的，我是沃热哈拉的“贵·雅德恩”。我的子孙们都来了，我高兴呢。今天，你们按照旧有的规矩做的“托若”，非常正确。你们的“阿勒腾·托若”怎么倒的？（回答，向太阳的方向。）嗻！嗻！好事！你们的道路会越来越好！民族莫昆的不好都给挪开！你们的道路将越来越正确！以后，我会好好给你们我的“阿勒腾·索罗”！我会不断告诉你们办法和方法！你们好好做了吗？（回答，好好做了。）我的子孙们出去走的时候都平安离开。“阿日善”洗的时候，我把你们的不好都给丢掉了，我把你们的苦难都给挪开了。给你们修路，让你们从“阿斯朗”下面走过，你

① 格古·格古（/gəgu gəgu/），模仿鸟叫声。

② 德吉·德吉（/dəji dəji/），模仿鸟叫声。

们都向着绿色的道路走去，你们要像太阳一样闪耀着走。我的孙子重孙们的疾病都将消失，都从坎坷中出去。今天，我高兴地下来了，这三天，有人还没来得及问到吗？我在问你们。（斯琴掛回答，没有。）你们的身体都好吗？（大家大声回答，好！）你们没有让肚子和脖子饿着吧？（回答，没有。）你们高兴吗？（大声回答，高兴！）今后，代代接续出来"霍卓日·雅德恩"的话，为了民族同胞，要不断"竖立托若树"，（那样，）民族的孩子们的坎儿都会躲着走掉，没有孩子的都能得到子嗣，有病的把疾病都丢掉，"博迪额"都躲开，你们的"霍卓日·巴日肯"都能靠近你们的身体。7天之内，你们要注意你们的"阿勒腾·索罗"，把那个梦境好好解一解，然后，按照告知的规矩去做。虽然，时光短暂，按照规矩，从过去的时候起（"托若·托勒贝"）就只做三天，没有被叫到的我的孙子重孙们，你们不要心中挑理。任何时候，你们进到我的"阿日善"里（洗），我都能让你们进来，没有被"阿斯朗"抽打的人我一样给他抽打，你们不要想着自己缺少了眷顾，给"托若"磕头的，没有给"托若"磕头的，我一样给他做（这些）。我为了帮助自己的民族出来的！我为了给国家出力出来的！我为了约束我的"莫昆·库热"出来的！因此，我现在要让自己的道路更上台阶，好好帮助我的民族同胞！我会不断迈步向前！向前迈进！我的孙女我会不断给她"托梦"，不断教她方法和办法，我会不断地告诉她怎么做"额姆·多姆"。今年，她第二次"托若·托勒贝"，所以，我心里在想，我的子孙们喜欢吗？你们心理不乐意吗？（回答，没有。）即便你们是来玩乐的，我也不以为你们是来玩乐的。

我要喝沃热哈拉属猪的孙子重孙、属马的孙媳妇献的白色牛奶。（被叫者敬献牛奶，夫妇跪拜。）我因为你们而高兴啊！虽然年纪轻轻，能够按照原来的规矩和样子，给我"托若·托勒贝"，你们这是第二年（次）（做）了。你把金子银子铺在地上了，你以为把钱拿着向上扔了吗？（回答，没有。）你的这些钱，我给你层层叠放，我给你多多汇聚福气，你的子孙稀少，我给你添加子嗣。

鄂嫩哈拉的“霍卓日·雅德恩”，李肯哈拉的“霍卓日·雅德恩”，属猪的小子，还有，这么多领着“霍卓日”来的，有“霍卓日·雅德恩”的，或者是“巴日西·嘎日森”①的，你们大家，我都给你们积攒福气！你们的子孙都将生活富裕！我要为你们汇聚福气，我要给你们修路。你们的枯树重现绿色，你们的绿树开出花朵。有坎儿的人们，因为我们在诺敏河、纳文江下面做的仪式，你们的坎儿都将顺着诺敏河水、纳文江水流走，你们把苦难都丢掉了再走。

时光短暂，我高兴地来了，到了叠放、收拢神灵及其亲眷的时候了。即使你们有要问的，今天到了第三天了，到了时候了，虽然有很多要说的话，我把长话变短了说呢，把深刻的道理浅显了说呢。新时代里“出来”的我的属羊的孙女，跟从与生俱来的本领走萨满路呢。你们要把我的简短话语详细说明，把我的浅显道理深刻阐释。时日变短的时候，远道而来的人们需要收拢自己的“翁果日·库钦”，所以，到了我要散去的时候了。“胡日特·莫德”（茂密森林中）的（神灵），“胡德·塔勒”②的（神灵），“罗松·敖包”（龙神敖包）的（神灵），“德日·腾格日”（上天）的（神灵），“噶吉日·多阿日”③，你们都叠放回去，收拢好，请它们就座，你们各自都要把自己的“翁果日·库钦”收放好，呼唤着它们并把它们好好带走。放心地回到你们的子孙那里，不要吓到你们的子孙，不要半路落下、停留在村外。你们是为了帮助自己的民族而“出来”的，不要对民族做坏事，你们要让你们的神灵及其左右好好坐下来。这么多人来了，大家坐在一起高兴、嬉笑，你们要少喝点酒，因为路途遥远，所以，你们要各自注意自己的身体。到了我要散去的时候了。我们去把“胡日特·莫德”的（神灵）、“胡德·塔勒”的（神灵）送回去就座，请“噶吉日·额吉楞”（地方神）、“罗松·额

① 巴日西·嘎日森（/barʃ garsən/），出了“巴日西”。

② 胡德·塔勒（/xudəː tal/），草地、河滩。

③ 噶吉日·多阿日（/gaʤir dʊar/），地下的（神灵）。

吉楞”（龙神）回去就座。“德日都 · 德耶”[①]，送回它们的座位。

说完，沃菊芬向上跳跃几下，接着右手松开鼓槌，抓起神服右侧的皮绳，使劲向外甩圈，然后，向内甩圈，再向外甩圈，动作迅捷、有力，然后，她的神灵离开了。

三、斡米南仪式结束

吃血仪式之后，“托若 · 托勒贝”仪式基本上就结束了。师傅萨满、主祭萨满、陪祭萨满、所有领神的徒弟们都要收拢起、叠放好自己的神灵。所以要“送神”。

48. 送神

7 月 21 日下午大约 5 点，主祭蒙古包内，斯琴掛首先面向自己的祖先神位，然后面向主祭神位半蹲着双手执神鼓晃动。然后，沃菊芬面向主祭神位，半蹲晃动神鼓。沃菊芬在每一神位前，晃动神鼓，并用神鼓在身前自上而下挪动三次。沃菊芬脱掉神衣，挂在专用木质衣架之上。巴达玛在沃菊芬各个神位前弯腰晃动神鼓，在“室内托若树”前晃动神鼓。丁氏也在沃菊芬各个神位前弯腰晃动神鼓。通过这些默默祷告和动作，萨满们首先向神灵致意，然后请自己的神灵回到座位就座。

室外，沃菊芬家人和助手捞起“阿日善”圣水中的石头和铜镜，放入一个不锈钢盆子中，拿走，锅刷子用红布系着，甩了甩也放入盆中。

49. 主祭萨满答谢来宾

换下萨满服，换上民族服装，稍事休息，沃菊芬开始为来宾赠送蓝、白两色哈达和礼物，礼物主要是薄被和毯子，还有一些毛绒玩具。双手送出礼物的时候，沃菊芬都说“长命百岁”。仪式圆满成功，沃菊芬显得非常轻松、愉快。她说，远道的、帮忙的，都给了。杀羊的、司机、光头徒弟，沃菊芬问，还缺谁？你们算一下，意思是数一数。想起一些人，沃菊

---

① 德日都 · 德耶（/dərdu: də’i/），飞禽之灵。

芬说，还有、还有，留着呢。然后再问，还有谁呀？意思是一个人都不能落下，表达谢意，礼数周到。

50. 沃氏家族举办晚会晚宴

晚上将近7点半，斯琴掛、沃菊芬等人从主祭蒙古包移步到餐厅，餐厅同时作为晚会会场，桌上摆满了西瓜、瓜子、糖果、点心等。一进屋，沃菊芬即请斯琴掛跳舞，巴特尔请娜仁格日乐跳舞。孟利州请斯琴掛跳舞。

主持人介绍了萨满文化产生的背景，斯琴掛的萨满之路和研究出访等情况。邀请斯琴掛讲话。斯琴掛讲话很幽默，用蒙古语和达斡尔语演讲，她祝贺沃菊芬资历提高，发自内心地高兴，教育莫昆族众要对民族、对国家有帮助，祝大家健康、长寿、富裕、幸福！

之后，大家唱歌，跳舞，跳交谊舞，跳集体舞。尽欢而散。

51. 最后的工作

“室内托若树”和“室外托若树”一直要等第二天早上才送到河边，主祭供桌上的油灯也要一直燃到天明，其间不能熄灭，所以，通宵由家人守候。牺牲猪牛羊的骨头也不能随意丢弃，要收拢好埋在仪式场地所在河边草甸地下。仪式场地的卫生也要打扫，捡拾垃圾废品，保持河边草地洁净。

第三节 斡米南仪式的特点与功能

一、斡米南仪式的特点

1. 斡米南仪式是一个大型、全面、综合、包罗万象的礼仪总汇，由多种多样的多个仪式构成，基本上涵盖了达斡尔族萨满仪式的全部种类和内容

（1）祭祀天神“腾格日”仪式

第一天的早上，首先举行为“天神”献牲祷告仪式。

“室外托若树”下的“天神”供桌上摆放水果点心、酒水牛奶、鲜花或者绢花，点燃三盏黄油灯、点燃三炷香之后，斯琴掛萨满、沃菊芬萨

满、巴达玛萨满等人穿戴萨满服和萨满帽，站在“室外托若树”下，面向“室外托若树”上代表天神的日月画像击鼓唱歌祷告，同时熏“桑”烟、抹黄油、洒牛奶洁净绵羊，唱祷请天神“腾格日”接受主祭萨满及其莫昆家族奉献的洁净的白色绵羊；待献牲的羊肉煮熟并且全羊摆放到日月图案下的供桌上的时候，三位萨满和众弟子们再次站在“室外托若树”下击鼓唱歌，正式奉献牺牲，祭祀“天神”。

（2）祭拜“山登”、祭祀祖先神“霍卓日·巴日肯”仪式

仪式正式开始之前，主祭萨满首先祭拜上代萨满墓“山登”。已故的上代萨满就是祖先神最切近的代表。祭拜“山登”就是祭拜祖先、祭拜祖先神灵。

仪式第一天早上，给天神献牲之后，紧接着举行给祖先神献牲仪式，同样经过熏“桑”烟、抹黄油、洒牛奶洁净献牲的绵羊，唱祷请“祖先神”接受主祭萨满及其莫昆家族奉献的白色绵羊；而且，室内供奉祖先神的主祭供桌的供品最为丰盛、隆重，酒水、牛奶、茶、点心、水果，一应俱全。待羊肉煮熟全部摆放完毕，仪式就要正式开始了，领祭、主祭和陪祭萨满开始穿萨满服、戴萨满帽，然后共同击鼓唱祷，紧接着就会请神降临进入神灵附体状态，正式进入仪式的核心阶段。

三天的仪式每天早上都要举行献牲仪式，基本上请到主祭供桌上的每位神灵都要奉献一只绵羊，奉献牺牲就要举行献牲唱祷仪式。然后，想要请下附体的神灵一般也要献牲绵羊。而且，主祭供桌上的每位神灵的画像或偶像前的黄油灯三天都不能熄灭，要不停地换黄油灯，每半天的仪式开始前还要再点上三炷香。所以，祭祀祖先神仪式贯穿斡米南仪式始终。

（3）祭祀娘娘神、祭祀山神、祭祀蛇神仪式

娘娘神有“腾格日·娘娘”、“乌西·娘娘”等；山神有“西额·敖雷”、“乌其肯·敖雷”、“敖拉·额金”、“敖包·额金”等；水系神灵有蛇神“奴吉日·巴日肯”、“罗松·额金”等。这些神灵都是沃菊芬供奉的神灵，它们不是祖先神，但都是追随祖先神多年的助手神、萨满的守护神，逢年过节与祖先神一起接受供奉，斡米南这种隆重盛大的祭典上更不例外，与祖

先神一起“坐在”了主祭供桌之上，供奉形式和规格同祖先神，点心、水果、酒水、油灯、线香一样不少，而且都有献牲。

（4）祭祀纳文江水神“罗松”

2011年，斡米南仪式在纳文江边举行。仪式开始前两天，沃菊芬的莫昆家族就已经在仪式场地前面摆放了供案，献祭黑猪头、摆糕点、供水果，这既是祭祀这里的纳文江神灵，也是祭祀掌管一方水土的地方神灵。

仪式第一天早上，重新在纳文江边摆放供品供奉纳文江的“罗松”，点燃三炷香、三盏油灯，供献水果盘、点心盘、煮鸡蛋、红酒、牛奶、水等。

（5）祭祀地方神

在仪式场地的西南方向摆放了一张供桌，上面供奉了糕点、水果、酒水、鲜花等供品，供祭这个地方的地方神。这个供桌和供品一直摆放三天。

（6）祭祀“博迪额”仪式

仪式第一天晚上举行献祭黑山羊仪式，即祭祀孤魂野鬼和游荡精灵。据说，盛大的斡米南仪式，各方祖先神及其助手神到场聚会，那些孤魂野鬼、游荡精灵非常羡慕，在仪式周围徘徊，所以给他们献牲黑色山羊。通过这种献祭，保证参加仪式的莫昆成员和族众平安、健康，保证仪式顺利进行。

（7）祭祀火神“嘎里·巴日肯”仪式

达斡尔人崇拜火神，每年的腊月二十三和除夕夜都要祭祀火神，在斡米南仪式上，第二天晚上专门举行祭祀火神仪式，祈盼莫昆和族众兴旺发达。

（8）祭祀门神“杜卡·巴日肯”

沃菊芬萨满在此次斡米南仪式之初就已经通过献牲、献祭召请了自家的门神“杜卡·巴日肯”，意义在于一来请它守护仪式的神圣空间，检查往来的各路神灵；二来祈请它的降临，聆听门神的指示与忠告。

(9) 祭祀“怀玛日·巴日肯”

如前所述,“怀玛日·巴日肯”由一组群神组成,强大,霸气。一说来自鄂温克族,二说来自清代早期,不是达斡尔族固有神灵,但是进入达斡尔人家至少三百多年了。是达斡尔族敖拉哈拉、莫日登哈拉部分莫昆的祖先神,虽然不是沃菊芬莫昆家族的祖先神,但据说追随沃氏祖先神已久,所以,沃菊芬接续上代萨满祖先神之路的时候也请立了这位神灵,供奉在自己家的神龛之列。斡米南仪式的一项重要内容就是祭祀“怀玛日·巴日肯”,仪式第三天上午半天时间主要祭祀“怀玛日·巴日肯”,而且供奉规格高,献牲三岁红色公牛,仪式中按照传统向该神敬献烟袋锅的旱烟,还有年轻的9男9女歌舞愉神等仪程。

(10)“阿米拉贝”——“开光”仪式,为萨满神服赋予神性和活力

2011年,沃菊芬举办斡米南仪式的陪祭萨满是陈巴尔虎旗巴尔虎蒙古人巴达玛。虽然,巴达玛已经追随斯琴掛多年,但是因为她尚未举行正式的“出马”仪式,还没有启用新的神服,所以,在沃菊芬此次“托若·托勒贝”仪式一开始,斯琴掛萨满就首先为陪祭萨满巴达玛的神服举行“开光”仪式。“开光”是佛教用语,达斡尔语叫作“阿米拉贝”,就是赋予其生命,让其充满活力的意思。达斡尔人新立神位时,或者新做神衣、神帽开始穿戴前,或者新制作神具开始使用之前,都必须举行“阿米拉贝”仪式。

这种仪式,过去的达斡尔族萨满都是用鸡冠血调制一点清水,用这血水点画神灵画像的嘴和眉眼,使其具有生气和活力。现在,也有一些达斡尔族萨满在这样做,用鸡血为神灵画像、神服、神具“开光”。斯琴掛萨满和沃菊芬萨满不用鸡血,而是用牛奶举行开光仪式。斯琴掛萨满解释说,牛奶洁白、干净、柔和、包容,用牛奶开光,神灵将不再暴戾、血性,性情变得温顺、祥和,不会因为小事而生怨,不易危害莫昆和族众,而会以牛奶一样洁白的心地多做善事、多做好事,保护、保佑莫昆族众和一方百姓的安康与福祉。

(11)“绰斯斡贝”——吃血仪式

斡米南仪式第三天晚上主祭萨满吃血仪式非常重要。沃菊芬祖先神降

临时曾经说到，因为没有喝到血，所以被打了，就是指没有举行斡米南仪式竖立托若树，没有举行象征性吃血仪式，所以，功力弱，被打了，倒下死去了。吃血仪式之后，沃菊芬祖先神“贵·雅德恩”降临做为期三天的斡米南仪式总结，表达继续向前迈进、帮助莫昆民族、为国家出力的坚强决心。

（12）治病仪式

传统的萨满治病仪式在一些文献中有记载。据此，人们认为，现在的萨满不会治病，至少不会传统方式治病。这是一个误解。首先，现代医学科学发达了，人们不再完全依赖萨满进行治病，大多数时候会去医院看病。其次，沃菊芬萨满现在也不是没有招魂和驱鬼等传统萨满式治疗，只是这种仪式非常私人化，而且可遇不可求。我只见过一次沃菊芬的这种治病仪式，还不完整，只见到后半部分，前半部分没有看到。一个女孩子受到惊吓，而且据说有“附着的”跟着，所以，沃菊芬用酒喷、用手按压、推拿头部，之后在三张黄纸上画啊、剪的，然后让病人把黄纸拿去，晚上的时候在户外某方位烧掉。这应该是比较严重的情况，一般情况下，斯琴掛萨满和沃菊芬萨满都是通过“洗圣水”来解决“被弄脏的”、“被招惹的”“病症”。因此，“阿日善勒贝”不仅是预防性的洁净仪式，也是一种典型、传统的萨满式治疗虚病的仪式和方法。

在2011年斡米南仪式上，领祭萨满和主祭萨满在多次神灵附体状态下，知晓了求问者的哈拉、莫昆和属相，当时就为各种疾病作出诊断：实病的就医问药，而且常常能够给出自己的“额姆·多姆”，草药和食物，有吃的药、有喝的药、有热敷的药。实际上，斡米南仪式中展现的现代萨满治疗方法多种多样，包括喷洒牛奶、酒、泉水，叫作“泰日米特”，其实都是在治病，萨满式治疗。沃菊芬萨满神灵附体状态下喝一口牛奶或者酒或者泉水，然后，喷洒在跪拜者脸上，其实都是一种治疗，也有预防的功效，情况都不一样。

在此次斡米南仪式上，“答疑解惑”、提出解决方案也属于萨满式治病仪式范畴，而且是整个仪式过程中比较大量的内容。可以说，许多人都是带着困扰、困惑来到仪式现场寻求帮助的。仪式中所说的艰难而来的人，一般并不是指没有吃喝、经济困难的人，更多时候是指生活中突遇灾祸或者重病、不治之症，或者遭遇了与神灵或者精灵有关的事情而处于磨难之中的人，所以，要帮助他们摆脱困境，走出磨难。需要立神的立神，需要供奉的供奉，需要放生的放生，需要洗泉水的洗泉水，需要喝“泰日米特”的喝“泰日米特·切”、“泰日米特·苏”[①]；还有需要动土的、动山的，挖坑养鱼的，因为动了山神、水神的地方，或者弄脏了，或者过度了，都要举行一些特别的供奉或者禳解仪式。这些都属于虚病的范畴，困惑和磨难各不相同，应对方法则多种多样，治疗或者说处置方法因人因事而异，但基本上都有一定的心理治疗和精神慰藉的功能。

此外还有一种特别的禳解大灾大难的仪式，即祭祀北斗七星。按照神谕，这个仪式比较简单，但是，有时间、有方向、有供品、有步骤、有内容。对遇有特别的“大坎儿”、“生命坎儿”的人，萨满会叮嘱其举行祭拜北斗七星仪式。

（13）祈福仪式，斡米南仪式包含3个主要的祈福仪式：“霍日耶！霍日耶！”祈福仪式；“阿日善”洁净仪式；“阿斯朗”祈福仪式

在日常生活和信仰活动中，以上这些仪式都是单独的仪式，都可以单独举行，一般情况下也都为了各种目的和缘由单独举行，但是，在为期三天的盛大的、隆重的达斡尔族“霍卓日·雅德恩”的“托若·托勒贝”仪式中，这些独立的仪式集中在此三天时间举行。

2. 当代达斡尔族的斡米南仪式是“霍卓日·雅德恩”举办的大型公开为莫昆家族、为族众祈福的盛会，并非仅仅是莫昆家族内部的祭祀活动

在达斡尔民族，由两个萨满共同举行的仪式叫作“托若·托勒贝”，即斡米南仪式；一个萨满举行的仪式叫作“依格德未”[②]或者“西额德未”，

① 泰日米特·苏（/tærmit su/），泰日米特牛奶。

② 依格德未（/igədəwe/）或者西额德未（/ʃi’ədəwe/），直译“变大、变强”。斯琴掛萨满说，“依格德未”（/igədəwe/）是达斡尔语，鄂温克语说“伊德”（/idə:/），均指做一天的仪式。

意思是变大、变强。自从斯琴掛恢复举行斡米南仪式以来，每次“托若·托勒贝”都至少由三个以上萨满共同举行，场面壮观，力量强大。从参加斡米南仪式的人员构成就可以看出来，这不仅仅是莫昆家族内部活动。主祭萨满来自沃热哈拉绰库勒莫昆、领祭萨满来自鄂嫩哈拉博斯克浅莫昆、陪祭萨满来自巴尔虎草原的巴尔虎蒙古族，她们就来自达斡尔族不同莫昆，甚至不同民族；斯琴掛的其他弟子们，沃菊芬的师弟、师妹们同样来自不同民族和达斡尔族的不同莫昆，有莫日登哈拉尼日耶浅、西额莫日登浅、西博奇浅等；有敖拉哈拉登特科浅、拉里浅、奎力浅等；有鄂温克族索伦部、通古斯部人们等；有蒙古族巴尔虎蒙古人、布里亚特蒙古人等。还有萨满们的姻亲家族，有蒙古族李肯哈拉氏，有郭博勒哈拉满那浅、塔温浅，有敖拉哈拉华日额浅，有苏都日哈拉，有金肯哈拉，等等；其他还有慕名求问者，其他身处磨难中的人，求医问药者，等等；还有那些仪式的众多帮手们，买菜的、做饭的、烧水的、打扫的、宰杀猪牛羊的、搭建房舍凉棚的、搬运东西的，等等；有达斡尔族，也有很多汉族，他们所有人、每个人都参加了仪式第三天的洗“阿日善”圣水和钻“阿斯朗”牛皮绳的祈福活动。从这些人生活的地域来源看，包括内蒙古呼伦贝尔地区的莫力达瓦达斡尔族自治旗、鄂温克族自治旗、鄂伦春自治旗、海拉尔市、陈巴尔虎旗，还有黑龙江省齐齐哈尔市达斡尔族区、加格达奇市等地方。所以，斯琴掛、沃菊芬的斡米南仪式已经远远不是原来意义上的莫昆家族内部的祭典活动，现在已经成为不同民族、不同莫昆、不同地区萨满和萨满文化之间的大型交流盛会，超越了民族、超越了地区，成为一个教育教导莫昆家族和族众、为一方百姓和大众祈福的盛会。

达斡尔族的斡米南仪式，主祭萨满与陪祭萨满的角色可以互换。斯琴掛的斡米南仪式，沃菊芬、阿尔腾图雅是陪祭萨满，因为没有比斯琴掛更高级别和资历的萨满，所以，没有领祭萨满；沃菊芬的斡米南仪式，因为斯琴掛是师傅，可以称她为领祭萨满，阿尔腾图雅、巴达玛是陪祭萨满。

当然，斯琴掛的许多大型、公开仪式活动都由沃菊芬萨满陪同共同举行、共同主持。

所以，斡米南仪式并非仅仅是萨满祭祀自己的祖先神、自己升级的活动。现在，为族众服务，甚至为地区民众服务的功能更加扩大和延伸。即便是升级，升级的目的也是为了更好地履行为莫昆、为族众服务的职能。

3. 仪式中运用大量的象征手法

为期三天的斡米南仪式采用了大量的象征手法赋予仪式神圣的意义。

首先，在仪式场地周围拉起一个长方形的红线，标志着仪式的神圣空间和世俗空间的区分，红线里面形成神圣仪式空间，其中设置主祭蒙古包、搭建供台、竖立托若树。

其次，竖立“室内托若树”和“室外托若树”，托若树代表和象征着神树，通向上界和天空，所以又叫作“通天神树”，据说，到来的众多神灵降临和停歇于此，就像飞禽停落在树木之上。

在“室内托若”两棵桦树之间横绑三根短木，叫作“特日肯”，意为“天梯”，是神灵通往上界的阶梯。这同样是象征意义。

在达斡尔族的信仰观念中，天神“腾格日”一直没有具体偶像和形象，斯琴掛和沃菊芬创造性地以太阳和月亮表示天空，代表天神。每次斡米南仪式上，“室外托若树”一旦竖立起来，首先要在上面悬挂日月图案，或者以剪纸粘贴日月图案，或者通过电脑设计打印日月图案，总之它们象征和代表着天神“腾格日”，并在此举行向天神献牲、祈祷和祭祀活动。

然后，连接着“室内托若树”和“室外托若树”的是牛皮绳和四色彩线，牛皮绳用整张牛皮剪制而成，叫作“拴那”，据说，神灵们就是通过这个“拴那”从“室外托若树”进到主祭蒙古包的“室内托若树”上，它象征着神灵往来的通道，四色线红、白、黄、绿则是不同的祖先神行走的不同道路，也都具有不同的象征意义。

仪式第一天晚上，主祭萨满举行献祭黑山羊仪式，以黑色山羊献祭孤魂野鬼和游荡精灵，因为孤魂野鬼和游荡精灵是黑暗的精灵，所以献祭给它们黑色的山羊，而它们也只是吃黑山羊的灵魂，以黑色山羊喻示和象征黑暗的精灵、黑暗的道路。

贯穿仪式过程的象征手法和意义很多，再如，萨满神灵多次告诉的“多姆”和“多姆勒”，都是一些治疗的、护佑的象征物和办法；“阿日善”圣水洗和“阿斯朗”萨满服两侧的牛皮绳按压、抽打同样是象征仪式，“洗”本身就是为了干净、去除污秽，所以，通过掸撒“阿日善”，喻示着洁净了身体，一切不洁的和邪恶的都将远离；通过“阿斯朗”神服上的牛皮绳的按压和抽打，象征着驱除了疾病和磨难，一切不好的都被丢弃掉了。

二、斡米南仪式的功能

（一）以往学者对斡米南仪式的功能概括

不同学者对于不同历史时期和不同民族中的斡米南仪式的看法不尽相同。

20 世纪 30 年代，日本学者秋叶隆在对大兴安岭东北部鄂伦春族萨满教调查时，从当地萨满口中得知鄂伦春族有一种萨满大祭——“奥米那廷”仪式，每三年或五年举行一次，当氏族遇到重大灾难如恶疫流行时也可以举行，当地人称之为“奥米那廷”。“这是专门为仪式准备大帐篷作祭场，帐篷外面立一神杆从其上拉一条绳子，其一端系在帐篷内的小神杆上”，仪式由大萨满和小萨满共同跳神来完成，大萨满是师傅萨满，小萨满是弟子萨满。①

20 世纪 40 年代，另一位日本学者大间知笃三对海拉尔地区萨满教信仰（以达斡尔群体为例）进行了调查研究，对达斡尔族萨满各类祭祀活动进行了简要的说明和分类。他认为各萨满至少每三年就要举行一次斡米南仪式，以莫昆为单位，在夏季的野外，用三天时间来完成。他归纳了举行

① ［日］大间知笃三：《达斡尔族巫考——以海拉尔群体为主要对象》，载辻雄二、色音编译：《北方民族与萨满文化——中国东北民族的人类学调查》，中央民族大学出版社 1995 年版，第 29 页。

斡米南仪式的目的主要有 4 种：感谢所供奉神灵（翁古尔）的庇佑；为了增强萨满自身的能力；为新萨满就任或为新做成的萨满服饰而举行；有时重病痊愈者为向神灵（翁古尔）致谢也举行此类仪式。①

乌力斯·卫戎认为斡米南仪式是达斡尔族萨满最为隆重的祭典，仪式通过向诸神献礼，来乞求萨满和氏族全体成员的平安和健康。库热仪式和歃血仪式都是必不可少的内容，也需要主祭和陪祭两位萨满，只不过两位萨满相互配合的目的是为了确保仪式能够顺利进行。②

富育光在《萨满教与神话》中将达斡尔族的斡米南仪式、“洁身祭”和“依尔登”仪式一起看作是萨满祭祀典礼的内部活动。③ 莫日根迪也持同样的观点。④ 之所以将其定义为内部活动，可能因为它不仅是要对神灵献礼的仪式，而且这一仪式与新萨满自身身份的确定和能力的增长有着密切的关系。在上述三种仪式当中，斡米南仪式是最为隆重的祭礼，每隔三年，大约在旧历三、四月份举行，目的是给诸神献礼。主祭者为新萨满，祭期三天，最后一天半夜要背灯举行歃血仪式，萨满击鼓跳来跳去并发出布谷鸟的叫声，众人效仿附和，将牛血涂抹到神偶嘴上宣告歃血仪式的结束。至此，斡米南仪式也随即告终。⑤

《达斡尔族社会历史调查》中所记载的斡米南仪式是萨满的盛典，每隔三年，大约在旧历三、四月份举行一次。仪式目的包括给诸神献礼，为本莫昆的人们消灾祈福，并对主祭萨满的言行举止进行检验。萨满举行第一次斡米南仪式之后才能戴有三个鹿角杈的神帽，再经过三次斡米南仪式

① ［日］大间知笃三：《达斡尔族巫考——以海拉尔群体为主要对象》，载辻雄二、色音编译：《北方民族与萨满文化——中国东北民族的人类学调查》，中央民族大学出版社 1995 年版，第 61 页。

② 参见乌力斯·卫戎：《达斡尔族的萨满教》，载吉林省民族研究所编：《萨满教文化研究》第一辑，吉林人民出版社 1988 年版，第 126—129 页。

③ 参见富育光：《萨满教与神话》，辽宁大学出版社 1990 年版，第 144 页。

④ 参见莫日根迪：《达斡尔族之宗教信仰》，载吉林省民族研究所编：《萨满教文化研究》第一辑，吉林人民出版社 1988 年版，第 143—145 页。

⑤ 参见莫日根迪：《达斡尔族之宗教信仰》，载吉林省民族研究所编：《萨满教文化研究》第一辑，吉林人民出版社 1988 年版，第 143—145 页。

后才能戴有六个鹿角杈的神帽。仪式的具体过程很烦琐，但总体上还是遵循着请神降临—献祭—库热仪式—吃血仪式的步骤进行的。①

满都尔图等人主编的《中国各民族原始宗教资料集成》对不同民族以及同一民族不同地区的斡米南仪式进行了较为详尽的介绍，并将其定义为萨满培训的仪式。虽说不同民族或同一民族不同地区的斡米南仪式在具体的仪式内容上存在差异，如阿荣旗鄂温克族的“奥米那楞”仪式较达斡尔族的斡米南仪式而言没有“吃血仪式”这一环节，又如有的地区萨满升级的标志是增加两个鹿角杈，而有的地区却是增加三个等，但斡米南仪式的基本含义还是一致的，如请神降临，通过献祭祈求平安、消灾解难，由老萨满领着新萨满来完成新萨满自身身份的确定或者等级的增加等。②

《原生态民俗信仰文化》中将达斡尔族和鄂温克族的斡米南仪式定义为祭天仪式，认为它是自然崇拜的体现，一般来说每三年举行一次，持续祭祀三天，称为斡米那楞或斡米那仪式。它是萨满也是氏族最大最隆重的仪式活动，其内容是多方面的，有氏族祭天仪式，有祭祀神灵祈福免灾的，也有萨满带徒的仪式等。索伦鄂温克人的祭天仪式是在举行小型“奥米那楞”仪式时，与老萨满领教新萨满同时进行的。③

吕萍和邱时遇合著的《达斡尔族萨满文化传承——斯琴掛和她的弟子们》将斡米南仪式视为萨满为自己所做的升级仪式，虽然仪式中穿插着祭天、祭祖、祈福消灾等内容，形式较其他仪式也很烦琐，但最终的目的是为了萨满级别的提升。所以，斡米南仪式相当于萨满的水平测试，是萨满最重视也最难做的一个仪式。④

匈牙利学者 DÅVID SOMFAI KARA and MIHÅLY HOPPÅ 认为，为期

① 参见《达斡尔族社会历史调查》，内蒙古人民出版社 1985 年版，第 262—265 页。

② 参见吕大吉、何耀华总主编，满都尔图等主编：《中国各民族原始宗教资料集成》，中国社会科学出版社 1999 年版，第 133—137 页。

③ 参见鄂晓楠、鄂 · 苏日台：《原生态民俗信仰文化》，内蒙古大学出版社 2006 年版，第 187 页。

④ 参见吕萍、邱时遇：《达斡尔族萨满文化传承——斯琴掛和她的弟子们》，辽宁民族出版社 2009 年版，第 96 页。

两天的 ominaan 仪式有两个目标：一是调用氏族的祖先神灵。人们为氏族成员询问指导，询问有关如何举行仪式和献牲的信息。他们也要求提供保护，防止邪恶精灵。他们还邀请了良善精灵，以便善灵给予他们繁荣和健康，同时安抚愤怒的精灵，以便它们不去伤害他们。二是增加举行仪式的萨满的助手神灵的数量。通过调用新的神灵，萨满能够增加自身的力量，并且能够达到较高的级别。①

（二）本书对于斡米南仪式功能的看法

综观斡米南仪式过程和其中萨满神歌内容，我认为，举行斡米南仪式的根本宗旨只有一个，正如沃菊芬祖先神“贵·雅德恩”所说，为国出力，帮助民族，约束“莫昆·库热”。当然，斡米南仪式包含的功能众多，提供各种机会和平台，满足不同人群的愿望和诉求。正如上述各位专家和学者所说，斡米南仪式可能包含着如下种种仪程和内容：当氏族遇到重大灾难时举行；感谢所供奉神灵的庇佑；为了增强萨满自身的能力；为新萨满就任而举行；为新做成的萨满服饰而举行；有时重病痊愈者为向神灵致谢也举行此类仪式；乞求萨满和氏族全体成员平安健康；萨满培训的仪式；祈求平安、消灾解难；老萨满带领新萨满完成新萨满自身身份的确定或者新萨满等级增加；增加举行仪式的萨满的助手神灵的数量；等等。

实际上，这些目的、功能，或者说内容、意义并非独立存在，而是往往共存于同一个斡米南仪式之中。而且，上述一些情况并不是目的和宗旨，而是仪式具有的功能，或者确切说只是仪式包含的一个环节和内容而已，就我所调研的达斡尔族萨满的斡米南仪式的情况的确是如此。比如，为新做成的萨满神服“开光”，这是顺带举行的小仪式，并不是必须的环节。2011 年沃菊芬的斡米南仪式不是为了给陪祭萨满的神服“开光”，而是陪祭萨满参加斡米南仪式需要穿戴神服神帽，因此先给神服“开光”赋

① 参见 DÁVID SOMFAI KARA and MIHÁLY HOPPÁ ：《A Revitalized Daur Shamanic Ritual from Northeast China》，《SHAMAN》，Vol.17. Nos.1-2.，SPRIING/AUTUMN 2009，Molnar & Kelemen Oriental Publishers，pp.141-169。

予其活力；还有，为新萨满就任而举行，那是领神“出马”仪式，并不是斡米南仪式，当然，师傅萨满为了节省时间、节省人力物力把自己的斡米南仪式与为徒弟举办的领神“出马”仪式连在一起举行也是可以的，但那也不是必需的环节和内容。关于斡米南仪式与领神“出马”仪式的异同，我在本章第一节已做过简要比较和分析。此外，有时重病痊愈者为向神灵致谢也举行此类仪式，这种说法就没有道理，斡米南仪式是萨满举行的仪式，而不是重病痊愈者举办的仪式，有可能在斡米南仪式中，曾经请萨满治愈的人来感谢萨满及其神灵，这是有可能的，但是不能据此就说是他们为了感谢萨满举行的仪式。

“雅德恩”为什么要举行“托若·托勒贝”仪式？我想这个问题还是要结合斡米南仪式的特点和萨满神灵附体状态下所唱神歌和宣示的“神谕”内容来分析。斡米南仪式的最突出特点就是包罗万象的仪式总汇，因此，它的功能相应的就是众多而强大的。仅以 2011 年沃菊芬的斡米南仪式为例，我认为，达斡尔族萨满的斡米南仪式就有如下一些功能。

1. 为莫昆和族众祛病除灾

这是“霍卓日·雅德恩”首要的职责。

治病救人，祛病除灾，这是达斡尔族“霍卓日·雅德恩”诞生之日起就背负的神圣使命。过去，人们的平安和健康全都仰赖萨满，而今，科学昌明，医学发达，人们不再那么需要和依赖萨满了。相应地，现代萨满对于疾病的认识也更加科学合理。斯琴掛萨满就把疾病分为“实病”与“虚病”。实病就是器质性疾病，虚病也就是当地老百姓常说的“外病”。所谓虚病是什么？是否主要指人的心理困惑、人际关系麻烦和人与环境的矛盾？所以通过萨满仪式来增强信心、理顺关系、爱护自然，这可看作是一种信仰治疗。当然也包括养生健身之道。萨满作为“莫德浅”，即知者、智者，首先是判断疾病的种类，无论实病还是虚病都给出相应的对策和办法。

实病的治疗方法主要是建议到官家医院看、吃官家的药，同时也会给出自己的“额姆·多姆”，一般是草药，调配一些食品煮在一起喝，或者是用草药煮水熏蒸或热敷，等等。虚病的解决方案就多了，因为虚病的原因是多种多样的，所以，针对不同的情况萨满给出不同的应对办法。一是尊敬祖先神，供奉祖先神；二是敬重山河湖海，敬畏山神、水神，保持洁净，适时供奉；三是进到萨满的“阔托日”里，接受“阿日善”的洗礼，保持洁净，辟邪，防止侵害；四是食用萨满赋予神圣力量的“泰日米特”茶或者牛奶；五是勤修道路，敬洒牛奶、敬洒酒。针对可能遇见的灾难坎坷，提出警示和忠告，如择日择方向不出行，不去出血、有人死去或者生产小孩的房屋，不顶风说硬话，注意口舌是非，免生祸患；不过度利用自然资源，不挖大坑、不毁山脉、不吃野生动物之肉、不砍伐树木；等等。

2. 教导人们要遵从传统礼仪和规矩，一心为善、积极向上

主祭萨满祖先神灵对莫昆和族众总的要求是约束莫昆，帮助民族，为国出力。其中，对于不同的群体又有着不同的要求和期望。

（1）教导萨满人好好走萨满路。鼓励萨满人要坚强、坚定地走萨满路，承载人们的苦难；告诫萨满人为了子孙后代务必要约束和教导自己的翁果日（神灵）走好的道路；希望萨满人约束莫昆，帮助民族，为国出力。（2）教导新萨满人学习礼仪和规矩。教导新萨满人要遵循传统拜师礼仪，去给师傅的祖先神磕头。按照传统礼仪，萨满人要自己敬献牛奶、敬献白酒给自己的祖先神灵。（3）教导年轻人要学习文化，掌握本领。一再劝导年轻人要学习文化，掌握本领，不断进步，约束莫昆，帮助民族，为国出力。（4）教导在公家工作的莫昆成员和族众要积极上进，努力攀升，约束莫昆，帮助民族，为国出力。

3. 为新萨满提供练习请神的机会和场所

为期三天的斡米南仪式提供了多次机会给新萨满和候选者练习试请祖先神灵降临。主祭萨满神灵甚至还用喷淋白酒、牛奶等方式帮助新萨满与其祖先神灵“奥俩贝”，即“合一”，新萨满成功请神降临。

4. 为新做成的萨满服或者神鼓、神具“开光”

赋予其生命和活力，赋予其神圣意义，开始正式启用神服、神鼓和神器。

不过，为新做成的萨满服或者神器“开光”只是斡米南仪式的一个较小和较短环节，不常发生，不是必有内容。而且，一个盛大的斡米南祭典绝不是仅仅为了一件新神服“开光”而举办。2011 年沃菊芬的斡米南仪式上，巴达玛作陪祭萨满，她新做成的萨满服尚未启用，所以，斡米南仪式一开始，斯琴掛首先举行“阿米拉贝”仪式为她的神服“开光”，赋予其生命和活力，并请她的神灵就座。

5. 为未知神灵降临提供场所和平台

沃菊芬 2011 年斡米南仪式第一天晚上出现了一个新的神灵“腾格日 · 诺额”（天狗神）。以后，沃菊芬神灵就可以召唤这位神灵了，通过调用新的神灵，萨满能够增加自身的力量，并且能够达到较高的级别。

6. 为莫昆和族众祈福，祈请保佑平安、健康、繁荣、富强、吉祥、幸福

斡米南仪式第三天中午和下午集中为族众祈福，举行了三个仪式，“阿日善”仪式、“阿斯朗”仪式、“霍日耶”仪式。

7. 主祭萨满升级，资历和能力提升

经过三天反复献牲、请众神降临、宣示神谕、送神归位，主祭萨满第三天晚上举行吃血仪式，标志着萨满等级和能力的晋升。

总之，斡米南仪式只有一个宗旨，即主祭萨满沃菊芬祖先神对于仪式和行走萨满路所做的总结：今后，代代接续出来“霍卓日 · 雅德恩”，为了民族同胞，要不断“竖立托若树”。我是为了帮助自己的民族出来的！为了给国家出力出来的！为了约束我的“莫昆 · 库热”出来的！我要让自己的道路更上台阶，好好帮助我的民族同胞！不断迈步向前！向前迈进！

三、斡米南仪式上萨满神歌对人们的警示、劝告和期望

关于“托若 · 托勒贝”仪式的目的、主要内容、办事规矩等，我们从萨满神灵附体状态下宣示的神谕中完全可以知晓。

1. 仪式开始，领祭萨满及主祭萨满的祖先萨满神灵附体首先安排仪式大事、要事和具体步骤，指示要按照传统和规矩办事；仪式结尾，主祭萨

满祖先萨满神灵附体做仪式总结，重申仪式的仪礼和习俗，提示人们各自需要注意的事项

萨满神灵的神谕在仪式中首尾呼应，紧扣仪式主办目的，表达祖先神将继续履行神圣职责的决心和意志，宣告三天的“托若·托勒贝”仪式圆满完成。

第一天上午，领祭萨满和主祭萨满的祖先神先后降临安排、指示仪式的大小事项。领祭萨满斯琴掛的祖先萨满神“拉·萨满”首先降临，嘱咐按照过去的规矩办事，然后安排仪式的有关大事、要事：

……给祖先神献牲、穿民族服装磕头；给“室外托若树”及其“金银桩”涂抹献牲天神的羊血；给地方神敬洒三杯酒，让这一方水土节节进步；仪式结束时要给纳文江敬洒之后再离开；要朝四面八方打镲，要叫醒“翁果日”的力量，要这样祷告：强大的“翁果日”都到来了，让大家伙都增添力量吧！祈求完了再离开。另外哈拉的姑娘（指陪祭萨满巴达玛），你们要给她穿上她的“扎瓦”让她坐下来，告诉她八月十九的时候要做“熟勒森·塔克伊勒”（一种祭祀仪式名称），等等。

紧接着，主祭萨满沃菊芬祖先萨满神灵“贵·雅德恩”降临，同样叮嘱莫昆家族的人们要按照传统和规矩热情款待来宾及其祖先神灵：

鄂嫩哈拉“霍卓日·雅德恩”要给她铺上三层褥子，要敬献烟袋锅里的烟；要给鄂嫩哈拉的“霍卓日·巴日肯”敬献烟袋锅里的烟，给李肯哈拉的“额吐温·太提”要敬献烟袋锅里的烟。

给师傅萨满铺双层褥子或者三层褥子，向长者敬献烟袋锅的烟是达斡尔族的传统礼仪和规矩，属于基本礼节。因此，沃菊芬萨满祖先神反复叮嘱要给斯琴掛及其祖先神敬烟，给斯琴掛的夫家祖先神敬烟。

“贵·雅德恩”还给那些领着“祖先神”到来的人们重申传统规矩：

按照道理，领着自己的神灵到来的人们，你们不是应该自己在外面敬洒牛奶、敬洒酒请他们进来吗？你们领着自己神灵来的人，进入到这个院子了，要自己敬洒牛奶、敬洒酒，你们的道路会变好，你们

的中指都会拥有好的“多姆”，你们的本领将成倍增加。

然后，“贵 · 雅德恩”对仪式作出具体安排和部署：

今天晚上，你们要给“博迪额”供奉黑色山羊；下午的时候，你们要给“西额 · 敖雷”和“乌其肯 · 敖雷”供奉；明天，你们要给“敖拉 · 额金”、“哈德 · 额金”供奉；后天，要给“托库仁 · 敖拉 · 额金”、“怀玛日 · 巴日肯”供奉；明天下午，你们要把“杜卡 · 巴日肯”、“拐勒 · 哈德 · 额金”请进来；“莫日登 · 太提”、“罗松”你们要好好关照，“尼日耶 · 敖包 · 额金”、“十八兄弟的 · 敖包 · 额金”也来了，你们都要好好供奉，好好表示感谢！

“贵 · 雅德恩”还告诉参加仪式的人们向神灵询问事情的方法：

神灵们都要进来，一位一位都要好好地听（它们告诉），不懂的要好好问问（它们）。（只要）告知你们的哈拉—莫昆、属相姓名，（神灵）都能给你们告诉。所以，你们看着“翁果日”下来就问吧。

第三天上午和晚上，主祭萨满沃菊芬祖先萨满神“贵 · 雅德恩”先后两次降临对三天的仪式作出总结：表达强烈的为国家出力、帮助民族、约束“莫昆 · 库热”的坚强决心和愿望；提醒那些领着自己祖先神到来的人们叠放、收拢好自己的神灵离开；提醒人们要注意身体、注意安全；最后再次祝福大家。

第三天上午的仪式即将结束时，沃菊芬祖先萨满神“贵 · 雅德恩”第二次降临表达了以下几个方面内容：

（1）表达喜悦的心情

我的孙子重孙们都来了，我高兴啊！

（2）重申仪式举办目的

今天“竖立托若树”的时候，是我的民族也好，不是我的民族也罢，你们的疾病我都给你们往外甩。来到这里的我的孙子重孙们，我都会把你们的疾病丢掉，把你们的道路修好。

（3）叮嘱莫昆家族、族众和所有参加仪式的人们注意安全，少喝酒，不闹事我的孙子重孙们，晚上喝完血以后，你们不要让多的血出来，车辆要注意好好驾驶，水边什么的你们也要注意。说到酒这个东西，也就是往嘴里倒的东西，喝了影响心智，思想和方法都会变弱。你们要少喝点酒啊！路上你们要好好走，一路平安！我的孙子重孙们，你们都来到我的“乌日翁·白特”，你们都要好好就座，各人都要管好自己，少喝点酒，可不要出现什么吵闹纠纷的事情。

(4) 表达为了民族不断向前的决心

今天，我们竖立托若树的时候你们来了，像你们想象中的仪式吗？我在问年长的人们。我们的道路正确吗？从今以后，我要给我的子孙们，给我的民族同胞们好好看病！为了自己的民族我会不断向前迈进！来的人们，只要你们求，我都能到达！只要你们喊“博荣·雅德恩”，我都能到达你们那里，把你们子孙的坎坷给渡过。我将会为国出力，帮助民族，约束自己的“莫昆·库热”。

(5) 让后代子孙团结向前，祝福李肯哈拉氏兴旺发达

任何时候我都会告诉我属猪的孙子重孙，要和鄂嫩哈拉的“霍卓日·巴日肯”、“霍卓日·雅德恩”肩并肩前行。希望你们的道路任何时候都越走越宽阔，李肯哈拉的子孙越来越繁盛，多多汇聚你们的“阔托日·博音”，你们的道路越来越好！

(6) 赞扬斯琴掛为民族所作贡献，衷心祝福她

外面的国家你都出去走呢，为了自己的民族，你不断在攀登。祝愿你健康长寿，你的子女越来越好！

(7) 概括仪式的功能，再次表达帮助人们的决心

时日变短，到了我要散去的时候了。我的孙子重孙，你们是高兴呢，还是生气呢。你们是不是想着来看看热闹、吃喝玩乐的？对你们不是都有帮助吗？你们给“托若”磕头了的，还是没有磕头的，只要你们来到这个地方，我都给予你们帮助！

第三天晚上吃血仪式之后，主祭萨满沃菊芬祖先萨满神“贵·雅德

恩”[①]第三次降临做最后的仪式总结，包含以下几个方面内容：

（1）表达喜悦的心情

我的子孙们都来了，我高兴呢。

（2）肯定仪式的正确性

今天，你们按照旧有的规矩做的“托若”，非常正确。

（3）祝福民族、莫昆的子孙后代

你们的道路会越来越好！民族莫昆的不好都给挪开！你们的道路将越来越正确！我会不断告诉你们办法和方法！我的子孙们出去走的时候都平安离开。“阿日善”洗的时候，我把你们的不好都给丢掉了，我把你们的苦难都给挪开了。给你们修路，让你们从“阿斯朗”下面走过，你们都向着绿色的道路走去，你们要像太阳一样闪耀着走。我的孙子重孙们的疾病都将消失，都从坎坷中出去。

（4）询问人们的感受

今天，我高兴地下来了，这三天，有人还没来得及问到吗？你们的身体都好吗？你们没有让肚子和脖子饿着吧？你们高兴吗？

（5）嘱咐未来的“霍卓日·雅德恩”为了民族同胞今后要不断“竖立托若树”

今后，代代接续出来“霍卓日·雅德恩”的话，为了民族同胞，要不断“竖立托若树”，（那样，）民族的孩子们的坎儿都会躲着走掉，没有孩子的都能得到子嗣，有病的把疾病都丢掉，“博迪额”都躲开，你们的“霍卓日·巴日肯”都能靠近你们的身体。

（6）斡米南仪式时间的传统习惯

虽然，时光短暂，按照规矩，从过去的时候起就只做三天。没有被叫到的我的孙子重孙们，你们不要心中挑理。任何时候，你们进到我的“阿日善”里，我都能让你们进来，没有被“阿斯朗”抽打的人

---

① 贵·雅德恩（/guj jad’ən/），沃热哈拉绰库勒莫昆（沃热哈拉博荣凯亚）第8代霍卓日·雅德恩，沃菊芬萨满的爷爷。

我一样给他抽打。你们不要想着自己缺少了眷顾，给“托若”磕头的，没有给“托若”磕头的，我一样给他做（这些）。

(7) 祖先萨满神“出马”的目的

我为了帮助自己的民族“出来”的！我为了给国家出力“出来”的！我为了约束我的“莫昆·库热”“出来”的！因此，我现在要让自己的道路更上台阶，好好帮助我的民族同胞！我会不断迈步向前！向前迈进！

(8) 对沃菊芬莫昆家族主事夫妇表示感谢

我因为你们而高兴啊！虽然年纪轻轻，能够按照原来的规矩和样子，给我“竖立托若树”。你们这是第二年（次）（做）了。我给你层层叠放财富，我给你多多汇聚福气，你的子孙稀少，我给你添加子嗣。

(9) 对领祭萨满斯琴掛及其弟子们表示感谢和祝福

鄂嫩哈拉的“霍卓日·雅德恩”，李肯哈拉的“霍卓日·雅德恩”，还有，这么多领着“霍卓日”来的，有“霍卓日·雅德恩”的，或者是出（马）“巴日西”的，你们大家，我都给你们积攒福气！你们的子孙都将生活富裕！我要为你们汇聚福气，我要给你们修路。你们的枯树重现绿色，你们的绿树开出花朵。

(10) 祝愿遭遇坎坷的人们去除不幸

有坎儿的人们，因为我们在诺敏河、纳文江下面做的仪式，你们的坎儿都将顺着诺敏河水、纳文江水流走，你们把苦难都丢掉了再走。

(11) 希望人们深刻理解神谕内容

时光短暂，即使你们有要问的，今天到了第三天了，到了时候了，虽然有很多要说的话，我把长话变短了说呢，把深刻的道理浅显了说呢。新时代里“出来”（指“出马”）的我的属羊的孙女，跟从与生俱来的本领走萨满路呢。你们要把我的简短话语详细说明，把我的浅显道理深刻阐释。

(12) 告诫那些领着祖先神的人们收拢好自己的神灵，勿忘领神“出马”行走萨满路的宗旨

时日变短的时候，远道而来的人们需要收拢自己的众神灵，所以，到了我要散去的时候了。胡日特 · 莫德的（茂密树木的神灵），胡德 · 塔勒的（河滩草地的神灵），罗松 · 敖包，德日 · 腾格日，噶吉日 · 多阿日（/gaʤir dʊar/，地下的神灵），你们都叠放回去，收拢好，请它们就座，你们各自都要把自己的神灵收放好，呼唤着它们并把它们好好带走。放心地回到你们的子孙那里，不要吓到你们的子孙，不要半路落下、停留在村外。你们是为了帮助自己的民族而“出来”（指“出马”）的，不要对民族做坏事，你们要让你们的神灵及其左右好好坐下来。

(13) 嘱咐人们注意安全，注意身体

这么多人来了，大家坐在一起高兴、嬉笑，你们要少喝点酒，因为路途遥远，所以，你们要各自注意自己的身体。

(14) 恭送自然神灵

到了我要散去的时候了。我们去把“胡日特 · 莫德额”、“胡德 · 塔勒额”送回去就座，请“噶吉日 · 额吉楞”、“罗松 · 额吉楞”回去就座。“德日都 · 德耶”，送回它们的座位。

通过对祖先萨满神在仪式开始的安排、叮嘱和仪式结尾的总结、忠告的神歌分析，我们能够知晓了解了达斡尔族“霍卓日 · 雅德恩”举办斡米南仪式的目的、斡米南仪式的传统习俗，萨满人领神“出马”的宗旨和他们应该遵循的规矩、坚守的原则。

2. 萨满神灵一再强调行走萨满路的目的是约束“莫昆 · 库热”、帮助民族、为国家出力，做萨满人的原则和操守是：待人接物一视同仁，平等相待

沃菊芬祖先萨满神“贵 · 雅德恩”首次降临就说：

莫昆的人们来了，不是莫昆的、外姓氏人们也来了，我高兴！……是自己民族的，不是自己民族的，领着自己神灵来的人们，

都给他们备好座位请他们就座，按照大小排队就座。……你们大家伙都来了，我高兴。你们和我的孙子重孙们像兄弟姐妹一样相处，你们谁有困难和厄运时我都会给你们告诉，你们的困境和艰难我都会为你们去除、挪开。……我是沃热哈拉的“霍卓日·巴日肯”，所以，（无论是）沃热哈拉的孩子们，还是外姓氏的孩子们，我都一样看待。

然后，在第三天上午再次降临时祖先萨满神灵依然说：

任何时候，你们进到我的“阿日善”里，我都能让你们进来，没有被皮条抽打的人我一样给他抽打，你们不要想着自己缺少了眷顾，给“托若”磕头的，没有给“托若”磕头的，我一样给他做（这些）。

这些都表明，祖先神对于是不是自己莫昆家族的、是不是本民族的、是不是磕过头的都一视同仁，平等相待，一样为他们祛除苦难、挪开疾病、移走坎坷。

3. 萨满神灵反复告诫那些领有祖先神的人们要好好走自己的（萨满）道路，批评那些不走、走不出、乱走萨满路的人们

祖先萨满神从一开始降临就反复教导那些领有祖先神的弟子们要遵守规矩，好好走自己的萨满之路。在仪式的结尾又一再重申“出马”的目的和宗旨。

好好走萨满路就要修好自己的道路，道路变好了，才能帮助民族、帮助莫昆，才能履行作为莫昆家族萨满传承人的职责与使命。因此，斡米南仪式对于领祖先神的人们具有特别重要的意义：

三年才做一次“托若·托勒贝”仪式，所以，有本事的人都要把自己的神灵请下来，修好自己的路，让自己的神灵坐好了再走。你们要帮助自己的民族，帮助自己的莫昆。今天，你们要是能进来走走，你们的道路都会变好的，你们的发黄的树木将重现生机，变得青葱吧。你们抓着自己的道路在行走，不要让自己的“霍卓日”委屈，该下来的人们都要下来（开口说话）。

（1）要进入千家万户，帮助人们祛除疾病，走出磨难

沃菊芬祖先神“霍卓日·太提”降临时对斯琴掛高度赞扬：你为了多

多扶起民族同胞的“霍卓日”而出力，进到万千家庭的大门。沃菊芬祖先神“贵·雅德恩”第三天上午所做的总结再度肯定斯琴掛为民族在不断努力：外面的国家你都出去走呢，为了自己的民族，你不断在攀登。这些，不仅仅是在赞扬斯琴掛，也是为了其他的孙子们树立榜样，萨满人的神圣使命就是迈进千家门槛，帮助万个困境中的人们。

沃菊芬萨满神灵尼日耶浅原来的“敖包·额金”反问三个孟氏巴日西、巴格其：你们给我的孙子重孙们思想和方法了吗？你们告诉那些知道者、能耐者事情了吗？你们三个占据着“尼日耶·哈德·额金”，你们哪一个迈过了8个门槛？你们进了5个莫昆吗？今天，说你们已经“出来”（指“出马”）了，我才说这么多话。这些都是抓着祖先神的道路行走的人对于莫昆和民族应尽的职责，这样才能实现领神“出马”的最终目的，帮助民族、帮助莫昆、帮助那些有难处的人们。

（2）严厉批评不走自己萨满路的子孙

沃菊芬萨满神灵“霍卓日·太提”训斥不好好走萨满路的属猴的孙子重孙，说：

> 你也没怎么走你的路，你老是说我都不明白真的假的，你说我知道什么呀。你抓着“梅森·太提”走呢，你抓着“尼日耶·莫日登·额头乌”走呢，你领着“敖包·敖拉”走呢，你领着“西额·巴日肯”走呢。你走的是“巴格其”、“巴日西”的路，为什么你老是把我的路堵上说话？你是按照道理和规矩“出来”的，你把你的道路弄清楚了走不好吗？那么，你要好好地明白地走。你的道路不是拉着“阿龙贡克”“出来”的吗，因此，你要好好告诉我的孙子重孙们。

（3）严厉批评走不出萨满路的人

沃菊芬萨满神灵“登特科·太提”批评自己所“抓”子孙：

> 我说我能走自己的路，我的孙女一点也不顶事。我说让沃热哈拉的“霍卓日·雅德恩”给开出我的道路，我来了有半个多月了，不是我不能张开金口，我的孙女一点也达不到（我的要求）。我的孙子重孙害羞说话吗？我艰难地行走过来，我把天当作被子，我吃着草籽、

把地当作褥子走来。我被扶立起来了。今天，我“抓”的人不行吗？她为什么就是不张口说话！为什么不懂自己的“阿尔腾·索罗”！本来到了我应该“出来”（指“出马”）的时候了，但是，今天，我想“出来”（指“出马”）的心思都没有了。小的“巴格其”都能下来说话的时候，抓着“雅德恩”的道路下来说话你怕什么?！我的孙女每天迷迷糊糊的，“阿尔腾·索罗”都不懂。今天，她说不了三五句话我生气呢。“巴日肯”是什么都不完全明白。

（4）严厉批评乱走萨满路的人

沃菊芬萨满神灵“霍卓日·太提”批评一个自己随意行走萨满路的郭博勒氏女子：

你不是在给人看病吗？你满嘴乱说别人，你会因钱财而倒，你知道一半，不知道一半，你的神灵都没有好好坐下来，你说话太满，你的路不对呢，你没有请你的神灵坐好，让它们都坐好了，你的道路会正确一些吧。你谁也不信，你不知自己的能力，不懂分寸，谁你都想给“出马”。你是真心来的吗？你是真想看吗？你想着这些人都在干什么来看看而已，你以为只有自己最能，但道路你都不知道，“敖包·敖拉”你都不知道。你自己的名字和哈拉都不知道呢！

斯琴掛萨满神灵“嘎胡查·爷爷”下来时再次批评此人，说：

你并不知道多少，你一喝酒，就满嘴乱讲别人，金子银子你要很多，你让民族的人们寒心、痛心。你并没有清楚明白地得到你的道路。你并没有把原来的“霍卓日·巴日肯”扶起来，没有把“霍卓日·巴日肯”叫醒，你没有打开你的道路，你没有得到“霍卓日·巴日肯”的本领和能耐，我在告诉你。

（5）告诫领神者为了子孙后代务必要好好教导自己的“翁果日”一心向善，如果心术不正，教坏了“翁果日”将会贻害后世子孙。

沃菊芬萨满神灵“杜卡·巴日肯”给身陷囹圄、寻求帮助的人讲了一个那家祖上的故事：

有一个“查出库·太提”，这个“额头乌”，原来使用它的人把它用脏了，玩的时候使用，跟别人吵架的时候也使用，它本领和能力都会，领着它走的人没让她走一条好的道路，所以，这个“巴日肯”有那个坏毛病，原来，(领着它走的人)(碗里)装着纸领着它去玩的话，拿回来半碗半碗的钱。领着它走的人不是特别不好吗？所以，把“巴日肯”都教坏了。

由此，沃菊芬萨满神灵劝诫那些领着自己祖先神的人们：

供奉“霍卓日·巴日肯”的人们，领着神灵行走（萨满路）的人们，无论如何，要为了子孙后代，为了民族莫昆，你们都要好好约束着自己的神灵坐着，呼唤着它们收拢好它们。不好的道路一定不要让它们走。别人使坏了，你们一定要不断地告诉它好，你们要回报以好，将来它会好好管束你们的（子孙），会好好教导民族的孩子们学好。未来的时间里，孩子们的口舌都将不会讲民族语，都变成汉人了不是吗？尽管如此，想到将来约束不好自己的神灵而可能出现的状况的话，你们务必要好好约束收拢自己的神灵亲眷，好好让它们就座。你们看不看（病）都没有关系，不能教自己的神灵学坏，你们一定不要做“哈日·索姆”！耍闹开玩笑的时候，无论如何不要找自己的神灵（帮忙），为了钱财不要找自己的神灵（帮忙），官家的事情不要参与其中，为了攒银子不要求自己的神灵。为了子孙后代，为了民族的子孙后代，你们一定要好好统领你们的神灵！

萨满神灵真是苦口婆心，言辞恳切！第一，不好的道路一定不要让它们走。第二，别人使坏了，你们一定要不断地告诉它好，你们要回报以好。以德报怨，将来它才会好好管束你们的（子孙），才会好好教导民族的孩子们学好。第三，你们看不看（病）都没有关系，不能教自己的神灵学坏。第四，你们一定不要做“黑箭”！第五，耍闹玩笑的时候，无论如何不要找自己的神灵（帮忙）。第六，为了钱财不要找自己的神灵（帮忙），为了攒银子不要求自己的神灵。第七，官家的事情不要参与其中。沃菊芬祖先萨满神灵表达了深深的忧虑：未来的时间里，孩子们的口舌都将不会讲民族语，都将变成汉人。所以，想到将来约束不好自己的神灵而可能出现的状况，你们务必要好好约束收拢自己的神灵亲眷，好好让它们就座。

4.“霍卓日·雅德恩”及“霍卓日·巴日肯”的首要职责是保护、约束莫昆，为本莫昆服务；然后，为其他莫昆和族众服务；最后，为民族作贡献，为国家出力

所以，祖先神降临之后一般首先找自己莫昆的孩子们劝诫、忠告，然后找其他莫昆的人们警示、嘱咐。出于礼貌和感谢，萨满祖先神有时也会先找给予自己莫昆家族帮助、敬奉自己祖先的其他莫昆告知，然后再找自己莫昆家族的孩子们。

仪式一开始，沃菊芬祖先神“贵·雅德恩”降临就说：今天，鄂嫩哈拉的“萨满·爷爷”和沃热哈拉的“霍卓日”一起“托若·托勒贝”，要“斡米纳贝”。“爱里”（指莫昆）的孩子们，都把你们的不好丢掉，你们的道路都会变好。因此，莫昆·萨满举办仪式的目的首先是为莫昆的孩子们修路，把他们的不好给丢掉。

然后，祖先神让那些领着自己神灵到来的人们请神降临下自己的“翁果日”，说明萨满人要有更高的追求，即为民族同胞和国家出力。正如沃菊芬萨满神灵“西额·敖雷”所说：孙子重孙们都来了，我高兴。我的民族同胞都来了，我高兴。从外面来的也下来了，我高兴。说我的地方好，到了我的地方，让自己的神灵下来，我高兴。你们要让我们的神灵好好坐下来，为国家出力，帮助民族同胞，约束着“莫昆·库热”。

沃菊芬祖先萨满神“贵·雅德恩”在吃血仪式之后重申自己作为萨满人“出马”的目的，那也是所有萨满要牢记在心的誓言和承诺：

> 我为了帮助自己的民族“出来”的！我为了给国家出力“出来”的！我为了约束我的“莫昆·库热”“出来”的！因此，我现在要让自己的道路更上台阶，好好帮助我的民族同胞！我会不断迈步向前！向前迈进！

为国出力，帮助民族，约束“莫昆·库热”，一直在斡米南仪式的萨满神歌和神谕内容中反复出现，体现了当代达斡尔族萨满对于自身使命的清醒认识：从今以后，我要给我的子孙们，给我的民族同胞们好好看病！

为了自己的民族我会不断向前迈进！

5. 萨满神灵告诫人们要注意身体，注意健康

萨满在神灵附体状态下基本上都要反复提醒、告诫人们务必要注意身体健康，该吃药的抓紧吃药，该治疗的及时治疗，该预防的也要密切关注。

沃菊芬祖先萨满神“贵·雅德恩”首次降临就连续找了几个沃氏子孙，劝告他们注意身体，健康、快乐、知足地生活。

> 我要找属虎的孙女，你的病我们不是没治。“多勒布日”不是一直在给你做吗。所以，你才到现在这个样子，你才活着呢，你要高兴地生活。
>
> 我要找属鸡的孙子重孙，你在好好吃药吗？你有吃药的疾病。你老是头疼，你的心里烦闷，你的血液有点黏稠，所以你吃点药吧。八月十七，你到外面烧三个纸团往外甩，那样，你的疾病会扔掉吧，跟着走的人会躲开吧。
>
> 我有属龙的孙子重孙，你的心脏并非不好，就是肺子有点毛病，所以，吃点药。有味的屋子你要少进去，不要吸入难闻的气味，那样，你的身体会好的。
>
> 我有属猴的孙子重孙，你的身体有些毛病。你的肾脏特别凉，你要让你的“霍卓日·雅德恩”用红色的布做“多姆勒”，那样，你的病情会减轻吧。
>
> 我有属狗的孙子重孙，我要喝你献的白色牛奶。六月十一，我说你不要动刀，你没听话。所以，你在官家的地方躺着呢，你在吃着官家的药躺着呢。

斯琴掛萨满神灵“梅森·太提”嘱咐瑟克音莫昆属马的小子注意身体：

> 你要注意身体，进入兔年的时候，不要去酒席吃酒，你的这个身体到了秋天的时候，你要吃点药。劳累有火的时候，你要注意压着点火气走。你在挪开病灾病坎的时候，你要让沃热哈拉、鄂嫩哈拉的“霍卓日·雅德恩”给你修路，你要喝点药。（告诉他的属虎的媳妇：）

草木发黄的时节，你有病坎，你会突然身体没劲，心里生气，你的火特别大，你的心脏会突然血流不畅，你的眼睛会视线模糊，你会耳鸣，呼吸有些困难。你要看官家的医生，吃些官家的药，你还要修修路。那样，你的药会好好发挥作用。

6. 萨满神灵劝告人们要注意安全，出行要择日择方向

沃菊芬祖先萨满神“贵·雅德恩”首次降临就嘱咐沃氏子孙注意出行安全，说：

我有属羊的孙子重孙。从前往后走的时候你有车坎，不要坐红色的车走，七月二十四一天都不要从屋里出去。

沃菊芬萨满神灵“霍卓日·太提”对拉里浅属鸡的人说：

你开白色车子呢，九月十九不要去西北方向，十一月你不要去东北方向，你要熏熏你的车子，那么你的道路会好吧。你要好好求着你的“霍卓日·巴日肯”。

斯琴掛萨满神灵“嘎胡查·爷爷”下来时找了许多满那浅的子孙告知要注意出行安全，对郭博勒哈拉属狗的小子说：

你在这个兔年要注意，八月十一，不要与属猴、属蛇的人一起乘车去东北方向。

对属龙的孩子说：

七月十六的时候，不要驾车去东南方向，河水结冰之时要注意。

告诉属牛的孩子：

你这个身体在秋季的八月初四，不要去东北方向，十一月初四，腊月二十三，半夜鸡叫的时候不要出去走，你被口舌压着，有刀刃的命坎。

对属猪的孙子重孙小子说：

八月十五那天不要乘车出去。

等等，都是嘱咐人们注意出行安全，要择日择时出行。

7. 萨满神灵忠告年轻人交友要慎重，结交好伙伴

萨满神灵一再告诫子孙后人，特别是年轻人，交友要慎重，一定要结

交好伙伴，远离不良之人，否则，很可能引发口舌是非，带来磨难。

沃菊芬萨满神灵沃热哈拉“奴吉日 · 巴日肯”告诫属猪的小孙女交友要慎重：

你要进到口舌是非里面呢。有一个脸色较白的汉人，一个姓郭博勒哈拉，一个姓刘，你不要跟这几个孩子一起玩，那样的话，你会与人争执，与别人的是非扯上关联。你要注意身体，不要去有尸骨的事情，不要去娶媳妇的人家，过了今年就没事了。

沃菊芬萨满神灵敖拉哈拉“乌西 · 娘娘”对属马的孙子说：

你要是和属牛的、脸色有些黑的高个子女孩来往，你会陷入口舌是非之中呢，说要让你进黑屋子呢。她是为了你的钱财在交往呢，你哪里是真的有钱啊！你不要和她来往，她逗你玩呢。慢慢地，腊月初的时候，在北面你会找到人的，那个人会真心和你交往。

然后对属龙的孙子重孙说：

个子有点高，脸色有点黑，某某哈拉的男孩子，你要是跟他一起走的话，你会吃有毒的药；属龙、属狗、属马，属兔的，你不要和这几个孩子一起走，他们对你没存着好心，他们把你推在前面，让你在前面迈步，在你后面坐着使坏呢，用嘴哄着你，他们只是喜欢你的有轮子的车。

8. 萨满神灵告诫人们务必要注意口舌是非，避免纷争，避开口舌之祸

沃菊芬祖先萨满神“贵 · 雅德恩”首次降临就指出口舌是非带来的磨难，说：

我有属狗的孙子重孙，你进到口舌(是非）里了，你自己进去的。你怎么那么傻，没心眼！没打的事情你说你打了。你惹了口舌是非了，所以，你现在有口舌之祸。

沃菊芬萨满神灵“拐勒 · 哈德 · 额金”对寿儒托日苏属狗的孙子重孙说：

你的坎儿出来呢，你要注意口舌，你不要聚一堆孩子们让他们待着，你要闯大祸吗？

对塔温浅属羊的孙子重孙说：

你的道路不对呢，你一直在迎接着疾病呢。你有口舌之祸。你老是讲究这个议论那个的，你的道路不对呢，所以，坎儿要出来呢。

俗话说，“祸从口出”，萨满神灵反复叮嘱人们务必要注意言语，不说硬话，避免引发口舌之争，陷于口舌之祸。

9. 萨满神灵教导人们要敬天、敬地，敬奉祖先

人离开了祖先，就是无源之水、无本之木。不仅是萨满等领神者，每个人都要敬奉自己的祖先，供奉自己的祖先神灵。

(1) 神灵接受谁的供奉为谁提供帮助和保护

“拐勒·哈德”一带本来是郭博勒哈拉塔温浅原来居住的地方，是斯琴掛、沃菊芬带领着徒弟们，包括已故的敖小六，在那里修建了“拐勒·哈德·敖包”并祭祀供奉。所以，沃菊芬萨满神灵“拐勒·哈德·额金”降临时首先找沃热哈拉属猪的孙子说道：

你让我高兴啊！我不因你的白色绵羊而高兴，你知道我，让我每年都下来说三五句话，我高兴。在郭博勒哈拉塔温浅的人们不知道的情况下，你把我扶立起来了，我高兴地感谢你！我要给你们我的“敖包·敖拉”的草药，你们谁去取，都能治你们的病，你们去敬洒牛奶、敬洒酒的话，我都能把草变成草药给你们。鄂嫩哈拉、李肯哈拉属猪的孙子、“霍卓日·雅德恩”，李肯哈拉属兔的孙子重孙，都让我高兴啊！你们把我的“敖包·敖拉”都给扶立起来了。你们把我们的“阔托日·博音”拿回去吧，你们的道路我任何时候都会给予帮助。

不被自己的子孙所认识，被别人的子孙认识、供奉，所以要给予草药，要给予福源，给予帮助。

沃菊芬萨满神灵敖拉哈拉“乌西·娘娘”降临时首先找到沃热哈拉属猪的孙子、属羊的孙子表达谢意，说：

按道理，我应该盘腿坐在拉里浅的家里，我（应该）跟着他们行走，跟着他们的“太提”坐在他们家里。年年我都吃着你的果品糕点，接受你们的供奉，我因你们而高兴啊！你们的道路我任何时候都会给

予帮助。你们的属羊的孙子重孙，我会从她身边左右跟着走，我会抬起她的肩膀，你的道路我无论如何都会帮助，你们的孩子们我会代代照看。

此神本来是敖拉哈拉的一位祖先神，因为坐在了沃菊芬的沃热哈拉绰库勒莫昆家族，接受沃菊芬及其家族的供奉，所以，首先找沃热哈拉家族表示感谢，并表示世代照看，给予帮助。

（2）肯定和赞扬虔敬信奉、供奉祖先的做法

斯琴掛萨满神灵“嘎胡查 · 爷爷”高度肯定属猪的子孙和他属鼠的媳妇虔诚敬奉神灵：

我的从海拉尔地方跟着来的郭博勒属猪的孩子，你的心意诚挚而虔敬，我在高兴啊！祝你健康长寿！你要好好注意身体，疾病都躲开，道路变得清白。你们要注意我丢给你们的“阿尔腾 · 索罗”，鄂嫩哈拉“霍卓日 · 雅德恩”不断为你们祷告，为你们修路。你的属鼠的媳妇，你们立起“巴日肯”了，你们带着虔诚的心意来到莫力达瓦地方，给沃热哈拉的“霍卓日 · 巴日肯”、给“托若 · 巴日肯”磕头，我给你们挪开大坎、小坎化无。

（3）警示不敬奉祖先的后果

沃菊芬萨满神灵“拐勒 · 哈德 · 额金”说：

敖拉哈拉奎力浅的孩子也认出我扶我起来的。他把自己的“巴日肯”烧了以后寿命（不是）变短了吗？

此人是斯琴掛弟子，已去世，据说，他的确烧掉了自己的祖先神画像。

（4）告知补救方法

祖先毕竟是祖先，对于不敬的子孙再生气，最终还是给予补救的机会和办法，只要他们虔敬地磕头、祈求、供奉，祖先神还是会修好他们的道路。

沃菊芬萨满神灵“霍卓日 · 太提”给因不敬“山登”而触怒神灵的鄂嫩哈拉属羊的人出主意、想办法：

你要到“山登”去磕头，说你经过“山登”的时候都不下马，你

曾经骑红色的马走过（“山登”），所以，你有坎儿。你要从马上摔下来，你的思想方法都要减弱呢。因此，你要到“山登”好好磕头，要敬洒牛奶、敬洒酒，“嘎胡查·爷爷”的、“平果·太提”的、“黄萨满·太提”的，都要好好敬洒牛奶，他们的“山登”好好给你看着的话，你的道路会好吧，你的坎儿会躲开吧。明天，你要好好被我的“哈勒邦库”甩，你的坎儿会躲开，被“阿日善·奥苏”洁净，你会好好渡过你的坎儿吧。

沃菊芬萨满神灵敖拉哈拉“乌西·娘娘”批评属马的孩子：

你不是没有立自己的神灵，你把它们都里倒歪斜地放着，你把“祖先神”都掉进泔水桶里了，因此，我都不愿意坐在你那里，什么人你都让去家里，因此，我没有坐在你那儿的心思呢。

尽管如此，萨满神灵还是给他指明改正的办法，还是会给他修路：

你要到属牛的孙子重孙那里，给“霍卓日·巴日肯”磕头，给“乌西·娘娘”磕头，我会给你好好修路。

10. 萨满神灵一再教导人们要讲究传统礼节，尊重长者，热情待客，礼貌送客

作为斡米南仪式的主办者，沃菊芬祖先萨满神“贵·雅德恩”首次降临就说：

我高兴地迎接呢，河滩草甸的神灵，树木之上的神灵，水系神灵，自己都来了，外面的神灵都来了。我都在迎接（它们）进来呢。

沃菊芬萨满神灵“霍卓日·太提”降临时告诉博荣凯亚属鸡的孙子不仅不要忘了传统规矩，还要教导孩子们：

你要给沃热哈拉“霍卓日·雅德恩”敬烟，敬装在烟袋锅里的烟，原来的规矩不要丢掉。你要清楚明白地告诉孩子们。

沃菊芬萨满神灵“杜卡·巴日肯”也嘱咐要礼貌待客：

我不是告诉你们了吗？你们的道路我会不断修好，民族同胞我会不断帮助，有“霍卓日·雅德恩”的人来的话，有神灵跟着的人来的话，你们不要给人家脸色看，我会好好请他们进来，他们出去的时候

我都让他们干净地离开。因此，你们不要以不好的言行对待人家，你们务必要告诉我的“霍卓日·雅德恩”，不要和不知道的神灵们较劲，压制怒气，给我的孙子重孙们好好修路。

按道理，前来参加斡米南仪式的其他人的祖先神灵作为客人，也要遵循应有的礼貌和规矩。因此，不期而至或者痛哭流涕的萨满神灵一再表达深深歉意，说自己“失礼了！失礼了！”或者借了别人的嘴；或者从旁边身体进来的；特别是因为委屈或者愤怒而痛哭的先祖神灵附体斯琴掛和沃菊芬后，会向她们的祖先神和在场的后代子孙们表达深切的歉意。

11. 萨满神灵忠告人们要学习文化，掌握本领，约束莫昆，帮助民族

祖先神一再强调思想方法的重要性。没有文化、缺少思想和方法，就会任性而为。沃菊芬萨满神灵“腾格日·诺额”深表忧虑：

……咱们民族的孩子们往下掉的太多啊！学坏呢，随便使用刀具，净出大事儿。

人没有文化知识，不但容易不思进取，长远发展还会受到很大限制。沃菊芬萨满神灵“贵·雅德恩”首次降临时就对属龙的孩子说：

为什么你老是说“我不行”？没有文化你还想多能?！你自己要高兴地行走。你不是没有再往上学的本事吗？所以，你的这个本领就够了，不要想太多。突然地，你的道路会越来越对。

沃菊芬萨满神灵“霍卓日·太提”找沃热哈拉属羊的子孙说：

今天，你的孩子们都弱。这辈子你都没有让孩子们学习本领，天生的本事就一半，因此，你应该让他们学习文化，掌握本领。你要好好求一求“乌西·娘娘”。那么，你们的下一代会出来头脑明白的孩子，会成为“敖拉山水”的主人吧。

因此，帮助一个人，重要的不是给他万千财富，而是教给他思想和方法。沃菊芬萨满神灵“霍卓日·太提”对郭博勒哈拉属狗的人说：

你真心相待我的孙子，他没有学别的本事，你们帮他往上提携就行了。我们不因你们的钱财而高兴，无论如何你要给他讲道理、教方法，为他指明道路，我们就高兴。

沃菊芬萨满神灵敖拉哈拉“乌西·娘娘”也不止一次提到思想方法较之钱财的重要性：

思想和方法能送达就行了，你们有钱财、你们富有我不需要，你们给他们（指敖拉哈拉的子孙后代）出主意、想办法，帮助他们就行了。

祖先神一再告诫莫昆长者要让孩子学习文化，告诫年轻人务必要掌握本领。就此劝诫人们要少饮酒，不仅影响健康，而且影响心智。沃菊芬萨满神灵“贵·雅德恩”劝诫人们要少喝酒：

说到酒这个东西，也就是往嘴里倒的东西，喝了影响心智，思想和方法都会变弱。你们要少喝点酒啊！

12. 萨满神灵告诫人们要爱护大自然，不吃野生动物的肉，不过度捕捞，不乱砍滥伐，不随意动土破坏河流与山脉

斯琴掛萨满神灵“嘎胡查·爷爷”嘱咐属狗的孙子：

九月二十二，不能去东北方向。你们要告诉他。不要吃野生动物肉。要注意口舌是非，不能与属虎、属猴、属兔、属羊的一起坐车出去，九月二十二,九月二十四不要出门。

沃菊芬萨满神灵“霍卓日·太提”对拉里浅属鸡的人说：

你在挖池塘养鱼，各种鱼你都打捞，你放了万千个鱼种，所以，初七、十七、二十七，你要往纳文江里拿去放生，那样，你的道路会更好吧。

斯琴掛萨满神灵“怀玛日·巴日肯”对沃热哈拉属蛇的女子说：

你的这个身体在草木发黄的季节，九月二十二，你有大坎，夹杂到别人的口舌之祸，要破费大量钱财，你不要去出血的地方，不要去锯树木的地方，不要吃野生动物的肉，你要惹上磨难呢。明年龙年艰难，五月初五要给“奴吉日·巴日肯”磕头，要在纳文江、诺敏河给鱼放生。使道路变得清白，让沃热哈拉的“霍卓日·雅德恩”给你修路。

沃菊芬萨满神灵“托库仁·敖拉·多罗·代讷乌音”对敖拉哈拉拉里

浅属鸡的人说：

你掏开我的血管养鱼呢，你要不断供奉你的“罗松”，你挖土的时候要不停地敬洒牛奶。任何时候，初七、初九、十九、二十九，你要让人给鱼放生，你要在纳文江放生，诺敏河也要放生，那么，你的道路会好吧。

然后，回答女子询问的动土之事：

是往西北方向吗？是指向山的西北方向吗？那个地方要以大的（牺牲）供奉。那不是省心的地方，那个地方破坏的话要出事，是踩着诺敏河水的山脉。供黑猪头求一求试试吧，然后，再动土。

13. 萨满告诫人们做人要信守承诺

沃菊芬萨满神灵“杜卡·巴日肯”对苏都日哈拉的属兔的人说：

你老是被疾病抓住呢，这都与那个事情有关。（那位神灵）看病久了，吃了血，所以，小打小闹地无事生非，与你们的“霍卓日·巴日肯”合不来，所以，老是出来这样不大不小的事情，没有大坎，出来一些没有名目的小坎。这是因为你们的道路不对，你们把自己的“巴日肯”丢在一边，供奉别人的“巴日肯”。人家不是有自己的子孙们吗？你要吃点官家的药，那样，你的“霍卓日·巴日肯”帮忙的话，你的疾病会好吧。

你的“霍卓日·巴日肯”的“克伊登”要一只羊，“达·贝耶讷”要一只羊，你们早就答应过，到现在也没有兑现，还要有牛奶的“拉里”，要点燃9只“卓拉”。它的“克伊登”是三种颜色的吗？“霍卓日·巴日肯”你们要供一只羊，给它的“克伊登”供一只羊，到时候还要做“拉里”供。那么，你们的道路会好吧，你们的孩子们会积极向上、兴旺发达吧。你们有“阔托日·博音”，但是攒不下来，你们的疾病不断。

14. 萨满神灵劝告人们要帮助困境中人和穷人；但同时提醒人们，帮助别人要有限度

沃菊芬萨满神灵敖拉哈拉“乌西·娘娘”告诉敖氏属龙的人要帮助穷人：

见到贫困潦倒的人，把你的衣服给他，有钱的话把你的钱给他，你的苦难会出去吧。

但是，帮助别人也是有限度的。沃菊芬萨满神灵“托库仁·敖拉·多罗·代讷乌音”对沃氏属猪的人说：

你要注意身体啊，即便你想管孩子们，也别太使劲、太操心，各人有各人的命运，各自按照自己的道路生活。

15. 萨满神灵为人们提供了许多治病药方

有治疗虚病的方法，也有治疗实病的草药与食疗混合的药方，还有同时看官家医生、服用官家药物的建议。即使是所谓的治疗虚病的方法也是蕴含一定的道理，起码起到了心理安抚的精神作用。

概括总结斡米南仪式上萨满神灵附体状态下提供的治疗方法主要有：“泰日米特”、“多姆勒”、“阿日善”、“阿斯朗”，还有“额姆·多姆”等。

“多姆勒”与“泰日米特”的作用：

沃菊芬萨满神灵“霍卓日·太提”连续为7个人制作了“多姆勒”药方，基本上都是草药和热敷、熏蒸、洗浴等办法，当然，有时还需要加神圣力量“泰日米特”：

（1）给鄂嫩哈拉“霍卓日·雅德恩”的“多姆勒”方子：

说到人，吃五谷杂粮，有病是正常现象。即使这样，你试着喝一喝我的“多姆勒”吧。到热水里好好洗一洗你的双脚，那样，你的脚病会减轻吧。今天，我因为你而特别高兴啊！我非常感谢你！我想祛除你的疾病，你要把我的“泰日米特”和7个泉眼的泉水拿回去喝着试试看吧，每天早上用小杯子喝7杯。

（2）给李肯哈拉年长属兔的人的“多姆勒”方子：

九月十七你有病坎，吃点药吧。向着天边东北方向，你要点上7支香，放7杯牛奶，放7杯水，放7杯红酒，你要求一求，然后，那些东西你要喝7个早上，那样，你的疾病坎儿会渡过吧。

（3）给李肯哈拉属猪的人开的方子：

我给做些“额姆·多姆”喝吧。把白色的植物和白糖、冰糖一起煮着喝，然后，把东西放在肚脐上熏，连续熏三个晚上。冰糖、红枣、白梨、红豆煮在一起喝着试试吧。那样，你的疾病会减轻吧。你的血管堵的地方多，那个情况你要治一治。“泰日米特”你要多喝。你要多用热水泡脚，那样，你的疾病会减轻，血液循环会好吧。你要好好喝我的泉水。你要用泉水洁净身体。

（4）给李肯哈拉属兔的人开的方子是：

要喝些官家的药；要经常暖暖你的小腹。你的小腹的凉会祛除，你会得到男孩吧。你要好好求着你的“奥米·娘娘”。

（5）给沃热哈拉属猪的人开的药方：

到时候你喝“泰日米特”水，叫作小黄芩，叫作大黄芩，叫作柴胡的草，“绰斯·伊勒阿”的根，和“泰日米特”合在一起，和冰糖在一起煮着喝试试吧。那样，你的热会变凉，血液会好吧。

（6）给莫日登哈拉属猴的人的女儿开的药方：

吃点“多姆”，把白色艾蒿草“泰日米特”以后煮开水，给她放在小腹热敷。那样，寒气会驱除吧，然后，你们买药吃。

（7）给莫日登哈拉属鸡的人开的药方：

用白色艾蒿草煮水洗身体，那样，你的身体会好些吧，痒痒的毛病会减轻吧，在大锅里煮水蒸，那样，你的病痛会减轻。

沃菊芬萨满神灵沃热哈拉“奴吉日·巴日肯”给属猪的大孙女开出了喝“泰日米特·苏”的药方：

你到你的“霍卓日·雅德恩”那里让她用牛奶做“泰日米特”，然后你喝，那会成为药，治你的病。

斯琴掛萨满神灵“嘎胡查爷爷”让从海拉尔地方跟着来的郭博勒属猪的人注意身体，喝“泰日米特·切”：

进入鼠日，要喝三七二十一天泉水制成的“泰日米特·切”。你要好好注意身体，疾病都躲开，道路变得清白。让鄂嫩哈拉“霍卓日·萨满”给修路，喝7天“泰日米特·切”，茶要往后接续着喝。

沃菊芬萨满神灵沃热哈拉“奴吉日·巴日肯”给对属虎的孙女提供了

一个“多姆勒”治病方法：

你要往白布上扎7根针，往红布上扎9根针，然后，晚上睡觉的时候，你把它们卷起来放在脚下，8点到10点的时候，你就那么卷着放，那么，你的血管会通畅，你的病会好些吧。

“阿日善”与“阿斯朗”的功能：

沃菊芬萨满神灵“托库仁·敖拉·多罗·代讷乌音”说：

时日变短的时候，到了我的民族同胞要进到“阿日善”里、从“阿斯朗”下面穿过的时候了。来的人们不要让人家的心情往后，让他们往前，把他们的苦难都给挪开，把大家的大坎化小、小坎化无，把他们的磨难去除，把他们的疾病丢掉。给大家修路，给你们汇聚“阔托日·博音”。“阿勒腾·索罗”好好进入（他们的头脑），交给他们思想和方法。

沃菊芬萨满神灵“尼日耶·敖包·额金”对众多来人说：

万千来人，你们都进到我的“阿日善”里面走走，我把你们的道路都变得明亮，我把你们的身体都弄得干净，我把你们的疾病都给甩掉。吃五谷米的人们难免会生疾病。但是，我要把那些“外面的”都给你们甩出去，有“神灵”的人们我把你们的“神灵”与你们的身体合一，让你们的大坎渡过，让你们的小坎化无，让你们都从坎坷里面出来，让你们的疾病都能祛除。我给你们修路，给你们丢下“阿勒腾·索罗”，你们要好好汇聚你们的“阔托日·博音”！我的民族同胞们，我的哈拉—莫昆们，你们要好好努力，好好占据着“多罗·莫日登”的地方，你们要好好帮助自己的民族！

沃菊芬祖先萨满神“贵·雅德恩”在吃血仪式后的最后总结中说：

我的子孙们出去走的时候都平安离开。“阿日善”的时候，我把你们的不好都给丢掉了，我把你们的苦难都给挪开了。给你们修路，让你们从“阿斯朗”下面走过，你们都向着绿色的道路走去，你们要像太阳一样闪耀着走。我的孙子重孙们的疾病都将消失，都从坎坷中出去。

这就是洗“阿日善”圣水和钻“阿斯朗”牛皮绳的作用和功能。治疗、修路、进步、祈福，等等，一切圣洁的、美好的、健康的、吉祥的、智慧的、富有的愿望全都包括了。

16. 萨满神灵告知人们神“抓”萨满的条件

据说，祖先神选中的萨满候选者都是骨白、血清、心地善良之人。

沃菊芬萨满神灵“霍卓日·太提”对金肯哈拉属猪的小子说：

> 你们是有萨满服的“雅德恩”人家。（祖先神）从属猪的孙子13岁起就“抓”他了。原来，你13岁的时候吓着过，然后，你们的“霍卓日·雅德恩”就跟着你们了，你是有白色骨头的孩子，说你血液清晰（祖先神）跟着你，原来你都能占会看。

沃菊芬萨满神灵“拐勒·敖包·额金”被问到时也说：你的属猪的孩子，13岁的时候严重吓到过。从那以后，有点知道、能耐了，他的血液稀，他的骨头白，所以，“神灵”喜欢要他。

17. 祖先神一再倡导不同民族一样看待，不同民族要和睦共处、共同进步

沃菊芬萨满神灵“霍卓日·太提”降临时说：

> 今天“竖立托若树”的时候，我的孙子重孙们都来了，我高兴。民族同胞都来了，我高兴。不是民族的人们也来了，我都高兴。从远处来的，我都感谢。今天，好日子里，我来了，哈拉—莫昆的孩子们，我想告诉三五句话。好日子里，我和鄂嫩哈拉的“霍卓日·雅德恩”一起“竖立托若树”。所以，不同民族的人们来了，请下自己的神灵，我高兴。虽然，她没有说上三五句话，你们不要轻看她。她的口舌羞涩，神灵坐不下来呢，还没有从她的道路“出来”（指“出马”），所以，她的口舌有点麻木。神灵下来的话，你们要敬洒牛奶、敬洒酒。

沃菊芬萨满神灵“西额·敖雷”下来时反复提到：

> 今天见到了孙子重孙们，我高兴啊。不是民族的也好，民族里面的也好，我想着修好孩子们的道路下来的，有病有灾的人，我想用

酒、用牛奶给他们“泰日米特”下来的，我高兴地下来了，想着为莫昆出力，对国家有所帮助，看着自己的子孙后代进步，不是自己民族的也要帮助他们。我要找那些被疾病困扰的，给他们用牛奶和酒“泰日米特”。有“神灵”的，也都过来，用牛奶给你们“泰日米特”，把你们的道路修好。把你们的苦难去除，把你们的疾病化无。把你们的疾病化无了，把你们的苦难去除了。你们要向牛奶一样以白色的心意行走，给你们的孙子重孙汇聚财富，对国家要有所贡献，要帮助自己的民族，要管束着“莫昆·库热”的人们。你们中间有“多姆”的手指，抓一个人让两个人好。

这些被叫到的人中有达斡尔族，也有鄂温克族，还有蒙古族，所以，修好道路、祛病除灾的时候，一样看待，不是自己民族的也要帮助他们。这样的认识和思想境界就很高了。

沃菊芬萨满神灵“西额·敖雷”再次降临时也说：

孙子重孙们都来了，我高兴。我的民族同胞都来了，我高兴。从外面来的也下来了，我高兴。说我的地方好，到了我的地方，让自己的神灵下来，我高兴。你们要让我们的神灵好好坐下来，为国家出力，帮助民族同胞，约束着“莫昆·库热”。今天，在我的地方，你们让自己的神灵下来，我高兴。虽然不是自己民族的，让你们的神灵下来说上三五句话吧。我的子孙们不是多吗？你们哪一个下来都能给告诉一下。

这不仅是一样看待了，而且高看外来民族的人及其神灵。后面到来的萨满神灵一直反复强调，是自己民族的，不是自己民族的，都一样看待，都表示欢迎和感谢。

沃菊芬萨满神灵“托库仁·敖拉·多罗·代讷乌音”降临时也表达了这样的思想：

我的子孙们多得是，我的“莫昆·库热”的孩子们都来了吗？我的民族同胞都来了吗？不是民族的人们你们也来了。我高兴！我向你们问好！

沃菊芬祖先萨满神灵“贵·雅德恩”做仪式小结时再次表达愿望和心志，也强调了不同民族要一样对待：

> 今天“竖立托若树”的时候，是我的民族也好，不是我的民族也罢，你们的疾病我都给你们往外甩。

18. 祖先神反复表态并要求莫昆族众要奋发向上，约束莫昆、帮助民族、为国家出力

沃菊芬祖先萨满神灵“贵·雅德恩”在吃血仪式后的总结中表示：

> 我为了帮助自己的民族“出来”的！我为了给国家出力“出来”的！我为了约束我的“莫昆·库热”“出来”的！因此，我现在要让自己的道路更上台阶，好好帮助我的民族同胞！我会不断迈步向前！向前迈进！

这是2011年斡米南仪式最后的总结，也是全部的总结，表达了以沃菊芬萨满为代表的所有达斡尔族萨满人的心声和愿望，坚强的意志和决心，约束莫昆，帮助民族，为国出力！

总之，斯琴掛萨满和沃菊芬萨满多次以祖先神和助手神的名义，对子孙后代，对那些寻求帮助的人们提出劝诫、忠告，对于子孙和未来寄予厚望。综观沃菊芬2011年斡米南仪式，总的来说是鼓励和劝导人们和睦相处、健康快乐生活，寻求人与自然和谐共生、人神和解、人人互助的状态，特别是教导那些遵从祖先意志走萨满道路的人们，要以德报怨，一心向善，不图钱财，一心助人，约束莫昆，帮助民族，为国出力。

四、2011年斡米南仪式总结分析①

2011年为期三天的“斡米南”仪式盛大、隆重，通过竖立“室内托

① 2011年斡米南仪式的总结、分析参见萨敏娜：《达斡尔族萨满仪式展演的记述与分析：以斡米南仪式的萨满神歌之本为例》，胡台丽、刘璧榛主编：《当代巫文化的多元面貌》，台湾“中央研究院”民族学研究所，2019年，第355—402页。

若树”和“室外托若树”、向诸神献礼、请诸神降临欢愉聚会并宣示神谕、为族众祈福等环节，检视“霍卓日·雅德恩”近年来的工作，完成“莫昆·萨满”的等级晋升。深入分析考察整个仪式展演过程，特别是萨满神歌文本内容，可以发现，斡米南仪式实际上反映了达斡尔族以“霍卓日·巴日肯”为核心信仰对象的神灵观、科学的疾病观、萨满传承制度的时代变迁，强调了“霍卓日·雅德恩”的神圣使命，提出“莫昆·库热”的概念，激发了莫昆家族成员的责任心和上进心，强化了不同莫昆、不同民族间的密切联结与交往。

在此次斡米南仪式上述这些繁杂的仪程中，领祭萨满带领主祭萨满、陪祭萨满及众多弟子不断击鼓唱祷，简单舞步，说唱结合，语调不同，衬词多样；唱祷内容包括献牲、请神、报告、聚福、洁净、祛病除灾等等。其中，萨满在神灵附体状态下以“翁果日”名义所吟唱的内容占据仪式全部神歌的绝大部分篇幅，仪式的总体安排、具体步骤，室内外神圣仪式空间的布局装扮，仪式的传统礼仪，祖先神与助手神的来源经历，人们遭遇的种种磨难坎坷及应对破解之法，都能够从萨满神歌的吟唱文本中寻求答案。

（一）反映了达斡尔族以祖先神“霍卓日·巴日肯”为核心信仰对象的神灵观

达斡尔族信仰万物有灵，信奉的神灵类型复杂、数量众多，按照不同方式划分，可以有不同种类。孟慧英认为：“在精灵领域，我们主要面对的是两方面问题：一是人类，特别是萨满，与精灵的关系；二是对精灵的分类和等级演化的把握。”[①] 在萨满教学术研究领域，有许多关于神灵分属的词汇，如守护神、助手神等，属于萨满与其神灵的关系范畴；主神、副神等词汇，则与一般意义的神灵等级相关。从斡米南仪式的萨满神歌文本来看，达斡尔族萨满的神灵无外乎祖先神和助手神两大类。其中，祖先神

① 孟慧英：《萨满教的精灵世界》，《民族艺术》1999年第2期。

是核心信仰对象，是萨满的主要守护神；其他神灵都是助手神，是萨满的辅助守护神，也是重要守护神。

1. 传统核心信仰对象——祖先神“霍卓日·巴日肯”

达斡尔族最尊贵、最重要的神灵就是祖先神，叫作“霍卓日·巴日肯”。正如日本学者大间知笃三在20世纪三四十年代在海拉尔达斡尔群体中的调查发现，“达斡尔族神系中的最高神是腾格里（即“腾格日”天神）。但在他们信仰生活中起着现实的最强有力作用的是斡卓尔（即“霍卓日”，海拉尔达斡尔群体发音为“斡卓日”）。莫昆信仰的中心对象是斡卓尔，莫昆·萨满信仰的中心对象也是斡卓尔”①。

“霍卓日”一词本来是指称血亲远祖祖先，而且最初是指称母系家族的祖先，后来逐步发展为指称父系家族的祖先。②因此，血统上的氏族祖先“霍卓日”是人，不是神，归入家谱系列，由氏族长“莫昆·达”③组织祭祀；而所谓的巫统上的氏族祖先神“霍卓日·巴日肯”才是神，由“霍卓日·雅德恩”传承并代表其意志服务于全体氏族莫昆。就是说，即使是最初的萨满也是血亲远祖，还是停留在人的阶段，是家族成员，属于血统中人，在他故去之后才成为神，成为祖先神的代表、代言人。其后的历代萨满无不如此，他们生前是通神的人，属广义的“霍卓日”之列，去世之后才成为神，进入到狭义的“霍卓日”范围，传承并彰显祖先神“霍卓日·巴日肯”的意志与超能。因此，大间知笃三所说的“霍卓日”后面必须加上“巴日肯”才更加确切、完整，叫作“霍卓日·巴日肯”，即祖先神、氏族祖先神、莫昆祖先神，否则，就会把人和神混淆起来。“霍卓日·雅德恩”只是所有血亲远祖广义“霍卓日”的一小部分，是血统群体的一个特殊部分。过去，只有男人才能进入家谱，女人不能，即使是女性

① ［日］大间知笃三：《达斡尔族巫考——以海拉尔群体为主要对象》，载辻雄二、色音编译：《北方民族与萨满文化——中国东北民族的人类学调查》，中央民族大学出版社1995年版，第63—64页。

② 萨敏娜：《试论达斡尔族萨满教的神灵世界》，《世界宗教文化》2014年第5期。

③ 莫昆·达（/mokun da:/），莫昆家族族长。

莫昆·萨满也不例外。

斡米南仪式中，祖先神是核心，主祭萨满遵照祖先神的意志“竖立托若树”，也可以说是“祖先神”在“竖立托若树”。在此次斡米南仪式上，领祭萨满斯琴掛的祖先神代言人“拉·萨满”首先降临指导仪式时就对主祭萨满沃菊芬说：

> 你把过去的“霍卓日”给立起来了，占据一方水土坐下来的时候，你叫醒了从前的“霍卓日”，你叫醒了原来的“霍卓日”。你在自己的一方水土“竖立托若树”，你找到了好看的地方坐下来了。

主祭萨满沃菊芬的祖先神代言人“贵·雅德恩”首次降临时说：

> 一代又一代接续而来，沃热哈拉博荣凯亚“贵·雅德恩”我来了。莫昆家族的人们都来了，我高兴。我的子子孙孙都来了，我高兴。孙子重孙的兄弟们都来了，我高兴。今天，我“竖立托若树”的时候，从千万个地方都来人了，我高兴。莫昆的人们来了，不是莫昆的、外姓氏的人们也来了，我高兴。

“霍卓日·雅德恩”代行“霍卓日·巴日肯”的意志，莫昆·萨满“竖立托若树”也就是莫昆祖先神“竖立托若树”，所以有“贵·雅德恩”的“我‘竖立托若树’的时候”这句话，可见，斡米南是主祭萨满及其主要守护神上代萨满“翁果日”为祖先神所做的仪式，即彰显莫昆祖先神意志与超能的仪式。

在 2009 年沃菊芬萨满首次举行斡米南仪式的时候，领祭萨满即师傅萨满斯琴掛的祖先神代表“拉·萨满”曾经对“托若·托勒贝”仪式进行过阐释：

> 我要让你们知晓，两个“雅德恩”举办仪式叫“托若·托勒贝”，一个“雅德恩”举办叫“依格德未”（意为变大、增强）。

因此，斡米南以主祭萨满和领祭萨满的祖先神为核心，还有其他弟子们或领神者的祖先神参与。此次斡米南仪式中，降临于领祭萨满斯琴掛的莫昆祖先神代表除了她自己的莫昆家族鄂嫩哈拉博斯克浅的“拉·萨满”和“霍卓日·老姑太提”、敖拉哈拉“多恩浅·霍卓日·额头乌”，还有郭博勒哈拉满那莫昆的“嘎胡查·爷爷”、金肯哈拉的“梅森·太提”、敖拉哈拉登特科浅的“霍卓日·巴日肯”。降临于主祭萨满沃菊芬莫昆家族的祖先神代表除了她自己莫昆家族沃热哈拉博荣凯亚浅的“贵·雅德恩”和沃热哈拉第七代“霍卓日·雅德恩”外，还有莫日登哈拉的“莫日登·太提”、敖拉哈拉登特科浅的“霍卓日·巴日肯”降临。

2. 助手神是祖先神的追随者

对于一位“霍卓日·雅德恩”而言，除了“霍卓日·巴日肯”，他（她）供奉的其他神灵都属于祖先神的助手神，可以说，也都是萨满的助手神。一般莫昆·萨满都有一两位祖先神作为他的主要守护神，还有数量众多的辅助守护神——助手神。助手神最初也都是外来的神灵，主要是自然界中的动物精灵，属于血亲关系以外的神灵，世代跟随祖先神，与祖先神共同接受历代莫昆·萨满及其莫昆家族的供奉，为莫昆家族提供保护与帮助，逐渐成为莫昆家族的重要守护神。一般认为，祖先神越强大，萨满的法力越高强；助手神越多，萨满的本领也越大。祖先神强，则助手神众。

此次斡米南仪式中，领祭萨满的助手神有“安门敖包·额金”、“怀玛日·巴日肯”等；主祭萨满的助手神有“沃热哈拉·西额·敖雷”、“拐勒·哈德·额金”、“沃热哈拉·奴吉日·巴日肯”、“杜卡·巴日肯”、敖拉哈拉“乌西·娘娘”、“托库仁·敖拉·多罗·代讷乌音”、“尼日耶浅·达其·敖包·额金”等。仪式中，主祭萨满莫昆家族的助手神降临时这样表述自己：

主祭萨满“翁果日”“西额·敖雷”说：

> 我代代跟着沃热哈拉博荣浅行走，我是沃热哈拉的“西额·敖雷”，我领着“乌其肯·敖雷”行走呢。

主祭萨满的助手神“沃热哈拉·奴吉日·巴日肯”说：

> 一代接着一代来的，我是“沃热哈拉·奴吉日·巴日肯”，我下来了。我抓着纳文江、诺敏河跟着来的，我翻滚着泉水到来的。

主祭萨满的助手神“杜卡·巴日肯”说：

> 代代我跟着沃热哈拉走的，“杜卡·巴日肯”，我的身体下来了。

今天“竖立托若树”的时候我被请来了。

可见，达斡尔族的萨满神灵观中，祖先神为核心，助手神众，跟随祖先神。

3. 萨满神灵“翁果日”的特点

从此次斡米南仪式展演过程及其萨满神歌，我们还能够发现达斡尔族的萨满神灵具有如下一些特点：

(1) 萨满神灵与自然环境密切相关

祖先神与自然环境密不可分，即使是上代萨满之精神、魂灵，其经历与来源也都与自然环境密不可分。敖拉哈拉登特科浅(莫昆）的祖先神“登特科浅・霍卓日・巴日肯”附体于主祭萨满时说：

> 一代接续一代，我是登特科浅，跟着登特科的“霍卓日・巴日肯”。我艰难地行走过来，我把天当作被子，我吃着草籽、把地当作褥子走来。我被扶立起来了。我感谢呢！我跟着高山悬崖到来的，我翻滚着泉水走过的，我代代跟着“雅德恩”走的。

金肯哈拉梅森浅的祖先神“梅森・太提”降临于领祭萨满时也有类似的自然环境背景的表达：

> 我来到了莫力达瓦地方，山崖之上我有位置，红松之上我有座位。在第七代上我接续而来，我让莫昆繁荣兴旺。

助手神拥有天然的自然环境渊源，它们都是来自于自然界的动物精灵，如那些跟着祖先神的莫昆家族的山神、蛇神等。主祭萨满“翁果日”沃热哈拉“西额・敖雷”降临时说：

> 一代又一代接续而来，沃热哈拉“西额・敖雷”我的身体下来了，见到我的孙子重孙，我高兴啊！过去啊，我被土埋着走过，被悬崖夹着行走，在河边草丛被埋着行走，今天我从茂密森林里下来了。见到了孙子重孙们，我高兴啊！

动物精灵本身就来自于大自然。主祭萨满祖先神代表“贵・雅德恩”在此次斡米南仪式开始就迎请自然神灵：

> 我是沃热哈拉的“霍卓日・巴日肯”，我高兴地迎接呢，河滩草

甸的神灵，树木之上的神灵，水系神灵，自己都来了，外面的神灵都来了。我都在迎接它们进来呢。

在仪式结束时，“贵·雅德恩”请领神者们一起送回那些自然神灵：

我们去把茂密树木中的神灵、草甸河滩的神灵送回去就座，请地方之主宰神灵、水域之主宰神灵送回去就座，天空中翱翔的飞禽之灵，送它们回去座位。

萨满神灵与自然环境密切相关的观念对达斡尔族的生态观产生了积极影响，山脉、河流不能随意开发、破坏，自然资源不能无节制地索取。主祭萨满“翁果日”“托库仁·敖拉·多罗·代讷乌音”告知某养鱼人：

拉力浅属鸡的孙子重孙，我要喝你献的有颜色的酒。你掏开我的血管养鱼呢，你要不断供奉你的“罗松”，你挖土的时候要不停地敬洒牛奶。你要找人放生（鱼），你要在纳文江放生，诺敏河也要放生。那么，你的道路会好吧。

“托库仁·敖拉·多罗·代讷乌音”在回答某人的动土之事时说：

那个地方要以“大的（牺牲）”供奉。那不是省心的地方，那个地方破坏的话要出事，是踩着诺敏河水的山脉。供黑猪头求一求试试吧，然后，再动土。

在达斡尔人的信仰观念中，自然神灵是自然界中的精灵，自然环境的山啊、水啊，都是他们的领地甚至命脉，休戚与共，息息相关。所以，动土、挖河那都是动了自然神灵的命脉了。敬奉神灵必须保护它们的家园环境，保护环境、爱护自然就是尊敬山神、水神。

（2）萨满神服、神具、神灵画像和偶像、神龛房子是萨满神灵的寄居之所

这一观念以主祭萨满斯琴掛的《请神衣佑助歌》最为典型：

我的白色衣服啊，请增加我的本领吧；

像哈达一样颜色的扣子啊，请一辈子做我的伴帮助我吧；

裁剪的叶子一样的前襟啊，请渐渐地融入到我这一辈的身体吧；

扎梅花一样的领子啊，请慢慢地渗透进我这一代的身体吧；

我的衣衫的后腰下摆啊，请进入到我的皮肤和肌肉里边吧；

我的衣衫的前腰下摆啊，请融入到代代传承之接续者我的身体吧；

我这唯一的护心铜镜啊，请帮助保护我的心脏和胸骨吧；

我的用一对犴皮缝制而成的神服啊，已经成为最高神灵的我的太爷爷传给我的神服啊，请给我力量吧，请保护我吧；

我的神服前面右边的30只铜镜啊，请把不好的一切都挪开吧；

我的神服前面左边的30只铜镜啊，请把四面八方的不吉利都给扫除吧；

我的后背的大铜镜啊，请帮助保护我的生命吧；

我后背的4个小铜镜啊，请把四方的坎儿都移走吧；

我的24条飘带啊，请成为我永久的伴为我召请神灵吧；

我的60只铜铃啊，请把我的消息和声音悠远地传送给神灵吧；

我的镶嵌着360颗五色宝贝一样贝壳的坎肩啊，请指导我这一代接续的萨满吧；

我的用金子与黄铜制成的带有神鹿角杈的帽子啊，请保护我的生命和动脉吧；

我的红色腰带啊，请增加我的力量和本领吧。

达斡尔族还有萨满乘坐神鼓在空中飞行的观念。① 铜铃也可以载神遨游，领祭萨满“翁果日”“嘎胡查·爷爷”降临后说：

这么大的事情，我到来了，坐在鄂嫩哈拉的“霍卓日·雅德恩”的铜铃上来的，来到了莫力达瓦的地方，和子孙们团聚的时候，我高兴啊！

神龛是巴日肯的日常居所。“登特科浅·霍卓日·巴日肯”附体于主祭萨满时说：

一代接续一代，我是“登特科浅·霍卓日·巴日肯”，今天，在你们“竖立托若树”的时候，我跟着子孙们来了。原来啊，我被土埋

① ［日］大间知笃三：《达斡尔族巫考——以海拉尔群体为主要对象》，载辻雄二，色音编译：《北方民族与萨满文化——中国东北民族的人类学调查》，中央民族大学出版社1995年版，第74页。

着走的，托沃热哈拉的好，我有了“巴日肯屋子”坐着呢。

（3）萨满与其神灵互为导师

首先，萨满必须遵从祖先神和助手神的意志，彰显其存在和超能；反过来，萨满也不是完全被动，萨满对其神灵能够引导、教导。我采访斯琴掛萨满时她说，“翁果日”随它的“额金”，能够跟着学好，也可能跟着学坏。

其次，萨满神灵的本领在其为族众、莫昆服务的过程中变得强大，所以，神灵附体萨满时常常说，自己迈进了千户人家，治好了万人疾病。

（4）萨满神灵有等级差别

从“登特科浅 · 霍卓日 · 巴日肯”降临于主祭萨满训诫自己所“抓”之人的话语中可以看出这一点：

> 今天，在你们“竖立托若树”的时候，我跟着子孙们来了。我高兴地来了。本来到了我应该“出来”的时候了，但是，今天，我想“出来”的心思都没有了。小的“巴格其”都能下来说话的时候，抓着“雅德恩”的道路下来说话你怕什么?!

可知，“巴格其”比“雅德恩”“小”，意味着“巴格其 · 霍卓日”比“雅德恩 · 霍卓日”层次低。我采访斯琴掛萨满时她说，不能评论这个神灵能力强，那个神灵本事小，神灵不过是分工不同，各有各的本事，各有各的能耐。可见，神灵有分工，本领也各异。不妄言神灵的能力强弱、本领大小，是出于对神灵的尊重和敬畏。因为“哪一个神灵都有本事!”（斯琴掛萨满语）

（二）彰显了达斡尔族“霍卓日 · 雅德恩”的神圣使命

当代达斡尔族“霍卓日 · 雅德恩”把约束莫昆、帮助民族、为国出力作为自己的神圣使命。在此次斡米南仪式上，主祭萨满祖先神“贵 · 雅德恩”三次降临都反复强调这一根本宗旨，首次降临时对那些领神者说：

> 三年才做一次“托若 · 托勒贝”，所以，有本事的人都要把自己的神灵请下来，修好自己的路，让自己的神灵坐好了再走。你们要帮助自己的民族，帮助自己的莫昆。今天，你们要是能进来走走，你们的道路都会变好，你们的发黄的树木将重现生机，变得青葱吧。

"贵·雅德恩"第二次降临时这样表达心志：

> 从今以后，我要给我的子孙们，给我的民族同胞们好好看病！为了自己的民族我会不断向前迈进！只要你们喊"博荣·雅德恩"，我都能到达你们那里，把你们子孙的坎坷给渡过。我将为国出力，帮助民族，约束自己的"莫昆·库热"。

"贵·雅德恩"第三次降临后再次表明这一决心：

> 我为了帮助自己的民族"出来"的！我为了给国家出力"出来"的！我为了约束我的"莫昆·库热""出来"的！因此，我现在要让自己的道路更上台阶，好好帮助我的民族同胞！我会不断迈步向前！向前迈进！

为了实现约束莫昆、帮助民族、为国出力这一神圣使命，萨满人务必要引导自己所领神灵学好。主祭萨满"翁果日""杜卡·巴日肯"回答某求问者时告知此人家曾经有一个叫作"查出库·太提"的"巴日肯"，原来领着它走的人特别不好，所以，把"巴日肯"都教坏了。由此，"杜卡·巴日肯"劝诫领神者务必要牢记自己的神圣使命，统领好自己的神灵，切勿使神灵学坏：

> 供奉"祖先神"的人们，领着神灵行走的人们，无论如何，要为了子孙后代，为了民族莫昆，你们都要好好约束着自己的神灵坐着，请它们好好就座，呼唤着它们收拢好它们。不好的道路一定不要让它们走。别人使坏了，你们一定要不断地告诉它好，你们要回报以好，将来它会好好管束你们的子孙。未来的时间里，孩子们的口舌都将不会讲民族语，都变成汉人了不是吗。尽管如此，想到将来约束不好自己的神灵而可能出现的状况的话，你们务必要好好约束收拢自己的神灵，好好让它们就座。你们看不看病都没有关系，不能教自己的神灵学坏。

（三）体现了达斡尔族"霍卓日·雅德恩"的科学疾病观

"你们看不看病都没有关系"，是相对于"不能教自己的神灵学坏"而言。健康是人们最为关心的永恒话题，因为它是人类的基本需要。“霍卓日·雅德恩”的首要职责就是守护莫昆族众的健康和安危。因此，萨满神灵最为关注人们的健康，斡米南仪式上，萨满神灵反复劝告人们一定要注意身体。医学科学不断进步，斯琴掛萨满及其弟子们与时俱进地提出并践行科学的疾病观，她把人们的疾病分为“实病”与“虚病”。实病需要到官家医院、吃官家药；虚病才是萨满诊治的范畴和应对的领域，泛指人力所不能控制和把握的范畴和内容。

有些疾病无关乎祖先神灵或者鬼怪灵异之事，需要看官家医生吃官家药。主祭萨满莫昆家族沃热哈拉第七代萨满“霍卓日·太提”回答郭博勒哈拉塔温浅某求问者说：

> 你的血液总是往上浮肿，一阵阵你的眼睛视线模糊，你的身体有现在叫作糖尿病的疾病，你还血稠，一阵阵你会腿疼、心悸、头脑变慢，你吃点官家的药吧。

主祭萨满“翁果日”“拐勒·哈德·额金”回答求问者时说：

> 你的两个膝盖不好。你的右膝都变小呢，你的左膝也变小呢。右边的更重一些，你用羊膝盖骨敷敷试试。你的心脏也不太好，老是浮肿。你的血液也有点毛病，你的小腹老是冰凉，你的手脚都浮肿，你的这个情况要抓紧吃官家的药。

这些都是实病，依靠现代医学能够治疗痊愈。还有很多疾病是目前医学科学不能解释和治疗的，被民间称之为“虚病”。这场为期三天的斡米南仪式就提供了许多应对虚病的办法，主要有“泰日米特”、“多姆勒”、“阿日善”、“阿斯朗”等。

主祭萨满“翁果日”沃热哈拉“西额·敖雷”用“泰日米特”进行治疗：

> 我要找那些被疾病困扰的，给他们用牛奶和酒“泰日米特”；领有“神灵”的，也都过来，用牛奶给你们“泰日米特”，把你们的道路修好，把你们的苦难去除，把你们的疾病化无。把白色的牛奶拿来。（助手给她喝了一大口牛奶，主祭萨满沃菊芬喷向跪着的人群。然后，击鼓说：）把你们的疾病化无了，把你们的苦难去除了。

“沃热哈拉·奴吉日·巴日肯”则提供了一种特殊的“多姆勒”治病方法：

我有属虎的孙女，我想喝你的白色牛奶。你要往白布上扎7根针，往红布上扎9根针，然后，晚上睡觉的时候，你把它们卷起来放在脚下，8点到10点的时候，你就那么卷着放，那么，你的血管会通畅，你的病会好些吧。

据说，“泰日米特”方法多种多样，“多姆勒”办法更是千变万化，不同情况萨满采用不同方法。此次斡米南仪式上还举行了“阿日善”圣水洗仪式与“阿斯朗”牛皮绳抽打仪式。主祭萨满的祖先“翁果日”“贵·雅德恩”是这样说明“阿日善”和“阿斯朗”的作用与功能的：

“阿日善”洗的时候，我把你们的不好都给丢掉了，我把你们的苦难都给挪开了。给你们修路，让你们从“阿斯朗”下面走过，你们都向着绿色的道路走去，你们要像太阳一样闪耀着走。我的孙子重孙们的疾病都将消失，都从坎坷中出去。

达斡尔族萨满不仅有传统象征性、巫术性治疗手段，还有许多中草药治疗方法，此次斡米南仪式中，萨满神灵就为人们提供了许多草药方。主祭萨满祖先“翁果日”沃热哈拉第七代“霍卓日·太提”提供的草药方是这样的：

你要好好注意自己的身体，你要多求你的“霍卓日·太提”，再吃点官家的药。到时候你喝“泰日米特”水，叫作小黄芩，叫作大黄芩，叫作柴胡的草，“绰斯·伊勒阿”的根，和“泰日米特”合在一起，和冰糖在一起煮着喝试试吧。那样，你的热会变凉，血液会好吧。

“沃热哈拉·西额·敖雷”提供的草药方如下：

我有属猪的孙女，我要喝你的有颜色的酒。今年，你的身体一直不太好，吃点药吧，去博荣山采一些稠李子、山丁子，和白糖、红糖，煮开了喝，那样，你的头疼的毛病会减轻。没事的时候，黑色的稠李子成熟的时候，煮点喝吧，那样，你的怒气会消减吧。

把疾病分为实病与虚病的疾病观具有一定的科学性、合理性，符合时代潮流与进步。而且，采集某些特定的野花野果煮水喝作为治病的良药也体现了达斡尔民族在生产生活中总结的民间经验与智慧。

（四）反映了达斡尔族萨满传承制度的变迁[①]

达斡尔族萨满传承最根本的原则是按照父系血统传承。“霍卓日·雅德恩”是领本哈拉、莫昆的“霍卓日·巴日肯”为其主要守护神灵的“雅德恩”，必须在本哈拉—莫昆家族内部传承，由本莫昆成员担任，男、女均可接任。这是传统原则，正统传承惯例。目前，为民众所接受和认可的莫昆·萨满依然严格按照父系血缘关系传递与承续，但是，随着时代变化和历史原因等多种因素，这种传承原则也不是一成不变了。

1. 萨满人可以走两条道路，兼领父系家族祖先神和母系家族祖先神

这种情况的前提是，候选者首先领父系家族祖先神、走父系家族的巫统道路，其次才领母系家族祖先神、走母系家族的巫统道路[②]。

主祭萨满“翁果日”尼日耶浅原来的“敖包·额金”对莫昆家族领神者说：

> 尼日耶浅属猴的孙子重孙，我要喝你奉献的白色牛奶。你抓着自己的道路“出来”的。你虽然出自“梅森·太提”，你还是把“莫日登·太提”抓在首位走呢，你占据着我的“敖包·敖拉”走呢。你的手指有“多姆”吗？你在走你的“巴格其”道路吗？

这位“巴格其”，其父亲的家族是莫日登哈拉，金肯哈拉是其母亲所属的家族，所以说，你在把“莫日登·太提”抓在首位走呢，占据着“尼日耶·敖包”及其所处山脉呢。

① 关于达斡尔族萨满传承制度的变迁，参见萨敏娜：“The Inheritance and Change of the Contemporary Daur Shaman，” 15 January 2019，Religions，2019，10，52。

② 巫统道路，达斡尔族有五种类别的司祭者和治疗师，除了雅德恩（/jad’ən/），还有巴格其（/bagʧi/）、斡托西（/ʊtʊʃi/）、巴日西（/barʃ/）和巴日耶浅（/baræʧen/）。这些人员都各司其职，各有职能。为便于叙述，借用大间知笃三的用语，本书中把五种类型的司祭者和治疗师所走道路统称为巫统道路，他们都属于巫统人员。

2. 走不了大的道路，先走小的道路

祖先神“西额·巴日肯”一般都有五条道路，祖先神“抓”萨满时根据候选者条件赋予相应的道路，条件改善了，勤勉工作，勤于供奉，能力提高了，层次上升了，并且没有其他合适的人选，按照祖先神的旨意，已经选择小的道路的如“巴日西”、“巴格其”弟子有可能可以承继祖先萨满意志并新开出一条大的道路即萨满之路，举行“雅德恩·嘎日贝”即萨满领神仪式，成为“雅德恩”。

敖拉哈拉“登特科浅·霍卓日·巴日肯”降临于主祭萨满时说：

一代接续一代，我是登特科浅，跟着登特科的“霍卓日·巴日肯”，今天，在你们“竖立托若树”的时候，我跟着子孙们来了。原来啊，“西额·巴日肯”有“西额·雅德恩”，有“巴格其”，有“斡托西”，有“巴日西”，有“巴日耶浅”，我原来是“西额·巴日肯”。

这位敖拉哈拉登特科莫昆的祖先神灵的道路比较典型。据说，它原来能走五条道路，各分工职司的巫统人员齐备，有雅德恩、巴格其、斡托西、巴日西、巴日耶浅。但是，近年出现的两个传承者（均为斯琴掛的弟子）都是首先被选中出的“巴日西”。其中，一位“巴日西”虽然其祖先神赋予她“雅德恩”的道路，但是始终没能够“出萨满”，虽然可以持有神鼓，但一直是“巴日西”，后来经过学习和训练终于在 2017 年举行“雅德恩·嘎日贝”仪式成为拥有萨满服的“雅德恩”；另一位“巴日西”于 2015 年举行“依格德未”仪式，层次上升了，根据其祖先神意志开始持有神鼓，并于 2017 年夏天开始拥有并穿上“萨玛仕克”，正式成为拥有萨满服的“雅德恩”。

3. 一种新时代条件下的特殊传承现象

某些莫昆家族的祖先神、助手神没有找到合适的传承人时，可以暂时接受其他哈拉—莫昆·萨满的供奉并提供保护和帮助，并由这位其他哈拉—莫昆的萨满对该莫昆家族提供保护和帮助。

“拐勒·哈德·额金”本是郭博勒哈拉塔温浅莫昆生活地域的山神，因为自己莫昆暂时没有出现传承人，于是在斡米南仪式上附体于主祭萨满，找主祭萨满所属的沃热哈拉—莫昆家族表示感谢：

你让我高兴啊！我不因你的白色绵羊而高兴，你知道我，让我每年都下来说三五句话，我高兴。今天，我会继续帮你修路。你的孙子重孙我会不断帮助。郭博勒哈拉塔温浅的人们不知道的情况下，你把我扶立起来了，我高兴地感谢你！

敖拉哈拉“乌西·娘娘”是敖拉哈拉拉里浅莫昆的娘娘神，同样，因为自己莫昆没有传承人，于是附体于主祭萨满时也是首先找沃热哈拉家族的人们表示感谢：

按道理，我应该盘腿坐在拉里浅的家里，跟着他们行走，跟着他们的“太提”坐在他们家里。年年我都吃着你的果品糕点，接受你的供奉，我因你而高兴啊！你们的属羊的孙子重孙，我会从她身边左右跟着走，我会抬起她的肩膀，你的道路我无论如何都会帮助，你的孩子们我会代代照看。

这种传承原则的松动是适应新的时代条件的变化、不得已的折中办法，寻找候选者不是一件容易的事情，达斡尔族中从来都是很少有人愿意走上这条艰辛的萨满道路。不过，变迁也是在不违背根本传统的前提下适度改变、顺应潮流。

（五）萨满仪式对传统氏族社会组织“莫昆”的恢复与重建

如前所述，“哈拉”[①]，是达斡尔族父系氏族社会的基本组织，是具有共同的父系祖先、共同的分布地域、共同的经济生活和社会文化活动的、实行民主管理的血缘集团。20世纪初，随着人口的增加，各哈拉均分为若干血缘关系更为亲近的分支——莫昆，取代哈拉的若干职能而成为达斡尔族社会的基层组织。[②]

“莫昆”与“莫昆·库热”在斡米南仪式中多次被提及，萨满神灵首

① 哈拉（/xal/），达斡尔族父系氏族组织的统称。

② 参见满都尔图主编：《达斡尔族百科词典》，内蒙古文化出版社2007年版，第181、192页。

先按照不同莫昆及属相找人告知注意事项，并一再叮嘱那些领神者特别是领着祖先神的人们务必要统领好自己的神灵，帮助民族，约束“莫昆·库热”。“莫昆”是达斡尔族过去的社会基层组织，“莫昆·库热”究竟是什么意思呢？“库热”是圆圈、圈、圈子的意思。因此，“莫昆·库热”，直译为“莫昆圈”，实为莫昆的范围、边界，萨满仪式神歌中指代整个莫昆家族、莫昆家族的人们。过去，达斡尔族按照莫昆建立村落，所以，萨满神歌中也常出现“爱里”或“爱勒”，即村、村落，萨满仪式及神歌中同样指代莫昆家族。

在此次斡米南仪式中，领祭萨满与主祭萨满通过师徒关系建立起不同莫昆家族之间的密切联系。而且，不仅达斡尔族内部不同莫昆联系起来，由于师徒关系、姻亲关系、亲属关系、朋友关系，还把鄂温克族、蒙古族布里亚特群体、巴尔虎群体，甚至部分汉族群体圈进来，“莫昆·库热”的范围不断扩大。当然，总的来看，达斡尔族的“莫昆·库热”的概念与费孝通先生所讲的“差序格局”大致符合，也是由中心向外扩散，像同心圆水波纹一样，越远越薄越远越淡。① 但是，在传统基层社会组织“莫昆”的职能基本消失的现代社会，“莫昆·库热”的概念在斡米南仪式中重现并被反复强调，而且，是以对血缘关系为基础的祖先神的信仰和崇拜联结并扩大着“莫昆圈”的范围，可以说，“莫昆·库热”——“莫昆圈”的概念在今天具有达斡尔民族传统文化“活化石”的意义。

在此次斡米南仪式中，影响“莫昆·库热”扩大的核心与关键因素，一是莫昆·萨满，二是莫昆祖先神及其追随者助手神。总之，在“莫昆·库热”逐步扩充增大过程中，“祖先神”的核心信仰观念起到至关重要的作用。

1. 姻亲关系促使“莫昆·库热”扩大

领祭萨满斯琴掛的丈夫是蒙古族李肯哈拉，是她的得力助手，李肯哈

① 参见费孝通主编：《中华民族多元一体格局》（修订本），中央民族大学出版社 1999 年版，第 24—36 页。

拉从斯琴掛成为萨满的时候起就已经进入了斯琴掛的鄂嫩哈拉博斯克浅莫昆家族了，姻亲关系使“莫昆·库热”扩大。所以斯琴掛的徒弟、主祭萨满沃菊芬的祖先神代表“贵·雅德恩”对斯琴掛的丈夫说“你在帮助达斡尔族”，当然要给予其李肯哈拉家族的孩子特别关照：

> 我要找李肯哈拉属猪的孙子重孙，喝你奉献的有颜色的酒。你从远方来，领着你的“额吐温·太提”来的。我因你们而高兴啊！你的身体有些毛病，到官家医院喝点药吧。你进到“阔托日”里，我能前后左右跟着你，你摔倒时我会拉着你的手扶你起来。

2. 师徒关系促使“莫昆·库热”扩大

师傅萨满每收一个徒弟，就建立起与该徒弟所在莫昆家族的密切联系与交往。领祭萨满斯琴掛的祖先“翁果日”“拉·萨满”降临指导仪式安排时就提到这种情况：

> 从远方来到这里“出马”，进到我的“莫昆·库热”里的杜拉日的姑娘，让我很伤心啊！另外哈拉的姑娘，你们要给她穿上她的“扎瓦”让她坐下来，告诉她八月十九的时候要做“熟勒森·塔克依勒”。我在告诉你，你们听懂了吗？你们要是听懂了，给她穿上她的萨满服。我在告诉你，我在说。

这位杜拉尔的姑娘和另外哈拉的姑娘都是斯琴掛的弟子。进到我的“莫昆·库热”是指进入了师傅萨满所在的莫昆家族圈，这个圈子就不是纯粹的鄂嫩哈拉博斯克浅莫昆的范围了，而是一个扩大了的“莫昆圈”，进入弟子越多，师傅萨满所在的莫昆圈就越大。通过师徒关系，莫昆·萨满及其祖先神把不同莫昆联系在一起。

3. 特殊传承方式促使“莫昆·库热”扩大

“嘎胡查·爷爷”本来是郭博勒哈拉满那莫昆的著名萨满，其莫昆祖先神代表，普遍受到海拉尔地区达斡尔族的供奉。虽然自黄格萨满之后满那莫昆至今一直没有出现新一代莫昆·萨满，但生活于海拉尔地区的斯琴掛萨满“出马”后开始供奉这位祖先萨满神，郭博勒哈拉满那莫昆也因此进入到斯琴掛萨满的鄂嫩哈拉博斯克浅莫昆的范围，这种特殊的信仰文化传承方式也促使“莫昆·库热”扩大。应邀来参加斡米南仪式，斯琴掛萨满“翁果日”“嘎胡查·爷爷”自然表示要帮助主祭萨满所在的沃热哈拉—莫昆家族的孩子们：

这么大的事情，我到来了。来到了莫力达瓦地方，和子孙们团聚的时候，沃热哈拉的孩子们，我高兴啊！我的这个身体来了，我高兴地约束着自己，告诉你们事情，给你们修路，给你们汇聚财富，把你们的病灾挪走，像我自己的孩子一样看待。

4.“莫昆·库热”的影响与范围不断扩大

斯琴掛萨满与沃菊芬萨满的各种公开仪式活动特别是斡米南仪式在呼伦贝尔地区，特别是在莫力达瓦达斡尔族自治旗、鄂温克族自治旗范围内的达斡尔个哈拉—莫昆民众中的影响日益扩大。莫力达瓦达斡尔族自治旗腾克达斡尔民族乡的鄂嫩哈拉七个莫昆率先于2015年夏联合发起共同出资修建并祭祀“鄂嫩哈拉敖包”活动，之后，2016年夏库如奇达斡尔民族乡、杜拉尔鄂温克民族乡也先后发起恢复重建“地方敖包”的活动。2017年夏，塔温敖宝镇大门庄修建并祭祀“甘珠尔迪·敖包”、阿尔拉达斡尔民族乡重建并祭祀“布拉日·敖包”；鄂温克族自治旗南屯（镇，即巴彦托海镇）莫日登哈拉几个莫昆联合修建并祭祀“莫日登敖包”，都是受到这种水波纹式扩大的“莫昆圈”辐射的影响。这些敖包的重建、修建与祭祀活动均由斯琴掛和沃菊芬共同主持，斯琴掛的其他众弟子积极参加、帮助与支持。

当地的人们相信，修建哈拉—莫昆敖包、修建（或重建）地方敖包能够保佑哈拉—莫昆家族和一方百姓，他们甚至把某些莫昆家族修建祭祀敖包与其子弟在学业、工作上的进步联系起来，坚信自己的哈拉—莫昆修建并祭祀敖包也能带来莫昆的繁荣与进步。可见，以斡米南仪式为代表的萨满仪式与萨满神歌反复强调“莫昆·库热”的概念，在一定程度上恢复和强化着达斡尔族民众的家族意识，唤起了莫昆家族的荣誉感和归属感，激发了莫昆家族的责任心和上进心，具有团结和凝聚莫昆家族的积极意义。

总之，通过对沃菊芬萨满 2011 年斡米南仪式及神歌吟唱文本的简要分析可以得出以下几个基本结论：

1. 达斡尔族萨满教的神灵观以“霍卓日 · 巴日肯”为核心信仰对象。依据萨满与其所领神灵的关系，达斡尔族的萨满神灵可以划分为两大类，即祖先神和助手神。萨满神灵能够寄予神服、神具、偶像之中，萨满与其神灵互为导师，能够教导其向好或学坏。祖先神与自然环境密不可分，助手神拥有天然的自然环境渊源；达斡尔族的神灵观带来较强的自然环境保护意识。

2. 达斡尔族的“霍卓日 · 雅德恩”具有非常强烈的使命感和责任感，把约束莫昆、帮助民族、为国出力作为祖先神赋予的神圣使命，原则是不能教自己的神灵学坏，不能为了钱财求自己的神灵，不能参与官家事务等。

3. 当代达斡尔族大萨满及其仪式具有科学的疾病观。现代萨满顺应医学科学和时代进步把疾病分为实病和虚病。实病要看官家的医生吃官家的药，虚病才是萨满需要应对的领域。他们既采用传统萨满式治疗，也为人们提供一些中草药方。

4. 按照传统达斡尔族萨满传承原则，“霍卓日 · 雅德恩”只能以父系血缘关系传递。时代变化了，现代萨满人可以走两条道路，兼领父系莫昆家族与母系家族祖先神。而且，走不了大的萨满道路的时候，可以先走小的道路，出巴格其、巴日西等。

5. 斡米南仪式的萨满神歌提出了“莫昆 · 库热”的概念。在达斡尔族传统氏族社会组织“莫昆”瓦解、淡化很久以后，以祖先神为核心信仰的观念，通过萨满及其仪式活动，重新恢复、凝聚起莫昆家族的向心力和上进心，激发了莫昆家族积极向上、奋发进取的决心和志向。

关于斡米南仪式萨满神歌的吟唱文本，尚有许多未及展开的话题。萨满神歌语言优美，合辙押韵，“鸡蛋不是不能跟石头打架吗”、“衣衫长了裹腿脚、舌头长了绕脖颈”等俗语蕴含哲理；达斡尔族信奉的神灵众多、层级结构复杂；萨满仪式与莫昆家族的互动关系，都有待于今后进一步深入研究。

第六章　从中华宗教模式及其当代发展看达斡尔族萨满仪式的重建

中国自古以来就是一个多民族多宗教的国家，中华民族的格局是多元一体，中华宗教的模式是多元通和。在神州大地上，既有世界三大宗教（佛教、基督教、伊斯兰教），又有全国性的敬天法祖教和道教，还有各民族各地区的民间宗教（包括萨满教）以及原始崇拜。多样性宗教之间的关系以和谐为主旋律，各自有其正常的生存空间，同时又彼此互渗，宗教与社会的关系大致能够协调，这是一个优良的传统。北方许多少数民族的萨满教是整个中华宗教生态的有机组成部分，虽然其中有低俗、落后的成分需要革除，但其社会文化功能以正面为主，能够满足这些民族精神生活的需要，因而得以长期流行。但近代以来，中国主流社会受到西方单线进化论和科学主义的影响，视萨满教为"封建迷信"，不断予以摧毁，不仅几乎中断了这些民族以萨满教为载体的民族文化传承，也影响到整个中华民族宗教生态的平衡，导致某些外来宗教的过度发展。

在我们的国内学者，包括信仰萨满教的少数民族学者在内，长期以来都没有足够重视要继承中国自己的萨满文化传统，使精华得以弘扬、糟粕得以摈弃，以便继续为新时代的文化发展服务。可是国外学者反倒领先在做了。早在20世纪30年代，日本学者大间知笃三在《达斡尔族巫考——以海拉尔群体为主要对象》中就曾经说："我认为，在民族固有传承中发现将来应该发展的诸种要素的态度是可行的。"因为，"至少我所调查的范围内，在巫教的内容中有以私人性治病巫术为主要目的的私成分和以氏族的安宁幸福为主要目的，被称作氏族祭祀的公共性部分。当然在治病巫术中有许多迷信，这是应该纠正的，作为弊害需要清除的东西也不少。就治病巫术而言，它是朴素的，使宗教、文学、音乐、舞蹈融为一体的综合体。各种氏族祭祀是包含优秀而美丽的艺术的宗教仪礼”。所以，“如果达斡尔族将来要发展其固有文化，要是忽视这些要素，到哪里去寻找其发展的基础呢?”①

达斡尔族萨满教在民间的信仰一直顽强地延续，从未真正中断，但是，由于种种原因中华人民共和国成立后几乎没有了公开活动的萨满，更没有出现传承家族祖先神的“霍卓日·雅德恩”。直到20世纪末、21世纪初出现了以斯琴掛、沃菊芬为代表的新一代大萨满，情况才得到极大改观，她们带领着弟子们恢复了达斡尔族的传统萨满仪式，既有私人性的仪式活动，也有公共性的莫昆祭祀，使消失了几十年的达斡尔族萨满仪式重现生机与活力。当代的达斡尔族萨满仪式既具有原生型宗教的特质巫术的特点，又超越传统巫术向成熟宗教形态过渡，并不断调整、创新、改革，出现了一些新特点，以适应飞速发展的新时代，在现代社会生活中仍然发挥着不可替代的社会功能。当然，萨满及其仪式的传承与发展面临着艰难和困境，除了依赖非物质文化遗产的保护，要坚守和弘扬本民族固有文化以期在未来的发展，还应有其他的措施和办法，这需要全社会都来关心它，理性地对待它。

第一节　达斡尔族萨满仪式的特征

一、达斡尔族萨满仪式不同于原始巫术

美国哈佛大学张光直教授在《考古学专题六讲》中提出，萨满式的文

① ［日］大间知笃三：《达斡尔族巫考——以海拉尔群体为主要对象》，载辻雄二、色音编译：《北方民族与萨满文化——中国东北民族的人类学调查》，中央民族大学出版社1995年版，第77—78页。

明是中国古代文明最主要的一个特征。[①] 黄强、色音教授认为这种观点站得住脚，因为，萨满教有广义和狭义之分。出于与国际学术界接轨的需要，他们主张用“萨满教”来概括中国民间的以神灵附体为特征的各类民俗宗教现象。这当然是根据广义的萨满教定义，即所有原始巫术都包括在内。因此，广义的萨满信仰是以巫术为主体和主流而发展起来的复杂文化现象，都是属于中国古代民间巫觋文化的范畴。

现在，无论是学者还是民间广泛接受“萨满”和“萨满教”的说法，其实，在中国古文献中往往将北方民族包括萨满在内的各类巫师都叫作“巫”，萨满教及原生宗教都称为“巫教”。从我国古籍的记载看，“巫者”是从事通鬼接神活动的宗教职业者。因此，巫和巫教原来并不是贬义的称呼。但是，中国民间对于巫和巫教存在一些误解和偏见，原因很复杂。其实，巫术，是一种广泛存在于世界各地区和各历史阶段的宗教现象。

《国语·楚语下》中观射父说：“古者民神不杂，民之精双不携贰者，而又能齐肃衷正，其智能上下比义，其圣能光远宣朗，其明能光照之，其聪能听彻之，如是则明神将之，在男曰觋，在女曰巫。”注曰：“觋，见鬼者也，周礼男亦曰巫。”又说：“家为巫史。”其注曰：“巫主接神，史次位序”[②]。因此，巫是宗教职业者，是祭司。

泰勒认为巫术是原始时代野蛮人的一种科学，弗雷泽认为巫术与宗教在性质上是不同的，提出了巫术→宗教→科学的三阶段进化论体系；吕大吉先生认为，巫术是一种宗教文化现象。巫术本质上是相信某种超自然力量的存在，人们可以凭借它实现自己的非人力所能实现的意图。因此，巫术并不是宗教之外的另一种社会文化现象，而恰恰正是宗教本身的一种表现形式和现象形态。恩格斯说：“一切宗教都不过是支配着人们日常生活的外部力量在人们头脑中的幻想的反映，在这种反映中，人间的力量采取

---

① 参见张光直：《考古学专题六讲》，文物出版社 1986 年版，第 4 页。转引自黄强、色音：《萨满教图说》，民族出版社 2002 年版，“前言”第 1 页。

② 吕大吉：《宗教学通论新编》，中国社会科学出版社 1998 年版，第 293—294 页。

了超人间的力量的形式。”[①]巫术信徒之所以进行巫术活动，正是在于他们在幻想中相信有某种支配人们日常生活的外部力量的存在。只有有了这种信仰观念，他们才会通过巫术去利用这种力量。因此，巫术和一切宗教一样，没有性质上的不同，也没有高低贵贱之分。

吕大吉先生说：“巫术的通常形式是通过一定的仪式表演，利用和操纵某种超人的神秘力量来影响人类生活或自然界的宗教行为，以满足一定的目的。巫术的仪式表演常常采取象征性的歌舞形式，并使用某种据认为赋有巫术魔力的实物和咒语。”[②]按照这一理论，根据田野考察发现，达斡尔族萨满仪式还保留有一些巫术的仪式表演形式，采取象征性的表现手法。

首先，最典型的表现就是萨满神灵附体现象。达斡尔族萨满仪式上最重要的环节和内容就是萨满进入神灵附体状态然后宣示神谕，解答人们关注的各种疑难和问题。在仪式过程中，斯琴掛、沃菊芬萨满首先要穿上萨满服，戴上萨满帽，敲击神鼓唱起神歌，配以简单优雅的舞步。唱完请神的神歌，萨满很快进入神灵附体状态，然后以神灵的名义为人们答疑解惑、治病除灾。人们相信，萨满神服、神帽、神鼓、面具、神杖、念珠、铜镜都是拥有神圣力量和象征意义的圣物，在仪式中萨满利用这些神服和法器与神灵沟通；萨满所唱神歌、所跳舞蹈是萨满调用其神灵的特有方式和方法。萨满以舞降神，使之为人造福。萨满舞蹈就是一种降神仪式，萨满神歌就是一种祈祷语言。这种“降神仪式”和“祈祷神歌”构成了达斡尔族萨满仪式的主要内容。巫术总是为达到一定的目的服务，其内容非常广泛，但总的目的无非是以歌舞降神的方式为人谋福。

其次，在人神关系中交替使用或者同时并用巫术性和宗教化的手段。

宗教是对支配人们日常生活的异己力量的信仰和崇拜，最终目的是祈

---

① 《马克思恩格斯文集》第 9 卷，人民出版社 2009 年版，第 333 页。

② 吕大吉：《宗教学通论新编》，中国社会科学出版社 1998 年版，第 293、299、300 页。

祷和求助于这种异己力量来解决自身所不能解决的难题。尽管这种异己力量在人们的幻想中被神圣化，但人与神的关系基本上还是现实社会关系和人际关系的投射和反映。现实社会的人们只能采用对待和处理人际关系的方式来对待和处理人与神的关系。在宗教体系中，人们对待和处理人与神的关系常常采用软硬兼施的方法。软的一套方法宗教化后成为献祭、祈祷、忏悔、礼拜等，硬的一套方法宗教化为各种形式的巫术活动。这两套手法都是以信仰超自然的异己力量为前提，以求助于这种神秘力量实现人们在生活中的欲求为目的。

总的来说，达斡尔族萨满在其仪式中对待和处理人与神的关系，软硬两种方法都有，或交替使用，或同时并举。在“出马”仪式和斡米南仪式上，萨满首先为天神献牲，向天神祈祷，然后为祖先神献牲，向祖先神祈祷，然后，请祖先神及其助手神灵降临；在祭祀敖包仪式、祭祀龙神仪式上，萨满同样也是首先献供、祷告，然后请祖先神灵、请敖包山神、请水系蛇神降临，赐福于莫昆族众。在这些仪式中，祈请的这些神灵都是萨满的祖先神及其助手神灵，是萨满血缘意义上的先祖神灵和追随使者，萨满是其意志的代言人和执行者，萨满与它们存在着极其亲密的关系，因此，萨满采取献祭和祈祷的方式求告、祈请它们的降临指导、提供帮助和赐福保佑。这些神灵是自己家的。而对于那些“外面的”孤魂野鬼、游荡精灵则采用硬的手法。在斡米南仪式上，主祭萨满祖先神一开始降临就会布置安排三天仪式的步骤、环节和主要内容，其间常常会提到那些“外面的”，说，“我让它们在山上跑”，意思就是不让那些大鬼、小鬼、邪恶精灵进到神圣的仪式场所和空间范围。想必都是萨满及其守护神灵利用强力阻挡其在仪式场地之外。这种硬的一套的神秘手法虽然外人看不见，但是人们在聆听萨满神灵附体的神谕中可以听觉而感知得到，因为硬的手法的运用，才有了让那些“外面的”、“在山上跑”的结果。

此外，莫昆·萨满还有一种守护神灵叫作“杜卡·巴日肯”。沃菊芬萨满在举行斡米南仪式的时候，她的“门神”都会降临。顾名思义，门神当然是把守大门、看家护院的神灵。在斡米南仪式中，即便是那些领着祖先神和助手神到来的徒弟们，门神常常都会拒之门外，它们求了又求主祭萨满的祖先神，祖先神说了好话，门神通融了才得以进入神圣范围，何况那些没有“额金”的孤魂野鬼呢！因为他们是“外面的”，不是家里的祖先，还因为他们是恶灵，因此，需要萨满的祖先神或者其助手神“门神”等采用硬的手段强力阻挡其在周围山脉徘徊而不能靠近，防止其侵入、扰乱和为害。

在手段和方法上，巫术不同于宗教。巫术企图命令和控制超自然力量，宗教则对之献祭、祈求。达斡尔族的萨满教并不等同于原始巫术，特别是现代萨满教具有宗教的典型特征。我考察的达斡尔族萨满仪式，萨满更多地倾向于向神灵祈祷、献祭，然后才祈求降福免灾。比较而言，原始的巫术手段，象征性地驱鬼除魔的内容和仪式越来越少见到。在斡米南仪式第一天晚上有一个献祭黑山羊的仪式，目的就是通过献祭黑山羊安抚那些游荡精灵和孤魂野鬼，请它们远离仪式场地、不伤害莫昆族众，而没有举行驱逐的象征性仪式行为。

萨满举行仪式时都要首先在仪式场地周围拉一圈红线，或圆或方，红线之外是世俗的空间，红线之内是神圣仪式空间，也是诸神降临的场所，划分红线更重要的意义是不让“外面的”（指游荡精灵）和“不洁的精灵”进来。萨满神灵常常这样说，“外面的”让它们在山上跑。不让“外面的”进来，是要保证仪式的顺利进行。萨满不采用强力驱赶，而是划定范围和边界，这也是与恶灵寻求和解的一种方式和姿态，尽量不正面冲突。当遭遇恶灵附着的病人寻求治疗和帮助的时候，萨满也是首先和主要采用“阿日善”圣水洗的办法迫使恶灵离开；如果洗的办法还不奏效，萨满也会采用巫术手段，强力驱赶。这种情况是软的办法不行了再来硬的一套。实际上是软硬兼施，巫术的手段和宗教的手段都用。现在，更多的时候，达斡尔族萨满采用宗教的献祭和祈祷的手段。可见，现代达斡尔族的萨满仪式不同于原始的巫术。

二、当代达斡尔族萨满仪式具有一些新特点

达斡尔族的萨满仪式虽然还遗留有一部分巫术的特点和象征形式，但不同于原始巫术。今天的仪式尽量去除低俗、狭隘和与科学抵触的内容，增加合乎时代潮流的东西。比如，看实病要上医院，不滥杀，要放生，不争斗要和谐，不分民族一律平等看待，为国出力等说法，都说明它在努力适应社会现实，适应中国特色社会主义社会。

（一）达斡尔族萨满教与中华民族宗法性传统宗教的关系

达斡尔族是中华民族大家庭中的成员，生长于斯、生活于斯，不可能不受到其他文化的浸染，达斡尔族萨满教不仅受到其他少数民族宗教文化的影响，还受到汉族宗法性传统宗教的浸染。而且，达斡尔族萨满教的核心信仰观念与中华民族是一致的，但是，达斡尔族萨满教也不同于汉民族的宗法性传统宗教，具有自己的特点。

牟钟鉴先生认为，中国历史上一直以来盛行着一种绵延数千年并为全社会上下普遍接受的正宗大教，即宗法性传统宗教。这一观点得到中国学界的普遍认同。中国宗法性传统宗教以天神崇拜和祖先崇拜为核心，以社稷、日月、山川等自然崇拜为翼羽，以其他多种鬼神崇拜为补充，形成相对稳固的郊社制度、宗庙制度以及其他祭祀制度，成为中国宗法等级社会礼俗的重要组成部分，是维系社会秩序和家族体系的精神力量，是慰藉中国人心灵的精神源泉。① 这种宗教的基本信仰就是“敬天法祖”。《礼记·郊特牲》说“万物本乎天，人本乎祖”，这是中国人对万物和人生本源的基本看法。

天神崇拜大约发端于父系氏族社会的后期。孔子曰：“巍巍乎唯天为大，唯尧则之。”（《论语·泰伯》）宗法性传统宗教的敬天，讲“君子有三畏：畏天命，畏大人，畏圣人之言”（《论语·季氏》）。古代圣贤都敬祭天

① 参见牟钟鉴：《中国宗法性传统宗教试探》，《世界宗教研究》1990 年第 1 期。

神，天是自然与社会的主宰。天被赋予至上神的神性以后，仍然保留了原有的浩渺性和覆盖性，后世的天神观念具有主宰之天、道德之天、命运之天三重属性。敬天祭天有四个意义：一是效法天道以定人事；二是承天之佑，畏天之罚；三是感天之德，报天之恩；四是王者受命于天，祭天可以巩固王权。

祖先崇拜则包括远祖崇拜和近祖崇拜。曾子曰："慎终追远，民德归厚矣。"（《论语·学而》）慎终就是隆重地操办父辈或者祖辈的丧事，追远就是祭祀和追念有功有德的先祖。从理论上说，祭天比祭祖在前，但是事实上，祭祖和丧葬比敬祭天神还要重要。因为，第一，天神的观念抽象而模糊，祖先的观念具体而确定；第二，祭天活动限于朝廷皇室，祭祖的范围则广大而遍及社会各阶层；第三，祖先崇拜的精神深深渗入天神崇拜。宗法性传统宗教的敬天法祖，慎终追远，其意义不光是怀念、纪念祖先，还要通过仪式教化，提倡孝心，族群和谐，增强凝聚力。

达斡尔人认为天神"腾格日"是最高神，世上万物包括人类都是靠天吃饭，由天养育，因此，他们普遍供奉天神。天神具有综合性，无所不包，是宇宙伟大力量的象征，因此受到人们的高度崇敬。所有重要的、大型的仪式活动，萨满都首先祭拜、供奉天神。但是，达斡尔人最尊贵、最重要的神灵是祖先神，叫作"霍卓日·巴日肯"。正如大间知笃三所说："达斡尔族神系中的最高神是腾格里（即腾格日），但在他们信仰生活中起着现实的最强有力作用的是斡卓尔（即霍卓日）。"① 霍卓日，达斡尔语，原意是根，这里指根本、源头，指称血亲远祖祖先，后来也指称近祖祖先。达斡尔人崇拜的"祖先神"按照父系家族血缘关系传承，传承的范围以"莫昆"为单位，每个莫昆都有自己的祖先神。

达斡尔族萨满教也敬祭天神、祖先神，与汉民族、与其他民族的基础性信仰是一致的。因此，在敬天祭祖的基础性信仰方面，达斡尔族和汉族

---

① ［日］大间知笃三：《达斡尔族巫考——以海拉尔群体为主要对象》，载辻雄二、色音编译：《北方民族与萨满文化——中国东北民族的人类学调查》，中央民族大学出版社1995年版，第58页。

为主体的其他民族没有不同。达斡尔人也非常重视丧葬，葬仪极为隆重。这也是达斡尔人认同中华民族的信仰根基的一个重要表现。

中华民族有正宗大教宗法性传统宗教，但不妨碍信仰别的宗教文化，达斡尔族的萨满教亦如此，始终保有原生型宗教特质，坚持核心信仰观念，外来的宗教和文化只能影响它、丰富它，却从未真正完全取代它。但是发端于原始时代的达斡尔族萨满教有许多不同于宗法性传统宗教的地方和特点。

首先，祭祖仪式的主持者不同。宗法性传统社会的宗族、家族、家庭的祭祖活动，由族长和家长主祭。而达斡尔族的信仰和祭仪通过特殊人物萨满发挥作用，祭祀仪式由萨满主持。萨满穿上独具特色的达斡尔萨满神服，手执神鼓，击鼓而歌，祭祀莫昆先祖神灵。总之，在达斡尔族的祭祀仪式中，以萨满为主；而在汉族的祭祀中，由家长或者族长主持。

其次，宗法性传统社会的祭天活动限于朝廷皇室，祭祖的范围则广大而遍及社会各阶层；在达斡尔民族，不论是祭天还是祭祖都由萨满主祭。

第三，达斡尔族的萨满教不光有祭司萨满，还有各种敖包。现在，一些敖包已经成为达斡尔族祭祀祖先、祭祀山神、祭祀河神、祭祀地方神灵的综合性场所，如新的“尼日耶·敖包”就具有多重功能，它相当于汉族的宗祠，民间祭祀敖包，就好比汉族到宗祠祭祀祖先一样。还有，“雅德恩·敖包”本身就是上代或历代“霍卓日·雅德恩”的墓地，是先祖神灵的居住场所，是血统意义上的祖先。

（二）达斡尔族萨满教在改革开放后的新变化

当代达斡尔族萨满教与中华人民共和国成立前不同，已经不是原始氏族社会时代遗风的萨满教，具有了改革开放后的新特点。达斡尔族中出现了以斯琴掛和沃菊芬为代表的具有国际国内影响的新时代大萨满，她们积极调整、革新观念和做法，努力适应变化了的新时代。斯琴掛的影响已经远远超出了达斡尔民族，引起了国内外学术界对于中国北方萨满文化的重新关注，引起了中国大陆内外网络和媒体对于人口较少的少数民族萨满文化的高度关注。与老一辈达斡尔族萨满相比，斯琴掛、沃菊芬的思想观念开放，与时俱新，她们的仪式从内容到形式都不断调整，以适应发展变化了的新时代。

第一，对于疾病的认识更加科学。

过去，达斡尔族萨满的相当大量的工作内容是为人看病、治病，而且以巫术治疗方式为主，对于疾病的认识水平有局限性，大多认为是鬼神原因导致人们生病，因此，主要采用赶鬼驱魔的巫术手段进行治疗。

现代萨满不再包治百病，而是把疾病分为实病与虚病，提倡实病要到医院、吃官家的药。这是科学的进步的疾病观，其说法和做法更加科学、符合实际。虚病则是需要萨满的治疗和应对的领域。虚病泛指人力所不能控制和把握的范畴和内容。而萨满应对虚病的方法主要采用敬奉神灵、祈求神灵的方式，萨满用“泰日米特”牛奶、水或者酒为人们保佑求福、用“阿日善”圣水捭洒人们保持洁净防止一切污染、通过钻萨满神服“阿斯朗”牛皮条祛病除灾，同时告诫人们要敬奉祖先，敬洒牛奶、敬洒酒，以求得祖先神灵的护佑。

健康是人们最为关心的永恒话题，因为它是人类的基本需要。萨满尤其如此。按照萨满教的信仰观念，萨满特别是莫昆·萨满的首要职责与使命就是守护莫昆族众的健康和安危。因此，萨满神灵最为关注人们的健康，基本上对所有人都劝告要注意身体。注意自己的身体，办法是或者吃点药，或者喝点“多姆勒”茶，等等。其中，既有使人心态平和的内容，也有饮食起居方面的有益知识。

第二，具有强烈的生态环境保护意识。

从前，萨满及其仪式大量杀牲献供神灵，在仪式过程中充满着一些原始粗俗的做法。萨满教有一个重要的观念是为神服和法器赋予生命的活力，现在通俗的叫作“开光”，这种仪式原来都是用母鸡的鸡冠之血混合着清水进行，取血之后，母鸡也是要杀牲献祭的。现在，在莫力达瓦旗的一些地方、一些萨满仍然采用鸡血点画的方式“开光”。还有，献牲的时候要往牺牲的耳朵里灌酒，把象征性神箭插入活的牺牲的肚腹、脖颈等方式，甚至在献供的时候还要割掉一块耳朵，或者某一部位的一小块的做法，原始、野蛮、落后。

现在，斯琴掛萨满和沃菊芬萨满对于许多原始落后的传统做法进行了改革。比如，为神灵献牲的时候都是让萨满助手用桑烟熏牺牲，再把牛奶和黄油抹在牺牲的额头和四蹄，也叫作“阿日善勒贝”，经过熏香和抹黄油、敬牛奶等环节为牺牲洁净之后才献给祖先神灵。

在祭祀龙神的仪式上，根本不杀生，不献牲。据说，龙神“罗斯”喜欢干净，不愿意看到血，所以，仪式上主要供奉白色的吃食奶制品。而且，祭祀龙神仪式不仅不杀生，还提倡要放生。在祭祀龙神的仪式开始之前或者结尾都有放生的环节，主祭萨满的莫昆家族、其他族众、其他民族，参加仪式的人们都到市场买一些活鱼带来，在合适的时候放生到河里。据说，这都是萨满根据祖先神灵托梦传递的旨意而提前作出的安排。

斯琴掛和沃菊芬还改用牛奶为神具、神器、神服、神像“开光”，赋予其生命和活力。斯琴掛对此作了观念上的解释。她说：我不用血“开光”。因为久不供奉了，年代久远了，因此，如果用血“开光”，“翁果日”会变得脾气更加不好。任何时候我都是用牛奶慢慢求，好好求，说，请你们来的时候温柔地进来，安详地坐下，好好就座在自己的座位；“翁果日”轻柔地进来了，我们不明白的话请你们好好给告诉；离开的时候也要温和地出去，然后慢慢地去巡游。所以，我用牛奶“开光”。

此外，萨满神灵一再告诫人们不要乱砍滥伐花草树木，不吃野生动物的肉，不吃其肉也就意味着不滥杀野生动物。萨满仪式不仅不杀生、少杀生，还提倡要放生，这些都是生态保护和生态平衡的观点在萨满仪式中的体现。这些都是新时代大萨满的与时俱新的改革和做法。

第三，高度关注变化了的现实社会和现实人生。

过去，达斡尔人的生活圈子较小，社会交往也不频繁，多按莫昆或者村落居住。随着社会的发展，特别是进入了改革开放的时代，达斡尔人越来越多地参与到社会生活的大舞台，人们的交往日益频繁，交流更加广泛，参加工作的、在外读书的人越来越多，人们出行的方式也更加便捷，经常都是坐车、坐飞机的。这些生活中的变化都引起了萨满观念的变化，萨满及其仪式始终高度密切关注现实社会和人生，一再提醒人们在频繁的社会交往和交通出行中要避免发生矛盾和不幸。俗话说，祸从口出。萨满神灵反复告诫人们要注意口舌是非，避免因口舌是非引起不必要的麻烦和灾难，甚至可能危害健康、危及生命安全，所以，告诫人们务必要谨言慎行。萨满神灵还不断提醒人们要注意出行安全，务必要择日择方向出行，具体到不坐飞机或者不坐某颜色的车辆，甚至不要出门，这种嘱咐虽然带有一定的神秘性，但是，毕竟是关注现实的人生，关注人们的安危。

第四，具有与时俱进的进步思想和理念。

当代达斡尔族萨满及其仪式一直在表达这样一个思想和理念，那就是强调尚德，不仅要向善，还要向上。不论是对萨满自己，还是对于萨满徒弟，或者对于一般的莫昆成员和族众同胞，萨满神灵无不如此期望与要求。

首先，达斡尔族莫昆·萨满在日常生活中既为个人服务，也为社会服务。斯琴掛萨满和沃菊芬萨满在仪式中也从不交给人黑巫术的方法，都是使用白巫术，即生产巫术和保护巫术，告知人们防害的方法，或者给人们提供预防保护的措施，他们摒弃了传统的破坏巫术，在萨满仪式神灵附体时宣示的神谕可知她们主要以预防巫术和保护巫术为主。①

其次，萨满神灵一再告诫萨满弟子要严格遵从职业操守，以德报怨，说：“别人的坏你一定要还之以好，那么，你的好会到来吧，你的好会惠及你的子孙吧。”告诫萨满弟子务必要约束好自己的神灵，因为，时代变了，子孙们都将不会讲民族语，因此，萨满人必须收拢好自己的神灵，不做坏事。不仅如此，萨满人还要多多帮助那些遭遇苦难和困境中的人们。

萨满神灵对于其他莫昆族众也提出了同样的期望和要求。萨满仪式上，萨满神灵要人们和谐和睦互助相处，而且反复提倡不分民族一律平等

① “白巫术”以行善为目的；“黑巫术”以害人为目的。白巫术大体上包括生产巫术和保护巫术，黑巫术则相当于破坏巫术。参见吕大吉：《宗教学通论新编》，中国社会科学出版社 1998 年版，第 308—310 页。

看待，一样帮助。总之，回顾上述的仪式及其内容，我们可以看到，约束莫昆、帮助民族、为国出力是当代达斡尔族萨满及其仪式的主旋律，各个仪式上反复讲，经常讲。这些都说明萨满及其仪式的认识水平提高了，有全局观念，具有团结、平等、和睦、和谐的进步思想，有主动适应新时代的意识，努力适应社会的发展变化，与时俱进，适应社会主义社会所做的尝试和努力。

第五，萨满传承方式及仪式活动不断创新。

一改过去的传统习惯，达斡尔族大萨满斯琴掛跨民族、跨族群为徒弟举行领神“出马”仪式，已经收了十几个不同民族的弟子。这种现象在过去是极为少见的，一般萨满都只帮助本民族的弟子“出马”。达斡尔族萨满给达斡尔族徒弟“出马”，鄂温克族萨满给鄂温克族弟子“出马”，蒙古族萨满给蒙古族徒弟“出马”。这种跨民族、跨族群接收徒弟接续传承萨满道路的做法是弘扬萨满文化的一个卓越贡献。不仅如此，现在，达斡尔族萨满为其他少数民族包括汉族看病、治疗的情况也越来越普遍，萨满为社会服务的范围和功能都较过去扩大和延伸。

当代达斡尔族萨满及其仪式还吸收借鉴了其他民族的宗教习俗和文化。

首先，借用外来宗教和其他民族语汇。

现代达斡尔族萨满及其助手吸收了很多现代词汇，把“泰日米特”和“多姆勒”等传统治疗和祈福的方法用现代汉语的网络词汇解释为“注入信息”；萨满的“托若·托勒贝”现在普遍叫作“斡米南”，词汇和意义来源于通古斯语族鄂温克语汇；萨满的领神仪式通俗地叫作“出马”，“出马”一词来源于汉语的“将士出征”的引申意义，目前在我国东北地区、内蒙古地区广泛被民间所采用，就是指领神仪式，或者叫作成巫仪式。

还有，萨满赋予神服和法器“生命的力量”，借用了佛教用语“开光”。过去，在正式开始使用之前，达斡尔族萨满给新立的神像、新做成的神服和神具、神器都要举行一个仪式，叫作“阿米拉贝”，就是赋予生命的意思，现在借用佛教用语称为“开光”。

借用或者引用大家熟知或者说先入为主的说法和叫法，易于为人们所接受，这是简便方法。一种文化的生命活力就在于沿袭自己的优良文化传统的同时，能够不断吸收和借鉴其他文化的优秀成果和思想精华。任何先进的好的文明成果都是全人类共有的。现代达斡尔族萨满就充分地吸收借鉴其他民族的优秀文化成果。

其次，受到草原文化和藏传佛教的影响，对传统仪式做法进行改革，学习借鉴其他民族的信仰习俗。

放生。达斡尔族萨满教在发展过程中吸收了佛教的“放生”思想，在萨满祭祀龙神的仪式上，有放生的环节，莫昆家族和族众、其他民族都买鱼放生到河里。关于放生，有的达斡尔老人就认为这不是萨满教的东西，应该是佛教的东西。

祈福仪式。斯琴掛萨满和沃菊芬萨满的每一个仪式结尾都有一个“霍日耶！霍日耶!”的祈福仪式。据说，蒙古人也有类似的习俗。

供祭奶制品。斯琴掛的仪式还吸收了蒙古族的其他信仰习俗，如祭祀龙神的时候，供品主要是奶制品，有 9 种之多，这只有在海拉尔周边的牧区才能找到，莫力达瓦达斡尔族自治旗地方的达斡尔人由于很早就从事农耕为主的生产方式，能作出来的奶制品品种已经没有这么多了。

在呼伦贝尔地区，信仰萨满教的群体除了达斡尔人，还有布里亚特蒙古人、巴尔虎蒙古人、索伦鄂温克人、通古斯鄂温克人。吸收当地其他少数民族群体的信仰习俗，既是适应当地的风俗习惯，也是保证信仰群体的存在。斯琴掛、沃菊芬的“开光”方式更加文明。用牛奶而不是鸡血“开光”，目的是减少血腥和暴戾，代之以温和和温婉，安抚和劝慰，达成人与神的和解；而且，这么做还少杀生。这些做法都合乎时代潮流，顺应社会发展。

虽然受到外来文化和现代文明的影响，但达斡尔族固有传统和信仰观念并没有丢失，对于祖先神的信仰最根本、最核心。受到佛教的深刻影响，信佛也基本上限于到寺庙磕头、烧香，甚至也有把神佛请回家中供奉的情况，但是，达斡尔人至今也没有出家当喇嘛的现象，他们骨子里始终信奉祖先神灵和自然神灵。

第二节 达斡尔族萨满仪式的功能

面对疾病、争斗、灾害、环境污染、家庭矛盾、孩子养育、出行安全等问题，萨满及其仪式以神灵的名义给予劝告和智慧。萨满神灵一再地教育教导人们能做什么、该做什么、不能做什么，不该做什么。达斡尔族的萨满仪式正式用这种“神道设教”的方式关注着现实的社会人生。正如牟钟鉴先生所说，所谓“神道设教”，就是通过崇建神道来设立道德教化，是把宗教祭祀作为基本的教育手段来实施的，所以，有“祭者教之本也”的说法。这种宗教观点是伦理型的，很有代表性。① 达斡尔族的萨满仪式恰恰是最具有伦理教化功能。萨满及其仪式要求人们敬祭神灵务必要诚心诚意，还要经常供祭，敬献牛奶、白酒等供品，其主要目的就是为了获得神灵的同情和好感，使之保佑自己，同时培养人们的恭敬孝顺之心，改善人性，净化心灵。内容是现实的，形式是神圣的。

萨满神灵的诉说和忠告，让人们觉得，祖先神就是道高一尺，永远站在人们的思想和行动的前沿，给人们神秘和神奇的感觉。时时处处提醒人们要注意这个、注意那个，而这些需要注意的地方和方面都是人们最最关心和热切盼望的切身利益，关乎人们的生老病死之大事，家庭的兴旺富裕之福祉。人们因此而奉若神明，跪听教诲。其实，所有人们未知的、难以把握的都是相对于人自己的异己力量。

（一）萨满仪式以神灵的名义增强莫昆家族的凝聚力和向心力

萨满仪式以神灵的名义号召莫昆家族和睦共处、团结互助，客观上增强了莫昆家族成员之间的凝聚力和向心力。萨满的所有公开仪式都具有这种功能，尤其以祭祀家族敖包为典型。

大约从 2003 年起，斯琴掛为沃菊芬、孟玉金、孟利州、孟孝瑞、敖小

① 参见牟钟鉴：《中国宗法性传统宗教试探》，《世界宗教研究》1990 年第 1 期。

六等人领神“出马”之后，陆续带领他们在莫力达瓦旗恢复修建了一批敖包，包括拐勒·哈德·敖包、伊斯尔·哈德·敖包[①]、尼日耶·敖包、鄂嫩哈拉·敖包、杜拉尔·敖包、库如奇·谊岗·敖包、库如奇·布拉日·敖包、甘珠尔迪·敖包、阿尔拉·布拉日·敖包等，带领他们祭祀这些敖包，仪式活动涉及了沃热哈拉绰库勒莫昆、莫日登哈拉7个莫昆、郭博勒哈拉满那浅、郭博勒哈拉塔温浅、敖拉哈拉拉里浅、敖拉哈拉登特科浅，等等，莫昆家族的人们对于自己的莫昆、所在的地方水土有了高度认同。

斯琴掛萨满声誉日渐提高。2014年6月29日，莫力达瓦旗为评审萨满文化之乡特邀斯琴掛、沃菊芬主持祭祀尼日耶·敖包的仪式，2015年夏天，由莫力达瓦旗的鄂嫩哈拉7个莫昆自发联合邀请斯琴掛为重建鄂嫩哈拉·敖包、祭祀鄂嫩哈拉·敖包、续修鄂嫩哈拉族谱等一系列活动。隆重的祭祀敖包仪式汇聚了莫昆家族的人们，求医问药、答疑解惑之余，莫昆之间的凝聚力增强，认同感增强，重要的是，他们问，为什么修建敖包、祭祀敖包？希望子孙后代热爱读书，学习文化，掌握本领，积极进取，统领莫昆，帮助民族，为国出力。

（二）萨满仪式以神灵的名义增加人们的安全感和幸福感

萨满仪式以神圣的名义为人们提供心理安抚和精神慰藉，增加人们的安全感和幸福感。斯琴掛和沃菊芬几乎所有的大型公开仪式活动都有为莫昆、为族众、为百姓祈福的环节和内容。

领神“出马”仪式，除了仪式结尾必不可少的“霍日耶！霍日耶！”为莫昆和族众祈福的仪式，还增加了“阿日善”圣水洗的仪式。人们相信，他们不仅在这里汇聚了福源，还得到了健康的保障。

祭祀敖包仪式，参加仪式的莫昆家族、族众同胞、当地百姓除了聆听祖先神的神谕忠告和警示，非常看重拿着食物转敖包、边转边敬酒的过程。据说，供奉敖包的供品食物谁吃了谁可以拥有健康。

---

① 伊斯尔·哈德·敖包（/isər xad ɔbɔ:/），伊斯尔山崖敖包。

祭祀龙神仪式，据说，龙神喜好干净，所以仪式不杀生、不献牲，主办者和参加仪式的人们只是献祭奶制品和糕点水果。喜爱奶制品的人们在供奉之后拿回那些吉祥的白色奶制品可以食用好长一段时间，这些吉祥的奶制品给人们带来了安全感、依赖感和幸福感。

斡米南仪式，三天时间里差不多每半天就有一次给“托若·巴日肯”磕头献礼、由萨满向神灵祷告献祭者哈拉—莫昆及属相的活动，然后，祖先神降临的时候就会为那些磕头的人们指点一二，也有现场求问者。这些参加仪式的人们极为看重萨满神灵附体后宣示的神谕，在他们看来，这就是仪式的核心和全部内容，他们很多人就是为了解答心中的疑惑而来的，就是为了寻找安慰和鼓励而来的，为了得到帮助和指导而来的。甚至一旦萨满神灵附体结束清醒过来，斯琴掛的徒弟都会说，完事儿了！似乎仪式就是聆听神谕。萨满神灵也的确给人们带来了希望和鼓励，注意口舌是非，谨言慎行，就能在工作的地方、在聚会的场合一帆风顺；爱护自然山水，敬奉地方神灵，虔诚供奉自己的祖先，就能够得到保护与保佑，就能家庭兴旺，生活富裕，身体健康。

斡米南仪式上不仅有“霍日耶！霍日耶！”祈福仪式，还有“阿日善”圣水洗仪式和“阿斯朗”牛皮绳按压、抽打仪式，这些都是为莫昆和族众、百姓们祈福的仪式。三天的仪式活动中，第三天下午的“阿日善”仪式和“阿斯朗”仪式来人最多，除了萨满们及其莫昆家族的人们，亲朋好友，知道的、听说的人们都来参加。人们相信，经过了“阿日善”的洗礼、被“阿斯朗”牛皮绳抽到几下，他们都能祛病除灾，化解危难，身体安泰，生活富裕，兴旺发达，吉祥幸福。越来越多的人们希望手捧食物画着圈喊一喊“霍日耶！霍日耶!”可以分享和汇聚祖先赋予的福气和财富。即便是来采访的、摄像的、拍照的专家学者、导演、记者都不会错过这些难得的祈福仪式，必定加入长长的排队人群，接受萨满们掸撒的圣水，拉着萨满的神服皮绳跳跃，他们同样希望得到吉祥的祝福和保佑。

（三）萨满仪式为萨满徒弟提供训练的机会和平台

领神“出马”仪式和斡米南仪式都能够为萨满候选者提供训练机会和场所。

领神“出马”仪式为已经“出马”的其他同门人氏或者准备“出马”的同门候选者提供练习请神的场所和平台。2011 年丁氏领神仪式上，尚未“出马”的敖玉英练习请神灵附体，但是，没有成功请下自己的祖先神；2014 年鄂嫩朵拉的领神仪式上，已经“出马”的敖玉英和敖智伟、斯琴练习请神灵附体，据说，只有敖玉英一人成功请神附体，其他两位没有成功请下自己的祖先神灵。

能够提供这样机会的仪式并不多见，除了领神仪式，还有斡米南仪式能够为新萨满或者候选者提供练习请神附体。萨满祭祀自己的祖先神或者为其他人祭祀祖先神、祭祀龙神、祭祀敖包都没有提供这样的平台，萨满为人们的治病仪式更不可能为候选者提供练习请神附体这样的机会。

（四）萨满神灵对于不同群体的期望和要求

回顾萨满仪式上萨满在神灵附体状态下所唱神歌的内容，我们还可以看出，萨满仪式对于不同群体有着不一样的指导、要求和期望。萨满神灵几乎劝告所有人都要注意身体、注意安全、注意口舌是非，祝愿所有人都平安、健康、富裕、幸福。但是对于不同群体，除了上述劝告、警示和祝福，萨满神灵对于萨满弟子的期许最多、要求更高，希望他们背负人们的苦难，帮助那些身处困境当中的人们，履行作为萨满人的神圣职责与使命，要坚强、正直、公道、善良、有思想、有方法、不图钱财、进入千家万户、好好行走萨满之路、约束莫昆、帮助民族、为国出力；对于萨满莫昆家族的人们，特别嘱咐他们要敬重祖先和神灵，帮助和扶持莫昆·萨满，结交好伙伴，延续更多子嗣；对于民族的年轻人，则希望他们孝敬父母，敬重祖先和神灵，结交良善益友，爱护自然环境，学习文化，增长本领，积极上进；对于莫昆族长、年长之人、公职干部，期望他们自己了解并告知年轻人民族莫昆的历史和知识，要教育年轻人学习文化，增长才干，教导和引领好年轻后辈，做好传帮带工作；对于民族中有知识、有文化的群体同样寄予厚望，希望他们研究工作要实事求是，祝愿他们不断进步，为提高民族的声誉而努力。因此，萨满及其神灵对于人们的要求和希望是有层次的，分别对待的。

总之，萨满神灵对于莫昆长者、对于在公家单位工作的领导、对于民族的年轻后辈、对于本民族知识分子群体都寄予殷切厚望。

第三节　当代达斡尔族萨满仪式在萨满文化重建中的地位和作用

一、达斡尔族萨满仪式的典型性

达斡尔族萨满仪式具有极强的自我调适功能，与时俱新，在北方少数民族中具有一定的典型性和代表性。

达斡尔民族历来重视自身的文化教育，重视孩子读书、重视文化发展，全民族受教育水平一直居于全国各少数民族前列。达斡尔民族也是一个自信达观的民族，始终顽强地坚守着自己民族的文化传统，对于传统礼仪、生活习俗有着极强的韧劲。因此，达斡尔民族的萨满信仰从未真正中断，信仰在民间，并且保持着强大生命力。达斡尔民族还是一个淡泊物质利益的群体。表现在传统萨满信仰方面，首先是萨满的职责与使命决定了他们领神“出马”和行走萨满道路不是为了钱财。所以，萨满神灵始终教导萨满弟子要看淡钱财，经常说人家放一百块钱要好好给人家看病，放一毛钱也一样要好好给他们看病。其次，受传统观念影响，达斡尔族萨满是从来不做仪式表演的，拒绝商业化。祭祀就要有祭祀的缘由，萨满神服和萨满神鼓不是随意能动的东西，那都是接通神灵的神圣之物。因此，达斡尔族萨满教较少受到市场经济因素的冲击，这是难能可贵的。

二、大萨满斯琴掛的示范和引领作用

孔子说："人能弘道，非道弘人。"一个文化，一种宗教，必须有像样的人引领。在传承和弘扬北方民族萨满文化的实践中，达斡尔族大萨满斯琴掛具有代表性和典型性，起到了表率和引领作用。斯琴掛不仅是大萨满，还是民族文化的代表，是德高望重的人物，她和她的仪式还得到宗教界以外传媒的很大关注，网络、报纸和电视等媒体多次报道斯琴掛及其仪式活动。她代表着一种文化，人口较少民族的传统文化。斯琴掛和她所代表的文化已经走向全国，走向世界，具有一定的国际影响。

从 2004 年起，斯琴掛开始步入萨满文化国内学术论坛，从 2007 年开始斯琴掛参加国际萨满教研究会的国际研讨会。早在 2008 年 2 月，斯琴掛就被美国萨满研究基金会授予"当代著名萨满"的称号。从美国寄来的盖有美国萨满研究基金会印章的证书用中英两种文字书写。

因此，2009 年沃菊芬的斡米南仪式上，沃菊芬萨满神灵"托库仁·敖拉·额金"赞扬斯琴掛说：你的路会越走越高，将比我的"托库仁·敖拉"还会高，你像太阳一样闪耀着行走呢。你的名字高高在上，你给民族同胞以恩泽，你让我们的名誉大增。我在感谢你！你从不说你身体不好，虽然身体有病，但一说走这条路，你就把头伸进去干活。下油还是下雨都挡不了你，疾病也阻挡不了你。因此，你要健康长寿地把道路传给子孙后代，你的子孙后代也会有福气。你让民族的声誉大振，你让我的民族高兴。我在感谢你！一次又一次感谢你！你让我看到了没有看到过的地方，知道了从前不知道的事情，你走了几个国家，都说你好呢。你为民族而走，你为国家而走。所以，这么多的"雅德恩·霍卓日"① 都在因你而高兴！这不仅是以萨满神灵的名义赞美斯琴掛，更是达斡尔民族同胞对于斯琴掛努力传承和弘扬民族传统文化的肯定。

① 萨敏娜、吴凤玲：《达斡尔族斡米南文化的观察与思考——以沃菊芬的仪式为例》，民族出版社 2011 年版，第 174 页。

十余年间，斯琴掛为莫昆家族、为族众、为其他民族同胞做了大量仪式，并先后多次参加国内外萨满文化学术会议，使她真正成为达斡尔族萨满文化传承人，成功走向国际萨满学术论坛。斯琴掛成为许多研究者采访、分析、研究的对象，旅居日本的瑞士学者皮特教授跟踪采访、研究她十余年，2005 年在其任教的日本南山大学刊物《亚洲民俗研究》上发表了《一位萨满的宗教仪式歌曲》①；国际萨满学会主席霍帕尔先生多次采访斯琴掛，亲眼看过她 2007 年所做的斡米南仪式，撰写了《萨满和传统习俗：一个萨满治疗仪式中的入定（或昏睡）和祭品》②。还有，DÅVID SOMFAI KARA 和 MIHÅLY HOPPÅ 共同撰写的文章“A Revitalized Daur Shamanic Ritual from Northeast China”（《一个来自中国东北的朝气蓬勃的达斡尔族萨满仪式》）③ 考察并记述了斯琴掛萨满于 2007 年举行的她的第二次斡米南仪式。

2010 年斯琴掛的第三次斡米南仪式，香港凤凰卫视专门前往内蒙古呼伦贝尔鄂温克族自治旗南屯进行采访和录制，于 2010 年 9 月 4 日在“文化大观园”栏目播出《见证呼伦贝尔草原最后的萨满世界》，于 2010 年 9 月 11 日在“文化大观园”栏目播出《现代文明中的信仰》，均以斯琴掛的此次仪式为背景和主题介绍当代达斡尔族萨满仪式及其在呼伦贝尔地区的影响。

2012 年，《中国民族报》“宗教周刊 · 文化”栏目以“萨满文化传人：斯琴掛和她的弟子们”为专题，连续 4 期报道了斯琴掛萨满和她的仪式，分别是 2012 年 1 月 10 日《达斡尔族萨满文化传承人——斯琴掛》；2012 年 2 月 7 日《斯琴掛萨满的神器》；2012 年 2 月 28 日《斯琴掛萨满及其弟子的出马仪式》；2012 年 3 月 6 日《斯琴掛萨满的“斡米南”仪式》。

---

① 《亚洲民俗研究》（64 卷），日本南山大学 2005 年版，第 279—286 页。

② 参见 Humphrey-ONON 1996:145，转引自吕萍、邱时遇：《达斡尔族萨满文化传承——斯琴掛和她的弟子们》，辽宁民族出版社 2009 年版，第 33—36 页。

③ 《SHAMAN》，Volume 17，Numbers 1 and 2，Spring and Autumn 2009，Molnar & Kelemen Oriental Publiashers，pp.141-169.

2014 年 6 月，斯琴掛申报的非物质文化遗产项目《达斡尔族萨满文化习俗》入选市级非遗名录，斯琴掛入选呼伦贝尔市非物质文化遗产代表性传承人。

由中国民族音像出版社、中央新影集团联合出品的大型自然人文纪录片《草原：我们的故事》第一集“精神家园”中采访并拍摄的“崇尚自然与人类和谐的女萨满”就是斯琴掛和她的仪式。摄制组于 2013 年和 2014 年连续两年跟踪采访斯琴掛主持的萨满仪式，于 2015 年 3 月 16 日首次在中央电视台科教频道（CCTV-10）播出，同时在爱奇艺纪录片频道（http://www.iqiyi.com/jilupian/）进行了网络首播。现在，中央电视台国际频道（CCTV-4）还在重复播出之中。

第四节　当代达斡尔族萨满群体与萨满仪式存在的不足和困境

一、萨满传承人缺乏

不富反贫导致没有人愿意当萨满。过去，由于达斡尔人对萨满教的虔诚信仰，雅德根（即雅德恩，萨满）在社会上很受人们的崇敬，不过，他们没有任何特权，不脱离生产劳动，给人们治病跳神时，没有固定的报酬，人们只是送些所献供牛羊的皮张、肉、酒以及哈达和少量的布匹作为酬劳。所以，达斡尔族没有一个雅德根因从事宗教活动而致富的，相反，大部分雅德根由于不能集中精力参加生产劳动，他们的生活都是清贫的。解放前的达斡尔人都离不开雅德根，但又都不愿意当雅德根，其原因就在这里。[①]

人们对于萨满教的一些传统观念也导致萨满接班人的缺乏。特别是达斡尔民间还流传着一些宿命的观点，都认为萨满之家多不幸。民间甚至传

① 参见《达斡尔族社会历史调查》，内蒙古人民出版社 1985 年版，第 265 页。

说，一个人一旦当了萨满，往往其子嗣不多，后代子孙不好，家庭不兴旺，等等。这些不好的舆论和氛围也是人们不愿意当萨满的一个重要原因。

此外，达斡尔族内部对于萨满和萨满文化的认识和看法也存在着一定的误解和偏见，特别是新、老知识群体。有相当一批老一辈达斡尔族知识分子受到文化激进主义的影响，对萨满文化不认同，认为是“封建迷信”，还怕牵涉政治运动。据说，土地改革运动和“文化大革命”运动对萨满压制和打击得非常厉害，烧毁老百姓家里的巴日肯神像、批斗甚至处决一批萨满，这给达斡尔人造成了很大的情感伤害和心理阴影，至今还有遗留，尤其是那些经历过运动的老一辈达斡尔人仍然不愿多谈小时候有关萨满及其活动的见闻。20 世纪 50 年代以来，广大人民群众又受到了战斗无神论教育，爱读书的达斡尔族知识分子有相当一部分人首先反对自己的传统文化萨满教及其祭祀活动和仪式，认为萨满愚昧无知、祭祀原始落后，加以完全摒除。就像费尔巴哈唯物主义对于黑格尔哲学的简单否定，抛弃其辩证法，如同给孩子洗完澡，倒掉洗澡水的时候连孩子也一起丢掉了。这种观念和做法在老一辈知识群体中存在，受其影响，新一代中青年知识分子当中也存在一定的敬而远之心理，而且，或多或少存在一定的轻视之心。在这种情况下，不仅很少有人愿意当萨满，更没有多少本民族的学者愿意从事萨满文化的研究工作。

二、萨满群体整体文化素质和理论水平有待提高

受当地社会经济和教育发展水平制约，萨满群体受教育程度普遍不高。有知识的人未必一定有文化、有水平、有能力，但是，不读书、不经历学校教育，人的思维和方法确实受到很大限制和制约。当代的达斡尔族新萨满年龄大的都在 60 多岁，生活在偏远少数民族地区，经济状况和生活条件非常艰苦，教育也不发达，又赶上了“文化大革命”，大多没有完成初高中学业；年龄小的只有 30 岁左右，也因从小生病等种种原因没有接受高等教育。因此，萨满群体整体的文化素质是不高的。而且，没有受

过相应的文化教育，当然没有机会步入社会参加工作。因此，当代萨满参加过工作的人也是寥寥无几，这同样也多少影响他们的志向和抱负，影响他们的能力和水平的发挥。

据说，近些年达斡尔族民间一下子出现很多萨满传承人，但素质、能力参差不齐。这些都制约着达斡尔萨满文化的传承与弘扬。

三、萨满为社会服务的领域明显缩小

现实的情况是，随着社会经济、医学科学的发展和进步，人们生病首先到医院就诊，而不是像过去一样只能依赖萨满为其治疗。所以，实际上，萨满的工作的确不像过去那么多。这些因素都导致萨满群体自身对于自己身负的使命和责任认识不足。所以，萨满神灵附体一而再、再而三地批评那些不好好走自己的(萨满）道路的人们，告诫和提醒他们要教导好、收拢好自己的神灵，约束莫昆，帮助民族，为国出力。

虽然，现在的萨满及其仪式在民间的影响日益扩大，追随莫昆及族众在渐渐增多，但总的来说参与人员的范围还是非常有限的，参与萨满仪式活动的人员还是有限的，信的人越来越信，不信的人还是远远观望，不是真正遇到难关和困境，首先不会想到向萨满寻求帮助。可以说，萨满及其仪式的影响仍然停留在一定的范围和领域。

四、当代达斡尔族萨满教还存在一些负面影响和消极意义

首先，萨满教的信仰观念和崇拜活动不利于人们直面现实和困难，不利于医学科学普及。

宗教虽然会给人一定的心理安慰，但容易让人产生消极等待神灵拯救和来世得到幸福的心理。一个人如果信仰鬼神，就不会全力地去面向现实，解决现实中的问题，影响人们改造世界的活动。萨满教作为一种原生型信仰文化体系，其认知模式总体上不是理性、科学的。萨满信仰观念和

祭祀仪式活动在一定程度上能够带给人们精神慰藉和心灵安抚，但对于普通民众也很可能会产生一定的心理依赖和盲从思想，使得他们不能积极面对和解决现实中遇到的难题。此外，老百姓的迷信和盲从思想也不利于医学科学知识的普及和传播。

其次，当代萨满仪式活动带给人们一定的经济负担。

无论对于一般老百姓还是萨满群体来说，频繁的萨满祭祀仪式活动都有一定的经济负担。举行祭祀仪式要摆供、要献祭，献牲猪牛羊和献供食物饮品都需要一定的花费，对于一般老百姓特别是那些经济困难家庭都有一定的经济压力。而萨满群体则比一般老百姓在这方面的花销更多、经济负担更重。萨满候选者要做萨满服，全套萨满服和配饰及法具做下来价格不菲，举行领神仪式同样需要献牲献祭和摆供，这些都是一笔不小的开支；按照传统，新萨满“出马”以后每年还要定期举行祭祖和各种祭祀活动，都需要相当的花费。

第三，传统萨满仪式还存在一些低俗、落后的献牲方法。

总体而言，当代达斡尔族萨满群体在恢复重建和传承民族文化过程中不断创新，以适应社会发展和时代进步，但在一些偏远地区和个别萨满的传统仪式里面还存在者一些低俗、落后的做法。我在莫力达瓦达斡尔族自治旗一些偏僻山村地区做调研时就看到过一些比较原始落后的杀生献祭方式，比如，献牲祷告的时候会割下一块猪耳朵，或者取鸡冠血为神灵画像“开光”后并不马上宰杀献供活鸡，等等。虽然这些愚昧落后的做法和祭祀方式在本书稿中描述和分析的当代几种具有典型代表性的主要萨满仪式中并未出现，但是的确还在部分地区存在落后和愚昧的做法，并在社会一定范围内产生不好的影响。这些都是应该大力摒弃和革除的。

五、政府和学界对于萨满文化健康发展的重要作用

萨满及其仪式面临怎样的发展机遇？

政府的态度是至关重要的。政府对于传统文化、对于民间信仰和风俗

习惯的态度很大程度上决定着它们的走向与发展。我在调研时偶尔会听到人们开玩笑说，“霍卓日”知道这个时代好，纷纷“出马”了。政府如果不理解萨满文化的内涵，只是出于经济发展的需要和考虑，就不能真正保护、弘扬传统文化；萨满如果不能在一定程度上顺应政府的方针政策和期望，在文化传承中得不到承认和支持，长远发展将面临困境。

在非物质文化遗产保护的大背景下，萨满文化得到政府部门和官方的空前认可和最大限度的支持。地方政府过去非常反对，后来渐渐不置可否，然后，在非遗背景下，转而支持、扶持萨满文化；如今因为社会经济发展的需要，开始倾向于开发文化资源促进旅游经济的发展。大多数地方政府基本上都是这个路子。学界对萨满教的研究成果是否切实、深入和全面，也会影响政府的决策和社会人士的态度，现在研究学者人数太少，需要形成一定规模。

总之，尽管达斡尔族萨满传统信仰观念和崇拜活动有所恢复和发展，尽管以非物质文化遗产的面貌和形式参与到文化建设工程当中，但是，萨满仪式的影响已经远远不如过去的时代，它的领域总的来说是逐步缩小的态势，它的影响范围缩小到了社会生活领域的一隅。许多地方打着发展经济的口号举办各种各样的萨满仪式活动，背离了信仰的核心和价值，歪曲了萨满文化本来的面目、功能和价值，只会适得其反。

第五节　当代达斡尔族萨满仪式：一种重要的社会文化表达方式

萨满教是产生于远古时代的多神信仰和崇拜活动的文化体系，是当代北方少数民族的传统信仰文化形式，是非制度性宗教，属于民间宗教和民间信仰。随着时代发展、医学进步和科技发达，作为北方少数民族原生型信仰文化体系的萨满教在总体上是衰落的，其服务的领域和影响的范围总体而言是不断缩小的，目前更多以其他文化形式和民俗内容遗存。达斡尔族的萨满教也不例外，是弥散于达斡尔族民间的传统信仰文化，除了沿袭传统的萨满祭祀和仪式活动，其信仰观念和崇拜行为更多地以文学艺术和民俗节日等其他文化形式传承变迁。

中共十七届六中全会审议通过《中共中央关于深化文化体制改革、推动社会主义文化大发展大繁荣若干重大问题的决定》，把文化建设的重要性提到前所未有的高度，第一次提出建设社会主义文化强国的战略目标，其中说，全面贯彻党的宗教工作基本方针，发挥宗教界人士和信教群众在促进文化繁荣中的积极作用。宗教文化是中华文化和人类文化的有机组成部分，又有自身的特点。萨满教作为神道宗教有所下落了，因为其领地缩小了，人们只在没把握成功的不确定的情况下才求助于神灵，求助于萨满。但是，作为文化和民俗的成分延续下去的更多。而且，人间的诉求仍要通过萨满来实现。现在人们普遍认为宗教是文化，不停留在有神论的层面，而是把民族宗教和民间信仰看成是一种文化。这种理性的看法，对于它发挥繁荣作用非常重要。达斡尔民族内部老百姓除了生存、劳动外，还要有精神生活，一般的老百姓离不开神灵的存在，现实中解决不了的事情会去寻求萨满和神灵的安慰，而民间信仰对于老百姓有道德监督的作用，有了一定的信仰的人们反而能够自律。老百姓的文化生活与精神生活还通过这种宗教民俗发展成为文学、艺术、诗歌、服饰等文化，他们的生活变得丰富多彩，其中所谓“迷信”的东西在逐渐减少。

作为一种民族宗教文化，它有民族认同意义和保存中华传统文化、实现文化自觉的价值，并体现中华民族多元一体格局。① 关注少数民族，尤其是人口较少的少数民族，不仅是要帮助他们发展经济，脱贫致富，也要关心他们悠久灿烂的民族文化不断创新、传承下去，使中华民族的当代和未来文化多姿多彩。文化多样性与生态平衡性同样重要，甚至更加重要，文化更珍贵，文化是一个民族的魂，文化是一个民族的根，任何忽略文化

① 参见费孝通主编：《中华民族多元一体格局》（修订本），中央民族大学出版社1999年版。

多样性、淡化文化差异性的想法和做法都将无可挽回地让我们失去固有的文化根基、精神家园。只有做到“各美其美，美人之美”，才能实现“美美与共，天下大同”。

宗教文化论兴起于20世纪80年代，是中国特色社会主义宗教理论的新成果，成为当代中国人宗教观的流行观点，通俗地说就是“宗教是文化”。宗教文化论对于改变人们只从负面看宗教，把宗教作为一种社会正常文化现象，并给予同情的理解，应有的尊重，起了很大的作用。宗教文化论所使用的“文化”概念指向与政治、经济相并列的文化，主要指人们的精神生产及其成果。宗教文化论把眼光投向宗教信仰影响下的哲学、道德、心理、文学（神话、小说、诗词赋、散文等）、艺术（舞蹈、音乐、绘画、雕塑、戏曲、书法、建筑风格等）、语言文字、民俗、养生、医药，等等，当然也包括它们的物化形态。宗教文化论展示了宗教的立体结构和多重功能，更接近生活中宗教的真实状态。①

宗教是原始文化“包罗万象的纲领”，是孕育后来各种精神文化门类如哲学、道德、文学、艺术、科学等的最初母胎。②它还是人类精神文化中的高层文化。正如恩格斯指出：“更高的即更远离物质经济基础的意识形态，采取了哲学和宗教的形式。”③改革开放以后，人们的宗教观在转变。“在重视文化资源的今天，民族宗教文化传统成为一种优势和特色资源。只要善于引导，民族宗教及其文化便可以在稳定社会、丰富人们精神生活、建设中华民族共有精神家园、促进边疆经济社会发展中发挥重要作用。”④边疆民族宗教的积蕴深厚，其巨大价值和潜力尚未被人们充分认识和估量。在文化要素越来越受到现代各国强烈关注的时代，在中国建设现代文化大国的事业中，边疆民族特色文化以其多样性、质朴性、民众性、原生态和特有的地方风韵而为发达地区所缺少，对物质化、文

① 参见牟钟鉴：《当代中国特色宗教理论探讨》，甘肃民族出版社2013年版，第二章。

② 参见《马克思恩格斯文集》第1卷，人民出版社2009年版，第3页。

③ 《马克思恩格斯文集》第4卷，人民出版社2009年版，第308页。

④ 牟钟鉴：《当代中国特色宗教理论探讨》，甘肃民族出版2013年版，第二章。

饰化、时尚化过度地区的人们有一种绝大的吸引力，可以成为新文化建设的创新源泉，日益为国内外人士所看重。我们要推动相关的学术研究、人才培养、技艺传承，发展文化产业、特色产业和旅游业，促进中华文化繁荣兴盛，带动边疆地区的物质文明和整体发展。[①] 达斡尔族的萨满教在改革开放的大背景下重现生机和活力。社会生活的改变必然反映到人们的思想观念和行为方式上，社会变迁带来了人们宗教信仰观念的变化，原来的宗教文化的实践方式也随之不断变化、调整，以适应变化了的社会生活。斯琴掛及其弟子沃菊芬所做的仪式，去除了一些原始落后低俗的内容，代之以科学和进步的方式，仪式上萨满神灵所宣扬的神谕内容，无一不是在适应新的形势和社会发展变化，实际上她们和她们的仪式一直在自觉不自觉地调整、改革原有的说法和做法，向宗教文化这个方向努力、靠拢，这体现了当代大萨满的智慧。斯琴掛清醒地认识到萨满信仰有神灵崇拜，但是，把萨满文化当成迷信是她所不能接受的，她经常讲“萨满文化”一词，她说她传承的是达斡尔族的萨满文化。她以宗教文化的方式发挥作用，符合时代要求和中央精神。一切宗教都是现实的需要，不过这种现实的需要采取神学的方式而已。因此，有神无神不是最关键的因素，关键的是它们能否适应变化了的社会生活，并在其中发挥正能量。

当以人为本的世俗文化出现以后，以神为本的宗教文化缩小了流行的范围。[②] 更何况，在被现代科学统领的社会，举行一场传统的萨满仪式是件冒险的事情，萨满仪式坚守的原始风貌常常被人视为迷信并一度遭到禁止。达斡尔族的萨满教经历了同样的命运，但以其超世的神圣性和对现实苦难（生老病死、命运遭际）的抚慰功能和传统的巨大惯性，维系着达斡尔民族群体的延续和道德风尚。斯琴掛的仪式来自于人类最古老的萨满信

---

① 参见牟钟鉴:《发展边疆　振兴中华——在首届边疆发展中国论坛上的发言》，载宋敏主编:《边疆发展中国论坛文集(2010)·发展理念卷》，中央民族大学出版社2012年版，第15页。

② 参见牟钟鉴:《当代中国特色宗教理论探讨》，甘肃民族出版社2013年版，第二章。

仰，它重现了久远的历史长河中人类如何向赖以生存的自然界表达敬畏之情。正是萨满师和复杂多样的仪式的世代传承，现代人才得以在今天一览远古文化的面貌。而科学并未让草原民族舍弃萨满文化创建的精神世界。[①] 相反，萨满教已经成为达斡尔民族精神文化的一种重要的社会文化表达方式。

达斡尔族萨满教的生命力还体现在以民俗文化的形式再生、延续。来源于民间祭祀敖包习俗的官祭敖包已经成为一场宏大、壮美的文艺表演和体育竞技的盛会；达斡尔族的玩偶“哈尼卡”来源于神灵画像和偶像的元素，达斡尔民族服饰又借鉴“哈尼卡”的元素；达斡尔民歌的曲调、素材来源于古老的萨满神歌。沃菊芬萨满的神歌《德古呀》的曲调就是达斡尔民间歌谣《忠实的心哪想念你》的曲调，斯琴掛的神歌《德比勒》也已发布唱片，开始流行，“萨满舞”也纷纷搬上舞台。宗教民俗化是一个方向和趋势，它丰富了达斡尔民族的精神文化生活。

多数时候，斯琴掛的日常生活会被慕名而来者占据，作为一种信仰的执掌者，萨满师却并非神职人员，现实生活中也毫无特权，但必须履行的义务之一即是为人们排忧解困，因此，人们乐于将各种现实烦恼向斯琴掛吐露心声，并期望获得排解，也许指点迷津的职能正是萨满文化在民间保持生命力的原因。尽管人们倾心于将萨满变成解决现实问题的工具，但不可否认，心灵上的最大安抚仍然来自于对自然世界的崇拜与敬奉。长久以来，萨满文化为草原民族提供了生活的信念和精神的支撑。至今，众多的民俗传统中都有萨满文化的影子。[②]

更为重要的是，达斡尔族的萨满及其仪式同所有的民间宗教一样，更加重视和提倡向善和向上的道德伦理价值观念和行为。萨满以神灵的名义不断劝告、警示人们要注意口舌是非、避免更大的矛盾和纠纷；要注意身体健康、合理用药；要爱护大自然、保护生态环境，少杀生、多放生；要

① 《草原：我们的故事》第一集“精神家园”解说词。

② 《草原：我们的故事》第一集“精神家园”解说词。

尊敬祖先、敬天敬地、尊重山川江河；等等。这些都是符合我们现代社会的风尚和主流价值观。因此，积极引导民族民间宗教萨满教与社会主义社会相适应有一个良好的基础和前提。

在2015年5月中央统战工作会议上，习近平总书记指出："统一战线是做人的工作，搞统一战线是为了壮大共同奋斗的力量。"壮大共同奋斗的力量，需要统一战线有最大的包容性和丰富的多样性，既要做到求同存异，和而不同，又要能容人之短、容人之失、容人之异，还要照顾到其他同盟者的利益。唯如此，我们才能夯实团结合作的基础，找到最大公约数，画出最大同心圆。[①] 在2016年4月召开的全国宗教工作会议上，习近平总书记强调，"做好宗教工作，必须坚持党的宗教工作基本方针，要全面贯彻党的宗教信仰自由政策，依法管理宗教事务，坚持独立自主自办原则，积极引导宗教与社会主义社会相适应。"党的宗教工作基本方针是指导宗教工作的依据，积极引导宗教与社会主义社会相适应是中国特色社会主义宗教理论的创新性发展，从理论和实践相结合的高度，深刻阐述了引导宗教的要求、内涵和途径，为引导萨满教与社会主义社会相适应提供了理论指导。萨满教是北方少数民族传统民间信仰文化形式，没有统一教义，没有固定活动场所，同其他民间宗教一样在管理上存在一定难度。习近平总书记强调，做好宗教工作，关键是在"导"上想得深、看得造、把得准，做到"导"之有方、"导"之有力、"导"之有效，牢牢掌握宗教工作主动权。而引导工作的重中之重是坚持中国化方向，它能把整个宗教工作带动起来，凝聚信教群众的力量，与全国人民一道，为实现中华民族伟大复兴的中国梦而奋斗。对萨满教依法进行属地分散管理、兴利除弊、推动民俗文化建设，是坚持民族民间信仰和民间宗教中国化的重要发展方向。

坚持党的宗教工作基本方针，依法管理包括萨满教在内的民间宗教，

---

① 央视评论员：《央视快评：壮大新时代共同奋斗的力量——写在习近平总书记中央统战工作会议重要讲话发表三周年》。

应该重在加强提高全民的科学文化素质和思想认识水平。大力普及义务教育，倡导民众学习科学文化，相信医学科学，才能普遍提高民众的思想觉悟和科学认知水平。依法管理宗教事务，做好宗教工作，要对国民教育系统的大中小学学生，普遍进行人文和科学教育，进行唯物论哲学教育，进行马克思主义世界观和宗教观的教育，引导人们树立科学的世界观，以理性的观点、宽容的心态正确认识和对待宗教。要做好宗教工作，还要在全民义务教育中，特别是民族地区传统萨满信仰文化浓厚地区，开展学习中国传统文化，学习儒家文化“和而不同”思想，继承和发扬中国宗教“多元通和”的优良传统，同时深入挖掘当代达斡尔族萨满仪式神歌中教育教导民众向上、向善的进步思想，积极引导萨满教与社会主义社会相适应，为促进民族团结、社会和谐做出贡献。

目前，关于民间宗教信仰还未出台全国性的正式文件，在非物质文化遗产保护的时候，涉及信仰层面的内容尚无法通过项目的审批，传统民间信仰和民间宗教得不到应有的保护。但许多省市如福建、江苏，已出台地方性民间信仰管理法规，实行多年，积累了宝贵经验，可供东北地区萨满教管理参考。重视发挥民间宗教包括萨满教的“神道设教”功能，使其在社会主义社会和文化建设中发挥作用，促进社会和谐发展、繁荣进步、促进民族团结、维护祖国统一，是政、教、学三界的共同责任。

参考文献

一、国内学者达斡尔族及萨满教研究相关文献

[1] 安英:《达斡尔族萨满神衣与神鼓之研究》,《内蒙古艺术》2007 年第 2 期。

[2] 白杉、卜伶俐编:《北方少数民族萨满神话传说集》,呼伦贝尔盟少数民族古籍整理领导小组办公室 1995 年版。

[3]《达斡尔资料集》(第一集至第十集),民族出版社 1996 年至 2011 年版。

[4]《达斡尔族社会历史调查》,内蒙古人民出版社 1985 年版。

[5] 内蒙古自治区达斡尔学会编:《达斡尔族研究》第六辑,内蒙古大学出版社 1998 年版。

[6] 内蒙古自治区达斡尔学会编:《达斡尔族研究》第九辑,内蒙古教育出版社 2008 年版。

[7] 白庚胜、郎樱主编:《萨满文化解读——中国吉林国际萨满文化学术研讨会论文集》,吉林人民出版社 2003 年版。

[8] 白庚胜等主编:《萨满文化辩证——国际萨满学会第七次学术讨论会论文集》,大众文化出版社 2006 年版。

[9] 丁石庆、赛音塔娜编著:《达斡尔族萨满文化遗存调查》,民族出版社 2011 年版。

[10] 费孝通主编:《中华民族多元一体格局》(修订本),中央民族大学出版社 1999 年版。

[11] 富育光、孟慧英:《满族萨满教研究》,北京大学出版社 1991 年版。

[12] 富育光:《萨满论》,辽宁人民出版社 1999 年版。

[13] 郭淑云:《中国北方民族萨满出神现象研究》,民族出版社 2007 年版。

[14] 郭淑云主编:《萨满文化研究》第二辑,吉林大学出版社 2009 年版。

[15] 郭淑云、薛刚主编:《萨满文化研究》第三辑,民族出版社 2013 年版。

[16] 郭旭光、金铭锋、苏日台编著:《神话·民俗与萨满服饰》,内蒙古文化出版社 2012 年版。

[17] 郭燕顺、孙运来:《民族译文集》第一辑,吉林省社会科学院苏联研究室

1983 年版。

[18] 何布台：《达古尔蒙古嫩流志》，内蒙古社会科学院民族研究室 1980 年版。

[19] 何星亮主编：《宗教信仰与民族文化》第一辑，社会科学文献出版社 2007 年版。

[20] 黄强、色音：《萨满教图说》，民族出版社 2002 年版。

[21] 刘桂腾：《中国萨满音乐文化系列研究（之六）达斡尔族萨满音乐》，《乐府新声》（沈阳音乐学院学报）2008 年第 2 期。

[22] 刘桂腾：《呼伦贝尔萨满鼓之类型——鄂温克、鄂伦春、达斡尔等族萨满乐器的地域文化特征》，《中央音乐学院学报》2003 年第 3 期。

[23] 吉林省民族研究所编：《萨满教文化研究》第二辑，天津古籍出版社 1990 年版。

[24] 吉林省民族研究所编：《萨满教文化研究》第一辑，吉林人民出版社 1988 年版。

[25] 凌纯声：《松花江下游的赫哲族》，中央研究院历史语言研究所 1934 年版。

[26] 刘成有主编：《宗教与民族》（第七辑至第九辑），宗教文化出版社 2012 年至 2014 年版。

[27] 刘小萌、定宜庄：《萨满教与东北民族》，吉林教育出版社 1990 年版。

[28] 刘正爱主编：《宗教信仰与民族文化》第五辑，社会科学文献出版社 2013 年版。

[29]《龙沙纪略》，载《影印文津阁四库全书》第 196 册，商务印书馆 2005 年版。

[30] 吕大吉、何耀华总主编，满都尔图等主编：《中国各民族原始宗教资料集成》，中国社会科学出版社 1999 年版。

[31] 吕大吉：《宗教学通论新编》，中国社会科学出版社 1998 年版。

[32] 吕光天：《北方民族原始社会形态研究》，宁夏人民出版社 1981 年版。

[33] 吕萍、邱时遇：《达斡尔族萨满文化传承——斯琴掛和她的弟子们》，辽宁民族出版社 2009 年版。

[34] 满都尔图：《达斡尔、鄂温克、蒙古（陈巴尔虎）、鄂伦春族萨满教调查》，中国社会科学院民族研究所编印 1992 年版。

[35]《满都尔图民族学文集》，民族出版社 2006 年版。

[36] 中国社会科学院民族研究所民族学研究室编：《民族文化习俗及萨满教调查报告》，民族出版社 1993 年版。

[37] 满都尔图主编：《达斡尔族百科辞典》，内蒙古文化出版社 2007 年版。

[38] 满都尔图：《达斡尔族萨满教述略》，载《满都尔图民族学文集》，民族出版社 2006 年版。

[39] 孟慧英、孙运来、兰婷主编:《萨满文化研究信息与情报选辑》,吉林人民出版社 2009 年版。

[40] 孟慧英:《中国北方民族萨满教》,社会科学文献出版社 2000 年版。

[41] 孟慧英:《西方民俗学史》,中国社会科学出版社 2006 年版。

[42] 孟慧英:《中国原始信仰研究》,中国社会科学出版社 2010 年版。

[43] 孟慧英主编:《宗教信仰与民族文化》第二辑,社会科学文献出版社 2009 年版。

[44] 孟慧英:《萨满教的精灵世界》,《民族艺术》1999 年第 2 期。

[45] 孟盛彬、郝海迪:《达斡尔族萨满敖包祭祀仪式的田野考察》,《寻根》2011 年第 5 期。

[46] 孟盛彬:《达斡尔族萨满教的衰落与文化重构》,《世界宗教文化》2011 年第 6 期。

[47] 孟盛彬:《达斡尔族萨满教研究》,社会科学文献出版社 2010 年版。

[48] 孟志东、恩和巴图、吴团英主编:《达斡尔族研究》第二辑,内蒙古达斡尔历史语言文学学会 1987 年版。

[49] 孟志东主编:《达斡尔族研究》第三辑,内蒙古达斡尔历史语言文学学会 1989 年版。

[50] 孟志东编著:《中国达斡尔族古籍汇要》,内蒙古文化出版社 2007 年版。

[51] 牟钟鉴:《当代中国特色宗教理论探讨》,甘肃民族出版社 2013 年版。

[52] 牟钟鉴主编:《民族宗教学导论》,宗教文化出版社 2009 年版。

[53] 牟钟鉴:《探索宗教》,宗教文化出版社 2008 年版。

[54] 牟钟鉴、张践:《中国宗教通史》(修订本),社会科学文献出版社 2003 年版。

[55] 牟钟鉴主编:《宗教与民族》(第一辑至第六辑),宗教文化出版社 2002 年至 2009 年版。

[56] 娜日斯采录整理:《达斡尔民间故事百篇》,内蒙古文化出版社 1992 年版。

[57] 秋浦主编:《萨满教研究》,上海人民出版社 1985 年版。

[58] 萨敏娜、吴凤玲:《达斡尔族斡米南文化的观察与思考——以沃菊芬的仪式为例》,民族出版社 2011 年版。

[59] 萨敏娜:《试论达斡尔族萨满教的神灵世界》,《世界宗教文化》2014 年第 5 期。

[60] 萨敏娜:《从中华宗教模式及其当代发展看达斡尔族萨满仪式的重建》,《世界宗教文化》2016 年第 2 期。

[61] 塔娜:《达斡尔传萨满教 holier 神探源》,《内蒙古社会科学》(文史哲版)1996 年第 4 期。

[62] 色音:《东北亚的萨满教》，中国社会科学出版社 1998 年版。

[63] 色音:《科尔沁萨满文化》，内蒙古人民出版社 2007 年版。

[64] 色音:《中国萨满文化研究》，民族出版社 2011 年版。

[65] 王晓丽、廖旸、吴凤玲主编:《宗教信仰与民族文化》第三辑，社会科学文献出版社 2009 年版。

[66] 乌丙安:《神秘的萨满世界——中国原始文化根基》，生活・读书・新知三联书店 1989 年版。

[67]乌云格日勒:《萨满教思想与达斡尔族习俗文化》,《中国民族》2006 年第 9 期。

[68]（清）徐宗亮等:《黑龙江述略》，黑龙江人民出版社 1985 年版。

[69] 张声作主编:《宗教与民族》，中国社会科学出版社 1997 年版。

[70]《中国各民族宗教与神话大词典》，学苑出版社 1990 年版。

[71] 庄吉发:《萨满信仰的历史考察》，文史哲出版社 1996 年版。

[72] 中央民族学院研究部编:《中国民族问题研究集刊》第一辑，中央民族学院研究部 1955 年版。

二、国外学者相关理论及萨满教研究文献

[1]［波］尼斡拉兹:《西伯利亚各民族之萨满教》，金启琮译，中国社会科学院民族研究所 1978 年版。

[2]［德］洛蕾利斯・辛格霍夫:《我们为什么需要仪式：心灵的意义、力量和支撑》，刘永强译，中国人民大学出版社 2009 年版。

[3]［俄］道尔吉・班扎洛夫:《黑教或称蒙古人的萨满教》，内蒙古文化出版社 2013 年版。

[4]［法］爱弥尔・涂尔干:《宗教生活的基本形式》，渠东、汲喆译，上海人民出版社 1999 年版。

[5]［美］维克多・特纳:《仪式过程：结构与反结构》，黄剑波、柳博赟译，中国人民大学出版社 2006 年版。

[6]［蒙］策・达赖:《蒙古萨满教简史》，特尔根、丁师浩译，中国社会科学院民族研究所、《萨满教研究》编写组 1978 年版。

[7]［日］池尻登:《达斡尔族》，奥登挂译，达斡尔历史语言文学学会 1982 年版。

[8]［日］大间知笃三:《达斡尔族巫考——以海拉尔群体为主要对象》，载辻雄二、色音编译:《北方民族与萨满文化——中国东北民族的人类学调查》，中央民族大学出版社 1995 年版。

[9]［瑞士］卡耐特・皮特:《一位萨满的宗教仪式歌曲》,《亚洲民俗研究》(64 卷）日本南山大学 2005 年版。

[10] [瑞士]卡耐特·皮特:《达斡尔萨满之管见》，薛刚译，载郭淑云、薛刚主编:《萨满文化研究》第三辑，民族出版社 2013 年版。

[11] [土耳其] 阿·伊南:《萨满教今昔资料与研究》，姚国民、曾宪英译，中国社会科学院民族研究所《萨满教研究》编写组 1979 年版。

[12] [匈牙利] DÅVID SOMFAI KARA and MIHÅLY HOPPÅ :《A Revitalized Daur Shamanic Ritual from Northeast China》,《SHAMAN》，Volume 17，Numbers 1 and 2，Spring and Autumn 2009，Molnar & Kelemen Oriental Publiashers，pp.141-169。

[13] [匈牙利]《SHAMAN》, Volume 1-18, Molnar&Kelemen Oriental Publishers（国际萨满教研究会论文集）。

[14] [意] 马里奥·佩尔尼奥拉:《仪式思维——性、死亡和世界》，吕捷译，商务印书馆 2006 年版。

[15] [英] 爱德华·泰勒:《原始文化：神话、哲学、宗教、语言、艺术和习俗发展之研究》（重译本），连树声译，广西师范大学出版社 2005 年版。

[16] [英] 马林诺夫斯基:《文化论》，费孝通等译，中国民间文艺出版社 1987 年版。

[17] [英] 马林诺夫斯基:《巫术　科学　宗教与神话》，李安宅译，中国民间文艺出版社 1986 年版。

[18] [英] J.G. 弗雷泽:《金枝》，徐育新、汪培基、张泽石译，新世界出版社 2006 年版。

附录一：田野调研图片 *

图 1　斯琴掛萨满和她的弟子们

穿萨满服之萨满从左到右：沃菊芬、斯琴掛、阿勒腾托雅；其他弟子从左到右：吴日金、图拉、孟玉金、孟孝瑞、敖小六、宝音图、娜仁格日勒、斯布乐玛、孟利州、斯琴

（2009 年 6 月 20 日沃菊芬斡米南仪式）

图 2　本书作者与参加调研的学者们

从左到右：铁林、萨敏娜、赛音塔娜、王益章、孟慧英、邱时遇、刘桂腾

（2009 年 6 月 18 日沃菊芬斡米南仪式）

---

* 图片按田野调研时间的先后顺序排列，除图 3、图 4、图 37 外，其余均为本书作者拍摄。

图 3　参加调研的学者们与斯琴掛萨满
从左到右：邱时遇、刘桂腾、斯琴掛、孟慧英、萨敏娜
（2010 年 8 月 12 日斯琴掛斡米南仪式）

图 4　本书作者与瑞士学者卡耐特 · 皮特教授（左）
（2010 年 8 月 12 日斯琴掛斡米南仪式）

图 5　师傅萨满斯琴挂带领候选者跨越火堆——洁净身体

（2011 年 7 月 14 日丁氏以不充分的“雅德恩”“出马”的方式出“巴日西”之领神仪式）

图 6　斡米南仪式的室外空间布局

（2011 年 7 月 19 日沃菊芬斡米南仪式）

图7　祭火神

（2011年7月20日沃菊芬斡米南仪式）

图8　沃菊芬萨满“翁果日”用牛奶为族众“泰日米特”祈福

（2011年7月20日沃菊芬斡米南仪式）

图 9　陪祭萨满巴达玛练习请神
（2011 年 7 月 21 日沃菊芬斡米南仪式）

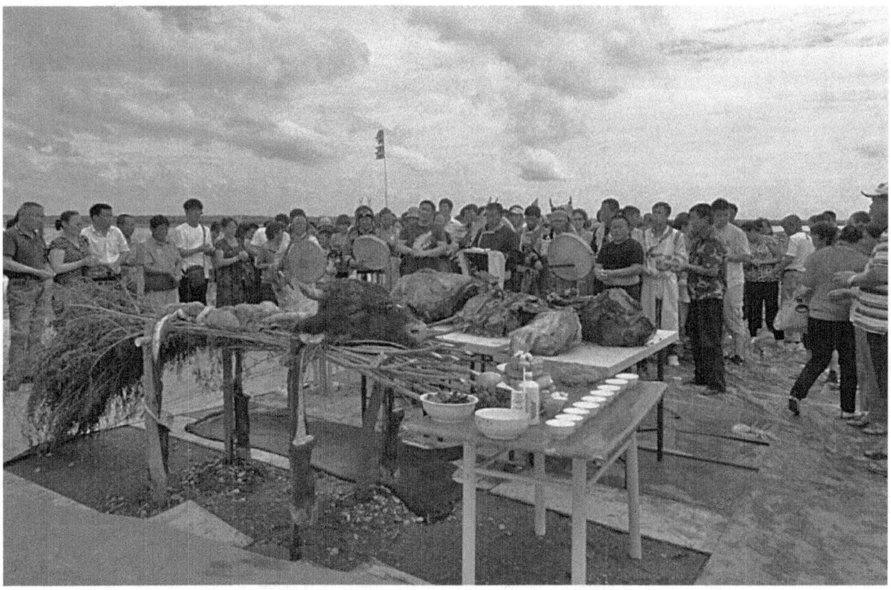

图 10　祭祀“怀玛日 · 巴日肯”
（2011 年 7 月 21 日沃菊芬斡米南仪式）

图 11　斯琴掛、沃菊芬击神鼓、唱神歌
（2012 年 6 月 23 日祭祀“罗斯”——祭祀伊敏河仪式）

图 12　斯琴掛萨满“翁果日”祝福族众
（2012 年 6 月 23 日祭祀“罗斯”——祭祀伊敏河仪式）

图 13　给“托若 · 巴日肯”磕头
（2013 年 6 月 14 日丽娜出“雅德恩”与“巴日西”之领神仪式）

图 14　击神鼓、唱神歌祷告
（2013 年 6 月 14 日丽娜出“雅德恩”与“巴日西”之领神仪式）

图 15　斯琴掛萨满“翁果日”嘱咐族众（2013 年 6 月 14 日丽娜出“雅德恩”与“巴日西”之领神仪式）

图 16　沃菊芬萨满“翁果日”教导候选者（2013 年 6 月 14 日丽娜出“雅德恩”与“巴日西”之领神仪式）

图 17　候选者射箭——象征打开道路（2013 年 6 月 14 日丽娜出“雅德恩”与“巴日西”之领神仪式）

图 18　沃菊芬萨满带领候选者踩踏、跨越火堆——洁净身体（2013 年 6 月 14 日丽娜出“雅德恩”与“巴日西”之领神仪式）

图 19　候选者跳牛皮绳——象征引领“雅德恩”祖先“翁果日”（2013 年 6 月 14 日丽娜出“雅德恩”与“巴日西”之领神仪式）

图 20　沃菊芬萨满带领候选者沿 9 棵树“8”字形往返跑——象征引领“巴日西”祖先“翁果日”（2013 年 6 月 14 日丽娜出“雅德恩”与“巴日西”之领神仪式）

图 21　装扮一新的“尼日耶 · 敖包”及供品

（2014 年 6 月 29 日祭祀“尼日耶·敖包”）

图 22　斯琴掛、沃菊芬击神鼓、唱神歌祷告

（2014 年 6 月 29 日祭祀“尼日耶·敖包”）

图 23　斯琴掛萨满“翁果日”嘱咐莫日登哈拉人氏

（2014 年 6 月 29 日祭祀“尼日耶·敖包”）

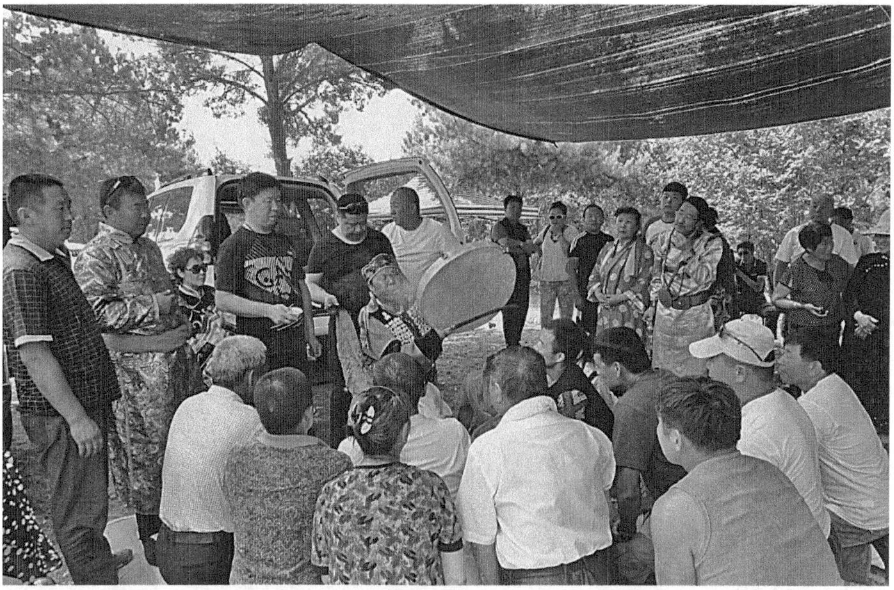

图 24　沃菊芬萨满“翁果日”用牛奶为族众“泰日米特”祈福
（2014 年 6 月 29 日祭祀“尼日耶·敖包”）

图 25　“室外托若树”上的天神画像
（2014 年 7 月 12 日鄂嫩朵拉出“雅德恩”与“巴日西”之领神仪式）

图 26　为天神献牲白色绵羊
（2014 年 7 月 12 日鄂嫩朵拉出“雅德恩”与“巴日西”之领神仪式）

图 27　候选者放飞鸽子——象征祖先神重生
（2014 年 7 月 12 日鄂嫩朵拉出“雅德恩”与“巴日西”之领神仪式）

图 28　两位“巴日西”带领候选者沿 9 棵白桦树“8”字形往返跑——象征引领“巴日西”祖先“翁果日”（2015 年 7 月 8 日沃黎明出“巴日西”之领神仪式）

图 29　候选者沿 9 棵白桦树“8”字形往返跑——象征引领“巴日西”祖先“翁果日”（2015 年 7 月 8 日沃黎明出“巴日西”之领神仪式）

图 30　献给“罗斯”的“查干・伊德”
（2017 年 5 月 30 日祭祀“罗斯”——祭祀海拉尔河仪式）

图 31　罗斯・霍日耶
（2017 年 5 月 30 日祭祀“罗斯”——祭祀海拉尔河仪式）

图 32　本书作者考察祭祀“罗斯”仪式
从左到右：萨敏娜、斯琴掛萨满、沃菊芬萨满
（2017 年 5 月 30 日祭祀“罗斯”——祭祀海拉尔河仪式）

图 33　向天地四方神灵祷告、向“罗斯”祷告
（2017 年 5 月 30 日祭祀“罗斯”——祭祀海拉尔河仪式）

图 34　斯琴掛萨满“翁果日”教导族众
（2017 年 5 月 30 日祭祀“罗斯”——祭祀海拉尔河仪式）

图 35　向祖先神祷告
（2017 年 6 月 2 日鄂嫩朵拉祭祀祖先神）

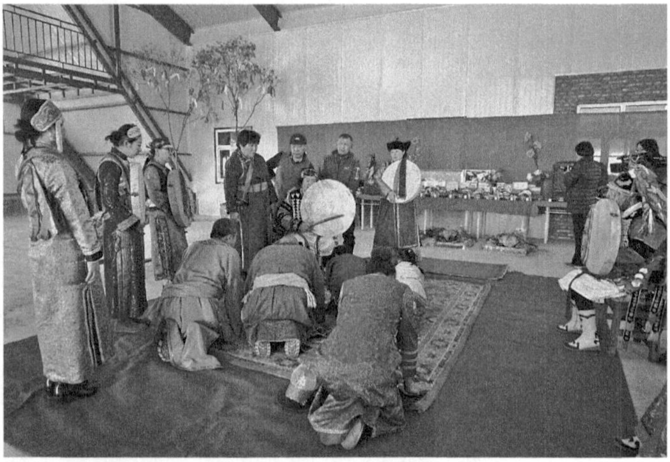

图 36　斯琴掛萨满“翁果日”教导弟子
（2017 年 6 月 2 日鄂嫩朵拉祭祀祖先神）

图 37　向天地四方神灵祷告
（2017 年 6 月 3 日祭祀南屯“莫日登敖包”）

图 38　献给祖先神的供品
（2017 年 7 月 12 日敖玉英祭祀祖先神）

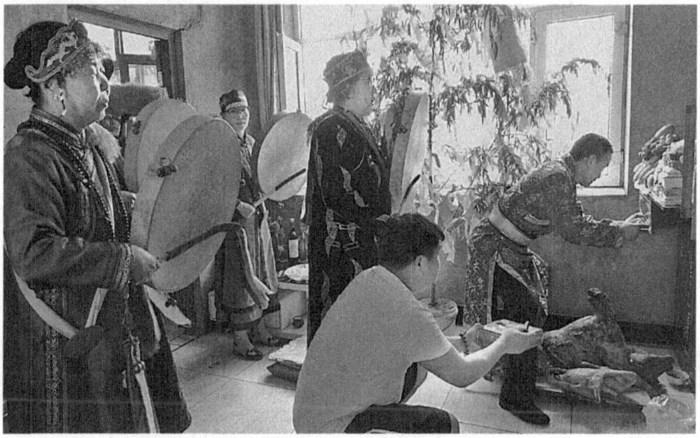

图 39　向祖先神祷告
（2017 年 7 月 12 日敖玉英祭祀祖先神）

图 40　“霍日耶！霍日耶！”祈福仪式
（2017 年 7 月 14 日敖春梅祭祀祖先神）

图 41　为新萨满的神服“开光”——“阿米拉贝”（2017 年 10 月 6 日沃黎明出“雅德恩”之领神仪式）

图 42　为新萨满“阿日善勒贝”——洁净仪式（2017 年 10 月 6 日沃黎明出“雅德恩”之领神仪式）

图 43　新萨满祖先“翁果日”降临（2017 年 10 月 6 日沃黎明出“雅德恩”之领神仪式）

图44　射箭——象征打开萨满道路（2017 年 10 月 6 日沃黎明出“雅德恩”之领神仪式）

图45　为新萨满“阿日善勒贝”——洁净仪式（2017 年 10 月 24 日孟玉金出“雅德恩”之领神仪式）

图46　“霍日耶！霍日耶！”祈福仪式（2017 年 10 月 24 日孟玉金出“雅德恩”之领神仪式）

图 47　斯琴掛萨满和她的弟子们

前排坐者左起：斯琴掛、沃菊芬、孟玉金、沃黎明；后排站者左起：鄂嫩朵拉、依如格勒、斯琴、敖智伟、敖春梅、孟孝瑞、敖玉英、娜仁格日勒、萨日娜、晶华、苏布德；后排插空者左起：高娃、朝鲁门斯琴

（2017 年 10 月 24 日孟玉金出“雅德恩”之领神仪式）

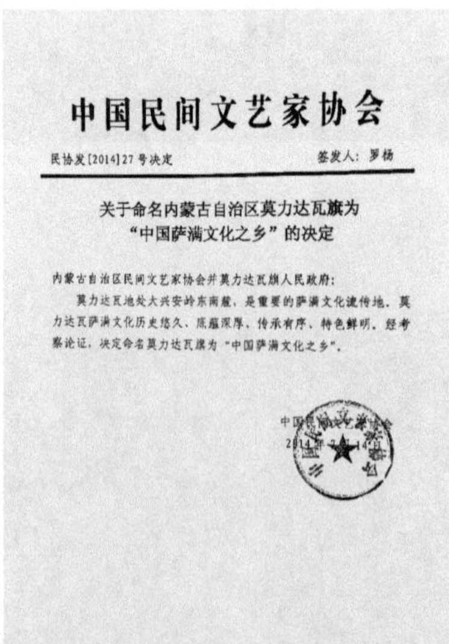

中国民间文艺家协会

民协发[2014]27 号决定　　签发人：罗杨

关于命名内蒙古自治区莫力达瓦旗为
“中国萨满文化之乡”的决定

内蒙古自治区民间文艺家协会并莫力达瓦旗人民政府：

莫力达瓦地处大兴安岭东南麓，是重要的萨满文化流传地。莫力达瓦萨满文化历史悠久、底蕴深厚、传承有序、特色鲜明。经考察论证，决定命名莫力达瓦旗为“中国萨满文化之乡”。

中国民间文艺家协会
2014 年 7 月 14 日

图 48　2014 年内蒙古莫力达瓦达斡尔族自治旗获得“中国萨满文化之乡”的称号

附录二：调研采访笔记*

一、2009 年 6 月 16 日采访斯琴掛萨满

采访时间：2009 年 6 月 16 日晚

采访地点：莫力达瓦达斡尔族自治旗郭博勒宾馆

采访对象：斯琴掛萨满、巴特尔先生（斯琴掛丈夫）、孟利州（斯琴掛弟子，巴格其）

采访方式：面对面访谈

采访人：赛音塔娜、孟慧英、萨敏娜、郭兴巴图

采访主题：考察沃菊芬首次“托若·托勒贝”仪式，概要了解达斡尔族萨满教

1.“出马”

赛音塔娜与斯琴掛讨论神歌中的词汇及含义。略。

赛音塔娜（以下简称“塔娜”）：行了，小孟（指孟慧英），你说吧。

孟慧英（以下简称“孟”）：书（指《达斡尔族萨满文化传承——斯琴掛和她的弟子们》）上有关于萨满“出马”的内容，萨满“出马”之前还要再培训，教了以后才“出马”？

斯琴掛（以下简称“斯”）：有的人“出马”以前跟我走，有三年的，

* 本书附录内容只是已经整理出来的 27 万多字的调研采访、访谈笔记的一部分，涉及领神“出马”仪式、托若·托勒贝（斡米南）仪式、祭祀“罗斯”仪式、达斡尔族供奉的主要神灵等内容，其他关于祭祀敖包、祭祀祖先神等访谈笔记尚未整理完毕，没有收录，但是，其中重要、主要的内容已经纳入本书的记述与分析中。

有一年多的，也有两年的，很多很多时间的也有。如果他自己会附体时才让他“出马”；如果他没附体前，或附体了也说些乱七八糟的话，保证不“出马”，附体以后说出来的话有根据才让他“出马”。

孟：这之前要教他一些东西？

斯：教也不是那么教，萨满人应该自己明白。

孟：书上说新萨满要“培训”一下。

斯：“培训”，一般满族人多。

2.“布图 · 萨满”

孟：“布图 · 萨满”就属于没有培训的，完了一下自己做仪式了？

斯：不是，“布图 · 萨满”就是没有道，没有路，就是没有正规的“出马”，达斡尔语就是“阿龙贡克 · 讷森乌未”①、“挂日奔 · 忙阿 · 扫卡森乌未”②。

萨敏娜（以下简称“萨”）：没有找到正确的路，路不通的话，他就不能“出马”。

孟：但是他自己愿意出来就乱出来了？

斯：不是。

孟：有这样一类萨满。

斯：“布图 · 萨满”就是“特日乌勒 · 乌未”③，用我们的话说就是“布图也日 · 嘎日僧”④、“欧德额 · 讷森 · 乌未”⑤、“欧德 · 哈勒额 · 讷森 · 乌未”⑥、“特日乌勒 · 乌未”、“讷森乌未”⑦，或许是上代有“布图 · 萨满”，“布

---

① 阿龙贡克 · 讷森乌未（/alʊŋguŋkə nəsən uwe/），没有打开道路，指未举行正式领神仪式。

② 挂日奔 · 忙阿 · 扫卡森乌未（/gʊarbən maŋ’a sawkasən uwe/），没有把三个本领坐下来，指没有正式领神“出马”。

③ 特日乌勒 · 乌未（/tər’ulti uwe/），没有道路。

④ 布图也日 · 嘎日僧（/butu:jər garsən/），封堵着、包裹着“出来”了，指没有经过正式领神仪式。

⑤ 欧德额 · 讷森 · 乌未（/əudə: ’ ənə:sən uwe/），没有打开屋门，指没有打开道路。

⑥ 欧德 · 哈勒额 · 讷森 · 乌未（/əudə: xalə’ ə nə:sən uwe/，没有打开院门、屋门，指没有打开道路。

⑦ 讷森乌未（/nə:sən uwe/），没有打开（道路）。

图”的人没有萨满服，没有道路。萨满人不就是那样唱祷吗，“扎仁都日布·特日乌勒提”[①]、“果钦·回日·朱仁提”[②]。

萨敏娜低声给孟慧英老师翻译、解释。[③]

萨：照样看病吧？

斯：照样看病，不能附体。

孟：现在，我们这一批人里有“布图·萨满”吗？

斯：我的徒弟没有“布图·雅德恩”，有“霍卓日·雅德恩”，有“巴格其”，有“巴日西”，都是正式“出马”的。

3. 家谱

孟：咱们有没有家谱？

斯：家谱与萨满没有关系，家谱是家谱的事。原来是那样来着，女人包括女萨满不出现在家谱里。

孟：有没有专门祭家谱的仪式？

塔娜：开家谱萨满不管。

斯：开家谱不是由萨满主持，而是由“莫昆·达”主持。

孟：可是，你有祖先神，你要祭祀祖先神，那么，那个家谱算不算祖先神？

斯：不是。

4.“霍列日·巴日肯”

塔娜：您的“翁果日”和“霍列日”[④]有什么关系？

斯：“霍列日”，我们南屯的达斡尔人叫“达·巴日肯”。“霍列日”也是“巴日肯”，不是“翁果日”，这个跟“翁果日”不一样了。我们海拉尔当地的达斡尔人叫“达·巴日肯”，莫旗叫“霍列日”、“怀玛日·查”，都

① 扎仁都日布·特日乌勒提（/ʤaran durbə tər'ulti /），有 64 条道路。

② 果钦·回日·朱仁提（/gʊʧin xʊjar ʤurənti/），有 32 条道路。

③ 斯琴掛萨满主要用达斡尔语讲述和解释，萨敏娜为孟慧英老师做汉译翻译。后面文中不再加以说明。

④ 霍列日·巴日肯（/holier barken/），神灵名称。

不一样。“霍列日”和“怀玛日·查”也还稍微有点区别。

孟：“巴日肯”的神列了很多，那些神都是公共祭祀的神，不一定都是萨满祭？

斯：是，萨满祭的就不一样了。“霍列日·巴日肯”、“莫昆·达”也可以祭，老人摆放一些供品，磕头，也可以祭。

塔娜：“霍列日”是鄂温克语？

斯：是不是鄂温克语不清楚。

5.“奴吉日·巴日肯”

塔娜：“奴吉日”是指什么？

斯：“奴吉日”说的是“莫额·巴日肯”，一般不叫它动物原形的名字。

塔娜：“哈日·其昂”① 是指什么？

斯：“哈日·其昂”，不一样，有的人有“哈日”②、“绰库日”③、“乌其肯·绰库日”④，一般都是“哈日·其昂”。报的时候说“哈日·其昂”从天而来的。

塔娜：它与“霍列日”不一样吧？

斯：不一样。

塔娜：那“奴吉日”是什么？

斯：用我们的话说，蒙古语属于“罗斯”，天上的龙，地上的蛇，包括水中所有有生命的总称，蒙古语叫作“罗斯·巴日肯”⑤，我们叫“奴吉日·巴日肯”。

塔娜：这不是“翁果日”吗？

斯：是“翁果日”，属于“翁果日”系列。

塔娜：那就对了。

---

① 哈日·其昂（/xar ʧiaŋ/），直译黑、白，指黑白蛇神。

② 哈日（/xar/），黑，黑色的，指代神灵（蛇神）。

③ 绰库日（/ʧʊ:kʊr/），花色的，指代神灵（蛇神）。

④ 乌其肯·绰库日（/uʧikən ʧʊ:kʊr/），小花色的，指代神灵（蛇神）。

⑤ 罗斯·巴日肯（/lʊs barkən/），龙神，泛指水系神灵。

斯：属于“翁果日”系列，“雅德恩·胡”在神灵附体时，常常说“哈日·其昂·霍别楞提贝”①，说的就是自己的这位“巴日肯”；说自己的“霍卓日·巴日肯”时，说“阿日提·腾格日·阿米提贝”、“安提·贝翁·乌勒额森昧”②、“霍嫩勒·腾格日·道提贝”③、“道提·腾格日·库奇提贝”④、“道提·克库日·霍卓日提贝”⑤。“道提·腾格日”⑥说的是被雷击的事情，“道提·克库日”⑦说的是自己的“霍卓日·巴日肯”。

塔娜：朗诵诗呢。

萨：多押韵哪。

6.“霍卓日·巴日肯”与“霍卓日·雅德恩”

斯：明白的人一听就懂了嘛。“霍嫩勒·腾格日·霍卓日提”⑧、“道提·腾格日·克库日提贝”⑨，说的是这两个小子(被雷击而死，后成为祖先神的两兄弟)。⑩“霍卓日·巴日肯”就是老祖宗呗，从这位“霍卓日·巴日肯”出的“霍卓日·雅德恩”。说到我们鄂嫩哈拉吧，我不是鄂嫩哈拉的“斡卓日·雅德恩吗？

塔娜：嗯。

斯：“斡卓日·雅德恩”的路走。按照“斡卓日·巴日肯”的路走，那么，后面跟着“怀玛日·巴日肯”、跟着“奴吉日·巴日肯”，都可以的，有必要的时候，你想请哪位“翁果日”，我的祖先神就安排。我不是跟太

---

① 哈日·其昂·霍别楞提贝（/xar ʧiaŋ xʊbælaŋtibe/），我有黑、白蛇神。

② 安提·贝翁·乌勒额森昧（/anti: bɔiʊŋ u:lə:səme/），我有上天赋予的神圣座位。

③ 霍嫩勒·腾格日·道提贝（/xʊnəl təŋgər daʊtibe/），我有雷神滚滚的声音。

④ 道提·腾格日·库奇提贝（/daʊti: təŋgər kuʧitibe/），我有雷神赋予的神圣力量。

⑤ 道提·克库日·霍卓日提贝（/daʊti: kəkur xʊʤʊ: rtibe/），我有被雷神击中的两兄弟祖先神。

⑥ 道提·腾格日（/daʊti: təŋgər/），意为雷神，指祖先神被雷击的事情。

⑦ 道提·克库日（/daʊti: kəkur/），被雷击的小子们，指鄂嫩哈拉博斯克浅的祖先神。

⑧ 霍嫩勒·腾格日·霍卓日提（/xʊnəl təŋgər xʊʤʊrti/），有雷神的根子。

⑨ 道提·腾格日·克库日提贝（/daʊti təŋgər kəkurtibe/），我有被雷神击中的两兄弟（祖先神）。

⑩ 鄂嫩哈拉祖先神的传说，详见《达斡尔族社会历史调查》，内蒙古人民出版社 1985 年版，第 259 页。

爷爷吗。我太爷爷原来是“斡卓日·雅德恩”，那么，我也是根源于这个“斡卓日”，跟随太爷爷，太爷爷领的是祖先神，我也领祖先神走太爷爷的萨满路，我成为鄂嫩哈拉博斯克浅的“斡卓日·雅德恩”，继续祖先神“出马”的，领祖先神才成为“斡卓日·雅德恩”。如果跟从外面的走就领外来神，叫“博迪·雅德恩”，如果领外来神，走的就是外来神的路。

萨：对。

塔娜：“博迪·雅德恩”？

斯：那也都是领着“翁果日”的。不像我们领自己的“斡卓日·巴日肯”走萨满路。

巴特尔（以下简称“巴”）：外来神的话没有祖先神。

孟：但你可以领外来神。

斯：可以的。

7. 雷神与天神

孟：这个“雷”很厉害，“雷”跟“天神”有什么关系？

斯：“天神”最大，所有萨满都要供奉祭拜“天神”，不论什么民族，每一位萨满都必须供奉天神。所有的萨满“出马”时都必须首先供奉天神。

斯：我现在要摆宴席呢，请“天神”顺着“托若树”下来吧，月亮、太阳代表“天神”。没有月亮和太阳，就像人没有眼睛、看不见的瞎子一样。在太阳和月亮的光照下行走，所以，萨满都必须供祭“天神”。

孟：那个祖先萨满当然了，现在在你身上了，那这个祖先萨满是跟“雷神”在一起，还是跟“天神”在一起？

斯：“雷神”呗。天神是天神，雷神是雷神，必要的时候，必要的工作，如“托若·托勒乌德”，必须供祭“天神”；有的祭祀，必须给“天神”摆放供品。

孟：有的家的祖先神最早是跳崖死掉的，跳崖而死后成的神与雷神一样吗？

斯：那不一样，那祖先就不一样，都是各有各的能耐呗。

8.“多勒布日”

萨：“多勒布日”是什么？

斯：“多勒布日”走3条路，晚上走，偶尔白天走，有叫作10条“多勒布日”路的，在正午12点走，中午到“库莫”（山坡）上边去走。我现在不走“多勒布日”道路了，去“卢阿奇”走过一次，南屯走过一次，那样的话更累得不行了。用黑山羊做。

塔娜：什么时候走“多勒布日”的路？

斯：去“卢阿奇”走过一次“多勒布日”，那是因为当时有一个人治也治不好，死也一下子死不了，病得实在不行了，这样的人旧时走“多勒布日”，“苏姆斯·塔特贝”（拉拽灵魂）。实际上，这种仪式一般不多做，对“雅德恩”本人不太好。

9.“娘娘·巴日肯”

塔娜：“乌麦”与“翁果日”一样吗？

斯：“乌麦·巴日肯”一般人都有，属于“娘娘·巴日肯”，叫“奥米·娘娘”、“西额·娘娘”、“乌其肯·娘娘”、“西额·博鲁乌松”、“乌其肯·博鲁乌松”、“奥米·娘娘”、“彩花·娘娘”。有的个别人有“乌西·娘娘”，“乌西·娘娘”有“霍别楞”，下边。

塔娜：“奥米·娘娘”和“奥米·巴日肯”是一回事？

斯：就一回事。

塔娜：“奥米·娘娘”与“翁果日”不一样吧？

斯：不同。人不都是从“奥米”出来呢吗，没有“奥米·巴日肯”就没有人。所以，“奥米·额鄂”①，“奥米·娘娘”就得供，没有“奥米·娘娘”“奥米·额鄂”的话，这个世界就没有人类，“奥米·巴日肯”安排人（的出生）。不是那样传说吗，小孩出生时，其灵魂进到黑屋子里，由“奥米·娘娘”在他的屁股后面拍一下，说去这个屋里就出生在这个家庭，说去那个屋子就出生在那个家庭，拍到哪屋就去哪屋。

---

① 奥米·额鄂（/ɔmi ə'ə/）或奥米·额格（/ɔmi əg/），奥米妈妈。

10.“翁果日”、“霍卓日·巴日肯”

斯：“霍卓日·巴日肯”出的“霍卓日·雅德恩”。说到我们鄂嫩哈拉吧，我不是鄂嫩哈拉的“斡卓日·雅德恩”。

孟：“翁果日”是不是主要就是祖先萨满的助手，助手神？

斯：请“斡卓日·巴日肯”附体呢，还是请“雅德恩·太爷爷”附体，那都是“斡卓日”。

萨：“斡卓日·巴日肯”是太爷爷吗？

斯：两码事。太爷爷是萨满人，这个人去世以后就成了“巴日肯”，我太爷爷也是跟从“斡卓日·巴日肯”走（萨满路）的。

萨：噢。

斯：是这样。我的太爷爷走萨满路，去世后的“苏木斯”成了“巴日肯”，我的太爷爷也是领“斡卓日·巴日肯”成为“斡卓日·雅德恩”。

塔娜：那个“斡卓日·巴日肯”达斡尔民族是一样的吗？

斯：一个莫昆一个样儿，一个莫昆一个“斡卓日”。

孟：“翁果日”是“太爷爷”的还是“斡卓日”的辅助神灵？

巴：它崇拜的每一个神灵都有“翁果日”，比如，长仙有长仙岛，祖神有祖神庙，来的都不一样。看你萨满干哪个活，我请哪个神，哪个“翁果日”就来，“翁果日”不是一个。

孟：我知道“翁果日”很多。我现在想弄明白的是，“翁果日”就是神灵？

巴：是神灵。

孟：但是，这个神灵它肯定不是与祖先萨满同等的神灵，它是次一层的神灵。

斯：带领着的神灵，第二层的。

孟：第二层的神灵呢，是萨满主管着的，还是跟他没关系？

巴：“翁果日”都不一样，萨满干工作，他请示祖先神，看祖神请谁。祖先神请谁，谁就来，工作干的时间长了，萨满就知道该请谁。

孟：它其实还是有一个上下支配的作用，好像领导关系似的。

巴：神灵都是一样的，功能是不一样的。

孟：“翁衮”是不一样的，有专门治什么的，有大的，有小的。

斯：是，需要哪个神的“翁果日”来，哪个神的“翁果日”就来。能那么说吗？你来分等级那能行吗？你说它，你没本事，那是不可能的，哪个“翁果日”都有本事。你让我说，“斡卓日”没本事，让“翁果日”生气，那能行吗？那不行。

萨：对。

巴：她干这个工作，她需要哪个神请哪个神。

斯：首先让自己家的下来。

塔娜：“霍卓日·巴日肯”还是你的太爷爷？

斯：我是鄂嫩哈拉的“斡卓日·雅德恩”，我的太爷爷跟着我，然后太爷爷的“翁果日”想请哪位“翁果日”就请哪位“翁果日”。

11.“哈音”

孟：我想看一看每一家有“哈音”的，到底怎么摆放？跟祖先有关系的东西到底都是什么样子？主要就想搞清楚这个问题。

斯：“哈音”？“斡卓日·哈音”？

萨：“霍卓日·哈音”

孟：这也是跟莫昆有关系的东西。

巴：“哈音”，这不是说有一种的，它是有几种的。

孟：这里面的细目都是些什么？哪些跟氏族莫昆有关系？哪些没关系？

斯：“雅德恩”成为“巴日肯”走的时候，立他为“哈音”呢。

斯：萨满去世后成为“巴日肯”，立为“哈音”。原来是“巴格其”的人，有的让他进到“敖雷·巴日肯”的后面，原来是“斡托西”的人让他进到“娘娘·巴日肯”的后面，“娘娘（·巴日肯）”“特额”多的，就摆放在“娘娘”的后面。

萨：噢。

斯：至于有“哈音·霍卓日”的“雅德恩”故去之后成为“巴日肯”了，

就做成“哈音”挂起来。我们那儿有一个老郭家的“萨满·爷爷”成为“巴日肯”走时说，我不愿意成为“哈音”，达斡尔人不是把“哈音”的头发吊抓着挂起来吗，他不愿意这样子被拽着头发挂起来，专门照相留下来，他的后代子孙这样祭祀他。我也是这样祭祀太爷爷呢，没有制作“哈音”，我把他的照相翻版后当作供奉的对象，没有做成“哈音”挂起来。有的人用绿色的布做“哈音”，有的人在绿色布上粘上“哈日米·阿日斯”① 做为“哈音”。

塔娜：“雅德恩”去世的话成为“哈音”，是吗？

斯：可以成为“哈音”，原来成为“斡卓日·哈音”来着。我们的“斡卓日·巴日肯”出“斡卓日·哈音”呢。原来，打雷时不是有人来着吗？然后，那人去世后成为“霍卓日·巴日肯”时，同时立起“哈音”。

二、2009年6月17日采访沃菊芬萨满

采访时间：2009年6月17日下午

采访地点：沃菊芬家

采访对象：沃菊芬萨满、沃银柱（沃菊芬萨满的弟弟）

采访方式：面对面访谈

采访人：赛音塔娜、孟慧英、萨敏娜、郭兴巴图、吴凤玲、郑琼、李楠

参加访谈者：杜明艳（时任莫力达瓦达斡尔族自治旗旅游局副局长）

采访主题：关于“出马”仪式（领神仪式）及“托若·托勒贝”仪式

1. 萨满传承

沃菊芬（以下简称“沃”）：爸爸、妈妈生病时，我拿些吃的东西到外面，放在围墙转角上面。

赛音塔娜（以下简称“塔娜”）：你还知道那些？

① 哈日米·阿日斯（/xarmi: ars/），犴皮。

沃：我从小就那样来着。那时我八九岁吧，我父母一生病我就经常那样做，那时我父母老是生病，爸爸病得很厉害。

杜明艳（以下简称“杜”）：她爸爸也是折腾去世的，正是“文化大革命”的时候。

沃：（那时候）哪里能做“雅德恩”什么的？我们找“雅德恩”的时间并不长，1983 年、1984 年才开始找“雅德恩”，我那时老是生病，经常去医院，什么也检查不出来，然后，才开始寻找“雅德恩”。

杜：她的爷爷就是“雅德恩”，她父亲就折腾来着。

萨敏娜（以下简称“萨”）：爷爷前面有“雅德恩”吗？

沃：有。爷爷之前辈有“雅德恩”，我是（家族）第九代的（“雅德恩”）。

孟慧英（以下简称“孟”）：第一代萨满是什么时候的？

沃：那个我都不知道了。我爷爷死得早，我爸爸也死得早，他们从来不讲这些。第一次下神时候告诉的，说我是第九代萨满。我们的先人去伊犁的去伊犁了，我们的萨满都往那儿走了。

萨：去新疆伊犁啦？

沃：是的。我们家族的人就是从我爷爷开始的。我爷爷上面是一个奶奶，就是“姑太提”呗，“姑老太提”，是“斡卓日 · 太提”，老沃家萨满姑奶奶。

萨：那位姑奶奶原来在新疆吗？

沃：那个我都不知道。我爷爷接的从新疆回来的。

萨：那爷爷是第八代萨满。“姑太提”是第七代，第七代萨满应该是出在了新疆。

沃：我上面五服内有一个当哥哥的，说是出萨满，可是一穿上萨满服他就摔倒，扛不动萨满服，后来就死了。据说，那年我们莫昆死了 7 个人。所以，我们家族的人更少了。后来，那个哥哥的女儿疯疯癫癫闹了 10 多年，从我开始懂事生病的时候起，她说她的病好了。

塔娜：“翁果日”在找接班人呢呗。

萨：等于不找她（那个姐姐）了，找她（沃菊芬）来了。

2.“奴吉日·巴日肯”

塔娜：“奴吉日”是什么？

沃：汉语说的话就是长仙、蟒仙、蛇仙。一般达斡尔人也有，属于“罗松”系列。

3.“托若·托勒贝”

萨：明天（托若·托勒贝）的时候，“巴日肯”都带去仪式场地吗？

沃：嗯，拿去的拿去。

杜：几点开始？

沃：7点半左右开始。出太阳的时候，4点多开始立“托若·莫德”。

杜：这个仪式做几天？

沃：三天。

萨：从明天开始算吗？

沃：嗯。

塔娜：十八、十九、二十号。

4. 沃菊芬“出马”

孟：您现在身体怎么样？

沃：还行。

孟：“出马”以后没出过什么大毛病？

沃：没有。

杜：当时没有录像，据说，她一下跳到皮绳上，来回跑，弟弟带着几个人在下面来回跟着跑，怕她摔，随时准备接她，但是都跟不上。

萨：就是“出马”仪式上。

沃：完了我就做梦呗。说你的萨满服都现成的呢。原先的炕琴似的东西，这么高的，他说你打开那个看看。我打开一看，里边萨满服叠得可好了，现在我们萨满服就是按那个叠的，叠得可好了，板正的。完了我乐啊，犴皮也得着了，我的萨满服也有了。

萨：这是梦境。

沃：（爷爷说）这是我的，给你准备的。你看看都给你准备好了，别担心了。那么对着折叠的，两层的。我说这光是皮子能行吗？完了手一伸，铃铛和铜镜啥的都搁那里头呢，都准备好了，都在那儿呢。第二天，我就上师父那儿去了，师父开始给青海打电话，她的萨满服的皮子都现成的，能做一个萨满服的，（我的萨满服）做的都那么快。

此时，沃菊芬的弟弟沃银柱进来了。

塔：有功的人。

孟：今天在那儿做什么？

沃银柱（以下简称“沃弟”）：搭帐篷。

孟：那些树都整好了？

沃弟：树还得明天整。

孟：我们专门来看你姐姐的仪式，我们听说过一些她的事迹，然后，也很想知道你在家族上的贡献。

沃弟：最大的失败是，老的们不给小的们告诉，我们这些年轻人就不知道了。这个东西好像从历史以来，达斡尔人就开始供奉这些东西，等到了我们这一辈上呢，可能就在“文化大革命”前，土地改革刚开始和结束的时候，就逐步地扔了。

孟：实际上你也没接触过。

沃弟：没接触过。过去的时候，我爷爷是萨满，我们懂事的时候，他已经都不在好多年了。然后，我们的父母也没告诉过这些事情。

孟：像姐姐生这种病的时候，年轻的时候，不懂是吧？

沃弟：那时候不懂。她闹了 20 多年。一直找，一直治，外面也治，医院也治，民间也治。

孟：那什么时候开始明白了？

沃弟：2003 年，或者 2002 年年底。那之前找了很多汉人的，也有咱们少数民族的，都弄不明白。我有个舅母来我们家串门，说鄂温克旗有一个正经的萨满，有服装的，“出马”了，你们到那儿去看一看。

萨：她想去吗？

沃弟：一听说她就特想去。那时候看病的也多，她去了等了几天以后好容易看上。斯琴掛老师那时候看别人老是闹心，老瞅她（指沃菊芬），别人她都不想看了，就指唤我姐说，你是哪里人，你往前坐一坐，手往上一抬的时候就附体了。

萨：你们的爷爷借到她那儿附体了？

沃弟：对。我姐往前一过来的时候，神灵就附体了，就开始说，我是哪儿哪儿的，意思是我是博荣的，谁谁谁，从千里以外就来找你来了，就想让你把这个事情理顺明白，就是让斯琴掛的老祖宗帮忙给领出道，领"出马"。跟前周围懂的人就按我姐的头说，磕头，磕头，你爷爷下来了。然后，我姐给我打电话，说，咱们家怎么怎么地。我说，你整吧，托人给我姐送 2000 块钱，找民间画师画"巴日肯"，整完以后就"开光"，第二个月我们祭的老祖宗，老祖宗告诉的"出马"时间。

沃：九月九。

沃弟：九月九"出马"的。

孟："出马"那时候挺激动吧？

沃弟：哎呀，那时候莫旗这地方没接触过这东西，去了很多人，整个东西院汉族也好，少数民族也好，都去看热闹了。"托若树"上有皮条子，就是挂的那个圈，那时候皮条在东风车上绑着，离地面得有四五米，我姐穿了 100 多斤的萨满服，斯琴掛老师说，你姐穿着这衣服从这块走，这么走，那么回来。我说，那有可能吗？那不可能。不过，人家整呢，我就得跟着。然后，她(指沃菊芬）就开始来精神了，一穿上萨满服来回这么逛。

郭兴巴图（以下简称"郭"）：那是第一次穿萨满服？

沃弟：对。蹦三个坑，放的鸽子，放神箭，然后又跳三堆火，我就在后面跟着，我还告诉那帮小嘎子，她要上去的话，你们在下面接着点，那么顶上，100 多斤萨满服上全是铁疙瘩。

沃：完了取那个板凳去了，上不去呀，那么高，上东风汽车顶上绑的东西。板凳还没拿来，完了我跳、跳、跳，跳到那儿"噌"地一下子上去了。

孟：离地有多高？

沃弟：那中间挂皮条子，中间有个铜圈，手指头这么粗的皮条子，她刚能够着皮条子。我们就在后面跟着，得把着呀，跳坑的时候就附体了。两个腿就那么拔着跳，完了，就那么拔，蹦、蹦，完了到跟前手那么一伸，往上不知怎么一卷，一下就抓住那个了，唰唰往那头整，我们就在下面跟着，从这头走到那头，再从那头走到这头。

孟：能感觉到吗？

沃：那时候啥都不知道。附体以后就什么都不知道了，也不知道害怕啥的。

沃弟：我们就跟着跑。当时我还害怕什么呢，我就给公安局、主管公安的打电话，先跟他们打招呼，我们要做民族活动；我跟民委也说了；跟尼尔基镇也说了。我就告诉他们，我们不需要你们怎么样赞助，有人骚扰你们给干涉一下就行。

萨：以便仪式顺利进行。

孟：斡米南是头一次。

沃弟：对。

沃：“敖包”我们一直在祭，“托若·托勒贝”是第一次。

孟：你祭这个“敖包”是什么敖包？

沃弟：那是我们部落里的“敖包”，就是我们村上的，沃氏（家族）的。

孟：那这次的这个仪式怎么准备？

沃弟：看你的条件呗。

接着，沃菊芬讲述了几个治病的经历和故事。略。

孟：那你做这事政府支持吗？

沃弟：现在，政府也没太介入。

孟：其实，现在的状态是政府也是默许，它要过问你也做不了。

沃弟：对。

孟：这次你献牲啊，杀的牛什么的，都准备了些什么？

沃弟：1 头牛，3 头猪，然后，包括别人给的羊准备了 18 只。我们自己买了 8 只羊，别人送的有 10 来只。

沃：我们买了9只羊，1只狍子，1头牛。

斯琴掛到了，大家互致问候，然后在院子里合影留念。

三、2012年4月12日采访沃菊芬萨满等

采访时间：2012年4月12日晚上

采访地点：青海省西宁市西百宾馆

采访对象：沃菊芬萨满、孟玉金萨满、

铁林（达斡尔族，郭博勒哈拉满那莫昆，萨满文化知情人）

采访方式：面对面访谈

采访人：萨敏娜

采访主题：关于“出马”仪式（领神仪式）及“托若·托勒贝”仪式

1.“出马”的形式

孟玉金讲“出马”前的看病经历及趣闻故事。略。

沃菊芬（以下简称“沃”）：我当时到南屯要“出马”。

萨敏娜（以下简称“萨”）：“出马”的类型不一样，仪式也不一样吧？我只看过一个出马仪式，就是丁某的“出马”仪式，跳坑、踩火、射箭、绕圈跑，是出的“巴日西”吗？

沃：这人从“雅德恩”出的。

萨：丁某出马的形式是“雅德恩”，但出的是“巴日西”，没能够出“雅德恩”。那三姐（指沃菊芬）“出马”时形式也都一样吗？

孟玉金（以下简称“孟”）、铁林（以下简称“郭”）：三姐是跳“索日”了。

萨：能跳那么高，并在上面跑吗？怎么上去的？

沃：不是。本来他们去取板凳来着，去取板凳时我还知道，当时挖了这么大一个坑，我知道，还点着了篝火堆，那个我也知道，完了我就不知道了，自己就蹦上去了。跳坑不知道了，迈过火堆也不知道了，那时，我还瘦，萨满服的下摆都拖到脚脖下了。

萨：是站在坑里往外跳吗？

沃：从坑里往外跳。

萨：完了再踩火吗？

沃：他们去取板凳都没有来得及，说我是从最后一堆火跳过后，直接蹦跳上牛皮绳的。我怎么下来的，怎么进来的“翁果日”，我都不知道。醒了后也有些糊涂，只看到人们一片哭声，都跪在地上哭呢。

萨：那是第一次神灵附体吗？

沃：不是。从师傅（指斯琴掛萨满）那接神鼓时，也下来过一次。

萨：都是那位“博荣爷爷”？

沃：嗯。我就以为师傅在给神鼓“开光”呢，我当时远远地站在门口。一会我就什么也不知道了，身上“嗖嗖嗖”的，怎么接的神鼓我都不知道，据说，我本来站得远远的，一下子跳了过去，抓住神鼓身体往两边甩，两只脚都不着地。

萨：那么，“雅德恩”出马，要射箭、跳坑、踩三堆火，还要跳上牛皮绳子走。“巴特恩达斡尔”人“出马”怎么说？“阿龙贡克·讷贝”是什么意思？是“巴特恩达斡尔”语吗？

郭：不是。

沃：好比说，“翁果日”打开大门，有“出来”的意思。开了什么“堂子”了，让什么“翁果日”坐了，就是“出来”呢。

萨：那玉金姐“出马”的时候也射箭、跳坑、跑圈儿？

孟：没有。

郭：埋了9棵树，笔直地，一字排开。然后，拉几色线，从外面一棵树顶拉到“巴日肯”屋里，从屋顶拉进去，吊一块石头。

萨：任何一个出马仪式都有“格日依·托若”和“博迪·托若”，是吗？9棵树木从屋里往外依次排开吗？是9棵白桦吗？“格日依·托若”在“巴日肯”屋里，然后，从屋内到屋外拉牛皮绳和5色线？

孟：在屋里。

郭：屋里有两棵白桦树。你嫁到老郭家，必须要得到老郭家祖先（神）认可。她领的神灵不只是老孟家的，还有老郭家的。

萨：那你说，屋里一位是从娘家带来的“莫日登·额头乌”，另一位是？

孟：老郭家的祖先神们。

萨：那怎么跑？是按照“麻花形”路线跑吗？跑几圈？

孟：是。

郭：九圈。

萨：光跑圈，没有射箭、跳坑等形式吧？这就是“巴日西”出马的形式吗？

孟：是的。

萨：杀几只羊？

孟：给几只看你给自己“巴日肯”的心意。

萨：是跑圈以前坐在褥子上？还是跑圈以后？

孟：跑圈之前，坐在屋里，坐在褥子上，从坐着的褥子站起来跑出屋子，开始跑圈，跑九圈。

萨：你“出马”时，师父会附体吧？

孟：师父（指斯琴掛萨满）、三姐（指沃菊芬萨满）她们都请了神灵降临。

萨：那降临的神灵不止是你的祖先神，三姐、师傅的祖先神也会降临吧？

孟：是的。

郭：都下来说。

孟：各个“霍卓日”都下来告诉，他们来帮忙呢。

2.“巴格其”的地位与职责

萨：“巴日西”“出马”是这样的，那么，“巴日耶浅”的“出马”（形式）一样吗？“巴格其”有什么特别的吗？

沃：“巴格其”的活儿多，主治医生。

萨：“巴格其”是仅次于“雅德恩”的。

沃：他能干很多活儿，比“雅德恩”的活儿还多。

萨：“巴格其”“出马”有什么不同？也是那么“麻花形”绕白桦树跑，跑九圈？

孟：是的，也跑白桦树，九圈。

萨：别的，还有什么？

沃：做了一个“阿布克耶”[①]，“巴格其”抓的东西。

萨：那个现场“开光”还是提前“开光”啊？

沃：提前“开”的。有的“阿布克耶”用一块布。那一块布，用于请“翁果日”、“巴日肯”的时候告诉。你到一家的话，不是要甩一甩吗，不是报到呢吗，我是谁谁谁，我从哪里来，我是一个什么样的人，我够格不够格，我要是不够格，我也不会坐在你的西窗下，我要是不够格的话，我什么也不会动你的东西，我什么也不会放，我不会给你治。我就是有治你的“敖雷·巴日肯”的本事，我有治你的“娘娘·巴日肯”的本事，唱着各种“依若”唤请神灵，请求呢，你的这个孙子怎么怎么病呢，你降下某某“巴日肯”，治一治这个孙子，无论如何要治好他，我是甩一甩这块布让他好呢，还是，让我的这个“半截力量”让他好呢。

萨：啊！

沃：“巴格其”的活儿最多。这些活都是他来处理。穿“萨玛仕克”的人不可能天天穿着神服去给人看病。做“巴格其”，“过阴”哪，治某某“巴日肯”哪，甩“博迪额”，治“外面的”啦，都是“巴格其”的事情。

萨：原来书中写的，“巴格其”不会这些，都是“雅德恩”治病。

孟：多半是“巴格其”治病。

沃：“巴格其”会“过阴”，能送“多勒布日”，一般的都会，如果这些都不会，你这个“巴格其”就不称职。

3.“巴格其”与“多勒布日”

萨：“多勒布日”是什么？

沃：走“克伊登”的道路叫“多勒布日”。

---

① 阿布克耶（/abuke/），拂尘，巴格其的法器。

萨：“多勒布日”治什么病？

沃：这个人要死了，病重，不是去送“多勒布日”，去送鸡吗，送鸡，飞呢，把鸡整个的皮挂在院子里呢，然后，背着“克伊登”出去，背着三四十斤重的小猪出去，然后，说，背着某某孩子回来呢，走“克伊登”的路呢，给你“多勒布日”猪呢，换回来呢，你变成什么什么飞吧，我的猪变成什么去呢。

萨：“巴格其”的活这么多啊？

沃：“巴格其”的活特别多。你到别人家治疗因“巴日肯”缘故而患的病，“巴格其”最好使了，现在，“雅德恩”背着萨满服去给你治“娘娘”、“敖雷”（巴日肯），非常少见。

郭：你要祭“霍卓日·巴日肯”，“雅德恩”才会去。

4.“克伊登”

郭：明天你去塔尔寺看那些“巴日肯”吧。

沃：那里“翁果日”多，“唐乌汉”里面。

郭：到时候，你看上面非常漂亮的“巴日肯”，进到塔尔寺第一个就是“娘娘·巴日肯”。

萨：那他们不是仅信佛吗？

郭：都是佛像。

沃：还有“克伊登”

郭：“克伊登”都是龙，大经堂的后面有“克伊登”，双龙的。

萨：是对着的一对龙，是吧？

沃：嗯，他们用铜做的。

萨：那两只龙中间有一个球吗？

沃：嗯。

郭：到时候你看，放“巴日肯”后面呢。

沃：像我们达斡尔人放的一样放后面呢。

萨：我们达斡尔人的“克伊登”放在“巴日肯”像后面？

沃：放后面或旁边都行。

萨：“克伊登”是“翁果日”吗？

沃：“克伊登”就是“巴日肯”画像的“霍别楞”，没有“克伊登”的话，“巴日肯”就不能飞升。

萨：那每一个“巴日肯”都有“克伊登”吗？

沃：不是。有“霍别楞”的“巴日肯”都有“克伊登”，没有“霍别楞”的“巴日肯”没有“克伊登”。

萨：达斡尔人的“克伊登”都是用什么制作的？

沃：布，纸。

萨：“霍别楞”和“克伊登”是一回事吗？

郭：不一样。

萨：“霍别楞”不是专指蛇神？

郭：不是。还有熊、虎、猫、狼、狐，这都是“霍别楞”。

5.“托若·托勒贝”

萨：你第一次“托若·托勒贝”有什么特别的？

沃：我第一次“托若·托勒乌德”，去给师姐妹的“巴日肯”都磕头了，各民族师姐妹，鄂温克、布里亚特，每个人的“巴日肯”我都专程去磕头了。

萨：达斡尔语不说“斡米南”，“斡米纳楞”是鄂温克话吧？达斡尔语说“托若·托勒贝”。

沃：“温德”[①]。过去的时候，每年做的都有，但是，不用这么多东西，就是被抓的孙子，要牵一只羊拴到“托若”树下，你绑一只，我绑一只，这就是给“托若·巴日肯”的，让他们欢愉，今年的成果怎么样，下来以后，说，我让某某莫昆的病、灾过去了，来年我怎么走。不杀羊祭祀吗。

萨：就是上台表态。一人拿一只羊就可以了。不用给牛？

沃：东西不在多少，而且，过去也没有那么多东西。说，过去，能放一只山羊已经很不错了。现在，时代变了，大家条件好了，每个“巴日肯”

---

① 温德（/ʊən də/），是的。

都得到了自己的那份，克服困难，也要下来告诉你们事情。哪天有什么坎儿，有什么事儿，哪个莫昆哪天会出什么事儿。你的“卓仁”① 到了，我什么事儿都能给你办。不为钱倒，不为财倒，穷人不会永远贫穷，富人不会永远富有。

萨：我 2009 年参加三姐的斡米南仪式，听了后非常震撼，所有告诉的话，都是让人向善，然后，不看人的贫穷贵贱一律平等对待，这是好的文化，始终叫人向上、向善。

沃菊芬讲述她给人治病的故事，铁林、孟玉金讲述祭祀敖包的事情。略。

四、2013 年 6 月 16 日采访巴德玛 · 苏荣老人

采访时间：2013 年 6 月 16 日

采访地点：巴德玛 · 苏荣家先生家中，内蒙古呼伦贝尔大学家属宿舍楼

采访对象：巴德玛 · 苏荣，达斡尔族，郭博勒哈拉满乃莫昆人氏，
金女士，巴德玛夫人，达斡尔族，金肯哈拉

采访方式：面对面访谈

采访人：萨敏娜

采访主题：关于祭祀“罗斯”仪式

1.“索罗贝”②

巴德玛（以下简称“巴”）：斯琴掛这个年龄的话，过去的萨满她没接触过。她也就 60 多岁。所以，我奇怪呢，很多事她都知道，萨满的事。

萨敏娜（以下简称“萨”）：她怎么得知？

金女士（以下简称“金”）：她做梦告诉。

① 卓仁（/ʤʊrən/），诚意。

② 索罗贝（/sʊlʊ:be/），意为神灵托梦。

巴：这个做梦的事，按照萨满的说法叫作“索罗贝”，“索罗贝”就是做梦。

金：这个托梦呗，托梦告诉你。

萨：那是蒙古语还是达斡尔语呀？

巴：“索罗贝”是达斡尔语。我这个年纪过去的萨满我都见过。

萨：您见过黄格萨满吗？

巴：是我的亲戚，当然见过了。

萨：那您多大的时候她去世的呀？

巴：“文化大革命”以后去世的。

金：20 世纪 60 年代末 70 年代初呗。

萨：她那时候多大岁数啊？

金：60 多岁吧。

萨：中华人民共和国成立以后就不让从事活动了吧？

巴：中华人民共和国成立以后还活动了。“文化大革命”挨斗了。

金：那斗的挺厉害。

萨：那黄萨满现在没有再抓萨满吗？老郭家现在没有出现新的“雅德恩”吗？

巴：刚才说的布库绰罗，他的儿子应该是当萨满的。他的妈妈不让他当。“出”不了的话，他就魔怔一样，不像正常的人，也不说话，精神也特别不好。当萨满的人都得病，“出马”以后才正常，都是那样。

萨：达斡尔人好像一般的都不愿意让家里人从事这样一个工作。

巴：嗯。斯琴掛多累呀！过去南屯的话5个姓氏，姓郭的有一个萨满，黄萨满，姓敖的有一个，她也是比较有名的，平萨满，也是“文化大革命”以后去世的，完了再一个就是斯琴掛的太爷，拉·萨满，鄂嫩哈拉，完了，还有一个库热浅，是敖拉哈拉。斯琴掛他们是博斯克浅。老孟家他们也有萨满，他们的萨满我还真没有见过，没有赶上呗。

2.“罗斯”

萨：我想问问您这两天我看到的两个仪式，“罗松·塔克贝”[①]和“出马”仪式。

巴：“罗斯”。

萨：这个“罗斯”指的是河神吗？

巴：就是龙王爷呗。

萨：祭祀它的原因？

巴：这个我还真不知道。我早的时候都不知道“罗斯·塔克贝”。有的时候，祭祀什么，托梦给她（指斯琴掛），今年都祭什么。

萨：您觉得，今年的仪式和去年的仪式有什么不同吗？

巴：好像没啥区别，就是祭祀“罗斯”不宰羊，都是供“查干·伊德”就是奶制品，比较尊敬的说法呗。

萨：那点心和水果不算吗？不是“查干·伊德”的范围内？

巴：那都可以，虽然不属于那个范围，点心、水果可以放，酒也可以。我就奇怪了，那个“查干·伊德”是比较干净的。

金：就是不杀生呗。

萨：你们参加了那个放生的环节，是吧？

巴：是。这个放生啊，过去达族好像没有，这个放生是喇嘛的（习俗）。斯琴掛现在的做法有佛教的，和过去的萨满有不一样的地方。昨天不是说“达勒额·奥贝”[②]。就是我们一个人拿的一袋儿牛奶啊、罐头瓶什么的，然后，说“霍日耶！霍日耶”，那就是“达勒额·奥贝”。

萨：“奥贝”是要，那“达勒额”具体是什么呢？

巴：是“博音”的意思。这个好像也不是萨满的。

萨：她在每一个仪式结尾都举行“霍日耶、霍日耶”仪式。

巴：嗯嗯。萨满好像不应该有，好像没有过。喇嘛的话，我们小的时

① 罗松·塔克贝（/lʊsʊŋ takəbe/），即罗斯·塔克贝，祭祀龙神。

② 达勒额·奥贝（/dalləʼə ɔbe/），祈福。

候到庙里磕头啊，那里就有“达勒额·奥贝”。所以，斯琴掛有些做法与过去的萨满有不一样的地方。斯琴掛跟我说过，她的太爷啊，那时候老孟家有一个喇嘛。他们家跟老孟家的关系比较亲的，她的太爷和那个喇嘛有什么关系。

萨：那个我知道一点。据说，她的太爷爷和那个喇嘛斗法来着。完了，把那个喇嘛给打败了，然后，喇嘛就把他自己的神给了太爷爷，所以，她供的神里边就有喇嘛神。

巴：嗯。如果那样的话，就说得通了。斯琴掛的有些做法不是纯萨满的做法。你要多了解。

萨：是。

巴：“阿日善勒贝”，黄萨满的话，是正月十三“阿日善勒贝”，斯琴掛的太爷是正月初八“阿日善勒贝”，平萨满也是正月初八。祭什么我就不知道了，那时候都是“阿日善勒贝”。就是记忆力不好也是，这个日子我记得很清楚。那锅里放什么我都记不清了。

萨：你们在祭祀“罗斯”仪式上除了拿回自己的供品，还拿别人的吗？

巴：各人拿各人的，斯琴掛供奉的也拿一点，她的要拿一点。我们每月初一给“霍卓日·巴日肯”、“嘎胡查·巴日肯”①烧香、磕头。十五还有别的。“嘎胡查·爷爷”是老郭家最有名的萨满。供品拿回来以后搁窗户台上，拿一点往外撒。

萨：你们每月初一都在家里摆供品啊？有“巴日肯”画像吗？

巴：没有。就是摆在窗台，然后，点香、磕头。过去的时候都有，解放的时候还有。现在，早上放，晚上收回来，自己吃以前往外撒。

萨：你们每月初一供“霍卓日”和“嘎胡查·爷爷”，十五还供别的？

巴：十五我们供“娘娘·巴日肯”，那是斯琴掛给立的，有神像。其他的没立，现在不能随便立呀，立的话你必须要供。问过孩子们，他们愿意接才立的。我们原来都有，解放时都没了，各家都一样。

① 嘎胡查·巴日肯（/gaxʊʧa barkən/），即嘎胡查·爷爷（/gaxʊʧa jeje/），嘎胡查·萨满。

萨：那现在的“娘娘·巴日肯”你们什么时候立的？

巴：立了几年了，“娘娘·巴日肯”为了两个孙子立的，管学习。肯定有好处。

3. 传统萨满式治疗

巴：“出马”仪式我可是头一次看的。

萨：您第一次见哈？所以，它那些内容您都不知道？

巴：这都不太知道。你好像还没有看见，现在你看了“托若·托勒贝”、“罗斯·塔克贝”，别的你看过吗？现在非常少的、给人治病的仪式。“多勒布日”你听说过吗？

萨：听说过。

巴：“多勒布日·特日乌勒·要贝”①，反正是去阴间阎王爷那里把人给要回来。那个我还见过，见过一次还是两次啊。小时候，我见过的，灯都闭了。“晃日阿特”你知道吧？

萨：铜铃。

巴：神衣上的铜铃只有一个响，其他不响。很神秘呀，我小时候看过，完了，他就是不呼吸了，萨满也不呼吸了。他那不是到阎王爷那里去了吗。完了，他回来了。一声不响。完了，待了一段时间以后，一个铜铃响，就回来了。回来以后就讲，那个唱的“伊若”也不一样，那个“伊若和别的不一样。那个就是萨满特别累。这个“多勒布日”，一般都不走这个。现在，斯琴掛主要活动是给人看病，治病的时候很少。

金：外病她给治，是虚病，不是实病。

巴：外病她给治。过去萨满治病的可多了。过去这样的可多了，过去的萨满。跳神以后，神灵附体，唱，病怎么样好、什么时候好、应该注意什么。这样仪式现在很少。你刚才不是说射箭，是吧？过去用那个三角形的小“维特”（烙铁），烧红以后啊用舌头舔，这个我真见过。完了用刀子，

---

① 多勒布日·特日乌勒·要贝（/dʊlbur tər'ʊːl jaʊbe/），意为走通往冥界的道路，指萨满治疗重症的一个象征仪式。

刀子磨得快快的，那时候用刀割舌头。

萨：割谁的舌头呀？

巴：割萨满自己的。完了出血以后，用血“泰日米特”。这我还真见过，这是平萨满，“泰日米特”以后用“维特”，烧红以后用舌头舔。完了就好了呗。用刀磨快了割舌头，这不出血了吗？用血“泰日米特贝”，那以后呢，“维特”烧红以后舔。

萨：您说用烧红的烙铁舔，那个不是治病，是萨满治自己的伤。

巴：对。

萨：那什么样的病人才这么治呀？

巴：治什么病我不知道，我很小的时候了。这是解放以前，1945 年以前，我见过。我没见的是什么，有的萨满是用“安架子”，就是开地的犁，犁杖，那个烧红以后啊踩在上面，这我听说了，没见过，这可能是莫旗的萨满这样治病。可能是病人病得特别重的时候用这个办法。现在，知道这个的很少了，比我年龄大的人也不多了。

五、2013 年 8 月 13 日采访斯琴掛萨满

采访时间：2013 年 8 月 13 日晚上

采访方式：电话采访

采访对象：斯琴掛萨满

采访人：萨敏娜

采访主题：关于“出马”仪式（领神仪式）

1.“出马”的形式及其含义

萨敏娜（以下简称“萨”）：“出马”仪式上，“射箭”有什么含义？达斡尔语怎么说？

斯琴掛（以下简称“斯”）：“索姆 · 哈日莫贝”，“诺姆 · 索姆 · 哈日莫贝”，射箭，是打开道路的意思。

萨：射 3 只箭，数字 3 有什么意义吗？

斯：对于达斡尔“雅德恩”，1、3、5、7、9、13是吉利数字，所以，在初九、十九、二十九的时候供。我做“雅德恩”前，做梦就是1、3、5、7、9、13。供敖包的话在初十三，有的“雅德恩”也在初十三供。

萨：噢。那供品数都是按照梦中的指示摆放啊？

斯：按照数字办事呗。

萨：那个环节，踩火叫作“嘎里·卡日耶贝”吧？

斯：使身体干净，洁净全身，以便“翁果日”进入。

萨：明白了。然后，跳牛皮绳是蹦到牛皮绳上？跳牛皮绳怎么说？

斯：达斡尔人叫“吉勒·塔特贝”，蒙古语说“索隆·塔特贝”①。在牛皮绳上跑。

萨：“吉勒”是什么意思？

斯：“吉勒”是说那牛皮绳呢，不说“德斯·玛斯”②，这样的仪式上是不使用线绳麻绳子的，而是用整张牛皮剪成的牛皮条，难做。

萨：从上面跑有什么意义？

斯：开路呢，领着“翁果日”呢，打开路以后，不是要引领自己的“翁果日”吗？也是开路，意思是“现在出马呢”，打开门了，请“翁果日”进来呢，“翁果日”从“吉勒”上面走啊。

萨：然后，在牛皮绳上来回走三次吗？

斯：不一样。

萨：射箭、踩火、跳牛皮绳是出“雅德恩”的路吗？

斯：是“雅德恩”的“出马”仪式。

萨：那么，沿着9棵树跑的意义是什么？

斯：领着“翁果日”走呢。在牛皮绳上跑是领着“巴格其”“雅德恩”的“翁果日”走呢；绕着树跑是领着“巴日西”的“翁果日”走呢。“翁果日”不是都下来吗？意思是请他们进来呢。

---

① 吉勒·塔特贝（/ʤil tatbe/，达斡尔语），或索隆·塔特贝（/sʊːlʊŋ tatbe/，蒙古语），跳牛皮绳。

② 德斯·玛斯（/dəːs maːs/），德斯、玛斯同义反复，泛指麻绳。

萨：都领进来啊？

斯：那当然了，落下哪一个，你的力量不都会减弱吗？

萨：出马仪式，达斡尔语都叫作“阿龙贡克·讷贝”，“阿龙贡克”到底是什么意思？

斯：“额任·查日·博勒恩·西德”①。

萨：到时间了。

斯：我唱那个“依若”没有意义吗？“乌斯朱斯讷·奎彻基”②，该“出马”啦；“德日都·德 耶 ·德日德吉”③，该工作了；是时候啦，是那样的意思。全都准备好了，该“出马”了，该干工作了。

萨：都准备好了。

斯：对。“阿龙贡克”达斡尔语是另外一个意思。挖四方的坑，放鸽子什么的。给菊芬出马时，那样做来着。达斡尔人原来的传统，在河边，山坡处挖一个洞，然后，家里人在那里放一只鸽子，脚上还绑着红线和绿线。从“室外托若树”拉伸进“室内托若树”，绿色的线说是要旺盛着走，红色是说办好事呢，蓝色是说供奉着请进外面的翁果日呢，白色是说要走像牛奶一样白色的道路。四色线都有意思。

萨：三姐（指沃菊芬萨满）“出马”的时候挖一个四方的坑，然后，人是从坑里边钻吗？

斯：不钻。钻的情况又不一样。

萨：咱们达斡尔“雅德恩·嘎日贝”时钻那个洞吗？

斯：钻也行，不钻也行。

萨：那从那上面迈呢？上次，丁氏“出马”从那迈来着，坑上面。

斯：现在吧，情况是这样的，当时，她在别人的地方做（仪式）呢，帐篷都是租的，“多姆”“多姆”，象征方式做呢。

萨：象征性的，是吧？

---

① 额任·查日·博勒恩·西德（/ərən ʧar bɔllən ʃi:də/），是时候了，到时间了。

② 乌斯朱斯讷·奎彻基（/us ʤusən kuiʧəʤi/），意为羽翼渐渐丰满。

③ 德日都·德耶·德日德吉（/dərdu: də'i dərdə:ʤi/），放飞飞禽之灵。

斯：对。你没有自己的地方，地方都是借人家的，不一样。

萨：对对。那您刚才说的三姐“出马”的时候，是放鸽子了，是吗？

斯：放鸽子。

萨：那鸽子从哪儿放啊？

斯：挖一个洞，1 米宽，1 米长的。

萨：完了，那个鸽子从坑里边放，让它飞。绑个红线？飞走就不管它了？

斯：嗯。

萨：丽娜的话，她的衣服有了吗？鼓啥的？

斯：衣服没有。不是那个能够“雅德恩·里贝”[①]的“雅德恩”，不是“雅德恩”的意思。按照达斡尔人的说法，是“巴格其”，就是不附体呗。

萨：那她出的不是“雅德恩”吗？

斯：不是，是“巴格其”，“莫德浅”一样的。所以，路就是那样开。

萨：“室外托若树”上挂一个日月画像，代表“腾格日·巴日肯”？

斯：“巴日肯”的词语也不说的，“天”不叫“巴日肯”。就是敬天的。“腾格日”没有画像，日月代表上天。

萨：每次都给供一只羊？

斯：供给上天呢，谁“出马”也是供。你干啥工作也是来自上天哪。天是高位神，萨满是顺从天意下来的。在牛皮绳上跑，“翁果日”在上面跑，也是从上面下来的。

萨：“巴日肯”的，“腾格日”的，放（供）羊，先给谁放（供）啊？有顺序吗？

斯：先给“腾格日”，然后，再给家里的（“巴日肯”）、敖包的（“额金”）。

2. 给“山登·敖包”磕头

萨：太爷爷没有修“山登·敖包”吗？

① 雅德恩·里贝（/jad'ənlibe/），萨满跳神。

斯：祭祀“山登”的话，要立起“山登·敖包”。我是去“山登”磕头了，不是去祭祀的，只是去磕头，汇报工作去呢，这样给“出马”呢，从我家里出呢，告诉一下。

3. 拜师传统

萨：想问一下拜师有什么特别的传统吗？

斯：拜师时必须给师父一个四方形的褥子。

萨：就是“出马”的人给师傅褥子。

斯：是的。还给布料，给做衣服。给褥子，蒙语叫“斡勒格”①，不叫达斡尔语说的“德日哲”②。

萨：就是你们坐的那个垫子，在给磕头的人们“达塔贝”③即达日卡贝，时坐的？

斯：对，四方形的坐垫，应该用2尺半的布做。围成一圈，四角缝合，那么做的东西。我的褥子下面的是黄色的，上面的是红色的。我们不是有“喇嘛·巴日肯”④吗？黄的是代表“喇嘛·巴日肯”，红色的是自己的，代表“雅德恩·霍卓日”的，“翁果日”托梦告诉的。

萨：这都很特别啊。

斯：那都是有规矩的东西。我“巴日肯”也看，“雅德恩”的活也干不是吗？意思是抓了两条路，走两条路。懂了吗？

萨：懂了。

4. 供品“拉里”

萨：懂了。“拉里”，是给什么样的人哪？

斯：“拉里”呀，达斡尔人做“拉里”供“霍卓日”，里面放“卓拉”。应该是在“拉里”碗里放9只“卓拉”，我祭“山登”时也是那样做的。我也放（点）烟，有感觉的时候，或者托梦时放，放在“巴日肯”屋里，

---

① 斡勒格（/ʊ:ləg/），蒙古语，方形垫子。

② 德日哲（/dərʤə/），达斡尔语，褥子。

③ 达塔贝（/da:ta:be/），或达塔基（/da:taʤi/），祈祷，预祷告。

④ 喇嘛·巴日肯（/lam barkən/），藏传佛教的神。

放在香炉中。“怀玛日·查”抽旱烟。也是礼节呗。

5.“翁果日”是平等的

萨：“达日卡”[①] 的时候，您的那些徒弟坐在后面是保护的意思吗？

斯：他们不都是有“翁果日”的人吗？都有规矩的。“翁果日”不是平等吗？

萨：啊。等于他们也接受跪拜呢，是吧？

斯：是。人家不是也先磕头，然后，坐在后面吗。

六、2014年3月23日采访斯琴掛萨满

采访时间：2014年3月23日下午

采访地点：北京崇文门五老胡同

采访方式：面对面访谈

采访对象：斯琴掛萨满、巴特尔先生（斯琴掛丈夫）

采访人：萨敏娜

采访主题：关于达斡尔族萨满教的神灵系统

1.“巴日肯”与“翁果日”

萨敏娜（以下简称“萨”）：“翁果日”、“哈音”都是神灵，但是，我觉得好像不一样。“翁果日”就是能附体的神灵，对吗？

斯琴掛（以下简称“斯”）：“霍卓日·巴日肯”也附体呢。我不是从“霍卓日”出的吗，从“霍卓日”出的，必须“霍卓日·巴日肯”附体，上代人不是成为“霍卓日”呢，“巴日肯”也能附体。“雅德恩·胡”必须供祖先神。没有“霍卓日·巴日肯”哪儿有“霍卓日·雅德恩”哪？

萨：那这“霍卓日·巴日肯”是“翁果日”吗？是不是有两个系统，一个是“巴日肯”系列，一个是“翁果日”系列，“巴日肯”是有形象的，画像啊、偶像啊，这些是“巴日肯”，然后呢，“翁果日”是能够附体的。

---

① 达日卡（/da:rka/），即“达日卡贝”，预祷告。

斯：能够附体的也都是“巴日肯”，都有画像不是吗。

萨：那我要是想区分“巴日肯”和“翁果日”，怎么样区分呢？什么样的属于“巴日肯”，什么样的是“翁果日”？“巴日肯”也是“翁果日”？也能附体？

斯：“巴日肯”都能附体。“翁果日”、“巴日肯”都能附体。

萨：“霍卓日・巴日肯”能附体，其他的“巴日肯”呢？

斯：都有啊，“怀玛日・查”不是“巴日肯”吗？“怀玛日”也是“巴日肯”，都是有灵魂的。好比人们，是有“苏木斯”的，万物有灵，什么都有灵魂，灵魂进入你的身体时不就是神灵附体吗？我是这么理解的。

萨：那“翁果日”就是灵魂？

斯：你为什么要那么解释为“苏木斯”呢？什么也好都有灵魂，树木、花草都有灵魂，“巴日肯”“翁果日”都有灵魂，万物有灵，一个道理呗。

萨：比如说，有一个“巴日肯”的画像，那画像呢，是它的衣服，它的家。然后，那是有灵魂的，它进入画像时就是“翁果日”。

斯：不是有偶像吗？进入偶像中坐着就成为“巴日肯”坐在那儿呢，从偶像中出去，就用灵魂在巡游。

萨：但好像并不容易说清楚。“巴日肯”与“翁果日”并不是不一样的，但是，有时候有交叉，有时候是“翁果日”，但不是“巴日肯”；有时候是“巴日肯”，但不是“翁果日”。

斯：有，那个（情况）也是有，不过，那也都说是“翁果日”，不一定会告诉你“巴日肯”的名字。谁会告诉你自己的“翁果日”是什么？叫什么名字？都是“巴日肯”，都属于“巴日肯”。“巴日肯”附体的时候就成了“翁果日”，进入那人的身体里附体的时候，就说“翁果日”进去呢。“霍卓日・巴日肯”也不是老坐在家里的。它周游世界，到处看看，有什么事情发生，人们在干些什么。

萨：它是自由自在的？

斯：用我们的话说，用手指一按的功夫，“翁果日”就能游遍世界一圈返回来，意思是弹指一挥间，就能巡游十万八千里。巡游回来以后，可能坐在你家里，也可能坐在那个（另一个）儿子家里。有时候，你看着画像在呢，结果你的“巴日肯”还走了，这是在“推热”①。再回到你家时，它又回到自己的座位坐好。请“翁果日”下来附体后，送他回去时不是要这样说吗，请您从那个“沙日库”②进去，用我们的话说，从右边的“沙日库”进去，回到你们自己的“斡日”③、“特格”坐好。你唤请“翁果日”，领着“翁果日”走呢，不送回去行吗？回去的时候，要引路，还得告诉它，请你们回到自己的座位坐好。

萨：包括《达斡尔族社会历史调查》在内的许多文献资料、研究论文里面都没有说清楚这个问题，也有把家谱当作祖先神的。

斯：家谱，我们达斡尔人叫作“giapu”。家谱是家谱的事儿，“巴日肯”、“翁果日”是“巴日肯”“翁果日”的事儿。家谱是每家每户都有，“翁果日”没有“雅德恩·霍卓日”的话没有。“娘娘·巴日肯”、“霍卓日·巴日肯”，有“敖雷·巴日肯”的供“敖雷”，有“奴吉日·巴日肯”的供“奴吉日”，这几个“巴日肯”，达斡尔族家家户户都有。

萨：这几个神灵都能成为“翁果日”来附体吗？

斯：附体。“敖雷·巴日肯”也行，“奴吉日·巴日肯”也行，祖先神也行，“娘娘·巴日肯”也进来。

2. 雷神——“阿日提·腾格日”

萨：还是问那个雷神，叫什么？

斯：达斡尔人一般叫“阿日提·腾格日”。

萨：“阿日提”④是什么？

斯：“阿日提”就是雷神呗，“阿日提”、“混诺勒提”⑤就是说雷神呢。

萨：《达斡尔族社会历史调查》记述几个莫昆的“霍卓日”的传说都

① 推热（/tʊirə/），巡游。

② 沙日库（/ʃarku/），墙。

③ 斡日（/ʊr/），座位。

④ 阿日提（/aːrti/），指雷神。

⑤ 混诺勒提（/xʊnʊlti/），有雷声，指雷神。

是被雷劈的。

斯：不一样的，没有雷神的有的是。

巴特尔：实际上，没有雷神的萨满多，有雷神的萨满少，即使有雷神的根子，个人的功力也不同，光有雷神，什么活也不干的有的是。

斯：“阿日提·霍卓日提”①，有雷神的根子。

3.“恩奴日”

萨：“恩奴日”或“恩都日”是一个单独的“巴日肯”吗？各个仪式上很少听说。

斯：“恩奴日·巴日肯”②，是高抬“巴日肯”的说法，所有的“巴日肯”都是“恩奴日·巴日肯”，成了“恩奴日·巴日肯”。达斡尔人说，“恩奴日”来了，就是指“巴日肯”下来了。

萨：“恩奴日”其实是“混奴日”③，高的意思，高位的神？

斯：高位的。

萨：不是一个单独的神？

斯：是抬的意思，往上抬。我是这么理解的，别人怎么看我不知道。“恩奴日”进来了，有“恩奴日·巴日肯”，往上抬呢，“巴日肯”是高高的。

萨：表示高高在上，与人间不同。

斯：不是人们磕头的时候，让其起来时说祝福的话吗，起来！起来！“混奴日·博力·要太讷”④！“混奴日·博力太讷”⑤！“斡西吉·要太讷”⑥！意思步步升高呗。

萨：那我就知道了。

斯：达斡尔老人去世了，不说死了，而是说，谁谁的父亲或母亲成了“巴日肯”了，就是去世的意思，都是说些好听的话语、词汇，以示尊

---

① 阿日提·霍卓日提（/aːrti xʊʤʒʊr/），有雷神的根子。

② 恩奴日·巴日肯（/ənnur barkən /），巴日肯的尊称。

③ 混奴日（/xunnur/），高，高处。

④ 混奴日·博力·要太讷（/xunnur bʊli jaʊten/），进入高处行走，意为进步、晋升。

⑤ 混奴日·博力太讷（/xunnur bʊliten/），处于高位，高处，指进步。

⑥ 斡西吉·要太讷（/ʊːʃiʤi jaʊten/），晋升着走，意为步步升高。

敬。所以，“恩奴日”不是专指哪位神灵，“恩奴日·腾格日”[①]也这么说，天不是高高的吗，“雅德恩·胡”（萨满人）都要供“恩奴日”，就是供祭天神的意思。

萨：那我就理解了。

4.“翁果日”与其“额金”

萨：有一个词，上峰仙、下峰仙。

斯：我们不那么说。上峰仙，下峰仙，莫旗汉族仙儿见得多了吧，可能受到汉族仙家的影响。

萨：还说一流佛祖二流仙。

斯：我不那么认为。我们的“霍卓日”来自于原始社会，佛教是后来出现的。萨满的“霍卓日”历史久远，佛教是后来出现的。我还这么理解，“雅德恩·胡”也有心地坏的，他老给人使坏，佛把它镇压了。

萨：佛出来镇压了？

斯：老是害别人，心地坏。其实，“翁果日”你怎么教它，它就怎么学。就像教小孩子，你告诉，孩子，不要这么做，坐在这里干活，吃的饭不能丢掉，桌子要保持干净，碗要洗干净，你告诉小孩子，他就学会了。如果，你告诉“翁果日”，你去弄一下那个人，你去弄一下这个人。翁果日就学坏了。所以说，“翁果日”像他的“额金”，“额金讷·达额贝”，如果“额金”心地善良，“翁果日”也心地善良。

萨：所以，并不是人完全受神支配。

斯：达斡尔人的“翁果日”是这样的，如果“雅德恩·胡”一直总是作恶，“翁果日”生气了就会离开，那个“雅德恩·胡”就会死掉，那样，这个民族全部整体都会往下降，起不来。如果“翁果日”离开了，原来干活的人（指原来神灵选中的萨满候选者）就会死掉。

萨：我的理解就是神灵放弃了你。对吗？

斯：放弃了，你不是不听话吗，左一次右一次教你，让你好好走它的

---

① 恩奴日·腾格日（/ənnur/），天神的尊称。

路，你不听话，人的品质不好不是吗。

萨：啊。

斯："翁果日"一开始就托梦告诉我，你要走这个路的话，有喜欢的人，也有不喜欢的人，有富有的人，也有贫穷的人，你走这条路的人，不管来人如何，只要迈进你的门槛，这个人我恨他，我就害他，那可不行，他既然迈进你的家门，你就得按照"巴日肯"的原则和道行来对待他，如果他有坎儿你得帮他化解，为其修路，意思是公平合理地治，不能这个人给了100块钱，就好好给他治，那个人贫穷只给了1毛钱，就不给他好好治，那样不行。就是一碗水端平了的意思。

萨：啊。

斯：是在教我呢。所以，我发誓了，不论富有还是贫穷，喜欢的人还是讨厌的人，我都按照"巴日肯"应有的道路行事，多多立起达斡尔人的"巴日肯"。我确实立起很多达斡尔人的"巴日肯"。

5."托若·巴日肯"与"托若·托勒贝"

萨："托若·托勒乌德"，还有"出马"啊，不是有"托若·莫德"，人们还磕头吗，这个"托若"是一个"巴日肯"吗？还是一组"巴日肯"？它是一个单独的"巴日肯"吗？

斯：竖立"托若"的话，"托若"是一个单独的"巴日肯"；不竖立"托若树"的话，就没有"托若·巴日肯"。刚开始我也没有"托若·巴日肯"。说竖立"托若"的时候会有一个"托若·巴日肯"，告诉了。

萨：啊。

斯：第一次"托若·托勒乌德"的时候，（室内）在左边"托若树"上悬挂"霍卓日·巴日肯"，右边"托若树"上悬挂"阿巴嘎拉岱"，"托若·巴日肯"挂在"室外托若树"上。"巴日肯"让在哪个位置安放，就在哪个位置。"阿巴嘎拉岱"，"霍卓日·巴日肯"，"吉雅其·代拉日"①，"托若·巴日肯"，这四个，每一次"托若·托勒乌德"位置都不一样。

---

① 吉雅其·代拉日（/ʤija:ʧi dailar/），即吉雅其·巴日肯，司命运之神。

萨：“霍卓日·哈音”是一个单独的“巴日肯”吗？

斯：它是一个中间的“霍卓日·巴日肯”。“哈音”就是做的一个像人一样的偶像，我们的是粘贴的，所以，我们不叫“哈音”，叫“霍卓日·巴日肯”。

萨：“哈音”实际上还是“霍卓日·巴日肯”。

斯：就是“霍卓日·巴日肯”。

萨：那您的“霍卓日·巴日肯”除了这个“哈音”的形象，还有别的画像吗？

斯：没有。“托若·巴日肯”是5女4男的画像。

萨：用金银箔纸剪的，9个，手拉手。

斯：对。9个，画的。你见过吧，蓝色的图案。

萨：挂在“博迪·托若”（室外托若树，即室外的神树）下。

斯：对。

6.“嘎里·巴日肯”

萨：“嘎里·巴日肯”呢？

斯：“嘎里·巴日肯”，每家每户绝对都敬。

萨：那它的形象有吗？

斯：火神没有形象，就是往炉子里投放东西，说是给“嘎里·巴日肯”的，我们不像汉族人一样画。

萨：都供什么？

斯：我们投放的有黄油、羊肠子、羊胃上面的肥肉、酒、点心、糖、大米和牛奶熬制的“拉里”，里面有红枣、葡萄干、白糖、黄油的“布达”[①]，里面也放一点点肉，但是，不能投放葱花、蒜什么的进火里，说火神会被弄脏，也不能把裤子悬挂在火之上。在农历腊月二十三晚上祭火神。过去，也有买汉人的火神年画，粘贴在灶台边上，（一年后熏得）黑

① 布达（/buda:/），饭食。

黑的了，就在腊月二十三那天晚上取下旧画“德日德·扎森·西德”①，然后，贴上新画。每家每户都祭火神。

7.“敖雷·巴日肯”

萨：据说，“敖雷·巴日肯”的本事特别大。汉语叫“山神”吗？

斯：“山神”呗。

萨：那我见过一个“山神”形象，树上抠掉一块皮，画一个人的头像。

斯：“白纳查”，有胡子，那是“莫地·巴日肯”。

萨：和“西额·敖雷”、“乌其肯·敖雷”不一样吧？

斯：“白纳查”，鄂温克人大多都有。用我们的话说，山里的“山神”不止一个，很多，“敖雷”包括的很多。

萨：不光是“西额·敖雷”、“乌其肯·敖雷”？有的是各种“山神”，是吧？

斯：应该这么说。“额特日肯”是“敖雷”、“哈德”的“额金”，“山神”也不止是“西额·沙日”②，用我们的话说，深山里的“敖雷”、“哈德”的“额金”都是“山神”，有“额特日肯”、“西额·敖雷”、“乌其肯·敖雷”，都有，达斡尔人也有的有“古斯克·翁果日”③。我们就有“嘎力卓·古斯克·翁果日”④。

萨：它也属于“敖雷”的？

斯：是，全部的。“山神”有的是，山脉、悬崖的“额金”都是。

8.“山登”与“山登·敖包”

萨：好多人把“山登”说成了“敖包”。山登是山登，敖包是敖包，“山登·敖包”是在“山登”后边再修一个，对吧？

斯：对。“山登”的“敖包”在另外的地方，不与“山登”连在一处。“山登·敖包”与“安门·敖包”不一样。“安门·敖包”大大的，“山登·敖包”

---

① 德日德·扎森·西德（/dərdə ʤasən ʃiːdə/），使飞升来着，指祭火神。

② 西额·沙日（/ʃi’ə ʃar/），直译“大黄”，指大山神。

③ 古斯克·翁果日（/guskə ʊŋgʊr/），狼神。

④ 嘎力卓·古斯克·翁果日（/galiʤʊ guskə ʊŋgʊr /），直译“疯狼神”，狼神之一种。

只是“雅德恩”一个人的“敖包”,“雅德恩·胡”（去世后）让他躺在“巴恩”①上，但是，有“翁果日”的人必须向地方神求一块地方，在“山登”的后面，立起一个“敖包”。

萨：那个“山登·敖包”是什么作用？

斯：“山登”必须要有“敖包”。你的“山登”不是在占据着一方土地吗？不是在求着要一块地方呢吗？求地方神，我们要把“山登”安置于此。“雅德恩·胡”成为“巴日肯”的时候连同“翁果日”一起进入呢，这是给“翁果日”开路呢，有“敖包”，才能够附体。

9.“哈音”与“克伊登”

萨：“霍卓日·雅德恩”、“霍卓日·巴日肯”系列都有“哈音”吗？

斯：“霍卓日巴日肯”有用“哈音”做的，都不一样，齐齐哈尔达斡尔、“巴特恩达斡尔”不同，实际上是一个词，一个意思。有做哈音的，用布和棉花什么的做，“阔通达斡尔”②都那么做“哈音”。有的做“哈音”，有的画像。那都无所谓，做“哈音”也行，刻也行，用“哈日米·阿日斯”粘贴也行，意思都一样，只是做法不一样，形象各不相同。

萨：反正都是“霍卓日·巴日肯”的代表。

巴特尔：各地区做法不一样。

萨：还有一个“克伊登”，是说“巴日肯”的本事，是吗？

斯：“巴日肯”的“西额·玛日西”③，没有“克伊登”的话，“巴日肯”不能“斡西”④，不能往上升的意思，本事拿不出来的意思。

萨：它是有形象的吧？

斯：龙，双龙。

萨：那都谁有“克伊登”啊？

---

① 巴恩（/ba’ən/），坟，坟地。

② 阔通达斡尔（/kʊtʊŋ daur/），或“霍通达斡尔”（/xʊtʊŋ daur/），指齐齐哈尔达斡尔群体。

③ 西额·玛日西（/ʃi’ə marʃi/），直译“大的舞蹈（动作）”，指萨满神灵的高强本领。

④ 斡西（/ʊ:ʃi/），即斡西贝（/ʊ:ʃibe/），升迁、晋升。

斯：叫作“霍卓日 · 克伊登”，“阿日提 · 霍卓日”[①]有三个颜色的“克伊登”。还有，“山神”必须有“克伊登”。上面有龙，它才能在上面走。所以，它的吉祥不是变好了吗？

萨：“克伊登”是双龙吧？

斯：双龙。按照“特额”的数目，也有6条龙的，还有12条龙的，“敖雷”的上面有几个“特额”，就刻几对龙，三个“特额”就要有三对龙，六个“特额”六对龙，意思是一个“特额”必须有两条龙。

萨：“特额”就是座儿啊？

斯：转圈的意思呗。“特额”是达斡尔语。

10.“霍别楞”

萨：“霍别楞”是单独的一个神吗？

斯：不是。请的时候，不能叫动物原形的本名；画的时候，“山神”叫“霍别楞”。不是变化呢吗？是变化者，不是什么什么神。“奴吉日 · 巴日肯”的“霍别楞”，“敖雷 · 巴日肯”的“霍别楞”，说的是它们，尊敬的意思呗。

萨：其实还是说这个“山神”本身哪。

斯：对，对。

萨：它有变化，很多很多种。

斯：对，对，叫“霍别楞”。

萨：我看那“山神”画像下边有动物的那种。

斯：所以，不给别人看，把那个叫“霍别楞”，不能叫它的名字。

萨：动物的名字不能叫吧？

斯：不能叫，所以，不愿意让人看。

11. 小结

萨：其实，我还是觉得“巴日肯”和“翁果日”这个词不是很明白。

斯：实际上，就是一句话，一个词，一样。“巴日肯”都能成为“翁

① 阿日提 · 霍卓日，雷神的根子。

果日”，“巴日肯”哪一个都能成为“翁果日”进入附体，附体了才说下来“翁果日”呢。

萨：您所有立的“巴日肯”都能成为“翁果日”附体？

斯：都能成为“翁果日”进入，附体了就是“翁果日”下来呢，坐在座位上就是“巴日肯”。

巴特尔：在座位上坐着就是“巴日肯”，附体了就是“翁果日”。

萨：那就是所有的“巴日肯”都能附体？

斯：都附体。“霍别楞”，变化着进入呢。什么什么“巴日肯”、什么什么“翁果日”，一个意思，实际上，是一回事。进入到人身体里就是“翁果日”，不进入的时候就成为“巴日肯”坐着呢。变化着进入的话，在人的身体里附体的话，就成为“翁果日”。所有“巴日肯”都能作为“翁果日”下来。大供的时候，请哪个“巴日肯”，哪个都成为“翁果日”下来呢。

萨：嗯。

巴特尔：斡米南的时候“翁果日”轮流下来呢。

萨：那三天可多“翁果日”下来了。那我就明白了。

斯：“罗斯·巴日肯”也有很多。

七、2014年5月3—4日采访沃菊芬萨满

采访时间：2014年5月3日上午、5月4日晚上

采访方式：电话采访

采访对象：沃菊芬萨满

采访人：萨敏娜

采访主题：关于“奴吉日·巴日肯”和“娘娘·巴日肯”

1.“奴吉日·巴日肯”

萨敏娜（以下简称“萨”）：“奴吉日·巴日肯”是不是始祖神？

沃菊芬（以下简称“沃”）：是蛇神，“莫额·巴日肯”，不是“霍卓日”。“哈音”是“霍卓日”，每家的“哈音”不同。此外，有“哈音”的没有“怀

玛日”，有“怀玛日”的没有“哈音”。“怀玛日”也是“霍卓日”。

萨：“奴吉日·巴日肯”与“罗斯·巴日肯”一样吗？

沃：“奴吉日·巴日肯”算在“罗斯·巴日肯”里面。

萨：“罗斯·巴日肯”，叫作“罗斯·巴日肯”吗？还是叫作“罗斯依·敖包”？

沃：有“敖包”，也有“巴日肯”。“罗斯·敖包”就是在大的水系旁边修建的“敖包”，“罗斯”的“额金”坐着呢。“奴吉日”就是蛇啊、“哈罗”①什么的。“罗斯”有立“巴日肯”的，有修建“敖包”的；“奴吉日”没有“敖包”，只有“巴日肯”。

萨：“奴吉日·巴日肯”有画像吗？

沃：有。上面是老太太和老头坐着，旁边有使唤的一个童男一个童女，下面坐着“哈日·其昂·奴吉日”②。

萨：“奴吉日·巴日肯”一般的达斡尔人都有吗？

沃：有的人家多。“巴日西”肯定有“奴吉日”。

萨：我原来还以为“奴吉日”是“达·霍卓日”或者“考钦·霍卓日”③。

沃：不是“霍卓日”。就是大的泉眼破了、露了，或者“哈德”的旁边，有“哈日·其昂”，人们老是被闹，就立（为神）了，然后，一代接续一代立。

萨：不光是“雅德恩”供，一般的人也可以供？

沃：一般的人也有很多供呢，不是“雅德恩”专供，“巴日西”供的多，“巴日西”是接骨的。

萨：有单独的祭祀“奴吉日·巴日肯”的仪式吗？

沃：没有，全部的一起供。也有供的，就是祭祀自己的“罗松”的时候，同时，祭祀“奴吉日”。单独的，差不多有。

萨：这个“巴日肯”的“翁果日”下来吗？

① 哈罗（/xalʊ/），水獭。

② 哈日·其昂·奴吉日（/xar ʧiaŋ nuʤir/），黑、白蛇神。

③ 考钦·霍卓日（/kaʊʧin xʊʤʊ:r/），远古祖先（神）。

沃：下来，“奴吉日”当然下来。

萨：“奴吉日·巴日肯”也不吃羊什么的吧？不要猪啊、羊啊什么的吧？

沃：吃白色的东西（食物），还有鸡蛋什么的。汉族人特别供，青蛇、白蛇、蟒蛇供呢，“草莽蛇仙”。

萨：他们供的话给肉吗？

沃：他们也不放肉，也是放鸡蛋什么的。具体怎么供不知道，反正是放鸡蛋什么的，原来我去汉族“雅德恩”那里的时候，就是在布上放一大堆东西，他们没有画像，在“堂子”上做，叫作“草莽仙”。

萨：祭祀“罗松·敖包”的时候，也算是供“奴吉日”呢。

沃：“罗斯”和“奴吉日”一起供。“罗松·敖包”的主要还是蛇。比蛇大的还有“哈罗”什么的。

萨：“哈罗”是什么？

沃：貂啥的。“哈罗”就是有毛的，在水里待的东西。不是说貂皮大衣，貂皮大衣吗？不是有“水獭”、“玛獭”什么的么。

萨：啊。水獭之类的。

沃：嗯，有各种各样的。

萨：那好像还说有龙啊？

沃：“罗斯”里有龙。

萨：“罗斯·巴日肯”很重要，供的原因是什么呀？

沃：我们的“罗斯”不是原来就跟着来的吗，叫作“西额·克勒特额”①，让我们供，就是风调雨顺呗。

萨：专门这么供。一供就是三年。

沃：不是三年，可以一直供。

萨：你们有专门的“罗松·敖包”吗？

---

① 西额·克勒特额（/ʃi’ə kəltə’ə/），直译“大鲫鱼”，指水系神灵“罗斯”系列之河神或江神。

沃：有，去年整的。

2.“娘娘·巴日肯”、“乌西·巴日肯”

萨：还有一个问题，我想问问“娘娘·巴日肯”。“娘娘·巴日肯”到底有几个娘娘啊？

沃：“娘娘·巴日肯”就是原来一起供的，多半是供“腾格日·娘娘”。海拉尔那边的话，都是单独供，咱们这边的话，原来就说供“腾格日·娘娘”，一起供六位娘娘神，就是六个“苏姆。

萨：“苏姆”是啥意思？就是“腾格日·娘娘”包括六个娘娘？

沃：六个“苏姆”。

萨：这六位是“西额·娘娘”、“乌其肯·娘娘”、“西额·博勒乌松”、“乌其肯·博勒乌松”、“奥米·娘娘”、“东·娘娘”。

沃：嗯。然后，“乌西”就不一样了，“乌西·娘娘”的话就不一样。

萨：“乌西·娘娘”和“腾格日·娘娘”有什么不同啊？

沃：不同。“乌西”就是家族里面立的。出天花的啦，婴儿夭折的啦，或者是要成为“斡托西”的人啦，有“斡托西”的人也立娘娘神。“斡托西”就管儿科那种的。

萨：还是进入“娘娘·巴日肯”的“特额”？

沃：我们都是立“腾格日·娘娘”，“乌西·娘娘”另外立的也有。放在一起省事儿。不过，“乌西·娘娘”必须有“克伊登”，有“克伊登”的多。“乌西·娘娘”有多有少，各家不同，因人而异。上代有“扎日额楞·德日腾”①，这代也有“扎日额楞·德日腾”。

萨：就是小孩死去之后又活过来的，也让进入“乌西·娘娘”？

沃：嗯。

萨：立成一个小的“巴日肯”？

沃：是的。

萨：“扎日额楞·德日腾”是什么意思？

---

① 扎日额楞·德日腾（/ʤar’ələŋ dərtəŋ/），出天花而死。

沃：出天花而死叫作“扎日额楞·德日腾”。

萨：得天花的人都可以立为“娘娘”？

沃：不是人人都可以。出天花死了几天又活过来，上“腾格日·娘娘”里，上“乌西·娘娘”里。

萨：“乌西·娘娘”包括“腾格日·娘娘”这六位吧？还请进其他的吗？

沃：嗯，让别的进去。“腾格日·娘娘”任何时候都是6个“苏姆”。“乌西”让进，但是，家家不一样。有“奥米”的了，“扎日额楞·德日腾”了，都进“乌西·娘娘”。

萨：“腾格日·娘娘”，达斡尔人家家都有吧？

沃：“腾格日·娘娘”一般人家都有。

萨：主要就是管小孩的健康吗？也治大人的病吗？

沃：都管。不是能让人的眼睛瞎么？过去，因为“娘娘神”眼睛瞎的人挺多的。“娘娘神”闹，多数闹眼睛。

萨：娘娘神也闹啊？

沃：咋不闹呢？

萨：我还以为只是保佑，完了治病什么的呢。

沃：都不一样。“乌西·娘娘”，做姑娘的时候就生小孩了，完了不知怎么给杀死了，进到“乌西”里。

萨：那么是那个小孩儿进“乌西”里？

沃：姑娘也进。那个“乌西”叫作有屋子（或者有家的）的“乌西”。那个也进到“敖雷”里，哪儿都进，不一样。

萨：这个进入是“雅德恩”让进去吗？

沃：“乌西·娘娘”、“乌西·巴日肯”最复杂。“乌西·娘娘”、“乌西·巴日肯”都是把“横（死）的”立为“乌西”。

萨：非正常死亡？那让进到哪里，是“雅德恩”说了算哪，还是立的人家说了算哪？

沃：那个被立为神的，说要进到“娘娘”或者“乌西”里。进来的时候告诉，我要进“乌西”里，有进到“乌西·娘娘”的，也有单独立为“乌西”的。

萨：啊。

沃：最复杂。不一样。有的老头老太太家里不管的，让他们太心痛的；有的没有子女的，那也进到“乌西”里；或者，有的人不知怎么把自己扎死了，那样的人也要求立为“乌西”。“乌西”特别复杂。而且，家家不一样。

萨：但是原因都不一样。

沃：都不一样。有的人杀了野猫，然后立了“乌西”；有的人活扒狼皮也立为“乌西”。“乌西”有各种各样的，特别多，特别复杂。

萨：被杀死以后，那动物的“苏木斯”到这人家里要求立为神？那样的情况是单独立为“乌西”还是进到“乌西·娘娘”里？

沃：进到“敖雷”里。

萨：啊，野外的进到“敖雷”里。

沃：家里的都进到“娘娘”里。

萨：那“奥米·娘娘”是单独的？

沃：“奥米·娘娘”管小孩儿。“奥米·娘娘”跟“腾格日·娘娘”一起的。

萨：没有小孩的人（不生育的人）求“奥米·娘娘”吗？

沃：是的，求“奥米·娘娘”。到 13 岁时有坎儿，或者有大坎儿的，或者到 18 岁前有坎儿的，不好好活着、有病（生病），或者坎儿多，让进到“奥米·娘娘”的保护圈里，求“奥米·娘娘”做保护。

萨：一般什么时候把“奥米·克库”从“奥米·娘娘”的保护中出来？

沃：18 岁。有的被保护到 24 岁，或者 25 岁，有坎儿的。

萨：这样的“奥米·克库”专指男孩儿吗？有女孩儿吗？

沃：有女孩，女孩一样。

萨：这时代“奥米·克库”多吗？请“奥米·娘娘”做保护吗？

沃：现在，估计少了，有病上医院嘛。

萨：“娘娘·巴日肯”的“翁果日”下来吗？

沃：下来，“乌西·娘娘”也都下来。

萨：那“奥米·娘娘”呢？

沃：是“巴日肯”都下来。

萨：这个“娘娘·巴日肯”是从外面来的吗？

沃：不是外面的。不是说“腾格日·代拉日”[①]，从天上来的吗？

萨：“娘娘·巴日肯”比“霍卓日·巴日肯”还早，是吗？

沃：“霍卓日·巴日肯”就是，你在，你的祖先就在。人没有“霍卓日”怎么待啊？立完“霍卓日”再立“娘娘”，“霍卓日·巴日肯”在最前头。

3. 祭天仪式

萨：有专门的祭天仪式吗？

沃：没有。除夕晚上磕头的时候多。做仪式的时候祭天，单独的祭天仪式没有。

萨：就是除夕晚上磕头，在哪儿磕头啊？院子里？

沃：面向北斗七星。

萨：朝向北斗七星啊？放东西吗？杀猪或者羊吗？

沃：不杀猪羊，不供的话不杀，磕头，放糕点和水果就行。

萨：那好像“出马”呀，“托若·托勒贝”呀，要给“腾格日”一头羊。

沃：嗯。有的人供“娘娘·巴日肯”说供“天神”呢，屯子里的人那么说。“腾格日”就是“腾格日”，“娘娘”就是“娘娘”。

八、2014年10月6日采访沃菊芬萨满

采访时间：2014年10月6号晚上

采访方式：微信采访

采访对象：沃菊芬萨满

采访人：萨敏娜

采访主题：关于“霍卓日·雅德恩”祭祀“霍卓日·巴日肯”的仪式

---

① 腾格日·代拉日（/təŋgər dailar/），天神。

类型

1.“出马”日祭祀祖先神

萨敏娜（以下简称“萨”）：祭祀祖先神，“出马”日祭祀和春节前祭祀有什么不同？

沃菊芬（以下简称“沃”）：九月初九（祭祀）对于“翁果日”就像过年的日子一样，汉人三月三做（仪式），达斡尔人九月九做（仪式），九月九重阳节不是吗，就是“翁果日”与人的身体“奥里贝”①，就像过年，大家聚在一起，好比是我找我的朋友，帮忙的人们，也找他们吃饭，大家坐在一起吃饭，聚聚，乐乐，意思是“瑟博吉勒贝”。

2. 除夕祭祀祖先神

萨：那年终祭祀祖先神呢？

沃：春节前（过去都是除夕上午）祭祀，今年平安度过了，什么什么坎儿渡过了，今年田地有收获，家畜好，就是感谢的意思，今年得了，年末就像除夕一样，像过年一样，总结这一年的工作，今年治病怎么样？出去治病了，还是不务正业？像我一样天天玩了，或者走了；也总结我（一年来的工作），“翁果日”们也告诉自己做的事情，谁谁的坎儿给渡过了，今年做了什么什么好事。完了，子孙也告诉自己的情况，田地收获了，就感谢的意思，过年放的（供的东西），（做仪式）总结今年的工作；第二年的祈祷，求，家畜兴旺，农田丰收，子孙平安健康，等等。孙子、重孙，在除夕的晚上，除夕做的仪式我们不是看日子提前做吗？孙子、重孙求来年，求牲畜兴旺，求田地丰收，求大坎化小、小坎化无，“卓布楞·杜卡”给挪开，“欧日·仇日”②给做“额姆·多姆”，“爱们·库钦”有难处的帮助他们，求将要出来的年（未来一年）的，有那样的意思。

萨：我这次来不了，春节前争取来。

沃：行。我到时候早点做仪式，春节前早点做，那样你就可以来了。

---

① 奥里贝（/aʊllibe/），聚合、汇合，意为“合为一体”。

② 欧日·仇日（/əur ʧəur/），欧日、仇日同义反复，泛指疾病。

看日子以后。我一般不在紧挨除夕那天做仪式，众多的孩子们聚在一起，不知道吃、喝的（顾不上吃饭、喝水），都忙着仪式的那些事儿，早点做，做完了消停地大家可以坐在一起开心地吃饭，能够欢聚、欢乐。

萨：今天的准备工作是什么？

沃：今天买些东西，今天买酥油灯了，他们今天拉羊了，明天去拉猪、牛，做彩条，做桑，活儿挺多的，准备盘子、盆子。

九、2014年10月24日采访沃菊芬萨满

采访时间：2014年10月24日上午

采访地点：北京欣燕都宾馆崇文门店

采访对象：沃菊芬萨满、孟玉金萨满

采访方式：面对面访谈

采访人：萨敏娜

参加访谈者：郭女士，达斡尔族，郭博勒哈拉满那莫昆

采访主题：关于“出马”仪式（领神仪式）

1.“出马”前“达日卡贝”

萨敏娜（以下简称“萨”）：丁氏出马仪式头一天晚上，在你家巴日肯屋“混图热 · 塔日克森”①，那个仪式叫什么？

孟玉金（以下简称“孟”）：叫作“达卡贝”。

沃菊芬（以下简称“沃”）：“巴日肯讷 · 达日卡亚贝”②。

孟：告诉“巴日肯”呢，明天让什么人出来。

沃：看了什么日子，明天就给他做那个（仪式）。就是让帮忙的意思呗。

① 混图热 · 塔日克森（/xunturə tarkəsən/），打鼓了，敲击神鼓了。

② 巴日肯讷 · 达日卡亚贝（/barkənə daːrkajabe/），向神灵预祷告呢。

2."出马"时间的确定

萨：定在什么时间（"出马"）？是你们的祖先神给看哪？还是她的祖先神给托梦啊？

沃：丁氏去了就给丁氏看日子。什么什么日子"出马"，或者说，是别人的话，他的爷爷告诉，好比说，我"出马"，几月出，是九月九，或者是九月十九，说，我那个时候出，那样的话，你就定那个日子。

萨：她的祖先神告诉你？

沃：不是，她要是"出马"的话，她的"巴日肯"要想出的话，自己也能告诉，就好比说，我要今天出，告诉师傅，我今天出；不告诉的话，师傅给看，你什么什么日子出。都可以。

孟：有的人家的"霍卓日"自己告诉，不告诉的就师傅给定。

3."甩额·挥亚贝"

沃：要是在过去，这样去的人一定要带上"阿都斯"[①]去拴在"雅德恩"家的院子里。糕点和酒就是次要问题了。你要给人家的"巴日肯"、"甩额·挥亚比谢"[②]。必须带上"阿都斯"去，把那个带去绑在人家的院子里。他指的东西，你们家畜群里有一头红色的牛，有"撒里·莫日耶"[③]，这个"翁果日"就要你那个东西。

萨："翁果日"要呢，"出马"人给师傅这样的才行，是吗？

沃：嗯。

孟：人家要是这样看了，你就得拿出来。

沃：必须得拿出来，你不拿出来，人家不会去。原来是那样来着。现在，时代好了，你拿几百块的牛来，师父说，你拿一边去吧。

萨：要完以后，拿去，得供，是吗？

沃：需要供就供，有的人送去马，在马脖子上挂个标记放到自己的群里也有。这个"翁衮马"，不能用，不能役使，不能套车，可以骑。

---

① 阿都斯（/adu:s/），大型家畜，比如牛、马等。

② 甩额·挥亚比谢（/sʊaj'ə xʊjabiʃi/），候选者给萨满师傅送大牲畜做见面礼。

③ 撒里·莫日耶（/sa:lli mɔri/），浅灰色的马。

萨：只能“雅德恩”骑？

沃：嗯，这就是“翁衮马”，普通的杀了吃也不行。现在也是（如此），“巴日肯”占据、指认的牛、马不能卖，不能杀掉吃肉，你必须供祭给“巴日肯”。

郭女士（以下简称“郭”）：答应了就一定得供给它。

萨：那原来“雅德恩”想要“出马”基本上还是要给师傅一个“阿都斯”吧？

沃：嗯。基本上。好比说，有个人病非常重，有命坎，这种情况也必须“甩额·挥亚比谢”。

萨：“甩额”是什么？

沃：就是必须拿牛、马等有生命的东西。你不把牲畜牵去绑在人家院子里，人家是不会给你走这条路的。

萨：就把牛、马牵到师傅家，系到人家院子里。

沃：然后，再去请，他才会去你家。你再让他做，他才会给你做。过去时代，一只鸡、一个肩胛骨都能让人心疼的时候，这些都是以前的情况。现在，哪有这样的事情啊。

萨：现在，一般都不给“阿都斯”了，都给钱，是吧？

沃：嗯。现在，什么都用钱代替了。

萨：那样做，“翁果日”答应吗？

沃：不答应，所以说，“额任·查日·额日依森”①，不是你原来的时代了，将就点呗。你现在，人家这样吃稀饭，你就吃稀饭，人家给什么，就要什么吧。

孟：时代变化了。

沃：你不要挑理。

孟：跟着时代的意思。

---

① 额任·查日·额日依森（/ərən ʧar ər'isən/），时代变化了，时代不同了。

4.“扎伊·瓦克勒”①

沃：我认师父的时候，都是给“扎伊·瓦克勒”来着。

孟：就是做衣服的料子。

萨：给7尺布，让她做衣服，这不是老规矩吗？那个衣服叫作“扎伊·瓦克勒”。

沃：“扎伊·瓦克勒·乌库贝”②。

孟：过去给“扎伊·瓦克勒”可是一个贵重的东西呢。

沃：是啊。过去叫作什么布来着？蓝色的什么布，不是华达尼，也不是涤卡，涤卡是很近的事情了。

郭：色凌布。

沃：对，叫色凌布。

郭：色凌布那时可是好布料。

孟：那个时候，给布料，7尺布已经很了不起了。布票都不够用，哪里还能给你扯7尺布啊？

5. 萨满服的制作

萨：我还是以那天“出马”仪式为例，我看师傅的妹妹、娜仁格日勒给她做“扎熟日”上的彩带、穗儿什么。谁能做这些东西？有什么讲究吗？

沃：原来，做萨满服、做各种东西，都是莫昆家族里大家一起动手做。

萨：所有用品，包括萨满服、用品、铃铛、穗子等都是自己家族做啊？

沃：嗯。都是家族莫昆的人们围坐在一起做，越是姑娘做衣服、用品越好，就是未出嫁的年轻姑娘做更好。扎花，刺绣，莫昆的人们聚在一起一两天就做好了，大家围坐在一起，一人抓着一个地方绣，做得很快。

萨：萨满服也自己做啊？

沃：嗯。咋不会呢！普通就把皮子铺开，在上面剪裁，绣花，缝制各种东西，铃铛什么的。现在，是在哪儿都做了。叠好拿回来“开光”就可以了。

---

① 扎伊·瓦克勒（/ʤa'i wakəl/），弟子拜师时送给师傅萨满的衣服（或者做衣服的布料）。

② 扎伊·瓦克勒·乌库贝（/ʤa'i wakəl uku: be/），给萨满师傅送衣服（或者做衣服的布料）。

萨：那原来在家里莫昆做的时候也要“开光”吗？

沃：嗯。师傅给“开光”。过去，实在没办法的时候也有自己“开光”的。

萨：关键是能祷告、请示。是吗？

沃：嗯。神来的时候早报到呢。

沃菊芬讲述小时候的一些奇特经历。略。

沃：我从小得到好东西可爱送人了，好像习惯性一样，到现在都那样。愿意给困难的人，愿意给拮据的人。我心里有个声音会说，孩子，你吃那个干啥，给他，他困难。那样的话，我就给来着。

萨：你从小就被“抓”了。哈哈哈！

沃：说到“翁果日”，“玛登·莫尼噢”①！

沃菊芬萨满讲述“翁果日”的神奇故事，讲述“出马”前救人的经历。略。

6. 立“巴日肯”的时间

萨：现在立“巴日肯”的人多吗？

沃：不多。

萨：要是有人立“巴日肯”的话，我想看看。就是“开光”，整个怎么给他立，这个过程。

沃：嗯。一般初一、十五会有一两个。

萨：必须是初一、十五才能立吗？

沃：哦。我初一、十五给立的时候多，觉得是好日子，是“巴日肯”坐下来的日子，因此，那个时候立的多。普通的日子，特别着急的才给立。

十、2015年1月30日、31日，2月1日采访斯琴掛萨满

采访时间：2015年1月30日、31日，2月1日

采访方式：电话采访、微信采访

① 玛登·莫尼噢（/madəŋ mɔniɔ/），非常神奇。

采访对象：斯琴掛萨满

采访人：萨敏娜

采访主题："罗斯"祭仪的有关问题

1."罗斯"与"奴吉日"

萨敏娜（以下简称"萨"）："罗斯"与"奴吉日"的关系？

斯琴掛（以下简称"斯"）："罗斯"一般是用蒙古语说的话，"鲁吉日"是用达斡尔语说的话。"罗斯"，天上的龙，地下的"莫额·巴日肯"，"莫额·巴日肯"不那么叫，叫作"鲁吉日·巴日肯"，"哈日·其昂"人们也不叫它的"达·贝耶讷"，叫作"霍别楞"，"哈日·其昂·霍别楞"说的就是这个"莫额·巴日肯"。

2. 红斗篷

萨：2012 年龙年仪式上穿斗篷，"翁果日"语称为"穆都日·华日么"，代表什么？

斯：斗篷在我成为萨满之前，祖先神就托梦给我让做斗篷，当时没有做。（这次祭祀"罗斯"）让穿斗篷才做的，没让穿萨满服。叫斗篷可以吧，枣红色的缎面，里衬让用黑色的做。做斗篷的目的是要让年轻人从斗篷中钻过三次，因为 2012 年龙年是黑龙年，"卡腾"，保护年轻人。

3."塔日格斯"

萨：彩色四方旗是做什么用的？颜色是蓝、红、白、黑、绿、黄吗？

斯：彩色四方旗叫作"塔日格斯"，共有 7 种颜色，红、白、蓝、绿、黄、粉、黑。蓝色代表蓝天；红色代表办好事呢，也代表火与火神；绿色代表草木；黄色代表太阳；白色代表像牛奶一样洁白的道路，像牛奶一样洁白的善良心地；粉色代表"罗斯"；黑色代表黑夜的道路。但是，在彩色四方旗中并不做黑色的一面旗子，萨满安铜镜的时候在 108 颗佛珠的配饰上面有黑色的一片长方形绸布。

4. 祭祀"罗斯"的目的

萨："罗斯·塔克贝"祭祀龙神的目的是什么？

斯：过去，达斡尔人依山傍水而居，依赖山水自然，对山川草木、河流水源倍加珍惜、珍视。万物有灵，山水有灵，自然万物都有灵物在主宰，保护水源、保护自然资源干净、洁净，好的东西才能到来。每年冬季，千里冰封万里雪飘，就是“罗斯”进入睡眠的时候；到了春天，春暖花开的时节，“罗斯”苏醒过来，祭祀罗斯，是为了保佑人们一年四季的平安、健康、富裕生活。决不能丢弃任何脏污到江河湖泊之中。过去，达斡尔妇女的内衣都不能直接到河水中洗涤，要用盆子打水放在盆中洗，洗过衣物的水不能直接倒入河水中，也不能朝着太阳的方向扬撒、倒掉。过去，“罗斯”被弄脏了，人们将会害眼病。

5.“罗斯依·霍日耶”

萨：柳枝做的园子或者屋子，叫作“克日哲”①？

斯：不叫“克日哲”，叫作“罗斯依·霍日耶”。

6.“查干·伊德”

萨：“罗斯”祭的供品主要是“查干·伊德”，包括哪些？

斯：就是奶制品，用9只木碗装9种奶制品供，包括奶干、奶豆腐、奶皮子、白奶油、黄奶油等。

萨：面做的绵羊，什么意思？

斯：羊是萨满供给“罗斯”的，仪式结束后放到河水里流走。祭祀“罗斯”的时候给羊的意思。

萨：供品有鸡蛋，这个鸡蛋很重要吗？

斯：不重要。莫旗浅的放得多，我们这里就是供“查干·伊德”。此外，“罗斯”，待在干净的地方，就是冒烟有味儿的地方不能待着。没有雾霾什么的，在好看的、干净的地方供祭。

7.“敖包”与其“高里”②

萨：“罗斯依·敖包”也好，其他的“敖包”也好，那个中间不是有柳树捆吗，那上面还绑着好多彩色布条。有什么含义吗？

---

① 克日哲（/kərdʒə/），园子。

② 高里（/gəli/），即高里·莫德（/gəli mədə/），敖包中心柱。

斯：敖包里面都有“高里”，表示敖包的中间，心脏的意思。人没有心脏怎么行走？就是相当于心脏。

8. 放生

萨：放生的意义？

斯：放有生命的东西，做“博音”呢，做好事呢。

萨：一般都是放泥鳅吗？

斯：没有那个规矩。

9.“噶吉日 · 额金”

萨：祭祀“罗斯”的时候，西南方向有一个供桌，是供给谁的？

斯：给那个地方的“土地老”（即地方神）呢。你不是借人家的地方（做仪式）呢吗？尊敬人家的意思呗。

十一、2015年3月17日、20日采访斯琴掛萨满

采访时间：2015年3月17日、20日

采访方式：电话采访

采访对象：斯琴掛萨满

采访人：萨敏娜

采访主题：关于祭祀“罗斯”仪式

1.“阿巴嘎拉岱”

萨敏娜（以下简称“萨”）：什么时候戴“阿巴嘎拉岱”面具？

斯琴掛（以下简称“斯”）：必要的时候戴呗。久未供奉，比如，莫旗的“敖包”都七八十年没供了；有些“山登”最起码也四五十年没供了，这种祭祀时候戴。“阿巴嘎拉岱”是最大的“翁果日”，是把全部的“翁果日”收拢起来的总管家。“阿巴嘎拉岱”多半用9个“卓拉”的“苏 · 拉里”。每做一次仪式，萨满人必须用献牲的绵羊的“瓦其”①供，含在面具的口中，

① 瓦其（/waʧi/），羊尾，羊尾肥油。

戴一次就换一次羊尾肥油。这个羊尾肥油非常特别，不招苍蝇，不生虫子，不腐烂变质。换下来的羊尾肥油可以治病，牛乳肿胀或者生疮、乳腺炎、乳腺增生都能治。

2.“开光”——“阿米拉贝”

萨：“开光”叫作“阿米拉贝”？您用牛奶“开光”，是吗？

斯：给神服“开光”和神鼓“开光”都一样的，都是把萨满人的“翁果日”呼唤了坐下来呢。那个神服的一个一个的部分都有含义，什么部位坐什么“翁果日”，都在“雅德恩里扎贝”①。萨满服上面的坎肩不是叫作“扎哈日特”吗？那个“扎哈日特・扎勒恩・未德・扎勒额吉”②不都唱呢吗？那些都有“翁果日”。要是“巴日肯”的话，“开光”就行了，开开他们的眼睛。因为时间长了，我不用血开光，如果用血“开光”，更加的“多各辛・博勒贝”③，知道这个词吗？就是会变得更加不好的脾气了。所以我不用血“开（光）”，任何时候我都是用牛奶“周勒肯”④求，说请你们“周勒肯・诺姆昆”⑤坐，“额姆昆讷日・瓦日吉”⑥、“宙勒昆讷日・嘎日吉”⑦，“退日吉・莫图”⑧，就是你们不要那么使着坏性子(下）来的意思。“周勒恩・伊日图”⑨，“赛肯・扫图”⑩，不明白的话你们好好给告诉，所以用牛奶“开光”呢。时间久远了，“多各辛・博勒恩”⑪。所以，求呢不是吗？“多

---

① 雅德恩里扎贝（/jad’ənlidʒabe/），萨满跳神。

② 扎哈日特・扎勒恩・未德・扎勒额吉（/dʒaxart dʒal’ən uidə: dʒal’ədʒi/），意为接续萨满道路，代代传承。

③ 多各辛・博勒贝（/dʊgʃin bɔlbe/），变得暴戾，脾气不好。

④ 周勒肯（/dʒoləkən/），轻柔地。

⑤ 周勒肯・诺姆昆（/dʒoləkən nʊmʊkʊn/），轻柔地、安详地。

⑥ 额姆昆讷日・瓦日吉（/əmʊkʊnə:r wardʒi/），温柔地进入。

⑦ 宙勒昆讷日・嘎日吉（/dʒoləkənə:r gardʒi/），轻柔地出去。

⑧ 退日吉・莫图（/tuirdʒi mə’tu/），巡游而知晓。

⑨ 周勒恩・伊日图（/dʒolən ir’tu/），轻柔地来。

⑩ 赛肯・扫图（/saikən sɔ’tu/），好好就坐。

⑪ 多各辛・博勒恩（/dʊgʃin bɔllən/），变得脾气不好了，暴戾了。

各辛”[①]是“卡腾·巴日肯”[②]的意思。

3. 供奉“巴日肯”的供品

萨：有什么好的都给它供上，是吧？

斯：这个你理解的话是对的，过去年代，人们的生活困难，现在，按照条件和能力供。过去，对于达斡尔族“苏提·面片”是最高级的“巴达”[③]。现在，条件好了，我干“巴日肯”的活呢，我特别感谢老祖宗，什么好的吃的喝的、好东西我都供上，就是感谢的意思。就是不能放梨！

萨：别的水果都可以？

斯：都可以。桃的话，“娘娘”最喜欢。现在，有什么好的我们就放什么。

萨：懂了。

斯：“巴日肯”不会这么要，那么要。你怎么教“巴日肯”，“翁果日”就怎么走。过去，富有人家的“巴日肯”出来的时候就供猪牛羊；给马的都有来着；打猎的时候给狍子什么的。祭祀“罗斯”就是吃“查干·伊德”。我们那里，“嘎里·巴日肯”也是非常紧要，火里面不能投放葱、蒜等有异味的东西，不能把脏的东西在火里面烧。

萨：不是每次都供“拉里”吧？

斯：“霍卓日·巴日肯”就放“拉里”，“笊篱·巴日肯”[④]也供“拉里”，也叫作“笊篱·姑乌”[⑤]，是两个女人的画像，给她们的嘴用这“拉里”抹一抹，不要说坏话，让我们的“阿都斯”繁盛。

萨：“笊篱·姑乌”现在写的少，以前有记过的。

斯：就叫作“笊篱·巴日肯”，有两个口袋，牛产犊以后，牛犊刚刚站起来的时候不是把它的四蹄的外壳取下来吗，把它们穿起来以后挂在

---

① 多各辛（/dʊgʃin/），指卡腾·巴日肯（/katəŋ barkən/），意为神灵厉害或者脾气不好。

② 卡腾·巴日肯（/katəŋ barkən/），意为厉害的或脾气不好的神灵。

③ 巴达（/bada:/），或“布达”（/buda:/），饭食。

④ 笊篱·巴日肯（/ʤɔ'li barkən/），笊篱神。

⑤ 笊篱·姑乌（/ʤɔ'li gu'u/），直译“笊篱姑姑”，即“笊篱·巴日肯”，笊篱神。

“笊篱·巴日肯”那里，然后，有羊的话，接羔以后不是剪它的耳朵吗？然后也把剪下来的耳朵一角穿起来挂上。莫旗达斡尔和海拉尔达斡尔还稍微有些不同，我们那里可能是生活在牧区的原因就是这样。

4. 三家共祭“罗斯”

萨：祭祀“罗斯”的时候有三份供品，是说有三家在供，还是表示您供三位“巴日肯”？

斯：我不是有三个姓氏的“霍卓日”吗？我不是跟从太爷爷起来的吗？然后，我的“太提”不是有老郭家“巴日肯”吗；我的婆家，丽娜的爸爸他们老李家的不是也有吗？所以，是三个“霍卓日”，我做任何“塔克伊勒”① 必须做9份，就是三家“霍卓日”的“罗斯”都供的意思。

萨：明白了。

5.“托若·托勒贝”、“依格德未”

萨：那个斡米南仪式结尾的时候，那个象征性吃血仪式吃的就是供的红牛的血，是吗？

斯：啊。不是供完，结尾总结一下吗。所以，请“翁果日”进来完了，“格古”、“德吉”完了，所有的“翁果日”都请进来喝血呢，就是这样的意思，叫作吃血仪式。

萨：这个大祭的话才有吃血仪式？

斯：嗯。小祭没有。

萨：那个他们好多资料里边，包括我给您的资料里边，他们把萨满的“出马”仪式也说成斡米南仪式。

斯：那个也那么说，“托若·托勒贝”。那个汉人说的时候就改换词呢不是吗？

萨：对。其实就是“托若·托勒贝”。

斯：就是。

萨：就是“出马”的时候是第一次“托若·托勒贝”，完了以后“斡米纳”

---

① 塔克伊勒（/takil/），名词，祭祀，供奉。

的时候也必须树立托若树。

斯：“出马”仪式就是第一次，然后，三年做一次不是吗。都说“托若·托勒俩贝”、“斡米纳扎贝”，就是给“翁果日”、“巴日肯”感谢呢，大供呢。

萨：对。所以他们就把“出马”仪式说成是斡米南仪式。

斯：一样的意思。“托若”不立的话，能“出马”吗？你现在要分的细的话，写“出马”仪式也是问题不大的意思；你就是说“斡米纳森”① 也不是不对，就是意思是一样。

萨：你不“出马”的话，你不可能以后还“托若·托勒贝”，真正的斡米南仪式。

斯：做不了。做一天的，早上开始，晚上结束的，达斡尔话叫作“依格德未”，就供一天的。你就是除夕或者二十九摆放供品，拿出羊什么的，做一年的总结呢，把那个做一天的叫作“依格德未”，鄂温克人叫作“伊德”，我们达斡尔人叫作“依格德未”。这就是年终的“塔克依勒”②，就是年终给你总结，这个萨满人做的对不对？然后，第二年做什么，还得给你安排工作，如果你不对的话，还告诉你。我还没出现那样的（情况）。

萨：相当于年底的工作总结会。

斯：一个“霍尼马托·塔克依勒”③，一个是“霍尼额克·塔克依勒”④，达斡尔人是这样。

萨：“霍尼马托·塔克依勒”和刚才说的“依格德未”，它俩不是一个仪式？也可以合一？

斯：名字就是那样，可以叫作“依格德未”，“依格德未·塔克伊勒”⑤ 是每年做一次的，做一天的仪式，每年必须做一次“依格德未”仪式。

---

① 斡米纳森（/ʊminasən/），做斡米南仪式。

② 塔克依勒（/takil/），祭祀，供奉。

③ 霍尼马托·塔克依勒（/xʊni madaŋ takil/），年终祭祀。

④ 霍尼额克·塔克依勒（/xʊni əki takil/），年初祭祀。

⑤ 依格德未·塔克伊勒（/igədəwe takil/），直译“变大变强的仪式”，萨满每年定期举行的祭祖仪式。

萨：就像我上次（春节前）去看的（您的年终祭祖）仪式那回。

斯：是，早上做的，一天就做完了。

6. 给弟子“出马”的意义

萨：“托若·巴日肯”，我问过。您说是“托若·托勒贝”以后才有的，是吗?

斯：嗯。

萨：那么“出马”的时候“托若·巴日肯”还没有建立起来。

斯：没有。

萨：如果不做斡米南仪式，不会有“托若·巴日肯”，是吗？

斯：是。“托若”立了以后第二年才有的。第一次是祭祀“霍卓日·巴日肯”。

萨：是“出马”的第二年？

斯：我“出马”后第6年才做的“斡米南”。所以，我每年都做“塔克伊勒”[①]。再说，我做了多少人家的（供祭）“巴日肯”（的仪式）呢。给一个人“出马”相当于做一次“斡米南”。我给一个人“出马”相当于（我自己）做一次“斡米南”仪式。

萨：啊！这个很重要，这个特别重要！

① 塔克伊勒（/takil/），供祭仪式，此处指祭祀祖先神。

附录三：国际音标注释

hi·莫日耶（/xi:mʊri/），或克依·莫日耶（/ki:mʊri/）、哏·莫日耶（/xən:mʊri/），掌管运气之神。

阿巴嘎拉岱（/abagaladaj/），铜制萨满面具。

阿布克耶（/abuke/），拂尘，巴格其的法器。

阿都斯（/adu:s/），大型家畜，比如牛、马等。

阿尔腾硕（/altəŋʃʊ:/），神灵名字。

阿拉克昌爱里（/alakʧaŋ aili/），即莫日登哈拉阿拉克昌浅。

阿拉克昌浅（/alakʧaŋʧen/），即莫日登哈拉阿拉克昌浅。

阿勒莫·莫尼噢·奥讷杰地·博吉日森么（/almə mɔniɔ ɔnəʤiəd bʊ:ʤirsənme/），我骑着猿猴下来的。

阿勒特·蒙固·嘎特（/alt mɔŋgo gat/），金银桩，埋在“室外托若树”根部四周的4根小木桩。

阿勒腾·噶吉日米讷·依日吉·特日乌勒·讷依日森西讷（/altəŋ gaʤirmin irʤi: tər'u:lə: nə:irsənʃin/），你来到我的金子一样的地方打开你的道路。

阿勒腾·索罗（/altəŋ sʊlʊ/），金色的梦，意为神灵托梦。

阿勒腾·托若（/altəŋ tʊrʊ:/），金色的托若树，意为神树。

阿龙贡克（/alʊŋguŋkə/），泛指举行领神仪式。达斡尔语的含义还具体指挖四方的坑并站在其中放飞鸽子，是萨满领神仪式的一个仪程。

阿龙贡克·卡日耶吉（/alʊŋguŋkə kare:ʤi/），意为举行领神仪式。

阿龙贡克·玛勒特吉（/alʊŋguŋkə maltəʤi/），指领神仪式。

阿龙贡克·讷贝（/alʊŋguŋkə nəbe/），打开道路，指举行领神仪式。

阿龙贡克·讷森（/alʊŋguŋkə nəsən/），打开了道路，指举行了领神仪式。

阿龙贡克·讷森乌未（/alʊŋguŋkə nəsən uwe/），没有打开道路，指未举行领神仪式。

阿龙贡克·讷未·额勒乌德讷（/alʊŋguŋkə nəwe əlwu:dən/），想要举行领神仪式。

阿龙贡克·讷乌德讷（/alʊŋguŋkə nə:u:dən/），举行领神仪式的时候。

阿米拉贝（/amilabe/），激活，唤醒，赋予生命。

阿米勒拉（/amilela/），即“阿米拉贝”，赋予生命和活力。

阿姆勒·泰本（/amʊl tajbən/），安健、康泰。

阿日肯·托里（/arkən tɔ:li/），护背铜镜。

阿日善（/arʃan/），意为圣水。

阿日善·奥苏（/arʃan ɔs/），意为圣水。

阿日善·阔托日（/arʃan kʊtʊr/），即“阿日善”圣水。

阿日善勒贝（/arʃanləbe/），洗“阿日善”圣水。

阿日善勒吉（/arʃanleʤi/），即“阿日善勒贝”，洗“阿日善”圣水。

阿日提（/a:rti/），指雷神。

阿日提·霍卓日，雷神的根子。

阿日提·腾格日·阿米提贝（/arti: təŋgər amitibe/），雷电天空赋予我生命。

阿日提·腾格日·桑提·伊日森（/arti: təŋgər saŋti: irsən/），从天上雷神之光而来。

阿斯朗（/aslaŋ/），萨满神服两侧的牛皮条。

爱拉（/æla/），即爱里（/æli/）或爱勒（/æl/），本义“村、村子”，指代莫昆。

爱们·库钦（/aimən kuʧin/），民族同胞。

安门·敖包（/anmən ɔbɔ:/），也叫“安本·敖包”，坐落在陈巴尔虎旗境内。

安门·敖包·阿米提·伊日森（/anmən ɔbɔ: amiti: irsən/），从安门敖

包（安本·敖包）有生命而来。

安门·敖包·额金（/anmən ɔbɔ: ədʒin/），安门·敖包（安本·敖包）之主，即安门·敖包神。

安提·贝翁·乌勒额森昧（/anti: bɔiʊŋ u:lə:səme/），我有上天赋予的神圣座位。

敖包（/ɔbɔ:/），用山石堆积而成、顶端中心插柳树捆的尖塔形祭坛。

敖包·敖拉（/ɔbɔ: aʊla/），敖包山。

敖包·敖拉·额金（/ɔbɔ: aʊla ədʒin/），敖包山之主，即敖包山山神。

敖包·敖里·额吉楞（/ɔbɔ: aʊli ədʒiləŋ/），即敖包·敖拉·额金，敖包山之主，敖包山山神。

敖包·额金（/ɔbɔ: ədʒin/），敖包之主，即敖包神。

敖包·塔克贝（/ɔbɔ: takəbe/），祭祀敖包、供奉敖包。

敖拉·敖包（/aʊla ɔbɔ:/），山敖包。

敖拉·额金（/aʊla ədʒin/），山之主，即山神。

敖拉·哈德·扫德勒提贝（/aʊla xad saʊdəltibe/），高山悬崖上我有座位。

敖拉哈拉登特科爱里（/aʊla xal deŋteke æli/），即敖拉哈拉登特科浅（/aʊla xal deŋteketʃen/）。

敖拉哈拉登特科浅（/aʊla xal deŋteketʃen/），敖拉哈拉登特科浅。

敖拉哈拉多恩浅（/aʊla xal dʊ:əntʃen/），敖拉哈拉多恩浅。

敖拉哈拉多恩浅爱里（/aʊla xal dʊ:əntʃen æli/），敖拉哈拉多恩浅。

敖拉哈拉多音莫昆（/aʊla xal duəjin mokun/），敖拉哈拉多音莫昆。

敖拉哈拉库热浅（/aʊla xal kure:tʃen/），敖拉哈拉库热浅。

敖拉哈拉奎力浅（/aʊla xal kuilitʃen/），敖拉哈拉奎力浅。

敖雷（/aʊləi/），即敖拉（/aʊl/），山。

敖雷·巴日肯（/aʊləi barkən/），山神。

奥里森（/aʊllisən/），本义“相聚”、“聚合”，指“合而为一、合体”，指进入神灵附体状态。

奥俩贝（/aʊlliabe/），重合、合一，指领神者与其所领“翁果日”合而为一。

奥米（/ɔmi/），即奥米·巴日肯（/ɔmi njaŋnjaŋ/），奥米神，即奥米娘娘神。

奥米·额鄂（/ɔmi ə'ə/）或奥米·额格（/ɔmi əg/），奥米妈妈。

奥米·克库（/ɔmi kəku/），被奥米娘娘保护的孩子。

奥米·娘娘（/ɔmi njaŋnjaŋ/），奥米娘娘神。

奥苏·额金（/ɔs ədʒin/），水主，即水神。

巴达（/bada:/）或“布达”（/buda:/），饭食。

巴恩（/ba'ən/），坟，坟地。

巴格其（/bagʧi/），司祭者和治疗师，被认为是“全科大夫”。

巴格其·霍卓日（/bagʧi xʊdʒʊr/），巴格其根子，走巴格其道路的先祖神灵。

巴格其·乌塔其（/bagʧi utaʧi/），巴格其老爷子。

巴格其·爷爷（/bagʧi jeje/），巴格其爷爷。

巴克西·亚他堪（即巴格西·雅德恩 /bageʃi jadgən/ 或巴格西·萨满 /bageʃi saman/），师傅萨满。

巴日肯（/barkən/，巴特恩达斡尔群体）或巴日汗（/barxan/，海拉尔达斡尔群体），神灵。

巴日肯·格日依（/barkən gəri/），直译“巴日肯屋”，指供奉神灵的房子或者神龛。

巴日肯·霍卓日（/barkən xʊdʒʊr/），神灵的根子，祖先神或始祖神灵。

巴日肯·旭特勒（/barkən xytələ/）或巴日肯·旭特楞（/barkən xytələŋ/），神灵。旭特勒或旭特楞指供奉对象，即巴日肯。

巴日肯讷·达日卡亚贝（/barkənə da:rkajabe/），向神灵预祷告呢。

巴日西（/barʃ/），接骨、正骨或按摩师。

巴日西·巴日肯（/barʃ barkən/），巴日西神。

巴日西·额头乌(/barʃi ətəu/)，巴日西老太太，指女性巴日西先祖神灵。

巴日西·嘎日森（/barʃ garsən/），出了“巴日西”。

巴日西·霍卓日（/barʃ xʊʤʊr/），巴日西根子，走巴日西道路的先祖神灵。

巴日西·太提（/barʃ tajti/），巴日西奶奶，指女性巴日西先祖神灵。

巴日西·乌塔其·爷爷（/barʃ utaʧi jeje/），巴日西老爷子，巴日西爷爷，指男性巴日西先祖神灵。

巴日西·爷爷（/barʃ jeje/），巴日西爷爷，指男性巴日西先祖神灵。

巴日耶浅（/baræʧen/），助产士。

巴日耶浅·额头乌（/baræʧen ətəu/），巴日耶浅老太太，指巴日耶浅先祖神灵。

巴日耶浅·霍卓日（/baræʧen xʊʤʊr/），巴日耶浅根子，走巴日耶浅道路的先祖神灵。

巴特恩（/bat’ən daur/），指莫力达瓦达斡尔族自治旗所在地方。

巴特恩达斡尔（/bat’ən daur/），指居住于莫力达瓦达斡尔族自治旗的达斡尔群体，本书中常简写为“莫力达瓦达斡尔群体”。

白那查（/bajnaʧa/），也叫“白音·阿查”（/bajin aʧa/），山神之一种，多指树木神。

白音·阔托日（/bajin kʊtʊr/），义同“博音·阔托日”（/bʊjin kʊtʊr/），财富，福源，指富庶、富裕。

白音·阔托日·噶吉日米讷·依日吉·阿龙贡克·讷依日森谢（/bajin kʊtʊr gaʤirmin irʤi: alʊŋguŋkə nə:irsənʃe/），你来到我的富庶地方打开道路“出马”。

博迪·托若（/bə:di tʊrʊ:/），室外托若树，室外的神树。

博迪·雅德恩（/bə:di jad’ən/），也叫一般雅德恩，指领外来神的萨满。

博迪额（/bə:di’ə/），直译“外面的”，指无主的孤魂野鬼和游荡精灵。

博迪额·达斯贝（/ bə:di’ə dasbe/），指治疗因为“外面的”（精灵）作祟而引发的疾病。

博迪额·莱西贝（/bə:di’ə laʃibe/），把“外面的”（精灵）往外甩，指驱魔赶鬼的仪式。

博额·阿日斯的·博克依日杰地·依日森昧（/bɔə: arsəd bɔkirʤiə:di irsənme/），我被鹿皮捆着来的。

博吉勒岱（/bʊʤirdæ/），萨满神服两侧牛皮绳“阿斯朗”（/aslaŋ/）顶端附属绑系的 9 个形如勺把儿的铜制或铁制小法器。

博勒额（/bələ’ə/），本义胎记、痣，意为标记。

博日·绰库如（/bʊ:r ʧʊkʊr/），萨满神服两肩上缝制的布制小鸟，左肩为雄鸟，右肩为雌鸟。

博日吉·奥苏（/bʊrʤi ɔs/），直译“博尔吉水”，指博尔吉河。

博荣·敖包（/bo:roŋ ɔbɔ:/），在莫力达瓦达斡尔族自治旗西博荣村山上。

博荣·雅德恩（/bo:roŋ jad’ə/），指博荣凯亚贵·雅德恩。

博音（/bʊjin/），意为好事。

博音·阔托日（/bʊjin kʊtʊr/），财富，福源。

布拉日·敖包（/bʊlar ɔbɔ:/），泉水敖包。

布图（/butu/），本义“包裹着”、“堵塞着”，指还没有举行领神仪式。

布图·萨满（/butu saman/），指没有举行正式领神仪式正规“出马”的萨满。

布图·雅德恩（/butu jad’ən/），指没有举行正式领神仪式正规“出马”的雅德恩，即布图·萨满。

布图也日·嘎日僧（/butu:jər garsən/），封堵着、包裹着，指没有经过正式领神仪式而行走巫统道路。

查出库·太提（/ʧa:ʧuk tajti/），直译“碗祖母”，神灵名称，意为碗祖母神。

查干·伊德（/ʧagan idə:/），白色食物，即奶制品。

产（/ʧan/），即镲（chǎ），一种黄铜制的小型铙钹。

绰库勒·爱拉（/ʧuokulə æla/），即绰库勒村，指沃热哈拉绰库勒莫昆（/ʧuokulə məkun/）。

绰库日（/ʧʊ:kʊr/），花色的。

绰斯·伊勒阿（/ʧʊs ilə’a/），一种叫做“绰斯”的花。

绰斯斡贝（/ʧʊs ʊ:be/），指吃血仪式。

戳莫提·艾日耶·绰绰日里比谢（/ʧʊmʊ:ti ær’i ʧʊnʧʊli’biʃ/），杯中的酒让你晃晃悠悠。

达·巴日肯（/da: barkən/），神灵名称。

达·贝耶讷（/da: bəjin/），直译“原来的身体”，意为本神、主神或原形。

达·霍卓日（/da: xʊʤʊr/），远古祖先神。

达额森（/daəsən/），本义“跟着，跟随”，指长得相像或者脾性相近。

达勒额（/dallə’ə/），有多种含义，指象征物，或者“博音”，有时指黑巫术，等等。

达勒额·奥贝（/dallə’ə ɔbe/），祈福。

达其·敖包·赛日跌·额金（/da:ʧi ɔbɔ: sairdiə əʤin/），原来敖包的年老额金，指原来的尼可耶·敖包之主。

达日卡贝（/da:rkabe/），预祷告。

达塔贝（/da:ta:be/），或达塔基（/da:taʤi/），义同“达日卡贝”，祈祷，预祷告。

道提·克库日（/daʊti: kəkur/），被雷击的小子们，指鄂嫩哈拉博斯克浅的被雷击而亡的两兄弟祖先神。

道提·克库日·霍卓日提贝（/daʊti: kəkur xʊʤʊ: rtibe/），我有被雷神击中的两兄弟祖先神。

道提·腾格日（/daʊti: təŋgər/），意为雷神，指祖先神被雷击的事情。

道提·腾格日·克库日提贝（/daʊti təŋgər kəkurtibe/），我有被雷神击中的两兄弟（祖先神）。

道提·腾格日·库奇提贝（/daʊti: təŋgər kuʧitibe/），我有雷神赋予的神圣力量。

德吉·德吉（/dəji dəji/），模仿鸟叫声。

德力布日（/dəlibur/），斡托西的法具，用各色绸缎串成的小旗。

德日·腾格日（/dəːr təŋgər/），直译“上天”，意为上界，天堂。

德日德·扎森·西德（/dərdə ʤasən ʃiːdə/），使飞升来着，指祭火神。

德日都·德耶（/dərduː də’i/），飞禽之灵。

德日都·德耶·德日德吉（/dərduː də’i dərdəːʤi/），放飞飞禽之灵。

德日哲（/dərʤə/），褥子。

德斯·玛斯（/dəːs maːs/），德斯、玛斯同义反复，泛指麻绳。

登特科（/deŋteke/），即登特科浅（/deŋteketʃen/），敖拉哈拉登特科浅。

登特科·太提（/deŋteke tajti/），登特科奶奶，指登特科浅的女性先祖萨满神灵。

登特科爱拉（/deŋteke æla/），或登特科爱里（/aʊla xal deŋteke æli/），指敖拉哈拉登特科浅。

迪岱·博斯吉·要恩乃（/didai bɔsʤiː jawne/），直译“向上起来行走”，意为蒸蒸日上，兴旺发达。

迪岱·穆日斯泰（/diːdai murstai/），向上攀升，指进步、晋升。

东·娘娘（/duŋ njaŋnjaŋ/），娘娘神名称。

杜卡·巴日肯（/dukaː barkən/），门神。

杜瓦兰（/duʊalən/），神树和灵禽。

端讷·噶吉日（/dʊan gaʤir/），直译“中间地方”，意为中界，指人间。

端讷·拉里浅（/dʊan laːlitʃen/），敖拉哈拉拉里浅的分支。

多恩浅（/dʊːəntʃen/），敖拉哈拉多恩浅。

多恩浅·霍卓日·额头乌（/dʊːəntʃen xʊʤʊr ətəu/），敖拉哈拉多恩浅莫昆的老太太，指多恩浅的祖先神。

多各辛（/dʊgʃin/），指“卡腾·巴日肯”（/katəŋ barkən/），意为神灵厉害或者脾气不好。

多各辛·博勒贝（/dʊgʃin bɔlbe/），变得暴戾，脾气不好。

多勒布日（/dʊlbur/），指一种通往冥界的治疗重病的象征仪式。

多勒布日·特日乌勒·要贝（/dʊlbur tər’ʊːl jaʊbe/），意为走通往冥界的道路，指萨满治疗重症的一个象征仪式。

多罗·布拉日·额吉楞（/dʊlʊ bʊlar əʤiləŋ/），多罗·布拉日之主，即多罗·布拉日泉水水神。

多罗·霍德（/dʊlʊ xʊd/），北斗七星。

多罗·莫日登（/dʊlʊ mərdəŋ/），直译“7个莫日登”，即莫日登7兄弟，同属莫日登哈拉崇斡罗莫昆，包括尼日耶浅（/nir’iʧen/）、寿儒托日苏浅（/ʃəʊrutʊrsu ʧen/）、西额·莫日登浅（/ʃi’ə mərdəŋʧen/）、乌其肯·莫日登浅（/uʧikən mərdəŋtʃən/）、西博奇浅（/ʃiboʧiʧen/）。

额格·雅德根（/əg jadgən/），母萨满，为师者，即萨满师傅。

额金（/əʤin/），主，主人，主宰者，国王，皇帝。

额金·古润（/əʤin gurun/），指国家。

额姆·多姆（/əm dʊm/），额姆、多姆同义反复，泛指药。

额姆恩·敖包（/əm’un ɔbɔ:/），直译“女人敖包”，位于莫力达瓦达斡尔族自治旗西博荣山上。

额姆昆讷日·瓦日吉（/əmʊkʊnə:r warʤi/），温柔地进入。

额任·查日·额日依森（/ərən ʧar ər’isən/），时代变化了，时代不同了。

额任·查日·博勒恩·西德（/ərən ʧar bɔllən ʃi:də/），是时候了，到时间了。

额日德么（/ərdəm/），本领，能力。

额日克（/ərk/），念珠。

额特日肯（/ətərkən/），黑熊，黑熊神，认为是成精的黑熊。

额头乌（/ətə’u/），老太太。

额吐温·太提（/ətu’un tajti/），直译“大祖母”，李肯哈拉的祖先神。

鄂嫩哈拉博斯克浅（/ənən xal bʊsəkʧen/），鄂嫩哈拉博斯克浅莫昆。

鄂嫩哈拉坤金莫昆（/kunʤin mokun/），鄂嫩哈拉坤金莫昆。

恩奴日（/ənnur/），或恩都日（/əndur/），神仙。

恩奴日（/ənnur/），或混奴日（/xunnur/），神仙，高位神。

恩奴日·巴日肯（/ənnur barkən /），巴日肯的尊称。

恩奴日·腾格日（/ənnur/），天神的尊称。

嘎胡查（/gaxʊʧa/），即嘎胡查·雅德恩（/gaxʊʧa jad’ən/）、嘎胡查·萨满（/gaxʊʧa saman/），郭博勒哈拉满那莫昆的著名大萨满。

嘎胡查·巴日肯（/gaxʊʧa barkən/），即嘎胡查·爷爷（/gaxʊʧa jeje/）。

嘎胡查·爷爷（/gaxʊʧa jeje/），即嘎胡查·萨满（/gaxʊʧa saman/），郭博勒哈拉满那莫昆（/gʊ:bəl xal manna mokun/）的著名大萨满。

嘎里·巴日肯（/gali barkən/），火神。

嘎里·卡日耶贝（/gali karæbe/），直译“跳火”，跳过三堆篝火，萨满领神仪式的规定动作。

嘎力卓·古斯克·翁果日（/galiʤʊ guskə ʊŋgʊr /），直译“疯狼神”，狼神之一种。

嘎列·阿勒库吉（/galiə alkuʤi/），直译“迈过火堆”，指跳过三堆篝火，萨满领神仪式的规定动作。

嘎日贝（/garbe/），本义“出来”或“出去”，指领神仪式，民间也叫“出马”。

嘎日森（/garsən/），本义“出来了”、“出来的”，指已经举行正式领神仪式的巫统人员或巫统道路。

嘎日森·雅德恩（/garsən jad’ən/），已经出徒的“雅德恩”，即举行过领神仪式的萨满。

噶吉日·都阿日（/gaʤir dʊar/），地下（的神灵）。

噶吉日·额金（/gaʤir əʤin/）或噶吉日·额吉楞（/gaʤir əʤiləŋ/），地方之主，即地方神。

噶吉日·罗松（/gaʤir lʊsʊŋ/），地方龙神。

刚嘎·欧斯（/gaŋga: əus/），“刚嘎”草，当地人称“百里香”。

高里（/gɔli/），即高里·莫德（/gɔli mɔdə/），敖包中心柱。

高里·莫德（/gɔli mɔdə/），敖包中心柱。

格古·格古（/gəgu gəgu/），模仿鸟叫声。

格日依·托若（/gəri: tʊrʊ:/），室内托若树，室内的神树。

姑太提（/gu: tajti/），或姑乌·太提（/gu'u tajti/），直译“姑奶奶”，指莫昆女性萨满先祖神灵。

古热斯（/gurə:s/），野兽、野生动物。

古斯克（/guskə/），狼，狼神，认为是成精的狼。

古斯克·翁果日（/guskə ʊŋgʊr/），狼神。

瓜日拉斯（/gʊarlas/），斡托西的法衣，像裙子一样的装束。

挂日奔·晃阿日（/gʊarbən xʊaŋar/），三个铜铃。

挂日奔·忙阿·扫卡森乌未（/gʊarbən maŋ'a sawkasən uwe/），没有把三个本领坐下来，指没有正式领神“出马”。

拐勒·敖包（/gʊajl ɔbɔ:/），拐勒敖包。

拐勒·额金（/gʊajil əʤin/），直译“拐勒之主”，指拐勒·哈德·额金，即拐勒山崖山神。

拐勒·哈德（/gʊajil xad/），拐勒山崖。

拐勒·哈德·敖包（/gʊajil xad ɔbɔ:/），拐勒山崖敖包。

拐勒·哈德·额吉楞（/gʊajil xad əʤiləŋ/），即拐勒·哈德·额金（/gʊajil xad əʤin/），拐勒山崖之主，拐勒山崖山神。

拐勒·哈德·罗松（/gʊajil xad lʊsʊŋ/），拐勒山崖的龙神。

拐勒·哈德·罗松·敖包（/gʊajil xad lʊsʊŋ ɔbɔ:/），拐勒山崖的龙神敖包。

贵·雅德恩（/guj jad'ən/），沃热哈拉绰库勒莫昆（沃热哈拉博荣凯亚）第8代霍卓日·雅德恩，沃菊芬萨满的爷爷。

贵贝（/gujbe/），直译“跑”，指沿着9棵白桦树“8”字形往返跑9圈，巴日西领神仪式的规定动作。

贵乌·额任尼讷·博勒恩（/guiwu ərənin bɔllən/），到了该“跑”的时候了。

郭博勒哈拉（/gʊ:bəl xal/），达斡尔族古老的氏族，后简称单字姓氏“郭”。文献亦写作“郭布罗”。

郭博勒哈拉多布浅爱里（/gʊ:bəl xal dʊbuʧen æli/），郭博勒哈拉多布浅莫昆。

郭博勒哈拉厄尔根浅（/gʊ:bəl xal ərgənʧen/），即郭博勒哈拉厄尔根浅莫昆，也叫格日衮莫昆（/gərgun mokun/）。

郭博勒哈拉满那爱拉（/gʊ:bəl xal manna æla/），即郭博勒哈拉满那莫昆（/gʊ:bəl xal manna mokun/）。

郭博勒哈拉乃音浅（/gʊ:bəl xal næjinʧen/），即郭博勒哈拉乃音浅莫昆。

郭博勒哈拉塔温浅（/gʊ:bəl xal ta:unʧen/），即郭博勒哈拉塔温浅莫昆。

果绰日（/gʊʧʊr/），牛皮底布面帮的靴子。

果克依日其贝（/gʊ:kir ʧibe/），指用萨满神服两侧牛皮条“阿斯朗”（/aslaŋ/）抽打、按压或者与萨满双手拉牛皮条两端对跳的祈福仪式。

果钦・挂日博・朱仁提（/gʊʧin gʊarbe ʤurənti/），有33条道路。

果钦・回日・朱仁提（/gʊʧin xʊjar ʤurənti/），有32条道路。

哈德（/xad/），山崖，悬崖。

哈德・巴日肯（/xad barkən/），山崖之神。

哈德・额金（/xad əʤin/），山崖之主。

哈迪格（/xadig/），彩色绸布条。

哈赫尔（哈赫日）（/xa:xər/），鄂温克族的一个姓氏。

哈拉（/xal/），达斡尔族父系氏族组织的统称。

哈拉—莫昆（/xal mokun/），达斡尔族父系氏族组织名称，后简化为姓氏名称。

哈勒邦库（/xalbəŋku/），萨满神服的神裙。

哈里额・讷贝（/xaliə nəbe/），打开大门，指举行领神仪式。

哈罗（/xalʊ/），水獭。

哈讷日特恩（/xannərtən/），意为被附身、附着了。

哈日（/xar/），黑，黑色的。

哈日・博日吉（/xar bʊrʤi/），黑色博尔吉河。

哈日・穆日（/xar mur/），黑龙江。

哈日·奴吉日·额金（/xar nuʤir əʤin/），黑蛇之主，指蛇神。

哈日·其昂（/xar ʧiaŋ/），直译“黑、白”，指黑白蛇神。

哈日·其昂·额金（/xar ʧiaŋ əʤin/），黑、白之主，指蛇神。

哈日·其昂·霍别楞（/xar ʧiaŋ xʊbæləŋ/），直译“黑、白变化者”，指黑、白蛇神。

哈日·其昂·霍别楞提贝（/xar ʧiaŋ xʊbælaŋtibe/），我有黑、白蛇神。

哈日·其昂·奴吉日（/xar ʧiaŋ nuʤir/），黑、白蛇神。

哈日·索姆（/xar sʊm/），黑箭，意为黑巫术。

哈日米·阿日斯（/xarmi: ars/），犴皮。

哈日莫拉贝（/xarmlabe/），意为保护。

哈音(/xajin/)，也叫霍卓日·哈音(/xʊʤʊr xajin/，巴特恩达斡尔群体)或斡卓日·哈音（/ʊʤʊr xajin/，海拉尔达斡尔群体），祖先神偶像。

海拉日·果里（/xailar gʊli/），海拉尔河。

海拉日·果里·霍别楞提·巴日耶森（/xailar gʊli xʊbilaŋti barisən/），抓着海拉尔河“变化者”而来。

海日斯·巴日肯（/xairs barkən/），海日斯，榆树，海日斯·巴日肯，一种山神的名字。

合里·斡日特·博勒色·夸莫伊·阔其贝（/xəli ʊrt bɔlɔsə kʊami kʊʧibe/），舌头长了缠绕脖子。

河日·塔勒（/xə:r tal/），河滩、草地。

呼兰·巴日肯（/xulan barkən/），或乌兰·巴日肯，郭博勒哈拉满那莫昆（/gʊ:bəl xal manna mokun/）祖先神。

胡德·塔勒（/xudə: tal/），草地、河滩。

胡日特·莫德（/xurt mɔdə/），茂密树木，森林。

花然·敖包，即华仁·敖包（/xʊarn ɔbɔ:/），莫昆公共墓地敖包。

花仁（/xʊarn/），也写作“花然”，莫昆公共墓地。

华日额浅（/xʊar'əʧen/），敖拉哈拉华日额浅。

华日么(/xʊarn/)，达翰尔民族服装的长袍下摆，文中指萨满的斗篷下摆。

华日么·斡日特·博勒色·库里·阔其贝（/xʊarm ʊrt bɔlɔsə kuli kʊʧibe/），衣衫长了裹卷腿脚。

怀玛日（/xʊajmar/），即怀玛日·巴日肯（/xʊajmar barkən/），神灵名称。

怀玛日·巴日肯（/xʊajmar barkən/）或怀玛日·查（/xʊajmarʧa/），神灵名称。

黄格萨满（/xʊaŋgə saman/），郭博勒哈拉满那莫昆的著名萨满。

黄萨满·太提（/xʊaŋ saman tajti/），即黄格萨满，郭博勒哈拉满那莫昆的著名萨满。

会托日·莫日登（/xʊitʊr mərdəŋ/），莫日登哈拉崇斡罗莫昆的分支。

混奴日·巴日肯（/xunnur barkən/），高位神，指神佛。

混奴日·博力·要太讷（/xunnur bʊli jaʊten/），进入高处行走，意为进步、晋升。

混奴日·博力太讷（/xunnur bʊliten/），处于高位，高处，指进步。

混诺勒提（/xʊnʊlti/），有雷声，指雷神。

混图日（/xuntur/）或温图日（/untur/），神鼓。

霍别楞（/xʊbæləŋ/），意为变化者，指神灵的变身、化身，或代指神灵。

霍列日·巴日肯（/holier barken/），神灵名称。

霍嫩勒·腾格日·道提贝（/xʊnəl təŋgər daʊtibe/），我有雷神滚滚的声音。

霍嫩勒·腾格日·霍卓日提（/xʊnəl təŋgər xʊʤʊrti/），有雷神的根子。

霍尼额克·塔克依勒（/xʊni əki takil/），年初祭祀。

霍尼马托·塔克依勒（/xʊni madaŋ takil/），年终祭祀。

霍日里·绰罗（/xʊrli ʧʊlʊ:/），霍日里石头，指霍日里山山神。

霍日里·乌塔其（/xʊrli uta:ʧ/），直译“霍日里老爷子”，指“霍日里·绰罗”之主，即霍日里山山神。

霍日耶！霍日耶！（/xʊre xʊre/），动词，直译“汇聚啊汇聚”，祈福仪式。

霍日耶（/xʊre/），名词，家畜的圈舍、笼子。

霍卓热·达额森（/xʊʤʊrəː daəsən/），指长相特别是脾性像母亲及其所属莫昆家族之人。

霍卓日（/xʊʤʊr/，巴特恩达斡尔群体），即斡卓日（/ʊʤʊr/，海拉尔达斡尔群体），本义根，根子，意为源头、根本，指称血亲远祖祖先或始祖祖先神。

霍卓日·巴格其（/xʊʤʊr bagəʧ/），莫昆巴格其。

霍卓日·巴日肯（/xʊʤʊr barkən/），或斡卓日·巴日肯（/ʊʤʊr barkən/），祖先神，莫昆祖先神。

霍卓日·巴日西（/xʊʤʊr barʃ/），莫昆巴日西。

霍卓日·巴日西·太提（/xʊʤʊr barʃ tajti/），莫昆巴日西祖母，指莫昆女性巴日西先祖神灵。

霍卓日·巴日西·爷爷（/xʊʤʊr barʃ jeje/），莫昆巴日西爷爷，指男性巴日西先祖神灵。

霍卓日·额头乌·太提（/xʊʤʊr ətəu tajti /），莫昆老太太，莫昆祖母，指莫昆女性先祖神灵。

霍卓日·姑乌·太提（/xʊʤʊr gu'u tajti/），直译"莫昆姑奶奶"，指莫昆女性萨满先祖神灵。

霍卓日·哈音（/xʊʤʊr xajin/），祖先神偶像。

霍卓日·库钦（/xʊʤʊr kuʧin/），祖先神，众多祖先神。

霍卓日·娘娘（/xʊʤʊr njaŋnjaŋ/），莫昆家族的娘娘神。

霍卓日·萨满（/xʊʤʊr saman/），即霍卓日·雅德恩（/xʊʤʊr jad'ən/），莫昆·萨满。

霍卓日·太提（/xʊʤʊr tajti/），直译"莫昆奶奶或莫昆祖母"，指莫昆女性萨满先祖神灵。

霍卓日·雅德恩(/xʊʤʊr jad'ən/，巴特恩达斡尔群体)，或斡卓日·雅德恩（/ʊʤʊr jad'ən/，海拉尔达斡尔群体），莫昆·萨满。

霍卓日·爷爷（/xʊʤʊr jeje/），莫昆爷爷。

吉勒（/ʤil/），牛皮绳，用一头牛的整张牛皮做成的大约两指宽的无接缝牛皮绳子，也叫做“拴那”。

吉勒·塔特贝（/ʤil tatbe/，达斡尔语）或索隆·塔特贝（/sʊ:lʊŋ tatbe/，蒙古语），跳牛皮绳，即在牛皮绳上骑行跑，萨满领神仪式的规定动作。

吉勒·斡日特乌·霍恩（/ʤil ʊrtʊ xʊŋ），迎接属相年，指即将进入本命年。

吉雅（/ʤija:/），意为命运，福气。

吉雅其·巴尔肯（/ʤija:ʧi barkən/）或吉雅其·带拉日（/ʤija:ʧi dailar/），也有地方叫做诺·巴尔肯（/nʊ: barkən/），司命运之神。

金肯哈拉瑟克音莫昆（/ʤiŋkən xal səkin mokun/），金肯哈拉的分支莫昆。

金肯哈拉瑟克音莫昆谢金爱勒（/ʤiŋkən xal səkin məkun ʃeʤin ælə/），金肯哈拉瑟克音莫昆谢金村。

金立爷爷（/ʤinli jeje/），神灵名称。

卡日其·杜卡（/karʧi duka:/），坎坷、劫难。

卡日其·苏姆（/karʧi sumu/），坎坷、磨难。

卡腾（/katəŋ/）或卡图（/katu/），本义“硬”，意为艰难；也指人厉害，本事大，能力强。

卡腾·博勒乌德（/katəŋ bəlwud/），引申为地方变得著名了、闻名了。

考钦·霍卓日（/kaʊʧin xʊʤʊ:r/），远古祖先（神）。

克安其（/kəanʧi/），一种小的“翁果日”的名称，也写作“奇彦其”（/ʧijanʧi/）。

克安其·提（/kəanʧiti/），领有“克安其·翁果日”（/kəanʧi ʊŋgʊr/）的人。

克库（/kəku/），小子，男子。

克库·雅德根（/kəku jadgən/），子萨满，为徒者，即萨满徒弟。

克日哲（/kərʤə/），园子。

克伊登（/kəidəŋ/），也叫霍卓日·克伊登（/xʊʤʊr kəidəŋ/），副神，

双龙形象。

库克·腾格日（/kuk təŋgər/），蓝天。

库克·腾格日·贵勒斯提贝（/kuk təŋgər gujləstibe/），蓝色天空中我有道路。

库热（/kurə/），圆圈，圈子。文中指斯琴掛萨满及其弟子所属莫昆家族的范围。

库热浅（/kure:ʧen/），敖拉哈拉的库热浅。

奎力浅（/kuiliʧen/），敖拉哈拉奎力浅。

昆其额·达额森（/kunʧi'ə da'əsən/），指长相特别是脾性像父亲及其所属莫昆家族之人。

阔提·艾日耶·孔阔里比谢（/kʊ:ti ær'i kʊŋkʊli'biʃ/），壶里的酒让你歪歪斜斜。

阔托日（/kɔtɔr/），即阔托日·博音，财富、福源。

阔托日（/kʊtʊr/），指"阿日善"圣水。进到"阔托日"里面走，指洗"阿日善"圣水。

阔托日·博音（/kʊtʊr bʊjin/），财富、福源。

阔托日·博音·霍日耶乌·霍日耶（/kʊtʊr bʊjin xʊræu: xʊræ/），积攒财富的圈舍、笼子。

拉里（/la:li/），即苏·拉里（/su la:li/），特制供品，牛奶粥。

拉里浅（/la:liʧen/），即敖拉哈拉拉里浅（/aʊla xal la:liʧen/）。

拉日其·拉瓦（/larʧi lawa:/），"拉日其"是树叶，"拉瓦"是枝杈，直译"树叶和枝杈"，指父系血统以外的旁支。

喇嘛·巴日肯（/lam barkən/），藏传佛教的神。

喇嘛萨满（/lam saman/），即拉·萨满（/la: saman/），鄂嫩哈拉博斯克浅第 6 代莫昆·萨满，斯琴掛萨满的莫昆太爷爷。

老太提（/lɔ tajti/），老奶奶、老祖母，指代敖拉哈拉拉力浅的先祖神灵。

鲁吉日（/luʤir/），或鲁朱日（/luʤur/），即"鲁吉日·巴日肯"或"鲁朱日·巴日肯”(海拉尔达斡尔群体)，即“奴吉日”、“奴吉日·巴日肯”(莫力达瓦达斡尔群体)，均为蛇神。

罗斯（/lʊs/），或罗松（/lʊsʊŋ/），龙神，泛指水系神灵。

罗斯·巴日肯（/lʊs barkən/），龙神，泛指水系神灵。

罗斯·塔克贝（/lʊs takəbe/），祭祀龙神，供奉龙神。

罗松（/lʊsʊŋ/），即罗斯（/lʊs/），龙神，泛指一切水系神灵。

罗松·敖包（/lʊsʊŋ ɔbɔ:/）或罗斯依·敖包（/lʊsi ɔbɔ:/），龙神敖包。

罗松·敖包·额金（/lʊsʊŋ ɔbɔ: əʤin/），龙神敖包之主。

罗松·敖包·额金·莫日登·太提（/lʊsʊŋ ɔbɔ: əʤin mərdəŋ tajti/），龙神敖包之主莫日登·太提（/mərdəŋ tajti/）。

罗松·额金（/lʊsʊŋ əʤin/）或罗松·额吉楞（/lʊsʊŋ əʤiləŋ/），泛指龙神。

罗松·库钦（/lʊsʊŋ kuʧin/），龙神。

麻罗（/malʊ:/），即玛罗·巴日肯（/malʊ: barkən/），神灵名称。

玛登·莫尼噢（/madəŋ mɔniɔ/），非常神奇。

玛嘎拉（/magəl/）或玛额勒（/maəl/），萨满神帽。

玛罗·巴日肯（/malʊ: barkən/），有文献亦写作麻罗（/malʊ:/），神灵名称。

满那·敖包（/manna ɔbɔ:/），也叫满尼·敖包（/manni ɔbɔ:/），郭博勒哈拉满那莫昆的敖包。

满那莫昆（/manna mokun/），郭博勒哈拉满那莫昆。

满讷吉（/mannəʤi/），遍布、传扬。

莽额勒其（/maŋəlʧi/），萨满头饰。

梅森·太提（/məjsən tajti/），金肯哈拉祖先神。

梅森浅（/məjsənʧen/），指金肯（金齐里）哈拉。

梅斯勒·太提（/məjsəl tajti/），即“梅森·太提”（/məjsən tajti/），也称为“梅斯勒·巴日肯”（/məjsəl barkən/），金肯哈拉祖先神。

米纳（/mina/），神鞭，萨满的法器。

莫·尼德·雅德恩（/mʊː nidə jad’ən/），敖拉哈拉多音莫昆的萨满。

莫德（/mɔdə/），树木。

莫德贝（/mədəbe/），知道，懂得。

莫德浅（/mədəʧen/），预知者，占卜师。

莫地·巴日肯（/mɔd’ i barkən/）或莫德·巴日肯（/mɔdə barkən/），树木神，属于山神系列。

莫额（/mʊə/），蛇。

莫额·巴日肯（/mʊə barkən/），蛇神。

莫凯日（/mʊːkari/），山岗名称，位于莫力达瓦达斡尔族自治旗境内。

莫昆（/mokun/），达斡尔族父系氏族组织“哈拉”下一层血缘关系更为亲近的基层组织的统称。

莫昆·达（/mokun daː/），莫昆家族族长。

莫昆·库钦（/mokun kuʧin/），莫昆家族成员。

莫昆·库热（/mokun kurə/），直译“莫昆圈”，指莫昆家族成员或莫昆家族的边界和范围。

莫嫩·胡（/mənən xuː/），意为麻木、反应迟钝之人。

莫日登·额头乌（/mərdəŋ ətəu/），也称为莫日登·太提（/mərdəŋ tajti/），莫日登哈拉的祖先神。

莫日登·罗松·敖包（/mərdəŋ lʊsʊŋ ɔbɔː/），莫日登哈拉的龙神敖包。

莫日登哈拉（/mərdəŋ xal/），达斡尔族古老的父系氏族，后简称单字姓氏“孟”。

莫日登哈拉阿拉克产莫昆（/mərdəŋ xal alkəʧan mokun/），莫日登哈拉的分支莫昆。

莫日登哈拉崇斡罗莫昆尼日耶浅（/mərdəŋ xal ʧʊŋʊlo mokun nir’iʧen/），莫日登哈拉崇斡罗莫昆的分支。

莫日登哈拉崇斡罗莫昆西博奇浅（/mərdəŋ xal ʧʊŋʊlo mokun ʃiboʧīʧen/），莫日登哈拉崇斡罗莫昆的分支。

莫日登哈拉崇斡罗莫昆西额莫日登浅（/mərdəŋ xal ʧʊŋʊlo mokun ʃi’ə

mərdəŋʧen/），莫日登哈拉崇斡罗莫昆的分支。

莫日登哈拉寿儒托日苏（/mərdəŋ xal ʃəʊru tʊrsu/），即莫日登哈拉寿儒托日苏浅（/mərdəŋ xal ʃəʊrutʊrsuʧen/），莫日登哈拉崇斡罗莫昆的分支。

莫日登哈拉西额莫日登浅（/mərdəŋ xal ʃi’ə mərdəŋʧen/），莫日登哈拉崇斡罗莫昆的分支。

木荣奎・太提（/mu:ruŋkuj tajti/），鄂温克族涂格敦哈拉的祖先神。

穆都日・华日么（/mudur xʊarm/），龙神长袍衣衫的下摆，一种象征说法。

那日依・古润（/nari: gurun/），指日本国。

纳文・果里（/nawən gʊli/），纳文江。

纳文・果里・额吉楞（/nawən gʊli əʤiləŋ/），纳文江之主，纳文江江神。

纳哲勒・达额德额・巴日肯（/na:ʤəl da’ə’də’ə barkən/），一种跟姑娘传的娘家神。

奶妮・巴日肯（/najni barkən/），神灵名称，郭博勒哈拉莫热莫昆的祖先神。

奶妮・太提（/najni tajti/），即奶妮・巴日肯（/najni barkən/），神灵名称，郭博勒哈拉莫热莫昆的祖先神灵。

讷森乌未（/nə:sən uwe/），没有打开（道路）。

尼日耶・敖包（/nir’i ɔbɔ:/），即莫日登哈拉尼日耶敖包。

尼日耶・敖包・额金（/nir’i ɔbɔ: əʤin/），尼日耶敖包之主，即尼日耶敖包神。

尼日耶・哈德（/nir’i xad/），尼日耶山崖，指莫力达瓦达斡尔族自治旗尼尔基镇原来的老山头。

尼日耶・哈德・额金（/nir’i xad əʤin/），尼日耶山崖之主。

尼日耶・罗松（/nirgi lʊsʊŋ/），尼日耶龙神。

尼日耶・罗松・爷爷（/nirgi lʊsʊŋ jeje/），尼日耶龙神爷爷，即尼日耶龙神。

尼日耶浅（/nir'iʧen/），莫日登哈拉崇斡罗莫昆的分支。

娘娘·巴日肯（/njaŋnjaŋ barkən/），或腾格日·娘娘（/təŋgər njaŋnjaŋ/），娘娘神。

涅克日·托里（/nekər tɔ:li/），护心铜镜。

奴吉日（/nuʤir/），蛇神。

奴吉日·巴日肯（/nuʤir barkən/，巴特恩达斡尔群体），即鲁吉日·巴日肯（/luʤir barkən/）或鲁朱日·巴日肯（/luʤur barkən/，均指海拉尔达斡尔群体），发音不同，蛇神。“奴吉日·巴日肯”属于“罗斯·巴日肯”系列。

诺敏·果里（/nʊmin gʊli/），诺敏河。

诺敏·果里·额吉楞（/nʊmin gʊli əʤiləŋ/），诺敏河之主，诺敏河河神。

诺姆·索姆·哈日莫贝（/nʊm sʊm xarmbe/）或索姆·卡日库贝（/sʊm karkube/），射箭，萨满领神仪式的规定动作。

欧德·哈勒额·讷森·乌未（/əudə: xalə' ə nə:sən uwe/），没有打开院门、屋门，指没有打开道路。

欧德额·讷森·乌未（/əudə: ' ənə:sən uwe/），没有打开屋门，指没有打开道路。

欧德西讷·讷库亚贝（/əudə:ʃin nə:kujabe/），给你打开大门呢。

欧克·阿卡查（/əukə akaʧa/），神灵名称。

欧姆勒·多姆勒（/əməl dəməl/），孙子、重孙。

欧日·仇日（/əur ʧəur/），欧日、仇日同义反复，泛指疾病。

欧日·扎德额（/əur ʤad'ə/），泛指疾病。“欧日”是一般疾病，“扎德额”常指老病，还指时疫、传染性疾病等。

欧斯（/əus/），草。

派其乌·额任·米讷·博勒恩（/paʧiu ərənmin bəllən/），到了我要散去的时候了。

平果·太提（/piŋgo tajti/），指平果萨满。

平果萨满（/piŋgo saman/），敖拉哈拉登特科浅的萨满。

其昂・哈德・敖包（/ʧiaŋ xad ɔbɔ:/），其昂山崖敖包。

其昂・哈德・额吉楞（/ʧiaŋ xad əʤiləŋ/），其昂山崖之主，其昂山崖山神。

其卡密（/ʧikami/），牛皮底袍腿皮拼缝为帮的靴子。

其日依・诺因（/ʧir'i nɔjin/），公家的领导。

浅（/ʧen/）或钦（/ʧin/），指某一类人或者从事某一职业，或者具有某些特征的人或人们。

撒里・莫日耶（/sa:lli mɔri/），浅灰色马。

撒纳・乌卡（/sana: u:ka/），思想、方法。

萨玛仕克（/sama:ʃək/），萨满神服。

萨满・太提（/saman tajti/），萨满奶奶，指女性萨满先祖神灵。

萨满・爷爷（/saman jeje/），萨满爷爷，指萨满先祖神灵。

赛肯・扫图（/saikən sɔ'tu/），好好就坐。

扫德勒（/saʊdəl/），神灵的座位。

瑟博吉勒贝（/səbʤilbe/），聚会欢愉。

沙德勒（/sadəl/），能力，本领。

沙日库（/ʃarku/），墙。

山登（/ʃandəŋ/），海拉尔达斡尔群体的叫法，即萨满墓，用石头堆积而成。文献记载亦写作“尚德”。

山登・敖包（/ʃandəŋ ɔbɔ:/），为萨满墓“山登”修建的敖包。

寿儒托日苏（/ʃəʊru tʊrsu/），即寿儒托日苏浅（/ʃəʊrutʊrsu ʧen/），莫日登哈拉崇斡罗莫昆的分支。

寿儒托日苏・太提（/ʃəʊru tʊrsu tajti/），即寿儒托日苏・姑乌・太提，莫日登哈拉寿儒托日苏浅的先祖神灵。

熟勒森・塔克依勒（/ʃu:lə:sən takil/），一种祭祀仪式名称。

甩额・挥亚贝（/sʊaj'ə xʊjabe/），甩额（/sʊaj'ə/），本义艾蒿；挥亚贝（/xʊjabe/），本义绑系。甩额・挥亚贝直译“绑艾蒿”，是达斡尔族萨满传统礼仪，指弟子去给萨满师傅送一头大牲畜作为拜师礼。

甩额·挥亚比谢（/sʊaj'ə xʊjabiʃi/），候选者给萨满师傅送大牲畜做见面礼。

拴那（/ʃʊanna/），"室内托若树"和"室外托若树"之间拉起的牛皮绳。

硕末日提·袋日（/ʃʊmʊrti dajr/），带过滤嘴的或长或短的烟袋杆，"硕末日"是烟袋杆的嘴儿，用玛瑙或者翡翠制成，也有用木头做的。

斯日特·恩奴日（/sərət ənnur/），人名。

苏阿德勒（/sʊadəl/）或苏阿迪勒（/sʊadil/），血管、命脉，河流主干道等。

苏阿迪勒·塔特杰地·博吉日森么（/sʊadil tataʤiəd bʊ:ʤirsənme/），我拉着血脉下来的。

苏都日哈拉乌日昆莫昆（/su:du:r xal urkun mokun/），苏都日哈拉乌日昆莫昆。

苏吉勒吉（/suʤiləʤi/），供奉，祈祷。

苏姆（/sumu/），义同"特额"（特格），不同地方的叫法不同，意为神灵之组合的位数及位次，具体表现为神灵画像中每个"特额"或"苏姆"即表示有一位神灵，占有一格，转圈排开。比如，腾格日·娘娘（娘娘·巴日肯）有6个"苏姆"，即表示腾格日·娘娘包含6位娘娘神；西额·巴日肯有12个"特额"，即表示西额·巴日肯由12位神灵组合而存在。

苏木斯（/sums/），灵魂。

苏木斯勒其贝（/sumsləʧibe/），招魂或者追魂。

索罗贝（/sʊlʊ:be/），意为神灵托梦。

索姆·哈日莫贝（/sʊm xarmbe/）或诺姆·索姆·哈日莫贝（/nʊm sʊm xarmbe/），射箭，象征打开道路，萨满领神仪式的规定动作。

索日比（/sʊribi/），神杖，双马头杖，萨满的法器。

塔克依勒（/takil/），名词，祭祀，供奉。

塔日格斯（/targəs/），彩色四方旗，萨满的法具之一。

塔温浅（/ ta:unʧen/），郭博勒哈拉塔温浅莫昆。

太提（/tajti/），奶奶，祖母。

泰日米特·艾日耶（/tærmit ær’i/），泰日米特酒。

泰日米特·奥苏（/tærmit ɔs/），泰日米特水。

泰日米特·欧斯（/tærmit əus/），泰日米特草。

泰日米特·切（/tærmit ʧe/），泰日米特茶叶。

泰日米特·苏（/tærmit su/），泰日米特牛奶。

特尔布卡（/tərbuka/），齐齐哈尔达斡尔萨满群体巫冠上面类似佛僧帽的装饰物。

特格（/təgə/）或特额（/tə’ə/），与“苏姆”同义，不同地方的叫法不同，意为神灵之组合的位数及位次，具体表现为神灵画像中每个“特额”或“苏姆”即表示有一位神灵，占有一格，转圈排开。比如，腾格日·娘娘（娘娘·巴日肯）有6个“苏姆”，即表示腾格日·娘娘包含6位娘娘神；西额·巴日肯有12个“特额”，即表示西额·巴日肯由12位神灵组合而存在。

特日克音（/tərkin/），或特日肯（/tərkən/），本义“梯子”，指“室内托若树”上搭建的三根横木，象征“天梯”。

特日乌勒·嘎日阿吉·依日森（/tər’ulə: garga:ʤi: irsən/），为打开道路而来。

特日乌勒·贵斯勒（/tər’ʊ:l gujsl/），特日乌勒、贵斯勒同义反复，均为道路。

特日乌勒·穆日（/tər’u:l mur/），特日乌勒、穆日同义反复均为道路。

特日乌勒·穆日讷（/tər’u:l murən/），他的道路。

特日乌勒·讷扎贝（/tər’ul nə:ʤabe/），打开道路呢。

特日乌勒·欧索·讷勒未（/tər’u:l ɔsɔ: nə:lə:we/），想要打开自己的道路。

特日乌勒·欧索·赛肯·讷杰地·要乃的（/tər’u:l ɔsɔ: saikən nə:ʤiə:di jawnaidə/），你要好好打开你的道路行走啊。

特日乌勒·乌未（/tər’ulti uwe/），没有道路。

腾格日（/təŋgər/），天，天神。

腾格日・代拉日（/təŋgər dailar/），天神。

腾格日・库钦（/təŋgər kuʧin/），直译“天神的亲眷们”，指神灵的神圣来源。

腾格日・索姆（/təŋgər sʊm/），天剑，萨满的法器。

腾格日・塔克贝（/təŋgər takəbe/），供祭天神。

腾格日依・诺额（/təŋgəri nʊ’ə/）或腾格日依・诺格（/təŋgəri nʊg/），天狗，即天狗神。

提乌德（/tiudə/），因此，所以。

图布耶・伊德（/tubuɛ: idə:/），水果类供品。

图瓦浅（/ tuwaʧen/），指做饭的人或人们，厨师。

退日吉・莫图（/tuirʤi mə’tu/），巡游而知晓。

托库（/tʊku/），三角形小旗。

托库仁・敖拉（/tʊkrən aʊla/），托库仁山。

托库仁・敖拉・多罗・代讷乌音（/tʊkrən aʊla dʊlʊ dajn ujin/），托库仁山上的七仙女。

托库仁・敖拉・额金（/tʊkrən aʊla əʤin/），托库仁山之主，托库仁山山神。

托里（/tɔ:li/），铜镜。

托若（/tʊrʊ:/），即托若树，意为神树。

托若・巴日肯（/tʊrʊ: barkən/），泛指降临于“托若”神树之诸神灵。

托若・托勒贝（/tʊrʊ: tʊlbe/），竖立“托若树”，指举行斡米南仪式。

托若・托勒俩贝（/tʊrʊ: tʊliabe/），正在竖立“托若树”，即正在举行斡米南仪式。

托若・托勒乌・博勒瑟（/tʊrʊ: tʊlu: bɔlɔ:sə/），竖立“托若树”的时候，即做斡米南的时候。

托若・托勒乌德（/tʊrʊ: tʊlwu:d/），竖立托若树的时候，指举行斡米南仪式。

托若・托勒乌・乌都日（/tʊrʊ: tʊlwu: wu:du:r/），竖立“托若树”的日子。

托若·托里（/tʊrʊ: tʊli/），竖立“托若树”。

托若·托里·斡米纳贝（/tʊrʊ: tʊli ʊminabe/），竖立“托若树”，请众神降临欢聚，即举行斡米南仪式。

托若勒·西乌·斡日多恩讷（/tʊrʊ: l ʃiʊ ɔrdɔnə/），竖立“托若树”之前，指举行斡米南仪式之前。

瓦其（/waʧi/），羊尾，羊尾肥油。

温差日哈勒（/unʧar xal/），指鄂嫩哈拉温差日莫昆。

温德（/ʊən də/），是的。

温杜斯（/undu:s/），莫昆家族的男子。

温杜斯·霍卓日（/undu:s xʊʤʊr/），莫昆家族的男子。

温杜斯·克库（/undu:s kəku/），莫昆家族的男子。

翁古·旭特勒·苏勒（/ʊŋgu ʃytələ sul/），即“翁果日·旭特勒·苏勒”（/ʊŋgʊr ʃytələ sul/），意为众神灵。

翁果日（/ʊŋgʊr/），神灵，萨满神灵。

翁果日·库钦（/ʊŋgʊr kuʧin/），神灵，众神灵，萨满神灵。

翁果日·旭特勒（/ʊŋgʊr ʃytələ/），或翁果日·旭特楞（/ʊŋgʊr ʃytələŋ/），即巴日肯·旭特勒或巴日肯·旭特楞，神灵，旭特楞指供奉对象，即翁果日。

沃热哈拉博荣凯亚（/uərə xal bə:ruŋ kaja/），指沃热哈拉绰库勒莫昆（/uərə xal ʧuokulə mokun/）。

斡勒格（/ʊ:ləg/），蒙古语，方形垫子。

斡米纳贝（/ʊminabe/），诸神欢愉聚会。

斡米纳森（/ʊminasən/），做斡米南仪式。

斡米纳扎贝（/ʊminaʤabe/），众神聚会欢愉呢。

斡米南（/ɔmina:n/），或斡米纳仁（/ɔminaran/），即“托若·托勒贝”仪式。

斡日（/ʊr/），座位。

斡日浅（/ʊrʧen/），鄂伦春人。

斡日浅·额头乌（/ʊrʧen ətə'u/），直译“鄂伦春老太太”，指鄂伦春族某家族祖先神或女性先祖萨满神灵。

斡日浅·太提（/ʊrʧen tajti/），直译“鄂伦春老奶奶”，指鄂伦春族某家族的祖先神或者女性先祖萨满神灵。

斡托西（/ʊtʊʃi/），娘娘神的显示者和代言人主治妇科和儿童疾病。

斡托西·额头乌（/ʊtʊʃi ətə'ʊ/），斡托西老太太。

斡托西·霍卓日（/ʊtʊʃi xʊʤʊr/），斡托西根子，走斡托西道路的先祖神灵。

斡西（/ʊ:ʃi/），即斡西贝（/ʊ:ʃibe/），升迁、晋升。

斡西吉·要太讷（/ʊ:ʃiʤi jaʊten/），晋升着走，意为步步升高。

乌格力·哈达兰（/ugəli xadlan/），“雅德恩”所领诸神之总管家、总统领。

乌兰·巴日肯（/ulan barkən/，海拉尔达斡尔群体），或呼兰·巴日肯（/xulan barkən/，巴特恩达翰尔群体），郭博勒哈拉满那莫昆的祖先神。

乌其肯（/uʧikən/），小。

乌其肯·敖雷（/uʧikən aʊləi/），小山神，即小黄仙，认为是成精的鼬鼠。

乌其肯·博勒乌松（/uʧikən bɔlʊsʊŋ/），娘娘神名称。

乌其肯·绰库日（/uʧikən ʧʊ:kʊr/），小花色的。

乌其肯·拉里浅（/uʧikən la:liʧen/），敖拉哈拉拉里浅的分支。

乌其肯·莫日登（/uʧikən mərdəŋ/），莫日登哈拉崇斡罗莫昆的分支。

乌其肯·莫日登浅（/uʧikən mərdəŋ ʧen/），莫日登哈拉崇斡罗莫昆的分支。

乌其肯·娘娘（/uʧikən njaŋnjaŋ/），娘娘神名称。

乌日昆·莫日登（/urkun mərdəŋ/），莫日登哈拉崇斡罗莫昆的分支。

乌日翁·白特（/urwəŋ bajt/），好事，喜事。

乌斯·朱斯讷·奎彻基（/us ʤusən kuiʧəʤi/），羽翼渐渐丰满，意为该领神“出马”工作了。

乌苏斡浅（/usu:woʧen/），爱说话的或者口才好的人或人们。

乌塔其（/utaʧi/），老爷子。

乌西（/u:ʃi:/），即乌西・巴日肯（/u:ʃi: barkən /），乌西神。

乌西・娘娘（/u:ʃi: njaŋnjaŋ/），乌西娘娘神。

乌音（/ujin/），姑娘。

西博奇浅（/ʃiboʧiʧen/），莫日登哈拉崇斡罗莫昆的分支。

西额（/ʃi'ə/），大。

西额・敖包・额吉楞（/ʃi'ə ɔbɔ: əʤiləŋ/），西额敖包之主，西额敖包神。

西额・敖雷（/ʃi'ə aʊləi/），大山神，即狐仙，认为是成精的狐狸。

西额・巴日肯（/ʃi'ə barkən/），直译“大神”、“大神灵”，一些莫昆家族的祖先神。

西额・博勒乌松（/ʃi'ə bəlʊsʊŋ/），娘娘神名称。

西额・克勒特额（/ʃi'ə kəltə'ə/），直译“大鲫鱼”，指水系神灵“罗斯”系列河神或江神。

西额・奎力浅（/ʃi'ə kuiliʧen/），敖拉哈拉奎力浅的分支。

西额・拉里浅（/ʃi'ə la:liʧen/），敖拉哈拉拉里浅的分支。

西额・玛日西（/ʃi'ə marʃi/），直译“大的舞蹈（动作）”，指萨满神灵的高强本领。

西额・莫日登浅（/ʃi'ə mərdəŋʧen/），莫日登哈拉崇斡罗莫昆的分支。

西额・娘娘（/ʃi'ə njaŋnjaŋ/），娘娘神名称。

西额・沙日（/ʃi'ə ʃar/），直译“大黄”，指大山神。

西额・雅德恩（/ʃi'ə jad'ən/），大萨满。

谢仁・腾格日・谢金提贝（/ʃerən təŋgər ʃeʤintibe/），彩虹天空赋予我多彩道路。

歘日额勒・霍卓日（/ʧʊar'əl xʊʤʊr/），苏都日哈拉的祖先神。

歘日额勒浅（/ʧʊar'ələʧen/），指苏都日哈拉（/su:du:r xal/）。

旭特勒（/xytələ/），或旭特楞（/xytələŋ/），指供奉对象，即巴日肯，神灵。

雅德恩（/jad'ən/）或雅德根（/jadgən/），达斡尔族对男、女萨满的统称。

雅德恩·敖包（/jad'ən ɔbɔ:/），莫力达瓦达斡尔群体的叫法，萨满墓之一种形式。沃菊芬萨满莫昆家族上代萨满的雅德恩·敖包位于莫力达瓦达斡尔族自治旗西博荣村山上。

雅德恩·额头乌（/jad'ən ətəu/），雅德恩老太太。

雅德恩·嘎日贝（/jad'ən garbe/），直译“出·萨满”，即萨满领神仪式。

雅德恩·胡（/jad'ən xu:/），萨满人，泛称。

雅德恩·霍卓日（/jad'ən xʊʤʒʊr/），雅德恩根子，走雅德恩道路的祖先（祖先神）。

雅德恩·乌音（/jad'en ujin/），雅德恩姑娘，萨满姑娘。

雅德恩·爷爷（/jad'ən jeje/），萨满爷爷。

雅德恩里扎贝（/jad'ənliʤʒabe/），萨满跳神。

亚乐·雅德恩（/ja:lə jad'ən/），敖拉哈拉多音莫昆的萨满，沃金柱（俩克达）萨满的母亲。

爷爷（/jeje/），爷爷，祖父。

伊勒阿（/ilə'a/），花，花儿。

伊敏·果里（/imin gʊli/），伊敏河。

伊敏·果里·特额提·伊日森（/imin gʊli tə'əti irsən/），从伊敏河得到座位而来。

伊日木汗（/irmʊxan/），阴间世界。

伊若（/irʊ/），也叫雅德恩·伊若（/jad'ən irʊ/），萨满的唱祷神歌。

伊斯尔·哈德（/isər xad/），伊斯尔山崖。

伊斯尔·哈德·敖包（/isər xad ɔbɔ:/），伊斯尔山崖敖包。

伊斯尔·哈德·额吉楞（/isər xad əʤʒiləŋ/），伊斯尔山崖之主，伊斯尔山崖山神。

依格德未（/igədəwe/）或者西额德未（/ʃi'ədəwe/），直译“变大、变强”。“依格德未”（/igədəwe/）是达斡尔语，鄂温克语说“伊德”（/idə:/），均指做一天的仪式。

依格德未·塔克伊勒（/igədəwe takil/），直译“变大变强”的仪式，萨满每年定期举行的祭祖仪式。

依思尔（/isər/），神灵名字。

约斯（/jɔs/），规矩。

扎布·萨满（/ʤabu saman/），敖拉哈拉库热浅的萨满。

扎哈日特（/ʤaxart/），萨满神服的坎肩。

扎哈日特·扎勒恩·未德·扎勒额吉（/ʤaxart ʤal’ən uidə: ʤal’əʤi/），意为接续萨满道路，代代传承。

扎列（/ʤaræ/），瑷珲地区达斡尔人对“雅德恩”助手的称谓。

扎梅·伊勒阿（/ʤa:məj ilə’a/），一种叫做“扎梅”的花，当地人称刺梅花。

扎梅·伊勒阿·扎恩德恩达，德么扬古（/ʤa:məj ilə’a ʤandənda dəmjaŋgu:/），沃菊芬萨满神灵降临时的神歌序曲之一。

扎仁都日布·特日乌勒提（/ʤaran durbə tər’ulti /），有 64 条道路。

扎仁扎日·特日乌勒提（/ʤarənʤar tər’ulti/），有 66 条道路。

扎日额楞·德日腾（/ʤar’ələŋ dərtəŋ/），出天花而死。

扎熟日（/ʤaʃur/）或吉苏日（/ʤisur/），神鼓之鼓槌。

扎斯日（/ʤasar/），即扎熟日（/ʤaʃur/），神鼓之鼓槌。

扎瓦（/ʤawa:/），即“萨玛什克”，萨满神服。

扎伊·瓦克勒（/ʤa’i wakəl/），弟子拜师时送给师傅萨满的衣服（或者做衣服的布料）。

扎伊·瓦克勒·乌库贝（/ʤa’i wakəl uku: be/），给萨满师傅送衣服（或者做衣服的布料）。

笊篱·巴日肯（/ʤɔ’li barkən/），笊篱神。

笊篱·姑乌（/ʤɔ’li gu’u/），直译“笊篱姑姑”，即“笊篱·巴日肯”，笊篱神。

周勒恩·伊日图（/ʤolən ir’tu/），轻柔地来。

周勒肯（/ʤoləkən/），轻柔地。

周勒肯・诺姆昆（/ʤoləkən nʊmʊkʊn/），轻柔地、安详地。

周勒昆讷日・嘎日吉（/ʤoləkʊnəːr garʤi/），轻柔地出去。

朱日乌（/ʤuruː/），心脏。

朱儒・穆都日・朱日昆提（/ʤuruː mudur ʤurkunti/），有双龙向上飞升的道路。

专・达斯贝（/ʤʊan dasbe/），祭专神。

卓布楞・杜卡（/ʤʊblan duka/），磨难，坎坷。

卓拉（/ʤʊl/），黄油灯。

卓仁（/ʤʊrən/），诚意。

卓仁・撒纳（/ʤʊrən sanaː/），诚挚心意。

后　　记

本书是在我的宗教学专业博士学位论文《达斡尔族萨满仪式调查研究》基础上修改、补充、完善而成。我修改本书的依据首先是博士学位论文匿名评审专家的评审意见。既然是匿名评审，所以，我并不知道专家的姓名，但是三位专家给出很好的意见和建议。据此，我在书后增加了萨满仪式田野调研的部分代表性场景照片，包括我与斯琴掛萨满、沃菊芬萨满等人的合影，也算是提供了我的在场证明。

其次是根据博士学位论文答辩委员会老师的意见。我的博士学位论文答辩委员会由孟慧英研究员、色音研究员、何其敏教授、刘成有教授、宝贵贞教授等组成，答辩委员会五位老师每一位都给出很多宝贵意见和建议。据此，我在书后增加了调研访谈笔记的主干内容，大约为我已经整理出来的多年采访笔记的十分之一。

第三是根据中央民族大学资深教授、著名藏传佛教研究专家班班多杰教授的意见。班班多杰教授因病未能参加我的博士学位论文答辩，2016 年 9 月，他专门给我指导了博士学位论文的修订，班班多杰老师给我讲解了诠释学理论，传授了他的治学经验和写作理念，让我受益良多。虽然，我还不能一下子掌握并运用这些思想理念，但是，为我未来的学习与研究提供了新的视角和方向。

在本书即将出版之际，我首先要感谢我敬爱的导师中央民族大学荣誉资深教授牟钟鉴先生。牟先生学为人师、行为世范，学养深厚、德艺双馨。他是一个真正的大儒，永远都立足于国家和民族的大局和高度看问题、做学问、做研究；他不在乎物质利益和名誉地位，从无一己之私心；他的眼里从来都是别人的优点，永远鼓舞人奋进、激励人向前。最令我感动的是他对于中央民族大学的热爱！为了中央民族大学的教育事业发展，20世纪90年代末，他放弃了清华大学的丰厚物质待遇留在了中央民族大学，支撑并引领了中央民族大学宗教学学科的建立和发展，培养了中央民族大学第一批宗教学硕士研究生和博士研究生。他主持的国家级精品课程“宗教学导论”是中央民族大学唯一一门国家级精品课程。在担任中央民族大学“985”工程“当代重大民族宗教问题研究中心”主任时，牟先生提出并构建了“民族宗教学”学科体系。牟先生对于中国少数民族学子的爱护与关怀更加让我感动！他能同情地理解中国少数民族，特别是人口较少民族的传统信仰文化，认为弘扬和保护其传统文化与发展其经济具有同等地位，甚至更为重要。我作为人口较少民族鄂温克族与达斡尔族的后代，一直倍感牟先生给予的无限温暖和强大力量！在我选定研究达斡尔族萨满仪式之后，牟先生只要看到有关达斡尔民族的、有关萨满教的或者涉及民间信仰、民间宗教的文章、书籍就给我带来，让我学习参考。牟先生也经常给我讲他参与的学术会议、学术研究的一些情况，使我有机会始终了解学术前沿和动态；他有新作问世也常常是先送我一本，我得以先睹为快。从我的博士学位论文选题到开题、再到具体写作，牟先生与我的讨论和交流就有几十次之多，可以说给予我无微不至的关怀和帮助，使得我的论文立意更高、思路更加开阔。对于牟先生的感激之情、感恩之心，我难以言表！牟先生的不倦教诲和悉心帮助令我终生难忘！牟先生的高尚品格和大家学问令我终身受益！

我还要感谢我的硕士生导师中央民族大学佟德富教授。佟先生与牟钟鉴先生、吕大吉先生都是中央民族大学宗教学专业的开创者和奠基人，也是我开始接触并研究萨满文化的引路人。我于1998年硕士毕业，我的硕士学位论文题为“萨满教仪式研究”，我主要依靠文献对中国萨满仪式的类型和特点做了初步梳理。因为那时还没有今日丰富的活态萨满活动，所以，现在看来我当时的研究是非常浅显的。但是，毕竟让我开始涉足萨满文化研究领域，只可惜后来因为工作等原因中断了十年时间，直到2008年我才如愿以偿，于繁忙劳累的工作之余考取了中央民族大学宗教学专业博士研究生。

我非常感谢已故著名达斡尔族民族学学者、中国社会科学院民族学与人类学研究所满都尔图研究员。满都尔图先生当时还是我的硕士学位论文答辩委员会主席。满先生主编的《达斡尔族社会历史调查》、《中国各民族原始宗教资料集成·达斡尔族卷》、《达斡尔族百科词典》至今仍是研究达斡尔族经济社会历史文化重要的文献资料。只要涉及达斡尔族研究就离不开上述文献。满先生风趣、幽默，作风严谨、踏实，乐于助人，特别是年轻的学子，他从来都是毫无保留地给予指导和帮助！满先生的民族学研究足迹遍布内蒙古东部地区、新疆、贵州等地，多次深入民族地区，掌握了大量第一手资料，这些资料都编印成了油印文字，关于内蒙古的达斡尔、鄂温克、鄂伦春、巴尔虎蒙古族的调研资料，满先生在我读硕士研究生期间送了我一套，这些资料我一直珍藏着。令我非常遗憾的是，在我硕士毕业十年后再续学习研究之路、攻读博士学位之时满先生已经仙逝，成了"巴日肯"！我没有机会向这位我非常敬重的终生研究达斡尔族萨满文化的老人家请教了！我只能沿着他老人家的足迹，努力像他一样为民族文化研究与传承不懈地努力！

我要特别感谢中国社会科学院著名萨满教研究专家孟慧英研究员。孟老师著作等身，理论功夫和田野功夫一样厉害。孟老师可以说是我的第二导师，在我确定博士学位论文研究方向以后，导师牟钟鉴先生就专门拜托孟慧英老师指导我学习萨满教的理论和知识，我选修了孟老师开设的博士生课程"萨满教研究"，并旁听她为自己的博士研究生开设的有关萨满教和人类学的课程。2009 年，我跟着孟慧英老师及她的博士生开展了首次达斡尔族萨满仪式的田野调研工作，之后，孟老师还带领我和她的博士生共同完成了《达斡尔族斡米南文化的观察与思考——以沃菊芬的仪式为例》的考察报告，并于 2011 年正式出版。

我还要感谢中国社会科学院著名萨满教研究专家、民俗学家、人类学家色音研究员。色音老师也是国内著作等身的萨满文化研究专家，是中国萨满文化研究的领军人物，他的丰硕研究成果给予我非常大的帮助。而且，近几年我还不断向色音老师请教、学习，小到一篇会议论文提纲、摘要，他都悉心指教。

我还要感谢著名达斡尔族学者、内蒙古社会科学院民族所赛音塔娜研究员。她从达斡尔民族语言和文化的本源和自身意蕴出发研究问题，追根溯源，深究其理，让我深受启发。

我还要特别感谢当代著名达斡尔族大萨满斯琴掛女士和大萨满沃菊芬女士。两位大萨满允许我参与式考察她们的各种仪式活动，并耐心解答我的问题和困惑，给予我极大的帮助，没有她们和她们的仪式，我在达斡尔族萨满文化研究领域就不可能取得现在的成果。我还要感谢斯琴掛萨满的徒弟孟玉金、孟利州、孟孝瑞、娜仁格日勒、敖智伟、鄂嫩朵拉、沃黎明、敖玉英、敖春梅等。我还要感谢萨满文化知情人达斡尔族郭博勒氏巴德玛苏荣夫妇、铁林等。

我要感谢内蒙古莫力达瓦达斡尔族自治旗达斡尔族学会及著名达斡尔族学者乐志德先生、那顺达来先生、敖登挂女士、敖尔琴先生，感谢莫力达瓦达斡尔族自治旗鄂温克族研究会；感谢莫力达瓦达斡尔族自治旗民族宗教事务局、旅游局、文化局。这些政府部门的负责人与相关工作人员对于我的调研和研究给予热情帮助，在此一并深表谢意！

我还要感谢内蒙古鄂温克族研究会及柳华女士，邀请我参加经济文化研讨会、邀请我参加鄂温克族的祭祀敖包与瑟宾节庆祝活动，并为我提供了许多有价值的参考材料。

我非常感谢中央民族大学哲学与宗教学学院。我于 1987 年考入中央民族学院哲学系读大学本科，1995 年考入中央民族大学哲学系读硕士研究生，2008 年考取中央民族大学哲学与宗教学学院读宗教学专业博士研究生。我的本、硕、博三个阶段的学习都在这里完成。这里还是我工作和生活的地方。我于 2004 年回到学院工作至今，特别是在读博期间，我得到学院领导和老师们的大力支持，使我工作、学习两不耽误。在此一并致以诚挚谢意！这本书能够得以出版，也得到了中央民族大学哲学与宗教学学院“双一流”学科建设经费的资助。

我还要感谢我的家人。在我攻读博士学位的 7 年时间里，在我后期调研和修订博士学位论文的 2 年时间里，我的丈夫和儿子、我的兄弟姐妹、侄男甥女都给予我默默的支持和鼓励，没有他们的支持和帮助我是不能顺利完成学业的，更不能一如既往地利用业余时间继续深入开展田野调研和学术研究工作。

最后，需要说明的是，本书尚有一个遗憾与不足，就是我还没来得及将祭祀祖先神仪式纳入其中，主要原因是在我完成博士学位论文初稿之际，我还没有参加足够多的这一仪式类型，当时手边掌握的资料及相关思考还不充分。近两年，我有幸参与式考察了几场祭祀祖先神仪式，包括萨满祭祀自己莫昆祖先神和为其他莫昆家族祭祀祖先神。萨满祭祀自家祖先神又有多种情况，其中一种是最新了解到的情况，即将准备举行领神仪式的萨满候选者必须提前举行一场祭祀自己莫昆祖先神的仪式。不过，一下子看了这么多祭祀祖先神的仪式，我才发现这一祭祀类型涵盖内容同样非常丰富，而且还涉及萨满神灵类型之外一般人家的祖先神及其保护神的类型都不尽相同，需要探究的内容又增加了很多，一时间还来不及完成所有这些仪式的梳理和归纳总结，又受书稿篇幅所限，只好留待将来专门论述祭祀祖先神仪式，并做萨满之家与普通人家供奉神灵之比较分析。

由于本人的时间、精力、能力所限，本书尚有许多不足之处。诚恳希望得到达斡尔族萨满群体、专家学者和民族同胞的批评指正！

2017 年 12 月 28 日

责任编辑：段海宝
封面设计：石笑梦

图书在版编目（CIP）数据

达斡尔族萨满仪式调查研究 / 萨敏娜 著 . — 北京：人民出版社，2021.12
ISBN 978 – 7 – 01 – 023356 – 7

I. ①达… II. ①萨… III. ①达斡尔族 – 萨满教 – 宗教仪式 – 研究 – 中国
IV. ① B933

中国版本图书馆 CIP 数据核字（2021）第 070816 号

达斡尔族萨满仪式调查研究
DAWOERZU SAMAN YISHI DIAOCHA YANJIU

萨敏娜 著

人民出版社 出版发行
（100706 北京市东城区隆福寺街 99 号）

北京中科印刷有限公司印刷 新华书店经销

2021 年 12 月第 1 版 2021 年 12 月北京第 1 次印刷
开本：710 毫米 ×1000 毫米 1/16 印张：39.5
字数：563 千字

ISBN 978 – 7 – 01 – 023356 – 7 定价：135.00 元

邮购地址 100706 北京市东城区隆福寺街 99 号
人民东方图书销售中心 电话（010）65250042 65289539